百年

上海工业

故事

（上册）

上海市工业经济联合会　上海市经济团体联合会　编

上海人民出版社　学林出版社

谨以此书献给中国共产党成立 100 周年

上海是中国近代工业的发源地，是中国工人阶级的摇篮，是中国共产党的诞生地。百年来，上海工人阶级在中国共产党领导下前仆后继、英勇奋斗、筚路蓝缕、发奋图强，取得了史无前例的伟大成就，展示了信念坚定、胸怀全局、自强不息、开拓创新的光荣传统和伟大品格。正值庆祝中国共产党成立 100 周年之际，上海市工业经济联合会、上海市经济团体联合会开展庆祝建党百年系列活动，在回顾上海工业百年辉煌历史的同时，作为党史学习教育的生动教材，更是激励我们不忘初心，牢记使命，发扬为民服务孺子牛、创新发展拓荒牛、艰苦奋斗老黄牛的精神，继承光荣传统，勇于担当，接续奋斗，为推动上海制造业高质量发展，打响"上海制造"品牌，推进"五个中心"建设再立新功！预祝系列活动圆满成功！

2021 年 5 月 18 日

　　——本文系中共上海市委常委、副市长吴清对上海市工业经济联合会、上海市经济团体联合会开展庆祝建党 100 周年系列活动（即编纂出版《百年上海工业故事》、举办《百年上海工业影像作品展》、评选《百年上海工业百个知名品牌和我最喜爱的十个品牌》、召开《百年上海工业亲历者座谈会》）的批示

编纂委员会

主　　任　蒋以任

副 主 任　管维镛

委　　员　吴正扬　朱宁宁　裴　琦　黄国伟
　　　　　史文军　邱　平　任善根　陈　波

主　　编　管维镛　任善根

采编人员　王耕地　张　强　郑泽青　浦祖康
　　　　　汪国富　黄　媛　倪长关　沈义林
　　　　　叶明献　杨永茂　赵　磊　李　桦
　　　　　常凤珍　潘　真　冯金生　熊建明
　　　　　张姚俊　杨　磊　蔡　钧

百年

上海工业

故事

序

蒋以任

2021 年，又站在一个重要的历史时刻，我们迎来了中国共产党成立 100 周年。在这喜庆的日子，我们向亲爱的党致以最崇高的敬意和最真诚的祝福！

为庆祝中国共产党百年华诞，上海市工业经济联合会、上海市经济团体联合会，在中共上海市经济和信息化工作委员会、上海市经济和信息化委员会、上海市国有资产监督管理委员会、上海市档案局、上海市地方志办公室的指导和帮助下，精心策划，组织工作团队收集资料、查阅史料、挖掘题材、撰写故事，编纂出版了《百年上海工业故事》。

中国共产党成立以来的百年历史，也是上海工人阶级在党的领导下百年奋斗的历史。《百年上海工业故事》撷取了在中国共产党的百年历史长河中，上海工业发生的 112 个故事，用饱含深情的文字记录了一件件披荆斩棘、栉风沐雨的生动事

第十届上海市政协主席
上海市工业经济联合会
上海市经济团体联合会原会长

迹，用丰富多彩的图片展现了一位位忘我拼搏、无私奉献的奋斗者身影，全景式再现了上海工业百年来的发展历程，彰显了上海工业取得的巨大成就，诠释斗争之美、拼搏之美、开拓之美、奉献之美、时代之美。

在一页页字里行间，我们看到的是在中国共产党的领导下，上海工业永存初心、牢记使命、追逐梦想的百年工业艰辛历程——

我们看到，在中国共产党成立之后，上海工人阶级在党的领导下，为了求生存、图翻身、盼解放而前仆后继、生死抗争，用血与火的洗礼驱走黑暗，迎来了新中国成立的喷薄红日。

我们看到，新中国成立后，上海工人阶级响应党的号召，怀揣穷则思变的雄心壮志，在社会主义革命和建设中白手起家，自力更生、艰苦奋斗，用自己的智慧和双手创造了上海工业令人惊叹的人间奇迹。

我们看到，在改革开放的大潮中，上海工人阶级遵循党的教导，解放思想、大胆探索，勇当改革开放的排头兵，勇挑结构调整的重担，励精图治、自强创新，焕发出极大的创造力和凝聚力，谱写了上海工业世人瞩目的光辉篇章。

我们看到，跨入新世纪特别是中共十八大以来，上海在以习近平总书记为核心的党中央指引下，面对新挑战，迎接新机遇，乘势而上、敢于担当，敢啃最硬的骨头，攀登新高峰，创造新奇迹，书写了上海工业绚丽多彩的壮丽史诗。

上海工业的百年历程雄辩地证明，中国共产党具有无比坚强的领导力、组织力、执行力，是团结带领人民攻坚克难、开拓前进最可靠的领导力量。只要我们始终不渝地坚持党的领导，听党话，跟党走，就一定能战胜任何艰难险阻，创造出一个又一个彪炳史册的历史性成就。

2021年2月，习近平总书记在党史学习教育动员大会上指出："回望过往的奋斗路，眺望前方的奋进路，必须把党的历史学习好、总结好，把党的成功经验传承好、发扬好。"当前，我们正在深入开展"四史"教育，回望上海工业百年奋斗路，能使我们更深刻地理解中国共产党的百年奋斗史，帮助我们学史明理、学史增信、学史崇德、学史力行，增强热爱党、热爱国家的思想自觉和行动自觉，汲取更多创造未来的决心和信心。

百年奋斗，圆梦在今朝；千秋伟业，百年乃序章。我们正站在历史新起点上，肩负着党和国家赋予的新的历史使命。让我们牢记习近平总书记的殷殷嘱托，以再出征、再创业的昂扬姿态，勇往直前、继续奋斗，为实现第二个百年奋斗目标作出更大贡献！

百年

上海工业

故事

目

录

百年
上海工业
故事

渊

源

19世纪40年代至50年代，随着外国资本主义的侵入，外国资本家创办的企业开始在上海出现。19世纪60年代至90年代，清政府洋务派官僚在上海集资兴办了一批规模较大的军工、纺织企业，并陆续有一批民族资本开设工厂，中国近代工业由此开枝散叶，上海成为中国近代工业的摇篮。在长期的发展中，涌现了一批具有鲜明中华民族文化背景和深厚文化底蕴的老企业、老品牌……

江南制造总局：
中国民族工业从此起步

江南机器制造总局，又称上海机器局，初建于清末，是洋务运动中以李鸿章为代表的洋务派开设的规模最大的近代军事企业，也是近代中国最大的军火工厂，为江南造船厂的前身。江南机器制造总局曾创造过多个"中国第一"，留下浓墨重彩的篇章。

赎罪银子做了买厂钱

1865年暮春，已升任苏松太道近一年的丁日昌颇有些寝食不安——一桩棘手的公事，正沉沉地压在他的心头。

三年前，署理江苏巡抚李鸿章，率领刚组建的淮军士兵，靠着3000支从香港买来的洋枪，与攻打上海的太平军打了几场硬仗。李鸿章认识到了西洋枪炮的"绝妙精厉"，开始着手打造自己的兵工厂。1863年，李鸿章买下英国舰队"水上兵工厂"的机器设备，建起苏州枪炮局。苏州枪炮局生产出了开花炮弹、自来火枪、田鸡炮等武器。有了这些像模像样的西式枪炮武装，淮军声威大壮，在战场上节节得胜。

丁日昌先是奉命在上海访购各种"制造机器之器"。在已经开埠200年、万国货物流通无碍的上海，此事尚属容易。但若要开厂，还必得购置土地厂房，此事便不是说成就成的了。不过，机会很快在1865年降临。当时沪上的船舶修造业竞争极其激烈，颇具规模的美商旗记铁厂有意退出上海市场。

旗记铁厂的土地厂房都是现成的，若能将之盘下，则江南机器制造总局指日可成矣。得知消息的李鸿章大喜过望，饬令丁日昌迅速定议。可是，在无一点资金的情况下，面对美商狮子大开口的10万两收购费用，丁日昌陷入了困境。

但事情的转机却很快出现在眼前。海关通事唐国华、扦子手张灿、秦吉等因贪

❶

❶ 江南机器制造总局厂门

污被革职羁押。唐国华游历外国多年，熟悉洋务，并擅与西人打交道。赎罪心切的他，与同案几人凑足了4万两银子，预备买下旗记铁厂献给朝廷，以免牢狱之苦。成大事者，不拘小节，更何况这种交易在大清国早已见惯不惊。丁日昌立即下令释放了几人，拿下了厂房设备。

1865年9月，两江总督李鸿章正式上报朝廷，奏请成立江南机器制造总局。在奏折中，李鸿章写道："该厂一经收买即改为江南制造总局，正名办物，以绝洋人觊觎。"随后，苏州枪炮局的一部分和曾国藩委托容闳在美国纽约购买的100余台机器，也全部并入江南制造总局。

自此，寄托了几代中国人强国梦并创造了中国工业史上无数个第一的大型近代企业，走上了历史舞台。

大清江南"船梦"的沉浮

成立之初的江南机器制造总局地处虹口租界内，洋人对兵工厂极为抵触，华洋矛盾不时爆发。考虑到闹市区发展空间也非常有限，李鸿章等人早有"择地移局"之意。

百般挑选之下，上海城南高昌庙濒临黄浦江的地方，成了迁厂的首选地点。在保存至今的江南机器制造总局档案中，相当一部分是当时购地、动迁的往来文书，足见迁厂一事头绪之多、工作之繁。

1867年，江南机器制造总局正式搬迁至高昌庙，成立了轮船厂。1868年8月，江南机器制造局造第一艘木壳轮船下水试航，轰动上海滩。曾国藩亲自登船，并为之命名为"恬吉"。他很有信心地展望："将来渐推渐精，即二十余丈之大舰……或亦可苦

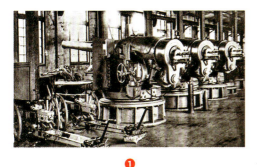

❶ 江南机器制造总局车间 　❷ 江南机器制造总局船坞

思而得之。"

此后的十余年间，江南制造局共造军舰 14 艘，最大的"海安""驭远"两舰，长 300 尺，宽 42 尺，马力 1800 匹，受重 2800 吨。李鸿章曾骄傲地说："（两轮）在国外为二等，在内地为巨擘。"

惜乎，此时的大清国运衰微，这批凝聚着无数精英心血的舰船，几乎无一善终者。

1884 年，中法战争爆发。"驭远"等舰增援台湾途中遇到截击。一番遭遇战后，"驭远""澄庆"两舰避入附近的石浦港。法舰封锁港门，派鱼雷艇潜入偷袭。"驭远"舰奋勇还击，法军鱼雷艇被击伤，困在浅滩动弹不得。次日天明，欲救援鱼雷艇又忌惮"驭远"舰火力的法舰，却意外发现"驭远""澄庆" 2 舰已沉入水中，船上官兵不知所踪。

两舰沉没之谜，说法不一。近年来根据史料的挖掘和学者的分析，倾向于认为当时两舰管带害怕再遭法舰攻击，下令将船凿沉，之后上报谎称被法军鱼雷艇击沉。1961 年，"驭远"舰被打捞出水。从已变为一堆废铁的"驭远"舰上，清理出来众多弹药、煤炭、铜铁和贵金属器皿，后人只能凭此想象它往昔的威武与荣光。

另一艘"操江"舰的命运，更令人唏嘘。1894 年 7 月 25 日，"操江"舰护卫着运送清军的运兵船"高升"号路过朝鲜半岛海面，与日军"浪速"和"秋津洲"舰遭遇。"操江"舰被"秋津洲"俘获。

被俘之后，"操江"舰被编入日本联合舰队，担任朝鲜水域哨戒，并参加了对清威海卫作战。1903 年后在日本神户港作为检疫船，1924 年改为商船，更名"操江丸"，1965 年才被拆解。至此，令曾国藩、李鸿章诸公引以为傲的首批"江南"造军舰凋零殆尽。

由于经费难筹和李鸿章渐渐属意于购买外国新船，1885 年，江南机器制造总局停止造船，专造枪炮弹药。很长一段时期内，中国造船技术与世界先进水平越来越远。"江南"船梦，只得在大清王朝的江河日下中黯然破灭。

1905 年，江南机器制造总局在新任两江总督周馥的主持下，局、坞正式分家，分别成立上海兵工厂和江南船坞。从此江南造船厂开始了"官办民营"的独立历史和第一次发展小高潮。

在历史上，江南机器制造总局创下了多个第一：中国第一门钢炮，第一支后装线膛步枪，第一台发电机、开齿机、化铁炉，第一炉钢，第一台水管式锅炉，第一艘由本国机器制造的轮船，第一艘万吨轮船，等等。

❶ 江南制造总局所造钢炮

迎来涅槃般的新生

辛亥革命后，江南船坞更名为江南造船所，进入第二次业务发展高潮。

1918 年 7 月，江南造船所承造美国海运委员会（USSB）的 4 艘万吨级蒸汽动力钢质船体运输舰，1921 年全部完工交付。这是中国造船业有史以来的最大工程，又是工业发达国家的首次政府订货，因此引起广泛重视，中外报刊竞相报道。

船坞划出之后，江南机器制造局便成为专门制造军火的兵工厂，仍由政府管理，辛亥革命后改称上海制造局，1917 年又改名为"上海兵工"。1925 年，北洋政府希望将兵工厂转为民用，于是就请上海总商会来接管工厂。

1925 年 1 月，北洋政府命令上海兵工厂停止军用品生产，改为生产民用商品工厂。2 月，上海兵工厂由上海总商会正式接管，随即组成监理委员会，由陆军部和总商会各派出人员共同办理交接手续。委员中有虞洽卿、王晓籁等上海商界知名人物。

1926 年 2 月，陆军部命令监理委员会结束接管事务，2 月 19 日总商会中止了接管。

然而好景不长，从淞沪抗战开始，江南制造总局所在区域便成为日军轰炸的重灾区。1938 年，江南造船所被日军侵占，其后一直未能恢复。

至新中国成立，"江南"厂在沧桑岁月中几经沉浮，但与国外现代工业始终保持着相对紧密的联系，工程技术和制造水平一直处于中国前列，代表着民族工业的发展水平。

1949 年，国民党撤离上海时，将此处的船坞、船台、发电机和主要车间炸毁，更使其丧失了基本生产能力。新中国成立以后，"江南"才迎来了涅槃般的新生。

1953 年，它被正式改名为江南造船厂。当时的厂区中既有清朝时建造的小楼、民国时期制造的飞机厂房，也有油毛毡、三合板搭起的简易屋棚。新中国的造船事业，就这样在摸索中开始了自己的现代化进程。"江南"再次创造了许多"中国第一"：第一艘潜艇、第一艘自行设计建造的火炮护卫舰、第一台万吨水压机、第一艘自行设计全部采用国产设备的万吨远洋货轮、中国海军第一艘环球航行的军舰……

（何宝新）

相 关 链 接

1996 年，江南造船厂更名为江南造船（集团）有限公司。2008 年，为了迎接世博会的召开，作为中国规模最大、设施最先进、生产品种最多的现代化造船企业，江南造船（集团）有限公司整体搬迁到长兴岛。2018 年 1 月，江南造船厂入选第一批中国工业遗产保护名录。现今，它已经成为世界上最大的单体造船厂之一，正向着成为国际顶级造船企业的目标迈进。

上海机器织布局：
开创中国近代纺织业之先河

纺织工业是上海的"母亲工业"，一直与这座城市有着特殊的历史渊源。早在明清时期，上海地区的手工棉纺织业就十分兴盛，成为全国最大的棉纺织业中心，享有"衣被天下"的美誉。上海也是中国近代纺织工业的发源地。清光绪十五年（1889）建成开工的上海机器织布局，开创了中国近代动力机器纺织工业的新纪元。

十年怀胎

19 世纪 70 年代后，洋纱洋布像潮水一样涌进中国，大批的白银哗哗地流向外洋。其占进口贸易的比重，由 1849 年的第三位，上升到 1867 年的第二位，1885 年更跃至第一位，单是 1878 年进口的棉纱棉布价值就达 1296 万海关两（1 海关两等于 1.114 银两）。外商资本在对华倾销洋纱洋布的同时，也开始了在华设厂的活动。从 1865 年到 1877 年，英商义昌洋行一直筹划着开设上海机器纺织公司。中国有识之士针锋相对地提出"购置纺织，收回利源""自织洋布，与之抗衡"的主张。洋务派首领李鸿章看到纱布买卖如此赚钱，也希望能如法炮制。正在这时候，彭汝琮向李鸿章建议：募集私人资本，由官方督办，在"万商云集，百货流通"的上海，创立机器织布局。只要经营得当，很快便可赚钱。李鸿章一听，此法于国于民有利，既可弥补官办企业资金不足，又可扩充自己的政治经济势力。于是，李鸿章在 1878 年亲自上奏光绪帝，奏折中陈述了创办织布局的意义，还为织布局奏请了专利和减税两项特权，一是规定"十年以内只准华商附股搭办，不准另行设局"；二是规定将来产品在上海就地销售免税，运销内地也只要在上海交税，沿途全免税厘。光绪帝看见奏折后，深知机器织布事属创举、意义重大，当即降旨准建。

不久，《申报》上登出了上海机器织布局招商集股章程，当时厂址还未选择，机器也未购买，就保证凡入股者每年可分得 30% 红利，并且皇帝奏准只此一家，不准另设新厂，由朝廷立法来垄断机器纺织业，保证投资者的高额利润。一些早就有心投资新式工业的地主和商人看了招商集股章程，

❶ 李鸿章《奏为上海招商试办机器织布事》

认为织布局既有"皇上恩准"的庇佑，又是只此一家，就纷纷出钱认股。当时规定一百两白银购买一股织布局股票，购买者络绎不绝，有的甚至从广州、澳门、新加坡和日本横滨等地赶来。最终，上海机器织布局募得50万两白银的资本，正式以"官督商办"的形式开张筹建。

1880年12月，在上海杨树浦桥外临江地块上，一大批建筑工人在监工的皮鞭下挑来泥土，夯平地基，竖起了"上海机器织布局界"的界碑，并开始建造厂房。

上海机器织布局经过十年左右的筹建，直到1889年底，才在西洋建筑式的厂房里传出机器声。竣工后的上海机器织布局，它的门牌号是杨树浦路87号（即今杨树浦路1830号至1930号之间，大致在原上海电站辅机厂的位置），坐南朝北，南沿黄浦江，北靠杨树浦路，东以广德路为界，西至宁国南路为邻的区域内，占地面积300余亩，近20万平方米，有纺锭3.5万枚，织机530台，工人约4000人。

光绪十五年十二月初六日的《申报》，形象地报道了中国第一家机器织布局竣工开业之盛况："查厂中现安设大立炉5座，每座高逾5丈，贮水300石有奇。又小立炉1座，温水缸10副，机轮厂中安排500匹马力因承乙具，轮身高2丈8尺，宽6尺有奇，重15万磅。乃是日仍开汽炉一座，用30磅之力，约两刻钟之久，轮即旋转如飞，诚属灵捷异常。当时观者如堵，无不赞美同声，欢声雷动。至其轧花、弹花、梳花、清花、卷花，以及卷纱、拉纱、经纱、纬纱、织布、压布、折布、刷布、细布、烘布各种机器，亦无不次第排竣……"

织布局开工后，生意十分兴盛，仅织布部分的利润便达到月盈12000两白银的数目，纺纱部分还更多些。厂方亦刊报承诺："自开工次年正月起，所有已换之股票及新股概行起息半年一付，愿与有股诸君同深庆幸。"

整厂焚毁

织布局的机器轰鸣声在浦江上空回荡4年，突遭天灾。1893年10月19日上午，突然砰的一声，一把冲天大火惊醒了织布局的官员和附近的百姓。大火从清花间的地

❶ 开平矿务局股分票　❷ 上海机器织布局厂门　❸ 上海机器织布局清花间

弄开始，很快蔓延开来，燃烧了整个棉花仓库、机器房，一时火势腾腾，烈焰冲天。织布局的官员缺乏消防意识，厂里的消防设备残缺不全，整个厂区只有四架"水龙"，平时没有专人管理，使用时严重漏水，有的连皮带都不全，一架也不能用。织布局"总办"杨藕舫急得直跳脚，突然，他想起了租界的救火会，就亲自赶到租界，哀求救火，但是救火会却以"局在租界之外，无权发令救援"为借口，听凭大火燃烧。杨藕舫又"诸求巡捕房，通知英、美、法各洋龙赴援"，也同样被拒绝。就这样，大火从上午9时烧到晚上7时，前后烧了10个小时，烧毁清花厂、弹花厂、织布厂、机器厂、棉花仓库、棉纱仓库、洋布仓库以及工人宿舍等共计600余幢（间），机器销熔，变成一堆废铁，总计损失不下白银150万两。

更为凄惨的是，由于织布局官员缺乏保险意识，认为买保险是白费钱，致使偌大一工厂没办过一文钱的保险，当然谈不上获得什么赔偿。这次火灾作为中国第一次棉纺织厂大火，似乎也预示着中国民族工业的艰难历程。

灾后重建

上海机器织布局在大火中被烧成了一片废墟，然而洋务派"求富"的欲火并未熄灭。织布局被烧后一个月，李鸿章又上书给光绪帝，要求重整织布局，并推荐盛宣怀负责重整。1894年9月，"华盛纺织总厂"的牌子在上海机器织布局幸存的大门前挂了出来。新厂仍旧奏准了十年专利，准备继续垄断中国的棉纺织工业。

但是事与愿违，华盛纺织总厂的处境并没有因为李鸿章的加油打气而景气起来。就在华盛复起的这一年，中国在甲午战争中惨败，次年签订的《马关条约》，实际宣告了李鸿章代表国家替华盛纺织总厂争取的特权不攻自破。西方列强从此取得了在中国设厂制造的权利，加紧资本输出，纷纷在中国沿海大城市开办工厂。1897年前后，英商怡和纱厂、老公茂纱厂、美商鸿源纱厂、德商瑞记纱厂，相继在上海开工。盛宣怀禀告年迈的李鸿章："现今杨树浦一带，洋厂林立，华厂独受其挤，月须亏折数千金，断难久支。"华盛在众多的列强对手面前节节败退，景象越来越惨。到了19世纪末期，它的棉布找不到销售渠道，只能把一部分棉纱打成纱绳廉价出售。在这种背景下，华盛毫无竞争优势。厂名也几经更名，一变"华盛"为"集成"，再变为"又新"，三变为"三新"，颓势可见一斑。

收购迁建

辛亥革命后，这份产业几经变化，最后落到盛宣怀后辈手里，因经营不善，负债累累。到1931年，盛氏家族以80万两白银抵押给了英商汇丰银行。美商大来轮船公司欲在上海建造码头，看中黄浦江边三新纱厂240亩的厂基。美商中国营业公司以

120万两从汇丰银行赎出三新纱厂，以每亩3万两转售给大来公司。可是大来公司只要地皮，不要厂房机器。于是美商中国营业公司将地面厂房机器廉价转售给荣宗敬，并限期撤清。

荣宗敬作为中国近代著名的民族实业家，被誉为"面粉大王""棉纱大王"。他立志"为人民谋衣食，为国家堵漏卮"，与胞弟荣德生同心创业。因三新纱厂系中国近代"棉厂始祖"，他买下三新纱厂的机器，当然不愿拆散。于是在原址租地照常运营，成立申新纺织第九厂。1931年4月21日接收，27日开工。史书上记下了这一功绩："上海机器织布局……至今尚为国人所经营，即杨树浦路申新纺织第九厂。"

租地三年期满，美商逼催出地。申新九厂面临非拆即迁的难题。拆，有违初衷，因此唯一出路就是迁！新厂址最终选定在澳门路150号，占地面积60亩。荣氏兄弟抵押巨款建造厂房，老厂边生产边拆迁，新厂边安装边开工。花了3个月的时间，于1933年9月完成迁厂工作。荣宗敬还专门请来摄影师，将拆迁前的三新纱厂车间布置、厂容厂貌拍摄成了一套20多张的照片（现藏上海纺织博物馆），使中国第一家机器棉纺织厂的形象永久地留在国人心中。

（薛彬）

相 关 链 接

从上海机器织布局的诞生到1949年新中国成立以后，上海纺织工业不断发展。1949年上海解放时，拥有企业4552家，棉纺纱锭达到243.54万枚，占全国总数的47.23%，号称"半壁江山"，长期成为上海经济的支柱产业。至20世纪90年代，上海纺织业创利居全市工业部门之首，被誉为上海的"摇钱树"，从业人员也是上海各类工业产业中最多的，职工更是高达55万人。为展示上海纺织业的发源、成长、辉煌、改革和展望，上海纺织集团特意选址于苏州河南岸拥有150年历史传承的原上海申新纺织第九厂旧址之上，全额投资建立了上海纺织博物馆。2009年1月7日，上海纺织博物馆建成开馆，上海机器织布局承载的百年中国棉纺织业兴衰史在新时代得到了新的延续。

❶ 申新纺织第九厂在杨树浦时的厂门

吴蕴初演绎"天字第一号"

20世纪初，许多有识之士满怀抱负，奋力投身于中国民族工业的崛起，形成短暂的民族工业发展"黄金年代"。在民族工业自强不息、风雨兼程的奋进道路上，有一个人留名青史，他就是被誉为"中国味精之父"和"中国近代化学工业奠基人"的吴蕴初先生。

亭子间里造出中国最早的味精

20世纪20年代，上海，十里洋场，各式各样充斥市场的外国商品，强烈冲击着孕育中的中国民族工业。在调味品行业，日本的"味之素"一支独大，几乎形成垄断。即将进入而立之年的吴蕴初来到人生的十字路口。他胸怀实业报国的志向，深切地感到面对洋货泛滥，单纯抵制是没有出路的。中国工业"若不能自强自立，势必仰给于外人"；若"仅止于模仿，决不能免于劣败之数"。他立下决心：一定要打破日本垄断，造出中国人自己的味精。

吴蕴初是一名被德国教师赏识的化学专科高材生，毕业后从事化工生产，当过工程师和厂长，实践经验非常丰富。他分析了"味之素"的成分，知道主要是谷氨酸钠起着呈鲜作用。于是，家里简陋的亭子间成了他试制谷氨酸钠的实验室。没有文献资料，他四处搜集，还托人到国外寻找；没有试制设备，他拿出当厂长时的工资，购买简易的实验器具；没有人员，他拉着夫人吴戴仪当助手。夜以继日的实验、不计其数的失败都没有难倒他。而四处弥漫的盐酸和硫化氢臭味，不仅让家人难以忍受，还影响街坊邻居。吴戴仪只得耐心解释，说好话、赔不是。经过一年多的艰苦试验，吴蕴初终于如愿以偿，提取出几十克洁白的谷氨酸钠样品。

当时，日本等国的方法是从海带等鲜味植物中提取谷氨酸钠。吴蕴初独辟蹊径，运用自己的知识和实践经验，发明面筋水解方式生产谷氨酸钠，既代价低廉，又适应规模化生产需要。这项发明后被北洋政府农商部确认为首创。

为区别于日本的"味之素"，吴蕴初把这种从面粉蛋白中提取的鲜味精华，称为"味精"。说起"味精"，如今可谓家喻户晓，大家自然而然认为是一种调鲜产品的通用名称，国家标准也明确规定，以"味精"作为谷氨酸钠的代名词。但大家有所不知，"味精"原本是天厨味精厂的注册商标，诞生之初，便经历了风风雨雨，能保留到今天，殊为不易。

一路前行，创建天字号企业集团

1923年，吴蕴初认识了上海酱园业巨商张逸云。双方一拍即合，由张逸云出资5000元，吴蕴初出技术，在上海唐家湾维霭路（今肇周路）合开一家小型味精厂，并取"天上庖厨"之寓意，厂名冠以"天厨"二字，中国采用自有技术制造味精的历史至此发端。当年8月，张逸云、吴蕴初正式向农商部呈请注册，登记成立天厨味精制造厂无限公司，资本总额为5万元，张逸云任总经理，吴蕴初任厂长兼技师。11月获得批准。随后，天厨公司在新桥路（今斜土路附近）、菜市路（今顺昌路）分别建造了粗制和精制工厂。

天厨公司成立之初，吴蕴初和张逸云首先想到知识产权保护。公司与吴蕴初签订合同，明确规定双方在味精生产技术发明权、使用权、收益权方面的权利和义务，同时还规定了保密条款。1924年1月，天厨公司以"味精"为商品名称、"佛手"为商标（寓意味道鲜美且完全素食），向农商部进行双注册。从此，"佛手味精"宣告诞生并走进千家万户。

❶

在建厂初期的"黄金年代"一些制约天厨公司运营命脉的瓶颈问题逐步显现，最重要的是关键原辅料——盐酸需要从日本进口，不仅供应受制于人，而且与吴蕴初振兴国货的初心背道而驰。这又一次引发了他创办新企业的念头。他首先把目光投向氯碱工业，排除重重困难和干扰，做了大量前期准备。1929年，由张逸云、吴蕴初和天厨公司发起，集资20万元，成立国内第一家氯碱企业天原电化厂（意即为天厨提供原料）。此后，天厨公司又逐步投资创建相关的化工企业：1934年，参与发起成立我国首家合成氨及硝酸生产厂家——天利氮气厂；发起成立天盛陶器厂，开国产化学陶瓷工业之先河。从天厨发端，天厨、天原、天利、天盛四家企业形成中国南方最大的"天字号"民族化工企业集团，奠定中国化工原料工业基础，为我国化学工业史写下灿烂夺目的篇章。天厨公司也形象地被誉为"天字第一号"。

官司胜诉，终于保住了"味精"商标

佛手味精一进入市场，就让生产"味之素"的日本铃木商社感到前所未有的威胁。它借口"味精"两字是从"味之素"广告——"调味精品"四字中提取出来的，抗议天厨侵犯它们的商标权益，要求中国政府取消"味精"注册。在各界爱国力量的支持下，天厨公司沉着应对，据理力争，取得最后胜利，保住了"味精"商标。

佛手味精问世后，国内多个厂家纷纷跟进生产，但均不得称"味精"，只能使用其他名称，如味母、和合粉等。当时，提起"味精"，大众就知道是天厨出产的"佛手味

❶ 佛手注册证

精"。直到 1971 年，天厨公司还拥有"味精"的注册商标。

为促进中国调味品工业发展，吴蕴初和天厨公司先后放弃了部分与味精相关的发明专利，放弃"味精"注册，为"味精"最终成为我国的通用商品名称打开了大门。这也从侧面显示出吴蕴初在中国调味品发展进程中的地位是无人能望其项背的。

佛手味精与"味之素"的竞争并没有因为一场官司的胜利而停息。随着五川运动的兴起与发展，爱国市民抵制日货的运动日益高涨。天厨公司与市民团结一致，不失时机地在上海主要路段张贴"敬请国人，爱用国货"等宣传口号。佛手味精凭借其出色质量和广大市民的支持，终于成功击败"味之素"，逐渐风靡全国及南洋市场，产品供不应求。

1935 年 8 月，天厨味精制造厂股份公司正式成立，总股本扩张到 220 万元，总部迁至爱多亚路 123 号大楼，场地更为宽裕。公司局面趋于稳定，工厂生产蒸蒸日上，最高年产量达到 23 万公斤。

国家危亡关头更显民族气节

九一八事变以后，日本加快入侵中国的步伐，中华民族到了生死存亡关头。1933 年，为抵御日本侵略，国民政府发起航空救国捐，吴蕴初先生和天厨公司以民族大义为重，捐资 12 万元购买战斗机一架，命名为"天厨"号；后又捐献教练机一架。此举轰动全国，鼓舞了国人抗战的信念。

日寇侵华，上海沦陷。天厨公司与其他民族企业一样，面临着前所未有的生存危机。为保存民族产业，天厨分三路内迁，经过艰苦努力，一路进入法租界，另外两路分别到达重庆和香港并再建分厂。

抗战期间，天厨公司多次捐款捐物支援前线，通宵达旦地向战区运输军需品和慰问品。1944 年，公司捐资 10 万元犒劳中国军队。第二次世界大战爆发后，公司向远东英军供应大量漂白粉，获得盟军高度赞赏。

❶ 味精字样注册证书　❷ 天厨捐赠的飞机

❶

天厨公司的抗日举动遭到日本侵略者嫉恨。日军借占领香港之机，将天厨的库存物资全部抢走，还觊觎战争需要的各种机器设备。日本商社也公然侵占天厨厂区，悬挂日本公司招牌，要求天厨为日军服务。天厨员工进行顽强抗争，连夜拆毁香港工厂主要设备，拒绝与日军合作。随后，大部分员工在吴戴仪率领下，辗转回到国内，在国内外赢得崇高声誉。

抗战胜利后，毛泽东同志赴重庆谈判，其间希望会见工商界人士，需要名人出面做东。吴蕴初自告奋勇，与王若飞同志联名发起会见。9月17日，毛泽东在重庆桂园会见刘鸿生、吴蕴初、章乃器、范旭东等人士，畅谈中国民族工商业的道路和前途。事后，王若飞、邓颖超又亲往吴蕴初家中访问致谢，赠送延安出产的小米、红枣、毛线毯等礼品，进一步介绍共产党人的主张。

新中国成立后，天厨味精厂经过社会主义所有制改造，技术、产量和质量日新月异。1958—1963年，天厨与科研单位一起，只用日本一半的试验时间，就首创发酵法生产谷氨酸工艺，使中国味精制造技术赶上了国际水平，为我国味精生产更新换代奠定了基础。1988年，天厨公司成立65周年，全国人大原副委员长胡厥文为天厨公司题字："天字第一号"；上海市委书记江泽民为天厨题词："老树盛开新花，花香飘遍四海"。

（钱力壮）

1996年5月，上海天厨味精厂改制为上海冠生园天厨调味品有限公司。作为"中华老字号"企业，公司秉承百年调味品生产经验，积极开拓创新，持续提升品牌形象和产品档次，不断满足消费大众对各种调味品的需求，目前主要生产味精、鸡精、素易鲜、宴会鲜味汁、酿造酱油、酿造米醋等调味品，销售网络遍布华东地区，其中味精、鸡精出口10多个国家。1995年起，公司通过并保持质量管理体系认证；2003年以来，又通过并保持食品安全管理体系认证。佛手味精、鸡精是上海市名牌产品，"佛手"商标获得上海市著名商标称号。

❶ 世博会获奖证书

雷允上传奇

自唐宋以来，苏州老阊门一直是繁华风流之地。这里水陆交汇，商贾云集。至明末清初，在阊门的边上有家闻名全国的雷允上诵芬堂药铺，后改名为苏州雷允上制药厂。雷允上诵芬堂制作的六神丸名遐弥迩，闻名于世。雷允上创业于苏州，至今已有300多年的历史。1806年，雷氏后代在上海开设分店以来，也已200多年，与童涵春、胡庆余、蔡同德并称为四大药店。雷允上以其独特的产品和经营方式谱写了百年传奇。

雷允上药店的创始

明末清初，苏州有位读书人姓雷，名大升，字允上，号南山。祖上是河北宛平人，后迁居江西丰城，至允上父辈移居苏州。他知书好学，不愿出仕做官。清康熙年间，曾推举他做博学鸿儒，但他坚不应就，而是隐居家中专心致志研究医药，并著有《金匮辨正》《经病方论》《要症论略》《丹丸方论》等书。他拜苏州名医王晋三为师，经常走街串巷，为人治病兼营卖药，在长期的实践中积累了不少民间验方和单方，搜集了许多中草药材，尤其对修合丸散方面有独特的研究。允上在苏州专诸巷天库门前，也是自己的家门口，摆了一个药摊，销售自制成药。因用药考究，很多病人吃了他的成药丸散，疾病随之消去，颇受人们欢迎。后来，又发展成为诵芬堂药铺，并在店堂内设立诊所，一面卖药，一面行医。允上为人热心厚道，经常免费施医送药。他有一张祖传秘方，经过他精心改进，用牛黄、麝香、珍珠、冰片、明雄黄、蟾酥六味名贵中药合成，故名六神丸。

六神丸对治疗咽喉肿痛、扁桃体炎、小儿热节、清凉解毒、急慢惊风等内外病症，均有奇效，一经问世，很快就博得声誉，被人们称为灵丹妙药。由于雷允上集医、药于一身，坐堂行医卖药、治病有方，找他治病的人与日俱增，门庭若市，"雷允上医生"声名鹊起，远近闻名，传

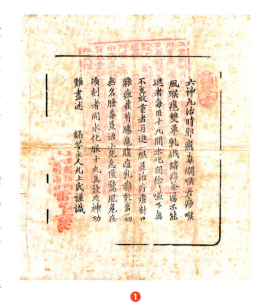

❶

❶ 清末的六神丸仿单

遍苏州大街小巷。人们都称药店为雷允上，原来招牌"雷允上诵芬堂药铺"渐渐被雷允上替代，而且生意越做越大。

老北门分店的盛衰起落

要了解上海老北门诵芬堂分店，先要从分店主持人雷纯一说起。雷纯一是雷族五房共同推派的。后因遭遇兵燹，他穷困潦倒，又得不到族人的资助，只得在老北门附近摆个草药铺售卖草药，艰难度日。当时，有位姓顾的昆山籍老人与一位姓平的苏州人自愿投资10千文，另有位雷姓族人以3麻袋痧药瓶相助，雷纯一以此为基础，惨淡经营，没过几年就恢复分店业务，至清末获利无数。那位姓平的苏州人自投资以后，数十年间从未结算过红利。雷纯一为答谢其患难之中的扶助之恩，一次付给他现银10万两，作为归还他的本金和利息。同时，为答谢姓顾的昆山籍老人当初帮助的好意，雷氏族人的一个女儿嫁给顾老的外甥彭嘉滋，并提出一笔专款在通和坊建办纯一中学，邀请彭嘉滋担任学校首任校长。

雷纯一的后人雷滋藩，又名子纯，接任店务后独揽大权，又另开一家药店，作为他的独资事业。他将这家药店盘进来的所有存药，不论好坏，敲锣打鼓地全部装入船内，丢入河中，用这种方式宣传他的药店的药品都是上等药材，决不以次充好，彰显了他的精明和魄力。后来，因全体股东有意见，要他关掉这家药店，经过调解协商，决定以1万元大洋买下此店，并永远归入雷允上老店所有，每年从营业额中提成一部分作为雷滋藩私人所有。

在20世纪20年代初，雷氏五房族人公推雷学嘉（微明）、雷学乐（显之）兄弟两人出来重振雷允上。雷微明、雷显之兄弟俩均为有学问之士。雷微明毕业于法政大学，雷显之毕业于上海大同大学，两人曾合著《中国丸散饮片全集》，于1940年出版，没几年就再版4次。在雷氏族人的推荐下，由雷微明担任苏州老店经理，雷显之出任上海分店经理，为上海分店以后的发展兴盛创造了条件。

雷显之与上海分店的发展

雷显之到上海分店后，正式把店名改为雷允上南号。为了整顿店务并应付当时外部环境，聘请司法界老前辈张一鹏大律师为常年法律顾问。他规定店中制度，强调凡吸食鸦片者一律开除；恢复并改进雷允上老店的管理办法，正式订立三联单制度。雷显之知道，光靠雷氏子孙不可能充分开展业务，他按照严格标准，先后招收了100名青年学生作为自己的门徒，亲自向他们传授中药业务，教授国文、英语。经过一番整顿，使奄奄一息的南店起死回生，面貌大变，业务蒸蒸日上。雷显之在接办南店的时候，社会上仿制冒牌六神丸很多，他经过多方努力，设法加以取缔，使仿制冒牌药逐步销声匿迹。在雷显之的苦心经营下，南店生意兴隆。到20世纪30年代，店中积累了大量资金。

为了扩充业务，1934年9月，雷显之征得五房族人全体股东的同意，在河南北路天后宫桥堍，开设了一家北店。1937年八一三淞沪抗战响起，雷显之见南、北两店都靠近华界，为安全起见，在现南京西路719号设立北支店。同时，为了统一管理这3家店的业务，又在环龙路环龙别业9号成立总管理处，亦称账房间，把3家店的营业收入全部汇集此处存入银行。

雷允上药店成就之秘

❶

雷允上药店以其秘方六神丸最负盛名。雷允上从一个小药铺发展成为名扬中外的大药店，赖其创业之初，就制订了严格的选料制度，规定进货必须按专门标准办理，遇到以次充好等情况，坚决退货，决不徇情。雷允上选用的药材原料有麝香、珍珠、羚羊角、猴枣等名贵原料。其中麝香一味，收购后即久藏于石灰缸内，等其完全干燥，重量至少已减少四成。难怪人们说一走进雷允上店内，即感觉香味扑鼻，透彻骨髓，心旷神怡。凡是中暑不适的人，只要到此药店小坐片刻，便可痊愈，盖以麝香有通七窍的功效，而雷允上加工的这味药更具效果。六神丸自1860年问世以来，100多年的临床应用疗效显著。1930年，六神丸在杭州西湖博览会上获奖。此外，雷允上制造的诸葛行军散、莎药蟾酥丸、王枢丹、辟瘟丹等药，都疗效卓著，在临床应用中发挥了很好的作用。

❷

❶ 国民初年上海雷允上南号 ❷ 20世纪50年代的制药机械：滚制蜜丸

此外，雷允上有着严格的用人制度。根据全族合议，凡是雷氏子孙进店担任负责人前，必须先从学徒做起，逐步做到精通业务；选择接班人，除了看业务专长外，还规定不准吸食鸦片，必须作风正派、道德品质好。雷显之本人也在店里受过严格训练，后离店进学校读书，所以业务内行。雷滋藩当店务负责人时，有一次收进珍珠不合规格，不仅退货，而且引咎辞职。

雷允上六神丸的秘方是家传而不扩散的，在五房分立时，每房各掌握处方的一部分，互不通气。制造时，各房提供所掌握处方的药材，最后由他们推选出的店务负责人合成成药。如雷显之担任上海店店主，即由他根据全部处方亲自监制，因此也称为"显方"。新中国成立后，雷显之将全部秘方及操作要诀献给国家，作为保密材料存档，由卫生部备案批准商标牌号，一直保持着名牌药品的传统特色。

（李剑峰）

相 关 链 接

上海解放后，雷允上逐步合并转制为"上海雷允上药业有限公司"。1983年，上海雷允上药业创建"雷氏"商标，1995年正式申请注册，于1997年获得商标注册证。"雷氏"品牌逐步发展成为集工业、商业、医疗服务于一体，并向大健康领域拓展的中药品牌，连续多年被评为上海市著名商标、上海市名牌产品。上海雷允上药业以"至诚至信、关爱生命"的企业精神，追求"绿色中药、名医名药、服务健康"的品牌内涵。

❶

❶ 上海雷允上药业奉浦生产基地

华生电扇：
闻名遐迩的国货电器

20世纪二三十年代，上海华生牌电扇就是闻名遐迩的产品。1922年6月，在上海总商会商品陈列所举办的第一次展览会上，华生电器制造厂的电扇获得优等奖及金质奖章。之后，在上海总商会举办的多次展会上，华生产品连续获奖。1926年，华生电扇获得美国费城世界博览会丁等银奖。华生电扇是怎么发展起来的？

创办之初

华生电器厂的创始人杨其源，字济川，1881年出生于江苏镇江市丹徒谏壁镇。1897年，16岁的杨其源从镇江来到上海，先在一家洋布店当学徒，因为他自学英语很快，后转入裕康洋行做账房先生。当时，正是辛亥革命前夕，杨其源受爱国思潮的影响，加上他自幼就对电器有浓厚兴趣，买来一些电器书刊自学，还买了坏电扇拆卸研究，立志造出自己的电扇。

杨其源觉得独木不成林，于是找到喜爱电器的布店营业员叶有才和木行跑街袁宗耀。他们看到市场上热销的美国通用电器公司生产的奇异牌电扇，就以奇异牌电扇为样品，经过半年多的努力，在1915年试制成功2台电扇样品。欣喜之余，袁宗耀拿着电扇去找上海总商会会董、杨子保险公司经理、苏州电灯厂大股东祝兰舫，祝兰舫十分赞赏他们的钻研精神，但也担忧几个问题，一是用户偷电，二是进口的电流限制表价格昂贵。祝兰舫提出的实际问题，引起了杨其源他们的思考，于是买来了旧的进口电流限制表为样品进行研究。在研究中杨其源发觉，电流限制表原理简单，而进口货结构复杂，如果依样仿制，成本很高，于是设法简化结构。当年冬天他们就造出样表，送苏州电灯厂试用，结果非常满意。产品有了销路，就有开办工厂的条件，杨其源、叶有才、袁宗耀凑集了几百两银子，在四川路横浜桥租屋数间，雇用六七个工人，于1916年2月正式开工。

随着电流限制表陆续交货，资金逐渐宽裕。接着，苏州电灯厂的第二批订货接踵而来。1917年，杨、叶、袁3人又集资1000两银子盘下兆丰路（今高阳路）锦瑞里的远达电器厂，作为新的厂房。产品品种有电压表、开关、输电变压器和直流发电机等。1919年，他们又在周家嘴路购地十余亩自建厂房，添置了新的设备。此时，工技人员已达七八十人，产品品种又增加了交流发电机、高低压开关和全套电灯厂用的配电盘等。1924年，他们在华生电扇的广告上，醒目标有"保用十年""修理免费"的字样。他们之所以取名"华生"，包含着"为中华民族之生存"的意思，充满了爱国主义精神。

享誉中外

1925年，杨其源、叶有才、袁宗耀决定再次扩建厂房40余间，增添工作母机百余台，工人增加到300余人。华生电器厂开始成批生产华生牌电扇，当年产量1000台。国产电扇上市后，他们在苏州设置公开试验展示橱窗，让电扇一天24小时不停地旋转，连转了6个月，华生牌电扇一鸣惊人，声誉鹊起。1926年，华生牌电扇已成为国内最早进行注册的商标之一。

❶ 上海华生电器制造厂工人子弟学校全体摄影　❷ 西湖博览会金质奖章

这年 12 月，上海总商会商品陈列所举行第四次展览会，华生牌电扇参展，获得优等奖，与电风扇一起参展的发电机也获得优等奖。在美国费城世界博览会上，华生牌电扇获得丁等银奖。《上海总商会月报》刊登了华生牌电扇获奖消息，华生牌电扇顿时成为市场上的热销商品。

由于电扇是大批量生产，电机是小批量生产，两者生产混在一起很难适应，于是 1933 年杨其源等又在沪郊南翔镇购地增建厂房，另外建立华明电器厂，专门制造各种电机、电器产品。原来的周家嘴路厂则专门生产电扇。由于电扇产量逐年增加，生产工种多，仓库所占面积大，运输任务繁重，因此，为了方便管理和生产，再按电扇部件划分为 10 个分厂。1934 年秋，该厂在福建路建立总管理处。到 1935 年改组为股份有限公司，着重于大批量生产电风扇。1936 年，华生电扇年产已达 3 万余台，畅销国内外，进入了全盛时期。

全盛时期

华生电扇问世时，正值"五卅"惨案发生，国内反帝爱国运动蓬勃发展，"提倡国货，抵制洋货"的呼声遍及全国。华生厂趁此形势，参加了国货工厂联合会；利用各种国货展览会的机会，竭力扩大自己的影响，使产品销路直线上升。为了开拓国外市场，华生厂经理叶友才几次出国，与南洋各地商会联络，开办电扇展销会，并同侨商广订经销协议。当地华侨出于爱国，拒购洋货，欢迎国货。经过他们的精心策划、推介，使华生电扇在东南亚市场迅速占有一席之地。

我国电扇市场原为美商慎昌洋行经销的奇异牌电扇所独占。华生厂投产初期，即对奇异牌卜电扇进行了技术分析，看到奇异牌电设计有不尽合理与不够完善之处。于是，他们从彻底改革工艺和提高质量着手，在吸取奇异牌电扇优点的基础上，对一些部件作了改进。如把原来的铸铁底座改用钢板拉伸，这样既减轻重量，又减少加工量；增加机械通风，使电机升温降低；摇头部分以铝合金代替铸铁，使之更为轻巧灵活；钢风叶增加镀镍，使外表益臻美观。这样，华生牌电扇的结构及质量就全面超过了奇异牌电扇，而且降低了成本。为了保证质量稳定，每台电扇在出厂前，都经过严格的校验，如 36 英寸、42 英寸、56 英寸、60 英寸吊扇，除在厂内做一年的运转试验外，还挪到苏州作连续 6 个月的运转试验，实验证明，安全可靠。当时，上海市公用局一次购买华生牌电扇数十台，经过试用甚为满意，使用数年依旧良好。该局对华生牌电扇的质量赞叹不已。在东南亚市场上，华生牌电扇初露身手，就被爱国侨胞誉为"国货电器之上乘，足以抵拒外货而有余"。在短短几年内，华生牌电扇产量迅速上升，1927 年生产 5000 台，1928 年生产 1 万台，1929 年生产 2 万台。

通过国货运动和参加各种展览会，华生牌电扇和其他电器产品的声誉与日俱增。当时全国有 25 个城市的各大电料公司经销华生电器产品，华生牌电扇的销售量占国

内市场十分之八九。在国外，菲律宾、越南、新加坡、马来半岛、苏门答腊、小吕宋、爪哇、泰国及南洋各群岛的各大电料行，也经销该厂产品，每年出口量达 1 万台左右，占该厂电扇产品的三分之一。

（龚尚联）

❶ 华生牌电扇广告　❷ 华生牌电扇广告

马利画材：
"马"到成功 "利"国利民

　　100年前，西洋画随着宗教已进入中国，但绘画用的颜料都是从英国、德国和日本进口的。1919年，著名画家张聿光等十位画家、教育家、企业家集资办厂，生产中国自己的美术颜料。为表示齐心合力，股东十人选了一个十笔画的"馬"字，取"马到成功"之意，再选一个"利"字，希望颜料厂能够"利国利民"。这样，马利工艺社就诞生了。1951年，马利牌经国家批准再次注册。1956年，实行公私合营，马利工艺厂先后兼并近20家企业，建立上海美术颜料厂，并决定马利牌为产品商标。数十年来，马利牌始终保持全国美术颜料市场第一品牌的地位。1993年，上海美术颜料厂和上海实业（集团）有限公司，以中外合资方式成立上海实业马利画材有限公司。1997年，马利牌商标被上海市工商局认定为上海市著名商标。1997年4月被国家工商局认定为"中国驰名商标"。

杨中毅的"马利情"

　　杨中毅，1979年进入马利画材工作，但他与马利的渊源可以追溯到他的父亲。父亲是马利的老员工，那时杨中毅全家住在马利的职工宿舍，周围邻居都是马利人。杨中毅经历了十年的下乡生活后，顶替父亲进入马利。"马利"的名称起源于"十股东"的故事，也是父亲讲给他听的。从父亲的口中，他还知道马利颜料得到著名画家和社会名流的喝彩，德高望重的于右任先生为马利题词"光照中国"，何香凝先生题词"绚烂夺目"，徐悲鸿题词"光腾采耀"，林风眠题词"提倡国货、挽回外溢利权"等，这使他对马利颜料及品牌的热爱之心愈加热切，决意为马利贡献一生。

　　1998年，杨中毅被任命为上海美术颜料厂厂长。自此，他与马利结下不解之缘。上任后，他以四件事情展现自己对马利的满满深情，促使马利"旧貌换新颜"：

　　第一件事情是成立马利技术中心。杨中毅深知，技术创新是企业保持活力的灵魂，虽然当时马利的产值、销售数据不够条件，但马利人用诚信和发展规划赢得相关部门的理解，得到批准。2000年挂牌的这个技术中心，拥有美国、德国最先进的检测仪器和电脑测色、配色系统，引入意大利、瑞士等国的全自动灌装机等先进设备，为马利发展搭建了技术支持平台。

第二件事情是挖掘马利文化底蕴。刚上任不久，杨中毅就拜访了马利工艺社创始人张聿光先生的儿子（当时张聿光已过世，张先生97岁高龄），得到了马利创始初期的丰富资料，包括于右任等名流的题词等，这些资料后来收藏在“马利画廊”。

❶

第三件事情是设立“画家之友”实验室。为关注画家对颜料的需求，杨中毅建立画家个人档案，投入巨资引进国际最先进设备，以满足画家个性化颜料需要。由此，他与著名艺术大师韩美林先生结下友谊，在韩老指导下成功试制“中国墨彩画颜料”，并与中国美术家协会韩美林工作室在北京人民大会堂，共同举办了题为“弘扬祖国优秀民族文化、创新中国优秀民族绘画产品”的研讨会。

第四件事情是设立“马利艺术奖学金”。该奖学金遍及中国美院、鲁迅艺术学院、西安美院、湖北美院、四川美院、天津美院、广州美院、清华大学美术学院、上海大学美术学院等，还进入俄罗斯列宾美院、澳洲国家艺术学校等国际名院。

所有这些，奠定了马利在中国美术类商品中第一品牌的地位。目前，马利成为我国规模最大（国内市场占有率60%）、品种最齐全（1000多个）、产品远销世界60多个国家及地区的美术画材专业公司。

《泼水节》壁画背后的故事

1982年，北京首都机场出现了颇具时代意义的一幅壁画——《泼水节》，值得马利人骄傲的是，该作品是采用马利丙烯画颜料绘制成功的，而丙烯画颜料试制的背后，还有一段动人的故事。

20世纪70年代末，马利丙烯画颜料的研发人徐兴章之子、20来岁的徐鸿翔正看着一幅草稿图发呆，画面中，少数民族女性穿着婀娜多姿的服装互相泼水玩耍，蓬勃的生命力和对美好的向往渗透在画面中。

彼时，首都机场想在餐厅绘制一幅壁画作品。通过社会征集，中央美术学院老师袁运生绘制的《泼水节》入选。巨大的墙体能用什么样的颜料绘制呢？油画颜料显然并不适合，刚发迹于国外的丙烯画颜料，因其快干、媲美油画效果的特质被广泛运用于墙体创作，但当时的中国没有生产丙烯画颜料的厂家。于是，袁运生找到了上海美术颜料厂，即今天的上海马利画材股份有限公司，提出定制一批丙烯画颜料。

如何满足艺术家的需求呢？时任上海美术颜料厂技术组长徐兴章从国外购入两支丙烯画颜料开始研究。他动足脑筋，不断试验，不断失败，从皮革中提取黏合剂、自

❶ 马利创始人张聿光

调糊精……凭借热情和执着，徐兴章带领团队愣是从"无"到"有"，研发出了样品。徐兴章马上将样品寄给在北京的袁运生，袁运生给出试用建议，两人不断切磋、磨合、完善，边做样品边试画。几个月后，中国第一幅丙烯画颜料作品——《泼水节》终于在首都机场诞生。

当时的中国刚刚开放，如此大胆描绘女性美好形象的作品并没有被国人所接受，诽谤之声落到袁运生头上，他一气之下远走甘肃敦煌，闭门修行两年。回北京后，改革开放的新空气浓了，国民开始接受外来优秀文化了，《泼水节》重新受到关注和欢迎。这幅用马利丙烯画颜料画出的女性美好形象，带着鲜活的生命力见证中国进入全新时代。五十年后的今天，这幅《泼水节》壁画依然蓬勃生动、色彩艳丽。

三代人彰显的"百年马利史"

作为"马三代"，马利员工杨懿从爷爷辈起，一家就与马利结下了不解之缘。杨懿一家和马利结缘于百年前，马利画材创牌于1919年，而杨懿的爷爷则出生于1918年，时代的相近注定杨懿一家与马利前世今生的缘分。近八十年里，她的爷爷、外婆、父母和她相继成为"马利人"。

身为马利员工子女，杨懿从儿时起就使用马利产品学习绘画。回忆起童年第一次使用的产品，杨懿仍记得是型号9011的马利蜡笔套装。套装里有一套蜡笔和一个亮色卷笔刀，杨懿很喜欢用卷笔刀削出的精美笔削，还会悄悄收藏。长大后一路学画的她，一直使用马利的产品，而现在已为人母的她，会带女儿认识、使用马利的产品。让她欣喜的是，女儿也显露出对绘画的喜爱，马利开启了第四代的艺术生涯启蒙。

20世纪90年代，很多马利员工都住在打浦桥的新新里。大家一同上下班，邻里之间既是同事，又像家人，这份其乐融融给童年的杨懿留下了温馨的记忆。杨懿曾经的

 徐兴章在实验室

托儿所，是马利西康路的办公室，而后改建为她父亲研发画材的办公室，这里是承载两代人记忆的空间，让杨懿感觉特别奇妙。而她最爱的是去母亲工作的西康路马利专卖店玩，店里可以扳动手脚的木头玩偶是她最喜欢的玩具之一。

说起目前工作的马利文创园，杨懿充满了身为马利人的自豪和欣喜。2020年，是她来到马利的第 10 个年头。从最初工作的西康路到程家桥路，再到如今改建后的马利文创园，杨懿觉得马利始终在与时俱进。新晋的马利美术馆、艺术家驻留空间、现代化的办公环境，让学画的她感受到浓烈的艺术氛围。从画材制造到如今的文化产业开拓，杨懿感受到强烈的归属感。

（顾汀汀）

亲历者说

杨懿（上海实业马利画材有限公司职工）：我的爷爷曾在马利金工车间建造和修理机器。我的父亲顶替父辈也来到马利工作，在画材开发部进行新品研发。我的母亲则进入马利从事内勤和销售工作。现在我从事线上业务的管理，负责品控交易等工作。从三代人工作的变化，深刻反映出时代的变迁以及百年画企的与时俱进。回首百年马利的发展历程，无数马利人星火相传，为马利品牌的发展奉献一生，我要把这份执着传承下去。

❶ 马利老产品 ❷ 马利老产品

固本肥皂：
百年鏖战　固本依旧

　　1888年，英商美查兄弟首先在上海投资生产肥皂，此后，德、日等外国列强也纷纷进入上海市场，抢得一杯羹。其中，一家德资肥皂企业的出现，为上海乃至整个中国的肥皂产业埋下伏笔，它就是建立于1908年的德企固本肥皂厂。1914年"一战"爆发后，德商将固本肥皂厂委托华商代管，期待战争结束后继续经营，未能如愿，遂将企业出让于买办张云江，更名为张云江肥皂厂。因张云江不擅经营，生意惨淡，只能寻求低价脱手，就在这时，时任五洲药房总经理的项松茂接手这家企业。

项松茂和五洲固本皂药厂

❶

　　项松茂，名世澄，别号渭川，浙江鄞县人，14岁至苏州当学徒。清光绪二十六年（1900），项松茂任上海中英药房会计，后任汉口分店经理、汉口商会董事。清宣统三年（1911）至民国21年（1932），项松茂返沪任五洲药房总经理。在此期间，项松茂曾亲赴日本考察药业，并派人赴欧美学习，引进先进技术。民国6年（1917），项松茂开办天津五洲药房支店，并以资金和产品帮助建立伯特利医院（现上海第九人民医院前身）和福幼医院。民国10年（1921），项松茂看准时机，力排众议，以12.5万两白银接手固本肥皂厂，并于6月将总资本扩充至100万两，易名为"五洲固本皂药厂"，下设制药、制皂2个独立的部，正式进军中国肥皂行业。

　　接手制皂之初，项松茂就遇上了棘手难题。原来，当初德商卖厂时，只卖出厂房设备，却对制皂工艺技术严加封锁。五洲厂最初生产的固本皂质量并不高，难以打开销路。为化解难题，项松茂使用"人才计"，高薪聘请一批化工专业的毕业生担任技术骨干研制肥皂；又使用"无间计"，派制皂部主任乔装打扮，混入英商公司打工数月，掌握了从投料至各道工序的制皂

❷

❶ 项松茂　❷ 五洲固本肥皂广告

工艺和关键技术，终于成功研制出高质量的固本肥皂。建厂次年，获农商部颁发的最优等特奖。1928年，项松茂加大投入，添建厂房多幢使工厂总面积从初期的20余亩扩大至30余亩。1929年，肥皂日产量从上年的800箱增加到1000箱，1930年升至1500箱，1931年激增至2000箱，成为当年沪上众多民族肥皂企业中当之无愧的领军企业。

直面竞争　勇敢捍卫民族品牌

在当时外商称霸的肥皂市场中，固本肥皂异军突起，动了"洋皂"的奶酪，必然引起英商的敌视和妒恨。英商遂将固本肥皂视为眼中钉、肉中刺，提出愿付高于五洲固本厂总资产的价格，全盘收购该厂的生产资料和商标，遭到项松茂的严正拒绝。

英商收买不成，随即将自己的祥茂肥皂偷工减料低价倾销，企图以价格战迫使固本厂倒闭。项松茂则反其道而行之，以增加脂肪酸含量来提高固本肥皂的内在质量，价格也控制在英商祥茂皂之下，以制药部的利润补贴制皂部的亏损。与此同时，注重在广告中频频使用"经久耐用""不缩水"等词汇；在实际售卖中，一些固本肥皂零售商也会在销售柜台上进行质量对比试验，将固本肥皂和祥茂肥皂的两款实物分别置于两个装满水的碗中，用事实向消费者证明固本肥皂更加优质耐用。上海交通大学化学专家也在《化学世界》权威期刊上发文，向全社会公开两种肥皂的检测结果，力证固本肥皂的质量优于祥茂肥皂。固本肥皂在与英商的生死竞争中以质优价廉而一举成为市场畅销的名牌产品，挫败了英商企图垄断中国肥皂市场的阴谋。在与英商祥茂肥皂的竞销大战中，固本肥皂的产量得到增长，市场占有率大为提高，肥皂的品种也有拓展，除固本洗衣皂外，又研制出洗面沐浴用的固本香皂和兼有药用疗效的固本药皂，使五洲固本厂成为民族制皂业与外商竞争的重要力量。

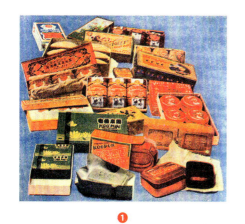

❶ 各种五洲固本肥皂产品　❷ 五洲固本皂药厂发行所

不畏强暴　抗敌救友大义凛然

1931 年九一八事变后，项松茂积极投入抗日救国运动，担任上海抗日救国委员会委员，代表五洲和其他 5 家药房登报声明"不进日货"，并将厂内全体职工编组成义勇军第一营，自任营长，聘请军事教官严格训练，规定职工下班后军训 1 小时，积极备战，从而招致日寇仇视。

1931 年一·二八淞沪抗战爆发，十九路军奋起抗击入侵日军，伤亡极大。项松茂接受生产军用药品的任务，亲自督促、日夜加班赶制，供应前线急需。其时，位于北四川路老靶子路（今武进路）口的五洲大药房第二支店，因靠近交战区，派 11 位职工留守护店。1 月 29 日上午，日军和日本浪人包围该店，强行闯入搜查，发现义勇军制服和抗日宣传品，即将留守职工全部抓捕。项松茂闻讯后，义愤填膺，当即决定亲自前往营救。同事们得知后纷纷劝阻，而他却说："11 位同事危在旦夕，我不去营救，如何对全公司负责？贪生怕死，还算什么总经理？"说罢登车而去，寻找营救途径。1 月 30 日，项松茂突遭日寇劫持，被关押在日军军营。面对日寇，项松茂临危不惧、义正词严。次日，即遭日寇秘密杀害，并被毁尸灭迹，11 位五洲厂的职工也痛遭杀戮。项松茂以身殉国后，国民政府以"抗敌不屈，死事甚烈"予以褒扬。著名进步人士史量才、章太炎、黄炎培等都曾撰文，高度评价项松茂崇高的爱国精神。1982 年，项松茂殉难五十周年之际，全国人大常委会副委员长许德珩书写"制皂制药重科研，光业光华异众贾；抗敌救友尽忠诚，爱国殉身重千古"的题词。

项松茂身后，五洲董事会决定由其长子项绳武继任总经理，继承其父遗志。抗战爆发后，日军侵占了五洲厂位于徐家汇的制皂厂，日本油脂株式会社威逼项绳武"合作"，但其使用"五洲固本"牌商标共同生产的要求，遭到项绳武断然拒绝。日商又利用厂中原材料，冒牌生产五洲固本皂，项绳武不顾自身安危，一面公开登报声明假冒肥皂的来源和特征，提醒消费者勿受其骗，一面租用小沙渡路（今西康路）花园住宅，安装设备恢复生产固本肥皂，并在皂面骑缝小商标上加印"小沙渡路出品"的字样，让消费者识别真伪，加上经销店拒售假货，迫使日商假冒的固本肥皂再难鱼目混珠，只得改用"五星牌"商标销售。

抗战胜利后，因国内时局动荡，五洲固本厂未能得到全面发展，直到解放后，才恢复固本肥皂等产品的生产。

正本清源　传承百年固本精髓

上海解放后，英商中国肥皂股份有限公司由于经营不善、负债过重、资不抵债，自愿以厂抵债，转让给上海市人民政府。1952 年 6 月 28 日，由上海市人民政府接管，改名为中国肥皂公司，江泽民同志受委派担任第一副厂长。1955 年 7 月 1 日，定名为国营上海制皂厂。作为上海唯一的专业制皂厂，传承好、发展好以"固本"为代表的优秀民族品牌，与时俱进地满足广大消费者日益增长的消费需求，成为当代"固本人"责无旁贷的神圣使命。

1961 年，上海制皂厂完成对扇牌洗衣皂的配方改进。1962 年，国家重点工程年产5000 吨合成脂肪酸的生产车间通过国家验收委员会批准投产。1962 年，固本洗衣皂恢复生产。1966 年，完成对蜂花檀香皂的包装、原料、香精等升级改造，使产品质量明显提高，1979 年、1985 年、1988 年连续三次荣获国家银质奖，成为中国制皂行业唯一获此殊荣的香皂产品。1986 年，固本肥皂被评为轻工业部质量先进产品。1990 年，固本肥皂被评为上海市名牌产品。1991 年，固本肥皂被评为上海市优质产品。

至 1990 年，上海制皂厂已形成固本、蜂花、白丽、美加净、上海、扇牌六大品牌的系列产品。2003 年，抗击"非典"时期，接市政府紧急指令，全力生产上海药皂等抗菌类消毒防疫用品，确保全国市场供应。2017 年 7 月，一个来自联合国的商业采购电话找到上海制皂厂并向其求助，提出需为联合国人口基金会定制一款无香精、低敏感、保湿的专用香皂，以满足儿童使用的特殊要求。上海制皂厂在圆满完成首批3 万块香皂定单任务的基础上，时隔 4 个月，又迎来第二份 9 万块的订单，为联合国援助工作贡献了一分力量。2018 年 10 月 22 日，上海制皂厂生产的"蜂花"逸品檀香皂成为"进博会"上海优选特色产品（伴手礼）之一。2020 年，在抗击新冠肺炎的战役中，上海制皂厂生产的抗菌类消毒防疫用品依然是全国人民"勤洗手"的必备用品。

（李傲鑫）

相 关 链 接

2020 年 11 月，"固本"与行业内国际顶尖品牌设计公司法尚正式达成战略合作，法尚将以创意设计、思维创新，重塑固本品牌，更好地雕刻这件百年"艺术品"。肩负着传承百年品牌使命的"固本人"，将以"固本之家"为品牌形象大门，使消费者享受到独有的认同感、归属感，使固本真正成为一个"倡导全新生活方式的时尚化妆品品牌"，开启中国 3.0 美妆护肤新时代。

龙虎商标　中华骄傲

1911年7月，浙江余姚籍实业家黄楚九先生在沪开设龙虎公司。凭借少小随父习医的经验，他以世传验方为基础，自创开窍醒神、祛暑止呕的药剂龙虎人丹，注册"龙虎"商标。"龙虎"不断创造我国医药工业史上多项纪录：中国第一家民族制药工业企业、中国第一个国家规范注册的医药商标、中国第一件国家秘密技术的清凉油配方及制造工艺，此外，还折桂"东方魔药"、摘金"驰名商标"……

龙虎品牌诞生

❶

黄楚九，浙江余姚人，少年时随父行医，略谙医术。15岁时，父亲去世，便随母亲蒋氏迁居来沪，进入清心书院读书。其后，黄楚九挂牌自炫为祖传眼科医生，兼制眼药发售。业余时间他遍览有关书籍，开始学习研究西药，并于1890年借资3000元，将药铺迁至法租界的法大马路（今金陵东路）租用店面继续行医，将招牌改名为"中法大药房"。

1911年，黄楚九以古代名方《诸葛行军散》和家传祖方《七十二症方》为基础，自拟了一张处方，以薄荷脑、儿茶、冰片、丁香、砂仁和麝香等为主要原料，产品取名为"人丹"。同时，在三马路小花园筹设龙虎公司，以"龙虎"图案为人丹的商标，"龙是吉祥物"，"虎是兽中王"，取名"龙虎"，期许产品在日后的市场竞争中立于不败之地。四年后，企业又更名为中华制药公司，开启国药工业化生产之先河，成为中国民族制药工业诞生的时代性标志。

第二年，龙虎人丹的"龙虎"商标即由海关挂号备案。1923年，北洋政府颁"商标法"，"龙虎牌"和人丹及图案再度申请注册并获准，成为国内早期规范注册的医药商标。

❶ 龙虎公司创始人黄楚九

民族企业崛起

"龙虎"人丹上市后，因疗效显著，成为大众居家喜爱的良药，但由于市面上已经有日本"翘胡子"仁丹在中国行销，龙虎人丹在制销过程中遇到了强劲对手和竞争压力。

1914年，日商东亚公司为打压中国民族品牌，垄断市场，诬告我"龙虎"人丹假冒其"翘胡子"仁丹。中华制药公司不畏恫吓，不受利诱，奋起抗争维权。这场官司从地方法院打至北京大理院（相当于最高法院），整整延宕十余年。直到1927年中国内务部最终裁定"龙虎"胜诉，公司赢得中国药业早期民族医药品牌维权胜诉案，彰显了我中华民族工业的风骨。

抗日战争爆发，上海沦陷，中华制药公司生产时断时续，人丹一时奇缺。为了支援敌后根据地，公司配合中共党员巧扮商人，将龙虎人丹运送到革命老区，龙虎人丹为抗日战争作出贡献。1946年，爱国将领冯玉祥在参观中华制药厂后，手书一副对联："腐旧终淘汰，维新必适存。"

1949年，上海解放，中华员工当家作主，企业重获新生。20世纪50年代，中华药业厚积薄发，研制成又一个主力产品"龙虎"清凉油，这款红色圆铁罐清凉油以独创配方和新颖的制造工艺，被列为国家秘密技术项目，成为拥有自主知识产权的我国代表性中药制剂之一，为企业发展培植蓄积实力，为国药瑰宝添彩增色。

❶

1959年2月20日，中共上海市委向全市工业战线发出"大搞技术革命，提高劳动生产率"的号召。全厂上下迅速动员起来，以人丹包装机械化为技术革命突破口展开攻坚战。同年12月23日，上海《新闻日报》的头版头条刊登长篇通讯《赤手空拳闹革命，各方支援造机器——"龙虎人丹"包装机械化》，报道中华制药厂技术革新的成就和经验。上海努力沪剧团把人丹包装机械化的事迹编成名为"百合花"的剧本，搬上了沪剧舞台。

❶ 第一代人丹制丸

"东方魔油"美誉世界

1957年，中华制药厂为更好地开拓海外市场，注册了以出口为主的"天坛"商标，此后，"天坛"清凉油在全球逐步扩大了知名度。20世纪80年代的改革开放大潮中，公司焕发青春活力，进一步加大海外市场拓展力度，"龙虎"清凉油年创汇突破1000万美元，为我国重要制剂单产品出口量和总创汇额之冠。1987年"天坛"牌清凉油荣膺德国莱比锡秋季国际博览会金奖，挟"东方魔药"之誉风靡亚非欧美，远销80多个国家和地区。同年，时任上海市市长的江泽民莅临考察，欣然为公司写了"发展医药工业，增加出口创汇"条幅。

一罐小小的清凉油，何以获得"东方魔油"的世界美誉？除了全厂上下齐心努力，还有位功臣不能不提，他就是在中华制药厂工作近半个世纪、曾被评为三届上海市劳

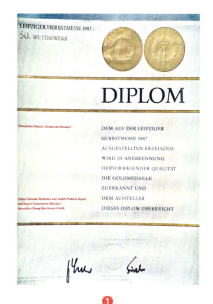

❶ 中华制药厂获德国莱比锡秋博会金奖 ❷ 现代龙虎清凉油生产线

动模范的原中华制药厂设备科科长孙定义。早在1980年时，他看到厂里的生产工艺还是手工操作，工人们满身油污、产量低、装量误差大、油渍溢出、资源浪费，无法适应产品日益增长的出口要求。于是，他主动请缨成立攻关组，带头不计时间、不计报酬地日夜研制，大胆采用光电、数控、机械等现代先进技术，前后仅用了4个多月时间，成功设计开发第一条流水线设备——QLY-2型3.5克清凉油自动灌装机，使清凉油生产排盒等工序一跃而为自动化作业，劳动生产率一下子提高1.5倍。这一创新发明获得医药局重大科研成果奖。此后，他再接再厉，在仪表组的密切配合下，又相继研发3克装、19克装清凉油自动灌装机，使公司清凉油的质量大幅度提高，产量直线上升，为出口创汇提供坚实保障。

（蒋云）

2000年，"龙虎"获中国"驰名商标"，获上海医药界第一枚国家级品牌。2009年，企业更名为中华药业有限公司。公司大规模进军非药产品领域，推出系列大健康日化产品。在振兴老字号的路上，传承经典、开发创新、国潮IP三驾马车齐头并进。

梅林：
一瓶番茄沙司开始的传奇

　　地处上海军工路的上海梅林，经历了近百年的栉风沐雨，如今已发展成为中国罐头行业的领军品牌。梅林现有肉、禽、水产、水果、蔬菜、调料等十大系列百余个品种，堪称"梅之林"。梅林牌午餐肉、番茄沙司、八宝饭，连年被评为"上海名牌产品"。自 1992 年起，上海梅林连续被评为上海市著名商标。2005 年，梅林 B2 肉类罐头获得中国罐头行业首个"中国名牌"称号。2010 年获得商务部认定的"中华老字号"称号。上海梅林产品远销欧美、日本、东南亚等 50 多个国家和地区。

梅林，从一瓶番茄沙司起家

　　20 世纪 20 年代后期，上海英、法、美租界西餐生意业兴旺：中央西餐社、大西洋西菜社、航海青年会西菜社、礼查西菜社……名称虽然西化，可承包这些西菜社的主人及厨师却大多为中国人。在西菜馆餐桌上，经常要用到的番茄沙司、辣酱油、果酱之类的辅佐食品，都是从国外进口的，不但价格昂贵，而且经常脱销。

　　1929 年春，几位年轻有志的中国厨师经过商讨，租借了德祥里 13 号（即今肇周路德祥里 78 弄 13 号）一上一下厢房式石库门房子，集资数百元，雇了两名工人，购置了一具土灶、一只蒸锅及一些简陋的工用具，迈出了艰难的创业之路。

　　他们首先从试制番茄沙司开始。当时手头没有任何资料，向外国人讨教显然不可能，洋人们昂着头，对中国人不屑一顾。好在几个合伙人都是从事西菜业的能手，他们熟悉国内外食品的口味。于是，在主理西菜业务过程中，他们亲自烹调，同时细心品尝、辨别番茄沙司的配料成分，几经反复，终于用国产原料试制出番茄沙司。不久，青豆、刀豆等产品也相继试制成功；果酱、辣酱油的质量随之进一步提高。这些产品虽还不太符合标准，但因其价格便宜，只有外货的几分之一，因此一般西菜馆也乐于采用。初创者们在艰难中看到了一丝希望。

　　几个合伙人因陋就简，没有空罐设备，生产出来的产品，只能用钵头、玻璃瓶盛装，但毕竟没有正式牌子，身价不高，销路经常受阻，更有些崇洋媚外者，不相信中国货。合伙人毫不气馁，常常聚在一起，共同商讨。一天深夜，吃客散尽，西菜馆打烊关门，合伙人又在一起冥思苦想……忽然，一个新点子让他们的眼睛一亮：何不借

用洋货的包装瓶来检验自己产品的口味？

在苏州河畔的香港路上，有一个著名的航海青年会，它是外国来沪水兵聚集之地、吃喝玩乐之所，西菜佐食需求量很大。一天傍晚，航海青年会又沉浸在一片灯红酒绿的旋转世界之中，一阵疯狂的爵士音乐过后，一些水兵吃饱、喝足、玩够……醉眼朦胧，扬着毛茸茸的大手，指着台尔蒙番茄沙司、利贝辣酱油，跷起大拇指，直叫"OK！OK！"几个合伙人看在眼里，喜在心头，不由露出会心的微笑。原来这些瓶里盛装的是他们自己研制生产的中国货。当他们揭开秘密，讲出真情，那些高鼻子洋人直耸着肩，瞪大眼睛，连连摇头道："NO！NO！"他们不相信口味如此纯正的番茄沙司等调味品，居然是中国人的产品。

中国人自己生产的第一瓶番茄沙司，一举打破了上海滩餐饮业市场上进口番茄沙司一统天下的局面。番茄沙司的成功，给中国厨师以极大鼓舞，他们信心倍增，不断增加投资、筹建工厂、打造品牌。

梅林金盾，声誉鹊起

1930年7月，上海梅林罐头食品厂宣告诞生。1933年7月，正式成立梅林罐头食品厂股份有限公司。当时，脆弱的中国民族工业处在外货倾轧包围之中，有感于初创时的困难，他们商定以傲霜凌雪的"梅花"为企业名，以"金盾"作商标，确立"抵制舶来品，争取外汇"为企业宗旨。1933年9月9日，上海《新闻报》登载了梅林金盾注册商标的广告，金盾商标旁"生产救国"四个大字赫然醒目。

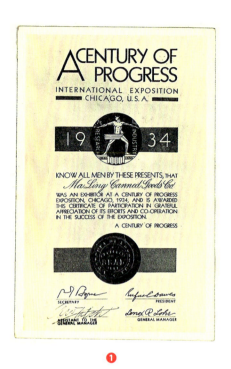

当时，美国台尔蒙番茄沙司销往我国各地每年达 2 万—3 万箱，又有法国青豆、蘑菇等大量运入。梅林公司以其低成本、高质量的产品，平抑售价，从而迅速占领市场。在 1—2 年内，上述各货逐渐由梅林公司取而代之，而洋货输入已不及梅林公司十分之一。1935 年，日货罐头又争向中国倾销，梅林公司削本销售，以助中国百姓抵制日货，获得良好口碑。

上海各大西菜社、食品店，皆以梅林产品居多。沿长江流域、两广口岸至各大城镇，以及遥远边疆，梅林产品所到之处声誉鹊起，使舶来品无法立足。梅林公司还因时因地研制家乡风味罐头，在东南亚地区深受青睐；产品迸而远销美国、荷兰、瑞士等欧美国家，并积极参加国际著名博览会，多次获奖。

梅林走上持续创新之路

新中国成立之后，梅林产品不断创新。仅以上海梅林的拳头产品——罐头午餐肉为例，以其形态美观、营养丰富及食用方便等优势，曾三次获得国家质量银奖及国际博览会金奖，至今畅销不衰。

如今很少有人知道上海梅林罐头午餐肉的由来了。1957 年，食品工业部邀请捷克专家斯哈尼尔来上海梅林传授西式肉制品工艺技术。随后，捷克食品工业部向中国赠送 7 台机器，并会同上海梅林的工程技术人员，夜以继日，全力攻关，用中国原辅材料试制出几十个西式肉制产品，开辟了借用"外脑""外机"开发新产品的新路。为了对捷克专家在技术、设备上的支援表示感谢，又作为捷克专家来厂技术指导的报酬及赠送机器的价值偿还，上海梅林回赠 465 箱罐头，其中有传统的八宝饭、粉蒸肉、猪舌、罐头香肠、鲜蘑菇、火腿蛋、红烧扣肉，以及新开发的午餐肉，共 25 个品种，计 10.03 吨，成为中外友好交往的一段佳话。

从 1958 年开始，罐头午餐肉作为上海梅林的招牌产品出口东欧。20 世纪 60 年代进入香港、澳门、新加坡、马来西亚等地区。20 世纪 70 年代向非洲、中近东地区扩展；80 年代产品又打进西欧、日本、美国、加拿大等众多发达国家市场。

梅林的创新精神代代相传，近年来开发了适合不同消费层次需求的新产品：梅林

❶ 1934 年，梅林罐头亮相美国芝加哥"世纪进展"展览会，展览会主办方授予梅林公司感激证书

"猪大萌"系列午餐肉罐头及礼盒；金罐火腿猪肉；精制、蒜香、香辣、火锅午餐肉等系列衍生午餐肉产品等。这既提升了梅林的市场竞争力，也赢得了海内外千万家庭的欢心和喜爱。

（王定芳　朱雪莲）

亲历者说

张晴峰（上海梅林正广和股份有限公司上海梅林罐头分公司总经理）：上海梅林秉承"民以食为天，食以安为先"的理念，坚持为老百姓提供安全、健康、营养、美味的食品。我们在巩固传统客户的同时，高度关注年轻人的需求特点和审美趋向，创新研发，推出"猪大萌"系列，不仅有经典口味，还有清淡、芝士、火腿等口味和品种；将中式点心装进罐头，开发出"富汤""倒火"甜品罐头系列；炖鸡汤、美味午餐肉、红焖牛肉、红糖红枣红豆汤等一批新品也相继上市。

❶ 1957 年捷克专家指导生产午餐肉罐头　❷ 上海梅林午餐肉全家福照片

三友实业社:
抵御外侮　爱国创业

　　1912 年, 陈万运、沈九成、沈启涌在上海横浜桥创立三友实业社, 很快成为我国第一家较大规模的毛巾厂。三友社曾经作为民族品牌旗帜, 闪耀着坚定不移的爱国主义精神, 同日商进行了激烈的竞争, 顽强地抵御日本帝国主义的侵略, 在中国纺织工业发展史上写下浓墨重彩的一页。

三友合伙办厂

　　19 世纪的上海是五口通商城市之一, 市面上洋火、洋烟、洋油、洋烛充斥。洋烛清洁、光亮、耐燃、无烟, 很受国人喜爱, 销路旺盛。1910 年, 进口洋烛达百万海关两, 洋烛取代了中国老式的油盏灯和土蜡烛。

　　在烟纸店工作多年的陈万运发现, 洋烛烛芯一直由日中桐洋行独家经销, 尽管要价高, 却供不应求。他认为可以从这个本轻利厚、生产技术较为简单的项目入手, 步上创办实业的征程。

　　1912 年 4 月, 他找到两个合伙人, 一个是在上海高裕兴蜡烛店当学徒的同乡沈九成, 另一个是在"乾新祥烟纸店"工作的亲戚沈启涌。3 个人倾其所有, 集资 450 元, 在四川北路横浜桥南堍士庆路鼎兴里租借 5 间小屋, 购来 10 台手摇烛芯车, 开始制造洋烛烛芯。小作取名"三友实业社", 即"3 位朋友合作, 实业救国"之意, 产品商标定为"金星"牌。

　　生产烛芯的关键技术是调配浸炼烛芯的药液, 如果药液成分配制不当, 蜡烛点燃后烛芯余烬不易挥发而卷缩为黑色球状。这种质量不合格的烛芯, 外商洋行是不会采用的。所以, 烛芯的质量是三友社发展的关键。沈九成一面参阅有关化学资料, 遇到疑难不解处, 虚心向美孚洋行化验室的专家请教; 一面每晚把各外商生产的洋烛和用本厂烛芯制成的洋烛并列点燃, 反复比较各洋烛的光度、耐燃度以及烛芯余烬的挥发清洁度。沈九成通宵达旦, 熬了无数个不眠之夜, 反复试验, 不断改进配方, 终于试制成功质量可与日货媲美的烛芯, 接到了白礼氏洋行、美孚洋行的订单。

　　开厂一年后, 沈启涌跳槽, 拆股分红, 不久陈万运的同乡陈律甫入股 2100 元, 其时资本增加至 2400 元, 并在厂名上加注"美记"二字。产品出来了, 要打入日商垄

断的烛芯市场成了难题。为了打开局面，陈万运和沈万成自己走上街头，在日商洋烛行附近，摆摊点燃自制的蜡烛。行人纷纷围观，看到蜡烛不淌油、不弯头、不中途熄灭，确实不比洋烛逊色。这一街头活广告使"金星"牌烛芯名声大振，"三友"的烛芯以价廉质优的优势迅速打开市场。1914年第一次世界大战爆发，欧货烛芯供应中断，日商借此抬高售价，英美厂商不得不向"三友"订货。这样，"金星"牌烛芯逐步将日货烛芯挤出中国市场。"三友"的生产规模也开始扩大。1915年3月，沈、陈两人将资本增加到8400元，将企业改名为"三友实业社有限公司"，同年12月16日，"三友"改组为三友实业社股份有限公司，资本增至3万元，成立董事会，推举慈溪在沪实业家史悠风为董事长，沈九成、陈万运为董事，并兼正副经理。同年，"三友"还在横浜桥南面建成三层厂房一座，工人增至百余人，添置电力烛芯车16台、烛芯球车2台，烛芯品种发展到6种，日产量达到500磅至600磅，外地厂商竞相向"三友"订货，使"三友"在国货界初露头角。

占领毛巾市场

1915年，沈九成看到日货"铁锚"牌毛巾行销市场，很受国人欢迎。而国产毛巾虽有生产，但质地粗糙，无法与日产毛巾竞争。对制造毛巾技术一无所知的沈九成，已过而立之年，却满怀热情与雄心，东渡日本，托人介绍到生产"铁锚"牌毛巾的工厂当小工，历时数月，强记制造毛巾的生产工艺及流程。

沈九成学习回国后，再到安徽合肥长临河洪远记毛巾厂考察，诚请该厂洪美甫老师傅带领织巾工10余人来上海，并招收熟练工人。同时，三友社购买单幅手拉木机10余台，开工试织一般毛巾。

三友社的毛巾以圆圈内三角形为商标图案，三角表示三友合作，圆圈象征风行全球。1917年，三友社在沪东引翔港购地26亩余，第二年又在该处购地6亩余，共计30多亩，后来再扩大到60余亩，建造厂房13排，每排14间，总计180余间，2层办公楼5幢，仓库6间，铜匠间平房6间。厂房木料全部为洋松，上覆西式大瓦，建筑结构很好。同年冬，新厂房正式竣工，遂将横浜桥老厂16台电动烛芯车以及其他附属设备迁入新厂，先行生产。1918年，沈九成、陈万运为了发展业务，经董事会决议，向外招股7万元，资本总金额达到10万元。并扩大煮纱、漂炼设备，工人增加到二三百人。此时毛巾销路很好，由于住宿条件有限，人员增加较难，因此在嘉定城内租屋，设置木机百余台，开设工场，雇用当地女工生产毛巾。1919年，又在川沙城厢设立工场，添置木机百余台，招收当地农妇来厂，早出晚归，膳宿自理。为了保证毛巾质量，三友实业厂把煮炼、上浆的棉纱，用船运到嘉定、川沙，织成毛巾后再运回总厂漂炼，每日产量 500 余打。当时川沙分厂厂长是虞松涛，嘉定分厂厂长是康保书、韦福林，分别主持生产业务。

此时，总厂职工已有 300 余人，尚无系统组织，故聘请美国留学生郑祖廉为第一任厂长，张子廉为机械工程师，乐允章为总管（当时称之为领袖），张子安为铜匠间技术员。姜康耀为账务负责人，盛子钧为机务部负责人，陈祥林为总务部负责人，洪美甫为织巾部老师傅，后接替的是洪美海。蔡金奎为漂炼部老师傅，陆兆祥为经纱部老师傅，从此总厂各部负责人在厂长调度下有序生产。

1920 年，总厂人事配备就绪，浆漂染色车间建筑相继完工，交付使用，规模初具。当时国产毛巾产量不多，质量不高，都不能与日货铁锚牌相竞争。"三角"牌毛巾与"铁锚"牌毛巾对比尚有差距。沈九成和陈万运为提高质量，又批准总厂再添单幅毛巾机 20 台，手工摇纱机 10 余台，招收当地女工，专门精工试制。后来改进了经纬密度，调整了开口装置，反复研究漂炼工艺，使毛巾的吸水、手感、白度、纱支脱脂提高到一个新水平，终于研制出手感柔软、质地坚牢、毛圈整齐、白度亮度均可与日产"铁锚"牌毛巾媲美的"三角"牌毛巾。

接着，三友社继续开展毛巾花式的研究，他们改进生产多年、式样单调的红蓝档式毛巾，用鲜红色在雪白平布上印上"祝君早安"字句，还为大宗客户免费加印字号。以后，三友社又研究生产新颖别致的多片综织造的回纹浴巾。这三招，招招都使国产毛巾的质量得到了巨大飞跃。投放市场后，深受广大用户青睐，畅销全国，甚至远销东南亚一带。日商不甘心日货"铁锚"牌毛巾营业日益衰退，遂用廉价政策争夺市场。三友社则提高质量、降低成本。在提倡国货、抵制日货高潮中，爱用国货的理念深入人心。1923 年，"铁锚"牌毛巾完全退出中国市场。1926 年，"三角"牌毛巾在费城世界博览会上获得"丙等金奖章"。

投入抗日商战

九一八事变后，三友社工人抗日热情高涨，成立了抗日救国会，组织了三友抗日义勇军，陈万运亲任大队长。抗日义勇军在厂门口贴了一幅巨型宣传画，标题是"定要收复东北三省"，画的是一个义勇军战士，拿着长枪对准日本兵。三友社西邻日商东华毛巾厂，驻有日本海军陆战队，设有瞭望台，看到三友社的行动，恨得牙痒痒，视为眼中钉。

1932 年 1 月 18 日下午，日本莲宗 2 名僧侣和 3 名信徒等以举行"寒中修行"为幌

❶ 三角牌毛巾

子，在三友社毛巾厂门前敲鼓击钟，还向厂内投掷石块。义勇军成员立即跟踪其后。日僧天崎启升等人向马玉山路租界方向逃窜，逃到赵家宅附近时，遭到工人拦截盘查。此时，日军情报参谋田中隆吉和特务川岛芳子收买雇佣的打手，化装成工人混入义勇军之中，对天崎启升等人用石块猛砸猛打，造成日僧一死二伤。然后，打手们一哄而散，将责任嫁祸于工人身上。这便是轰动一时的"日僧事件"。

这一事件完全是日本侵略军蓄意制造的。由于日僧一死二伤，田中隆吉命令宪兵大尉重藤千春指挥袭击三友社。1月20日凌晨2时许，他带领日本浪人团体"日本青年同志会"成员60余人，在日本驻沪海军陆战队的掩护下，潜入厂房所在地，硫磺弹、浸油的纸团和手榴弹飞入厂房，厂内顿时火光冲天，焚毁厂房6间和棉纱数百包，损坏织布机24台。

当天下午，600余日侨在日本军方的煽动下，手持棍棒举行游行示威，沿途高呼"杀尽中国人"，还用棍棒猛击中国商店的橱窗玻璃，撕毁抗日标语，强阻电车行驶，殴打值勤巡捕。1月19日，日本驻沪总领事秉承日本政府的旨意，向上海市府抗议日本和尚被杀，要求缉拿凶手。21日，又咬定杀死日僧的凶手是三友社工人，提出正式道歉等项要求。1月28日晚11时30分，日军发动战争，第二天占领三友社。"日僧事件"和"三友实业社被焚事件"成为一·二八事件爆发的直接导火线。不久，淞沪抗战爆发，三友社总厂被日军炮火炸毁，设备破坏殆尽，损失惨重。1932年6月，上海工厂被迫停产。

1937年抗日战争全面爆发，日方要陈万运出任杭州维持会长，他拒不接受，躲进郊外杨梅岭山洞后潜行返沪。1938年，日方又派人专程来沪，向三友社提出"共存共荣"的合作条件，撤出军营，合资经营。陈万运断然拒绝，上海的《申报》《新闻报》《文汇报》等报刊争相刊登他的爱国行为，表彰他的浩然正气。

1945年抗战胜利后，三友社恢复生产，由于"三角"牌毛巾是爱国抗日的品牌，质量又好，再次畅销全国，享誉东南亚。

（龚尚联）

相 关 链 接

1954年，三友实业社实行公私合营，改名为上海三友实业社制造厂。1962年，改为生产毛巾专业厂。1966年，改名上海毛巾十厂。1979年，又恢复上海三友实业社毛巾厂，至今一直生产制造毛巾。

❶ 三友实业社拒与日方合作　❷ 1925年五卅事件后的第三天，三友实业社刊登的广告

百年

上海工业

故事

洪流

　　伴随着外资企业和民族工业的发展，上海产业工人队伍逐步形成和壮大。他们不堪承受帝国主义、封建主义和资产阶级的剥削压迫，奋起开展经济斗争。1921年7月，中国共产党成立。在中国共产党的指引下，马克思主义思想与工人阶级相结合，上海工人阶级由自在阶级向自为阶级转化，开始为求解放、盼幸福，前仆后继，英勇斗争，在中国工人运动史上写下光辉的一页。

上海机器工会：
中国第一家工人工会

1920 年夏，中国共产党早期组织在沪成立伊始。陈望道在《回忆党成立初期的一些情况》中说："初期的工运，主要是启发和培养工人的阶级觉悟。"于是，黄浦江畔成为中国红色工运的源头。

组织真正的工人团体

20 世纪 20 年代初，随着工商业的发展，上海成为远东第一大都市。与之相应的工人阶级队伍也得到急速增长：1920 年，上海各类工厂的工人达到 24.5 万，比 1910 年增长 3.2 倍；如果再加上 20 余万手工业工人，总量占上海总人口的三分之一、全国工人总数的四分之一。

当时，多数工人每日劳动时间长达 12 小时，很多工厂设备简陋、空气浑浊、温度高、噪声大、缺乏安全保护，工伤事故多，职业病相当普遍。有些工人还无端受到打骂、捆绑、罚站、罚跪等体罚。工人所获工资仅止于维持生存。而由于物价上涨、币值下降等因素，这些微薄的工资还要打很多折扣。数量众多的工人阶级身受种种压迫，过着不得温饱的悲惨生活，不能不说是一个严重的社会问题。

1920 年 8 月，中共早期组织在上海法租界老渔阳里 2 号（今南昌路 100 弄 2 号）成立《新青年》编辑部，由陈独秀担任书记。8 月 22 日，陈独秀在《劳动界》周刊第 2 册刊发《真的工人团体》一文指出："工人要想改进自己的境遇，不结团体固然是不行。但是像上海的工人团体，

❶

❶《新青年》编辑部所在地渔阳里

就再结一万个也都是不行的。新的工会一大半是下流政客在那里出风头，旧的工会公所一大半是店东工头在那里包办。"因而，他发出号召："觉悟的工人呵！赶快另外自己联合起来，组织真的工人团体呵！"同年秋，党的早期组织创办沪西工人半日学校，由李启汉主持并执教。该校向工人群众传播马克思主义，帮助工友们提高阶级觉悟和文化水平，培养工运骨干。

《劳动界》编辑部很快收到署名"海军造船所工人李中"的稿件《一个工人的宣言》。该文号召中国工人要联络成一个大团体，要"认定我们的地位""贯彻我们的联络""奋发我们的热心"。李中是中国共产党第一个工人党员，他于五四运动后到上海一家古董玩器商店帮工，在新思潮影响下，于1920年参加发起"沪滨工读互助团"，并多次拜访《新青年》月刊的主办人陈独秀。在陈独秀的教育与引导下，李中辞掉原本的工作，通过蔡和森介绍，进入了有3000多名工人的江南造船所当打铁工。他一面学打铁，一面通过同乡工友广泛联络工人群众，传播革命思想，为发起建立上海机器工会做准备。他与陈独秀一起商订机器工会章程，还把章程抄送给杨树浦电灯厂工人陈文焕。陈文焕按照章程要求，在电灯厂也积极开展工会筹建活动。

上海机器工会发起会

1920年10月3日下午5时到7时，李中和陈文焕等在霞飞路渔阳里6号（今淮海中路567弄6号）外国语学社召开发起会，上海造船厂、电灯厂、厚生纱厂、东洋纱厂、恒生纱厂等工厂代表80人到会，李中为临时主席，在会上作报告。

李中介绍了上海机器工会宗旨："谋本会会员的利益，除本会会员的痛苦。但是要达到这个宗旨，第一不要变为资本家利用的工会，第二不要变为同乡观念的工会，第三不要变为政客和流氓把弄的工会，第四不要变为不纯粹的工会，第五不要变为只挂招牌的工会。这五种工会，都是妨碍我们工人的组织，我们很该留心注意。我希望我们这个工会，不和资本家握手，不和政客流氓握手，不分同乡不同乡，只叫限制绝对的机器工人。"

陈独秀、杨明斋、李汉俊、李启汉、王平、吴溶沧等6人以参观者身份出席会议，并成为机器工会的"名誉会员"。

会上，杨明斋和陈独秀发表热情的演说。陈独秀说："现在世界的工会，只有三个团体很有势力。第一就是矿工，第二就是铁道工，第三就是机器工。这三个团体要是彻底联络了，那就社会上一切物件都要受他的支配，就是政府也不得不受其支配。发起这个上海机器工会，算得是一个很好的事。我希望这个工会到了明年今天，就有几千或几万的会员，建设一个大力量的工会。"

大会还通过《上海机器工会简章》，这是党领导下制定的第一个工会章程。共6章32条，规定该会的目的为"以公共的理想，训练德性，发展智识，促起阶级的互助观

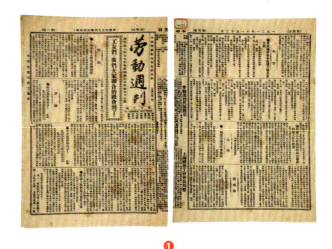

念；以公共的力量，着实的方法，改良地位，增高生活、减轻痛苦；谋相互的亲睦，相互的扶助事业"。会员对象为各业机器工人。章程规定，会员大会每半年召开 1 次；理事会每 4 周召开 1 次。理事会设书记、会计、庶务、教育、编辑、调查和交际各科，科长由理事担任。理事任期 1 年，可连任。理事长由理事推选。章程还规定了会员的权利和义务。

发起会最后决议将在杨树浦设机器工会事务所进行。大会推举陈独秀为经募处主任、李中、李杰、陈文焕、吕树仁、陆征章为办事员。决定以通讯方式选举产生理事会。

之后，上海机器工会分别于 10 月 13 日、17 日在西门路泰康里 41 号（后为自忠路 225 号）召开两次理事会，讨论议决成立理事会、并选举产生了理事，决议暂设工会事务所筹备处于法租界西门路泰康里 41 号，决定工会宗旨：一非社会主义；二非各种学说运动；三非政治；四非流氓；五非宗教；六非资本家；七非同乡会。

上海机器工会召开成立大会

经过两个多月的积极准备，上海机器工会于 1920 年 11 月 21 日在白克路 207 号（今凤阳路 186 号）上海公学召开成立大会。参加大会的有机器工会会员、各方代表及来宾近千人。孙中山、陈独秀等社会知名人士到会祝贺。会场气氛热烈，盛况空前。李中担任大会主席，报告机器工会筹备经过及工会宗旨：（1）增进工人知识；（2）增进工人娱乐机会；（3）设立俱乐部书报等；（4）互相扶助；（5）交换知识；（6）减少工作时间。

❶ 1921 年 8 月 20 日，中国劳动组合书记部出版指导工运的《劳动周刊》

孙中山、陈独秀、欧阳桂生和倪文富先后发表演说。中山先生演说达 2 小时之久，详述机器与资本势力之关系，而归宿于三民主义。陈独秀希望机器工会为纯粹之工人组织，万不可使资本家插足其间，以免被其利用。

机器工会从发起到召开成立大会的两个多月里，会员从 80 人发展到了 370 余人，随后出版《机器工人》刊物。

在党的早期组织领导下，为了扩大影响，机器工会开展各方面联络工作。1920 年 12 月 2 日，工会邀请工界领袖，在复兴园举行聚餐会，推朱鹤琴君为书记员、理事长陈文焕为主席。通过聚会、通信联系等活动，工会加强了工人阶级之间的团结，扩大了中共在工人阶级队伍中的影响。

上海机器工会的成立，不但在社会各界，特别是工人阶级队伍中反响很大，而且引起了国外工会组织关注。1920 年 12 月 14 日，世界工人联合会执行部总干事罗卜郎发来贺电，表示"希望你们成功"。这是我国工人自己的工会首次得到国际工人组织支持。《共产党》月刊高度评价机器工会，在《上海劳动界的趋势》一文中，认为上海机器工会是"办理得有精神有色彩的工会"。

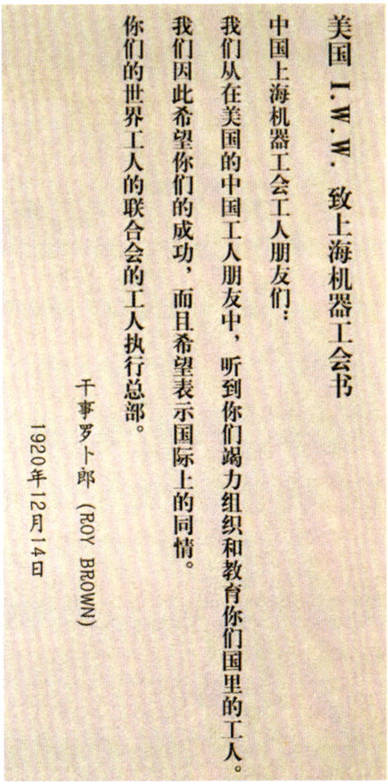

美国 I.W.W. 致上海机器工会书

中国上海机器工会工人朋友们：

我们从在美国的中国工人朋友中，听到你们竭力组织和教育你们国里的工人。

我们因此希望你们的成功，而且希望表示国际上的同情。

你们的世界工人的联合会的工人执行总部。

干事罗卜郎（ROY BROWN）

1920年12月14日

（黄伟杰）

❶ 世界工人联合会执行部总干事罗卜朗的贺信

中共领导的第一次工人罢工

1902 年起，英美烟公司先后在上海、汉口、天津等地设立多家卷烟厂，榨取大量利润，到 20 世纪 20 年代，上海英美烟厂已有 8000 余工人。由于资本家残酷剥削压迫，工人反抗斗争连绵不断。1921 年 7、8 月，该新老两厂 8000 余工人全体罢工，此时恰逢中国共产党第一次全国代表大会在沪召开，共产党人李启汉等去组织和领导罢工，并取得罢工胜利，中国共产党领导的第一次工人罢工首战告捷。

1921 年 7 月 20 日，上海英美烟厂老厂机车间工人因反对洋监工亨白耳克扣工资和殴辱工人，要求撤换亨白耳，被大班（经理）拒绝，工人愤起罢工。第二天，老厂工人派出张涛等代表去新厂求援。新厂机车间 200 余工人首先响应罢工。洋大班勾结三区警察，派警察把张涛抓到警署关押。新老两厂工人得知消息，愤怒高喊："洋鬼子不讲道理，我们宁可饿死，也不替他们做工！"工人们像潮水般冲出厂门，新老两厂全体工人加入罢工。

罢工怒潮起来了，下一步怎么办？带头罢工的机车间工人缺乏明确的指导思想，也无法组织指挥罢工队伍。因此，许多工人每天早晨到厂门口看看，见无事可做便回家了。有些工人只能去附近吴家厅刘公庙求签，请菩萨作主。

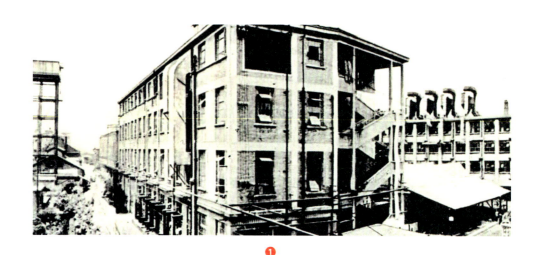

❶

❶ 英美烟厂

此时，中国共产党第一次全国代表大会正在上海召开，从报纸上得知英美烟厂罢工的消息，当即"决定要在这个罢工中作一次尝试"，于是选派李启汉去领导，张国焘也过问了这次罢工。

李启汉来到工人中间，他首先从宣传教育入手，启发工人说："你们日夜辛劳，还吃不饱肚子，就是因为那些不劳而获的资本家剥削了你们的血汗，欠了你们无数的债。"

工人问："怎样才能讨还这笔债呢？"

李启汉说："最彻底的办法，就是像俄国工人那样起来革命，没收地主、资本家的财产。""眼前，我们工人要不分帮派，不分地区，不分男女，不分车间，大家团结起来，叫英美资本家给我们加工资，不许他再欺侮我们。我们团结起来的人越多，就越有力量，就一定能够达到目的。"

工人们的思想开了窍，相信只有依靠自己的力量，加强团结，进行斗争，才能改善自己的处境。一些先进工人喊出了"争还工人人格""还我血汗"的口号，勇敢地站在斗争的前列。

接着，李启汉帮助工人组织罢工领导机构，由工人们推出热心为大家办事的刘凤臣、刘荣才等10余人为代表，组成工人代表会议，还在吴家厅庙附近租了一间房子作为代表办事处。代表会议根据工人群众的意见，起草了罢工宣言和传单，提出了现在普遍的增加工资、以后仍旧要按期加薪、撤换虐待工人的监工、罢工期内的工资要照发、以后不准虐待工人、不准开除工人代表等8项条件。7月27日，在吴家厅首次召开新老两厂全体工人大会，通过罢工宣言和8项条件，并散发传单。工人们一致决议，不达目的不上工。

厂主不同意工人们的合理要求。8月1日，又召开第二次全厂工人大会。三区警

❶

❶ 中共党员、早期工人运动领导人李启汉

察署长曾慎修以调停人身份，同英美烟厂总买办汪薇舟一起来到现场，提出以前所罚工资照原退还，但犯厂规者不还，工头及修车工人罢工期内的工资照发不扣，别等工人不在此列等所谓"优待工人"的条件，企图诱骗工人上工，但是工人不受欺骗，大家齐声高呼："反对！""不赞成！""这样绝不上工！"工人代表对署长和买办说："先生，你们今天向我们提出的3条，未免太滑稽、太虚空，全是欺骗和诱惑我们工人的手段，我们全体工人明白你们的来意，不受你们的欺骗和诱惑，还是请你们自便吧。"并且严正提出："如果两先生确有诚意，再欲调停，那么只有请两先生对厂里大班说，要大班照我们宣言的办法，从速写明8条之中的后5条。我们得看到此种有保证的信，才有谈判的余地。"全场工人掌声如雷，曾、汪两人只好灰溜溜地离去。

工人们坚持罢工，厂主看到外地纷纷来电催货，于7月9日，从浦西另雇佣几十名制烟工进厂做工，被罢工工人阻挡。厂主又重金收买老厂工头王凤山破坏罢工，王凤山见钱眼红，纠集几个流氓打手，诱骗少数认识不清的工人于8月3日进厂做工，工人代表会议组织工人队伍在厂门口阻拦。王凤山恼羞成怒，挥掌打人，双方发生冲突。新厂工人汪有才拿着装满大粪的半只西瓜皮，扣在王凤山头上。工人们爆发出一阵鄙夷的笑声。此时，警察们赶到，把双方扭至警署，署长把王凤山释放，却把受伤的汪有才拘捕，押送淞沪警察厅问罪。4日晚，全体工人紧急会议召开，决定于5日游行，请愿释放汪有才。

5日黎明，工人们手执小三角旗，上书"工人自决""还我血汗""增加工资"等字样，每支队伍后面各有一面分别写着"英美烟厂全体工人示威运动""劳工神圣"等的大旗。浩浩荡荡的队伍经过英美烟厂门口，至董家渡过黄浦江到十六铺登岸，直向淞沪警察厅。警察厅派出全副武装警察禁阻。工人代表刘凤臣送上请愿书。警察厅将刘凤臣拘留，工人们将警察厅团团围住，警察厅恐怕工人不散，被迫释放刘凤臣，并答应将汪有才减轻1日拘留。工人们见警察厅让步，回到浦东开会议定待汪有才释放后再与厂主谈判。

❶《申报》报道英美烟厂罢工

罢工进入第 16 天，厂方无计可施。公司总大班毛利斯只得亲自出马，邀请工人代表于 7 日至毛利斯家正式谈判，并派车迎接工人代表。李启汉告诉工人代表，毛利斯极其狡猾，大家要提高警惕。刘凤臣等 4 名代表到达毛家，毛利斯假作殷勤地招待工人代表说："诸位生活上有困难，尽管讲好了，我一定帮忙。"代表们严正回答："我们是代表新老两厂 8000 多工人来谈判的，不是来谈个人生活问题的。"工人代表重申补充后的 8 项条件。

毛利斯说，除了罢工期间工资照发这一条，其他都可圆满答复。双方一时争执不下，决定下次再谈。当天下午，工人代表召开全体工人大会，报告谈判经过。工人们一致主张，决不修改 8 项条件。毛利斯非常着急，几次派翻译找工人代表。关于罢工期间工资照发，毛利斯两次提出修改意见，第一次改为"工厂助米 100 担"，工人认为 8000 余工人每人不够分 1 升。第二次改为"赔偿罢工损失 1800 元大洋"，工人仍不答应。面对僵持局面，李启汉与工人代表反复磋商，认为罢工已持续很长时间，工人生活十分困难。如果一定坚持不让，将不利于斗争结局。他引导工人在罢工取得基本胜利的前提下，作必要让步，适时结束斗争。历时 3 星期的罢工取得了胜利。8 月 10 日下午，爆竹齐鸣，欢庆胜利。全体工人兴高采烈地进厂复工。

（廖沙）

相 关 链 接

英美烟厂工人罢工是中国共产党领导的第一次罢工，首战告捷。当时，工人运动和共产主义运动的结合，时机已成熟，条件已具备。它标志着中国工人阶级的政党一经诞生，便立即率领和组织本阶级群众起来为争取自身解放和人类解放进行不屈的斗争，使过去自发、散漫的罢工转向有领导有组织的新阶段，中国工人运动的面貌从此焕然一新。

震惊中外的五卅大罢工

1925 年 1 月，中共四大提出无产阶级在民主革命中的领导权问题，决定加强党对工农群众运动的领导。四大以后，革命群众运动，特别是工人阶级反帝斗争迅猛发展。2 月起，上海 22 家日商纱厂近 4 万名工人为反对日本资本家打人和无理开除工人，要求增加工资而先后举行罢工。5 月 30 日，震惊中外的五卅运动在上海爆发，并很快席卷全国。

直接导火线

1925 年 5 月，上海的日本资本家趁纱市清淡，企图压缩生产，扣减工资，虐待工人，激起工人愤怒，各纱厂工人于 5 月上旬相继罢工反抗。日本厂主态度强硬，3 天之内，借故开除工人代表 30 余人。15 日，日商内外棉七厂资本家借口存纱不敷，故意关闭工厂，不许工人进厂，停发工人工资。上午，日商纱厂工会召集各厂夜班工人代表紧急会议，商讨对付日本厂主的办法。工会副主任刘华主持会议，要求各厂工人加强团结，坚持上工或要厂方照发工资。七厂工人共产党员顾正红等遵照工会布置，于下午 5 时去上班，但见厂门紧闭，布告上只说停工 2 天，至于答应给日班工人发半天工资的事只字不提。夜班工人群集厂门口不散。顾正红带头要求发给半天工资，厂方不理。顾正红和一些积极分子冲进厂内与资本家交涉，不料日本监工和巡捕用铁棍任意殴打工人，打得一些工人头破血流。顾正红愤怒至极，带头冲入物料间取出一些打梭棒，发给大家自卫防身。这时内外棉副总大班元木和七厂大班川村率一帮打手到场，用铁棍和刺刀向工人乱打乱戳，继之开枪射击，杀伤工人数十名，血流遍地。站在斗争前列的顾正红身中 4 枪，弹穿肠腹，延至 17 日晨，终因伤重不治，英勇牺牲，年仅 20 岁。

顾正红事件发生后，中共中央局于 16 日、19 日先后发出第 32 号、33 号通告，紧急要求各地党组织号召工会等社会团体一致援助上海工人的罢工斗争，在全国范围发动一场反日大运动。24 日，由内外棉厂工会出面，在潭子湾空场举行公祭顾正红大会。公祭会场四周挂满挽联挽幛，犹如一片白色海洋。中间白布帷幕上悬挂着烈士遗像，还有刘华亲笔写的挽对，上联是："先生虽死，精神不死！"下联是："凶手犹在，公理安在！"横额是"工人先锋"。参加公祭的有工人、学生和各界代表万余人。28 日，中共中央执行委员会（执委会）和上海多地召开联会会议，决定以反对帝国主义屠杀中国工人为中心口号，发动群众于 30 日在上海租界举行反对帝国主义的游行示威。

❶ 罢工中的上海总工会　❷ 示威游行队伍　❸ 顾正红烈士

五卅惨案

5月30日上午，上海工人、学生2000多人，分组在公共租界各马路散发反帝传单，进行讲演，揭露帝国主义枪杀顾正红、抓捕学生的罪行。租界当局大肆拘捕爱国学生，至下午2时许，演讲者和听众先后被捕入南京路老闸捕房的有100多人。3时许，万余名愤怒的群众聚集在老闸捕房门口，高呼"上海是中国人的上海！""打倒帝国主义！""收回外国租界！"等口号，要求立即释放被捕学生。3时45分，在英国捕头的号令下，英捕和印捕开枪44发，打死13人，重伤数十人，逮捕150余人，南京路上血流遍地，这就是震惊中外的五卅惨案。

全市罢工、罢市、罢课

当天深夜，中共中央执委会召开紧急会议，决定由瞿秋白、蔡和森、李立三、刘少奇和刘华等组成行动委员会，发动全上海民众罢工、罢市、罢课。6月1日，上海总工会成立，发布第一道命令宣布实现总同盟大罢工。各厂各业工人掀起反帝大罢工，如大海怒潮，势不可挡。而帝国主义者的屠杀行径仍在继续。至10日，帝国主义者9次屠杀，打死60余人，重伤70余人，轻伤不知其数。英、美、意、法等国军舰上的海军陆战队全部上岸，并占领上海大学、大夏大学等学校。上海人民不惧怕帝国主义的武力镇压，罢工工人达20余万人，其中女工10万人。5万多学生罢课，公共租界的商人全体罢市，连租界雇用的中国巡捕也响应号召宣布罢岗。6月7日，上海工、商、学召开联席会议，成立上海工商学联合会，作为"三罢"运动的公开领导机关。会议提出同帝国主义交涉的17项条件。

为了打破帝国主义的舆论封锁，推动反帝爱国运动，中共中央执委会于6月4日创办了《热血日报》，由瞿秋白任主编。《热血日报》及时向广大群众传达党指导运动的方针、政策，揭露帝国主义的罪行。同日，上海总工会与全国学联、上海学联、各马路商界总联合会共同组成的上海工商学联合会宣告成立，上海各界民众结成了反帝联合战线。6月5日，中共中央执委会发表《中国共产党为反抗帝国主义野蛮残暴的大屠杀告全国民众书》，指出"全上海和全中国的反抗运动之目标，决不止于惩凶、赔偿、道歉等"，"应认定废除一切不平等条约，推翻帝国主义在中国的一切特权为其主要目的"。

国内外掀起反帝怒潮

在中国共产党的领导和推动下，五卅运动的狂飙从工人发展到学生、商人、市民、农民等社会各阶层，并从上海发展到全国各地，遍及全国25个省区（当时全国为

① 广东民众声援五卅运动

众的愤怒。全国各地到处响起"打倒帝国主义""废除不平等条约""撤退外国驻华的海陆空军""为死难同胞报仇"的怒吼声，形成了全国规模的反帝怒潮。

中国人民反帝斗争得到了国际革命组织、海外华侨和各国人民的广泛同情和支援。在莫斯科举行了50万人的示威游行，声援中国人民的五卅运动，并为中国工人捐款。在世界各地，有近100个国家和地区的华侨举行集会和发起募捐，声援五卅运动。1925年6月7日，日本30多个工人团体举行盛大演讲会，决议声援中国工人团体，同时向日本政府和资本家提出抗议。英国工人阶级积极行动，阻止船、舰、车辆运输军火到中国。五卅运动成为具有广泛国际影响的反对帝国主义的斗争。

29个省区），约600—700个县，各地约有1700万人直接参加运动。北京、广州、南京、重庆、天津、青岛、汉口等几十个大中城市和唐山、焦作、水口山等重要矿区，都举行成千上万人的集会、游行示威和罢工、罢课、罢市。6月11日，汉口参加游行示威的群众行至公共租界时，英国水兵向人群开枪射击，打死数十人，重伤30余人。汉口惨案进一步激起全国民

相 关 链 接

五卅运动是是中国共产党直接领导的以工人阶级为主力军的遍及全国的群众性反帝爱国运动，沉重打击了帝国主义，显示了工人阶级的领导力量和革命统一战线的作用，对中华民族的觉醒和国民革命运动的发展起了巨大的发展作用，大大提高了中国人民的觉悟，标志全国革命高潮的到来。中国共产党在领导五卅运动的斗争中受到很大锻炼，培养造就了一大批干部，党组织也得到极大发展，在斗争实践中总结了宝贵的经验，为以后党领导大规模的群众斗争奠定了基础。

（宫云）

上海工人三次武装起义

　　随着 1926 年 7 月国民革命军出师北伐，五卅运动后暂时处于低潮的上海工人运动重新高涨起来。在中国共产党的领导下，1926 年 6 月至 9 月，上海工人举行罢工多达 100 余次，参加人数超过 20 万人次。为配合北伐，1926 年 10 月和 1927 年 2 月，中共中央和中共上海区委先后发动和组织上海工人举行两次武装起义。在这两次武装起义失败后，1927 年 3 月 21 日，中共中央和上海区委组织第三次武装起义，由周恩来担任起义总指挥。上海 80 万工人举行总罢工并立即转入武装起义。经过 30 个小时的浴血奋战，第三次武装起义取得胜利。

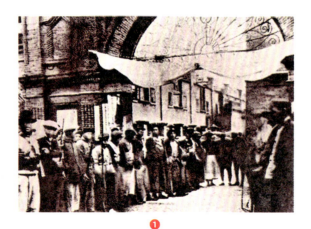

❶

❷

❶ 上海总工会在湖州公馆公开办公，守卫在门前的纠察队　❷ 上海工人第三次武装起义时的工人纠察队

第一次工人武装起义

1926 年 7 月 31 日，中共中央执行委员会（执委会）发出《中央通告第一号》，要求各地共产党组织起来做"地方政治的直接奋斗"。9 月 3 日，中共上海区委主席团会议决定"上海非有一次民众暴动不可。"6 日，上海区委发表《告上海市民书》，指出，摆在市民面前只有两条路：一条是受压迫而死，另一条是起来反抗而生。7 日，上海区委书记罗亦农在主席团会议上指出，对于武装起义，"我们非积极准备不可"。为此，中国共产党与上海总工会秘密组建了一支约 2000 人的工人纠察队。还在北洋军阀驻沪海军中建立共产党组织，策动部分海军配合武装起义。

10 月 17 日、18 日，上海区委先后召开主席团临时会议和活动分子会议，对武装起义进行动员和部署。19 日，区委主席团会议讨论了行动计划："第一行动，制造局。第二行动，闸北。第三行动，南市。第四行动，浦东。"

武装起义的准备工作中，虽然有一支 2000 人的工人纠察队，但武器不足，仅有 20 多支短枪。经过与国民政府驻沪军事特派员钮永建多次谈判，他才同意从国民政府给浙江省省长夏超的 10 万元经费中拨出 1 万元给工人纠察队购买枪支。

23 日下午 5 时，上海区委下达起义命令。工人纠察队在指定地点集合待命，以停泊在黄浦江上的站在起义一边的兵舰炮声为号，分头向预定目标进攻。可是，由于准备仓促和经验不足，在起义前又泄露风声，军阀警察厅已有准备，彻夜巡逻搜索，破坏了起义指挥机关。兵舰也因泄密未发出号炮，各处待命的大部分工人纠察队未闻号炮而散去。在这次行动中，浦东地区起义负责人、上海总工会执行委员和码头工会副委员长陶静轩等 10 多人惨遭杀害，100 多人被捕。第一次武装起义失败。

第二次工人武装起义

第一次工人武装起义失败后，中共上海区委在广泛发动和组织工人群众时，始终没有放松对第二次武装起义的军事准备。

1927 年 2 月中旬，北伐军在浙江取得决定性进展，起义的有利形势已经到来。2 月 16 日，上海区委举行第一次全体会议，决定要有一个以工人为主体的武装暴动来欢迎北伐军。17 日，北伐东路军占领杭州。18 日，东路军前锋抵达嘉兴。晚上，上海总工会正召开工会代表会议，在征得区委委员赵世炎同意后，作出了于 19 日举行工人总同盟罢工的决议。

19 日，上海总工会下达总同盟罢工令。从清晨 6 点钟起，杨树浦、曹家渡、小沙渡、引翔港和浦东的许多纺织厂和钢铁厂就关车停机。黄浦江上 11 艘轮船上的海员也加入罢工行列。租界里，邮电和城市交通工人也参加总同盟罢工。全市工厂停工了，电车停驶了，轮船不开了，邮局关门了，百货公司停业了。当天，罢工人数达 15 万多人。20 日，又扩大至 27.5 万人。21 日，达到 35 万人。22 日，增加到 36 万人。

为了镇压工人总罢工，军阀当局实行白色恐怖。从 20 日起，杀害发传单者 31 人，被捕 54 人。2 月 22 日下午，杨树浦某空地上有 1000 多人召开市民大会。会上，老怡和纱厂工人纠察队当场处决 1 名告密者。会后，群众冲击多处警署派出所。下午 4 时，上海区委发出紧急通告，宣布成立上海市民临时委员会，以及晚上 6 时动员暴动。5 时 50 分，黄浦江上的兵舰开炮，宣布武装起义开始。

在南市，共产党员陆震带领六七十人冲向警署，与警察展开激烈搏斗。法租界的法电工人纠察队员身藏铁板头、消防斧等武器，本要攻打高昌庙兵工厂，因发现军阀部队早已戒严，只得分头回去。闸北的数十名工人纠察队员也与警察展开搏斗，因无法进攻高昌庙兵工厂，也只得回去。浦东的 200 多工人纠察队员因事先准备不足，原定接应汽船未来，也不能配合南市工人纠察队进攻高昌庙兵工厂，也散了去。

23 日，中共中央执委会和上海区委举行联席会议，决定停止暴动。24 日，上海总工会宣布 24 日午后 1 时一律复工，养精蓄锐，准备更大奋斗。第二次工人武装起义以持续 4 天总同盟罢工转入武装暴动失败而告结束。

第三次工人武装起义

上海工人两次武装起义失败后，中国共产党在总结经验教训的基础上，抓紧准备第三次武装起义，务求必胜。

为了集中统一领导第三次武装起义，中共中央执委会和上海区委联席会议决定成立特别委员会，由陈独秀、周恩来、罗世农、赵世炎、汪寿华等 8 人组成。1927 年 2 月 24 日晚上，特别委员会召开第一次会议，决定组建 5000 人的工人纠察队和武装的工人纠察队员 500 人，并设法再添购武器。

起义准备中最艰难的工作之一是秘密组建工人武装和筹集武器弹药。周恩来挑起这副重担，出色地完成了任务。他深入到各地区或基层工会视察，讨论和布置起义工作。并把分散在起义者手中的枪支加以集中整理，用党的经费中拨出的钱款及共产国际的拨款，购置了一定数量的枪支。周恩来等制订了《武装暴动训练大纲》，对工人进行武器使用和巷战技术训练。还把上海划分成 7 个地区，分别安排各地区负责人，为各区制定周密细致的作战计划。在特别委员会的领导下，在思想上、组织上和军事上作好了准备。

3 月 18 日，北伐军东路军在松江与军阀部队交火。上海工人武装起义时间来临。20 日，北伐军先头部队开抵新龙华。上海区委及时拟订行动大纲。21 日清晨，上海总工会发出总同盟罢工令。中午 12 时，全市工厂汽笛和黄浦江上轮船汽笛齐鸣，工人闻声后关车停工，涌出厂门，冲向街头。

根据预定计划，总同盟罢工实现后，立刻转入武装起义。全市 7 个地区的罢工工人在武装纠察队的带领下，分别到指定集合地点，向预定目标发起冲击。南市的工人纠察队分头进攻警察总局、警察一署三分所、六分所、电话局、游巡队总部及高昌届兵工厂，不到4小时解决战斗。虹口的起义工人出击各警署，击退警察和流氓，完全解决战斗。沪东的工人纠察队和浦东的工人也分别占领警署，解除反动军警的试武。吴松、沪西、闸北的起义工人经过英勇斗争，相继取得胜利。北火车站的战斗最为激烈，鏖战持续一天一夜，工人纠察队击退敌人多次反扑，把守敌紧紧围困起来。22日下午4时后，各地区武装起义均已告捷。起义指挥部决定集中力量攻克车站。周恩来、赵世炎等亲临前沿指挥，经过1个多小时的激战，将北站的守敌全部击溃。

22日上午，上海市民代表大会在南市新舞台选举产生上海临时市政府19名委员，其中共产党员和工人代表各占一半。英勇的上海工人在中国共产党的领导下，用鲜血和生命推翻了北洋军阀在上海的统治，在枪炮声中成立了新的上海临时市政府。

（廖沙）

相 关 链 接

上海工人三次武装起义，是处于幼年时期的中国共产党领导下工人运动的一次最高形式。它不但推翻了军阀统治，而且试图建立新的政权。尽管这个胜利成果由于遭到蒋介石的破坏而很快丧失，但仍然是中国革命史上的一个壮举，其光辉业迹值得永远讴歌。

王孝和：
永远的丰碑

1947 年下半年，国民党反动派处于前方吃紧、后方动摇的全民包围中，穷凶极恶地在上海实行大逮捕，有 200 多名中共党员和工会积极分子被捕，上海电力公司工会常务理事王孝和被逮捕杀害。在国民党反动派的疯狂屠杀和迫害面前，上海工人在中国共产党的领导下，英勇地开展反饥饿、反迫害、求生存、盼解放的斗争。

临危不惧

王孝和于 1941 年 1 月参加中国共产党，年仅 16 岁。年底，投考邮局和上海电力公司。党组织考虑电力公司需要加强力量，于是他于 1943 年 1 月进杨树浦发电厂管理室当抄表员。1946 年 1 月，王孝和积极参加上海电力公司工人大罢工，坚持了 9 天 8 夜。1947 年 9 月，国民党当局宣布解散上电工会。经过工人斗争，于 1948 年 1 月召开大会选举工会干事，王孝和当选为常务理事。

1948 年 4 月 2 日上午，警备司令部、警察局、社会局借口"有人阴谋破坏电厂"，在杨树浦发电厂内，举行记者招待会，制造紧张气氛。根据叛徒的情报，敌人把矛头指向上海电力公司工会常务理事王孝和。中共上海局副书记刘长胜指示尽快让王孝和

❶

❶ 王孝和在电力公司的工作证

撤退，但这一指示未得到贯彻。王孝和的家已被特务监视。

王孝和估计自己有被捕的可能，便对妻子忻玉英说，如果我被捕，先把出生才10个月的女儿送给我父母去带，生活有困难，可先将结婚戒指和衣橱、五斗橱等卖掉，暂时渡过难关。如果我不能出来，或有不测，你要坚强些。忻玉英要他立即离家隐蔽。王孝和回答："这不是走不走的问题，我走后工作怎么办，谁去做？我不能一走了事，即使要走，也要同大家商量，不能由我自己决定。"在面临被捕牺牲的严重关头，王孝和想到的是党交给他的任务。他十分镇静地同妻子一起处理了所有的文件、书籍和宣传品。

4月21日早晨，王孝和骑着自行车上班。警备大队长路鹏按照事先设计好的行动方案，潜伏在工会指导员万一家中，指使万一邀王孝和到他家坐坐。王孝和刚走进房内，立即遭路鹏逮捕，被挟入汽车，直驶威海卫路警备大队。

英勇斗争

王孝和被捕后，敌人连续进行3次审讯，每次审讯都严刑拷打，老虎凳、辣椒水，甚至用上了电刑，王孝和都被折磨得昏死过去。但是，敌人得到的回答是"不知道"。敌人只好拿出叛徒提供的上电工会党团开会的材料，并强迫王孝和签字。4月25日，王孝和被押解到警备司令部军法处看守所。关押在那里的、曾在四明山根据地战斗过的严式轮获悉王孝和来到后，利用放风机会与王孝和见面，告诉他在同狡猾的敌人面对面的斗争中，绝不能让敌人利用我们的失误，在政治上得到好处。王孝和接受这一意见，与同案人商量后统一口供，决定实行翻供。

从5月1日起，王孝和在国民党特种刑事法庭的庭审中，公开揭露警备大队严刑逼供，推翻了以前的口供。检察官宣读警备大队复函说并无刑讯逼供时，王孝和当众解开衬衣，指着胸前血迹斑斑的伤痕，责问法官：这是什么？法官们顿时哑口无言。王孝和等人的翻供，使敌人狼狈不堪，不得不搬出自首变节的黄洪勋与王孝和当庭对质。黄洪勋在庭上供称上电工会党团开会情况，王孝和回答："没有，是瞎三话四（瞎说）。"使敌人十分尴尬。

王孝和被捕后，党组织一直在设法营救他，并有过越狱的计划。中共上海市委工委曾以上海工人协会名义先后发表宣言。6月28日，特刑庭开庭宣判王孝和死刑。王孝和异常平静。王孝和的入党介

❶ 王孝和在法庭上

绍人许统权获悉后，专程赶到上海，多方设法营救，没有成功。他委托同学陈彭麟陪同忻玉英去探监。王孝和强忍着浑身伤痛，叮咛忻玉英说，不管今后发生什么，都要挺住，应当坚强地活下去，把孩子扶养成人，告诉孩子他是怎样死的，要继承父志，完成未竟的事业。

王孝和被判死刑后，同狱的严式轮即找王孝和及同狱难友商量决定上诉。中共上海党组织也派人与忻玉英商量寻找辩护律师。当时曾找过著名大律师史良，史良表示支持上诉。忻玉英还根据党组织的意图，陪王孝和的老母亲，怀中抱着女儿佩琴到杨树浦发电厂门口，严词痛斥特务陷害王孝和，要求立即释放王孝和。中共上海党组织发动社会各界人士向特刑庭递交抗议信。特刑庭庭长惊恐万状，吓得连记者也不敢见，急忙呈文国民党政府司法行政部，要求"亟待核准执行"。

9月24日，中央特刑庭复判王孝和死刑。关在看守所的中共上海市委工委委员王中一秘密传小条子通知王孝和，一是准备好口号，二是给家属写信。王孝和按照党组织的指示，确定了既能揭露敌人，又不暴露身份的口号。同时，写下了三封遗书。在写给父母亲的信中，他说，今天完成了我的一生！但愿双亲勿为此而悲痛，因儿虽遭奇冤而死还是光荣的。在写给妻子的信中，他说，在这不讲理的世上不是有成千成万的人在为正义而死亡，为正义而子离妻散吗？不要伤心！应好好地保重身体，好好地抚导两个孩子！告诉他们，他们的父亲是被谁杀害的！嘱他们刻在心头，切不可忘！在写给难友的信中，他说，有正义的人士们，为"正义"而继续斗争下去，前途是光明的！那光明正在向大家招手呢！只待大家努力奋斗！王孝和在三封信中，表达了对亲人深深的爱，对敌人的无比仇恨，对共产主义事业必胜的坚强信念！

宁死不屈

9月27日，敌人原打算在上午执行，没想到一早刑场门外拥满了群众，形成了一股抗议怒潮。敌人害怕了，只得宣布改期执行。9月30日，难友们预测到王孝和生命

● 王孝和的一封遗信

❶

的最后时刻将临，纷纷从各牢房传出表示慰问和致敬的纸条。王孝和含着热泪着纸条，频频点头表示感谢。

上午，几名法警闯进牢房，高喊："王孝和提审！"王孝和从容不迫地穿上白衬衣，双手反铐着走出牢门，怒吼："特刑庭不讲理！""特刑庭乱杀人！"难友们聚集在铁栅前，发出阵阵怒吼声。王孝和被押到特刑庭，庭长向他宣读执行命令，问他有什么话要说。王孝和面不改色地回答，我没有什么话要说。当时在场有 20 多家报社通讯社的中外记者，他面向记者，痛斥反动政府蛮不讲理、滥杀无辜的残暴行径，要求记者主持公道，在报上为他申雪沉冤。一名外国记者用英语向王孝和发问，他即用英语回答，痛斥反动派的滔天罪行。敌人担心场面无法收拾，急忙强行将王孝和押赴刑场。在押赴刑场途中，王孝和一路高喊："特刑庭乱杀人！不讲理的政府快要垮台了！"王孝和英勇牺牲，年仅 24 岁。

（宫云）

 相 关 链 接

王孝和牺牲后，中共上海市委和工委在党内以王孝和为榜样，开展气节教育，号召全市党员向王孝和学习。消息传到解放区，刚由第六次全国劳动大会选举恢复的中华全国总工会举行记者招待会，揭露国民党反动派镇压工人运动的真相。1949 年 11 月 5 日，上海各界人士 1 万余人在逸园为王孝和举行追悼大会，并将灵柩安葬于虹桥公墓。

❶ 王孝和被押赴刑场

上海工人阶级迎接上海解放

中共七届二中全会后，中央军委向中国人民解放军第三野战军下达解放上海的战略要求："以建设为前提，破坏必须服从建设。"陈毅司令员将此形象地比喻为"瓷器店里捉老鼠"。针对国民党在溃败之际，定将尽可能地搬运盗卖、隐匿物资，破坏重要物资和生产、建筑设施，中共中央上海局和上海市委及时作出保护城市、迎接解放、坚持生产的战略决策。上海工人阶级责无旁贷地挑起这项光荣的历史任务。

护厂前哨战

1948 年底，国民党预感败局已定，决定在上海拆迁机器、搬运物资，作南逃打算。属于官僚资本的中纺公司在上海下属 10 多家纺织厂，拥有大量原料和成品，成为主要劫掠对象。

1949 年 4 月中旬，中纺十二厂仓库管理员、共产党员黄自华发现库存原棉日益减少，当即向党组织汇报。党组织分析后决定立即采取行动予以制止。工人们通过工会同厂长郑彦之谈判，要求郑彦之向中纺公司交涉：第一，必须保证原棉库存量，以维持正常生产。第二，今后凡制成品出厂，必须有相应数量的原棉进厂，以进抵出，否则不予装运。与此同时，厂工会与各车间保持联系，一有情况，可在 5 分钟内组织工人到现场严阵以待。

4 月下旬某天，联勤总部 15 辆军用大卡车突然来厂，企图装运布匹出厂。厂门口值勤工人当即告知工会。各车间工人顿时组成千余人的人墙堵塞大门。大家齐声高喊："工厂是我们的饭碗，棉花是我们的粮食！""要运纱布出厂，需拿棉花来换！"

带队的军官拿出手枪威吓工人，工人们毫不畏惧。眼看强行开车进厂不成功，军官便打电话对联勤总部叫嚷："十二厂工人不让我们运布，他们要罢工啦！"这一下激怒了工人。大家围住军官教训他不许造谣。这时，厂长出面打圆场，军官只得押着空车灰溜溜地离开。

第二天半夜，又开来 10 多辆卡车，企图趁天黑偷运纱布出厂。高度警惕的工人护厂队发现后，一面紧闭大门不让卡车进厂；一面传话各车间。大批工人涌出车间，厂门口又人群如潮。押车官兵见工人早有准备，众怒难犯，只得无可奈何地再次把空车开走。通过护厂斗争，护厂队由秘密转为公开，护厂工人达到 1000 余人，狠狠打击了反动派偷运布匹的阴谋。

智沉大炮

　　1949年1月，国民党国防部运进江南造船所4门重型大炮和6挺重机枪，放在1号码头，等待装上登陆艇，运往长江某地布防，阻止人民解放军渡江。江南所党组织了解此情后，立即指示中共党员陆金生想办法破坏这些武器，或者将它们沉入黄浦江。

　　当天傍晚4时许，黄浦江潮水已涨到最高位。工人们背着工具包，陆续从船上回到码头，准备下班。船坞吊运工在领班催促下，把大炮和机枪装上平底驳船，以便第二天一早运走。

　　陆金生在码头上装作安全检查的样子，努力寻找下手机会。当时，从搭在驳船上的跳板走上岸的人很多，驳船的船身很自然地往里档倾斜。陆金生急忙走过去，大声叫道："这是谁干的？钢丝绳系得这么松，想让大家下黄浦江洗冷水澡吗？"他一面说着，一面把里档钢丝绳收得绷绷紧，使驳船紧紧靠上码头；随后，又把外档钢丝绳放得很松。从表面看，这样一来上船下船走在跳板上确实平稳多了。匆匆忙忙下班的人谁也没注意这个细节。

　　夜里，潮水渐渐退下，还没退到最低潮，猛的"轰隆"一声，浅浅的平底驳船把

❶ 工人保护下来的江南造船厂船坞

大炮、机枪统统"掀"到黄浦江去了。这是因为里档的钢丝绳紧，外档的钢丝绳松，随着潮水退潮，里档船身等于吊在码头上，而外档钢丝绳松，潮退船斜，以致整艘船几乎吊挂在码头上，船里的枪炮如同倒垃圾一般滚进黄浦江。

第二天早晨，一位海军军官来到码头，一看船身侧了，大炮机枪都没了，大吃一惊，马上到生产处找上校周亨甫。周亨甫穿上军服，急忙来到码头，看到驳船半吊在码头，心中明白是钢丝绳系得有问题。这件事说有意破坏可以，说是技术不熟练、不动脑筋也可以。但不管怎么说，影响军事布防的责任谁也担当不起。他大发雷霆，派人找来船坞厂主任工程师，主任工程师又叫来包工头，追查是谁系的钢丝绳，但始终没人承认；最后找到码头值班的警卫排长，责问他为什么知情不报。事实上这个排长根本不知道，当时他正在东门外小酒店喝酒。后来，这个倒霉的排长受到了处罚。

守护电台海关

上海国际电台是当时国内规模最大、设备最完善的国际通讯机构。它的发讯台在真如，收讯台在刘行，兼管的海岸电台和船舶通讯在市区天潼路，业务管理在沙逊大厦（今和平饭店）。它的行政体制隶属电信局，全局职工约3500余人，分布在各部门的中共党员有95人。

上海外围战一打响，刘行正处前线，淞沪警备司令部紧急通知拆迁刘行电台，并下达"必要时即予炸毁"的命令。在紧急关头，中共党员汪永年等人按照上级党组织部署将计就计，通宵达旦地拆运设备，冒着炮火把器材运到市区，安放在中国银行仓库内。在战火中，刘行的机房被炸毁，天线架倒塌，但重要电讯设备器材得到完好保存。

5月15日晚，驻守真如电台的国民党交警总队命令值机和留守人员全部撤离，并下令破坏电台。坚守在电台的中共党员魏宝泰等人商量后，以"未接到上级通知，不敢擅离职守"为由，拒绝撤离。在交警总队头目的一再催逼下，技术员黄振禄利用敌人的无知，用电源断路打火花的方法，称电台已损坏无法使用，骗过了敌人。

坚守在市区沙逊大厦和天潼路海岸电台的中共党员和积极分子，对重要器材加强保护，挡住大门，值岗守卫，以防溃军乱窜破坏。留守机房的同志坚持值班通讯。报务员曾文辉连续值班40多个小时，收到从敌舰发来警备司令部命令黄浦江上所有船只立即撤去台湾的命令，这份电报被他扣截下来。

5月18日，江海关中共党员率领部分纠察队员，秘密打开浦东陆家嘴港警武器仓库，搬出10挺机枪和各种短武器及63箱子弹，装上港警小火轮，挂起海关免检的黄旗，驶过已被封锁的黄浦江，把枪支弹药放入江海关秘密仓库，为纠察队武装护关提供装备。19日，由120名港警组成的武装纠察队，开始执行轮值巡查任务，并由关警负责保护机关和仓库不被破坏。

国民党军队溃退前夕，企图劫夺江海关的船只和小火轮。其中"海星""景星"两艘运输船是重要目标。船员拒绝执行命令，驶至陆家嘴岸边搁浅，拆除重要零件。由于舱底进水，船只无法航行，它们被保护下来。20余艘小火轮上的船员断然拒绝淞沪司令部要求集中在复兴岛供撤退使用的命令。军队斩断绳索，勒令开船，船员们立即系上缆绳，一次又一次斩断，一次又一次重新系上。江海关中共党支部动员一批员工前往助威，使国民党军队只得放弃劫持小火轮的计划。

三闯法国总管住所

1949年5月，根据上级党委传来的消息，国民党出台一份破坏工厂和重要设施的计划，并可能派军队进驻法商电车电灯公司。为了阻止敌人的阴谋，法电党组织考虑除了依靠工人力量护厂外，还可以争取法国资方配合、共同护厂，为此，派工会党团成员许炳山、马少林、陆如松三人去法国国务总管勒莫尼家里谈判。当时，上海一片白色恐怖，特务密布，警车呼啸，马路上到处张贴着警备司令部"格杀勿论"的布告。许炳山、马少林、陆如松都是敌人搜捕对象，去法国人家谈判风险很大。但他们无所畏惧，突然出现在南昌大楼勒莫尼家中，亮出中国人民解放军先遣部队代表的"身份"。一听到他们的身份，勒莫尼脸色煞白，脸部肌肉微微抽搐，不知如何是好。为防不测，马少林到门口望风，陆如松盯住电话。许炳山随即说："现在北平已解放了，我们共产党保护外商的政策，你清楚吗？"

"清楚，清楚。"勒莫尼点着头。许炳山告诉他，国民党要进驻法电，并可能破坏

❶ 参加护厂斗争的英联船厂工人

上海市人民政府佈告　秘字第一號

奉

中國人民革命軍事委員會電令內開：

茲委任陳毅為上海市市長，曾山、潘漢年、韋慤為副市長等因；奉此，毅等即日遵令就職視事，特此佈告周知。

市　長　陳　毅
副市長　曽　山
　　　潘漢年
　　　韋　慤

一九四九年五月廿八日

❶ 上海市人民政府布告　❷ 人民保安队、人民宣传队臂章

工厂，工人们已组织起来准备护厂。要他把这情况立即向大班报告，请公司当局配合工人护厂。勒莫尼全部允诺。临走，勒莫尼拿出一叠美元要塞给他们，当即遭到他们拒绝。

几天后，许炳山等三人第二次登门。这次上门风险不亚于第一次。倘若勒莫尼走漏风声，这不是自投虎口吗？他们一到勒莫尼家，对方就说："你们走后我立即向大班报告，所提要求大班都同意照办，并向领事馆报告了。"许炳山等进一步要求对方准备一批大米、咸鱼、萝卜干等和银元。大米是为护厂工人食用，银元是在必要时收买前来破坏的国民党官兵。勒莫尼表示一定照办，并很快提供600包大米，拿出约5万块银元。

5月24日，护厂进入关键时刻。许炳山等三人第三次到勒莫尼家。告诉他，当天晚上解放军将进入上海，要他带了银元立即赶到厂里向护厂负责人之一、党总支委员谢炎昌报到并接受其指挥。勒莫尼进厂后，始终由法人翻译、党员王文林与他保持联系，直到解放。

（龚芸）

相 关 链 接

在中国共产党的领导下，上海工人阶级与解放军相配合，粉碎了敌人搬迁物资、破坏工厂、妄图毁灭上海的罪恶计划，基本完整地保存了上海，充分显示了工人阶级的伟大力量。5月29日，新华社发表毛泽东亲自修改的社论《祝上海解放》，指出，上海是中国工人阶级的大本营和中国共产党的诞生地，在长时期它是中国革命运动的指导中心。在反革命势力的野蛮的白色恐怖中，中国革命的主力由城市转到乡村以后，上海仍然是中国工人运动、革命文化运动和各民主阶层爱国民主运动的主要堡垒之一。上海的革命力量和全国的革命力量相配合，这就造成了上海的解放。

闸北电厂护厂斗争

1949 年 4 月，中国人民解放军突破长江天险，一举解放南京，并以钳形之势迅速包围上海。面对解放军势如破竹的攻势，国民党政权开始破坏上海的军政设施和重要的工厂学校。闸北电厂中共党组织团结群众，开展了以"反撤退、反破坏"为核心的护厂斗争，在上海工运史上写下光辉一页。

发动群众　开展护厂斗争

1949 年 5 月中旬，中国人民解放军已进抵上海郊区，隆隆炮声清晰可闻。20 日，人民解放军控制了上海吴淞地区，闸北水电公司发电厂（简称"闸北电厂"）和水厂的护厂斗争也进入关键时刻。

5 月 25 日，从军工路到张华浜，沿途都是一批又一批败退下来的国民党残兵，他们徘徊在闸北电厂周围。15 时左右，国民党军队一列装有军火和油料的火车开到电厂南面的铁路上。

傍晚时分，闸北电厂的铁门忽然被国民党残兵撞开并蜂拥而入。进入电厂后，他们有的在黄浦江边挖壕沟、筑工事，扬言要拼死一战；有的企图夺取停靠在江边码头上的几条运煤船逃跑；有的因几天没睡，便在厂里找个地方睡觉；有的在车间里东审

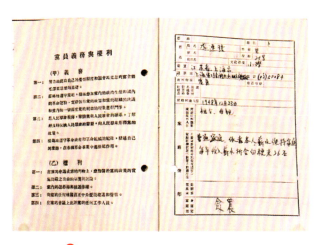

❶

❶ 工人李连发的入党志愿书

西走，偷偷地把随身携带的武器塞进煤堆里……他们像没头苍蝇似的乱作一团。到了晚上，进入电厂的残兵已接近 2000 人。

当时，闸北电厂已经成立了中共党组织。其中，有冯大文、毛民贤、王振仁、孙显明、李连发等 5 名党员，他们在解放前夕接到中共上海党组织明确指示：各级党组织要充分发动群众，开展护厂斗争。

为了对付这批全副武装的国民党溃军，闸北电厂的中共党组织决定采取护厂紧急措施：封堵车间部分通道，阻止国民党残兵到处乱窜；在重要设备上都挂上"危险有电，不可靠近"的红色警告牌，防止残兵靠近；并以有危险为由，尽可能劝告残兵离开汽机房和锅炉房，让他们到出灰间休息。

夜色越来越重，周围渐渐安静下来，但护厂斗争仍在继续。闸北电厂的共产党员、工人协会会员和群众相互配合，沉着冷静地监视着国民党残兵的一切。后来，他们主动出击，上前同残兵们聊天、拉家常，以稳定他们的情绪和掌握他们的内部情况。果然，水电厂的党员在与残兵们的接触中了解到：他们是来自不同番号的部队，人员编制十分混乱，且连长以上的军官大部分已逃跑。水电厂的负责人立即抓住这个有利时机，对其宣传和说服，原来叫嚷着要顽抗到底、同归于尽的残兵们渐渐冷静下来。

劝降敌军　缴获大量武器

经过对形势的判断，闸北电厂党组织决定在人民解放军到来之前，展开对敌人的劝降工作。当时，敌军中有几个军官用电话与上级联系，都没有联系上。党员孙显明和值班工程师、工人协会会员吴祜周以工人纠察队的身份同 3 名有中尉军衔的国民党军官展开谈判、劝降。

最初，这 3 名军官表示他们只能控制下属的几十个士兵，对其他士兵无能为力。孙显明等人耐心地反复宣传形势和我党我军政策，鼓励他们站出来向全体官兵宣布缴械投降可以立功赎罪。经过几个小时的谈判，25 日午夜，这几个军官终于接受工人纠察队提出的 3 个条件：一是不准破坏电厂和水厂的任何机器设备；二是分散在厂内的所有官兵全部集中到指定地点；三是由工人纠察队负责与解放军联系，保证全体官兵的生命安全。

夜渐深了，就在孙显明等人和敌军军官谈判的同时，党员李连发等和工人协会会员继续分头与国民党士兵们接触，进行劝降工作，宣传人民军队的约法八章。这时，锅炉房发生一起紧急事件，有个敌军士兵借口放在锅炉旁的东西不见了，破口大骂，并扬言要用手中的手榴弹炸毁锅炉。

工人协会会员梅耀华等人看到情况危急，立即上前进行劝阻说："丢了东西，可以赔给你，但手榴弹绝不能塞进锅炉，否则引起爆炸，连你自己的性命也保不了。"但这个敌兵想敲竹杠，仍不肯罢休，梅耀华等人连劝带哄地拖着他一起去找正在和孙显明、

吴祜周谈判的几个敌军军官，结果这个士兵被他的上司狠狠地训斥了一顿才算了结。

在劝降工作获得初步成效后，26日凌晨1时许，闸北电厂中共党组织决定将分散在厂内各个角落的残兵们紧急集合起来，召开大会，由几个中尉军官介绍已被解放军包围的形势及共产党优待俘虏的政策，宣布放下武器，接受投降条件，并严肃指出：如果谁坚持反动立场不肯投降的，就地枪决！原来乱哄哄的局面逐渐稳定下来。

会后，为了将近2000名国民党残兵引出厂外，水电厂的负责人想办法在厂外的子弟小学煮了几大锅饭和一锅蚕豆让他们就餐，并通知饭后在学校操场集中待命。折腾了一夜的国民党残兵们早已饥肠辘辘，听到有饭吃，马上丢下武器，争先恐后地拥到子弟小学去抢饭吃了。

当时，闸北电厂内各式武器堆成了一座小山，缴获的武器中包括迫击炮4门、机枪25挺、枪支1700余支、手榴弹3000余枚、子弹10万发和军用卡车30余辆。近2000名全部美式装备的国民党官兵终于成了赤手空拳的工人纠察队的俘虏，而此时已是26日清晨5点整。

升起第一面红旗

26日上午，闸北电厂厂区升起第一面红旗，人民保安队正式成立，孙显明以人民保安队中队长的身份召开了全厂职工大会，号召全厂职工继续坚守岗位，防止敌人破坏，保证发电和供水安全。人民保安队还用缴获的武器来武装自己，加强了厂区内外的治安管理工作。

上午9时，水电厂人民保安队与江湾区人民保安队指挥部取得了联系，决定将全部俘虏押送到江湾体育场，由李连发、吴祜周负责将近2000名俘虏以30余辆军用卡

❶ 闸北电厂工人纠察队队员与国民党残兵对峙　❷ 闸北电厂人民保安队队员与解放军战士站岗执勤

车运至江湾体育场进行集中看管。

在江湾体育场，水电厂押送人员见到解放军后，大家热烈握手，互祝胜利。李连发、吴祐周向解放军领导汇报了护厂经过和厂区周围的治安情况，并移交了全部俘房。19时，解放军进驻水电厂，同人民保安队一起担负起站岗巡逻任务。

5月27日，上海全市解放。由于水电厂的共产党员、工人协会会员和群众的相互配合，闸北水电厂的所有设备完好无损，自来水和电力供应一刻也没有间断，胜利完成了保护工厂、迎接解放的历史使命。6月1日，《解放日报》对闸北水电公司工人护厂斗争的英勇事迹进行了报道。

（高颖华）

❶

"二六"大轰炸中的杨树浦发电厂

1950年2月6日，国民党空军出动4批17架飞机，对上海市区进行狂轰滥炸，在一个半小时内投下500磅炸弹48枚，炸毁房屋1180余间，炸死炸伤市民1448人。美商上海电力公司（杨树浦发电厂）所有电力设施停止运转，导致绝大多数街区失去电力供应。第二天，陈毅市长等到杨树浦发电厂视察被炸情况，慰问受难群众，组织抢修电厂。经过42小时奋战，第一台机组恢复发电。至9日下午，发电增至18000千瓦，大半上海恢复光明。

空袭导致城市一片漆黑

1949年5月至1950年5月，蒋介石及其同伙不甘心失败，对华东沿海实施封锁和轰炸。1950年2月6日，上海遭受国民党空军飞机最猛烈的袭击，从中午12时25分到下午1时53分，国民党出动4批17架飞机，对上海各发电厂进行狂轰滥炸。杨树浦发电厂大部分房屋、锅炉、发电机及辅路设施遭到毁灭性破坏，不能发电。南市华商电力公司（今南市发电厂）部分变压器受损。闸北英商电力公司（今闸北发电厂）1号锅炉全部炸毁。全市5处发电厂被炸，造成80%电力设施损坏，使供电量从25

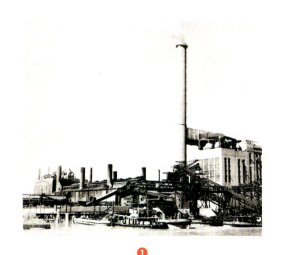

❶

❶ 遭轰炸前的杨树浦发电厂

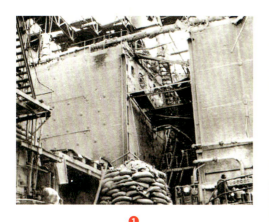

① 被轰炸的杨树浦发电厂厂房　② 关于"二六"大轰炸的报道

万千瓦骤降至 4000 千瓦，上海市发电厂遭到毁灭性打击。市民、职工、解放军干部、战士伤亡共 1448 人，毁坏房屋 1180 多间。

轰炸给上海市区带来了严重灾难，市区工厂几乎全部停工停产，绝大部分街区没有电力供应，摩登大楼里的电梯因停电而悬挂在半空中。五光十色的霓虹灯和明亮的商店橱窗广告风光不再，6000 余家商店关门，街上少有行人。居民区一片漆黑，每家只被允许开 1 只电灯，照明半小时。由于自来水供应困难，市民的马桶、厕所都无水冲洗。当时，寓居在上海的宋庆龄在写给友人的信中曾这样说道："最近国民党轰炸所带来的后果，造成大面积破坏，并给人民带来不可言状的困难。人们看见自己的朋友和亲戚被卑劣的空袭夺去了生命。"

"二六"轰炸给上海带来一片萧条的气氛，使人更感觉到冬天的寒冷。

争取 48 小时恢复发电

2 月 7 日中午，陈毅市长和副市长潘汉年、公用局局长叶进明等来到满目疮痍的杨树浦发电厂，视察被炸情况，慰问受难群众。在了解了工厂受损情况后，紧急进行部署，组织抢修电厂，并动员全市力量支援杨树浦发电厂，争取 48 小时内部分恢复发电。当晚，中共中央华东局和上海市军管会连夜开会，向中央报告情况。2 月 8 日，市军管会发布紧急通告，要求全市节省用电和限制用电。

陈毅市长视察的当天下午，杨树浦发电厂立即开始抢修工作，制订抢修目标。市总工会组织电车公司、电灯公司、电话公司、公交公司和纺织、五金等行业的职工，以及机关、学校等 60 多个单位共 2000 余人，连夜冒雨赶到杨树浦发电厂，协助清

❶ 被轰炸后的厂房俯瞰　❷ 遭轰炸后消防队员前来救火　❸ 遭轰炸后的救火现场

理现场，修理电器、马达、电线、检验零件。大家发扬不怕牺牲、连续作战的英雄精神，日夜抢修，经过 42 小时奋战，修复了第一台机组，恢复了发电，比陈毅市长要求的 48 小时提前了 6 个小时。接着，其他发电机组先后修复，至 9 日下午，发电量达到 18000 千瓦，使大半个上海恢复了光明。

除了抓紧抢修发电厂设备，还利用有的工厂备用柴油发电机，发动柴油机厂赶制一些柴油发电机。全市统一调配电力，加强对用电的管制和限制，保证电灯照明和自来水供应，保障重要市政机关和医院用电。公交公司有一位姓张的总工程师，发明了以木炭为能源的汽车，得到加快推广，行驶在路上的公交车和长途汽车，都在后面背着一个铸铁箱子，放置木炭。大商店有着自备电源，小商店各显神通，气灯、煤油灯、马灯等五花八门都用上了。各居民区创办一批手工业家庭作坊，以解决就业问题，马路上小商小贩多了起来。政府和市民团结一致，共渡难关。社会营生和秩序依然井井有条，生动体现了上海人民在困难日子里齐心协力、众志成城的光荣传统。不到 2 个月，全市发电量又恢复到了原来水平。

（捷音）

相 关 链 接

从 1949 年 5 月 27 日上海解放后的一年内，上海遇到了极其严重的困难。曾有人扬言让共产党红着进来，黑着出去。然而，中国共产党以杰出的组织能力和强大的凝聚力，依靠人民群众的支持和奋斗，粉碎了国民党军队的封锁和轰炸，稳定了上海的社会，保障了人民的生活，清除了旧社会污垢，使上海以充满蓬勃生命力的全新形象屹立在世界东方，有力证明了毛泽东关于"我们不但善于破坏一个旧世界，我们还将善于建设一个新世界"的英明论断。

百年

上海工业

故事

创业

中华人民共和国成立后，开始工业化的历史进程。在恢复经济及社会主义革命和建设时期，上海作为国家重要的工业基地和财政支柱，担当起"共和国长子"的重任。在中国共产党的领导下，上海工人阶级怀着甩掉工业落后帽子的雄心壮志，自力更生，艰苦奋斗，创造了一个个人间奇迹，填补了一项项技术空白，有力支援和推动了全国经济建设，发挥了中流砥柱的作用。

全行业公私合营：
一次伟大的历史事变

从 1955 年起，全国范围开始出现全行业公私合营，并在 1955 年末、1956 年初达到高潮。在上海，1949 年末至 1953 年已有个别企业公私合营，1954 年出现扩展公私合营。1955 年，棉纺、烟草、搪瓷等 8 个行业实行全行业公私合营。1956 年初，上海的私营工业企业与全社会其他的私营工商企业一起，实现了全行业的公私合营，被中共第八次全国代表大会政治报告称为一次有世界意义的伟大历史事变。

❶

党和国家领导人的直接推动

1955 年 10 月 17 日，毛泽东在中南海颐年堂邀约全国工商界代表人物、全国工商联执委会委员，座谈私营工商业的社会主义改造问题，只有黄炎培、陈叔通等少数人参加。毛泽东对工商界人士说："现在还是要劝大家走社会主义道路。要有一些人早些下决心拥护共产，因为迟早是要共产的。现在先搞半共产。"

10 月 29 日，毛泽东在中南海怀仁堂又召开座谈会，除了全国工商联执委外，在京中共中央委员和中央各部门负责人也参加了。会上，毛泽东说："现在我知道，你们

❶ 职工庆祝挂上公私合营新招牌

思想上有顾虑，农业合作化了，手工业合作化了。共产党和资本家这些年合作得不错。现在大家都搞社会主义你们不搞，你们心中是 15 个吊桶，七上八下。你们要认清社会发展规律，走社会主义道路，自己掌握自己的命运，进一步接受社会主义改造。"

11 月 1 日至 21 日，全国工商联第一届执行委员第二次会议在北京召开，传达学习毛泽东的讲话，听取陈云、陈毅关于资本主义工商业改造问题的报告。21 日，会议通过《告全国工商界书》及致毛泽东的信，提出"我们工商业者当前的首要的任务是应该坚守爱国守法的立场，积极接受社会主义改造"。毛泽东对这次会议极其满意。

毛泽东在第二次座谈会后，即启程去杭州，在小范围亲自主持起草《中共中央关于资本主义工商业改造问题的决议》。根据毛泽东的提议，11 月 16 日至 24 日，中共中央政治局在北京召开会议，传达毛泽东的两次中南海座谈会的讲话。周恩来、刘少奇分别作报告。会议通过毛泽东主持制定的《中共中央关于资本主义工商业改造问题的决议（草案）》。27 日，中共中央发出指示："各省委、直辖市委、自治区党委应当在一九五六年一月半以前向中央提出关于改造资本主义工商业的规划和要采取的进一步的措施。"

与此同时，《人民日报》等也陆续发表社论，论述全行业公私合营的重要性和必要性。11 月 22 日，《人民日报》发表社论《统一认识，全面规划，认真做好改造资本主义工商业的工作》。毛泽东对该社论作了修改和批语，指出："对于资本家说来，就是放弃资本主义所有制，放弃对工人的剥削，接受社会主义国有制。""要准备经过公私合营，逐行逐业的改造，在条件成熟以后，最后达到生产资料的国有化。"

这样，在党和国家最高领导人的直接推动下，以及全国工商业者自身的积极呼应下，各省市以及私营工商业者完全被鼓动起来，公私合营的高潮热火朝天，席卷全国。

6 天内实现全行业公私合营

面对全国上下你追我赶的逼人形势，上海全行业公私合营的步伐开始加快。1955 年 12 月 13 日，上海市工商联在文化广场召开大会，传达毛泽东召集全国工商联执委时的讲话和陈云在全国工商联执委会会议上的报告。15 日，市长陈毅在中共上海市委扩大会议上说："今天在大舞台，……四方面的人来开会……对私营工商业社会主义改造工作讨论讨论，这样一个工作怎样做好，刚才陈丕显同志代表共产党上海市委提出建议，请大家考虑这个办法妥不妥当。"

1956 年 1 月 3 日，上海私营工商业者家属代表发表《告全市工商业家属书》，表示工商界家属必须看清楚国家的前途，坚决走社会主义道路。4 日，全市 78 个工业行业 27983 户私营工业企业中，已有 52 个行业的 10853 户企业提出了全行业公私合营申请，另外还有 4995 户私营工业企业个别提出了公私合营申请。

10 日，北京率先宣布全市私营工商业实现全行业公私合营。下午 4 时 20 分，毛泽东在上海市党政领导陪同下，视察了原先属于荣家企业系统、在1954年9月已进行公私合营的申新九厂。他对荣毅仁说："你是大资本家，要带头，现在工人阶级当家做主了，老板换了。"这更激发了上海的公私合营热潮。

14日，中共上海市委邀请工商界上层人士300余人举行座谈会，商讨如何加速私营工商业改造问题。市委书记陈丕显说，北京原来准备两年的，结果在几天内申请合营完毕，几天内就批准合营了，在1月上旬完成了两年的任务。上海也准备两年内合营完毕，北京冲破了上海的计划。副市长、市工商联主任委员盛丕华表示，问"我们意见如何？要快，快到什么程度？昨晚我们已谈了"。全国工商联和上海市工商联副主任委员荣毅仁表示："从日前申请公私合营的热情来看，我们要最快在一星期内争取全市公私合营。"市工商联秘书长胡子婴表示："一星期内只要领导有决心，没有问题，可以完成。领导如能批准，我们都可以在一星期内做好。"陈丕显最后说："你们所提出的一星期内提早完成合营工作，我在这里表示，市委没有什么可以不同情不拥护你们意见的。毛主席告诉你们，也告诉我们，工商业的改造，工商业的命运，要自己掌握。就这道理来讲，我们也没有理由拒绝一个星期的要求。"

15日上午，上海市工商联召开临时代表会议，一致决定，要在1月20日前的6天中，做好全市全部资本主义工商业一次申请公私合营的准备工作。

16日，副市长曹获秋在全市干部大会上兴奋地宣布："告诉大家一个好消息，市委决定上海市社会主义改造任务提前完成，准备在6天内（本月20日以内），将全市社会主义改造任务完成。"下午，有40个行业提出了全行业公私合营的申请。17日，全市全部工业行业提出全行业公私合营的申请。

18日，上海市工商界青年代表会议、上海市工商业者子弟大会、上海市工商业者家属代表会议分别召开，并且相继通过各自《给毛主席的致敬电》。下午，全市242个工商行业中，除了已批准公私合营的之外，全部提出了全行业公私合营的申请。

19日，经过上上下下5天的紧张工作，上海市工商联代表全市工商业者正式起草了递交上海市人民委员会的全行业公私合营申请函，决定在20日上午，代表全市工商界一次集中提交申请书。

20日，上海市人民委员会召开第10次会议，通过《上海市人委关于批准全市资本主义工商业公私合营的决议》。下午，市工商联在中苏友好大厦广场召开"上海市资本主义工商业申请公私合营大会"，一致通过《上海市工商联关于全部实行公私合营的申请书》。随后，全体代表参加了上海市人民委员会在中苏友好大厦举行的"上海市资本主义工商业公私合营大会"。刘靖基、刘念义、经叔平、陈铭珊等8位同志，分别抬着4只扎彩的红漆箱，里面放着用红布包裹的各行各业要求全行业公私合营的申请书，走在队伍的前面，兴奋而激动地进入大厅。荣毅仁和盛丕华代表全市私营工商业者向曹获秋递交了申请书："我们上海市工商业联合会根据全市全部私营工商业的自愿和委托，谨向政府提出申请，除过去已经实行公私合营的行业和企业以外，希望对其余

的 85 个工业行业的 35163 户和 120 个商业行业的 71111 户，批准全部实行公私合营。"曹荻秋代表上海市人民委员会宣布："接受全市资本主义工商业者的公私合营申请，并全部予以批准。"

21 日，上海市各界人民隆重举行庆祝社会主义改造胜利大会，宣告上海市的资本主义工商业已经全部公私合营了。大会在诵读完写给毛主席的报喜信后，人群欢腾，气球飞舞，鞭炮齐鸣，随后举行了 20 万人的盛大游行。

（廖沙）

相 关 链 接

1956 年初全国范围内公私合营高潮的到来，固然有党和国家高层领导的大力促进以及各省市地方领导的积极推动，有全国工商业者的拥护和积极行动，但也确实有其内在的必然，它是新中国成立后就开始的个别企业公私合营以及扩展公私合营的必然结果，是在当时中国的历史条件下，对资本主义工商业社会主义改造必然的终结形式。

❶ 1956 年在中苏友好大厦举行全行业公私合营大会会场　❷ 庆祝全行业公私合营大会

王林鹤：
371 次试验攻克高压电桥

1958 年 5 月，中国共产党第八次全国代表大会第二次会议在北京召开，正式通过"鼓足干劲，力争上游，多快好省地建设社会主义"的总路线。上海工人阶级响应党中央发出的"向科技进军"的伟大号召，为改变落后面貌，发扬自力更生、艰苦奋斗的精神，创造出一个人间奇迹，在白纸上绘制出一幅幅美丽图画。上海沪光科学仪器厂青年工人王林鹤，经过 371 次试验，试制成功中国第一台 1 万伏高压电桥。

主动挑战

1957 年，祖国大地掀起社会主义建设热潮。一个个急需求购高级精密高压电桥的电话从四面八方涌向上海沪光科学仪器厂。一个个采购员的迫切求援声音，一封封各地要求供应高压电桥的来信，使王林鹤的心久久不能平静。

几天后，党支部书记在一次报告中关于"卑贱者"最聪明，"高贵者"最愚蠢，科学技术发明有很多是劳动人民创造出来的话，使王林鹤受到很大鼓舞。他想，高压电桥是仪表工业的高级产品，我们是仪表工人，不把这个担子挑起来，那叫谁来挑呢？但是，自己厂原来是装装配配的小厂，1 万伏高压电桥是什么样子，见都没见过，谈何容易。

第二天清晨，王林鹤向党支部书记倾诉了自己的想法。党支部书记十分支持地说，你先带头闯一闯，党组织坚决支持你，一定要把高压电桥这个堡垒攻下来。党支部书记的鼓励如春风一般驱散了王林鹤心里的犹豫，他下定了试制高压电桥的决心。

试验之路

艰辛的征程开始了。

王林鹤一连几个星期出入图书馆、新华书店和外文书店，他埋头在图书堆里，只要和高压电桥有关系的资料，都收集起来。但是，直接介绍高压电桥制造的资料太少，只找到一份，上面写着："高压电桥系精密产品，需要高级绝缘材料，零件需用精密机床加工。为保证机件的高度灵敏，需要密封车间、防震地板、控制温度湿度等全套设备……"至于具体生产过程，则一字不提。

第二天是厂礼拜，王林鹤一清早就出门找资料。傍晚，他在新华书店发现一本《电桥》，打开一看，只有 3 页纸讲到高压电桥的基本原理，附了一张线路图。他如获至宝似地把书买回家去，认真地读起来。王林鹤读着读着，忽然顿生一个念头，为啥不到上海电表厂去看看呢？也许能找到点参考资料。

王林鹤赶到上海电表厂技术科，他的老朋友听说王林鹤要试制新产品，连忙帮他找资料，并陪他观看试验室。走到一台庞大的机器旁边，王林鹤看到四周用木栅栏围着，木板上写着"高压危险，切勿靠近"。听技术人员介绍说这是高压电桥时，他急忙要求技术人员详细解释。王林鹤边听边用钢笔在手心里记下许多记号。

王林鹤回到厂里，接连几天把自己关在试验室里，聚精会神地设计高压电桥的图纸。同志们下班后去看望他。他热情地把自己几天的工作成果和疑问讲给同志们听。怎样能把一种绝缘材料的导电损耗从千分之几降低到万分之几？怎样能把繁复的线路安装在比写字台还小的钢板箱内，操作起来既方便又安全？……大家一下子议论开来。同志们的经验使王林鹤得到启发，原来不成熟的想法慢慢丰富起来。

试验之路是崎岖曲折的，困难一个接着一个，在制造高压空气电容器时，又遇到严重的困难。高压空气电容器中有个零件——绝缘支架，必须使用高级绝缘材料超高频磁。但是超高频磁材料具体是什么成分，找不到任何资料。怎么办？他们找来了几百种不同材料，可是哪种材料的性能和超高频磁相同呢？

王林鹤和同伴们对这些材料分别进行试验，试验一次接着一次，可是记录簿上的失败记录已经越过百次大关，101 次、102 次、200 次、250 次……王林鹤先后用有机玻璃、氧化铝磁、石英等能找到的材料都试验过了，但试验进行到 339 次，依然没有找到一种能代替超高频磁的材料。

一位老师傅对王林鹤说，江西和宜兴都产陶瓷，听说有种高级陶瓷可代替钢铁，不妨拿来试试。王林鹤立即去找支部书记商量。党支部决定让王林鹤马上去宜兴。

王林鹤到宜兴城时已是傍晚。窑场离宜兴城有 30 里山路，他不顾休息，马上出城去窑场。一路上下起了瓢泼大雨，山路又滑，他越过山坡，过了小河，在第二天黎明到达窑场。场里职工了解情况后决定试制高级陶片。第三天清晨，王林鹤高兴地拿着尚有余温的高级陶片回上海。高级陶瓷的导电损耗率达到万分之一，大大高于原来试验的各种材料。

连续的废寝忘食，使王林鹤累得病倒了，高烧近 40 度，住进医院。可是他只住了三天，第四天早上就要求医生让他出院。医生叮嘱他一定要在家里休息两天。可是，他一出医院大门，就迈开大步回到厂里，立刻干了起来，把全部精力投入到试验中去。

寻找超高频磁的代用品，只是试制高压电桥过程中遇到的千百次困难中的一次。王林鹤和他的战友们就是以百折不挠的精神，在其他许多高压电桥的配件试验中获得

成功：一种控制灵敏度的部件，经过 100 多次的试验成功了；放大器的电路，经过 70 多次的修改成功了；调整部件的线路，经过 40 次的修改成功了……这样，一共试制了 2000 多个高压电桥零部件。

试验成功

而后，试验进入决定阶段。那一天，试验室里的气氛比往常更紧张。王林鹤打开电源，指示灯亮了，转瞬间，电伏测量仪表显示：导电损耗率达到十万分之一，超过预定的高标准。

成功了！大家欢笑着，跳跃着！王林鹤抑制不住兴奋的心情，在试验记录簿上写道："第 371 次，导电损耗率达到十万分之三，……"

❶ 王林鹤百折不挠攻尖端 ❷ 王林鹤和同事们庆祝试制成功

不料在总装配时，变压器出现故障。王林鹤检查了3天，没找到原因。他不由地把变压器一推，没想到电源正常了。他仔细一查，原来变压器的位置放正了会漏电，放偏一点却正常了。什么原因？王林鹤决不放过，他仔细阅读《电磁测量学》这本书，花了一个星期，终于找到漏电的原因是线圈绕反了。

1万伏高压电桥试制成功了，经有关方面鉴定合格，开始成批投入生产，一台台高压电桥装配出来了。它的诞生，标志着中国仪表工业上的一个空白点又被工人用智慧和双手填满了。消息传遍大江南北，全国各地的订货单像雪片一样涌进沪光科学仪器厂。成百上千台的高压电桥运往工厂、电站、矿山，为祖国社会主义建设贡献着力量。

（廖沙）

 **相 关 链 接**

1960年3月19日下午，上海人民广播电台不寻常地播出一条"寻人通知"：上海沪光科学仪器厂的王林鹤同志注意了，现有重要会议要您参加，请听到广播后立即与厂里联系。

这天下午毛主席抵沪视察，决定当天在锦江饭店设晚宴邀请部分技术革新能手，王林鹤也在邀请名单中。不想这天下午王林鹤到一家机器厂取经。傍晚，忙碌了一天的他回到厂里已经8点多了，厂长问他："王林鹤，你跑到哪里去了？市委叫你去一趟，到处找你也找不到。"第二天，革新闯将杨新富看到王林鹤，告诉他昨天是毛主席接见上海的工人代表。毛主席还问："那个搞高压电桥试了371次的王林鹤来了没有？"王林鹤错过了这个幸福时刻。1965年，王林鹤又试制成功中国第一台QS16型高精度电容电桥。

万吨水压机：
一曲自力更生的赞歌

在上海重型机器厂有限公司厂区内，矗立着一台六七层楼高的"巨无霸"，这就是1961年研制成功的中国第一台一万二千吨水压机。它为我国工业发展制造了大批高端、优质大锻件，创造了一个又一个"第一"。在20世纪60年代一穷二白的条件下，它到底是如何从无到有横空出世的？

沈鸿致信毛主席

新中国第一个五年计划期间，经济建设发展迅速，迫切需要大型压力设备。20世纪50年代后期，中国尚未制造过大型水压机。当时曾考虑利用东北已有条件自行设计制造一台万吨级锻造水压机。但是，这个设想很快被否定，因为要造万吨水压机，首

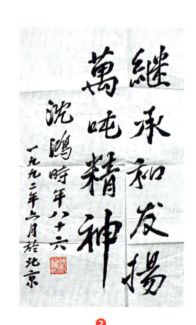

❶ ❷

❶ 沈鸿在中共八大二次会议上写给毛主席的信　❷ 沈鸿手书

先要有万吨水压机。而万吨水压机的四根支柱必须用 200 吨大钢锭锻制，没有万吨水压机加工寸步难行。

1958 年 5 月，时任煤炭工业部副部长的沈鸿致信毛主席。他说，"万吨级的水压机我国应有若干台，分布在主要工业区。机器的来路有二：一条是进口，还有一条自己造。上海应有一台，我和柯庆施同志谈过，如果上海愿造，我也可以参加。这事，我自 1954 年参观苏联乌拉尔重机厂回来后，就经常在思索，我看我们可以做得成，费他一年或一年半的时间，做一台万吨级的水压机，做得不好一些也可以用十年。这对于我自锻大件，有很大帮助。您看如何？"

毛泽东对沈鸿的信很感兴趣，当天就把信批给邓小平。

这封信作为中共八大二次会议的文件印发给全体代表看。毛主席还拿着这封信问上海市第一书记柯庆施：上海能不能干？愿不愿干？中共上海市委明确表态：要厂有厂，要人有人，要材料有材料，一定要把万吨水压机搞出来！

自力更生攻难关

经过中央有关部门的研究决定，万吨水压机攻关组由沈鸿任总设计师，林宗棠任副总设计师，徐希文任技术组长。万吨水压机安装在上海闵行重型机器厂，由江南造船厂承担建造任务，组织全国协作。

设计万吨水压机是在没有专家、人手少、水平不高的情况下进行的。当时，只有沈鸿在苏联乌拉尔重型机器厂看到过万吨水压机。周总理在动员时说："万吨水压机，看起来是个庞然大物，可怕得很。你们在战略上藐视它，不要怕它。用毛主席一分为二的方法，把它一分为二，一分为二……"在科学精神、实事求是和辩证思想的指导下，沈鸿和副总设计师林宗棠带着设计人员，跑遍全国有中小型锻造水压机的工厂，认真考察和了解设备的结构原理和性能。设计团队翻遍当时能够到手的国内外技术资料，进行分析对比；用纸片、木板、竹竿、铁皮、胶泥、沙土等材料做成各种模型进行反复比较。在制作大量模型、积累细微认知后，设计团队首先试制一台 1200 吨试验水压机，进行各种试验。为验证大横梁板焊结构的适应性，掌握科学数据，他们特地制造一台 120 吨试验水压机，压力吨位从 50 吨到 100 吨、120 吨、200 吨、300 吨、一直升到 430 吨，整体焊接的横梁还是完好无损。

经过一年半时间试验，设计团队终于完成万吨水压机设计，前后绘制总图 15 次、绘制大小图纸一万余张，光图纸重量就达到 1.5 吨。

建造万吨水压机是在没有制造经验、没有重型加工设备和特大型起重运输设备的情况下进行的。江南造船厂组建万吨水压机攻关队伍，拉开了攻坚战序幕，先后闯过"电、木、火、金、水"五个大关。

第一，闯"电"关。万吨水压机的大型零部件都采用铸钢件或钢板焊接替代整锻结构，焊缝特别厚，最厚的达600毫米，甚至比万吨轮焊缝厚几倍到几十倍。如果将全部焊缝折成100毫米厚，长度超过3公里。如果采用常用焊接方法，一个电焊工要足足干30年。攻关队决定采用"电渣焊"新技术，唐应斌等人从焊接1200吨水压机大件开始试验，经历一次又一次失败，几次出现漏渣险象，工人几次奋不顾身地堵漏、化险为夷，最终成功掌握这项新技术，使焊缝质量完全符合技术要求。工人把它称为"巧裁缝"制成"百家衣"。

第二，闯"木"关。万吨水压机的零部件大多是"大块头"，最重的将近300吨。可是工地上只有一台8吨的履带式起重机和一些小型千斤顶。在这种情况下，怎么把大部件运进车间？起重组长魏茂利受到大船下水的启示，先铺好长长的木滑板，在木滑板上涂上厚厚的牛油，就这样把一件件上百吨重的零部件慢慢拖进加工车间。

零部件进车间的难题解决了，重达300吨的下横梁要翻身又成为最大的难题。工人师傅制作两座6米高的翻身架，在下横梁两侧各焊上一根轴，然后装上钢丝绳，用四五十只千斤顶，将下横梁一毫米一毫米地往上顶到6米高处的翻身架上，再轻轻地一拉钢丝绳，300吨重的庞然大物就可自如地转动起来。工人把这种方法称为"蚂蚁顶泰山""银丝转昆仑"。

第三，闯"火"关。水压机的3座横梁焊接后，必须放进加热炉进行热处理以消除应力。热处理炉不稀罕，可要找一台装得下长10米、宽8米、高4米特大型零部件的热处理炉却一炉难求。上海重型机器厂的工人综合各方面的经验，自己动手在露天砌出一台长14米、宽11米、高7米的特大型炉子。炉内加热温度要达到900℃，但起初炉温到七八百度后怎么也升不上去。经历10多次失败后，工人们总结出加煤"少、薄、匀、勤"的方法，在风雨中一铲接一铲送煤，经过数小时战斗，炉温才逐渐升上去。

炉温上去难，下来也难。常规降温太慢，难以满足工期要求，为了抢时间，工人们就在炉内温度400℃时开始拆炉门。大家带上石棉手套动手拆，3万块耐火砖拆了整整7小时，许多人的头发眉毛都烧焦了。工人把它称之为"任凭风雨狂，心红炉火旺"。

第四，闯"金"关。3座横梁的金属切削加工精密度要求极高，而当时没有10米以上的大刨床。工人工程师袁章根在技术人员和工人师傅的配合下，大胆将几台移动式土铣床直接放在横梁上加工，并用53把刀盘同时铣削。此举不但加快进度，而且各刀盘间的接缝处理得非常好，质量超过设计要求。

3座横梁上各有4个大立柱孔，要求在同一直线上误差不能超过0.7毫米。当时，厂里没有大型精密镗床，袁章根和工友采用4根简易镗排同时加工。在精加工最后一刀时，他们扛来几十斤重的量具，上下分别量100多次，最后使3座横梁12个孔累计误差只有0.24毫米。工人们说，这是"蚂蚁啃泰山""土搪排出尖端"。

第五，闯"水"关。江南造船厂和上海重型机器厂合力完成压机总装后，与上海

交通大学和第一机械工业部所属的机械科学研究院等单位协作，对压机进行应力测定试验，过关后又进行超负荷试验。6月22日，高压水泵发出嗡嗡的声响，水流压力表的指针缓缓上升，当水压达到1.6万吨时，压机仍然完好无损。这标志着中国第一台万吨水压机终于建造成功了。

万吨水压机为中国重型机械工业填补了一项空白，同时，弘扬了上海工人阶级"万吨重担万人挑、泰山压顶不弯腰"的精神，鼓舞了一代中国人。

（赵富）

❶ 1962年万吨水压机投入生产留念

第一辆轿车：草窝里飞出金"凤凰"

1958 年的中国大地上，社会主义建设热情高涨。受此感染，上海汽车装配厂决定挟一年连续制成越野车、三轮汽车和轮式拖拉机之勇，自主研制轿车。

凤凰雏生

上海汽车装配厂前身为 1915 年开设于上海的德商宝昌公司，1918 年归属英商利喊汽车公司，从事机动车进口和修理。1948 年，由孔令侃官僚资本购买。上海解放后，由市军管会接管，成为上海汽车行业最早的国营企业。1958 年，上海汽车装修厂更名为上海汽车装配厂，从事汽车修配业务。

1958 年 5 月，当不甘于汽车修配的该厂厂长何介轩把制造轿车的想法与技术人员和工人师傅们一商量，大家一拍即合。说干就干，工厂立即成立领导、工人和技术人员组成的三结合试制小组，并到上海锦江车队借来波兰华沙牌及顺风牌轿车作参考，随即紧锣密鼓、土法上马开始试制。

该车车身参考顺风牌样式，底盘采取华沙牌的无大梁结构，动力采用南京汽车厂 M 20 型 4 缸 50 马力发动机，底盘上的金属零件在一般机床上加工，车身四门二盖和前后翼子板都靠手工敲制，在造轿车车顶时，工人师傅用榔头敲了 10 万次、胳膊肿得像大腿一般粗方才成形。

9 月 28 日国庆前夕，第一辆轿车试制成功，大家兴奋异常。在上级公司上海市动力机械制造公司经理王公道的带领下，驱车向上海市委、市政府报喜。市委书记柯庆施亲自出来接见，并坐上轿车跑了一圈，勉励大家再接再厉。

轿车试制成功，该取一个什么样的响亮名字呢？正好此前位于吉林长春的中国第一汽车厂试制成功轿车，并在车头上装了一条龙。何介轩灵机一动：我们何不在车头装个凤，来个南北呼应、龙凤呈祥？此议一出，众皆称好，凤凰牌轿车由此定名。

凤凰牌轿车的诞生意义非凡，上海汽车工业由此从零配件进入轿车制造的时代。

第一辆凤凰牌轿车虽然试制成功，但因其为参考波兰华沙牌轿车研制而成，档次较低。上海汽车装配厂决定参考品质稍高的苏联吉姆牌轿车继续研制，研制采用

❶ 1958 年 9 月 28 日，上海汽车装配厂试制成功凤凰牌轿车，开创上海制造轿车的历史

南京汽车厂跃进牌嘎斯 51 型 70 马力发动机，后桥由该厂自制，用无缝钢管焊接而成。

1959 年 1 月，第 2 辆凤凰牌轿车完成试制，满怀欣喜的上汽人决定向党中央报喜。2 月 15 日，2 辆凤凰牌轿车到达北京，其中 1 辆途经天安门广场时，因发动机故障不幸抛锚。另一辆驶进中南海，周恩来总理亲自接见大家，兴致勃勃地坐上轿车，在中南海绕行一圈。总理下车后与大家合影留念，面带微笑但语重心长地说："还是水平问题啊！"

总理一语中的，上海汽车工人深知此车与国外先进水平相比，差距巨大、任重道远。

凤凰展翅

1959 年，第一机械工业部汽车局召开会议，要求上海进行第二轮轿车试制，向国庆十周年献礼。上海内燃机配件制造公司确定了提高技术水平和有利于专业化发展的方针，重新选择车型。经理王公道召集各厂领导和技术人员选型论证，并征求驾驶员意见，最后决定参考西德 1956 年出产的奔驰 220S 型轿车，重新进行试制。

试制工作由公司统一指挥、各厂分工协作，上海汽车装配厂试制车身和总装，上海内燃机配件厂试制发动机，上海郑兴泰汽车机件厂试制变速箱总成，上海汽车底盘配件厂试制底盘总成，零配件由各专业厂负责制造。

试制期间，一机部顾问、苏联专家组组长奥斯比扬前来现场指导，眼见如此简陋艰苦的条件和设备，不无担心地说："看来你们的条件造玩具汽车还比较合适。"但公司和各工厂不为所动，大家摩拳擦掌，誓让"凤凰"飞上天。公司上下掀起一场颇有声势的土法上马、攻克技术难关的群众运动。经过几个月日夜奋战，第二轮试制的凤凰牌轿车终于在 9 月 28 日试制成功，参加了上海市国庆十周年游行。10 月上旬，奥斯比扬再次前往考察，听取介绍并试乘轿车后啧啧称赞："你们真了不起，向你们致敬！"同年，第一机械工业部副部长张逢时到上海汽车装配厂视察，由衷赞叹道："真是草窝里飞出了金凤凰！"这一金句从此广为传播，成为上海汽车工人当年引为自豪的艰苦创业精神。

第二轮凤凰轿车试制成功后，进行了小批量生产。1960 年底起，由于国家遇到三年自然灾害，国民经济发生严重困难，轿车生产被迫停止。

1963 年，国民经济逐步好转，上海市政府决定重启凤凰牌轿车生产。副市长宋季文召集 15 家轿车制造相关工业局和专业公司负责人会议，要求各单位为凤凰牌轿车小批量生产创造条件。上海市农业机械制造公司成立由副经理仇克任组长的凤凰牌轿车技术小组。下半年，宋季文和市机电一局副局长蒋涛陪视察上海汽车厂，听闻该厂缺少冲制轿车车身的大型模具和必要工艺装备，立即指示以技

❶ 工人们在装配零部件

革项目拨付落实。

1964 年，凤凰牌轿车改名为上海牌。1965 年 12 月，通过第一机械工业部技术鉴定。1966 年生产 202 辆，实现小批量生产。此后，因"文化大革命"冲击，产量连续 6 年在 100 至 400 辆之间徘徊。面对此状，上海汽车工人心急如焚。

1972 年，上海牌轿车终于迎来机遇，第一机械工业部下达 5000 辆扩建任务书，上海市农机制造公司立即全力组织实施。上海汽车厂狠抓冲压模具改造和轿车改型。1973 年，轿车车身制造和总装迁入安亭洛浦路新车间，建成总装流水线。同年，上海牌冲上年产 1000 辆新台阶。1975 年，上海汽车厂进一步建成 26000 平方米连跨厂房，汽车发动机厂、汽车齿轮厂、汽车底盘厂分别建成发动机和变速器、底盘生产流水线、基本形成 5000 辆轿车年产能力。此后，轿车产量稳步增长，1976 年、1979 年和 1980 年先后突破 2500 辆、4000 辆和 5000 辆，由凤凰牌轿车更名而来的上海牌轿车羽翼渐丰、展翅上天。

凤凰浴火

20 世纪 80 年代，上海牌轿车虽成批量，但技术水平与快速发展的国际汽车工业相比，落后整整二十年。当年常见的上海牌新车上路不出几年，轿车门板锈迹斑斑甚至烂穿的现象，就是这种差距的真实写照。

于是，国家开始实行对外开放学习先进技术的重大国策。1978 年，国家计委、经委和外贸部拟引进国外先进装配线，改造汽车工业。然而，上海牌轿车却因此经历两次"浴火"。

第一次浴火发生于 1985 年。根据上海大众汽车合营合同，合资公司建于上海汽车厂原址，上海汽车厂须于 1986 年 3 月前迁出，由上海汽车拖拉机工业联营公司和嘉定县另觅土地组建联营厂。其时，对上海牌轿车充满感情的上海汽车厂职工强烈要求保留产品继续生产，公司总经理陈祥麟和嘉定县领导大力支持，决定 1985 年当年迁建、当年出车。为此，该项目除了利用上海汽车发动机厂部分厂房外，必须紧急征用土地，其中包括安亭乡塔庙村 8 户农民的住房，征用时间只有 7 天。8 户农民中有 1 户为上海汽车发动机厂职工张阿妹，动迁的是刚盖好的儿子婚房。为了这间新房，阿妹常年省吃俭用，进食堂吃饭不买菜，只吃不花钱的汤，人称"汤司令"，如今眼看新房要拆，"汤司令"焦虑万分找领导哭诉。工作组充分理解她的心情，既晓之以理反复动员，确保按期动迁；更动之以情为其另造新房，"汤司令"高兴地笑了。12 月，第一辆上海牌轿车在上海汽车厂新厂下线，搬迁目标圆满完成，上海牌轿车在第一次浴火中得

❶ 1964 年 1 月，凤凰牌轿车更名为上海牌轿车。图为上海牌轿车驶出上海汽车制造厂
❷ 1975 年，上海牌轿车形成 5000 辆年产能力，上海成为中国轿车批量最大的制造基地

以续生。

第二次浴火发生于1991年。20世纪80年代中期以后，上海桑塔纳轿车以其优良性能、美观外形深受市场青睐，销量开始超过上海牌轿车，在中国轿车市场一枝独秀、独占鳌头。1991年，上海汽车工业总公司根据国家和上海关于建成中国重要轿车基地和上海第一支柱产业的要求，规划建设上海大众二期工程，其中最大的手笔，就是上海牌轿车下马、上海汽车厂并入上海大众汽车有限公司，以抢时间、争速度，迅速扩大桑塔纳轿车产能，在即将到来的激烈市场竞争中占得先机。

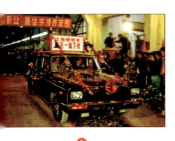

❶

当时，上海牌轿车尚处于生命辉煌期，当年产销8000辆，为历史最好水平，但是放眼未来，该车缺少技术含量，一旦进入竞争必将终结生命。所以，上海毅然作出壮士断腕的重大决策，也是一个欣喜中满含酸楚的决策。因为在中国风行30多年、从凤凰到上海的标志性轿车即将停产，那些设计、生产、拥有、乘坐或看过的人们，必然百感交集。然而，上汽人在震惊后，充分理解了、支持了。1991年11月25日，自1958年凤凰牌轿车诞生以来，第77041辆上海牌轿车、也是最后一辆上海牌轿车下线，上海汽车厂举行特别隆重的欢送仪式，现场敲锣打鼓，轿车披红挂绿，工人们三五成群、甚至携家带口，依依不舍与上海牌轿车合影告别。一条写有"艰苦奋斗创新业，团结拼搏展宏图"的醒目标语道出人们的心声：上汽人心中的自主品牌之火不会熄灭，今天的下马是为了明天的重生。

上海自主品牌轿车历经沧海桑田数十载：1964年，凤凰牌轿车更名为上海牌轿车。1975年，建成5000辆年产能力，中国形成"北有红旗、南有上海"的轿车制造格局。1991年，为集中力量发展上海桑塔纳轿车，上海牌轿车下马。回眸上海自主品牌轿车之历史巨变，开天辟地的凤凰牌轿车乃崛起之根、祥瑞之源。

（包一恺　汪国富）

亲历者说

何介轩（时任上海汽车装配厂厂长）：我的一生与汽车结下不解之缘，曾先后担任八路军山东分区汽车运输队长、南京汽车厂厂长、华东公路局运务科长、上海汽车装配厂厂长。1957年，我萌发自主造车的想法，向外单位借了参考样车，发动职工土法上马，自制20台"背包"车床和一批落锤锻打设备。为了打响第一炮，我既挂帅又出征，汽车主机中如发动机、大梁等协作件，我亲自到南京等地组织落实。经过全厂职工共同努力、日夜奋战，第一辆越野汽车在这一年9月试制成功。试制吉普车这炮打响后，我又激发起试制轿车的念头，在上海市政府支持和上级公司领导下，经过我们厂和协作单位的共同努力，终于造出了凤凰牌轿车。"草窝里飞出金凤凰"，上海从此有了轿车工业，我作为试制工作的组织者、开拓者和亲历者，深感欣慰和自豪。

❶ 1991年11月25日，最后一辆上海牌轿车下线

建设机器厂：
蚂蚁啃骨头

20世纪五六十年代，"猴子骑大象""蟹吃牛""草窝里飞出金凤凰""蚂蚁啃骨头"是常见于报刊的热词，其中"蚂蚁啃骨头"还上了《解放日报》头版，陈毅副总理为上海建设机器厂亲自题下"蚂蚁啃骨头"五个字。从此以后，"蚂蚁啃骨头"精神一路伴随着上海机电工人成长。

"以小搏大"攻难关

上海建设机器厂位于上海市半淞园路，1956年公私合营时，由天鑫、浦东、复兴等五家小型机器厂合并而成。这些作坊形式的小厂原来分别从事船舶修理、三轮车修理、打铁等行当，规模也很小，由几个人到几十人组合而成。合并后，全厂没有一名工程技术人员，厂房十分简陋，在荒地上架起芦席棚作为车间，仅有的起重工具是一台3吨手拉葫芦，除此之外就是几部二三十年代的"老爷"皮带车床。这些车床都是老物件了，只能加工一些简单的小零件。

新中国成立初期，百废待兴。为落实第一个五年计划的发展需求，1958年6月，上海建设机器厂接到一项紧急任务，要求为上钢一厂加工两套转炉风圈。这一任务下来后，工人们摊开图纸一看就大吃一惊，一张1∶10的图纸，摊开来比两张办公桌还要大，而其中一个零件就重达11吨，宽3.6米，长4.6米。零件进厂时，连厂的大门也进不来，只得破墙而入。当这样大的零件进了厂门，全厂职工都"傻眼"了，这"大家伙"即使放在全厂最大机床上，莫说是加工，就是工件重量也会把机床压塌了。而且要求18天期限出成品，即使是国家投资买设备，也不会这么快完成。

出路只有一条，打破旧框框，想出新主意。工人们毫不畏惧，跃跃欲试。在厂党支部的号召下，全厂形成了人人献计的技术革新热潮。在船厂干过几十年修船活

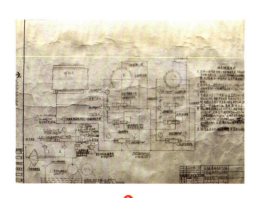

❶ 施工图纸

的张如清等工人们想到，轮船那么大，坏了也不能拉到机床上来修理，而总是把机器搬到船上去修理。由此得到启发：风圈虽大，但总没有轮船那么大，是否也可以用工件不动，而把机床搬到工件上去的办法来进行加工呢？

这个想法博得了大家的喝彩。说干就干，于是有的人担任设计机床的任务，有的人找废料、配零件，有的人找合适的机床部件，苦战了三天三夜，经过集体的"头脑风暴"，制成了一台台既可车端面又能镗孔的双头车床；用螺丝当"千斤顶"作水平面校调，用几台小机器同时对工件加工。一试车，效果极好。原来困难重重的任务却提前两天完成了。工人们在简陋的生产条件下艰苦奋斗，土法上马、土机上阵、工件不动、落地加工、以小攻大、"蚂蚁"围攻，小机器果然能加工大零件。此后，工人们用这种加工方法完成了多项艰巨任务。

当年的新闻纪录片《蚂蚁啃骨头》的解说词是这样描述的：工人们的智慧开出了美丽的花朵，活动车床像老鼠咬大象耳朵一样进行着切削。创造一件东西不是一帆风顺的，他们发现车速太快，厂长及时想出了办法，装上一个变速器来调节它的速度，现在车速正常了，用小机床干大活的土办法提前两天完成了加工任务，老师傅们形象地把这种方法比喻为"蟹吃牛"。

❶ 正在工作的刘海珊　❷ 工人刘海珊

"蚂蚁啃骨头"精神永流传

　　1958 年 12 月 4 日，陈毅副总理陪同朝鲜首相金日成等贵宾来到上海建设机器厂参观。陈毅看到工人用这种方法加工大型部件，高度称赞工人们的创造精神，脱口说了一句："这不是叫蚂蚁啃骨头吗？"参观了上海建设机器厂后，陈毅副总理很激动，两天后，他用诗歌体的形式写了一篇文章，题目叫《参观蚂蚁啃骨头》，发表在《解放日报》上，报道了工人们创造的奇迹。

　　　朝鲜同志到场首先受着全厂的欢迎。
　　　大众欢呼向朝鲜政府代表团致敬！
　　　首相同志问了党支书，问了厂长和工人：
　　　什么是蚂蚁啃骨头？
　　　答说：就是小厂小机器制造大部件，
　　　就是用手工劳动和土办法制造现代机器产品，
　　　就是从小件做起，最后把大件搞成。

　　　这样节省了建设资金，
　　　充分利用了新旧技术，

❶

❶ 陈毅市长作诗赞赏"蚂蚁啃骨头"精神

充分利用了一切废品，
更重要的是发挥了全体职工的干劲，
把干劲发挥到最大可能。

你们有没有工程师？
答说没有工程师，只有八个老工人。
他们工龄多少？
都是三十年以上。
这就是力量恐怕比工程师还行。
你们有没有设计图？
答说：我们也搞些草图，一面制造，
几次反复也能达到够格的标准。

首相同志称赞说：
你看这儿没有厂房，在露天就进行机械制造。
这就是穷办法，这是合乎科学的办法。
中国既然可以做，
朝鲜当然可以借镜！
……

那个年代，工厂里分成不同的车间和大大小小的班组，每个班组每天都有固定的读报时间，这篇《参观蚂蚁啃骨头》的文章一发表，立刻轰动了全厂。上海解放后第一任老市长和国务院副总理陈毅元帅的赞扬，使工人们倍感自豪。很快，在上海机电行业掀起了大搞技术革新的热潮，还波及了全市、全国。

（金晓蕾）

相 关 链 接

"蚂蚁啃骨头"精神诞生于新中国成立不久。"蚂蚁啃骨头"精神，是上海工人阶级白手起家、艰苦创业、无私奉献、一丝不苟、苦干巧干精神的生动体现。"蚂蚁啃骨头"精神哺育、激励了一代又一代上海工人阶级不畏艰难、开拓创新、奋发有为、立足岗位作贡献，建功立业创佳绩，为企业创造奇迹、为国家贡献力量。

上海航天：
开启中国运载火箭的"长征路"

从 1960 年至 2020 年，从雏形航天器探空火箭的发射，到风暴一号升空；从备份箭到双"金牌"主力型号的诞生，再到新一代运载火箭一箭二十星创中国纪录……整整六十年，一代代上海航天人筚路蓝缕、披荆斩棘，开拓出我国运载火箭的飞天之路。一枚枚火箭在这里竞相升空，一个个"中国第一"在这里诞生。上海航天运载火箭发展之路就是一部攻坚克难、自主创新、锐意进取、勇于开拓的奋斗史。

首枚探空火箭和运载火箭

1958 年，毛主席在中共八届二中全会上发出号召："我们也要搞人造卫星。"当年，中科院成立了代号为"581"的工作组，由钱学森担任组长。同时还决定建立第一设计院，研制发射人造卫星的运载火箭。钱学森认为，应以研制探空火箭作为起步和探路。

探空火箭是在我国工业基础十分薄弱、缺少必要的精密制造和检测设备、缺乏航天专业知识和实践经验的情况下起步的，也是在西方国家严密封锁、没有他人帮助和提供资料的条件下进行的。

为了充分利用上海较好的工业基础和科研生产条件，中央决定将第一设计院迁到上海，改名为上海机电设计院，作为研制探空火箭的主体单位。上海机电设计院决定研制一种推力不大于 3 吨、飞行高度在 100 公里以内的小型探空火箭，定名为 T-7。为锻炼队伍，他们先搞一个比 T-7 缩小一半、发射高度为 8—10 公里的模型火箭 T-7M。搞 T-7M 试验模型火箭时，发动机推进剂加注是靠自行车打气筒加压，火箭的点火装置是用手电筒灯泡内的钨丝裹上硝化棉制成的，发射控制室则设在泥土堆成的地堡内。这些，对今天从事航天高科技的科研人员来说，简直就像天方夜谭。

1960 年 2 月 19 日，我国第一枚试验探空火箭 T-7M 在上海南汇县老港镇东进村海边滩涂成功发射。T-7M 火箭虽然是个很小的火箭，但它却是一个完整的系统，在中国航天发展史上意义重大。钱学森、张劲夫等都到发射场观看了探空火箭发射，并同研制人员合影留念。5 月 28 日，毛主席亲自到上海新技术展览会视察 T-7M 火箭，当得知这一火箭是由一群从来没有干过航天的"初生牛犊"搞出来的，老人家非常高兴，连声说："好！好！"并询问火箭能飞多高，回答说能飞 8 公里。他意味深长地说："了不起，8 公里那也了不起！"他鼓励大家："应该8公里、20公里、200公里地搞上去。"毛主席的亲切关怀和热情勉励，大大鼓舞了全体研制人员勇攀新的科学高峰的信心。4个月后，我国自行设计制造的第一枚T-7气象火箭发射成功。

1969年，周恩来总理在北京听取上海导弹基地的工作汇报时，他代表党中央、国务院向上海下达任务：上海不仅要搞好导弹科研和生产，还要研制人造卫星和运载火箭。根据周总理的指示，9月，上海向中央正式提交研制人造卫星和运载火箭的计划。10月，中央批准上海的计划。12月，上海专门成立领导小组，将此项任务命名为"701工程"，开展300多个协作单位的大会战。"701"工程核心是卫星接收和卫星上天。为解决卫星接收，经过有关院校、研究院和工厂的攻关，在1969年10月接收到美国阿波罗11号的登月实况，并接着在1970年初用彩色图像显示了阿波罗12号的登月实况。

为解决卫星上天，上海抓紧研制运载火箭，代号为"风暴1号"。面对缺乏技术骨干、研制资料、厂房设备、工程经验的情况，上海航天人白手起家、土法上马、创业条件十分艰苦，生产场面却是轰轰烈烈。最初，"风暴一

号"的总体设计只能用手摇的机械式计算机运用迭代法进行总体初始数据计算，后来才有了电动机械式计算机。为研制70吨推力的发动机，他们在浦东制造了一个大型钎焊炉，厂房的高度不够，工人们硬是用许多千斤顶把屋顶顶起，使厂房增高了1.7米，才解决这一难题。这个钎焊炉一度成为国内最好的钎焊炉。

经过10个月的攻关，上海拿出了用于试车的全箭产品，运往酒泉发射场热试车。"701"工程得到中央高度重视，中央从全国各地抽调大批技术骨干充实上海的研制力量。周总理在1972年8月、1973年6月和8月，三次接见"701"工程人员，布置安排解决研制遇到的困难。1972年8月10日，首发运载火箭第一次试验成功。

在此基础上，广大工程技术人员和工人排除各种干扰、克服各种困难，使"701"工程继续推进。1975年7月26日，"风暴1号"运载火箭把我国第一颗重达1吨的卫星送上预定轨道。1981年，用"一箭三星"技术把三颗实践二号空间物理探测卫星准确送上预定轨道，填补了中国在这个方面的技术空白。

❶ 1960年4月，利用打气筒为我国首枚液体探空火箭加压场景 ❷ 1960年4月17日，王希季（第二排左八）与钱学森（第二排左九）等在T7-M火箭发射架前合影 ❸ 1975年"风暴一号"火箭首次成功发射

"风暴 1 号"运载火箭一共发射 11 次，成功 7 次，失败 4 次，为我国航天工业作出了重大贡献，标志着我国研制火箭和卫星的高科技产业步入世界先进行列。后来，国家对火箭研制发射任务作了调整，上海不再研制"风暴 1 号"，把成熟的技术延续到研制长征系列火箭中，上海成为我国重要的航天基地。

"金牌火箭"的荣耀

20 世纪 70 年代，我国通信卫星和气象卫星开始发展。1975 年 3 月 31 日，卫星通信工程正式列入国家计划，决定由上海研制一型常温推进剂三级运载火箭，1982 年后更名为长征四号（代号为 CZ-4）运载火箭。

十年磨一箭。1988 年 9 月 7 日，长征四号甲（CZ-4（A））火箭在太原卫星发射中心首飞成功，将风云一号气象卫星送入预定轨道，开创了中国大型运载火箭首飞一次成功的新纪录，使中国成为世界上第三个能够独立发射太阳同步轨道卫星的国家。1990 年 9 月 3 日，长征四号甲（CZ-4（A））火箭进行第二次发射，将 3 颗卫星同时送入预定轨道。完成首批两发火箭发射任务后，上海航天人努力为长征四号甲火箭争取新的任务，同时不断发展和改进火箭技术，在此基础上发展了长征四号乙 / 丙火箭。

1999 年 5 月 8 日，中国驻南斯拉夫大使馆遭无端轰炸，造成了人员伤亡，一时间举世震惊，国人群情激奋。此时，长征四号乙的第一发火箭正伫立在发射塔架之上，执行我国首颗应用气象卫星风云一号 C 星的发射任务。这次发射，也因此平添了更多的意义。两天之后，长征四号乙咆哮着直刺苍穹，将风云一号 C 星和实践五号卫星送入预定轨道，不仅践行了航天人以国为重的庄严承诺，更是在国际舞台上打出了国人的志气。

长征四号系列运载火箭以其出色的性能和战绩，获得国家、省部级多项荣誉称号，其中长征四号甲运载火箭获国家科技进步特等奖；长征四号乙运载火箭获国防科技一等奖和国家科技进步二等奖；长征四号丙运载火箭获国防科技二等奖；长征四号系列运载火箭获中国航天科技集团公司"金牌火箭"荣誉称号。

1990 年，国家为研制发射可靠性高、经济性好的常规推进剂运载火箭，由原国防科工委下发《关于长征二号丁运载火箭研制任务书的批复》，提出长征二号丁运载火箭的研制任务。上海航天局组建长征二号丁运载火箭研制队伍，在充分继承长征四号火箭的成熟技术基础上开始研制长征二号丁火箭。1992 年 8 月 9 日，长征二号丁火箭首次发射返回式卫星即获成功，成为中国长征系列火箭家族中新的一员。

长征二号丁火箭第一次的发射成功，在当时具有特殊意义。20 世纪 80 年代末 90 年代初，中国发射休斯公司研制的澳大利亚卫星遭到失败，航天事业陷入困局。长征二号丁团队背负着巨大压力，领受了"只能成功、不许失败、没有退路"的军令状，背水一战，于 1990 年立项，1992 年 8 月首飞即获成功，给中国航天不利的形势注入了新的生机。接着，又分别于 1994 年 7 月 3 日、1996 年 10 月 20 日发射成功。连续

❶ 1989 年 4 月 8 日，长征三号火箭成功发射中国第一颗地球静止轨道试验通信卫星　❷ 2002 年
5 月 15 日，长征四号乙火箭将"海洋一号"海洋探测卫星和风云一号 D 气象卫星送入太空预
定轨道　❸ 2004 年 9 月 29 日，长征四号乙火箭将实践六号 01 组 A、B 两颗卫星送入太空预定轨道

三发三成，被称作中国航天的三次"龙抬头"。在当时中国运载发射形势异常严峻的情况下，长征二号丁火箭取得了连续成功的优异成绩，扭转了中国航天发射的被动局面，被原中国航天工业总公司授予"优质运载火箭"称号。

2020 年 8 月 6 日，长征二号丁火箭完成第 50 次发射任务，经过近 30 年的艰苦奋斗，长征二号丁火箭已将百余颗卫星成功送入轨道，发射频率从几年一发到一年七八发，发射基地覆盖三大内陆发射场。

新一代运载火箭由上海智造

2015 年 9 月 20 日早晨，长征六号运载火箭在巨大的轰鸣声中拔地而起。一箭 20 星，创造了中国航天的新纪录！

世界上液体火箭首飞失败率较高，美国的猎鹰一号连续三次发射失败，韩国的罗老号也连续失败了两次。一般来说，一型火箭只要有 15% 的技术创新就算重大状态变化，而长征六号浑身上下都是新的，很多技术在世界上都没有成功应用的案例。长征六号运载火箭由上海航天抓总研制，2009 年 8 月正式批复立项。动力系统采用液氧煤油发动机，具有无毒、无污染、发射准备时间短等特点，主要用于满足微小卫星快速发射服务的任务，是我国新一代运载火箭家族的拓路者，自主创新成果达到十几项，发射可靠性达到 0.98，达到国际先进水平。

❶

❶ 2005 年 7 月 6 日，长征二号丁火箭将实践七号卫星送入太空预定轨道

一箭多星发射可以充分利用运载火箭的运载能力余量，经济便捷地将搭载卫星送入地球轨道，为卫星发射服务提供多种选择模式，将有力促进微小卫星技术发展。长征六号首飞箭采用一箭20星状态，将中国航天科技集团公司下属东方红卫星公司、深圳东方红海特卫星公司和国防科大、清华大学、哈工大、浙江大学等单位研制的20颗卫星送入预定轨道，在国内属于首次。同时，为了满足多星发射的需求，长征六号火箭还在国内首次采用冯卡门复合材料全透波卫星整流罩，使卫星整流罩具备全向透波能力，有力改善全箭力学环境和卫星环境条件。通过对多星发射技术的探索，还形成系列化、标准化的多星发射接口，为今后进一步降低卫星发射成本、提升多星发射能力奠定了技术基础。

2020年，长征六号首次实现整箭级国际商业发射。长征五号圆满完成3项国家重大工程任务。从零起步的上海航天运载火箭，在锐意进取中不断发展壮大，已成为上海科技发展的闪亮名片。

（尹林发）

相 关 链 接

近六十年以来，上海航天运载火箭从无到有，从小到大，从单一型号到多型号，从常温推进剂运载火箭到无毒无污染低温运载火箭，从常规末子级到多次启动、48 h在轨的上面级，上海航天已经成为中国运载火箭研制不可或缺的重要基地，为中国航天事业作出了巨大贡献。

世界第一台双水内冷发电机诞生记

上海电机厂（现改名为上海电气集团上海电机厂有限公司）是中国电机工业的摇篮。七十多年来，这家与新中国同呼吸、共命运的大型国有企业，以振兴民族工业为己任，大胆解放思想，以奋发图强的气概成功试制中国第一台 6000 千瓦空冷汽轮发电机，改写了我国不能制造汽轮发电机的历史。仅仅四年之后，世界首台 12000 千瓦双水内冷汽轮发电机横空出世，一举赶超了国外六七十年的发展步伐。

解放思想　向国际顶尖技术发起挑战

1958 年，我国进入发展国民经济的第二个五年计划。由于全国工农业生产迅速发展，电力供应不足成了严重阻碍生产力进一步发展的突出矛盾，国家要求上海电机厂生产更多的汽轮发电机支援工农业生产。

当时，制造汽轮发电机所需的转轴和护环等材料，国内生产尚未过关，必须依靠进口。上海电机厂的工程技术人员解放思想，提出了使用相同的材料制造出容量提高一倍的发电机，从而提高生产能力，把产量成倍地翻上去。

发电机的容量大了，强大的电流通过内部线圈就会产生热量，如果不及时散热，往往会将发电机烧坏。最初的汽轮发电机都是从铜线外面吹风，利用空气带走表面热量，这种冷却方式效能最低，就好比人穿着皮袄扇扇子。后来，世界上出现了用氢气通过空心的铜线圈散热的方式，这种内部直接冷却的效能要比空气冷却提高 12 到 15倍。上海电机厂提出的方法则是用水来替代氢气，水内冷效能约为空气冷却的 50 倍，好比让发电机喝冰冻汽水，可以大大提高发电能力。只是水内冷技术很复杂，国外直到 1956 年才出现定子水内冷，高速旋转的转子部分仍然是氢内冷，这是国外所走过的道路。

那个时候，上海电机厂学会制造汽轮发电机才四年历史，采取的冷却方式为空气冷却，是最初级的制造技术。因此，把汽轮发电机从空气冷却发展到水内冷，特别是转子水内冷，无疑是一场赶超国际先进水平、攀登世界技术高峰的产品革命。

集思广益　试制首台双水内冷汽轮发电机

1958 年 7 月，双水内冷汽轮发电机研制工作正式启动，由厂总工程师孟庆元统抓全局，汪耕任组长，浙大老师参与讨论了转子水路结构示意图，后来又有 6 名浙大学生和 10 名西安交大学生参加，帮助绘图设计。7 月 14 日，国家科委副主任刘西尧召见孟庆元、汪耕及浙大教师，希望上海电机厂能在一两个月内将 12000 千瓦双水内冷汽轮发电机设计、试制出来。

当时，厂里一没有现场技术资料，只有介绍水内冷的薄薄几页纸；二没有实物可以参考，只有浙江大学的试验模型；三没有专家指导，一切得靠自己摸索。于是，技术人员日日夜夜在车间里同工人打成一片，遇到难题就在现场开"诸葛亮会"，集思广益。一些关键结构的设计方案除了技术人员外，主要还是依靠工人夜以继日的思索，提出不同的方案，再由设计人员绘图，最后制造实物模型进行试验。有的关键结构先由设计科画出一张示意草图，注明所有技术上的"悬案"，在车间里张贴出来，广泛征求有经验的工人师傅的合理化建议。顿时，全厂出现了一个前所未有的动人场面：大家你一言、我一语，七嘴八舌地研究起来，意见统一后就定下来，变"悬案"为方案；有分歧的，就通过试验和试制去寻求正确的答案。就这样，大家敢想、敢说、敢作、敢为、边试验、边设计、边试制、边改进，逐步探索前进。

试制过程中遇到最大问题就是转子密封漏水。对于这个核心难题，当时完全没有技术和经验，怎么办？不能闭门造车就四处取经。当了解到水泵上有转和不转的水管连接点，设计人员就跑到水泵厂去学；知道汽车和飞机上的油管有软和硬的连接点，就去汽车软管厂和航空部门求教；而液压传动硬和硬的连接方法，也在机床厂找到。后来，又请来自来水修理工、阀门管理工、熟悉油压系统的汽车修理工、机床检修工，一边讨论，一边试验。各行各业的能手群策群力，先后试制 100 多种式样的零件，终于攻下难关。

❶ 试制现场　❷ 第一台 12000 千瓦双水内冷发电机试制成功

10月27日，上海电机厂仅用100天时间试制成功世界上第一台12000千瓦双水内冷汽轮发电机，为我国高速发展电机制造工业和电力工业，开辟了广阔的道路。12月，汪耕赴苏联列宁格勒参加国际发电机冷却技术会议。在这次会上，当我国代表提到已试制成功12000千瓦双水内冷汽轮发电机时，会场为之骚动。那些专家们不相信，认为翻译错了（俄文里水和氢的发音很相似）。当我国代表再次重申的确是"双水内冷"时，全场哑然，引起到会代表的极大重视，并一致通过将"中国制成世界第一台12000千瓦双水内冷汽轮发电机"写入那次会刊，成为一个有效的历史记载。

再接再厉　新生事物逐步完善终面世

双水内冷新技术的诞生，中央领导给予很高的评价，认为这是我国攀登世界科学技术高峰的一项重大成就。中央有关方面强调指出：这件事说明，别人用较长时间才能做到的事情，我们可以用较短的时间做到；别人还没有做到的，我们也不是不可以做到的。

在国内，这台双水内冷汽轮发电机诞生的消息，并没有马上对外公开，而是安装在上海南市电厂试运行。中央有关部门提出了"一年过关，三年完善"的要求，于是上海电机厂制定"双水内冷汽轮发电机完善化行动规划"，从原材料、设计结构、制造工艺、水路系统、励磁系统及配套仪表等方面进行全方位优化，尤其是针对运行中存在的问题，开展了一系列的试验研究工作，认真地对双水内冷发电机进行完善。

在这期间，工厂还联合提供原材料和协作件的兄弟厂一起攻关，并取得显著的效果。为了帮助解决空心导线焊接处的漏水问题，上海铜管一厂研制出了一种超长空心导线，只需要用一根导线便可绕制一只线圈，中间再无焊缝，从而提高了线圈质量。

❶

❶ 世界第一台12000千瓦双水内冷汽轮发电机安装在上海南市电厂

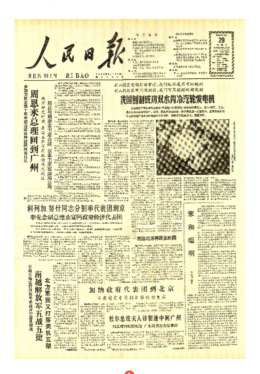

❶

经过四年的努力，终于使当时在电厂运行的19台双水内冷发电机大幅提高了可靠性。

至1965年4月，上海电机厂先后制成的一批双水内冷汽轮发电机，包括单机容量100000千瓦的共21台，已在全国17家发电厂正常运行将近30万小时，发电量达30亿千瓦小时以上。这些机组经过长期运行考验，证明质量良好。4月29日，《人民日报》《工人日报》和《解放日报》发表了我国首先制成双水内冷汽轮发电机的报道、社论和评论员文章，庆祝攀登世界科学技术高峰的这项重大成就。

（诸建）

2009年10月1日，上海电机厂全体干部职工喜迎建厂60周年之际，江泽民同志亲笔题词："解放思想，发扬双水内冷电机的首创精神。"他还亲笔写信，嘱托企业领导带领好广大干部职工，"继续发扬创新精神，把上海电机厂搞得更好"。一代又一代的上电人坚持科学发展，持续推进自主创新，屡次打破国外技术垄断，先后研制成功国内第一台310000千瓦双水内冷核电汽轮发电机、国内第一台1E级应急柴油发电机、国内第一台20 MW级超高速防爆变频调速同步电动机等一大批适应国家战略需求的重点产品，展现出一家大型国有企业的责任和担当。

❶《人民日报》发表我国创制成功双水内冷汽轮发电机的报道
❷江泽民同志为上海电机厂建厂60周年题词："解放思想，发扬双水内冷电机的首创精神。"

秦山：
中国第一座核电站

秦山核电站是中国自主研究设计、自主建造调试、自主运营管理的第一座原型堆核电站，它结束了中国大陆无核电的历史，成为世界上少数有能力出口核电站的国家之一。秦山核电站来之不易，其中有着许多让人深思和品味的故事。

❶ 秦山核电站在建设中　❷ 秦山核电站

缘起：从零开始

1970 年 2 月春节前夕，一份紧急报告送到时任国务院总理周恩来的案头。报告称，上海是我国命脉产业基地，由于少煤缺电，许多工厂面临停产，一些新办工厂不敢开工建设。而上海的运输能力已承载不了更多的资源运载任务，仅燃煤一项就占用上海海上运输能力和铁路运输能力的一半还多。如果依靠华北的煤炭，运量和运力的尖锐矛盾将使铁路无法承受；如果依靠西南的水电，更是远水不解近渴。

自 20 世纪 60 年代开始，华东地区人口占全国的 30%、工业产值占全国的 40%，能源量却只有全国的 7%，各行各业用电频频告急。缺电成为制约上海乃至华东地区经济发展的掣肘。周总理比谁都清楚，这时候我国能源短缺，已经到了火烧眉毛的程度。他意识到，依靠煤炭和石油的能源结构不行，要解决上海电力缺口必须另想办法。为此，周恩来总理指示：从长远来看，华东地区缺煤少油，要解决华东地区用电的问题，需要搞核电，同意上海市研发核电站。

1970 年 2 月 8 日，上海市政府召开会议，传达周恩来总理指示，动员部署上海核电研究和开发工作。这一天，作为中国核电发展的起步，被载入中国核电发展史册。

根据传达周总理批示的日期——1970 年 2 月 8 日，中国首座核电工程被命名为"七二八工程"。不久，"上海七二八会战办公室"由此成立，一批以"七二八"为代号的配套单位应运而生。

1970 年 12 月 15 日，周总理主持召开中央专委会，听取"七二八工程"建设专题汇报。会议确定了"万无一失，不污染国土，不危害人民"的安全防护原则。他当场拍板，要求二机部大力支持"七二八工程"；并提出中国发展核电事业的基本指导方针——"安全、实用、经济、自力更生"，要求各重点企业、各高校、各研究单位要大力支持秦山核电站建设。

由于国外对中国进行技术封锁，要建造中国自己的核电站困难重重，其中最大的拦路虎就是人才、经费不足。

在总理的指示下，全国各地人才陆续会集上海。一路是设计大军，他们阅读大量资料，参与国外的技术交流，边学习边分析计算；另一路是科研大军，他们与工厂、大学、科研单位三方结合，开展科学试验，提供可靠的技术方案和数据。

与此同时，周恩来总理在北京召开的中央专委会，亲自审查批准《上海"七二八"核电工程建设方案》和《"七二八"核电站设计任务书》，并正式决定划拨专用资金，用于核电站的设计建造。

起步：举步维艰

1978 年 8 月，风云突变。国家计委收到一份关于停建"七二八工程"项目的报告，对"七二八工程"先后出现"轻重之争""大小之争""自力更生与国外引进之争"的三大争论。每一次争论都直接影响着"七二八工程"的命运。

1979年1月13日，国务院副总理谷牧主持召开有关部委联席会议，围绕第一座核电站自主研发还是从国外引进，展开激烈争论。在六个部委三票赞成、三票反对的情况下，谷牧一锤定音，果断地举手赞成，将"七二八工程"从下马的边缘拉了回来。

就在一切看似是铁板钉钉的时候，再次风云突变。1979年3月28日，美国三里岛核电站发生事故，"七二八工程"再次蒙上阴影。

关键时刻，陈云同志挺身而出，在一份批示中明确表示，不管怎么样，一定要上自己的核电站，再也不能三心二意了。邓小平在陈云的批示上也画了个圈，主张发展核电，明确指示："继续搞是应该的。"

1981年10月31日，国务院正式批准国家计委等五委一部关于建设秦山核电站的请示报告。1982年11月，国家经委批复同意核电厂选址浙江海盐县秦山；12月，核工业部发文正式命名我国第一座核电站为秦山核电厂。1982年12月30日，中国政府向全世界郑重宣布建设秦山核电站的决定。

至此，秦山成为中国核电的发祥地，九堆绕秦山的壮美画卷就此徐徐展开。

开荒：会战秦山

1983年6月1日，秦山双龙岗一声炮响，中国大陆第一座核电站前期建设正式开始。100多家科研单位、7家设计机构、11家施工单位和从全国各地500多家配套装备制造厂，由核工业部统一归口，打响民族核电建设攻坚战。

面对技术封锁、人才短缺等难题，科研小组从零开始，自编运算程序、研制新型材料，进行科学试验，不断突破核反应堆设计关键技术。为保障安全，秦山核电站设置4道安全屏障，其中，最重要也最困难的是最后一道屏障：安全壳。其功能是一旦发生核泄漏事故，安全壳必须确保将放射性物质死死密封在内。科研人员用两年时间，查阅100多座核电站的资料，圆满完成安全壳设计建造。

正当秦山核电站建设步步推进之时，谁也没有想到，晴天又响起一声霹雳。1986年11月，中国政府邀请南斯拉夫核电专家杜拉先生访问秦山。杜拉到秦山工地考察后，毫不掩饰地说出自己的真实感受："这简直就是一场核电站建设的灾难！"为什么有此一说？因为，按照国外的施工标准，核电站建设需要几千人统一培训，持证上岗，规范施工。但是中国发展核电，由于没有外来资料、没国外经验可供借鉴，很多时候都是传统的"大会战"，而且边设计、边施工、边摸索、边建设，没能与国际接轨。

杜拉的一番话，为建设中的秦山核电站敲响警钟。中央领导高度重视，多次派出专家组到现场检查工程质量。以国家经委副主任林宗棠为组长的15人检查组到秦山工地调查后认为："工程整体质量合格，但确实存在不少问题，必须严肃对待，认真解决。"国家主席李先念批示："如果属实的话就推倒重来。"这话犹如泰山压顶，使秦山核电工程建设者感到极大的压力。在核安全局的指导下，核工业部迅速制定中国第一套核电站建设完整的质量保证体系，使每项工作都追溯到人，并设立专门人员监督，层层监督，环环相扣。

"事业高于一切，责任重于一切，严细融入一切，进取成就一切。"正是这种精神激励着一代又一代核工业人不断克服前进道路上的艰难险阻。1989年2月，秦山核电站一期工程开始装备安装调试。

建成：国之光荣

核岛和常规岛的主要设备制造相继完成。1990年，上海第一机床厂、上海锅炉厂、上海汽轮机厂等制造供应单位的关键装备相继到位。上海机电一局组织52家企业，承接核电厂主要设备158项、2707台件、二次配套40项、501台件，总计研制198项、3208台件。

秦山核电站在调试阶段实现"六个一次成功"——回路水压试验一次成功，非核蒸汽冲转汽轮机一次成功，安全壳强度和密封性试验一次成功，首次核燃料装料一次成功，首次临界试验一次成功，首次并网发电试验一次成功，这标志着中国核电终于实现从无到有的创举。

1991年12月15日0时15分，秦山核电站首次并网发电成功，不久，又正式投入商业运行。中国成为继美国、英国、法国、苏联、加拿大、瑞典之后，世界上第七个能够自行设计、自主建造核电站的国家。

国务院总理李鹏给中国核工业总公司致信祝贺。一直关注国防建设的聂荣臻元帅委托身边工作人员向中国核工业总公司和秦山核电站转达他的祝贺。聂帅说，这是自力更生、艰苦奋斗精神的伟大胜利，希望同志们继续努力，建设我国更多的核电站，为我国能源开发建设贡献力量。

（李逸鹏）

特殊时期的"小三线"

20 世纪 60 年代，中国面临复杂的国际环境。毛泽东主席多次指示"要准备打仗"，"沿海各省市都要搞点小三线，属于地方军工厂"，"三线建设要抓紧"。1964 年，中共中央、国务院、中央军委作出全国建设小三线的决定。根据中央部署，上海在安徽南部、浙江西部山区建设以生产常规武器为主的综合配套的后方工业基地。从 1965 年至 1984 年 7 月，由上海 14 个局所属 65 个单位包建，建成 81 家全民所有制独立单位、39 所厂附设小学、38 家厂办集体事业单位。共有在册职工 54437 人，家属 17000 余人。共投资 7.52 亿元。占地面积 245 万平方米，其中生产占用面积 106 万平方米。

决策与建设

1965 年 5 月 6 日，中共上海市委、上海市人民委员会（简称市人委）给中共中央、国务院的书面报告提出，拟在皖南黄山和浙江天目山一带建立上海后方工业基地，把市内一些重要档案、文物、技术资料和一部分重要物资运去妥善保存；同时筹建若干研究所和实验工厂，从事科学研究，保证战时能够少量生产同国防军工、三线建设有关的新材料、新设备等产品。这个设想得到中共中央、国务院和南京军区、华东局的批准。

1965 年 5 月 10 日，市委、市人委组成选点小组，到皖南、浙西、赣东等地勘察了解，并于 5 月 22 日在黄山研究后方工业基地的建设规划。市长曹荻秋、副市长宋季文参加研讨会。会议明确，后方工业基地是华东的战略后方基地；既要分散，又要适当集中，便于联系协作；既要靠山隐蔽，又要便利交通运输；动力来源较易解决；距离市镇不太远，生活有依托；搬迁可分步进行，条件成熟的先搬。10 月中旬，市科委向市委报告，提出第一批安置以科研机构为主体的 36 个项目共 18 家单位的名单、投资和安置人数。市委批准这一报告，并于 1966 年 2 月成立上海后方建设领导小组。

1966 年 2 月至 5 月，副市长李干成、张承宗带领市计委主任马一引和市工业生产委员会主任周璧等先后三次在皖南、浙西、赣东等地勘察和调查研究。5 月 13 日，市后方建设领导小组向市委汇报后确定：后方基地初步规划在以屯溪为中心的皖南山区，包括浙江、江西的一部分，东起浙江天目山，西自安徽，东至江西景德镇，南至浙江开化和江西婺源，北至安徽宁国、青阳、贵池一带。后方基地的布局设想是：以黄山为中心，包括冈村、汤口、茶林场、谭家桥一带，布置机关、医院、学校、文化、档案等部门；屯溪、祁门一带，包括休宁的上溪口、黟县的渔亭等处，布置科研部门和有关的配套协作工厂；宁国、绩溪一带，包括浙江昌化、开化地区，布置机械工业及军工；泾县至旌德、绩溪一带，布置无线电、仪表工业和轻工业；青阳、贵池一带，布置冶金工业；旌德、绩溪、鸿门、岛石这三角地带作为物资贮备地区。同时对解决电力供应、交通运输等问题也作出安排。

1968年3月5日至5月8日，国务院、国防工办等联合召开全国小三线建设工作会议。根据会议精神，上海市革命委员会决定在后方基地建设特殊钢厂、57高炮和57榴弹厂、发电厂和汽车修理厂等项目。1969年2月8日，市革会提出新建57高炮、57榴弹、雷达等12家厂、附属7个项目、改造11个项目、结转17个项目的初步意见，将新建与五七高炮有关的改建和附属项目命名为"507"工程，并明确"507"工程计划新建48个项目，改建7个项目。为加强对"507"工程项目建设的领导，1969年12月5日，在贵池成立"507"工程指挥部，下设四个分部建设领导小组，分头负责钢厂基建、5个炮厂基建、电厂和变电所基建、东至化工厂基建。在徽州地区"507"工程项目及续建项目按行业重新划定4个工区，即：一工区（机电）、二工区（化工）、三工区（轻工）、四工区（仪电）基本建设领导小组，各行业工业局派出部门负责领导工区内的基本建设工作。

小三线建设在荒无人烟的深山沟壑，条件十分简陋，生活非常艰苦，当时的方针是"先生产后生活"，住房没有造好，有的人住农民家里，有的人住临时工棚，有的人住庙宇祠堂。为了抓时间抢施工进度，大家克服各种困难，逢山开路，遇水架桥，日

❶

❶ 前进机械厂制造的五七商炮炮车进行野外试验

险峰厂主要军用仪电产品

夜奋战，在山谷中造厂房，一心把工厂尽快建成，投入生产。从 1966 年 3 月到 1971 年，小三线基本建设历时 6 个年头。除 6 家单位基建处于扫尾以及 1971 年以后零星规划的 8 家单位外，60 多家单位基建全部竣工，其中 42 家工厂陆续投产，以军工为主的上海后方基地在皖南山区初具规模。

在二十多年里，小三线较好完成国家下达的军品生产任务，相继生产新 40 火箭筒和火箭弹、57 高炮和 57 榴弹、黑索金炸药、82 无后座力炮、木柄手榴弹和钢珠手榴弹、7.62 枪弹、305 炮瞄雷达、光学测距机、数字指挥仪等军工产品。累计创造工业总产值 22.24 亿元，实现利润 1.92 亿元，上缴国家税金 6102 万元，为国家常规兵器的生产和国防建设作出了贡献。

调整与移交

从 1980 年开始，由于国家大量压缩国防经费，军工生产任务急剧下降。后方基地 54 家工厂中，处于停产、缓建和基本停工状态的占 17%，半停产的占 28%，正常开工的占 24%。大量设备闲置、人员待工、生产能力过剩、经济效益降低、利润下降、亏

❶ 协同机械厂制造的 82 无后座力炮进行靶场试射　❷ 险峰光学仪器厂制造的军用仪电产品

损企业占全部企业的 44.4%。职工生活方面存在的困难和问题格外明显，如未婚青年男女比例失调和职工子女教育问题，企业内部户口管理与工资标准不统一问题，职工长期夫妻分居，以及特困、住宅分配、医疗和文化生活等方面的集体上访也日趋增多。不少职工对小三线的历史地位和作用产生怀疑，主张"早搬迁""早下马""早返城"。

1981 年 10 月，根据《国务院、中央军委批转国防工办关于调整各省市自治区小三线军工厂报告的通知》，以及国务院、国防工办《下达小三线军工厂调整方案》的精神，市政府对上海小三线 17 家军工厂进行调整，撤销 5 家，保留 12 家，其中 3 家保留军品生产任务，其余均转产民品。前进机械厂发动干部职工千方百计承接 30 种（套）民品的生产任务，逐步形成煤机、电梯、纺织机等 3 个"拳头"产品。至 1983 年，实现产值翻番，盈利近百万元，扭转了亏损。光明机械厂从 1980 年开始转产民用电扇，1982 年产量达 4 万台。1983 年，增加落地式电扇新品种和新花色，使企业获得新发展。八五钢厂自筹资金并投资 245 万元把原轧钢车间扩建改造为 30250/300 轧机，生产市场急需的 08M/M12M/M 四钢和线材，把原军工三辊工段改建为拉丝工段，生产 01—6M/M 滚珠轴承钢、缝纫机针钢丝以及低炭结构钢丝等产品，还试制 39CO$_2$M 冷铸辊等产品，使该厂成为初具规模品种齐全的特殊钢厂。

1980 年 11 月 19 日，市政府批转市计委、市经委、市国防工办《关于调整上海后方基地机电、轻工公司所属厂生产领导关系的请示》，同意"为了把小三线军工企业的民品生产尽快搞上去，发挥这些企业的生产能力，应该结合市内工业发展统筹考虑，纳入行业长远规划"。并"将生产业务的领导关系归口到上海市第一机电工业局和上海市轻工业局管理，纳入有关工业公司的行业规划，统筹安排好民品的生产任务"，为后方企业克服困难提供了有利条件。五洲电机厂利用本厂优势，选择生产工艺相近的空调电机，产品质量领先国内先进水平，达到日本同类电机 20 世纪 70 年代后期水平。1979 年被评为上海市优质产品。1980 年，该厂扭亏为盈。东风电子厂生产 74 系列民用电台，努力使产品适销对路，改型、转型、试制 14 只新产品，取得较好经营效果。1981 年，又发展收音机、电台、无线电数字讯号传输设备、测试仪表等 4 大类产品，产品销往全国 29 个省市的 100 多家单位，产值、利润同步增长。1981 年，后方基地盈亏相抵净亏约 200 万元。1982 年，盈亏相抵后，盈余 196 万元。1983 年，后方基地工业企业实现扭亏为盈，利润增长超过产值增长。1984 年底，后方基地完成工业产值 3.65 亿元，实现利润 2420 万元。

1984 年 7 月，市国防科工办提出《关于上海小三线调整情况及其调整方案》，采用"收、交、关、改、撤" 5 种方法区别处理全部小三线企事业单位；原从上海市去的小三线职工和家属原则上可回上海市郊区落户；征地进厂的当地农民和不宜进大城市的人员，拟请安徽省就地安置。8 月 8 日，上海市委常委会听取市国防科工办主任李晓航的汇报，确定上海小三线调整要"保护和发展生产力""要走联营的道路""帮助地方搞活一批企业""人员要分批返回市郊，确保社会安定"。决定由副市长李肇基分管小三线调整工作（1985 年 1 月后，由副市长朱宗葆分管；1986 年 7 月以后，由副市长黄菊分管）。会后组成有 16 个委、办、局参加的联席会议，负责研究确定上海小三线调整的具体政策和实施步骤，解决有关重大问题，并抽调人员组成小三线协调办公室，负责处理日常协调工作。

1984 年 8 月 14 至 19 日，国家计委和国防科工委联合召开全国小三线工作会议。会议期间，会议领导小组专题听取上海市关于小三线调整意见的汇报，同意上海市委确定的调整方案，决定上海在皖南小三线的 12 家军工厂全部转产民品。1985 年 5 月，国家计委和国防科工委发文，撤销上海在皖南小三线的 12 家军工厂的建制和军工代号。

1985 年 1 月 24 日，市长汪道涵、副市长朱宗葆率领市政府代表团到安徽省商谈上海在皖南小三线调整事宜。1 月 28 日，签订《上海市人民政府、安徽省人民政府关于上海在皖南小三线调整和交接的商定协议》，并上报国务院。4 月 17 日，国务院办公厅批复同意商定协议。6 月 4 日，市委常委扩大会听取小三线调整计划汇报，并予以批准。从 7 月 4 日起，副市长朱宗葆连续 9 天在皖南调查研究 38 家单位，每天早晨 6 点钟起床到基层厂，晚上开会分析调研资料，或蹲在帐子里，打着扇子看文件材料。根据"分类规划、调整改造、择优搞活、分期移交"的原则，上海在皖南的53家工厂、27家事业单位分三批交接：即1985年先交接一批，1986年交接大多数，1987年全部交接完毕。1985年9月，安徽省、上海市联合领导小组召开第二次会议，确定第一批上海移交给安徽22家单位。1986年10月8日，第一批交接完毕。1988年1月，第二批移交结束。至1988年4月，在皖南小三线的80家企事业单位全部移交给安徽，共移交固定资产56103万元，国拨流动资金7876.96万元，按政策留皖的职工1568人，拨给地方的留皖职工安置费1404.9万元。这些企业经过整顿调整，为安徽经济发展作出了贡献。

（廖沙）

亲历者说

王志洪（曾任上海市后方基地管理局局长）：在那个特殊时期，我们想得最多的是，毛主席为了三线建设睡不着觉，我们要为毛主席分忧，宁愿自己睡不着，也要让他老人家睡得着。广大干部、工人和科技人员表现了不避艰险、勇往直前、无私奉献的精神，促进了国防工业生产和科研基地建设，推动了沿海和内地之间的合作和交流、带动了内地经济发展和技术水平的提高，留下了许多宝贵的历史经验和教训。特别是广大干部和职工能出征、肯吃苦、顾大局、守纪律，更是一笔值得发扬光大的宝贵精神财富。

"英雄"赶"派克"

中华人民共和国的成立，极大地激发了广大工人群众的民族自豪感和建设社会主义的积极性。1957年11月13日，《人民日报》发表了题为《发动全民，讨论四十条，掀起农业生产的高潮》的社论。华孚金笔厂的领导和工人受到鼓舞和启发，积极响应，经过上下热烈商讨，他们针对当时世界一流水平的"派克"钢笔，提出"英雄赶派克"的目标。1958年1月8日，《解放日报》以《英雄金笔的英雄气概——两至四年要赶上美国》为题，报道了这一消息。党报的鼓励和鞭策，又燃烧起职工群众的热情，全厂上下热气腾腾，群情激扬。一场轰轰烈烈的"英雄赶派克"活动在华孚金笔厂拉开序幕。

"英雄赶派克"第一季

华孚金笔厂当年敢于提出"英雄赶派克"的口号，是有勇气的，可也是有底气的。

新中国建立之后，上海的制笔企业调整幅度不小，1952年至1956年公私合营期间，先后有70多家小企业并入华孚金笔厂。其中包括绿宝金笔厂，其创始人汤蒂茵曾任全国政协常委和全国人大代表，三次受到毛泽东主席接见，被誉为"金笔汤"；还有大同英雄金笔厂，该厂1939年注册的"英雄"商标也一并带入。公私合营后，华孚金笔厂职工扩大到1400多人，设有笔尖、笔杆、金工（包括电镀）、胶料（包括橡胶、压塑、笔舌部等）、装配等5个生产车间和1个辅助车间，年产自来水笔200多万支。1955年，迁址桃浦后企业格局基本定型，伴随我国社会主义建设的滚滚洪流，走上了蓬勃发展的

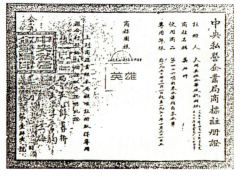

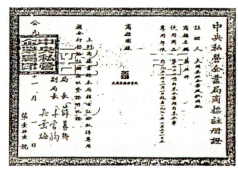

❶

❶ "英雄"商标注册证

道路。

当年，华孚金笔厂追赶"派克"的态度是科学、严谨的。员工们通过对英雄牌金笔与派克牌金笔的仔细比较，找出了11点差距，然后有针对性地订出了11项赶超"派克"的指标，包括抗漏、圆滑度、间歇书写、减压、耐高温、耐寒等方面，其中笔尖的圆滑度是赶超的关键指标。

通过近一年针对派克笔的"比、学、赶、帮、超"，经历了80余次失败，1958年10月，标志着"英雄赶派克"胜利成果的100型英雄金笔正式投入生产。当时以100型命名，是有含义的——要100%达到"派克"水平，100%达到预定标准。

1959年3月，轻工业部会同上海市轻工业局，组成专门小组对100型英雄金笔进行鉴定。按轻工部颁标准，10项指标中，有4项超过派克51型（笔尖圆滑、漏水温差、吸水量、铱粒耐磨），有3项持平，2项不可比，1项差于派克（塑料）。譬如，笔尖是自来水笔的核心部件，经过两个多月的苦心研究，英雄金笔笔尖的制造技术达到国际先进水平，此后也一直领先于同行，并保持至今。

英雄100型金笔名声大振，成为许多知识分子的"手中宝器"，甚至成为情侣定情的信物。1958年英雄100型金笔的产量是1万支，到1960年生产了152万多支，产品供不应求。上海天马电影制片厂著名导演桑弧带领冯喆、杨梦昶、张雁等演员，拍摄了电影《英雄赶派克》，记录了这一盛事。

❶ 100型金笔　❷ 100型金笔

"英雄赶派克"第二季

尽管"英雄赶派克"第一季获得了成功，但限于当时内外部的客观条件，还不能算是完胜，华孚金笔厂干部职工的心里还是憋着一股劲。他们找来最高档、最新款的派克笔，逐项解剖，设定赶超指标。全厂干部职工认准目标，针对薄弱环节，逐项攻关。

1960 年，制笔行业内组织对塑料和铱粒攻关，取得突破。工厂从国外进口一批最新款的派克 75 型现代产品，由制笔检测中心作质量对比测定，重新列出赶超指标，组织"三结合"攻关小组。厂里还邀请复旦大学教授来厂讲解毛细原理，增加理性认识，丰富制笔技术。工厂职工在技术革新中对重点工艺的机械设备进行了多项改进和创造，譬如，在制尖上有笔尖 7 道联冲、自动开缝、磨铱、笔尖抢脚等新工艺；注塑设计新的模具解决了碎裂等关键难题，并创造了自动注塑机；储水器创造了自动开槽机及包金新工艺等，提高了产品精密度和标准化。经过持续奋战，100 型英雄金笔质量持续稳定提高，在行业评比中多次被列为一类产品。

"二赶派克"，是否获得成功，不能自卖自夸，而要通过科学的数据、由社会来作出公正的评判。1984 年，上海市轻工业局再次组织赶超鉴定，对比"派克"75 型，在所有 11 项指标中，100 型"英雄"有 6 项超过"派克"，5 项两者相平。在此前后，100 型"英雄"的荣誉接踵而至：1978 年被市轻工业局列为质量信得过产品。1979、1984、1988 年被评为轻工业部优产品并获国家质量银质奖。自 1979 年至 1991 年，英雄 100 型产品在全国行业质量评比中，13 次连续获得行业第一，英雄 100 型产品已成为英雄金笔厂的拳头产品。

❶ 英雄牌 100 型金笔获国家质量奖银质奖　❷ 英雄牌 100 型金笔被评为全国轻工业优质产品

凭借着"英雄赶派克"赢得的声誉，1966年10月，华孚金笔厂正式改名为英雄金笔厂，企业产品也基本使用"英雄"商标。经过几代"英雄人"的不懈努力，至20世纪末，英雄金笔厂已从一个生产自来水笔的一般工厂，发展成能生产自来水笔、宝珠笔、圆珠笔、绘图笔等八大门类、十大系列、上千个品种的大型制笔企业，专业技术水平行业领先，产品远销欧、亚、美、菲洲等60多个国家和地区。英雄笔不仅是普通消费者十分喜爱的品牌产品，还多次作为国礼，成为党和国家领导人出访的礼品，在香港回归、澳门回归、上海合作组织成立、中国首次主办APEC会议、中国加入世界贸易组织、中国申请主办奥运会等重要历史时刻签署重要文件时，英雄金笔都成为专用笔。

（沈仲凌）

亲历者说

柳康定（英雄金笔厂原笔尖车间技术员，现年90多岁）：当时"英雄赶派克"，我们参加技术攻关，如今回想起来，还是蛮激动的。我有两点体会：一是艰苦奋斗，我们不讲条件，不要报酬，有时候甚至于晚饭都不吃，就是到厂里食堂买两只馒头，垫垫饥，再忙两个小时。二是针对难点攻关，我们不迷信洋货，对照目标，反复研究下来，把攻关的重点放在改变笔尖铱粒的造型上，这个弧度要小，墨水就能带出来。目标找准了，再多花功夫，攻关就成功了。

美加净牙膏的世事变迁

　　20世纪90年代，美加净（MAXAM）品牌被外商实际控制并被打入冷宫，美加净牙膏在市场上一度难觅踪影。进入21世纪，上海牙膏厂出于对民族品牌的深厚情感，几经周折，终于收回美加净品牌的使用权。这场商标案的争端，引起了上海乃至全国人民的关注。一个小小的品牌，为什么值得花费这么大的力气去收回？又为什么会掀起如此轩然大波呢？

美加净牙膏的诞生

　　20世纪60年代初，国际反华势力掀起一股排华浪潮，以各种理由和手段在经济上对中国进行围封堵。在牙膏市场，一些西方国家对我国出口的牙膏，以质量问题为由向我大使馆交涉索赔，不仅使国家遭受一定的经济损失，而且在政治上也蒙受不良影响。创立质量更优的中国牙膏，成为当年牙膏制造行业的紧迫任务，"牙膏大王"顾世

❶ 中国化学工业社创始人方液仙先生　❷ 美加净牙膏

朋应运出世。

顾世朋出生于嘉定安亭的书香门第。20 世纪 50 年代初，顾世朋在多个工业、外贸的大型展览会中担任总体设计，奠定了他在全国的专业地位，也具备了国际化设计视野。60 年代初，顾世朋在上海日化公司担任工艺美术设计师，公司领导交给他一个棘手的任务——设计与世界接轨的一流牙膏品牌和包装。接受任务后，顾世朋翻阅大量资料且整天冥思苦想，但一直没有满意的结果。

有一天，顾世朋漫步在中苏友好大厦（现为上海展览中心）附近，走过身旁的一棵玉兰树时，不经意抬头看见树枝上盛开着的、洁净似雪美如画的玉兰花，猛地豁然开朗。灵感之下，一个以"美"和"净"为主题的牙膏包装设计出来了：体现唇红齿白的特点，以红白两色为基本色。后经多方商议，由牙膏包装设计而确定的"美加净"名字，成为当年的牙膏品牌。

一流的品牌和包装需要一流工艺技术的牙膏相匹配。为推动民族品牌牙膏出口，外贸部向中国化学工业社提出研发新型优质出口牙膏。新型牙膏不仅原料工艺要求高，而且软管包装质量要求也相当高，中国化学工业社把赶超高露洁牙膏为目标，从原料、铝管、牙膏配方三方面攻关，并土法改制铝管生产线。经过将近一年时间的试制，赶超高露洁牙膏的高档出口"争气"牙膏——美加净牙膏诞生，于 1962 年 4 月正式投产。美加净牙膏的膏体配方、香型及产品规格均与高露洁牙膏接近，并开创了中国牙膏工业磷酸氢钙泡沫剂铝管牙膏的先河。

❶ 中国化学工业社制造厂安远路旧址　❷ 中国化学工业社产品展览

为使美加净牙膏品牌不仅叫响上海牙膏市场，还能打响国际市场，顾世朋设计了便于识别和传播的外文商标"MAXAM"，这个词与英语中"最大""最好"的maximum谐音，且该商标字体不仅整体均衡、左右对称，而且无论从左到右还是从右到左，字母排列次序都是相同的，具有强烈而又独特的视觉效应。美加净牙膏从1962年开始出口至香港及东南亚地区，成为高露洁牙膏在该地区的竞争对手，并顺利打入欧美等40多个国家和地区。

西方国家眼看美加净牙膏在国际市场上攻城略地，便使出阴招，在进口原料上卡脖子。1964年，中国化学工业社向英国进口S12样品，但到的货却是颜色发黄的S12；进口磷酸氢钙，但英国供应商不肯全数供应。面对外方的种种刁难，中国化学工业社制订了用国产原料赶超外方原料的二年规划。1966年11月，使用国产化原料配方的美加净牙膏试制成功。美加净牙膏的全部国产化为国争了光，成为名副其实的民族品牌牙膏，其生产营销和发展进入快车道：1967年1月2日，中国化学工业社更名为国营上海牙膏厂。1981年10月，美加净牙膏获得国家金质奖的最高荣誉。1988年，美加净系列牙膏获轻工业部"优秀出口产品"金奖。同年，美加净牙膏经复评，又一次获得国家金质奖。

在此基础上，上海日化公司把"美加净"延伸为化妆品品牌，推出多款畅销一时的美容护肤产品，形成了庞大的"美加净"品牌家族。

虎口回归　美加净获新生

搭上浦东开发开放的快车道，美加净牙膏成为中国牙膏出口的第一品牌。1993年，美加净牙膏销量已达6000万支。1994年，美加净牙膏品牌以商标许可使用形式，供上海联合利华牙膏有限公司生产使用。但是，联合利华公司控制美加净牙膏生产以后，不但没有推动品牌成长，反而把美加净牙膏高档配方改成低档配方，导致1999年市场销售严重下滑，降到2300万支。

1982年大学毕业后进入上海牙膏厂工作的侯少雄，从车间技术员做起，至1997年成为上海牙膏厂有限公司总经理。侯少雄看到曾经凝聚全体职工心血、为国争光的美加净牙膏品牌，可能永远失去成为国际品牌的机遇，感到深深的切肤之痛。

出于对民族品牌的情感，2000年9月，侯少雄根据商标使用协议的有关规定，向联合利华公司提出收回美加净品牌使用权。在与联合利华公司的第一次谈判时，向对方严正阐明了收回"美加净"商标的意志，并明确收回商标的时间表。

同年10月，中外双方进行了第二次谈判。外方主要谈判代表是来自联合利华公司总部的资深董事，又是一位英国知名律师。一开始，他十分傲慢，先发制人，以已在世界7个国家和地区注册了"美加净"商标为由，拒绝我方要求。在侯少雄有礼有节的反驳下，他自知理亏，又提出由联合利华公司经营美加净牙膏国际市场的要求。针对这个无理要求，侯少雄反问道，联合利华公司在中国市场的洁诺牙膏可否由我方来经营，一下子击中对方软肋。此后，经过艰苦的谈判和交涉，"美加净"商标回归一事尘埃落定。上海牙膏厂有限公司随即召开新闻发布会，以重奖当年"美加净"商标设计师顾世朋为主题，向全社会正式宣布中方收回"美加净"品牌，宣告中方赢得这场艰难的博弈。值此，正逢我国即将加入世界贸易组织，"美加净"商标的华丽回归，激发了上海牙膏厂员工开拓国际市场、参与全球竞争的使命感。为注入新世纪洁牙内涵，上海牙膏厂以产品更具人性化、符合青年人消费特点为主线，精心实施市场策划，全力提升美加净牙膏品牌形象。回归后的第一年，美加净牙膏在上海的铺货率达到90%以上，销售量比回归前的 2000 年猛增 400%。

而今，美加净日化有限公司正以国际流行消费观念为引领，推出符合现代审美潮流、极具国际一流品味的美加净轻奢尊享系列 Premium，丰富品牌内涵，提升品牌形象，在中国牙膏出口快车道上一路前行。

（陈和德）

亲历者说

王琴（上海美加净日化有限公司董事长、党委书记）：半个多世纪以来，美加净承载着前辈们筚路蓝缕的光荣历史和深厚文化。美加净品牌回归后，公司不断求变求新，全力打造品牌新形象、新市场。近年来，公司立足技术创新、品质坚守、塑造品牌，以工匠精神关注产品设计、外观颜值、新功效，迎合国内外不同市场和消费群体的使用体验。

新亚药厂：
首创中国第一支青霉素

　　20 世纪 50 年代初，上海延安西路 1146 号，灯火微明。伴着日光灯滋滋的电流声，童村博士伏在案边，飞快地在实验册上记录着数据。这里是百年民族制药企业新亚制药厂（上药新亚药业有限公司的前身）的青霉素实验所，是新中国第一支青霉素诞生的地方。

"我们决不依靠美国佬"

　　1948 年，有一位披着"专家"外衣的美国人来到中国，要"帮助"中国建立青霉素（盘尼西林）工厂。国民党政府殷勤备至，把这个"盟友"捧为座上宾。在谈判中，这位"专家"伸出三个指头，提出建厂的三个条件：第一，药厂设备要向美国定购。第二，药厂技术人员由美国人担任。第三，药厂投入生产后的 50% 利润归美国。这是什么条件？简直是要扼杀中国抗生素自主研发的萌芽。

　　新中国成立后，提出了"我们决不依靠美国佬！"的口号。军代表史毓民和抗生素

❶ 1950 年 3 月，抗生素工厂试验所开始筹建　　❷ 中国抗生素之父——童村博士

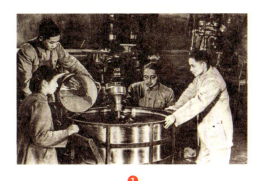

专家童村的想法不谋而合，他们共同商量筹建新中国抗生素工厂的大计。当时，上海市市长陈毅亲自批准建厂规划，华东局任命史毓民、童村、宋国宾、马仕杰、葛福臻、黄凤秋、裴倍善、陈浩贤和袁少庭等9位同志组成建厂委员会。从此，在党的领导下，一群对制造新中国抗生素充满憧憬的年轻人跟着童村博士，筹建起了青霉素实验所，开始描绘新中国抗生素事业的美丽蓝图。

1951年4月，青霉素钾盐试制成功！在敲锣打鼓声中，童村博士满含热泪，紧握华东财经委工业部长汪道涵的双手，用哽咽的声音说："我们终于结束了中国不能生产盘尼西林的耻辱！"汪部长激动地回答："我们向毛主席报喜！向党中央报喜！"

"誓死也要争口气"

20世纪60年代初，一批年轻的技术工作者，在年仅29岁的技术员蒋鋆的带领下，以初生牛犊不怕虎的精神，攀登世界高峰。1960年，中国医学院邀请英国抗生素专家钱恩到中国讲学。其间，蒋鋆请教专家"细菌是否要经过处理"，"提取'核'是否要离子交换法"等问题，这位专家避而不答，只谈半合成青霉素的广阔前景。"誓死也要争口气！"这批青年人憋着一肚子气，为了寻找菌种，他们走遍沪西的各个臭水浜、阴沟、粪便池，在最脏最臭的地方采集并筛选出70株菌种，他们凭着在文献中查阅到的仅有的一点蛛丝马迹，进行一连串的裂介、提炼和分析实验。总工程师许文思感慨地

❶ 1952年在发酵车间，杨蕊娥、童村及余景谷配料操作情况 ❷ 化学工业部1958年生产厂矿长会议代表合影

发出赞叹："这群年轻人敢攀世界高峰，将来对祖国的贡献不可限量！"

1963年，半合成甲氧苯青霉素钠研制成功，填补了国家空白。甲氧苯青霉素投产后，只比美、英两国批量生产晚两年时间。一位资深的科学家说："过去帝国主义压迫我们，什么都干不成，今天，在共产党的领导下，我们干成了一件惊天动地的大事业！"

"决不辜负周总理的重托"

1970年除夕夜，周恩来总理指示秘书请抗生素专家许文思进京，面拟"中国第一代头孢菌素"的研制工作。由于周总理临时处理国务大事，就委派秘书将重托交给许文思，交给上海研制抗生素的工人阶级。许文思立下军令状："决不辜负周总理的重托，早日将中国的第一代头孢菌素研制成功！"

周恩来总理的指示，激发出新亚人的智慧和力量。1970年10月，中国第一代头孢菌素头孢噻吩试制成功，次年正式投产。头孢噻吩的投产，标志着中国抗生素事业又一个里程碑的诞生。后来，由于技术工艺没有重大突破、成本过高而被迫停产。

1976年1月8日，敬爱的周恩来总理逝世。在追悼会上，许文思久跪不起，为没有完成总理遗愿，没有让总理看到普通老百姓也能用上"中国人自己生产的头孢菌素"而扼腕，全厂干部、技术人员和职工化悲痛为力量，坚决完成总理遗愿，兴起生产工艺革新热潮。不久，工艺技术取得重大突破，生产得以恢复，而且向全国无偿和无私地推广头孢菌素的先进工艺技术，使头孢菌素遍地开花，告慰了总理生前的嘱托，实现了总理的遗愿。

❶

❷

自20世纪50年代起，上海抗生素技术力量始终处于全国顶尖水平。从首创青霉素开始，共有30多项"全国第一"的抗生素在这块光荣的土地上诞生。每当成功研制一个又一个新品，作为百年民族制药企业的上药新亚定会与全国抗生素同行共同分享成果。历年来，上药新亚药业有限公司为国家指定上马的抗生素工厂培养和输送专业技术人才6000多名，新亚人更是"舍小家为大家"奔赴祖国各地，甚

❶ 厂房旧照　❷ 和粉间

至举家落户贫瘠的内地、山区，支援当地抗生素工厂建设，真正做到"国家的利益高于一切"！被中国制药界公认为"中国抗生素工业的摇篮"。

历史照亮未来，征程未有穷期，新亚人秉承先辈们"艰难困苦，玉汝于成"的创业精神，以敢字为先，善字当头，坚持在新时代的洪流中续写中国医药工业史上的新传奇。

（王骏）

亲历者说

张丽春（上海市劳动模范）：从1866年的科发大药房和1909年的科发药厂，到1926年创立的上海新亚制药厂，一直到今天的上海上药新亚药业有限公司，一个半世纪的风云岁月里，新亚人承载着"中国抗生素摇篮""民族制药工业先驱"的重任。如今，面对市场环境发生的巨大变化，我们没有任何退缩的理由，在坚持"深切为国做好药、执着为民谋健康"的初心和信念上，更是没有半点含糊的余地。百年来，诸多爱国、爱岗敬业奉献的新亚人，能做的就是守正创新，在产品的研发、制造、质量体系建设上响鼓重槌，不断挑战和超越自己，通过不懈努力创造出一片美好的未来。

❶ 支援内地抗生素工厂建设的同志们整装待发 ❷ 新亚制药厂旧址新闸路1010号厂房

143

901：
中国硅产业从零到一

1986年，在邓小平的指示下，国家启动了高技术研究发展计划，即"863"计划。这年，小平同志的足迹踏遍祖国的大江南北。他来到上海，巡视了微电子工业展览会。那天，小平同志信步来到上海901厂硅材料产品展台前，并饶有兴趣地询问各种展品的用途和优势。总工程师葛涛逐一介绍，小平同志边听边看边颔首。小平同志的赞许，是对901人的鞭策，他们建设硅材料生产基地的斗志更加昂扬。

帆布棚内试制硅多晶

20世纪50年代中期，发达国家半导体锗材料研制成功，半导体硅材料也相继问世。1958年，我国北京有色金属研究总院338室，采用氢还原四氯化硅制取高纯硅获得成功。这一科研成果领先日本两年，仅比美国晚六年。冶金部高层领导敏锐地察觉到硅资源丰富，开发潜力巨大，且器件性能比锗器件更好更可靠，需要发展硅材料产业。

1959年11月25日，上海最大的有色金属生产基地——上海901厂在松江城西、黄浦江畔开工建设，将研制生产钒、钛、硅、铍、锆等国家急需的稀贵金属。

参加会战的901人是从上海冶金系统选拔的各路优秀人才。他们不辱使命，挑灯夜战，经过近一年的连续作战，于1960年底在上海西南角建成了一座占地25万平方米的有色冶炼大型国有军工企业。建厂初期，基地是一片农田和水网地带。为了解决"路水电"三通，大量的设备材料全靠手拉和肩扛。有些大型机械求助解放军支援，用登陆艇送上岸来。先后建成100号车间（海锦钛）；500号车间（金属铍）；700号车间（氧化钒）；1300号车间（金属粉末）。尤为突出的是仅用3个月的时间，创建了916硅材料车间，这在当时是国内第一家生产半导体硅材料的基地，实现了硅产业零的突破。

❶

❶ 半导体硅材料

916 车间还在筹建时，就接到冶金工业部下达的硅材料试制任务，车间主任刘平调集部分人员并成立攻关组，他们在市区万茂分厂找到一块不足 100 平方米的空地，利用库存的耐火砖自己动手砌墙，用废旧帆布盖顶，建成一间 30 平方米的试验室。攻关小组自制以石英玻璃器皿为主的试生产线，将氯气通入装有结晶硅的石英炉中合成四氯化硅，钼丝作发热体，氢气还原试制硅多晶。

因为设备简陋，没有现成的生产工艺图纸，有位崇明小伙子不慎将原料打翻，全身深度烧伤，虽经医院全力抢救，仍然没有留住年轻的生命。血的代价没有挫败这个战斗集体的意志，他们毅然决然将高纯硅多晶材料试制进行到底。1961 年 1 月，终于还原生长出 18 克硅多晶，这根只有钢笔粗细的硅多晶棒，为 901 厂硅材料大批量生产积累了宝贵的工艺数据和实战经验。1962 年 2 月，由人称"黄金搭档"的金皎通、王义云两位合作，在生产车间用直拉法拉制出第一根重 36 克的硅单晶，迈出了我国硅产业发展的第一步。

踏石留印建全生产线

我国半导体硅材料起始于 20 世纪 60 年代初，而 916 车间是我国半导体硅材料发展的缩影。硅材料生产线逐渐完备：302 工段生产三氯氢硅；303 工段生产高纯硅多晶；304 工段清洗硅多晶；305 工段直拉硅单晶；306 工段物理测试；307 工段区熔硅单晶；308 工段机电维修和石墨件加工；309 工段加工硅外延片；还有切磨抛工段、化学光谱分析，以及石英组生产石英坩埚和石英器具等。

❶

为适应国家对高纯多晶硅需求日益增长形势的需要，扩大生产规模，减少生产故障提上议事日程。1970 年开始，硅多晶生产整套设备先后改用不锈钢材质。不锈钢还原进气管、不锈钢还原尾气回收器，复叠式制冷机制冷代替干冰。不锈钢连续精馏筛板塔，并采用气动仪表自动控制。

为进一步提高硅多晶产量，降低成本，还原炉由三对棒改为四对棒，曾增加到八对棒。还原炉内经由 500 毫米加大到 800 毫米。为保证 1100 ℃左右发热体温度，随着硅棒长粗，加热功率必须跟上。委托上海电器厂试制 1000 千伏安磁性调压器和外围设备，最大输出电流达 4000 安培。在电气工程师黄玉光等人调试改进下，使硅棒直径达到 80 毫米—90 毫米，炉产量 120 公斤—166 公斤，平均沉积速率比原来高出一倍，一吨硅多晶节电 20 万度。技术员们发觉现有电器设备还有 1000 安培余量，改变调压器

❶ 直拉单晶设备

大马拉小车问题，自行设建内径1100毫米还原炉。1980年1月，生产一炉多晶产量达到377公斤，多晶棒最大直径为157毫米，创当时国内最高纪录。

305工段最早的单晶炉是直角式的，其炉盖笨而重，需要手动葫芦开启闭。1970年，全国掀起大上半导体产业的高潮，拉制单晶生产半导体材料成为最大热门。这年只有陕西机械学院一个校办工厂生产单晶炉，上海派员去索要图纸但未能如愿。无奈，上海只能自己动手制造单晶炉。由于是多家单位会战制造的，所以称之为会战炉。会战炉解决了上海地区6家硅单晶生产企业扩大生产的需求，其中5家是当时转产新建的。在会战炉上拉制大直径硅单晶，碰到的工艺问题和技术难点很多。比如坩埚壁经常积渣，市劳动模范拉晶能手金皎通师傅就凭借以往积累的经验设法提高坩埚壁温度，防止挥发物在其壁上淀积。1971年，成功拉制出国内第1根重3公斤、直径75毫米的硅单晶。

1974年，当时国内采用高真空拉晶、低真空拉晶和氩气氛拉晶三种工艺，这三种工艺都有缺点，不是单晶位错缺陷密度高、单晶内在杂质含量高，就是易掉渣破坏单晶生长成品率低。技术员叶祖超提出一种方法，改为高真空下通入适当高纯氩气的方式来获取低真空，简称通氩低真空（后称减压），以提高炉内气氛质量。通氩低真空拉晶试验在9号单晶炉上顺利进行，无位错缺陷硅单晶生长到底，单晶银光闪闪，成品率显著提高，比氩气拉晶节约75%的氩气。通氩低真空拉晶工艺为国内首创。

1978年，上无七厂引进集成电路生产线，急需直径75毫米P型硅单晶抛光片，

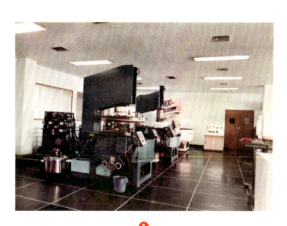

❶ 磨片设备　❷ 采用硅太阳能电池的吴淞口航标灯

市政府要求尽快生产这种抛光片，以填补国内大直径抛光片的生产空白。那时只能生产直径40到50毫米的硅单晶和抛光片，大单晶炉买不到，为了能在小单晶炉上投料3到5公斤，生产直径75毫米大单晶，叶祖超、黄玉光设计具有炉底保护和适配的加热保温系统，安装了大功率供电设备，扩大了排气口孔径，万事俱备后，拉晶能手金皎通上阵，顺利拉出1根直径75毫米大单晶，拉出的单晶需在650摄氏度下热处理后，显示单晶的真实电阻率，于是调用上无七厂的1台石英管炉子，在车间建立起了国内首创的热处理工序，解决了单晶大直径化遇到的电阻率控制问题，及时拿出符合上无七厂要求的大直径硅单晶，为901厂建成我国第一条直径75毫米电路级硅抛光片生产线打下基础。

1982年，我国从美国引进3台HAMC60公分的单晶炉，其中1台调拨到901厂。他们连续作战，只花了3天时间率先调试成功。当年引进炉的炉体高度近5米，属于"高大帅"，但自动化程度不高，从装料到收尾等主要工艺环节还是离不开人工操作。拉晶工朱秋声凭着认真与细致的看家本领，在消化吸收国内外相关资料后，很快掌握引进炉子的性能和操作要点。9月，骄阳似火，同样炙热着炉台旁的拉晶人。收尾、降温、停炉等待，3小时后一根银光闪亮硅棒矗立在炉膛内。出炉检测，国内最大直径125毫米硅单晶由此诞生。

（沈义林）

上锅厂：
世界电站锅炉制造的巨头

上海锅炉厂位于上海闵行工业区，是闵行工业的"四大金刚"之一，占地面积52万平米，是一座集火电核电设备设计制造为一体的现代化大型企业，电站锅炉年制造能力达2700万千瓦，是新中国最早创建的专业设计制造电站锅炉的国有大型企业，如今已跻身世界一流的电站锅炉和核电设备制造企业。

艰苦创业的起步

新中国的诞生，百废待兴，步履维艰。1953年，为了国家建设需要，第一机械工业部第四机器工业管理局决定将浦江机器厂改名为国营上海锅炉厂（简称上锅厂），我国第一家以锅炉制造为主的大型专业工厂诞生了。

❶

❶ 产品发运

新生的上锅厂在一片破旧的厂房和陈旧的设备上，白手起家，开始了艰苦的创业历程。没有设备，技术人员和工人就动脑筋想办法，制造土设备；技术有难关，大家废寝忘食，攻难克难。当年10月，在技术人员和工人的共同努力下，上锅厂试制成功我国第一台一百吨双钩式电动行车。1954年，上锅厂承制了国产第一台6000千瓦发电设备中的40吨中压电站锅炉，其中关键零部件减温器管板上面要钻2500多个孔。当时厂内设备简陋，主要靠手工操作。而且钻孔后，还要用铰刀铰，这一道工序当时成为工厂一个很突出的薄弱环节。李福祥师傅是金工车间钻工，他急工厂之所急，想工厂之所想，白天晚上连续干，攻难关，破难题，连星期天也不休息，上书店、跑图书馆查阅有关资料，寻找解决方案。经历多少个不眠之夜，历经10多次试验，他终于摸索到了钻头的新角度，试制成功有分屑槽的钻头，不仅提高3倍的生产效率，而且孔径的质量堪称一流。为企业制造出国产第一台电站锅炉立下汗马功劳。此后，李福祥师傅马不停蹄，先后完成150项技术革新项目，并汇集成一整套钻工先进操作法，使原来的手工操作全部改用机械操作，生产效率最高提至100倍，被大家称为"钻头大王"。

1955年，上锅厂技术人员和工人攻坚克难，设计制造了我国第一台石油合成炉，完成了国家交给的40吨中压锅炉的制造任务。

经过几十年的艰苦奋斗，上锅厂从小到大，技术和产能都有了很大提升。到20世纪80年代初，上锅厂通过引进消化吸收国外先进技术，首次自行设计制造了首台上海吴泾电厂600 MW发电机组配套的2008 t/h亚临界控制循环锅炉，使上锅厂火电设备制造水平和能级有了飞跃的发展。

❶

❶ 上锅厂自行设计制造首台上海吴泾电厂600 MW发电机组配套的2008 t/h亚临界控制循环锅炉

蓬勃发展的骄傲

改革开放以来，上锅厂破除陈规旧律，深化企业改革，坚持为客户创造价值，坚持以市场为导向，坚持技术创新，促进了企业的蓬勃发展。

为了提高电站锅炉的效能，生产优质、节能、环保的锅炉，上锅厂在全球招贤纳士，加大关键人才的引进力度，组建以科技人员为骨干的创新团队，攻克技术瓶颈口，优化生产工艺，取得了显著成效。

华中科技大学的博士生熊杰，在全球知名的热能工程企业阿尔斯通公司完成博士论文后，就被上锅厂作为关键人才引进。在到美国之前，小熊已在华中科技大学郑楚光教授领衔的煤燃烧国家重点实验室研究室跟随导师做了近两年的富氧条件下 CO_2 减排研究。2011 年，他被引进入职后，被委以重任，负责搭建循环流化床试验平台，主攻方向是富氧循环流化床燃烧技术研发，主要技术特点是使用 95% 浓度以上的纯氧代替空气参与燃料燃烧，并将部分烟气进行循环，实现节能减排的目标。他带领攻关小组从计算机模拟走向工程应用，把控现场运行的实际数据，再用得到的结果验证之前的模型或公式，这中间不知克服了多少无法想象的困难，终于在 2016 年初建成国内第一套 MW 级别的（2.5 MWth）循环流化床燃烧-热解多联产试验平台，在此套试验平台基础上，进行系统的富氧循环流化床燃烧技术研究工作，最终开发出具有市场竞争力的锅炉产品。如今，上锅厂在油气化工、冶金工程、垃圾焚烧、烟气治理、市政工程、可再生能源利用等领域保持市场领位先地位。在海洋工程、高端医疗、工程技术服务等多个领域保持着高速发展，为各领域高端客户提供了安全、可靠的产品与服务。

为了进一步拓宽国际市场，加快企业产品的升级换代，上锅厂加大一线员工的技术培训，通过岗位培训、实行首席技师制等措施，一线员工的技术水平普遍得到了提升。有一次，上锅厂承制了德国达特项目，这是上锅厂首次按照欧洲标准生产制造的 1100 MW 锅炉。而产品中使用的 T24 材料，焊接性较差，冷裂纹敏感性非常强，而当时德国人自己，也尚未完全掌握这一新材料的焊接特性，这也给上锅厂带来了前所未有的挑战。上海电气的首席

❶ 华能石洞口燃机电厂装有上锅厂 3 台 400 MW 燃机配 9F 级余热锅炉

技师、高级焊工赵黎明主动请缨，攻克难关，他和焊接团队成员针对焊缝间隙、坡口进行相应调整，反复试焊，从控制层间温度入手，采用小电流焊接，焊口一次合格率从 75% 左右提升到 90% 以上。但离考核要求 98% 还有相当大的差距。为此，赵师傅连吃饭、睡觉时都在想如何提高焊口一次合格率的问题。就在他一筹莫展的时候，吃晚饭时他抬头看到家里挂着的时钟，当时是晚上 6 点。指针上下指在 6 和 12 的位置，这正是小口径焊接起弧和收弧位置，能不能把收弧位置放在 11 或 1 时位置，能不能把 12 时位置的最大焊接应力分解一些，想到这里，他兴奋极了，一个晚上都在反复琢磨这个技术问题。第二天早晨一上班，他就按这个想法，焊了 20 多个焊口，结果全部合格，在赵师傅和焊接团队的共同努力下攻克了这一技术难，赢得德国专家的好评。

经过半个多世纪的开拓进取，上海锅炉厂已成为世界上最大的电站锅炉（岛）环保（岛）、太阳能发电、垃圾焚烧锅炉、工业锅炉等产品和服务的重要提供商之一。

上锅厂的产品多次获得国家及上海市的科学技术进步奖，"600 兆瓦超临界机组"获得国家科学技术进步一等奖，"实现无燃油燃煤电厂的成套技术研究与应用"获得国家科学技术进步二等奖，"600 兆瓦关键技术的开发"获得上海市科学进步二等奖等。

（赵文艳　倪长关）

亲历者说

赵黎明（全国劳动模范、上海电气首席技师、高级电焊工）：纵观上锅厂百年历程，我们感慨万千。上锅厂在历史的长河中脱颖而出，是秉承"质量就是企业生命"的管理理念和"人品、精品、卓越"的核心价值观，在工程、产品及服务质量上追求极致，以匠心锻造企业铭牌，以精心擦亮企业品牌。展望未来，任重道远，我们将以崭新的姿态，以"共创蒸蒸日上的生活"的企业精神，为市场和客户提供一流的产品，一流的服务，创造更加辉煌的业绩。

合成纤维厂：
制造中国第一根合成纤维

1938 年，美国杜邦公司宣布发明了世界上第一种合成纤维，取名为"尼龙"。一经问世，合成纤维工业便在发达国家迅速兴起。到新中国成立时，全球化纤产量已达百余万吨。而那时的中国，化纤工业几近空白。1958 年，在上海合成纤维实验工厂里，上海纺织业的工程师团队研制并生产出中国第一根合成纤维，纺织工业部将其命名为"锦纶"。截至 2020 年 10 月，中国化纤总产量已达到 5609 万吨，其中锦纶产量达 384 万吨。中国化纤产量占全球 2/3 以上，产业占据世界 70% 的份额。对中国而言，化纤行业已是纺织工业竞争力提升的重要支柱产业，是战略性新兴产业的重要组成部分。

从无到有的第一根"中国丝"

技术是市场的敲门砖。你看，那一根根只有头发丝 1/36 粗细的白色丝线，便是锦纶 66 工业丝。你可能想象不到，就是这样一根根比头发丝还细的白色丝线，如今一年就能为企业带来上亿元的销售额。而当初，我国摸索国外化纤行业的技术，自主研发锦纶丝的成功，走的可是一条"无中生有"的新路。

时间追溯到 1956 年 1 月 14 日到 20 日，中共中央召开了关于知识分子问题的会议，周恩来总理在报告中指出，我国正"面临着一个新的科学技术和工业革命的前夕"，要根据时代发展潮流，适时提出"向科学进军"的计划。这次会议的成功召开，既是知识分子的春天，也是新中国科学发展的春天。大会提出的"循序渐进、急起直追、赶超世界先进水平，大力发展科学研究工作"的号召，极大地鼓舞了上海纺织化纤工业的一批科学工作先驱，决心自己搞出合成纤维。

要知道，"自己搞"，谈何容易？在旧中国，化学纤维是一片空白，只在丹东有一家日资粘胶短纤维厂，在上海有一套未投产的从英国引进的粘胶长丝设备，根本没有国产合成纤维。因而，我国的化纤事业几乎是从零起步，没有技术、没有原料、没有设备，甚至连一份像样的技术资料都没有，连大学也没有化学纤维专业。当时，人们只知道玻璃丝袜是尼龙做的，对它的成分并不清楚。

面对一片空白，1958 年，上海纺织系统毅然决定建立上海合成纤维实验工厂，分设卡普纶（锦纶）、尼龙、涤纶、腈纶、醋酯纤维等五个研究组。当时，从纺织、机械行业抽调的数百个技术人员及工人，没有一人具有化学纤维的基本知识与实践经验。31 岁的工程师郁铭芳去国外想购买两套小型纺丝试验设备，没想到老外傲慢无比：你们中国人，搞不明白的，还是从哪儿来回哪儿去吧！困难没有让他们退缩，反而激发起他们奋发图强的信念。

化学纤维的研发工作在一所干部学校简陋的教室里开始了。技术人员找来英文参考书边学边干。没有实验设备，就自己设计制造。在试制锦纶的原料——聚酰胺时，需要一台 10 立升的耐压耐腐蚀的反应釜，一时觅不到不锈钢材，就到银楼用白银打成薄片做成内胆；纤维的后加工需要拉伸加捻机，就用纺织厂淘汰下来的细纱机加装拉伸区替代。

❶

当时厂内没有机床，所需的零件就只能由机械设计人员把设计图纸带回自己原先的工厂，请师傅们协助加工。原来的教室都是平房，安装纺丝机高度不够，就屋顶开洞，上面加建一间小的棚屋。就这样，在一缺技术二无设备的困难条件下，研究人员凭着自力更生、艰苦奋斗的可贵精神，终于在 1958 年年底纺出了我国自己制造的第一根合成纤维，翻开了中国化纤工业崭新的一页。国外化纤界一时难以相信，他们根本无法想象，这是中国人在短短三个月里就完成的壮举！

从民用到军用的"长短丝"

衣食住行，"衣"总是排位第一。而中国人的穿衣问题，历来是主要依靠产量有限的棉花来解决的，所以"穿暖"一直是困扰人们的一大难题。合成纤维来源广阔，性能优良，为棉花提供了丰富的替代品。从此，中国用国产的合成纤维制成衣服，解决了 6 亿人民的穿衣难题，再也不用看外国人的脸色了！

化学纤维的应用领域十分广泛。上海化纤行业不断拓展出化学纤维的新品种、新功能、新用途。譬如，利用国产锦纶长丝，制成了我国第一件合成纤维产品——一张约 5 公斤重的渔网。1959 年，这张渔网还被专程送到北京，参加了国庆十周年成就展。

长期以来，我国军用降落伞材料全靠苏联供应。1960 年，中苏关系恶化，苏联威胁停止供应原料。生产军用降落伞的南京 513 厂党委书记亲自赶到上海合成纤维试验工厂，请求尽快生产出适用于军用降落伞的锦纶丝。

降落伞用的锦纶长丝需要三种不同的规格。在当时，的确难度很大。为了纺制高

❶ 1958 年 6 月 26 日《新民晚报》头版报道合成纤维生产

强度的产品，郁铭芳带领团队想方设法，提高高聚物的分子量，以及初生丝的拉伸倍数。经过不断改进，攻克了一系列技术难关，终于达到降落伞用丝的技术指标。1961年11月，纺出了第一根军用降落伞专用的"锦纶6"特品长丝。经伞勤人员试跳1444次，证明其质量能比肩美国同类伞的水平！

实验成功后，纺织工业部决定在上海合成纤维实验工厂建一个年产100吨降落伞用锦纶长丝、500吨锦纶短纤维的生产车间。1962年，这个生产车间正式建成投产，彻底解决了我国军用降落伞的原料供应问题，为国防建设作出了重要贡献。

1964年，时任国家副主席董必武视察上海合纤厂，留下这样一段话："为制造合成纤维摸索到门路，可喜可贺！扩充战果，继续跟进，总结经验，力争上游，这是我国建设社会主义的好榜样。"

进入航空航天的碳纤维

碳纤维是一种强度比钢高、密度比铝小、耐高温的高性能纤维材料，主要用于国防军工、航空航天领域，发达国家对此实行技术封锁。1969年，国家科委、国防科工委等部门联合向上海合成纤维研究所下达了碳纤维研究任务。郁铭芳得以参与领导碳纤维研究开发工作。

中共十一届三中全会以后，中国科技界迎来了"第二个春天"。改革开放和科教兴国的国策更加增强了郁铭芳及其团队奋发图强、把科研搞上去的决心和信心。郁铭芳主持了高强度高模量碳纤维、芳纶、与导弹配套的高强涤纶等国家重大攻关项目，一再取得了重大的突破性成果。

作为"两弹一星"重要原材料之一的碳纤维，其研制流程长、难度高，经过多年的艰苦攻关，至1986年，郁铭芳院士率队完成的"高强I型碳纤维及原丝中试"项目通过国家鉴定。碳纤维突出的高强度、高模量、耐高温性能，赋予其广阔的应用领域。上海率先研制成功的碳纤维材料，在我国人造卫星的关键部位——喉衬充当了主角；参与了历次探月工程和重大国防工程，并且带动了全国化纤产业

❶

❷

❶ 1980年代，郁铭芳在碳纤维中试装置前　❷ 1992年9月，郁铭芳（左二）

154

的发展，发挥了无可替代的作用。如今，小到钓鱼竿、摄影三脚架，大到国产大飞机、航天飞行器，无不跃动着碳纤维的身影。

（朱奕璇）

亲历者说

郁铭芳（1927—2020，中国共产党员，中国工程院院士，中国化纤领域开拓者和奠基人之一）生前曾说："如今，我们已实现了碳纤维的国产化。当务之急是加强应用研究，使国产碳纤维与其他材料组成复合材料，尽快应用到各种产品中。要不断开拓创新，实现赶超世界先进水平的梦想。"

运 10 大型喷气式飞机的腾飞

运 10 飞机是中国首次自行设计、自行制造的大型喷气客机。1976 年 7 月制造出第一架用于静力试验的飞机。1979 年 12 月制造出第二架用于飞行试验的飞机。运 10 飞机填补了中国航空工业的一项空白,是一项重大科技成就。国外航空界评论认为:"这是中国航空技术的重大发展","使中国民航工业同世界先进水平的差距缩短了十五年","在得到这种高度复杂技术时,再也不能说中国是一个落后国家了"。

708 工程

1970 年 7 月 26 日,航空工业领导小组向军委国防工业领导小组提出《关于上海、广州地区制造飞机问题的请示》。7 月 30 日,国防工业领导小组原则同意这一请示,并上报国务院。经国务院总理周恩来批准,国家计委、军委国防工业领导小组联合批复同意上海市试制生产运输机,并纳入国家计划。该任务定名为 708 工程,飞机代号为运 10(Y-10)。

1973 年 6 月 27 日,国务院、中央军委批转上海市革委会《关于研制大型客机的请示报告》和国家计委《关于上海研究试制大型客机问题的报告》,明确大型客机的研制工作由上海市统一领导并负责实施。

1970 年 9 月,为了开展大型客机们研制工作,上海市成立 708 工程会战组。空军党委决定抽调的首批 150 名工程技术人员到达上海,组成 708 工程设计组。以后,又有外地工程技术人员分批到达上海。12 月 19 日,市工交组向全市有关工厂下达运 10 飞机的研制任务。上海飞机制造厂负责制造和总装大型飞机,航空电器厂制造飞机起落架,上海电动工具厂制造飞机反推力装置等。1977 年 10 月 12 日,中共上海市委决定成立 708 工程办公室(翌年改称上海市航空工业办公室),负责归口管理运 10 飞机的设计、制造、基建和大会战的组织指挥工作。

运 10 飞机的设计分 3 个阶段进行:1971 年 4 月至 1972 年底设计总体方案。1973 年初至第三季度设计草图。1973 年 6 月至 1974 年底设计工作图。在设计过程中,工程技术人员克服技术、工作、生活上的各种困难,夜以继日地努力工作,共编发图纸 14.3 万,标准图幅、技术条件 211 份,提供各种计算、验证报告 789 份,开展各种研究课题 318 项,编制较大的电子计算机程序 138 项,编写各种技术手册约 200 万字。

运 10 飞机尺寸大、结构复杂,新技术、新材料、新标准多,对工艺提出一系列新要求，难度很大。如超高强度钢低氢脆防护工艺，国内外没有较好办法。美国有关工艺标准采用氰化低氢脆度镉钛工艺，毒性大且工艺复杂。采用磷化、喷漆工艺，质量达不到要求。上海飞机制造厂技术员陈松琪大胆试验无氰低脆度镉钛合金工艺，在兄弟单位协助下，经过近百次试验，终于获得工艺简单、性能稳定的科研成果。运 10 飞机共有机加蒙皮 32 项 53 块，其中双曲度的有 9 项 17 块。为减少内应力和机加变形，采用预拉伸中厚板机械加工成形。中外翼蒙皮是双曲度变厚度蒙皮，属于关键项目。厂里没有数控机床，技术人员研究设计了正弦平台壁板靠模铣，运用数学模型计算蒙皮展开尺寸，设计、制造机加靠模板，铣切加工后用喷丸、辊压等方法成形，加工、成形的蒙皮符合技术要求。

运 10 飞机研制得到上海市和全国各有关厂、所、院、校共 300 多个单位的协作支援。协作包括材料、系统及成品、标准件、部件及附件、设备、工装等，涉及设计、研制、测试和试验等各个方面。1976 年 7 月，制造出第一架用于静力试验的飞机，于 1978 年 11 月全机静力试验一次成功。1979 年 5 月，第二架用于飞行试验的飞机开始总装，全机共安装 15 个系统，包括 435 项成品、2204 根导管、333 束电缆、296 根钢索、5 万多个零件。

1980 年 9 月 26 日，我国自行设计、自行制造的运 10 飞机在上海大场机场腾空而起。人们欢呼雀跃，热烈庆贺它的首次试飞成功。至 1985 年 2 月 1 日，运 10 飞机累计飞行 121 个起落、164 个飞行小时。除了研制科目试飞外，还进行了汇报试飞、转场试飞和执行援藏货运任务。运 10 曾飞到北京、哈尔滨、广州、昆明、合肥、郑州、乌鲁木齐、成都等地，并 7 次飞到拉萨，为驻西藏部队和自治区政府运输了大量急需物资。试飞证明，运 10 飞机达到预定设计指标。

❶

难忘的拉萨首航

从成都到拉萨一直被认为是最艰难的航线。一路上山势险峻、气候多变。由于高原机场空气稀薄、大气密度低，飞机需要用较大的速度来保持平衡。而用较大的速度进行起降，不但要求机场有更长的跑道，而且还会对起落架和轮胎产生严重的磨损，飞机的发动机也要经受高原机场较低气压的严峻考验。"明知山有虎，偏向虎山行。"为了祖国的航空事业，全体试航人员在进行了精心准备后，满怀信心地登上飞机开始试航飞行。

1984 年 1 月 31 日早晨，成都上空阴云密布，气象条件并不理想。8 时 25 分，在

❶ 运 10 飞机

发动机的轰鸣声中，运 10 飞机从成都双流机场腾空而起，穿过厚厚的云层，像一把利剑直刺蓝天。飞机飞到云层上方后，眼前完全是另外一番景象：晴空万里，阳光灿烂。不一会儿，飞机按照航路的要求，跃上 9000 米高空，以每小时 900 公里的速度直飞拉萨。

阳光洒进机舱，也洒在机组人员的心头。此刻，机舱内，以飞行中队长王金大为首的飞行机组镇定自若地驾驶着飞机，测试人员紧张地进行各种飞行数据的测试工作；机舱外，莽莽群山，千山万壑，白雪皑皑，十分壮观。

❶

群龙飞舞的山群连绵不断，而这些五六千米高的高山却就在飞机的"肚子"下面，仿佛一伸手就可以触摸得着。机舱下，大块大块的厚厚云层布满天空，白茫茫的云雾如同茫茫的大海，高高的群山只露出一个个山顶，如同一座座海中的小岛，而我们的运 10 飞机则像一艘巨轮在大海中航行。此时，眼前突然出现了另一番奇景：远远的两座山之间似乎有一个平静如镜的蓝色湖泊，湖面上空，烟雾缭绕，如同仙境。

一个多小时后，机舱内响起了领航员的声音："同志们请注意，我们已经飞到昌都了，机舱的右下方就是昌都！"人们从机舱往下看去，著名的昌都城竟像山沟沟里的一个小村庄。一条蓝色的带子围绕着它，那就是西藏有名的大江——澜沧江。

飞机继续在群山上空飞行，运 10 飞机飞行得十分平稳。一位飞行测试人员将一杯水放在桌子上，杯中的水竟然纹丝不动。机舱外面的气温是零下 40 度，机舱内部却温暖如春。悠扬的音乐声中，全体试航人员的脸上洋溢着自豪的笑容，因为他们正乘坐在自己亲手设计、制造的大飞机上，飞行在曾被称为"空中禁区"的航路上。多年的心血和汗水，终于换来了"天堑变通途"的欢乐，这是何等的幸福啊！

飞过邛郲山、大雪山、唐古拉山，跨越金沙江、澜沧江、怒江、雅鲁藏布江，一座座高山向后掠去，一条条江河从眼前消逝，前方就是拉萨贡嘎机场……贡嘎机场三面环山，东面靠近雅鲁藏布江，机场的净空条件较低差，当飞机从两座山峰间穿过，飞向机场跑道时，长长的机翼两端好像要碰在山边上似的，好不惊险。上午 10 时 30 分，机组人员凭借精湛的技术，驾驶运 10 飞机平稳着陆，青藏高原上第一次迎来了国产大型喷气客机！

当全体试航人员满怀胜利的喜悦走出机舱走下舷梯时，在机场等候多时的当地驻军和有关人员中爆发出一片欢呼声，他们一个个兴奋地登机参观，纷纷向试航人员表示祝贺。他们激动地说："以前，我们看到的全都是外国人制造的飞机，一直盼望国产

❶ 运 10 飞机驾驶室

飞机能飞来拉萨。今天，我们的愿望终于实现了！"

参加试航的同志心情都很激动，有的与机场人员畅谈，有的忙着拍照，有的在机场周边捡拾圆净、光滑的小卵石留作纪念，有的还把在成都已经写好并贴上了纪念邮票的信件请机场同志从拉萨发出，他们要回到上海后收到这些盖有拉萨印戳标记的信件……这是一个多么令人骄傲的时刻，中国人终于用自己的飞机征服了世界屋脊！

在贡嘎机场停留了 1 小时 37 分后，返航的时刻到了。12 时 07 分，运 10 飞机滑出起飞线，飞行员轻轻拉杆，飞机立即离地，飞向蓝天。在强烈的阳光照射下，运 10 飞机在雅鲁藏布江河谷地区留下了一个美丽的背影。

一个半小时后，运 10 飞机回到成都双流机场。至此，运 10 飞机首航拉萨取得了圆满成功。飞行员对飞机十分满意，称赞运 10 飞机"操纵自如，稳定性好"。机上的实时处理系统对飞行中的有关参数进行了测量和实时处理。试验表明，运 10 飞机完全符合设计要求，完全适合高原飞行。

当天下午 2 时 35 分，运 10 飞机从成都起飞，4 时 23 分回到上海。这一天，运 10 飞机飞行了 4400 公里、5 小时 30 分钟。这一次的航行充分表明，运 10 飞机完全具备对诸如我国西藏这样的高原地区的适航能力，显示了我国民用航空工业发展的巨大潜力。这一天也是我国航空史上具有历史意义的一天。

（王维翰）

① 运 10 飞机降落在贡嘎机场　② 运 10 飞机在飞行中

石化总厂：
为了八亿人民的穿衣

1972 年 6 月 18 日，在上海金山的茫茫滩涂上，上海石油化工总厂（上海中国石化上海石油化工股份有限公司的前身，简称上海石化）成立。建厂四十九年来，上海石化成为中国最大的炼油化工一体化综合性石油化工企业之一，也是中国第一家在香港、纽约、上海三地上市的国际上市公司。上海石化累计实现利税 2200 多亿元，是一期工程投资的 100 多倍，从一座"金山"，崛起了百座"金山"。

创造"金山速度"

1971 年 8、9 月间，毛泽东主席到南方视察。在长沙，他给身边的工作人员放假，让他们到处走走，买点东西，搞些调查。有一位身边工作人员回来后很高兴，毛主席问她是怎么回事，她说，辛辛苦苦排了半天队，终于买到一条"的确良"裤子。毛主席很惊讶。后来，毛主席同周恩来总理谈起此事，问：为什么不能多生产一点？周总理说：我们没有这个技术，还不能生产。毛主席又问：能不能买？周总理说：当然可以。事后，周总理找李先念、余秋里同志，要他们研究办这件事情。

为了迅速发展化学纤维，解决全国 8 亿多人民穿衣难问题，在国家外汇极为紧缺的情形下，1972 年 2 月，由毛主席亲自圈阅，经周总理批准，我国引进了四套化纤、化肥技术设备，其中一套化纤设备，最终选址落户上海金山。

1972 年 6 月 18 日，中共上海市委召开扩大会议决定，建设上海石油化工总厂。6 月 24 日，成立了由方荷生、龚兆源、徐以俊组成的上海石油化工总厂筹建指挥部。

按照"基本不占用农田"的建厂方针，从 1972 年 12 月 25 日至 1973 年 7 月 15 日，5 万民工硬是用肩挑手提等方式，围出 706 公顷建设用地。当时，运输块石的汽车在滩地上行驶陷入淤泥，船运块石也被海浪吞没。在"走投无路""石沉大海"的困境下，指挥部组织赶制 300 只铁皮船，调集 100 台拖拉机，创造了"陆地行舟"法，将 5 万吨块石全部运抵堤岸，及时完成滩地的水通、电通、路通。

1974 年 1 月 1 日，上海石化一期工程打下第一根桩。伴着铿锵有力的打桩声，整个建设工地，仿佛在冰天雪地中沸腾起来。历经三年艰苦奋战，第一座"金山"在杭

①

州湾畔耸立起来。1977年7月，国家拨款21.87亿元的一期工程，打通18套装置全流程，产出合格产品。

一期工程的建成投产，使上海石化形成年加工原油250万吨、年生产乙烯11.5万吨、合成纤维10.2万吨、合成纤维单体10.83万吨、合成树脂6万吨、各种化工产品和油品280万吨的能力，成为我国当时最大的现代化石油化纤生产基地，可每年向全国9亿多人民提供人均1米的化纤织物原料。

但是，由于当时设备和技术的局限性，一期工程对原油的利用率只有26%，加工中产生的常压重油只能作为燃料消耗掉。面对这种被迫无奈的浪费，上海石化指挥者们陷入沉思，他们决心再发展，通过项目建设，提高资源利用率，进一步解决人民穿衣问题。时任上海石化党委书记龚兆源亲自主持编制了二期工程计划任务书，1978年10月15日获国家计委正式批准。但时逢党中央提出"调整、改革、整顿、提高"经济工作方针，加上国家财政困难，二期工程历经波折才获得批复。并且，由传统的国家拨款改为银行贷款，成为国内第一个实行投资包干的大型建设项目。

1980年7月，二期工程开工。为了把失去的时间抢回来，建设者们争分夺秒，经过四年多抢建，1985年2月，总投资23.49亿元的二期工程打通10套生产装置全流程。工程建成投产后，原油利用率提升至43%，年增合成纤维原料20万吨，经济效益

① 1973年4月27日，工程人员进行海滩测量

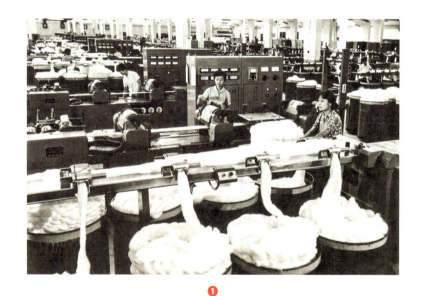

大幅提高，并且，每年向全国 10 多亿人口提供的化纤织物原料增加到人均 3 米，成为名副其实的化纤织物生产的"龙头老大"，终结了"布票"时代。

从 1972 年至 1985 年，建设者们以勤劳和智慧，在短短十三年时间内，就彻底解决了全国人民穿衣难问题，创造了"金山速度"。

❶ 1975 年 9 月 25 日，乙烯装置点火试车 ❷ 1978 年 8 月 5 日，腈纶毛条车间

开创"金山道路"

乙烯工业是石油化工产业的核心，是衡量一个国家化工水平的重要标志。20世纪80年代初，上海石化总厂乙烯产量是11.5万吨，全国乙烯总产量才56万吨，而当时苏联已经达到226.7万吨。对此，国家把发展乙烯的重任交给刚刚成立的中国石化总公司，而中国石化则将此重任托付给了上海石化总厂。历史，在召唤着三期工程。

于是，以30万吨/年乙烯为主体的三期工程跻身进了国家"七五"期间重点项目。但因当时国家财力有限，建设资金总额达50亿元的项目未获一分钱计划投资，只能由上海石化自行向国内外筹集，并自借自还，自担风险。这在我国基本建设历史上还是第一次。

在重大困难面前，上海石化领导坚定决心，时任总厂党委书记周公侠说，要立志为民族工业建设走出一条靠企业自筹建设的新路。

1987年5月10日，在时任总厂厂长王基铭的带领下，三期工程正式开工。1989年2月，在春寒料峭的日子里，工程建设资金也迎来寒冬，账户里最少时只有7800元。2月16日，在总厂召开的基建会议上，王基铭神情凝重地对大家说："再有一年，30万吨乙烯工程就能出效益了，但我们真的没有钱了。在这个节骨眼上，快要下蛋的母鸡没米吃了，我们一定要想办法。"消息很快在石化小城传开。为了给母鸡喂把米，干部职工、教师学生、驻地官兵，以及离退休老同志，踊跃捐款。2月23日，上海石化发出"爱我石化总厂，支援三期工程建设专项储蓄"的号召后，爱心款从四面八方汇聚而来。从2月23日到3月17日，全厂6万职工筹集了1100多万元。

筹集资金的热情，更凝聚起建设的力量。1990年4月，30万吨乙烯装置建成投产。至此，上海石化的原油利用率提高至62%，年利税达20亿元。乙烯产量达到41.5万吨，推动我国乙烯产量超过200万吨，位居当时世界第八位。三期工程的建设，使上海石化在较短时间内完成从生产化纤为主向油化纤塑综合发展的转变，成为当时全国最大的炼油化工一体化、高度综合的石油化工生产基地。

由于三期工程建设全靠银行贷款和企业自筹资金，项目建成后，贷款和发行债券的本息高达60多亿元，因此企业背上沉重的债务负担。同时，企业办社会、冗

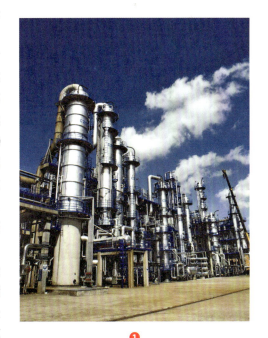

❶ 1993年上海石化总厂30万吨乙烯工程竣工

员多、效率低等体制机制的束缚，成为发展的巨大障碍。

为突破瓶颈，上海石化决心走股份制改制这条道路。他们从实际出发、解放思想、大胆创新的坚定信念赢得了成功。国家体改委牵头并召集国务院 12 个部委召开专题会议，形成具有历史意义的文件《关于将上海石油化工总厂改组为股份制企业试点的批复》。

1993 年 7 月，上海石化先后在美国纽约证交所和中国香港联交所挂牌上市。8 月，又在上海证券交易所挂牌上市，成为中国第一家在上海、香港和纽约三地上市的国际性上市公司。让特大型国有企业进行股份制改制，这在中国经济建设和发展历史上是破天荒的第一次，成为中国国企改革的一个典范。"金山道路"为国有企业改革探索出了一条成功之路。

作出"金山贡献"

发展才是硬道理！上海石化对乙烯产量提出了更高目标。

2000 年 6 月 18 日，总投资约 65 亿元、以 70 万吨乙烯改造工程为龙头的四期工程开工建设。当时，上海石化董事长、总经理陆益平将此工程建设比作"世界杯"，寓意项目意义非凡。历时 22 个月，四期工程于 2002 年 4 月全面建成投产。上海石化由此拥有原油加工 880 万吨，年产乙烯 85 万吨、成品油及化工产品 420 万吨、合纤材料和合成纤维 115 吨、合成树脂 91 万吨的生产能力，为打造特大型石油化工企业夯实了基础。

四期工程即将建成时，上海石化领导班子就已经在酝酿五期工程，并于 2003 年底开工建设，2009 年 11 月全面建成投产。时任上海石化董事长、总经理戎光道认为，总投资为 80.3 亿元的五期工程是重新布局调整公司今后发展方向的关键工程，它的建成，不仅解决了公司原油加工结构不合理、燃料动力结构不合理、产品结构不合理等制约发展的因素，并且，使上海石化原油加工能力突破千万吨大关，达到 1200 万吨。

此时此刻，上海石化发展动力澎湃。距五期工程建成不到一年时间，2010 年 4 月，总投资达 100 亿元，以炼油改造和技术进步项目为主体的六期工程正式启动。2012 年底，六期工程全面建成投产，大幅提升了公司生产高品质成品油的能力，成为国内芳烃和乙烯最大生产能力的企业之一，并跻身 1600 万吨级炼油基地行列。

经过一至六期工程建设，在方圆 9.4 平方公里的热土上，上海石化历经几代人的努力，全面学习和掌握了炼油、化工、化纤、塑料技术，逐步建设成了油化纤塑一体化的国有特大型炼化企业，并累计实现利税 2200 多亿元，是一期工程投资的 100 多倍。近半个世纪来，上海石化人传承着石化魂，创造着新辉煌，从一座"金山"，崛起了百座"金山"。

2021 年 1 月 4 日，随着上海市委书记李强宣布开工令，上海市 64 个重大项目集中开工。总投资达35亿元的上海石化"2.4万吨/年原丝、1.2万吨/年48K大丝束碳纤维"项目打下桩基。项目至2024年全部建成投产后，将填补国内空白，一举改变我国大丝束碳纤维全部依赖进口、长期供不应求的局面，有力推动国产碳纤维产业发展，助力中国制造转型升级。

上海石化，正向建设"国内领先、世界一流"能源化工及新材料公司目标豪迈奋进。

（胡拥军）

亲历者说

吴海君（上海石化党委书记、董事长）：四十九年来，上海石化坚持"在经济领域为党工作"理念，紧紧围绕经济建设中心，致力于改革创新发展，一步一个脚印，凝聚了"金山精神"，创造了"金山速度"，走出了"金山道路"，实现了"金山效益"，作出了"金山贡献"，充分体现了央企的责任与担当。在未来的发展宏图中，上海石化将牢固树立创新、协调、绿色、开放、共享的发展理念，结合上海市建设全球卓越城市的目标愿景和中国石化"上海基地"建设规划，做强炼化，做精化工，走清洁、集约、安全和可持续发展道路，以最先进的环保指标，最严格的质量指标，最高效的用能指标，建设"国内领先，世界一流"能源化工及新材料公司，打造受社会公众和投资者尊重的上市公司。

宝钢：
中国首家现代化钢铁企业

　　1978年，经党中央批准，国家计委向国务院提出，规划今后八年引进68个到69个大型成套技术设备项目，这是新中国历史上第3次大规模引进大型成套技术设备，并在当年签约22项大工程。上海宝山钢铁总厂是其中投资规模最大，也是新中国历年来从国外引进的最大的工业项目。在引进和建设的过程中，有过比较大的曲折和反复，在国际上引起广泛关注，在国内争议更大。中央领导对这个项目倾注的心血和花费的精力也是最多的。

党中央决策，上海抢机运

　　上海是中国重要的钢铁生产基地，成材率高、品种多。但是，由于缺乏生铁，使上海钢铁工业不能充分发挥作用。1976年，上海生产钢376万吨，需要生铁308万吨，其中上海自己只能生产91.7万吨，不及需要量的1/3，其余2/3需从外地调入。但把生铁调进上海，必须占用大量的交通运输能力，高温熔化生铁又要耗费焦炭，经济上很不合理，而且直接影响外地调出企业的经济效益。因此，国家一直在想办法早日解决上海的生铁供应问题。

　　1977年5月25日，主持冶金部工作的副部长唐克去西山拜访邓小平。他告诉邓小平："冶金部打算在沿海搞一个现代化的大钢厂。"邓小平建议唐克："要搞就搞个大的，花点钱，买些现代化的设备回来。"6月，冶金部决定在上海建设2座各2500立方米的高炉，以彻底解决上海的生铁供应问题。

　　1977年9月16日至10月14日，冶金部副部长叶志强率中国金属学会代表团赴日本，考察了日本12家大的钢铁厂，其中主要是新日铁所属的钢铁厂。代表团回国后，10月22日，叶志强进中南海，向邓小平、李先念等中央领导汇报访日见闻和感受。代表团向国务院报送了考察报告，介绍日本发展钢铁工业的经验。报告指出，日本依靠进口矿石、煤炭、石油，引进和消化世界上所有国家的新技术、新设备，实行钢铁工业的设备大型化、生产连续化和操作自动化，劳动生产率比中国高10倍，能耗比中国低1倍左右，产品质量好、成本低，增强了同欧美钢铁工业的竞争能力。报告还指出，1973年石油危机以来，日本钢铁界急于找出路、输出技术、设备的愿望非常强烈。建议利用这个有利时机，引进一些新技术和新设备。国务院领导同志看了代表团的报告及带回来的介绍日本钢铁厂的电影和幻灯片，认为日本的经验值得借鉴。

上海市委认为这是个难得的机遇，应当积极争取放在上海。市领导苏振华、倪志福、彭冲、林乎加、陈锦华都分别找中央领导，希望把成套引进设备放在上海。当时，争取这个项目的有好几个省市。国务院派出工作组进行考察，经过全面权衡，决定把第一套引进项目放在上海。

1977年11月29日，李先念副总理接见日本新日铁会长稻山嘉宽，他对稻山嘉宽说："请新日铁考虑，与中国进行技术合作，建设一个年产500万吨的炼铁厂。"稻山嘉宽作了积极回应。经国务院批准，冶金部邀请新日铁派出技术咨询组来北京，就建厂有关问题进行技术咨询。12月13日，新日铁技术咨询组到中国考察，花了近1个月时间，提出了《关于建设钢铁联合企业的新技术资料》和《现场调查项目的方案》。新日铁常务董事提出，用4000立方米特大高炉的铁水去支援上钢一厂、五厂的炼钢小转炉，犹如大茶壶往小酒盂里倒水，小转炉根本消化不了。如果在高炉旁增加3个300吨的大转炉和配套的轧机，一座世界一流的现代化钢铁企业就可以在中国的土地上诞生。

根据新日铁技术咨询组的建议，1977年12月中旬到1978年1月中旬，国家计委和冶金部派出规划小组和上海市一起研究新建钢铁厂问题。1978年1月6日，中共上海市委常委在锦江饭店小礼堂听取规划小组的汇报，市委第一书记苏振华等当场表态同意规划小组的方案。这个方案主要内容是：建设2座4000立方米的高炉、3台300吨的转炉，年产生铁650万吨、钢671万吨、钢坯604万吨。在此方案的基础上，国家计委、国家经委、国家建委、冶金部和上海市联合向党中央、国务院呈报了建设上海钢铁厂的报告。不久，李先念副总理主持国务院会议，讨论了3个半天，原则上通过报告。

1978年2月9日，邓小平在中央政治局讨论全国人大五届一次会议《政府工作报告》（草稿）时指出："引进先进技术，我们要注重提高，这是一项大的建设。关键是钢铁，钢铁上不去，要搞大工业是不行的。"10月，邓小平访问日本，参观新日铁君津制铁所，他对陪同参观的新日铁会长稻山嘉宽说，你们就照这个工厂的样子帮我们建设一个。

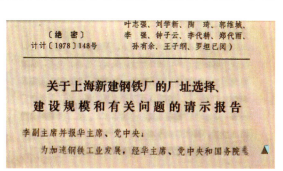

❶ 国家计委、建委、经委、冶金部和上海市委给中央的报告

钢管桩"跑"了吗？国家需要宝钢

1978 年 3 月 30 日，在中央批准宝钢建设项目后，上海市委在工地现场雷锋中学召开全市干部会议，传达中央批示，动员上海各条战线支援宝钢会战。当天晚上，市委常委连夜开会研究征用土地问题，决定"征地一万亩，一次批准，分批使用"。市委动员后，全市各路建设大军迅速开进工地，花了 3 个多月时间开辟工作和生活场地，设立指挥机关等。11 月 6 日、7 日，宝钢先后打下了第一根示范桩和实战操练桩。12 月 23 日，在中共十一届三中全会公报发表的当天，宝钢打下了第一根桩，召开了动员典礼大会。冶金部从全国各地调集设计、施工单位精兵强将参加宝钢建设。总人数最多时达 6.4 万多人。在不到 20 平方公里的远郊农村，集中这么多人，没有道路，没有住房，临时工房建在稻田上，潮湿不堪，屋顶是苇箔加油毡，下大雨就漏水。喝水靠农村原有的水井，因为人多，水井很快干涸了，每天靠市里派洒水车送水。施工队伍的生活条件非常艰苦。

在抢建宝钢的日子里，有人质疑宝钢地质软弱。国家建委专门组织 56 名专家到现场考察，进行了 18 个昼夜的打桩试验，证明把钢桩打到地下 60 米深就能承受起整个钢厂的负荷。1979 年，国民经济的困难开始显现，财政、外汇、重要物资供应等困难日趋严重，社会各界对 1978 年引进的大项目提出质疑，其中最突出、最集中的是宝钢。在这种情况下，5 月 30 日，陈云到上海，对宝钢建设问题作调查研究。他在听取各方面意见后说，宝钢上马是仓促了，考虑有不充分的地方，反复比较不够，工作有欠缺之处。他也指出，宝钢生产的钢材都是国家需要的，因此这个厂非常重要。他还说，他已经派人到工地看了，现场建设进度是快的，质量是好的，听了很高兴。他鼓励上海市委和其他各方面的同志说，宝钢中央已经定下来了，要搞就搞到底，不要再动摇了，现在已经签字了，党内党外国际国内都很注意，只能搞好，不能搞坏。陈云回到北京，3 次召开国务院财经委员会会议，讨论宝钢问题。在 6 月 16 日最后一次会议上，他强调说：宝钢是个特大项目，对全国，对上海都关系重大，事关全局。现在工程建设正在进行当中，施工力量有 5 万人，工程进展是好的，成绩是很大的。现在需要从各方面再多加考虑，以弥补过去的不足。接着，陈云讲了 8 条重要意见。会后，根据陈云和李先念的意见，正式向中央写了报告，中央批准了这个报告。

7 月 16 日，一个令人震惊的消息在工地传开：已经打入地下的钢管桩"长了腿"跑到一边去了。难道是发生位移了吗？如果是地下钢管位移，最严重的后果是宝钢会滑到长江里去。消息传到中南海，李先念批示："领导宝钢建设的同志们，对建设中出现的重大问题要慎重！慎重！再慎重！注意！注意！再注意！"接到批示后，宝钢召集顾问委员会全体成员讨论。当晚，首席顾问、桥梁力学专家李国豪算了一夜，得出结论是位移问题无妨大局。结论呈报李先念等中央领导并得到认可。7 月 21 日上午，邓小平接见上海市委常委时，在谈话中指出："宝钢市委还要管，第一要干，第二要保证

干好"，"宝钢国内外议论多，我们不后悔，问题是要干好。"

当时，由于陈云的意见是在内部传达的，加上一些公开报道不够充分，社会上对宝钢的质疑依然此起彼伏。1980年9月4日，在五届全国人大三次会议上，北京、天津、上海等5个代表团先后4次向冶金部提出质询，共提了60条意见，主要包括：宝钢项目的决策、建设规模和进展情况、厂址选择、环境保护、进口矿石、投资和社会经济效益等问题。冶金部部长唐克、副部长叶志强等认真回答代表们的质询，但是代表们仍然不满意，表示要继续关注宝钢的建设工作。

《人民日报》公开报道了全国人大代表向冶金部领导的质询，引起国内外关注。日本新日铁派出日本朝阳贸易株式会社副社长到上海，要求见时任上海市委副书记的陈锦华。他同陈锦华说，新日铁看到《人民日报》的报道，很关心宝钢的建设，想了解全国人大质询冶金部到底是怎么回事，宝钢会不会下马。陈锦华回答说，在中国最高权力机关全国人大会议上提出宝钢问题，要冶金部回答，这正说明全国人民对宝钢的关心，是好事。宝钢会不会下马，我没听说。宝钢是中日长期贸易签订以后的第一个大项目，中方是守信用的，是要履行合同的，请转告稻山先生放心，我们会继续合作下去，把这件有利于中日两国人民世世代代友好的事业办好。

❶ 1978年12月，宝钢打下第一根桩　❷ 宝钢工地的钢管桩

历史证明，"建设宝钢是正确的"

1980 年 11 月，国务院召开全国省长、市长、自治区主席会议和全国计划会议，讨论经济形势，决定宝钢下马停建。不久，国务院正式通知"一期停缓，二期不谈，两板（热轧、冷轧钢板）退货"。12 月 23 日，国务院领导同志主持中央财经领导小组会议，讨论宝钢问题。会议决定，宝钢要"调整、退够、下好"。会上，谷牧举着陈锦华交给他的宝钢高炉正在吊装的照片说，问题是已经搞到这个程度，下马确实损失太大。上海市委第一书记陈国栋建议是否再论证一下，会议采纳了这个建议。会后，陈锦华在走廊上对万里说，如果下马，从国外进口的设备材料到货照样付款，贷款照样付利息，几万职工照样要开支。如果不停下来，今年只要几千万元，用于购买砖瓦沙石等建筑材料，工程就可以不停。万里听这么一说，表示如果是这样，还可以研究。

陈锦华回到上海后，同宝钢工程建设指挥部的有关副总指挥核实情况，立即给国务院负责同志写信，报告真实情况。当时，宝钢 1 号高炉系统引进 23 个单元工程，已开工 20 个；引进设备 36 万吨，已到 16.8 万吨；进口材料 25 万吨，已到 12 万吨；现场职工有 7 万人。这些已到现场的材料、设备，只需开支人工费用和少量国内建筑材料，就足够继续施工，下马损失太大。因此，陈锦华建议："在国家给宝钢安排下马必不可少的开支金额内增加几千万元，让工程在缓中求活，这对于稳定队伍情绪，对于今后的建设，以至对国内外的影响都是有利的。"1981 年 1 月，国家计委、国家建委、中国社科院的领导和专家来宝钢现场召开论证会。2 月 10 日，国务院召开宝钢问题会议，听取论证会情况汇报。7 月，国务院领导同志到上海，看了宝钢现场，听了汇报，表示宝钢已建到这个程度，还是要搞好。回到北京后，他于 8 月 1 日在国家建委的报告上批示：宝钢一期工程作为续建项目，不要再犹豫了，请计委早日定下来。在此之前，姚依林、谷牧、薄一波 3 位副总理也先后到宝钢，对现场工作给予充分肯定，对宝钢提出的方案表达了不同程度的支持。8 月 7 日，冶金部转发了国家计委、国家建委的文件，通知宝钢一期工程改列续建项目。

1984 年 2 月，邓小平再次视察宝钢。他看了一期工程，听了工程建设指挥部对二期工程设想的汇报，当即表示，宝钢二期肯定要上，而且要提前上，上得快一些，不要耽误时间。邓小平回到北京后，针对有人提出宝钢二期要不要提前上马的问题，他明确表态，宝钢二期原来安排在"七五"期间上马，现在每年需要 1000 万吨钢材，进口 1 吨钢材要 300 美元，宝钢二期早投产 1 年，就可以少进口 300 万吨钢材，因此，从长远考虑，宝钢二期可否想想办法，争取早些上，宁肯借点钱，付点利息，也要争取时间。在邓小平、陈云、李先念的直接关怀下，宝钢二期工程的各个单项工程陆续开工。1985 年 9 月，宝钢按照国家调整后批准的计划，一期工程如期投产。1987 年 7 月 1 日，二期工程的核心工程 2 号高炉动工建设。1991 年 6 月，宝钢二期工程完工。接着三期工程 28 个项目相继开工，到 2000 年底，全部建成投产。宝钢生产能力达

①

到年产 1000 万吨钢，实现了江泽民在党的十四大报告中提出的到 20 世纪末建成千万吨级钢铁企业的宏伟目标。

（廖沙）

相 关 链 接

宝钢建设经历了从抢建到调整、退够，再到恢复建设的曲折过程和重重困难。但是，最终证明了邓小平的那句话："历史将证明，建设宝钢是正确的。"宝钢的建设成功，充分体现了社会主义制度优越性，这是在党和政府的领导下，各方面大协作的成果。宝钢的建成投产，直至 2003 年起进入世界 500 强，还向世界表达了这样一个信息，即中国人民有志气、有能力建设和管好世界一流水平的工厂。

① 1985 年 9 月 15 日，宝钢一号高炉点火仪式

"小白宫":
工艺美术的殿堂

位于上海汾阳路 79 号有座"小白宫",建于 1905 年。这是上海工艺美术研究所和上海工艺美术博物馆所在地。1992 年,上海工艺美术研究所入驻此地;2002 年 10 月,上海工艺美术博物馆在此挂牌。上海工艺美术博物馆展示品及藏品包括:绒绣、刺绣、灯彩、面塑、剪纸、玉雕、黄杨木雕、漆刻、镶嵌、砚刻、竹刻、细刻、工艺绘画等优秀工艺美术作品。其中,面塑、灯彩、剪纸和黄杨木雕是国家级非物质文化遗产保护项目,砚刻、象牙细刻、绒绣、绒线编结是上海市级非物质文化遗产保护项目。

泰斗级"四刻"大师

上海工艺美术研究所拥有不少瑰宝级的工艺美术大师,其中独创一种绝技、傲立工美行业的"四刻"大师闻名于世,即为竹刻大师支慈庵、象牙细刻大师薛佛影、瓷刻大师杨为义、砚刻大师陈端友。

支慈庵(1904—1974)的竹刻最擅长"留青",善用竹子自然的"皮"和"青",以浅刻、浮雕、线刻等多种刀法表现画色的浓淡阴阳,形成独特风格。他一生刻竹一百余件,其中臂搁《荷塘清趣及蚕叶图》、扇骨《汉石金文》、挂屏《并蒂莲》等作品闻名于世,瑰宝级作品臂搁《古琴》《河山壮观》由中国美术馆收藏。著名工艺美术学者王世襄对他作品的评价是:"达到前人此种刻法的最高水平。"

薛佛影(1904—1988)是象牙细刻泰斗。他的微雕作品《岳阳楼记》《洛神赋》《赤壁赋》《前后出师表》《偕老图》《春牧图》名闻沪上。最有名的象牙细刻是正面刻有洛神故事画作、反面刻有曹子建的《洛神赋》、花了二十年刻成的水晶插屏《洛神

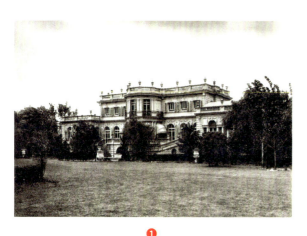

❶

❶ 工艺美术研究所

赋》。1957年，他把《洛神赋》献给国家，时任全国人大常委会委员长朱德致函于他，赞扬他能在玉石上"挥刀自如"，属"前无古人"。

瓷刻大师杨为义（1925—1986）解放初期在上海青年会举办的个人瓷刻作品展览会，奠定了他在瓷刻界的地位。新中国成立后印度尼西亚前总统苏加诺来上海访问时，杨为义受外事部门委托精心刻制一只瓷瓶，作为国礼送给苏加诺，这只瓷瓶上刻有毛泽东和苏加诺会见时的握手像，还刻有苏加诺在北京机场上讲的"共源园愿"四个字及3棵苍松，技法鬼斧神工，让人叫绝。

而陈端友（1891—1959）被世人誉为"一代刻砚宗师"，开创了海派砚刻风格。他的端砚代表作品有《瓜砚》《龟砚》《海

❶

天入浴砚》等。最著名的是历时三十余年呕心沥血之作《九龟荷叶端砚》，此砚刻由九龟与荷塘组成有机整体，构思独特，意境幽深，雕刻技艺高超，无论是荷花的娇柔、莲叶的残破，还是龟背的鳞甲，都富有质感，如亲睹其物。

海派绒绣（线）"五奇女"

上海工艺美术非物质遗产创始人中，有五位在全国有很高知名度的海派绒绣（线）创始人，即现代著名绒绣工艺家高婉玉、刘佩珍、张梅君和现代著名编结工艺家冯秋萍、黄培英。

高婉玉（1913—2004）的绒绣创作不拘泥传统程式，结合绘画技法而独树一帜，研究的自行染线、直接绣制等新技法，开创绒绣行业之先河。她的不少作品成为绒绣艺术的经典：1952年创作的《斯大林像》，在苏联举办的中国工农业建设成就展览；1956年创作的《鲁迅与萧伯纳》送往英国展览，同年绣制的《德莱斯登茨文尔宫》在莱比锡博览会展出；1978年主持设计制作的《敬爱的周总理》绒线作品，在第二次全国工艺美术展览获得好评；1981年主持设计制作的大型绒绣《孙中山和宋庆龄》，送"全国三十四位工艺美术家作品展览"后，由北京宋庆龄纪念馆收藏。

刘佩珍是一位爱党爱国的工艺美术家。1949年上海解放，她就在其丈夫、画家石金虎的指导下，带领家里的四姐妹抢绣了一幅毛泽东画像，赶在中华人民共和国成立

❶ 上海玉雕厂大型玉雕永攀高峰被周总理称为"国宝"

❶

庆典的前三天，以普通上海市民身份献给第一届全国政协会议，在当时被传为佳话。她的绒线作品堪称经典，如1956年创作的《西斯廷圣母》在1967年莱比锡国际博览会展出，是现存为数极少的早期上海绒绣艺术品之一，现由上海工艺美术博物馆所收藏。

张梅君（1924—1986）五十余年学习、创造、教学的绒线生涯，使她成为著名绒绣工艺家。她的作品形象逼真、色彩柔和，早在20世纪50年代就受世人瞩目，如《周总理与尼赫鲁的合影》《伏罗希洛夫像》作为国礼，分别赠送印度和苏联，1961年绣制的《毛主席会见金日成》作为国礼赠送朝鲜。她的不少代表作被国家认可，1982、1983年由她主绣的《一大会址》《南湖纪念船》陈列于人民大会堂，《周恩来总理》《毛主席会见杜尔总统》更是代表作的巅峰。

冯秋萍（1911—2001）10岁爱上绒线编结艺术，20世纪30年代时就有深厚造诣，开办编结学校，出版编结专著，常在电台讲课，当堂面授技艺，授众甚广，影响深远，名媛影星纷纷身着她编结的衣裳亮相于公众场合，使冯秋萍的大名在上海家喻户晓。其代表作《孔雀披肩》，以孔雀羽毛为蓝本，利用多种针法，将绚丽色彩表现得淋漓尽致，将普通日用品提升到艺术境界。

黄培英（1913—1983）童年时爱好绒线编结，青年时代掌握绒线编结技艺，应聘于上海丽华公司、荣华和安乐绒线厂教授绒线编结技法。1928年，她开办培英编结传习所，参加上海市工商部举办的中华国货展览，展品分获特等、一等奖，得金质、银质奖章。以后，又率先在中西、市音等商业电台讲授绒线编结知识。由她独创的桃、李、梅、蔷薇等花型镂空毛衣，成为20世纪30年代女士们的时髦外套。她创作设计的三棱花旗袍、白色大礼服、游龙围巾、野菊花披肩等优秀代表作品，深受中外人士喜爱。

技艺独创的"四大王"

上海工艺美术非物质遗产创始人队伍中，赫赫有名的是"四大王"，即"面人儿大王"赵阔明、"剪纸大王"王子淦、"江南灯王"何克明、"人造花大王"赵松海。

赵阔明（1900—1980）的面塑作品人物形态生动、眉目传神，能赋予不同人物不

❶ 绒绣刘氏五姐妹，右二是绒绣工艺家刘佩珍

同的鲜明性格。经典作品有：《霸王别姬》《关公夜读春秋》《贵妃醉酒》《武松打虎》《八仙过海》《钟馗嫁妹》《五子戏弥陀》等。晚年致力于现代人物和爱国主义元素创作，《鲁迅》《白求恩》《民族大团结》《友谊长城》等佳作相继问世。他设计的作品被誉为"立体的画，无声的戏"，其中《顽皮娃娃》成为面塑技艺表演的经典节目。

王子淦（1920—2000）是海派剪纸开创者之一，享有"神剪"之美誉。13岁时在上海拜街头剪纸艺人武万恒为师，十三年后学得剪纸绝技，在上海街头闹市区、新城隍庙、八仙桥一带摆摊卖艺，手剪数以万计的剪纸及刺绣花样，流散于城乡民间，最终形成独特的"王子淦剪纸艺术"。其剪纸主要有以下几个特点：题材广泛，花鸟虫草、飞禽走兽在剪刀下栩栩如生；造型生动，注重结构形式的完美和概括；技巧娴熟，不打草稿即兴表演，几分钟出成品；兼容柔刚，具有浓厚乡土气息和自然野趣，艺术观赏性强。

何克明（1894—1989）自13岁开始扎灯生涯，流连徜徉于灯市，博采南北灯彩精华，借鉴西洋雕塑艺术，以动物造型为骨架结构，用铅丝缠绕皱纸代替传统竹篾，使灯彩骨骼结构准确、造型生动、姿态传神。他以充满灵性和吉祥象征的动物作为创作题材，包含民间故事内涵，使彩灯表现出醇厚的中华文化底蕴。1956年何克明成为首批进入上海市工艺美术研究所的老艺人，他的立体动物灯彩艺术得到巅峰式发展，还培养了上海彩灯工艺传承人。

赵松海（1916—1977）河北武清人，著名人造花工艺家。他的作品造型优美、制作精良、上色逼真，多次参加地区和全国的展览会。1950年制作的《五针松》《橡皮树》等大型盆景被选入人民大会堂陈列，连续多年专为人民大会堂创作大型盆景陈设。他的专业技艺，在上海人造花行业具有很高地位和影响。

（方阳）

❶

 相 关 链 接

上海工业博物馆共有展示、收藏品500余件，其中100多件展品是上海工艺美术研究所第一代老艺人工艺家于20世纪五六十年代制作的绝世精品，有些瑰宝级的作品至今未被人超越。博物馆成为上海乃至全国少有的既有物质文化遗产展陈、又有非物质文化遗产展示的"双遗产"特色博物馆，由此成为国家三级博物馆、上海市非物质文化遗产保护基地，以及中国传统文化的参观胜地和旅游景点。

❶ "神剪王"，剪纸大师王子淦在日本文化交流期间作技艺表演

腾飞

1978 年 12 月，中国共产党十一届三中全会作出了把全党工作重心转移到社会主义现代化建设上来的战略决策，进入了改革开放新的历史时期。在中国共产党的领导下，上海工人阶级高举改革开放旗帜，解放思想，勇于探索，在全国率先实施一系列具有标志性和影响力的新举措，不断深化国有企业改革，积极引进国外先进技术和装备，大力推进工业结构战略性调整，保持工业生产连续十七年的两位数增长，谱写了世人瞩目的光辉篇章。

自费改革：
自我加压的"军令状"

　　1991 年 9 月，党中央在北京专门召开工作会议，研究如何加快搞活搞好国有大中型企业问题。会上，一个非同寻常的发言令各省市大为震惊，时任上海市市长黄菊代表中共上海市委、市政府向党中央请缨：要求在上海进行搞好国有大中型企业的综合试点，并立下"军令状"：在保证坚持社会主义方向，保证服从国家的宏观调控，保证上交国家财政金额一分不少的前提下，由地方"率先改革、自费改革、自主改革"。

　　这份军令状之所以震惊全国，是因为中央和各省市的与会者很清楚，在国家战略布局中长期处于改革"后卫"的上海，深受异军突起的全国改革先行区、经济特区、乡镇企业的全方位夹击和西方国家经济制裁的双重压力，既没有"率先改革"的宽松环境，也没有"自费改革"的物质条件。但面对种种质疑，黄菊的回答坚定而有力：除了抓住机遇，背水一战，奋力直追，上海别无选择！

解放思想的精神奠基是上海立下"军令状"的底气

　　新中国成立到改革开放的三十年间，上海作为中华人民共和国的"长子"，在占全国国土面积 1/1500 的弹丸之地，为国家贡献了 1/6 的财政收入；而常年以不到全国 1/20 的工业固定资产原值却创造了占全国 1/8 工业产值的国有企业，正是上海经济的"顶梁柱"。1953 年到 1990 年，上海上交国家高达 3884 亿元的利税，绝大部分是国有大中型企业创造的。

　　20 世纪 80 年代后期，上海大中型国有企业由于社会负担沉重，改革滞后、体制僵化，面对市场经济新体制的冲击频现颓势：五年间，全市预算内工业企业实现利润从 80 多亿元降至 30 多亿元，经济效益出现大面积"塌方"。

　　比经济滑坡更令人忧心的是人的精神滑坡。不少企业怨天尤人，抱怨上海"吃草挤奶"，被"鞭打快牛"。此时，上海玻璃器皿一厂技术工人韩耀亭给报社写了一封《别再让"老大哥"心里难过》的信，信中写道，上海一些产业落后了，上海或许不能再自夸"老大哥"了，但上海的工人跑到外省市还是很吃香的，退休工人也有人"重金礼聘"，说明上海工人依然是响当当的"老大哥"。上海为什么会落后？为什么我们不能在自己土地上发挥更多的才智，获得更多的报酬？这两个"为什么"让上海市领导真切感受到，深化国企改革，不正是广大工人群众的所思所想吗！而许多职工群众也在思考：如果企业有自主权，不再"吃大锅饭熬苦日子"，大家心里也不会那么憋屈了吧！

1991年3月14日，即将赴京受命国务院副总理的朱镕基，临行前专门召集全市工业系统一万八千名干部举行誓师大会，他再次提出："上海现在要高唱'起来，不愿上海衰落和萎缩的人们'！"不要再喋喋不休地哀怨"鞭打快牛"，而要做"千里马"到国际国内市场竞争中去比试高低。7月18日，出任上海市长的黄菊再次召开工业系统第二次万人大会，明确提出，"搞好国有企业，制止工业经济滑坡，重振上海工业雄风"，是上海市委、市府新班子的"头号任务"。黄菊指出，上海人应该有新的精神面貌，最犀利的武器是举他人之长，揭自己之短，告别"精明不高明""安于现状，斤斤计较""不敢冒险，自我禁锢"的"小市民"和"小家子气"，坚持"开拓性、坚定性、操作性"的思想方法和工作方法，敢于开拓前人未曾涉足的"盲区"，敢于探索令人望而却步的"难区"，敢于突破不合时宜的政策、办法的"禁区"，闯出一条具有鲜明上海特点的发展路子。

一股解放思想的热流在浦江两岸涌动。黄菊在一次座谈会上欣喜地谈到，上海企业界已经显露出不少清醒的脑袋，他们开始懂得，用嫉妒别人的"天时地利"来原谅自己的"慢半拍"是没有道理的，错过了"太阳"，切莫再错过"月亮"！正是这场解放思想的精神奠基，使上海在当年困难压顶而捉襟见肘之时，在"按下葫芦浮起瓢"的窘境中，有胆量积极探索，攻坚克难闯新路，有底气向党中央立下这份震惊全国的"率先改革、自费改革、自主改革"的军令状！

上海"率先改革"的"率先"之举

"率先"之一，是上海在全国开创性地提出：深化国企改革的"头道工序"，是政府必须率先转变职能，真正把企业经营自主权交还给企业，为企业服务，帮助企业解决困难，使企业真正成为依法"自主经营、自负盈亏、自我发展、自我约束的法人实体和市场竞争的主体"。没有政府"放权"，就没有企业"自主"。

上海政府部门"向自己开刀""革自己的命"的勇气和胆魄，切中了如何深化国企改革的要害，既尖锐又务实，操作性很强，让国家经济领导部门刮目相看，赏赞不已，向全国推介。

上海的工业管理体制集我国三十年计划体制之大成，从市到委办局、各种机构、制度、政策、法规，系统完备，丝丝入扣。政府部门长期以直接管理企业为己任，大权在握，大印在手，像旧式婆婆那样对媳妇管头管脚，"削他足，适我履"，成为深化国企改革的"中梗阻"。一家万人大厂按照参与改革试点的规定，理应获得外贸自主权，但企业的报告一送再送，却如石沉大海，因为经营进出口业务的管理部门有利可

图。1991年这家企业的一笔外贸业务总额达6000万美元，主管部门竟拖半年不与企业结算，使企业为此背的利息就达300万美元。许多企业经营者由于出口经营权、项目审批权、人事任免权掌握在上级部门手里，因而尽管经营管理着上亿元的固定资产，却像"小媳妇"一样"财大气不粗"，处处看政府部门的脸色行事，唯恐得罪了哪位"公公""婆婆"，今后日子难过。这说明，政府的职能不转变，企业永远也"自主"不了。

当然，确实也有一些国企厂长在政府的"襁褓"里"从属依赖"惯了，市场意识薄弱，习惯于"等靠要"，过"人财物、产供销"什么都由政府部门安排好的"太平日子"，一旦要他们扔掉"奶瓶"自己走向市场，便手足无措。

由此，上海市委、市政府明确提出，"企业转换机制"和"政府转变职能"是国企改革的"双翼"，国企改革的"攻坚"更需要这两个方面"同步双向推进"。要敢于闯、大胆闯，先看领导敢不敢；要破旧框框、旧观念，先看领导破不破！各级领导干部要进一步解放思想，为新事物鸣锣开道。要赶紧抛弃各种"奶瓶"，逼迫企业到市场上去摔打，在摔打中激发出企业经营者和职工群众的潜能，摔打出"庸者下能者上"，人人奋勇争先的新天地！上海因此形成了深化国企改革一条重要经验："政府转变职能、企业制度创新、社会综合配套三位一体整体推进。""国企改革深化到哪里，政策措施就配套到哪里。"上海国企改革的一个个难解之题，就是仰赖这种由政府管理部门在服务企业中创造的日臻宽松完善的配套环境而得以"解套"。

"率先"之二，表现在1993年7月上海建立了全国第一家国有资产管理委员会，由市委书记吴邦国任主任、市长黄菊任副主任。市委、市政府率先提出"立足于整体

❶ 1990年6月12日，上海电气集团成立新闻发布会

搞活国有经济"的改革思路，明确企业在竞争中优胜劣汰是市场经济的规律，搞好搞活国有企业并不意味着每一家国有企业都可以搞好搞活，而是要通过改革，建立国有资产有序流动的机制，推进企业的重组联合，在总体上把国有经济做大做强，确保全市国有资产保值增值，确保工业经济效应大幅度提升。

20 世纪 90 年代初期，上海约有千余家大中型国有工业企业，还有两千余家小微国有企业和手工作坊式的国有、集体所有制企业。这些企业分布在纺织、轻工、手工、石化、机电、冶金、电站、仪表、汽车、造船等各行各业，分属 19 个工业局主管。经营状况也大相径庭：有些有品牌，有实力，正大展宏图，不断谱写出新篇章；有些有希望，有奔头，发展前景广阔；但也有一些企业扭亏无望，甚至已是"植物人"。

1994 年起，沿袭数十年的 19 个企业主管局，按照国有资产"国家所有、分级管理、授权经营、分工监督"的原则，改制成 40 个控股公司或大集团公司，塑造了"产权清晰、政企分开"的新的投资主体，承担起国有资产保值增值的责任；原先凝固的国有资产流动起来，在更大范围内进行资产的运作和重组，带动了以投资主体多元化为主要特征的规范化公司制改造。

这一创新思路使国资国企改革全盘皆活。上海大规模推动国有资产存量跨行业地从低回报领域向高回报领域转移；从"小、散、弱"状态向优秀经营者、优势企业、著名品牌集中，建设投资主体多元化的大集团。上海工业系统有序地调整生产力布局，在郊区形成相对集中、各具特色的工业园区；在市区淘汰一批"植物人"企业，"置换"的房产利益则作为国家资本金注入工业园区企业，使企业获得现金流量和增量资金。市国资委支持上海优势企业通过资产运作，把资金、技术人才优势与原料产地的优势结合起来，采用直接投资、参股、控股、收购、兼并等方式，在原材料产地建立基地，或者把市场前景良好但能耗高的产品转移到能源原材料富裕的地区生产，形成"头脑在上海，四肢在全国"的格局。还抓住以新一代支柱产业形成的"产业链"，以名牌产品和名牌企业形成的"产品链"，以及以资产重组形成的"产权链"，运筹生产要素的合理流动和优化重组。传统轻纺、仪电行业中的一些经营困难的老厂小厂，在汽车、通信、石化、电站等支柱行业中找到配套服务的空间，获得了相对稳定并不断扩大的市场，从而绝处逢生，有的甚至成为经济"小巨人"。当时全市附于大众汽车这棵产业大树的企业就有 400 余家。

在 20 世纪 80 年代经济最困难的时期，上海国有工业企业债台高筑，资产负债率平均高达 78%。通过立足于整体搞活国有经济的一系列改革举措，国有工业企业的资产负债率每年以 7% 的速度递减。在徐匡迪出任市长的 1995 年，已降至 50%，资本结构逐步优化，得以轻装上阵。

1991 年，梅林集团出资 235 万元参与组建中美合作的上海申美饮料食品有限公司，因为梅林是"申美"的大股东，实际上梅林以 1 元钱的国有资产调控了 16 元的社会资本，在"申美"以后的滚动发展中，梅林最初投入的 1 元国有资产调控的社会资产上升到 32 元。"申美"的成功，使梅林做起了不断投资、参股、控股的文章，在产权的多次流动中，实现了国有资产的多次增值，并扩大了同可口可乐公司在内的一批国际跨国大公司的合作。梅林集团当时拥有全资公司 9 家、全资子公司 6 家、控股子公司 6 家、参股企业 11 家，以及由各分公司、子公司投资的孙公司 200 余家。公司资产总量从 1990 年的 5 亿元迅速扩大到 1996 年的 42.4 亿元，六年增长 7.5 倍。由于这四个层次的三级控股、参股企业大部分由梅林集团委派人员出任法人代表，实际上母公司对外的长期投资形成的资产总值，已相当于母公司长期投资的 12 倍，被中央媒体誉为"以较少的国有资本，支配和调动社会大资本"的典型案例。

"率先"之三，是上海率先提出"有所为，有所不为"的指导思想，果断决策推进经济结构的战略性调整。中央多个领导部门指出，上海的这一调整，大约比全国多数地区领先了五年，因而取得"先发效应"，使上海在 1994 年一举结束了连续数年地方财政出现赤字的局面，开启了跨越式发展的新征程。

1992 年，中共十四大重新确定了上海发展的战略定位和经济功能，要求尽快把上海建设成为国际经济、金融、贸易中心之一。上海市的决策层启动解放思想的闸门，不失时机地提出了酝酿已久的"有所为，有所不为"的指导思想，以及"优先发展第三产业，调整改革第二产业，稳定提高第一产业"的新的产业战略，把几十年一贯制的"二、三、一"产业发展序列，大胆地调整为"三、二、一"；同时果断决策，在第二产业加快培育汽车等新兴产业，取代纺织等传统产业的支柱地位。

调整的过程注定艰苦卓绝，关键是全市上下，尤其是各级干部，对调整的必要性首先要达成共识。回望历史，大家认识到，四十年间，上海工业产值比建国初期增长了 50 倍，向国家提供的近 5000 亿元的财力中，70% 来自工业。这无疑是上海值得骄

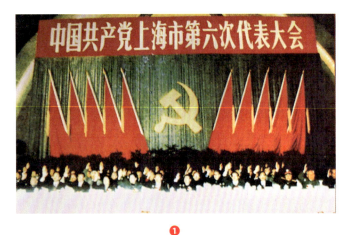

❶

❶ 1992 年 12 月，中共上海市第六次代表大会提出发展六大支柱工业

182

傲的贡献。但是，在我国的经济从封闭走向开放的当下，这条单纯工业化的道路，日益显露出无可回避的局限和负效应——上海在形成工业化体系的同时，也在走向封闭，走向自我循环。大家看到，早先连棉毛衫裤、火柴、牙膏这些最基本的生活物资，全国各地都要依赖上海调拨供应，而今，全国工业呈现星罗棋布的崭新格局，"上海货"一统天下的时代早已过去。从这个意义讲，上海近几年工业产值利税在全国工业所占的份额下降，恰恰为上海提供了调整经济结构的机遇，未尝不是一件"退后一步天地宽"的好事！

1995 年 1 月 6 日，在上海纺织每年还有 6 亿多元上缴利税和出口创汇的年份，即将赴京受命，担任中央政治局委员、中央书记处书记、国务院副总理的吴邦国，语重心长地告诫纺织局领导：上海的传统工业一定要"收缩减肥""金蝉脱壳"，向高端化、集约化发展，全面提升第二产业的整体素质。香港早已把纺纱锭子转移到珠江三角洲地区了。如果上海继续有几十万劳动大军在市中心纺纱、织布，是不可能持久的。现在还不抓紧调整，以后将成为谁也背不动的"大包袱"。终于，以纺织业"壮士断臂"为先导和标志，上海逐步形成调整的合力，建立起让"有所不为"的劣势产业、行业、企业有序退出市场的四个通道：扭亏无望企业退出通道——纺、轻、手、化、机、仪等传统产业中丧失竞争能力的企业被关并、破产、销号；过剩生产能力退出通道——犬牙交错于民宅间的"五小"企业落后设备被强制性淘汰撤退；多余劳动力退出通道——150 万职工逐步实现就业岗位"大转换"，加速发展的第三产业中每年大量新增的市政设施、金融贸易、商务大楼、商业网点、连锁超市、各种物业管理岗位等，都是一块块吸纳转移劳动力的"海绵"；企业坏账退出通道——通过企业债务中坏账和所有者权益中泡沫资产的依法核销、破产兼并、债转股、核销呆坏账准备金等渠道，大

❶

❶ 1998 年 1 月 23 日，上海首批棉纺锭压锭仪式

幅度调整企业的负债结构。

1998 年 1 月 23 日清晨，在上海浦东钢铁（集团）公司，上海敲响了全国纺织业三年销毁落后纱锭 1000 万枚的第一锤。当中国纺织总会会长石万鹏宣布"首批压锭正式开始"一声令下，分别从上海申新九厂、上棉二厂、上棉七厂等 5 家纺织企业拆下的 12 万枚 1979 年以前生产的老型号纱锭，被巨型铁锤砸成碎末，然后投入熔炉付之一炬。负责全国压锭牵头和协调工作的国家经贸委副主任张志刚，在压锭仪式上明确要求，"全国都要学习上海 1993 年以来大面积压缩初级加工能力的经验，以'壮士断腕'的魄力实行淘汰落后设备地方政府负责制，实现'有序压锭平稳退却'"。会后，张志刚表示，1994 年，上海第二织带厂在调整中破产终结，这是上海市第一家破产企业，也是全国轻纺行业第一家依法破产的国有企业。他指出，这种有序的调整，上海比全国至少早走了五年，结果是"早调整早得益"。

在上海经济结构的战略性调整中，"有所不为"固然痛苦，"有所为"同样艰难。时任上海市委书记黄菊和时任市长徐匡迪用开创性的思路，敢于在全国领先一步，充分利用国内、国际两个市场、两种资金、两种资源来促进产业结构优化升级。20 世纪 80 年代，上海就开始积极探索争取世界银行和外国政府提供低息贷款；并且敢担风险，不拘泥于国资绝对控股实施"嫁接型合资"。1985 年上海与联邦德国大众汽车公司各投资 50%，培育上海的轿车工业就是成功案例。1995 年徐匡迪出任上海市市长后，上海进一步全方位、多层次、宽领域地参与国际竞争和合作，直接使得外资额年年攀升。

当汽车、精品钢材、石油化工、微电子、电站设备、生物医药等新一代支柱产业、高科技新兴产业和金融、商贸等现代服务业迅速崛起，支撑起上海经济连续十余年实

❶

❶ 解放日报报道《十个第一和五个倒数第一说明了什么》

现两位数增长，这些新产业在发展过程中的许多镜头，至今回忆起来仍然感人肺腑。20世纪90年代，宝钢和上钢的联合重组，连续两次都没有成功，吴邦国书记和黄菊市长毫不气馁，亲自出面再次做工作，百折不挠地推进联合，终使双方第三次牵手，成功形成了当年销售额超1800亿元的世界级精品钢材生产基地。担任市领导十几年，直至出任中共中央政治局委员，黄菊始终没有卸下上海汽车工业领导小组组长的职务，带领轿车业逐步融入世界新技术潮流，培育出年销售额超1300亿元的上海第一支柱产业。为了加快发展超临界、超超临界电站设备，高性能燃气轮机装备、轨道交通设备，船用曲轴等重量级高技术拳头产品，副市长蒋以任不下数十次去北京同方方面面沟通，多次站在一些司局长甚至处长的办公桌前等候，甚至为提高打印和向领导递送文件的速度，让陪同人员请打字员和办文人员吃饭。上海电站行业当年的订单超过3000万千瓦，每年销售的装机容量超1400万千瓦，产品在国际上也赢得了声誉。回望过去，在艰巨的调整年代，市领导那种超前谋划的眼光和排除万难的坚毅，令人刻骨铭心。

亲历者说

吴复民（曾任新华社上海分社经济部主任，九届、十届上海市政协经济委员会副主任，享受国务院特殊津贴）：1980年10月31日，解放日报曾在头版显著位置刊登过一篇令人触目惊心的文章《十个第一和五个倒数第一说明了什么？》。文章列举了上海经济的"十个全国第一"，反映的是上海工业及上海经济对全国全方位的贡献；"五个倒数第一"，反映了上海城市基础设施欠账严重，老百姓住房、乘车、通讯方面的难堪境地。在这样的时代背景下，1991年，上海向党中央立下这份"军令状"，是不甘沉沦的上海人一次破釜沉舟的"出发"。"军令状"开创性地提出一个个率先改革，披荆斩棘地落实一项项自主改革，砥砺了上海人不畏困难、敢为人先的血性风骨，汇聚成万众一心的力量，使上海的经济建设再展宏图，城市面貌焕然一新，堪称"奇迹"。

（吴复民）

再就业服务中心搭起"爱心桥"

　　20世纪90年代，在上海大规模的产业结构和城市布局大调整，以及国有企业经营机制大转换中，全市累计有109万名产业工人下岗待业。上海市主要领导亲自挂帅，深入调研，大胆探索，勇于创新，汇聚全市力量实施"再就业工程"，创造性建设了"再就业服务中心"这个创新机构和运行模式。人们把它形象地比喻作一座"桥"，"桥"的一头连着企业，另一头连着市场。这座连接着企业和市场的"桥"被民众称为"爱心桥"！

上海市领导心头最大的牵挂

　　在下岗职工中，约有三四十万40岁以上的女性和50岁以上的男性这些"4050人员"是在社会上找工作最困难、又最不愿意与国有企业"断奶"的人群，又都是上有老下有小的家庭"顶梁柱"。如何安排好下岗职工再就业，关系着人民群众的根本利益，也是全市深化调整、改革、发展必须破解的最大难题。1994年下半年，时任上海市市长的黄菊率团去德国考察，有一个叫"托管局"的机构引起了他的注意。这是东德西德合并后出现的临时机构，主要托管原东德的失业工人，既提供基本生活保障，又进行就业培训，最后帮助他们就业。1995年伊始，已升任市委书记的黄菊对国有企业改革难题进行调查时提出，德国"托管局"的思路可以学习借鉴，但上海与德国的情况有很大不同，上海的社会保障体系不完善，社会就业机制很不健全，加上冗员数量大、技能单一，对市场就业的心理承受力差，单靠政府"托管"是背不动的，必须"多管齐下"，形成社会合力，为下岗职工离开企业到社会再就业建立"安全通道"。

　　黄菊书记率领全市各相关部门负责人经过一年多时间的专题调研，一个精心设计的创新机制和开创性的运行模式逐步清晰：由政府支持、社会资助、集团公司出面，构建一个化解两难矛盾的社会中介组织"再就业服务中心"。它负责接收管理本集团公司下属国有企业的冗员，使他们不再滞留在企业，让企业从进退两难的境地中解脱出来，轻装上阵，加速转换经营机制；同时，又让企业冗员在"中心"得以缓冲，从而使"再就业工程"又成为推进改革、发展的"保障工程"。对于这个创新的机构，有人把它比作"轮渡"，让不肯轻易与企业"断奶"的企业职工安稳地"摆渡"到劳动力市场；更多的人把它比作一座"爱心桥"——这头连着企业，那头连着社会，职工从这头走向那头，完成自我重塑和改造提升，实现再就业。

　　1996 年 7 月 12 日，上海市政府下发通知，决定率先在昔日风光无限而今沉疴在身、下岗职工相对集中的纺织和仪电两个传统产业，试点构建"再就业服务中心"。7 月 26 日，全国首创的"再就业服务中心"在纺织、仪电两个局挂牌成立。上海市委书记黄菊、市长徐匡迪同 20 多个政府职能部门协调，形成了政府、企业集团、社会各出资 1/3 的稳妥办法，使进入"中心"的分流职工不仅能接受技能培训，还能按时足额领到基本生活费，而且医疗、养老保险和转岗培训经费也基本得到保障。纺织、仪电两个"中心"一开张，就开设了计算机操作、办公自动化、会计、家电维修、厨艺、物业管理等培训班，帮助下岗职工增强再就业技能。有两三百位技术工人经过培训考核，仅一个多月就拿到了新技能等级证书离开"中心"，找到理想的再就业岗位。这一创新模式在全市滚动式推广，至 1998 年 8 月底，全市建立 198 个再就业服务中心（分中心），至 1999 年底，全市再就业服务中心共托管下岗职工 150 万人次，分流安置率达 80% 左右。

　　"再就业服务中心"是促进结构调整、机制转换、社会稳定的"减震器"和"助推器"。1995 年，仪电行业因为下岗人员无法安置，资不抵债的企业没有一家实施破产；纺织行业有 12 家企业进入破产程序也难以终结。"中心"启动后仅半年间，仪电

❶ 上海仪电再就业服务中心挂牌成立　❷ 上海仪电再就业服务中心

行业企业破产实现应破尽破，降低了资产负债率，集团整合优势资源，全力培育集成电路与计算机产业，逐步发展成上海新兴产业中的支柱产业。纺织行业 15 家企业破产终结，压缩 30% 的初级加工能力，净减员 22 万人，在产业升级的道路上逐步迈开步伐，开始转型发展为汽车、军工、医疗、城建、消防配套的纺织新材料产业和都市时尚产业。

一把手破解世界级的社会难题

1996 年 8 月 30 日，新华社以"新华社评论员文章"的高规格发表了《领导干部要敢于破解难题》的文章，被全国一百余家主流媒体采用的这篇文章高度赞扬了上海市第一把手亲自破解"天字第一号难题"的优良作风、创新精神和爱民情怀。

"新华社评论员文章"指出："上海'再就业服务中心'的诞生，再次启示人们，对于影响全局、关系国家和人民根本利益的突出问题，领导干部特别是党政一把手必须亲自进行调查研究，提出解决问题的思路、对策，而不能满足于一般号召。""这种从群众中来到群众中去、从实践中来到实践中去的工作办法，是老一辈无产阶级革命家历来所倡导的，在改革开放新时期很值得发扬光大。"

这篇文章在上海广受好评，因为它道出了千余万申城市民的心声。面对相当于国际上一个中等城市人口规模的百余万职工下岗谋求再就业的这一世界级难题，上海市委和市委主要负责人黄菊深入调查研究，集中群众智慧，胸有良谋，手有良策，精心设计出世界上独一无二的"再就业服务中心"这个"两全其美"的创新机制；并且脚

❶

❶《新民晚报》报道再就业工程

踏实地、亲自动手，细致地协调了条（控股集团公司）和块（各区、县）的关系，各区和各委办的关系，要求大家从促进全市结构调整、机制转换和维护社会稳定两个大局出发，各尽所能，出台一系列政策规定，促进"再就业服务中心"有效运转。许多下岗职工经过"中心"的缓冲、培训在市场谋得新职后心怀感恩，带领全家到"中心"门前拍"全家福"留念。他们由衷地表示，有这样的好领导、好政策，是上海之"幸"，是上海人之"福"！

上海创建"再就业服务中心"的经验，受到党中央、国务院领导的高度重视，认为上海这一创举是对全国深化国企改革的重要贡献。劳动部和联合国国际劳工组织把"再就业服务中心"誉为"国企改革的经典之作"，在全国大规模推广，在相关国际会议上进行介绍受到赞誉。

在各种赞誉面前，黄菊始终不骄不躁，深入一线，扎实调研，不断发现新问题，提出新思路，化解新矛盾，开创新局面。黄菊发现，在数十万名下岗职工通过"爱心桥"走向市场再就业后，许多"再就业服务中心"，尤其是众多"分中心"，出现了"出口"不畅、"流转"缓慢的新问题。如果这种情况持续下去，整个"再就业工程"对于上海改革、发展的保障作用将大打折扣。

黄菊首先从自己、从领导层面找原因，认为关键是大家的思想还不够解放，限制了全方位扩大再就业岗位的思路。黄菊带队深入到基层社区调研座谈，先后到了上海电子管三厂开设在社区的伊人编结社、杨浦区家政服务队等单位，在社区服务、环境服务、家庭服务、社区管理等领域发现了巨大的潜在的劳动力需求，认为可以把下岗职工再就业与加强社区建设、提高居民生活质量结合起来。有人疑惑，这是不是有点"小儿科"？黄菊却笑称："小儿科是医院的重要科室。"黄这种社会化服务定义为"非正规就业"，在全国首创性地提出"非正规就业"这个概念，意义非同寻常，它把多层次、多渠道、多方位各种灵活就业的形式都涵盖进去，大大拓展了下岗职工再就业的思路和门路。

黄菊还具有前瞻性地提出，大批下岗职工就业难的突出矛盾，具有"阶段性"的特征，因此完全可以制定实施一些"阶段性"的优惠政策，来化解这一矛盾。黄菊责成市劳动保障部门协调各方力量，制订两方面导向性明确的"阶段性"优惠政策。首先是鼓励"4050人员"自主择业的优惠政策。凡有自主择业意愿的，平台负责提供创业培训、政策咨询、开业指导、税费减免、小额担保贷款等"一条龙"服务。"4050人员"创办企业的，符合相关条件可按政策规定三年内免除所有地方税费；在自己出资50%的情况下，劳动和社会保障局还可以用促进再就业基金作担保，向银行贷取最高不超过20万元的贷款。其次是鼓励各类企业吸纳"4050人员"就业的优惠政策。对合法用人单位招用"4050人员"，签订一年以上期限劳动合同并缴纳社会保险费的，在相应期限内给予社会保险补贴，一年期满后企业还能拿到每人1000元的政府一次性补贴。凡政府投资开发的公益性岗位，要优先安置符合岗位要求的"4050人员"，签订就业援助协议，在协议期限内给予社会保险补贴和适当的岗位补贴。

就这样，"4050人员"单独或合伙创办小微企业的积极性空前高涨。项目涉足门槛低、投资少、风险小的小型餐饮、小服饰制作、配菜服务、早餐供应、干洗、彩扩、家政、书报亭、社区服务、图文设计、物流配送、安装维修等众多领域。"4050工程"项目实施三年多来，全市累计约有12万名"4050人员"实现"体面就业"。"4050工程"营造了具有上海特点的创业环境，还为日后形成上海"海纳百创"公共创业服务平台提供了有益探索和重要支撑。这一做法被联合国劳工组织称为"非正规就业与消除城市贫困"的"上海模式"，与"再就业服务中心"一起向外推广。

牵动 1300 万上海人心的"爱心工程"

1995年1月，"空嫂"一词横空出世。上海航空公司招聘组连续4天对全市1698名下岗纺织女工进行面试，最后录用18人为"空中乘务员"，经过培训飞上蓝天。紧接着，巴士公交、寻呼台、地铁、超市相继到纺织系统招工，"巴嫂""呼嫂""地嫂""商嫂"应运而生。城区延伸后商业网点的扩大，大批竣工住宅和高楼大厦的物业管理，城镇个体、私营、民营企业的异军突起，各种家庭手工业和非正规就业的日渐升温，方兴未艾的商业、旅游、金融、通讯、服务业等，都逐步向下岗职工敞开就业之门，浦江两岸处处涌动着广开再就业渠道的热浪，下岗职工从二产向三产转移显示出极大的空间。

每天打开电视、拧响广播，一条条招工、觅职信息随着特设的"再就业热线"传进上海市民的耳鼓，映入眼帘。每天阅读报纸书刊，一件件成功再就业的动人事例激

❶ 上海航空公司从纺织系统招聘的 18 位空中女乘务员

励着上海下岗职工自强自立。在层出不穷的各类培训场所，有 200 多万人次的下岗职工得以"充电"。单单为女职工开设的周末学校就有 132 所；724 个专业技能班遍布全市各个角落。在市和各区县的劳动力市场，天天人头攒动。巨大的电子显示屏上，滚动播放着各行各业的招工信息；开放式的职业咨询、登记柜台边，频繁传递着就职指南和匹配意向；全市联网的触摸式电脑前，技能、年龄、期望工资等个人资料随着跳跃的手指源源不断地输入。

2000 年 2 月，上海最后一批成建制下岗职工从国企分流完毕，"再就业服务中心"随之结束了作为"爱心桥"的历史使命。它们与业已培育成熟的劳动力市场相配套，转换成职业介绍和技能培训中心，开始履行新的社会服务职能。

（吴复民）

亲历者说

姜光裕（曾任上海市纺织工业局局长、上海纺织控股集团总裁、市政府副秘书长兼市政府协作办公室主任）：回顾这段百余万职工大转岗的历史，我深深感到广大职工以牺牲自己的利益，为上海国有企业改革作出了巨大贡献，这对上海历史的推动作用是难以估量的。社会主义市场经济的深入发展和经济结构的不断优化，由此带来的职业变更将会长期存在。如今，上海的再就业教育培训已经延伸到在职职工，"双文凭""多学历""精一门、会两门、懂三门"的"自我优化"，正在成为广大上海市民自我发展的共同意识。而这正是提高整整一代劳动者的素质、推动社会进步的源泉。

二纺机厂：
率先试点全员承包责任制

　　2018 年 10 月，为了再现改革开放四十年间上海各时期、各行业深化改革、扩大开放的生动画卷，上海市经过三轮评选，发布了 40 个具有时代特征、上海特色的标志性首创案例，其中第六例就是《二纺机开展全国第一例"全员承包责任制"试点》。该厂在改革中综合经济效益大幅度提升，一举成为全国纺机行业首家一级企业；在 20 世纪 90 年代初，被上海市命名为"国营企业深化改革排头兵"，并与北京首钢、吉林化工并列为国企改革"全国三面红旗"。

山穷水尽疑无路

　　上海第二纺织机械厂是一家有 4000 多万元固定资产、4200 多名职工的大型骨干企业，主要产品有细纱机、化纤纺丝机和染色机。20 世纪 80 年代，国内外市场棉纱紧缺，纺织能力亟待扩大；国际纺机制造业处于萎缩状态，纺织机械十分紧俏。国内外市场对细纱机等纺织机械产品的强烈渴求，给二纺机带来了良好的发展前景。然而，受制于体制机制，二纺机经营面临严重困难：市场急需的细纱机、纺丝机属于纺织工业部的指令性计划，企业缺乏经营自主权，不能自行生产；而与市场需求脱节的其他指令性生产任务十分繁重，却与企业效益无关，干好干坏一个样，职工积极性严重受挫。

　　二纺机改革的领军人物、厂长黄关从痛感由于企业缺乏自主经营权而错失良机、出现危机的现状，他组织厂领导班子认真学习国务院关于企业改革所有权同经营权"两权分离"的文件，认真分析国内外经济形势和企业困难，决心抓住中央提出进一步增强大中型企业活力和国内外市场急需纺机产品的宝贵机遇，自行设计出一套"深化企业内部改革、转变企业经营机制"的改革方案，设想以"全员承包"的形式，让全厂员工结成"命运共同体"，共担风险、共享利益，发挥出极大的积极性、创造性，挖潜增产市场适销对路的纺机产品，进一步提高企业经济效益，为国家多创外汇，多作贡献。

　　那时，全员承包责任制改革在全国没有先例。但厂领导班子觉得，只要有利于企业的长远持续发展，只要在确保国家利益的同时，兼顾企业与职工利益，改革就应该大胆试，大胆闯。同时，他们怀有一个理想抱负，决心把厂建成不仅国内领先，而且有资格同国际同行业前两名比肩的先进企业。因此，在企业制订的改革方案中，主动提出以企业历史最好水平作为承包基数，并把"全员性"和"全面性"作为承包制改革的特征，不仅承包完成各项经济指标，还承包产品开发、技术改造、工艺创新、企业管理等；不仅承包物质文明建设，还承包精神文明建设。这项完全由企业自己酝酿、自主设计制订、没有任何先例可循的《实行全员承包责任制》改革方案，经过全厂职工几上几下讨论修改，系统完整、目标明确、操作性强，并在职工代表大会上正式通过。

1986 年底，黄关从将这项方案呈送到企业主管部门和上海市各相关领导部门，请求给予支持。他每到一处都再三解释，他们的改革目标是为了转换经管机制，让企业从政府机关附属物的地位解脱出来，真正成为自主经营的独立法人，能放开手脚实现自我设计、自我规划、自主发展，为国家多作贡献。市各部门的领导对企业"敢为天下先"的首创精神深感钦佩，很欣赏企业的改革初衷和大局观。然而，对于批准企业实施这项改革方案，却一致感到无能为力。原因主要是这类大型国企的管辖权不全在上海，给企业下达指令性计划的是纺织工业部。而且，此项改革涉及全员承包、税收、出口创汇结汇、大额技改贷款等事项，都需要得到中央有关部门的授权和核准。

柳暗花明又一村

难道这项凝聚着二纺机人心血的改革方案会就此夭折吗？不惧困难、多谋善断的黄关从没有气馁。他经人介绍找到新华社上海分社，期待通过新华社的内参调研直通党中央主要领导这个特殊渠道，直接向中央领导汇报基层企业深化改革的决心。

新华社记者从黄关从手中接下这个沉甸甸的托付后，仔细研究了这项改革方案，又深入二纺机逐项对照调查，还到上海市相关部门广泛听取意见，觉得必须找到这项没有先例的改革方案足以打动中央高层领导的兴奋点，并精准地回答中央领导对实施这项改革方案可能产生的一个个疑虑点。

1 《文汇报》刊登二纺机厂改革的报道

1987 年初，新华社记者写出一份内部调研报告，新华总社刊发后并没有引起领导重视。此后，被黄关从锲而不舍的精神感动，记者再接再厉，反复琢磨，换个角度又写出第二份调研报告《上海二纺机要求试行"全民所有制企业集体经营承包"》。终于，1987 年 1 月 29 日，时任国务院总理在调研报告上批示："安子文同志：请研究，这类企业是可以试行的，请与上海市商定。"中央领导一锤定音，二纺机的自主改革柳暗花明！

根据国务院总理的指示，上海市领导部门积极主动与中央和地方各相关部门多次进行磋商、协调。1987 年 7 月 15 日，市纺织局、市财政局与二纺机厂签订了全员承包经营责任制的合同，承包期为四年，实行"三保一挂"，即：保上缴利润、保技术改造、保资产增值，实行工资总额与经济效益挂钩。在同主管部门正式签订全员承包经营责任制合同后，二纺机厂部立即同五个分厂、主要科室签订了 1987 年承包合同，很快把承包标的逐项分解落实下去。厂部还帮助指导各分厂、科室把承包目标分解到班组，落实到机台、个人。分解落实承包标的方法灵活多样：譬如，对涉及全厂质量创优、提前完成全年任务等重大目标，采取层层分解，职责考核奖的"大目标承包"；对要求高、工期短、难度大的设计、施工任务采取"项目承包"，承包者的组合，可以跨班组、跨部门；对生产短线产品则采取"超额计奖承包"，尽量鼓励多超产。

同时，二纺机还在厂长全面负责、党委保证监督、职工民主管理的前提下，深化企业人事劳动制度改革，实行逐级聘任制，引进有效提高劳动生产率的"满负荷工作法"；深化分配制度改革，实行厂内等级工资、职务工资、技能岗位工资、计件工资等，按照责任大小、技能高低和工作实绩，拉开分配差距，打破分配上的平均主义、

❶

❶ 二纺机厂召开全员经营承包仪式暨誓师大会

职务终身制和雇佣思想，增强了全员职工人人力争上游的主人翁意识和竞争观念。

改革结出了丰收之果，同实行全员承包责任制改革前的 1986 年相比，1990 年，二纺机实现利润 4303 万元，增长 1 倍，上缴利润 2992 万元，增长 1.3 倍；出口总值 1697 万美元，增长 69 倍；职工收入扣除物价因素全员平均工资增长 6.2%，一批技能高超、业绩突出的员工收入大幅增长，成为全体员工的学习榜样和追赶目标。

源头盈盈活水长

1991 年春夏，二纺机被上海市作为深化企业改革的头号典型推出，进行了广泛宣传，在社会上引起巨大反响。人们在为二纺机改革发展成果发出惊叹时，都在探究二纺机全员劳动生产率和人均实现利税额分别高出全国纺机行业一级企业标准两三倍的奥秘所在。一段时期内，上海的外资企业纷纷到这家全民所有制企业参观取经。

1990 年 3 月，上海大众汽车有限公司德方总经理来二纺机访问，踏进铸工车间，只见白色水泥地面上，竟不沾一点黑砂和尘土，顿时一愣；再环顾四周，墙壁洁白，窗明几净，设备整齐，职工一律穿鲜艳的蓝色工作服全神贯注操作，全无通常铸工车间黑天黑地的景象。他禁不住吃惊地问一旁陪同的二纺机厂长黄关从："这是特意为我准备的吗？"黄厂长答："不。天天如此。"

1991 年年初，来二纺机参观的香港新鸿基集团老板在表示钦佩之余，恳请厂长黄关从接受新鸿基在大陆兴办的合资企业员工来二纺机学习。

大家不约而同地注意到了二纺机在提高队伍素质、强化内部管理上所下的功力。

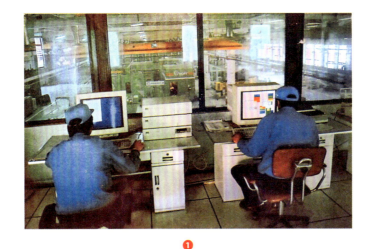

❶

❶ 二纺机厂程控车间

国务院副总理朱镕基到二纺机现场考察后评价说，二纺机严字当头、强化管理的经验，"是大庆'三老四严''四个一样'精神的进一步体现"。

1988年，二纺机执行"十不准"厂规时，第一桩处罚事件竟是一名合同工在更衣室里随地小便，起点就是如此之低。但是，厂部硬是把一件件"小事"当作"大事"抓，屡屡使出"令行禁止"的"铁腕"，下定决心整顿纪律，那名合同工被重罚200元。一名女职工在车间里织毛衣，被罚的款足以买一件新毛衣，任何人说情都不行。正是因为"六亲不认"抓管理，事事从严，处处认真，动了真格，职工的坏习惯逐步改过，好习惯渐渐培养了起来。

"厂区内不准抽烟"，这是二纺机的厂规之一。许多人曾在角角落落左寻右看，25万平方米厂区内确实不见烟蒂。"瘾君子"们只能在指定的吸烟室内吸烟。

另一条规定是"不准在厂区内停放自行车"。为保持厂容整洁，职工的自行车全部整整齐齐停放在厂区外的车棚内。职工去食堂吃饭、上浴室洗澡，一律步行。唯有两辆自行车经过特批准予进厂，那是为照顾腿疾患者的。黄关从充满自信地说："如果发现除这两辆自行车外的第三辆，尽管推走。"

小小更衣箱，是二纺机职工纪律素养的一个缩影。时值初冬时分的铸工更衣箱里，洗得干干净净的冬季工作服叠得整整齐齐放置上格；每天替换的衣服则在下格用衣架挂起。当问及每天上岗下岗必定使用的更衣箱何以如此井井有条，职工们自豪地回答："从踏进厂门开始，我们的一举一动都是按规范化要求进行的。"

对于如此严格的执法检查和重罚，部分职工开始时也有对立情绪，甚至轮流"望风"。但久而久之，广大职工从爱护企业形象出发，看到有违纪违章行为，主动上前劝告，或打电话报告执法人员下去纠正。全员职工积极投入厂工会组织的"多为厂长出主意，多为改革出把力，多为企业创效益"活动。

二纺机的职工队伍之所以具有较高的素质，内部管理达到一流水平，是因为党政工领导有一个坚定的共识：纪律松懈，管理不严，这决不是社会主义国营企业的通病，恰恰相反，社会化大生产所要求的严明的纪律，应该是社会主义企业的特征。他们的口号是："效率决定兴衰，素质决定成败。"

中共中央政治局常委宋平当年在上海考察期间曾邀集一批厂长经理座谈，黄关从厂长满怀信心说："国营大中型企业一定能够办得很好，同'三资'企业一样。"宋平高兴地说："我就是要听你这句话！"

"主动地不停顿地、锲而不舍地在深化改革中求发展"，是黄关从的座右铭。这位二纺机改革的核心人物勇于突破，敢于担责。为了带领企业跻身世界先进企业之林，他狠抓科技兴厂，可谓是不惜"血本"。企业每年提取的技术开发资金占销售收入的2%；用于技术改造的固定资产折旧资金比行业内同类企业多50%，把税后净利的65%用于生产发展基金，比面上企业多15%至20%；还每年借贷一二千万元用于企业长远发展……改革试点这几年，二纺机用于科技开发的总投资接近1亿元。企业固定资产

1990年比1984年增加2.38倍。企业的生产装备水平一下子推进二十年，关键设备达到20世纪80年代中期水平，其中具有20世纪80年代国际先进水平的设备原值占32%。

二纺机不断加快新产品开发步伐，即便是生产了四十年的细纱机，也做到"设计一代、鉴定一代、试制一代、批量生产一代"四代同堂，一代比一代档次更高、性能更先进，不仅保持了稳定发展的势头，并提高了在国内外市场上的竞争能力。他们还不断开发高附加值产品。通常细纱机有800种零件，净重60吨，售价7.5万元，而二纺机1989年开发的高速纺丝机上一只卷绕头部件，净重270公斤，售价就达14万元。每年的新产品产值都占全厂总产值的60%以上，做到源头常有活水来！

（吴复民）

亲历者说

吴复民（曾任新华社上海分社经济部主任，九届、十届上海市政协经济委员会副主任，享受国务院特殊津贴）：20世纪八九十年代，我有幸亲历了上海国有企业的改革，结识了大批企业经营者和职工群众，真切感受了他们的改革热情和发展愿望。新华社的内参调研，是新华社的一块"金牌"，它及时、准确地反映基层干部群众的所思所想。当时，上海国有企业的许多改革新思路、新方案，通过新华社内参渠道，"专摺奏事，上达天听"，得到中央领导的重视和支持，得以顺利实施，在全国成为一个个"率先"和"首创"，许多做法成为国企改革调整的经典之笔，为全国国企改革和发展起到了推动作用。

"斯米克"引发"仿羊皮"改革试点

1991 年 6 月起,上海媒体开展了关于"斯米克现象"的大讨论。受"斯米克现象"的启发,上海市决定让部分国有企业参照"三资企业"管理模式,放开试点经营,被俗称为"仿羊(洋)皮"改革试点。进行这项改革试点的有 18 家关系国计民生的大型国有企业,结果取得令人欢欣鼓舞的业绩。

"斯米克现象"引发的思考

"斯米克现象"是指上海市有一家合资企业斯米克拉丝膜有限公司,其前身是全民所有制的上海拉丝膜厂。这家叫"斯米克"的合资企业于 1990 年 6 月 1 日开业。1991 年 1 至 7 月与 1990 年同期相比,企业总产值增长 54%,销售收入增长 62%,实现利润增长 32%,人均劳动生产率提高 77%,出口创汇增长 1.7 倍。令人奇怪的是,这家企业外方合资的第一期为 80 万美元的直接投资,尚未在生产中发挥效应。工厂还是原来的工厂,设备还是原来的设备,人还是原来的人,但经营、生产、效益却由于体制的变化而产生了令人惊异的发展。这是为什么呢?"斯米克现象"揭示的道理既深刻又明了:企业一经换牌——从"全民"到"三资",国家对企业立即更换"软件"——管理体制、经济政策、财务制度等,企业一步到位成为自主经营的独立的经济法人,在一种全新的运行机制下得以充分发挥潜能。

"斯米克现象"引起上海市委、市政府高度关注。在人们不遗余力为一批企业改革寻求突破口的关键时刻,"斯米克现象"将人们对于转换机制的种种思考凝聚成一个大胆思路:在全民所有制的大型企业实行比照"三资"企业政策转换经营机制的试点,并把它作为这一阶段上海国企改革"重中之重"的大动作。1991 年秋,时任市长黄菊在全国政协主席李瑞环主持的上海国营大中型企业座谈会上说:"'斯米克现象'之所以产生轰动效应,主要有几方面因素:政策因素、管理因素和心理因素……其中'心理因素'很值得研究。社会上有一种思维定势,总认为三资企业的经管机制优于全民企业,因此,上海在全民企业进行的'仿羊皮'改革很得党心、民心,很受企业、职工欢迎。"李瑞环充分肯定上海从实际出发深化国企改革的首创精神,勉励上海在国企改革中胆子可以更大一些,办法可以更多一些,步伐可以更快一些,为全国树立榜样,提供经验。

变"竭泽而渔"为"放水养鱼"

经市政府批准，进行"仿羊皮"改革试点的18家国有企业，包括生产电站设备"四大金刚"之列的上海汽轮机、上海电机厂；生产工业装备、号称提供"工作母机"的上海机床厂、上海柴油机厂；生产稀缺原材料的上钢三厂；等等。这批具有战略地位的"国家队"主力军企业，实际上是上海工业作为"共和国长子"形象的缩影。他们几十年如一日为国分忧，屡建奇功，忍辱负重，多作贡献，每家企业都有一部"光荣史"。而今却在社会转型、体制转换、结构调整中，由于旧体制的束缚，陷入"留利少—投入少—装备差—产品老—留利更少乃至亏损"的恶性循环，许多企业多年亏损，还贷任务极重，使国外投资者望而却步，不愿承担如此大的风险与其合资。

为推进"仿羊皮"改革，市委、市政府领导痛下决心：在确保完成国家下达的各项指令性任务和上缴国家财政一分钱不少的前提下，自己拿出几亿元搞改革。通过降低税率等方式，减轻企业负担，促进企业转换机制，积蓄后劲。在改革最开始的两三年，把一部分上海地方财政收入转入企业留利，投入技术改造和产品开发。等"鱼"养大以后，"八五"期间算总账，要求每家试点企业对国家的上缴都比改革前增大一

❶ 进行改革试点的上海柴油机厂　❷ 上海机床厂　❸ 上海汽轮机厂

块。这种"花钱买机制"的改革，无论从花钱的多少，还是改革的深浅，均以"仿羊皮"改革为甚。全市许多行业都为这场改革承担着风险。

万幸！在"仿羊皮"改革试点的第一年，比照"三资企业"的管理模式，这些大型企业的经营自主权基本得到落实，发展、激励和制约机制逐步形成，职工劳动积极性空前高涨，企业效益普遍提高。1992年1月至10月，18家试点企业的销售收入比上年同期增长64%，实现利税增长42%，上海工业缝纫机厂更是一马当先，利税增长达181%。就这样，国家多收了，财政部门对"仿羊皮"从"怕"到"笑"；企业多留了，1992年还贷比上年增加6728万元；职工收入也水涨船高了；担着"花钱买机制"搞改革风险的人，放心了！

"国家队"进入转换经营机制"快车道"

"仿"，就要"仿"得到位；改，就要改得彻底。对这批"国家队"主力军企业进行"仿羊皮"改革试点，上海市领导紧紧抓住"转换经营机制"这个重点、难点、关键点，大刀阔斧，雷厉风行。

试点企业参照三资企业的权限，都拥有了生产计划、销售定价、资金使用、基建技改、机构设置及用工和出口等一系列经营自主权。这些企业一放开手脚，就主动调整老一套经营方针，积极开拓市场。1992年1至10月，"仿羊皮"企业中销售收入同比达到两位数以上的有14家。其中过去一直靠国家指令性计划过日子的上海柴油机厂，获得出口经营自主权后，根据市场信息，从原来以生产船用柴油机为主转为发展车用柴油机和工程机械，既巩固了东南亚市场，又拓宽中南美洲市场，销售收入同比增幅达37%。

试行中外合资企业会计制度，使国有企业原先的"小成本"（不包括职工福利和奖金等开支）变为一切开销皆进成本的"大成本"；新产品开发费用在成本中照实列支，打破了原来只能按销售收入提取1%的框框，使用于技术改造和新产品开发的资金大幅度增加，加快了产品更新换代。上海分析仪器厂试点后研制出9种高新技术产品，为以往多年开发之总和，大大增强了企业的发展后劲。

最伤筋动骨的是试点企业全面推行全员劳动合同制，打破长期沿用的"铁饭碗"，上岗靠竞争，收入靠贡献，多劳才能多得，不再吃"大锅饭"。仅上海机床厂、上海柴油机厂、上钢三厂、上海工业缝纫机厂、上海分析仪器厂五家企业就有3233人下岗，占职工总数的6%，下岗者工资逐月递减，上岗者收入也拉开差距，高低相差在一倍以上。在这些企业中，原先森严壁垒的干部与工人的界限已经消失，干部成为工人的有322人，工人成为干部的101人，能上能下的机制正在形成，职工积极性充分调动起来。职工不但上班时满负荷或超负荷工作，业余时间还抓紧参加技术培训。

试点企业按照"理顺、精干、高效"的原则，改革内部管理机构，明确每个人职责和考核办法，并与其收入挂钩，做到责、权、利统一。企业内还丝丝入扣地开展定编、定岗、定责、定员、定额和定约的基础工作，一般都精简了10%以上的干部。与此同时，强化与市场接轨的产品开发和经营销售部门，使加强企业管理真正落到实处、要害处。上海工业缝纫机厂建立对市场需求快速适应机制和营销运行机制，新产品从研制到投入市场的时间，从以往三至五年缩短到一年，新产品产值和实现销售额大幅度增长。

（吴复民）

相 关 链 接

至1993年底，上海共有90家国有企业进行"仿羊皮"改革试点，面貌焕然一新。这有力地说明了传统国有企业转换经营机制的极端重要性。同时也表明，只要领导花真功夫调查研究，深化国有企业改革的办法、途径可以有很多种；只要领导花大决心转换国有企业的经营机制和管理模式，再难啃的骨头也可以啃下来，国有企业一定能充满活力！

"扁担电机":
市场经济的"报春花"

1983 年元旦，万里副总理就《经济日报》创刊撰写了一篇题为《赞"扁担电机"精神》的文章，高度赞扬了上海电机厂（现改名上海电气集团上海电机厂有限公司）全心全意为用户服务的精神，并把这种精神称之为"扁担电机"精神。上海电机厂在改革开放初期，被喻为国有企业走向社会主义市场经济的一支"报春花"。

破除体制束缚　主动走向市场

❶《经济日报》刊登万里副总理的文章《赞"扁担电机"精神》

1981 年秋，一个丰收的季节。

广东顺德糖厂附近的江面上船只如梭，满载着刚从地里收割来的甘蔗，远远望去，仿佛一座座小岛矗立在江面上，甚为壮观。从朝阳初升到落日余晖，码头旁的船只川流不息，蔗农们黝黑的脸庞上绽放着淳朴的笑容，尽情享受着丰收的喜悦。

谁能想到，仅仅 4 个月前，这座广东最大的糖厂还在为这份甜蜜的"烦恼"忧心不已。在改革开放春风的吹拂下，南方各省甘蔗产量大幅增长，原有的几百个糖厂赶不上这种发展形势，急需技术改造，提高制糖能力，顺德糖厂就是其中之一。

当时，上海电机厂为了适应国家计划经济体制改革，生产经营理念正在从过去的"三靠"转变为"三主动"，即从"任务靠国家安排、材料靠国家调拨、产品靠国家收购"，转变为"主动推销本厂产品、主动压缩交货周期、主动发展特色产品"。

为了获取订单，厂里派出大批经营、技术人员，分赴全国重点城市、厂矿企业和基本用户进行市场调查。

当年3月，厂长李文华获得糖厂急需设备改造的信息后，马上带调查组赶到广东顺德糖厂。当他走进榨糖车间，看到偌大的厂房里依旧在使用落后的蒸汽机时，无比震惊。于是，他二话没说，立即和两位工程师一头扎进机器堆里，调查、测量、计算……忙得满头大汗。调查组很快掌握了大量第一手资料，提出在不改变整个榨糖车间工艺流程的前提下，用直流电机代替蒸汽机的方案。几经研究讨论，这个方案被接受了。

挑战自身极限　赶制"扁担电机"

方案定了，交货期却成了瓶颈。

糖厂开榨一般在10月初，而顺德糖厂正式提出订货已是5月份，意味着上海电机厂必须在5个月内完成所有的改造任务，与电机正常9个月的生产周期相比，这似乎成了一道难以逾越的障碍。

糖厂厂长不放心，他风尘仆仆跑到上海，要求产品无论如何赶在甘蔗收割前交货。他忧心忡忡地对李文华说："到了榨糖季节，农民每天都会用船运来大量新鲜的甘蔗。万一老设备拆掉了，新设备又上不去，农民辛辛苦苦种的甘蔗就会积压腐烂在厂里，到时候几千农民会拿扁担打我们！"

李文华听了，拍着胸脯说："万一发生了这种情况，您打电报来，我一定赶到顺

❶

❶ 上海电机厂厂长李文华（右二）和顺德糖厂厂长（左二）

德，陪您一起挨扁担！"两位厂长的对话很快在厂里传开了，工人们便把这批电机亲切地称为"扁担电机"，决心把挨扁担的风险化为挑重担的动力。

要把电机生产周期缩短近一半，困难不是一点点。在那个年代，所有的生产计划全靠手工编制，生产科的同志们在蜡纸上一个字一个字地将计划刻印出来，再送到油墨间进行复印。大家昼夜埋头伏案，短短几天之内，一张张飘着"墨香"的专题计划就被分发到了各业务条线。

生产车间更是争分夺秒，这批电机的任务单都被打上了"△"标志，各道工序交叉作业，所有环节一路开设绿灯，畅通无阻。7 月底，第一批电机终于完工，经测试，性能超过国家标准。8 月份，在甘蔗成熟前，所有电机准时送达顺德糖厂，安装调试一次合格，保证了糖厂按期开榨顺利产糖。

在整个 100 天左右的榨糖季节里，除了工人操作不当停过 8 分钟之外，电机一直运转正常。望着那飞速旋转的"扁担电机"，糖厂工人高兴地说："我们从蒸汽时代进入电气时代啦！"

糖厂算了一笔账：设备改造后甘蔗日处理量从 1500 吨提高到了 2000 吨，一天多榨 500 吨，一年多榨 50000 吨，增加收入 100 多万元；同时，榨糖煤耗下降了 43%，一年节约原煤 3800 吨，价值 23 万元。用于改造的全部费用，只要一年多时间就可以全部收回。

顺德糖厂技术改造成功的消息，迅速在广东、广西、福建、江西等地的甘蔗产区传开了，订货单如雪片般飞来。这时，上海电机厂的技术人员又根据华南的气候环境和榨糖工艺条件，对电机进行了优化改进，设计出一种制糖行业专用的产品，从而带动南方各省 62 家糖厂的技术改造。自此，"扁担电机"在华南稳稳地站住了脚跟，赢得了声誉，赢得了市场。

头雁引领群雁飞　推动改革新局面

上海电机厂的这种"扁担电机"精神是全面开创社会主义现代化建设新局面的一个强大动力，如果都能像上海电机厂这样，要实现中共十二大提出的到 20 世纪末工农业年总产值翻两番的宏伟目标，是完全可以做到的。

1983 年 1 月 1 日，万里副总理的文章发表。1 月 5 日，上海电机厂党委召开干部会议，确定把"扁担电机"精神作为企业精神，并根据工厂的实际情况，概括了三条核心内涵：一是在保证质量的基础上，争分夺秒地全心全意为用户服务；二是工农结合，振兴经济；三是充分发挥科技人员、管理人员和广大职工的积极性，勇于开拓创新。

1 月 10 日，上海市人民政府举行座谈会，要求全市各条战线认真学习万里副总理的《赞"扁担电机"精神》，并发出了《关于推广"扁担电机"精神的通知》，号召各

中华人民共和国国务院

李文华同志：

你给我的来信，收到了。

你来信中讲到今后要更自觉地发扬"扁担电机"精神，这是十分可贵的，贵在"自觉"二字。有了自觉行动，才能不断去研究新情况，总结新经验，创出新路子，才能真正做到满腔热情地为用户服务。

前几天，从报上看到上海市人民政府发出通知，要求全市各条战线，联系自己的实际，学习和发扬"扁担电机"精神，努力开创新局面。上海市人民政府的精神，是值得表扬的。上海是中国最老的工业基地，上海的工人、干部、知识分子过去为祖国的社会主义建设做出了巨大贡献，如果"扁担电机"精神大发扬，上海市的人民，就会对我国的四化建设做出更大的贡献。希望你在党中央和市人民政府的领导下，当好排头兵。

此致

敬礼

万里
1983年2月14日于北京

1 万里副总理给李文华的回信

战线联系自己的实际，学习和发扬"扁担电机"精神，努力开创新局面。4月4日，机械工业部电器工业局和市机电一局在上海电机厂召开发扬"扁担电机"精神现场交流会，号召机械行业要有高度的责任感和紧迫感，宣传和发扬"扁担电机"精神，在开创新局面中争分夺秒，去实现机械行业的奋斗目标。

于是，一石激起千层浪。各界报刊杂志都进行了广泛而深入的宣传。"扁担电机"精神，成为开创社会主义新局面的一支"报春花"，在祖国的大江南北绽放。

（诸建）

相 关 链 接

万里副总理给李文华的信中指出：上海是中国最老的工业基地，上海的工人、干部、知识分子过去为祖国的社会主义建设作出了巨大贡献，如果"扁担电机"精神大发扬，上海市的人民就会对我国的四化建设作出更大的贡献。

飞乐音响：
新中国第一股

改革开放后，上海工业企业扩大了企业自主权。许多企业为了安排富余劳动力，采取内部集资办法，兴办一批"三产"。其中不少企业采用还本付息的债券性质的办法，也有不少企业采用不定期限、不能抽回本金、按股分红或取得股息的股票性质的办法。1984年7月，中国人民银行上海市分行会同有关部门制定《关于发行股票的暂行管理办法》，规定集体企业可以向社会公开发行股票。11月18日，上海飞乐音响股份有限公司公开发行新中国第一只股票，揭开了上海企业股份制改革的序幕。

改革开放后发行的首只股票

1984年11月15日，《新民晚报》头版刊登消息：《（引题）上海飞乐音响公司十八日开业（主题）接受个人和集体认购股票（副题）发行一万股　每股五十元》。飞乐音响是新中国改革开放后发行的第一只股票，这则消息也是首发股票的第一篇报道。

当年，改革开放的时代氛围，激励各行各业的人们创新求变，跃跃欲试。1984年11月15日上午，《新民晚报》记者来到武夷路上的上海飞乐电声总厂采访。飞乐音响公司董事长兼飞乐电声总厂厂长秦其斌介绍了准备发行股票的设想。

当时这家厂还在为电视机做配套，主要生产喇叭。改革开放后，人民群众的文娱活动需求上升，音乐茶座、影剧院、体育馆成套音响的需求大增。企业就琢磨着扩大生产，但缺少资金。他们向上级提出

❶《新民晚报》报道飞乐音响公司发行股票的消息　❷ 上海飞乐音响公司股票

增产新产品的申请，上级同意他们增产，但资金自行解决。

秦其斌在一次工商联会议上听一些老工商业者回忆说，老上海很多民族企业当年都常通过股票集资来扩大生产。受到启发，他们也想通过发股票的方式，向其他单位和企业内部的员工募集资金。

虽然当时关于发行股票只是朦胧初步的设想，但主要的"规矩"已经确定，主要有："飞乐音响"采用集体、个人自愿认购股票的形式来筹集资金；对全部个人股票实行"保本保息"；股东有权参加股东或股东代表大会；年终根据公司税后盈利情况，董事会拿出部分利润分发红利，剩余部分留作扩大经营规模等。

以上这些规定，放在事后来看，它们与规范化股份公司章程有差距，有的甚至还不一致，如"保本保息"，但它却不失为试点起步的股份制公司雏形。

《新民晚报》记者听后追问："那你们打算向社会发行吗？"秦其斌答："是啊，向社会发行。"记者边听边记，并在发稿前确认文字提法无误。稿件共计495字，当天见报。这一短消息的署名，仅一个"潘"字。

晚报上的消息在社会引起极大反响。《新民晚报》领导打电话给秦厂长说："老秦，报社天天电话不断，询问小飞乐股票什么时候发行？发行多少？如何认购？为了报社信誉，你们无论如何要帮帮忙，多少也要发一点，不然的话，我们受不了啦！"于是，小飞乐决定把10%的股票向社会公开发行。

❶ 市民排队购买飞乐音响股票　❷ 市民争相购买飞乐音响股票

11月18日，经中国人民银行批准，飞乐音响在上海首批发行股票1万股，每股面值50元。当时的市领导吴邦国、黄菊参加了开业典礼。市民排队争相购买中国改革开放以后发行的第一家企业股票。由于是新生事物，当时还有2个"花絮"：一是秦厂长成了小飞乐的董事长，但领导关照他，你是领导干部，不能买股票，家属也不能买。后来经过讨论，才批准他买1股。二是去工商行政部门注册登记，那时候公司都是处级单位，要上面批准的。工作人员问，飞乐音响是什么性质？飞乐音响回答是股份制。工作人员讲所有制中只有国营、集体、私营，没有股份制的。小飞乐回答我们是集体。

凡尔霖办理小飞乐股票过户手续

1986年11月，美国纽约证券交易所主席约翰·凡尔霖访华，邓小平在北京会见他。当时，中国人民银行在准备会见回赠的礼物时，从沈阳、广州等地找来了十几张股票，但发现大多数股票都缺少部分必备元素，不符合国际通行标准样式。于是，时任中国人民银行行长陈慕华打电话给上海分行行长李祥瑞说，你们看一看能不能送张股票过来，作为礼物送给美国客人。上海选送了最早发行的飞乐音响股票，由上海分行金融管理处处长朱小华专程送往北京。陈慕华行长看到后很满意，便正式决定用它作为回赠礼物。

11月3日，邓小平会见约翰·凡尔霖。在会见时，凡尔霖把纽交所的徽章送给邓小平。邓小平把一张飞乐音响股票作为回赠。由于这张股票的户名是周芝石（时任人民银行上海分行副行长），凡尔霖认为，他的股票不能用别人的名字。于是，会见结束后，他就带领一批随行人员和美国记者乘飞机飞往上海过户。凡尔霖到上海，住进了锦江饭店。第二天，他去南京西路1806号中国工商银行上海信托投资公司静安证券业

❶

❶ 凡尔霖在证券业务部办理股票过户手续

务部办理股票过户。

在证券业务部，工作人员将股票改成凡尔霖的名字，盖上印鉴，连同新开的股东卡交给他，并免收了当时1元钱的过户手续费，作为"友好服务"。凡尔霖看了看，满意地收下了。我方陪同人员歉意表示交易地方太小了。凡尔霖马上说："我看这里很不错。当年美国开始交易股票是在梧桐树下举行的。"他在柜台边与陪同人员合了影就离开了，从而留下了世界上最大的证券交易所主席到世界上最小的证券交易柜台办理股票过户的历史瞬间。

（潘新华）

亲历者说

潘新华（高级记者，曾任新民晚报社经济部主任、特稿部主任、总编办公室主任等）："开弓没有回头箭。"1990年11月26日，上海证券交易所创立，12月19日开始正式营业。改革开放四十年后，沪深股票数量已有3600多只；还有沪港通、深港通等。2020年，上海国际金融中心基本建成，并开始新的功能升级，创业板扩容，科创板亮相。上海金融证券市场不断完善优化，它的发展前景，正在进一步吸引更多投资者的目光。

上海大众汽车：与国际强手"联姻"

　　上海西北郊嘉定区安亭镇，坐落着一家巨型现代化乘用车制造企业——上汽集团大众汽车有限公司。在391万平方米的厂区面积中，分布着汽车一厂、二厂、三厂，发动机一厂、三厂等生产格局，具备国际一流的轿车制造水平。除上海以外，在全国4个省区5个城市设有生产基地，厂区总面积达1092.6万平方米，从业人员总计35547人。上海大众汽车有限公司是中国首家轿车合资企业，先进的生产、研发、管理水平，使其始终雄踞国内乘用车产销榜首而名闻遐迩。这一切之所以能诞生，缘于中国改革开放总设计师邓小平的"一言九鼎"。

引进改造变为合资

　　1978年，改革开放悄然开始。国家有关部委为了加快我国汽车工业改造，酝酿引进一些装配线，既可以学习国外技术，又可以得到外汇，准备联合向国务院打报告。主持过一汽、二汽建设的一机部副部长饶斌获知信息，觉得这正是发展中国轿车工业的好机会。考虑到当时国内真正成批生产轿车并有装配线的只有上海，而且上海工业基础好，于是写信给国家计委、经委和外贸部，建议"引进一条轿车装配线，放在上海，改造上海轿车厂"。饶副部长的建议被采纳写入报告，7月，国务院批准了这份报告。为上海轿车工业发展带来了契机。

　　时任上海机电局长蒋涛迅速向上海市领导汇报，研究项目落实措施。9月，余秋里副总理对一机部和上海市联合上报的《关于引进轿车制造技术和改造上海轿车厂的报告》作出批示，表示可以与外商接触。一机部随即向通用、福特、雷诺、雪铁龙、丰田、日产、奔驰和大众等国际知名汽车公司发出邀请到京商谈。通用公司代表在商谈中提出，这样的项目最好采取合资经营的方式。饶副部长对这个建议非常重视，认为若采用合资经营，双方都有直接责任，外方必须把先进的产品、技术、管理带到合营企业，能生产出有竞争力的产品，并能取得较好的经济效益，对我国轿车工业发展有利。饶副部长把这一想法告诉了国家计委副主任顾明，请他请示邓小平副主席，轿车项目能否搞中外合资经营。11月，邓小平明确表态："可以，不但轿车可以，重型车也可以。"还讲了合资经营六大好处。正是邓小平的一言九鼎，轿车项目从开始时的引进改造，转向以合资经营为方向与外商谈判。

六年谈判柳暗花明

1978年11月，一机部部长周子健率团访问欧洲六国。由于邓小平的明确表态，在访问大众公司汽车时，周子健提出上海轿车合营项目的设想，欢迎大众汽车公司参与。此提议得到大众公司董事长热情回应，他表示目前正在和亚洲另一国家（韩国）商谈轿车合营，如果中国准备建轿车厂，他们愿意优先考虑与中国合作，并表示愿意出资金、出技术，在上海建设现代化轿车厂。1979年4月，饶副部长率中国汽车工业代表团再次访问大众公司，德方特意安排参观狼堡轿车厂的生产流程、研发中心、试验室，重申他们的合作意向，进一步提出为了降低成本，愿意帮助中方发展零部件行业，还同意返销60%整车。中方认为大众公司的态度诚恳，想法实际，可信度高，符合我方要求，可以作为重点合作伙伴考虑。而且多方资料显示，大众公司唯独在亚洲没有布点，与中国合作、在上海建厂是他们的全球发展战略。相比之下，美国、法国、日本的公司在合作方面的目标、态度、条件都和我们的要求有一定距离，最终大家一致同意确定大众公司为上海轿车项目的合作伙伴。

然而好事多磨，饶副部长回国后即获知国内经济形势变化，国民经济正在调整，原定许多项目都要下，轿车项目可能难保。他在一机部党组会议上汇报出访西德的收获，陈述上海轿车项目对发展中国轿车工业的重要意义，提出谈判需要时日，谈判不能停。在部党组的支持下，一机部备文上报国务院，经批准后谈判没有中止。

1980年3月，饶副部长率团再赴大众公司商谈建厂方案。方案分三个阶段：第一阶段，利用上海汽车厂原有厂房，建成年产3万辆轿车、10万台发动机、10万台变速箱的工厂。3万辆轿车满足国内需要，7万台发动机、17万台变速箱返销大众，平衡外汇。第二阶段，建新厂房，形成生产10万辆轿车的能力。第三阶段，形成生产15万辆整车能力。这就是大项目方案。

然而，一波未平一波又起，本来商定9月份大众公司派员来中国具体规划，结果在大众公司的一次理事会上，大众公司财务总裁根据分析测算，认为该项目花钱多、收效遥远、外汇难以平衡，坚决反对。最后，大众公司希望听听中国的意见。为了保住项目，上海市机电一局局长蒋涛和拖拉机汽车公司经理仇克等建议把项目改小，利用老厂房不搞土建，投资少风险小，并且可以作为技改项目报批。饶副部长非常赞同这个意见，大众高层对中国灵活处事的做法也非常赞赏。1981年1月，大众公司来中国商定了年产2万辆轿车、10万台发动机的小项目。之后有人对轿车合资项目提出质疑。特别是1982年5月，有一份材料直接反映到中央，说轿车是高档消费品，不符合中国国情，要求撤销项目。上面把材料批转饶副部长"请有关主管机关过细研究"。饶副部长请上海方面和项目组详细汇报项目综合评估，并亲自写信向中央澄清事实，使谈判得以继续进行。

① 20世纪80年代，上海大众汽车合资谈判

在以后的谈判进程中，本着扎实工作、化解矛盾的宗旨，一一解决了零部件国产化、新产品开发、投资保护、外汇保障、主管部门支持等一系列重要问题。最终，中德官方发布：1984年10月，德国科尔总理访问中国时，合资企业将在北京由两国总理参加正式签约。谈判的所有文件和近20种附件全部达成协议。

北京签约花絮横生

为了得到政府支持并解决外汇困难，上海汽车拖拉机工业联营公司邀请有政府职能的中汽总公司和经营外汇的中国银行上海分行参股，解决了德方的后顾之忧。1984年10月9日，中德合资上海大众汽车有限公司合同签约前一天，中国银行上海分行行长周梦熊，忽然找到筹备合资签约的上海汽车拖拉机工业联营公司总经理陈祥麟总经理，提出作为投资方一定要参加签约。而根据事先方案，中德双方各两人参加签约，没有安排周梦熊。陈祥麟马上向国家有关部委请示，没有得到明确答复。10月10日，在北京人民大会堂，中德两国总理亲自出席合同签字仪式。在签约开始前，作为签约具体筹备工作负责人的陈祥麟急中生智，自作主张在签约台前多放了一把椅子，于是就有了中方和德方股比50%对50%的情况下，中方3人、德方2人签约的场景。幸亏当时德方代表没有提出异议，在中德两国总理的见证下，圆满完成签约任务。

签约仪式后，10月12日，联邦德国总理还专程到上海参加上汽大众奠基仪式，与我国领导人及上海市领导共同为项目奠基，这在国内合资项目中是不多见的。1985年3月，上海大众正式成立。在上海市委、市政府的关心推动下，上海大众克服了人、财、物诸多方面困难，中外双方精诚合作，终于走出初期启动磨合的艰难，开创出一片崭新的天地。

市场导向成功选型

小项目是上海轿车项目的试金石。小项目建成后产品畅销，上海大众就会扩建。反之，上海轿车项目或许会就此结束。而小项目成败，很大程度上取决于所选车型能否满足当时用户需求。

 1983年4月11日，第一辆上海桑塔纳轿车组装成功   1984年10月12日，上海大众汽车有限公司奠基   ❸ 1985年3月21日，上海大众汽车有限公司成立

关于选型，此前国家汽车总局召开过用户、汽车厂、专家共同参与的座谈会，与会代表对德国车的性能、质量有一致的认可，认为胜过日本车，并且希望上海生产中级轿车满足国内用户，减少轿车进口。这些意见为选择车型提供了方向。1981年，德国大众推荐的车型是奥迪80和桑塔纳。桑塔纳是尚未上市的新车型，接触资料以后，谈判专家普遍认为它优于奥迪80。桑塔纳外形大方、适宜公务、商务、旅游、出租等不同用途；最新车型采用最新技术，性能质量满足用户期望；油耗只相当于上海牌轿车的70%，最高时速可达每小时170公里；车身结构设计科学，安全性能很高，是适合国情的理想车型。

1982年6月，上海大众与德国大众签订试生产协议，先在上海汽车厂组装100辆桑塔纳轿车，给代表性用户试用听取意见。德国大众也派专家用试装车在中国不同道路试车，了解适应情况。1983年，第一批试装车经过中央直属机关车队和上海友谊车队试用，反应很好。具体意见可归纳为：加速快、操纵稳定、制动好、油耗低、排放优于日本车、故障少。改进意见有：后座再宽敞些，离地间隙再增大一些。改进后的桑塔纳赢得用户一致好评，第一批的100辆完成后又组装500辆，接着又组装1000辆，还是供不应求。1985年上海大众正式成立，边建设边生产，当年生产3356辆，第二年达到8500辆，到1988年增至15550辆，还是一车难求。

原来德国大众担心投资回收，但没想到在小项目开始后第二年的1986年就获得利润，此后年年盈利。面对需求巨大的中国市场，双方为了进一步发展，一致同意七年不分红利，并用这笔积累作为二期扩建的资金。以后上海大众增资扩建都采用依靠企业自身积累滚动发展的办法，使其日益壮大。桑塔纳轿车的成功选型可谓一炮打响，为上海大众的后续发展开启了漂亮的序幕，这个车型在中国市场畅销二十多年，创造了汽车史上的奇迹。

（韩祖伦）

亲历者说

蒋涛（时任上海市机电工业局副局长，后任上海汽车拖拉机联营公司董事长）：1978年8月至1984年10月，根据市委、市政府指示，我主持了上海轿车项目的合资谈判工作。项目成立时，我尚在机电工业局，汪道涵市长明确指令项目由我负责组织班子与外商谈判。1979年12月，我调入市计划委员会，这个项目继续由我分管。1982年7月，进入市人大，市政府随即致函市人大常委会，"商请蒋涛同志继续负责领导这一合营项目的筹建工作"。项目谈成，我随后转入上海汽车拖拉机联营公司担任董事长直至离休。因此，在漫长的谈判期间，我的工作变动了三次，但作为项目负责人始终未变。三十多年来，中德双方秉承诚意务实宗旨，使企业不断发展壮大。至2020年10月，上汽大众历年累计产量突破2300万辆，生产并销售的大众、斯柯达品牌共有20余个产品系列。接下来，上汽大众的高端轿车奥迪项目和新能源汽车正在稳步发力，MEB纯电动车工厂迎来批量投产，首款车型ID.4X实现量产下线。

桑塔纳：
国产化十年攻坚路

　　"桑塔纳"，原意为美国加利福尼亚州一个闻名遐迩的山谷中刮起的旋风。1985年，新生的上海大众汽车有限公司开始引进生产德国大众桑塔纳轿车，并由此开展一场持续十年之久的艰苦卓绝的国产化攻坚仗。桑塔纳轿车借此终成旋风之势，席卷中国汽车市场，创造三十多年经久不衰的神车传奇。

❶

❷

　　❶ 1988 年 7 月 1—2 日，上海桑塔纳轿车国产化共同体成立大会召开　❷ 1993 年 12 月 29 日，上海大众当年第 10 万辆轿车下线，创造中国轿车工业第一个年产 10 万辆的纪录

坚决不搞"瓜菜代"

1985 年，德国《镜报》就大众在上海的合资项目刊登一篇文章，其中写道："上海的大众汽车厂好像在一个孤岛上生产，国内几乎没有任何配件厂和供应厂"，"他们不得不在破旧的车间内开始生产，一些零部件厂的厂房是阴暗肮脏的，风从打碎的玻璃窗刮进来，好不凄凉。"作者据此断言：桑塔纳轿车项目"既是成功的史篇，也是失败的研究报告"。

语言很犀利，结论很武断，但画面很真实。

这确是当年上海汽车零部件厂的窘况，小得可怜、散得可叹、乱得可悲，以至于桑塔纳轿车投产之初，国内能够配套的只有轮胎、收音机、喇叭、天线和标牌 5 种零件，国产化率仅为 2.7%。

于是，一种声音出现了：面对现实，降低标准，搞"中国特色"吧。

然而，国家、上海和上海汽车人全都不答应：中国汽车工业好不容易有了一次千载难逢跟上世界水平的机会，岂能轻言放弃？！

1987 年 12 月，中国汽车工业联合会和上海市政府召开上海桑塔纳轿车国产化会议。中共中央政治局常委、国务院副总理姚依林，中央政治局委员、上海市委书记、市长江泽民，中汽联合会理事长陈祖涛与会讲话。国家经委主管国产化的副主任朱镕基在作题为"把桑塔纳轿车国产化搞上去"的报告中，突出强调：桑塔纳轿车国产化是国家重大战略，建立零部件体系是当务之急。国产化必须高标准、高质量，具有国际水平。如何做到？朱镕基斩钉截铁：绝不搞"瓜菜代"！即不准用所谓的中国标准取代德国大众标准。

从此，"不搞'瓜菜代'"，成为上海桑塔纳轿车国产化的誓言和铁律！

朱镕基命令发布一月后调任上海市长，发令者变成受命者，他向中央立下军令状：一定要把桑塔纳轿车国产化搞上去。而该命令的直接执行者则是上海汽车工业总公司及其总经理陆吉安。面对国产化目标高大上和零部件企业小散乱的巨大反差，如何破局？细节决定成败，陆吉安决定从日常小事突破，向陈规陋习宣战，"厕所革命"应运而生。

当时，各单位如厕均自备手纸，人们习惯使用报纸，结果经常造成马桶堵塞，污水漫溢，脏臭不堪。陆吉安决定安装卷筒纸和烘干机加以改造，但有人觉得本来资金就少，用在厕所不值，而且发现卷筒纸会不翼而飞。陆吉安不因此退缩，通过宣传教育，加了敞开供应卷筒纸，10 天后局面稳定，顺手牵羊基本杜绝。总部试验成功后，他便向企业推广，每逢下厂必看厕所，引起连锁反应。一次，一位外宾在一家工厂上厕所后喜出望外，叫同行者快去参观，说中国工厂也有整洁文明的厕所了。

一叶知秋。"厕所革命"传递强烈信号：桑塔纳轿车国产化要做到"不搞'瓜菜代'"，必须与小作坊生产的旧传统旧观念彻底决裂。为此，上汽公司连出大招：1988

①

年，成立高举"中华牌、上海牌"的上海桑塔纳轿车国产化共同体，推行变革质量和生产管理的质量能力评审和"生产特区"建设；1989年，推行60多家小厂组建20多家总厂、适应专业化大生产的企业改革；1990年，确立一丝不苟、勇攀高峰的"精益求精"精神；1991年和1992年，连续召开鼓舞斗志的万人誓师大会；1993年和1994年，推行居安思危的危机管理和变革传统生产方式的精益生产……

在一系列组合拳的巨大作用下，桑塔纳轿车国产化一路高歌猛进，1990年和1993年，国产化率先后突破60%和80%两大关口。上汽公司凭借国产化开始强势崛起，"拥有桑塔纳，走遍天下都不怕"。

大众这样走天下

在桑塔纳轿车五大总成国产化中，上海大众汽车五分天下有其二，包括车之"心脏"发动机总成和车之"仪表"车身总成。桑塔纳轿车只有强心脏美外表，才能内外兼修走天下。然而，上海大众汽车有限公司成立之初，缺资金缺厂房缺设备，特别是缺人才，走天下举步维艰。

于是，寻求英才良将成为国产化攻关的首要之举。1986年，上汽公司总经理陈祥麟、党委书记孟庆令、副书记刘雅琴连轴出访、广觅人才。此事惊动时任上海市市长江泽民，他亲笔致信中汽总公司总经理陈祖涛，寻求支持并得到积极响应，一批来自一汽、二汽的"大腕"级人才加盟上海大众汽车。

① 上海大众桑塔纳轿车生产线

湖北省机械成套管理局局长王荣钧来了。这位新任的上海大众汽车有限公司总经理，顶着非议和压力，坚决签下久拖未决的进口先进设备，坚决拒收不合格配套零部件，并力促中外双方良性磨合共同推进国产化。德国大众汽车公司董事长表示："上海大众一要国产化、二要国产化、三还是要国产化！"

中国二汽发动机厂厂长顾永生来了。这位转战长春和十堰的著名发动机专家就任上海大众发动机厂厂长后，英雄不减当年勇，第二年，他就使 7 条发动机流水线调试成功，实现 20 个零件国产化；第三年，32 个发动机主要零部件全部国产化，生产的发动机不仅配套桑塔纳轿车，还返销德国大众。德国大众惊叹该机之优质，欣然表示：上海大众发动机免检，产多少装多少。

中国二汽规划处长刘炎生来了。原是副局级的他出任由外方任正职的上海大众生产规划部副职，对此，他莞尔一笑："只要搞汽车，职位高下不在乎！"作为上海大众一期和二期两个国家级重大工程的现场指挥，从选址布局到设备工艺，一笔笔数以亿计的投资，变成一座座现代化的车间、一批批高精尖的设备和一条条畅通无阻的流水线。在确保质量的前提下，他还常常与德国同行据理力争，一次次降低设备成本，德国专家赞叹道："刘，是一条硬汉！"

皇天不负有心人。经过上千个日日夜夜的顽强拼搏，1990 年 12 月，发动机总成和

❶ 上海大众第 600 万辆轿车下线

车身总成实现国产化。上海桑塔纳轿车以其强劲的心脏和亮丽的外表，博得市场青睐，1991 年和 1992 年销售先后达到 3 万辆和 6 万辆，1993 年创造中国第一个轿车年产 10 万辆新纪录，上海桑塔纳轿车开始畅行天下。

与大众一起赶路

20 世纪 80 年代末至 90 年代中期，100 多家桑塔纳共同体成员紧随上海大众汽车猛赶国产化之路，其中压力最大的是生产变速器和底盘的两家企业。

变速器是轿车五大总成之一，国产化占比高达 9.6%，独占鳌头。1988 年，上海汽车齿轮厂几经周折终获桑塔纳轿车变速器配套资格，但上级要求必须 1989 年 10 月供货。军令如山，该厂立即派出 43 人前往德国大众卡塞尔工厂，拆运二手变速器设备并进行培训。然而，当大家站在从未见过的卡塞尔工厂庞大复杂的设备前面时，全都惊呆了：拥有 40 多个工位巨龙般的装配线，长达 100 多米的壳体壳盖生产线，60 多台单机最高 5 米、最重 30 吨，数以百计的油箱电箱和几十万只线头……设备总重量在千吨以上。所有这些都要拆卸、移位、清洗、包装，同时还要培训，而时间呢？3 个月！季节呢？盛夏！面对这难以攻克的堡垒，43 人无一退缩。许建育、沈如镜、陈因达等厂领导和大家众志成城，夜以继日，苦干巧干。当年 8 月，全部设备终于装上远洋轮，总体积 5100 立方米、总重量 1200 吨、大型集装箱 107 个。设备进厂后，立即土建，然后安装调试。时间又是盛夏，酷热炙人，但人们激情似火，43 人 3 个月加班 1500 班次，无一索要报酬。1989 年 10 月，国产桑塔纳变速器终于诞生，质量完全达标。奇迹出现，轮到德国大众被震住了，当朱镕基请来专为国产化把关的德国专家格里希眼见为实时，惊得一时语塞，一个劲称赞："OK、OK、OK……"

同样的奇迹也发生在上海汇众汽车制造公司，其生产的前桥后桥两大总成组成的底盘国产化占比高达 9%，仅次于变速器。

1993 年，根据铁定目标，上海桑塔纳轿车国产化率必须从 75% 升至 80%，其中上汽直接承担 2.2%，2.2% 中 1.8% 由上海汇众负责，足见其压力之大。可就在年初决战起步时，刚国产化不久的前悬挂发生质量事故，操作者在只需一个卡簧的部位误装两个，其原因是卡簧外有层黄油，装配工取一个时不小心使黄油又沾上一个。面对这突如其来的当头一棒，上汽副总裁兼上海汇众总经理胡茂元头脑依然清晰：人无完人、焉能无过，关键是防止人为事故，做到事前防范。此时，他突然想起日本一种被称为零缺陷的防错装置。当晚，公司会议室灯火通明，党政班子热烈讨论决定立即开展零缺陷管理，由副总经理王怡达负责，一场全员参与、颇有声势的零缺陷活动迅速展开。广泛发动起来的能工巧匠各显神通，不一会儿，转向器壳体加工、防漏钻的装置出现了，引进夹具、防正反两面随意放入的装置出现了……年中，上海汇众党委书记吴诗仲兼任总经理后，推进力度不减，零缺陷装置似雪球越滚越多、越滚越大，至年底总数多达 126 个，保证当年该公司 22 个产品全部合格，上汽国产化攻关取得决定性胜利。

就这样，100 多家零部件工厂与上海大众汽车一起赶路，走得风风火火。桑塔纳旋风由此席卷中国汽车市场，风展红旗如画。

（包一恺　汪国富）

亲历者说

陆吉安（曾任上海市经济委员会副主任、上海汽车工业总公司总裁）：1987 年的一天，我接到通知到市委康平路会议室开会。一进会议室，见黄菊等领导在座，我向几位领导打个招呼说去方便一下。刚进卫生间，时任市工业党委书记赵定玉进来了，他用征询但又有些严肃的口吻问我：你是否同意到汽车公司担任总经理职务？这一突然又直截了当的提问，出乎我的意料。我考虑片刻，当机立断表示同意。回到会议室，碰头会就直接讨论我就职等具体事项。就这样我来到了上汽，首要任务甚至唯一任务就是桑塔纳轿车国产化。记得朱镕基对我说过两句狠话："国产化上不去，一切等于零"，"国产化上不去，你陆吉安引咎辞职。"所以，我竭尽全力，不敢有丝毫懈怠。所幸有党中央、国务院和上海市委、市政府的正确决策和有力领导，有上海和全国各方大力支持，特别是有上汽上上下下通力拼搏，我终于圆满完成这个艰巨任务。1995 年，我卸下了在上汽的领导职务，时间正好八年，我把它称作"我的这一棒"。

时装表演队：
中国新时尚从这里起航

　　追求美是人的一种本能和权利，也折射出社会的文明程度。在改革开放初期，当中国满大街都是蓝白米灰的海洋时，时装表演绝对是一个惊世骇俗的新玩意儿。以时装表演掀起的时尚大潮，不但改变了人们的衣着装饰，还冲击着人们的思想观念，极大地改变了人们的生活方式。如今，上海正在打造"卓越的全球城市""国际时尚之都"，人们追求个性化和时尚化的生活需求。可以说，新中国的新时尚就是从第一支时装表演队起航的。

从思索到行动

　　1979 年春天，乍暖还寒。法国时装设计师皮尔·卡丹将时装发布会开到了北京和上海。当金发女郎在 T 台上撩动长裙时，台下观众不约而同地向后仰身，"像在躲避着一种近在咫尺的冲击波"。

　　皮尔·卡丹时装发布会给时任上海市服装公司经理张成林带来巨大冲击："原来衣服不仅可以挂在衣架上陈列，还可以穿在人身上得到活灵活现的展示。"他在思索，改革开放了，服饰千人一面的时代过去了。美化人民生活，促进生产发展，扩大出口贸易，成为上海服装工业发展的主旋律。于是，他萌发组建中国自己模特儿队伍的想法。他与当时七十高龄、艺术素养很高的副经理陆平说起这些想法，两人一拍即合。

❶

　　说干就干，服装公司随即组建职工业余服装表演队，在下属 78 家企业、3 万多名职工中挑选模特。那时候，可不能用"模特儿"这个外来词汇，而只能称作"时装表演演员"。首批 19 名队员，12 女 7 男，他们中间有的中学毕业进厂当缝纫工，有的曾

❶ 皮尔·卡丹时装发布会

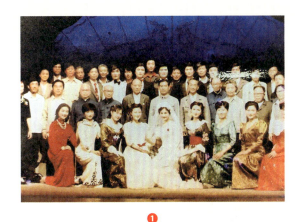

①

经上山下乡，与锄头、镰刀打过交道。谁都没有想到，自己竟会成为新中国第一代专业模特儿。

1980年11月19日，服装表演队成立。幸运的是，他们得到服装大师金泰钧、顾培洲、叶德乾等上海服装设计师队伍的全力支持。他们还得到上海戏剧学院的帮助，戏剧学院组织形体、化妆、灯光、舞美、音乐等一整套专业教师团队来指导表演队的训练和演出。队员们每天踩着高跟鞋练形体，走台步；为了体型更加苗条均称，还要控制饮食。

有了优秀的演员队伍、时尚的表演服装、外部的专业指导，何愁表演不成功？经过三个月准备，1981年2月9日，上海服装公司业余服装表演队在上海友谊电影院举行首场汇报演出，好评如潮。

从业余到专业

在当时的中国，时装秀还没有被社会普遍接受，只有内部演出的份儿，并实行不报道、不拍照、不录像等"三不政策"。建队初期，表演队队员们都是业余身份，没有演出任务时还必须回厂上班。表演队也没有固定排练场所，两年搬家9次。服装公司领导层意识到，必须成立专业时装表演队，让时装表演走向社会，才能从根本上打开局面，改变不利的处境。

公司领导再次研究，顺势而为，草拟一份要求成立专业时装表演队的申请报告，正式递交上海市手工业局。但报告送交四个月仍杳无音信。局有关处室人员见服装公司经办人员一再前去打探问情况，心生同情，悄悄指点迷津："你们的问题要解决，只有去找胡局长。他有眼光、有魄力，敢于拍板解决问题。"

① 20世纪80年代初上服时装表演队在舞台上合影

于是，表演队队长徐文渊找到胡局长家里。说来也巧，胡局长刚好从华东医院出院回家。当他听说报告送上去四个月没给回音时，惊奇地说："我怎么不知道？好！明天上班我就先处理你们的问题。"随后又告诫道："上海搞时装表演，你们是第一家，路子要走得正，要走中国民族化的道路。中国是一个衣饰大国，悠久的民族服饰文化是取之不尽、用之不竭的宝库，时装表演只有坚持民族化的道路才能站住脚跟。"

三天后，手工业局的文件下达了，正式批准成立上海市服装公司时装表演队。从此，中国第一支专业时装表演队正式诞生了。

❶

正当时装表演队频频亮相，促成内、外贸经济发展之时，也传来不少风言风语："时装表演在宣传什么？宣传资产阶级生活方式吗？""什么时装表演，还不是奇装异服加美女！"在舆论压力下，时装队一度遭遇困境，甚至解散过一段时间。但是，相关领导顶住压力，尤其是铁生力排众议，要求表演队抓紧设计内、外销两台时装表演，拍成录像，带到外贸洽谈会、内贸展销会播放。同时，安排为时装队轻工业部40多位领导作专场表演，争取各方支持。

时装表演队的名气越来越响，有些模特儿不免有点沾沾自喜，但胡局长并没有喜形于色，他说："你们时装表演队不能满足现状。听说公司仓库积压大批面料，你们应该用这些面料设计出时装新款式，通过表演宣传，指导消费，促进销售，创造经济效益，这才是你们表演队应尽的责任。"

服装公司赶紧从仓库积压的原料中挑选出几十种面料，定向设计后从中选出55套新款式服装并精心编排，为1992年春季服装订货会举行13场表演。结果，模特儿表演过的衣服都供不应求，订货会成交金额打破历史纪录，新订单带来的原料需求几乎将公司库存的面料全部出空。表演队明显起到指导消费、促进销售的作用，间接创造了经济效益。

从民间到殿堂

1983年4月28日上午10时，轻工业部主办的五省市服装鞋帽展销会开幕式在北

❶ 1992年时装表演队在北京鼓楼外路演

京农业展览馆影剧院举行。开幕式之后，上海时装模特儿进行时装表演。

随着掌声四起，大幕在悠扬的民族音乐伴奏下徐徐拉开……不知不觉中，75分钟的演出接近尾声，坐在前排的几位部长始终聚精会神地注视着舞台。演出在庄重典雅的宫廷舞曲中结束，在经久不息的掌声中，部长们走上舞台祝贺演出成功。翌日，中央人民广播台首先播出消息，一下子，上海时装表演队成了新闻采访的热点。

接连两天的演出一票难求，轰动京城，好评如潮。场外居然出现好多倒卖入场券的"黄牛"。队员们在台上演出穿的衣服，就在旁边的柜台上销售，引起北京市民争相抢购。服装公司经理赶紧打电话到上海，赶运了几十车衣服到北京，三天内一售而空。精彩的表演，不仅让普通市民交口称赞，就连张君秋、吴祖光、新凤霞、谢铁骊等老一辈艺术家也高兴地夸奖说："你们开创了一项美好的事业，上海的服装漂亮，人也漂亮！"看到演出的盛况，听到如潮的好评，队长徐文渊深感欣慰，回想起组队以来的种种艰难和经历，不禁两眼湿润。

经轻工业部杨波部长推荐，国务院决定邀请上海服装公司时装表演队到中南海向中央首长汇报演出。喜讯立刻传遍了全队，大家的心情整夜都不能平静……

1983年5月13日一清早，表演队就在紫光阁张罗开了，所有的舞台布景都经过一遍又一遍的反复检查，工作人员格外仔细，大家都忙得特别开心。

当晚，中南海紫光阁内分外热闹。万里、薄一波、杨尚昆、陈慕华、郝建秀、张劲夫等党和国家领导人都来了。突然，全场起立，原来邓颖超同志被人搀扶着也来了……台上新颖的服装款式、独特的表演形式，吸引了中央领导的全部注意力。演出中，万里副总理指着一组米色面料配咖啡色贴花的时装对郝建秀说："这套衣服很漂亮，你能穿！"听到中央首长的夸奖，大家更兴奋了。

演出结束时，全场响起经久不息的掌声，这是中央领导对时装表演的直接支持和鼓励，这次演出对时装表演队具有划时代的意义！《人民日报》刊登了《新颖的时装　精彩的表演》一文，专门介绍这次演出。国际服装工业联合会访华团的成员风趣地说："毛的女儿穿上了时装！"

从国内到国际

上海时装表演队首次赴京亮相连演50场，场场爆满，轰动京华。从此，这支时装表演队开始走向祖国的大江南北。广州首先发出邀请，时装表演队在友谊剧场连演30场；紧接着是庆祝国庆35周年公演。模特儿们在静安体育馆华丽登场。后来又到深圳、昆明、香港演出，吸引无数少男少女们的眼球，也吸引众多媒体记者的视线，引起国际时装模特界的关注。

1984年，根据上海时装表演队故事改编的电影《黑蜻蜓》在全国上映，表演队的知名度更高了。与此同时，他们也开始走出国门，活跃在日本、美国、欧洲的T台上，展示中国改革开放后的巨大变化，同时展示博大精深的中华服饰文化。更为重要的是，她在中国大地上引发出千万支时装表演队伍，把美和时尚播撒到千家万户。

短短几年间，上海服装公司时装表演队就完成从业余级到专业级再到国际级的完美"三级跳"。如今，这支队伍已经新老交替好几代，但历史将会永远留下拓荒者的脚印。

（章微玲　赵磊）

❶

❷

❸

❶ 20 世纪 90 年代上服服装表演艺术团简介　❷ 上服时装表演队十周年庆
❸ 时装表演队十八周年庆

亲历者说

　　徐　萍（新中国第一支时装表演队里年龄最小的演员）：被选入上海服装公司时装表演队之前，我在上海远东钮扣厂从事质检工作。记得当时很多人思想比较保守，不理解我们的工作，很不看好我们。我一直记着父亲的叮嘱：既然做了这行，就要做到最好。如今回想起当年的那段人生经历，我觉得自己最大的收获，便是明白了"什么是美"。美和漂亮不一样，漂亮是一瞬间的东西，而美是沉淀后的东西，百看不厌。年轻的时候喜欢国外大牌、喜欢奢侈品，现在慢慢地明白了一个真理："适合自己的才是最好的。"

三枪：
长盛不衰的民族品牌

　　中国驰名商标"三枪"品牌诞生于 20 世纪 30 年代。"三枪"品牌从诞生之日起便饱含着民族之情和爱国之心，具有"创一流""争第一"的精神品格。改革开放以来，在著名企业家苏寿南带领下，三枪集团率先推出一系列创新举措：20 世纪 80 年代，电视连续剧《上海滩》结尾那三声枪响的冠名广告，让"三枪内衣"家喻户晓；20 世纪 90 年代，通过资产运作兼并十余家针织企业做大规模，实现针织内衣市场占有率全国第一；在上海市中心开出首家专卖店，继而走出上海，在全国建立 20 余个销售分公司。"三枪"连续 24 年蝉联中国内衣市场综合占有率第一，成为国货精品的代表，被中国纺织总会表彰为"中国纺织业的一面旗帜"。

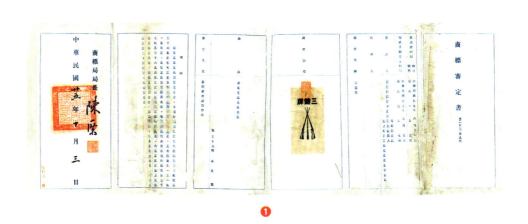

❶

同"舶来品"抗衡争雄

　　20 世纪 80 年代初期，刚刚步入市场经济的国有纺织企业，遭受国内外市场严重冲击。"三枪"虽说在针织行业一枝独秀，职工 1000 余人，年销售额近亿元，利润百余万元，小日子还过得去。然而"舶来品"大军压境，让"三枪"也感受到很大的压力。

　　上海针织九厂厂长苏寿南，敏锐地抓住内衣变革的趋势，将开展市场调研、了解市场信息作为经营企业的重要工作，最多时半年竟开展 8 次之多。

❶ 1937 年三枪品牌注册证

有一年春节前夕，苏寿南的妻子因车祸骨折在家休养，需要有人照顾。苏寿南却心系事业，大年初一还顶着严寒，到先施公司、东方商厦了解针织品销售行情。他每次出国考察，带回来的不是冰箱、彩电，而是各式各样的国外针织新品。他对出国考察的干部下达任务，是要求他们买回几件最新颖的针织样衣。他说，要建立快速反应机制，市场信息是企业的生命。

1992年初，一位外商来厂洽谈业务。交谈之余，苏寿南看到外商身上穿着一件新颖的棉毛衫，就随口问道，这件衣服在国外价格多少？外商回答说，约400多元。苏寿南说，你把它卖给我吧。外商没有答应。之后，苏寿南嘱咐两位接待人员陪这位外商尽情游玩。外商尽兴之后，觉得不好意思，想买些礼物送给苏厂长。接待人员回答说，苏厂长从来不收别人的礼物，你真想送东西，就把你身上的这件棉毛衫送给他。苏寿南当夜就将它交给总工程师董国华，要他用7天时间写出分析报告和制作工艺，并拿出样品。董国华连夜工作，分析研究，消化改进，拟定工艺流程，并立即在进口大圆机上试样，仅用5天时间就试制成功一款柔暖棉毛衫新品。

此后，苏寿南又带领科技人员，改造国产Z211织机，解决大批量生产难题，使这种多变提花复合编织结构的柔暖新产品迅速面市，一举占领市场制高点。测试表明，三枪柔暖棉毛衫裤的保暖性能比传统棉毛织物高出42%，因此很快风靡全国，月产最高达到14万件，一度供不应求，做到当年开发、当年投产、当年收益。该产品先后获得1992年上海市优秀产品一等奖，又获得上海市科技进步二等奖。

"三枪"很快成为全国针织品和上海纺织业第一品牌。苏寿南慨叹："领人之先，抢占市场，一旦接受，不断滚大。"

"三枪"产品开发能力强，得益于企业对科技人员的重视和关爱。早在1984年，上海针织九厂就开始对有贡献的科技人员和管理人员青睐有加，对他们打破学历和资

❶ 厂长苏寿南与科技人员一起研发新品

历限制、破格评定"企业内部职称"，并实行"吃小灶"制度。苏寿南认为，对企业关键人才给予爱护和特殊的待遇，才能不断进一步激发他们的专长。于是，由保健站医生根据营养标准，为专业人员和关键岗位技工提供保健餐。这个待遇不搞终身制，而是根据贡献和实绩，每年评定一次。这项改革措施实行多年，享受保健餐的人数从十几位发展到上百位。保健餐虽小，却凝聚着企业的爱才之心，激发了科技管理人员的报国爱厂之情。

兼并扩张增强实力

20 世纪 90 年代，国内纺织业四面楚歌，针织行业亏损面高达 90% 以上。许多工厂开工不足，30 岁出头的纺织女工纷纷下岗回家。1990 年，上海市市长朱镕基召集部分厂长开展座谈会，专题研究在社会主义市场经济条件下国有企业如何发展。会后，上海组建 4 家企业集团，三枪集团（针织九厂）作为龙头企业，与 9 家针织公司，1 家棉纺公司资产重组（其中 6 家企业亏损），成立上海针织内衣集团公司。当时的情况是，优势企业被集团中的亏损企业拖垮的为数不少，不少想进行兼并的优势企业望而却步。三枪集团却迎难而上，不仅没有被巨额债务压垮，经济效益还明显增长，7 次兼并，次次成功。

1991 年，三枪集团首次兼并上海统一袜厂。这是一家 1300 人的企业，产品积压严重，累计亏损 600 余万元，自身造血功能失调，外部输血无济于事。就在前一年，部分职工因为工资待遇问题还闹了一次"小罢工"，致使人心涣散、雪上加霜。1993 年，三枪集团兼并上海针织十七厂；1994 年，兼并上海针织二十二厂和上海百达针织厂；1995 年，兼并针织一厂、二厂；1996 年，兼并针织二十厂。六年间，共兼并 7 家亏损企业，承担债务 3.58 亿元，消化亏损 1.5 亿元，安置员工 5082 人。当年三枪集团对上海有名的亏损大户百达针织厂的快速兼并，被《人民日报》誉为"经典战役"。

三枪集团兼并出效益的成功原因很多，不过当年最为人津津乐道的是一个"聋哑大使"的故事。1994 年初，针织九厂兼并百达针织厂后，苏寿南所做的第一件事，就是向百达厂派出一位"特殊大使"。这位聋哑人原来是普通扫地工，但他热爱平凡工作，一丝不苟，在分管厂区清洁工作的实践中摸索出一套"经常扫、保养好、先洒水、灭灰尘、经常清"的扫地工作法，得到全厂职工高度评价，厂里给他加了两次工资。他不负众望，在百达厂扫地 3 天，就让众多百达员工受到触动，体悟到"三枪"成功的秘诀——靠精神，靠苦干。这可比去做几场报告还管用啊！

在兼并过程中，三枪集团对被兼并企业不搞分厂制，而是发挥各厂、各人的特长和优势，妥善安排好所有员工的工作，营造"不分你我他，共同为三枪"的和谐局面。兼并扩张，既分担了政府困难，促进了社会安定，又大大增强企业经济实力和发展后劲。三枪集团的母体针织九厂，六年中资本运作规模增长 10 倍，经济效益增长 100

倍。1996年，"三枪"内衣销售收入达到12亿元，经济效益超过1亿元，针织内衣市场占有率全国第一。

1994年，在上海市召开的一次企业改革会议上，时任市长黄菊站起身，为正在作《为国分忧，负重创业》报告的苏寿南满满地斟了一杯茶，一时传为佳话。就是在这次会议上，苏寿南豪迈地说：并厂是调整产业、产品结构的需要，不是"你吃掉我，我吃掉你"，而是要形成合力。团结一致，力量就大，我就不相信"老公"（国有企业）不及"老乡"（乡镇企业）和"老外"（三资企业），我就不相信国有企业搞不好！这位跳动着火热爱国心的当代企业家，他那铿锵有力、掷地有声的誓言，赢得全场雷鸣般的掌声。

❶ 1997年5月14日，《新闻报》报道三枪集团兼并情况 ❷ 兼并出效益汇报会

科技引领追求时尚的"三枪"

2004 年，王卫民从苏寿南手上接过发展"三枪"的大旗。三枪集团如何保持行业龙头地位？这些年来，三枪集团根据市场发展趋势，推出一系列新举措。

三枪集团从单纯的棉毛衫裤，形成全系列家庭服饰产业链。从最拿手的保暖内衣，到适合一年四季各种场景穿着的居家系列；从背心、T恤到文胸、短裤；从贴身衣物到日用家纺；从成人服饰到儿童服饰；从常规经典款到时尚联名款；三枪的产品几乎覆盖家居服饰的方方面面。

此时，电子商务在中国大地蓬勃发展，为传统民族品牌带来发展转型的新契机。顺应这一潮流，2012 年春，三枪集团快速进入电子商务的领域，为传统纺织品牌插上腾飞的翅膀。当年"双十一"，"三枪"销售额达到 186 万元，远远超过线下全国 2000 多家门店当天的销售总额。2012 年，是三枪集团电商启动元年，零售额达到 1029 万元；2013 年快速增长到 6265 万元；2014 年又翻倍到 14542 万元。近年来，"三枪"电商继续保持良好的发展势头，2020 年零售额跃升到 9 亿元。这是多么神奇的发展速度啊！

线上线下双轮驱动，让品牌的年轻化与时尚性大大提高。三枪集团着手开发一批与年轻人品牌跨界合作的项目。与网易云音乐的合作，"三枪"在年轻群体掀起了一股"国潮怀旧"热。三枪集团还借助"一带一路"的东风，实现品牌全球化战略——在非洲建立生产基地；与东南亚公司合作，逐步打开当地市场；与欧美强手战略合作，引进国际化人才，进一步提升设计能力，开拓时尚资源。

在 2020 年纽约春夏时装周，三枪集团举办别出心裁的内衣新品发布会，通过国际时尚平台传播"三枪"国货品牌形象。在 2020 年上海时装周，三枪集团携手国际知名设计师 Uma Wang，呈现"三枪"品牌对时尚内衣的理解和认识。与国内"国潮"流行趋势杰出代表——故宫宫廷文化深入合作，推出基于中国经典文物元素设计的内衣及家居服产品。"三枪"正在变得更年轻、更时尚，让更多消费者感受到"三枪"的文化魅力，感受到"三枪"的创新与改变，老字号品牌进一步焕发活力。

"三枪"，这个具有八十三年历史的中华老字号，在国内大循环、内外双循环的新发展格局下，正打通全球化供应链支撑体系，对接国际前沿的时尚设计资源，通过积极广泛的国际合作，在世界舞台上充分展现"三枪"的文化底蕴和时尚魅力，打造独具"三枪"特色的品牌文化内涵。

（朱烜）

亲历者说

　　王卫民（上海龙头集团股份有限公司党委书记、董事长，曾任龙头股份总经理、三枪集团党委书记、总经理、上海针织九厂厂长）：2004年，我从老厂长苏寿南手上接过发展"三枪"大旗，就一直在思考并实践："三枪"往哪里走？怎样将"三枪"塑造成百年老店？令人感慨的是，与"三枪"同时期的品牌，很多走着走着就没有了。但"三枪"却一直走到今天，屹立不倒。这是因为"力争第一"的激情和信念是"三枪"骨子里的东西，也是它最核心的品质。近年来，"三枪"的经营模式从传统的B2B转型为B2C，逐步形成从生产到销售的一条龙产业，近5000家销售终端遍布全国各线城市。"家居先导，大众时尚，物超所值，轻松便捷"的品牌理念深受消费者认同，与消费者的紧密联结，将使传统民族品牌"三枪"始终保持旺盛的活力。

益民食品一厂：
取形"火炬" 立名"光明"

上海益民食品一厂前身是创建于 1913 年美商海宁洋行蛋品加工厂。上海解放后，更名为国营新华蛋品厂。1950 年 2 月，改名为华东工业部益民工业公司食品第一厂。1951 年 6 月 1 日，"光明牌"商标核准注册，成为上海当时唯一的民族冷饮品牌。2004 年 11 月，上海益民食品一厂（集团）有限公司成立。2006 年 8 月 8 日，上海益民食品一厂（集团）有限公司、上海农工商（集团）有限公司、上海市糖业烟酒（集团）有限公司、锦江国际（集团）有限公司的相关资产集中组建为光明食品（集团）有限公司。光明食品集团致力于打造一、二、三产业为一体的完整食品产业链，形成覆盖上游原料资源、中间生产加工、下游流通渠道的大格局，成为具有强大市场竞争力和行业影响力，在国内名列前茅、具有国际竞争力的大型食品产业集团。

迎接"光明"

上海解放前夕，国民党当局下令把重要的工程、设备、资金等迁移到台湾，无法运走的就地销毁。在中国共产党的领导下，上海工人协会发布了开展护厂斗争的通告。1947 年从上海交通大学毕业的中共党员江泽民，组织工人分成三班，日夜轮流护厂，保护机器设备。1949 年 5 月 27 日，上海解放，新生的国营新华蛋品厂在厂长张学元和副厂长江泽民的带领下，利用保存下来的机器设备和原材料，克服困难，组织生产蛋粉、蛋白干、代乳粉、糖果等产品，为人民群众提供急需食品，也使企业渡过最困难的时期。

新中国成立后，国民党反动派不甘心失败，多次对大陆进行轰炸。在 1950 年"二六"轰炸中，杨树浦发电厂被炸，益民食品一厂全面停电。在面临生产瘫痪、生产原料报废的紧急关头，江泽民运用所学专业技能亲自动手抢修发电设备，启动发电机并联发电，避免了厂里冷库冷饮产品的融化损失。

1950 年，根据上海市政府的要求，益民食品一厂为赴朝鲜参战的中国人民志愿军与人民解放军剿匪部队

❶ 益民食品一厂生产的准备送往前线的罐头食品

生产罐头、压缩饼干等军需食品。在倾力生产军需产品时，还不时向驻扎在江湾地区的苏联飞行员提供冰淇淋等冷饮，并按要求派遣掌握专门技术的共产党员赴驻地安装冰箱，进行调试。

抗美援朝期间，西方国家对中国加紧封锁，生产巧克力用的可可白脱无法进口，工厂在符合营养标准的情况下用硬化油代替可可白脱，保证了民族食品工业发展不受影响。时任华东工业部部长汪道涵对益民工业公司食品一厂十分关注。1952 年 6 月，时任政务院财政经济委员会主任陈云签署了益民食品第一厂产品经营业务执照。

铸就"光明"

解放初，上海冷饮市场被洋货一统天下。"中国应有自己的冷饮品牌。"时任益民食品一厂工会主席、党委委员、第一副厂长江泽民说，"解放了，天亮了，光明照亮了新中国，我们的产品就叫光明牌吧。"在江泽民的倡议下，曾就读于香港万国美术专科学校、负责产品广告设计的职工梁铭，几经易稿，取形"火炬"，立名"光明"的商标就此诞生——中间是熊熊燃烧的火炬，周围是熠熠生辉的光芒。"光明"，表达了解放后人民群众对光明的向往之情。

1950 年 5 月初，赶在盛夏来临之前，光明牌棒冰正式问世。他们把一辆美国产的"道奇"车改装成宣传车，并安装了一台柴油发电机，装上喇叭。工厂领导带领职工走上街头，奏响洋鼓洋号，不时免费为市民送上一支光明牌棒冰，一直送到上海闹市中心——"大世界"。全厂职工在工余时间，还肩背放满棒冰的木箱，走街串巷，边叫边卖边宣传。工厂还通过电台、报纸、公共电车招贴等形式打出广告，传播"中国人食用中国货"的思想。1950 年 6 月 25 日，《文汇报》刊登光明牌大型广告："国营工厂是人民的工厂，请食用自己工厂的产品。"

一时间，"光明牌"声名鹊起，得到了老百姓的认同，赢得了市场。当年销量就超过了美女牌棒冰。新"光明"打败了洋"美女"，一时传为佳话。益民食品一厂冷饮年产量从 20 世纪 50 年代的 800 多吨到 90 年代的 15000 多吨，提高 18 倍，全国市场占有率达 80%，连续四年冷饮销量占上海市场第一，达到鼎盛时期。

2010 年 3 月 19 日，昔日的老厂长江泽民来到益民展示馆，看着熟悉的一幕幕，感慨万千，边走边和陪同前来的老工友们一起回忆着益民一厂的故事，在光明品牌墙前还充满深情地说，这"光明"司标两字还是我写的呢！

谁能料想，"光明"，不但开创了中国冷饮民族品牌的先河，还开创了一个"光明"食品工业的新时代。

❶ 工人们在改装的吉普车和旧卡车上沿途宣传，并向路人免费发放光明牌冷饮

播撒"光明"

面临上海产业结构和产业布局大调整，以及城市环境保护的需要，2003 年，上海梅林正广和集团将列为"三废拔点"的上海益民食品一厂，从虹口繁华商业区整体搬迁到上海奉贤。

2004 年 4 月，一座现代化的专业生产光明冷饮的花园工厂在奉贤农业园区傲然崛起。工厂拥有国际先进的自动化生产设备和检测设备，30 条冷饮生产线，年生产量可占上海冷饮平均消费量的 50%，成为中国最大的冰淇淋生产企业之一。

光明牌冷饮西进四川，南下广州，还北上北京。冷饮销售点在北京市内全面开花。《光明冷饮在北京卖"疯"了》——北京的报纸、电视等新闻媒体纷纷进行报道。光明牌冰砖又进军沈阳、哈尔滨等城市，风光独显。

在"和路雪""雀巢"等竞争对手铺天盖地的广告攻势下，"光明牌"冷饮在上海坚守阵地，仍三分天下有其一。

"光明牌"从冷饮开始，逐步扩展到罐头、代乳粉、奶粉、糖果、巧克力、饮料、啤酒，乃至酱油等。至今在食品领域中使用的"光明"商标，几乎都是从上海益民食品一厂的"光明牌"中衍生而来。

2006 年 4 月 20 日，位于奉贤农业园区的益民食品一厂，迎来了老厂长江泽民。江泽民观看了宣传片"光明的昨天、今天和明天"，参观了封闭式的生产车间，望着温馨、和谐的厂区环境，他感慨而又欣慰地说："光明发展了，光明后继有人了！"

2007 年 8 月 29 日，时任中共上海市委书记习近平视察益民食品一厂。在产品展台前，习近平拿着光明冷饮产品高兴地说："光明冷饮，我们小时候就吃了。"在梅林产品前，习近平感慨地说："我插队那时，能吃一听梅林罐头就很开心了。"他勉励集团干部员工："一定要把光明的事业发扬光大。"

在全球化经济浪潮下，中国市场渐与世界接轨，中国国门日益打开。就食品产业而言，作为中外品牌集聚和辐射高地——上海，更是群英荟萃、强手如林。

2006 年 8 月 8 日，上海市委、市政府及市国资委立足资产和资源的结构优化，立足资本和产业的战略调整，立足上海食品强势企业的归并整合，集中相

 新品荟萃的上海益民食品一厂产品

关四大集团的优质资产，组建成立光明食品（集团）有限公司，汇聚了一大批历史悠久、美誉度高、国内外知名的民族食品企业与产品品牌：光明、冠生园、大白兔、玉棠、第一食品、华佗、梅林、正广和、金枫、佛手、海狮、福新、三添、全兴、汪裕泰、乐惠等，其中不少都拥有中国驰名商标、中国名牌产品和上海市著名商标、上海市名牌产品，从而做实做大了上海食品产业链。

新的"光明"，志在高远。光明食品集团通过一系列跨国经营和跨国收购，开拓国际市场，把"光明"播撒到全世界。

（常凤珍　赵俊）

亲历者说

李福盛（曾任益民食品一厂总务科科长兼党支部书记、上海益民食品一厂生活服务公司总经理）：1968 年秋，我初中毕业就被分配到上海益民食品一厂工作。先后在威化车间、糖果冷饮车间工作，从事巧克力糖果和冷饮的制造。"光明"品牌家喻户晓，"光明"产品深受消费者喜爱，各类产品经常供不应求。光明牌冷饮作为企业防暑降温产品，每年夏季都成为旺销紧俏商品，来提货的卡车、保温车天天在月台前排成长龙。为了满足人民群众对优质食品日益增长的需求，厂里开展了一轮又一轮的技术革新和技术改造。1971 年，我从车间生产一线调到机修部门，参加建造硬糖成型自动冷却筛选传送机和软糖多层冷却隧道，大大提高了糖果生产的产能和质量。我这辈子一直在益民食品一厂工作，和所有老一辈"光明"人一样，亲眼目睹了"光明"品牌发展壮大的过程，"光明"品牌传承着几代员工发愤图强的情怀，凝聚了中华民族自强不息的精神，"光明"精神将永远是鼓舞一代又一代"光明"人奋发前进的动能。

上海化工区围海造地纪实

在杭州湾北岸，上海的西南边，矗立着一座被誉为"亚洲的安特卫普"的上海化学工业区。这是以石油化工产品为主的专业开发区，已建成以乙烯为龙头的循环经济产业链、以化工新材料为主导的特色产业集群，成为中国集聚知名跨国化工企业最多、主导产业能级最高、安全环保管理严格、循环经济水平领先的石化产业基地和国家新型工业化产业示范基地。面对一派生气勃勃的景象，谁能相信，二十多年前，这里曾是一片汪洋，一场战天斗地的重大战役在此打响。

梦想千百回

化学工业是国民经济发展的重要基础性产业。随着国民经济各行业的发展，对化工原料的需求越来越大，石化产品严重紧缺，国家不得不花大量外汇进口。早在 20 世纪 70 年代初期，上海化工局曾考虑在上海漕泾地区建造一个化学工业区，但由于条件不成熟，这个设想如天际闪过的流星，消失在无垠的天幕中。

1980 年，时任上海化工局局长张耀祥随同化工部考察团去日本鹿岛和美国墨西哥湾考察。回来后，他对比日本情况，觉得上海漕泾的条件比日本鹿岛优越，适合建设规模较大的化工区。当时，适逢中央领导来上海视察，他不失时机地提出建设年产 30 万吨乙烯项目的设想，引起中央领导的重视。第二年，中央派了与化工有关的几个部的领导来上海考察，离开上海前拟定了一个报告上报中央。但这个报告并没涉及建立上海化学工业区。

1993 年，时任日本首相海部俊树访问上海，在会见时任市长黄菊时，他提到 20 世纪 70 年代，日本是靠发展重化工带动经济腾飞的。黄菊心中激起强烈的反响，他立即指示上海市有关部门对上海重化工业开展研究。1994 年 8 月，一份《上海重化工（化学工业部分）发展战略研究报告》引起市领导的重视，报告提出在上海奉贤县和金山县交界的漕泾地区，建立大型化工基地的结论，得到市领导的充分肯定。

决策期万全

1996 年 4 月 29 日，上海化工控股（集团）公司印发 131 号文件，抽调张培璋、吴省藩、顾振立等 15 名干部，成立以张培璋为组长的漕泾工程筹备组。一个月后，化工部部长顾秀莲到上海，视察了漕泾，听取了上海化工控股公司领导的汇报。她听得认真，问得仔细，记得详细，认为上海有条件也更有必要建设这样一个化工区，并欣然题词："开发漕泾，加快化学工业发展。"

但是，首先遇到的问题是资金从哪里来。当时，工程筹备组向化工控股公司下属企业借钱开张办公。为了交付滩涂使用费，化工控股公司把原汉口路总部房产置换所得的2600万元投入进去。工商银行上海市分行、农业银行金山分行、也分别贷款支持。

要在一片汪洋中取得规划实地，必须先作可行性研究。为了取得科学依据，上海化工控股公司分别委托华东师大河口海岸研究所研究杭州湾岸滩情况，邀请上海水利工程设计研究院对围海造地工程进行论证。5月，上海水利工程设计研究院提交了《上海临海化学工业区围海造地工程方案》。这份方案详细论述了杭州湾沿岸气象、水文和地质、岸滩演变和自然概貌，对围海造地工程提出了具有建设性的意见和方案。6月24日，在南昌路47号科学会堂内，37家单位、85名代表、16位专家经过认真评审，通过围海造地工程实施方案。有了可行性论证，还需要有可操作性。张培璋又请南京河海大学模拟杭州湾作流场试验，进行堤坝组合结构研究。再委托无锡某海军研究所做实地模型，委托上海市地震局对杭州湾地震状况进行测评。一系列的细致工作为工程实施提供了扎实可靠的科学依据。

7月30日，专题研究建设化工区的市长办公会议召开，时任副市长华建敏、市政府副秘书长兼市计委主任韩正及相关委办局负责人出席。华建敏指出，为了上海同步均衡发展，漕泾这步棋一定要走好，这是跨世纪工程，是上海生产力布局的重大战略性决策。8月12日，市政府第54次常务会议正式通过建立上海化学工业区的决定。8月30日，经市政府批准，上海化学工业区发展有限公司成立。9月25日，上海化工区开发领导小组成立，并召开第一次会议，决定9月26日试抛石，9月28日举行围海造地工程开工典礼，工程正式开工。

决战杭州湾

1996年9月26日，漕泾海滩上晴空万里，波涛欢唱。这是一个令人难忘的日子——上海化工区围海造地工程进行试抛石仪式。下午3时，工程指挥部总指挥张培璋一声令下，大家一齐把搬在手里的石头抛向海水。试抛石是个象征，它如进军号角一般宣告：一场向大海要地的战役在杭州湾畔打响了。

9月28日，一台台搅拌机等重型施工机械开来了，长30米、宽20米、厚度50米

❶ 1996年9月28日，化工区围海造地开工

的土工布袋铺开了，5000名建设者斗志昂扬地揭开了工程序幕。

在标高仅0米、部分地段距吴淞标高为-1.5米的海滩进行大面积的围海造地，是国内围垦史上开天辟地的首创。这里风急浪高、波涛汹涌，在"惊涛拍岸，卷起千堆雪"中筑堤，其艰难和危险可想而知。

市水利工程公司、宝冶特种工程公司、中国石化工程公司等三支"精锐部队"组成集团军，承担了建造挡潮大堤和隔堤的攻坚任务。交通部所属上海、天津和长江三个航道局组成海上"联合舰队"，成为吹泥的主力军。上海航道局调集了上海港90%的船只、47条吹泥船。天津航道局动用了亚洲最大的2150号吹泥船，日吹泥量达6万立方米。吸泥机巨大的管道犹如巨人的手臂，将离海滩800米外的泥沙吸入管道，输送到筑堤工地。泥浆被灌入早已张开的土工布袋中，海水从袋里析出，泥沙在袋中凝结成块，作为筑堤的内材料。1997年2月4日，经过建设者200多个夜以继日的奋战，6.3公里长的挡潮大堤第一个龙口成功合龙。

2月9日，鼠年农历正月初三，正是人们欢度春节的日子。一场被当地居民称作"拜年潮"的大潮汛不告而临。顿时，风力达到5—6级，涌浪窜起3米多高，滔天浊浪排江倒海般扑向大堤，数千米长、直径80厘米的输泥钢管被拦腰截成几段。宝冶特种工程公司构筑的大堤被撕开了口子。得逞的潮水如脱缰野马在堤内横冲直撞，威胁着3、4、5号隔堤。不久，6号大堤又被潮水撕开一个百米长的口子。看到如此景象，节日坚守的指战员心急如焚，有的禁不住号啕大哭起来。

第二天一早，张培璋从市区赶到工地，见到眼前情景，心里一阵紧缩。时间就是命令，他立即两次召开现场会，部署抢救方案。无数次抛石阻流，袋中吹泥；多少人舍命抢堵，奋力护堤。大堤决了又补，补好了又被冲决，冲决了再补，一次又一次，一道又一道……

杭州湾的泥沙颗粒粉细，析水速度较慢，吹入土工布袋中固结需3—4小时，这在平时筑堤尚可，但现在抢险时不可待呀！"到长江里取沙，加快固结、保护堤坝。"指挥部当机立断，做出决策。指挥范庆云星夜兼程，奔赴江苏白帘港，联系借用长江泥沙。百余艘运沙船浩浩荡荡出长江，进黄浦江，入杭州湾，将32000立方米长江泥沙运抵工地，大大加快了筑堤进度。建设者们用血肉之躯谱写了一曲不屈不挠、战天斗地的英雄交响曲。

3月18日，大堤1、2、3号龙口成功合龙。4月5日，大堤全部合龙。建设者们按捺不住喜悦，欢呼着，拥抱着。大家望着8.1公里长的挡潮大堤巍巍屹立在大海边，昔日发泄淫威的海浪在大堤前驯服地低下了头，人人心情激荡，个个心潮澎湃。

❶ 1999年6月30日，天原化工厂在上海化工区举行搬迁开工仪式

①

据计算，光主堤工程就耗用水泥 36464 吨、钢材 1696 吨、木材 1273 立方米、土工布 497256 平方米、块石 523602 吨、黄沙 72681 吨、碎石 219147 吨。如果再加上排水口、隔堤工程、丁坝和延伸段加固、堤顶道路，这是多么巨大的工程量啊！

4 月 22 日，围海造堤工程竣工通过内验收。6 月 19 日，隔堤工程通过验收。杭州湾决战取得决定性的最后胜利，为 21 世纪上海化学工业发展腾飞构筑了 10 平方公里的平台。

（廖沙）

亲历者说

张培璋（曾任漕泾工程筹备组组长、上海化工区发展有限公司总经理、华谊集团董事长）：上海化工区的开发建设，是同上海市委、市政府领导的高度重视和直接指导分不开的。韩正、徐匡迪、蒋以任等市领导直接领导化工区开发建设。同时，当时 26 个委办局同漕泾当地政府和民众给予了大力支持和配合。二十多年来，围海造地大堤经受住了 484 年来最强风力的袭击，稳固如山。我有幸参与此工程全过程，从中增长了很多知识。我体会到，搞建设必须开展广泛深入的调查研究，做好细致扎实的筹备工作，事先要未雨绸缪、事中要把握火候、事后要善于总结，坚持求真务实的科学态度才能不走弯路。

① 2005 年 6 月 30 日，上海化工区赛科 90 万吨乙烯工程投产

漕河泾开发区：
创造"第一"的奇迹

上海漕河泾新兴技术开发区位于上海市区西南面，是以信息产业为主导，与生物医药、高端装备、新材料、环保及新能源、汽车研发配套等重点产业一起组成的高新技术产业集群。漕河泾开发区建立三十五年来，不仅为推动上海乃至全国高新技术产业和现代服务业发展发挥了"窗口、示范、辐射、带动"作用，而且在全国开发区建设史上创造了许多"第一"的奇迹。

❶

上海第一个高科技园区

20世纪80年代初，在上海市人民代表大会上，有人大代表提出关于建立微电子工业区的提案，引起了时任市长汪道涵的重视。1984年，汪道涵建议筹建上海漕河泾电子工业区。在他的倡导下，1985年，市政府下发《关于漕河泾微电子工业区开发规划和有关政策的通知》，同意成立上海漕河泾微电子工业区开发公司，市政府拨款1亿元，用于工业区开发。1985年4月3日，上海市经济委员会批准了公司领导班子成员。

❶ 漕河泾开发区今景

江泽民同志曾担任过电子工业部部长，对发展电子工业有较为成熟的思路。他担任上海市市长后，对发展微电子工业尤为关心。1986年4月，江泽民主持召开关于发展微电子工业的专家和领导座谈会。他指出，上海的微电子和计算机技术力量很强，大学、研究所和工厂企业里人才济济、门类齐全。要把上海的优势发挥出来，只有一条路：联合。要抓应用、促发展，抓竞争、促提高。他还强调，要有组织保证，要制定联合作战计划。要从资金和政策上保证微电子和计算机技术更快发展。

但是，当时对投资建设漕河泾开发区意见并不统一，有人怀疑会不会"跳黄浦"（失败），并有过一场争论。开发公司领导为此专门向江泽民汇报了工作情况和存在的问题。江泽民批示：按照计划执行。这时，漕河泾微电子工业区项目立项已得到市计划委员会批准。开发公司立即抓紧开展基础设施工程的规划设计、征地动迁、施工准备等前期工作。1986年9月10日上午，江泽民在市委常委会中间休息时间，专门听取了开发区公司领导关于工作进展情况的汇报，并拟定9月26日举行开发区奠基开工典礼。江泽民十分高兴，但他因9月26日要赴北京开会，所以不能出奠基开工典礼。

9月26日下午，奠基开工典礼如期举行。老市长汪道涵、副市长黄菊、刘振元为奠基开工剪彩。江泽民专门题词："上海市漕河泾微电子工业区奠基。"那天，共有400多人参加大会，上海电视台作了宣传报道。

全国第一个"双冠名"国家级开发区

1987年底，中央领导到上海视察。随同视察的国家科技委员会副主任阮崇武在刘振元陪同下视察漕河泾开发区。当时，开发区第一期开发998亩的市政基础设施已基本形成框架。阮崇武向刘振元建议，由江泽民向中央领导汇报，在已建微电子工业区的基础上扩大建立漕河泾新兴技术开发区，享受国家经济技术开发区的优惠政策。在汇报会上，国务院特区办公室副主任张戈、国家科委副主任阮崇武表示支持，中央领导也表示同意。接着，江泽民在开发公司的报告上批示，要加快上报国务院。1988年2月，江泽民签发市政府向国务院的报告。6月7日，国务院批准上海漕河泾新兴技术开发区作为国家级经济技术开发区，享受中央、国务院关于沿海城市经济技术开发区的各项政策，并明确开发区的任务是引进国内外高新技术，发展高新技术产业。7月，市政府宣布建立上海市漕河泾新兴技术开发区。

1991年3月6日，国务院印发《国务院关于批准高新技术产业开发区和有关政策规定的通知》指出：上海漕河泾新兴技术开发区已是国家级经济技术开发区，也确定为国家高新技术产业开发区。由此，漕河泾新兴技术开发区成为国内唯一戴有国家级经济技术开发区和国家高新技术产业开发区"两顶帽子"、名副其实的"双冠名"国家级开发区，全面享有国家级经济技术开发区和国家高新技术产业开发区的各项优惠政策。

上海第一个企业"孵化器"

1987 年 5 月，联合国开发计划署科技促进发展基金会主任、企业孵化器专家拉卡卡在会见国务委员、国家科委主任宋健时，介绍一些发达国家为加速科技成果转化，引入科技企业孵化器，培育高科技企业、新技术企业的信息。于是，国家科委组织开展可行性研究。1988 年，国务院批准国家科委实施发展高科技产业的"火炬计划"，其中一项重要内容是发展科技创业服务中心，即企业孵化器。其作用是促进科技成果转化，孵化培育科技企业和科技企业家。

1989 年，漕河泾开发区利用当时农舍改建的科技一村、二村推进高校科技成果转化，面积有 5000 多平方米，租金很便宜，很快吸引了科技企业入驻，成为开发区的第一代孵化器。如由市高教局所属研究所的 30 多名搞计算机的青年技术人员组织建立的上海高智科技发展有限公司，注册资本 30 万元，几年后就在开发区批租土地建起办公大楼，成为一家资产上亿元、专业从事计算机卫星通讯产品开发和应用服务、在国内外卫星通讯领域有良好声誉的民营科技企业。

1994 年，漕河泾开发区投资 1500 万元，建成 2900 平方米标准厂房，成立上海新兴科技创业公司。一年后，孵化器厂房全部"客满"。1996 年，开发区又投资 6000 万元，建设 16000 平方米的科技创业中心大厦，并成立科技创业中心。1997 年，科技创业中心被科技部和联合国共同认定为国际孵化器。1998 年，又被科技部批准为国家级高新技术创业服务中心。

1998 年 10 月，受科技部委托，开发区第一次举办首届第三世界企业孵化器管理人员国际培训班。来自 10 个国家的 11 名学员以及 10 多名国内高新区科创中心孵化器管理人员参加，取得良好效果。

第一次为上海引进人才"开绿灯"

发展开发区需要引进人才，但上海的户口很紧张，外地人才进来，需要用人单位向市人事局申请名额，每引进一人要缴纳 4 万元城市建设费，如是连家属一家四口人，必须缴 16 万元，企业不堪重负。

1999 年初，上海正在制定开发区条例。时任副市长黄菊就条例中引进人才政策到漕河泾开发区调研。他问开发区同志：上海户口紧张，城市建设欠账多，住房很紧缺，

❶ 上海漕河泾国际孵化中心成为人才创业的集聚地

但你们开发区要放开户口引进人才，这个问题你们是怎么考虑的？开发区领导说：我们现在的户口政策，在美国、加拿大等国就叫移民政策。他们的移民政策有两种：资金移民和智力移民。发达国家对智力移民是持开放政策的，何况我们还是发展中国家，对国内的人才如果还不开放，科技人员进不来，就很难发展上海的高新技术产业。

黄菊听了后说，你们的说法也有道理，上海也应该对人才实行开放政策。他问时任市人事局局长石涛：上海的开发区如果实行对人才倾斜的政策，会有哪些社会影响？石涛说：漕河泾现有的开发区只有 5 平方公里，人口也不多，高新技术人才进来对上海人口的影响也不会太大。于是，黄菊表示同意开发区引进人才的优惠政策，回去即向朱镕基市长汇报。不久，朱镕基签发的《上海市漕河泾新兴技术开发区暂行条例（草案）》提交市人大常委会审议，其中第七章"人才管理"第三十七条规定："经市人事等部门批准，外地优秀科技人才可以到开发区工作，并报进本市户口；经市人口控制部门批准，可以减免缴纳城市建设费。"从此，开发区打破了人才引进的"屏障"。为此，市人事局专门在开发区设立人才服务交流中心，凡是开发区内的三资企业、海外归来人员办的企业、民营高科技企业，都可以面向全国招聘引进高科技人才。

（叶孙安　潘君祥）

❶

亲历者说

叶孙安（曾任上海市微电子工业区开发公司副经理）：我有幸和当年的创业同事一起，参与了漕河泾开发区的建设。回顾"摸着石头过河"一路走来的历程，感慨万千。我为有机会成为漕河泾开发区的开创者和建设者而深感幸福，为把自己人生中最有活力的岁月贡献给上海工业发展和城市建设而无比自豪！

❶ 漕河泾开发区"和谐　创新　发展"雕塑

"永久"自行车 永久的记忆

上海自行车厂前身是1940年日商创办的昌和制作所。1949年5月上海解放，8月永久牌自行车诞生。自此，永久牌自行车制造企业成为中国第一家国营自行车整车企业，翻开了中国自行车制造史的崭新一页。第一辆28英寸标定型自行车、第一辆邮政自行车、第一辆26吋轻便自行车、第一辆载重自行车、第一辆场地赛车、第一辆公路赛车、第一辆汽油脚踏两用车、第一辆电动自行车、第一辆LPG燃气助力车……永久牌自行车先后获"中华老字号""中国名牌产品""中国十大驰名商标""国家免检产品"等荣誉。

"永久"商标的诞生

❶

1949年5月27日，上海解放。同日，上海军管会接管了中央机器有限公司上海机器厂第二分厂（后改名为上海自行车厂）。当时，厂里生产的自行车是"扳手牌"，商标名为"熊球"。后来，改为"永久"这个谐音，寓意自行车质量好到能够"永久"骑行。

1958年，厂领导把"永久"牌商标图案设计任务交给计划科职员邵再生，并邀请上海美术设计院专家张雪父具体设计。经过两人联手，以"自行车"象形体的"永久"两字居中，辅以上是齿轮，下是麦穗，象征顶天立地的工农大众、中间是闪光五星和"上海"两字的自行车造型的商标，镶嵌在"永久"自行车上。"永久"两字，简洁直观，极易识别，构思巧妙，堪称经典。"永久"牌商标为上海制造的自行车增添了光彩，赢得国内外消费者一致好评。

❷

❸

❹

❶上海永久自行车总厂挂牌 ❷手工装配车架 ❸钢圈电镀 ❹金加工车间

从 1949 年到 1990 年，上海共生产 4745 万辆永久车，最高的年产量达到 340 万辆，鼎盛时期每天有 1 万辆"永久"车从工厂大门"驶出"，走向全国乃至世界市场；累计向国家上交税利 25.8 亿元，人均税利率、资金税利率、全员劳动生产率等主要经济指标，均居全国自行车行业之首，成为中国自行车制造领域的佼佼者。在我国标定自行车、邮政自行车、轻便自行车、载重自行车、平跑自行车、自行车赛车、电动自行车等设计和制造领域，"永久"都位居行业前列。

多卖粮只为买"永久"

1976 年，湖北省应城县杨河公社卫东大队六房生产队的 19 岁农民杨小运担任生产队队长。他带领农民兄弟没日没夜地干，仍然完不成每年 8 万斤的国家粮食征收任务，每到青黄不接时，家家揭不开锅，还要靠吃返销粮过日子。1980 年，他偷偷把田分到户，当年就立竿见影，不仅完成了全年粮食征购任务，群众还人均分到 630 斤口粮，父老乡亲个个喜气洋洋。

1981 年，全队空前大丰收，共打粮食 25 万斤，户户完成国家任务。杨小运留下口粮和种子，向国家超卖万斤粮，这在当时湖北农村可是个了不起的数字。县干部问他，超卖万斤粮有什么要求？杨小运想也没想就说：想要一辆上海永久牌自行车指标。当时，自行车是紧俏的计划内商品，一个农民要买到名牌自行车是难以想象的。县长范浩清满足了他的要求，为他特批了一辆永久牌自行车指标。《孝感报》刊登了《种粮状元超售万斤粮 只想买辆自行车》的报道。

这一消息传到上海永久自行车厂，职工们开展了一场大讨论。大家表示要加班加点，增产自行车，满足农民兄弟的要求。厂长王永昌携 5 辆自行车专程到应城县，提出奖励杨小运一辆自行车。杨小运说，希望工人老大哥生产出更多农民兄弟需要的优质产品。应城县为答谢上海工人的深情厚谊，派出以范县长为首的代表团回访上海，受到了上海自行车厂近千名工人的夹道欢迎。《人民日报》、新华社专门报道了这一消息。后来，上海自行车厂将精心制造的 1200 辆"永久"车送往应城县，开始了在应城县建立"永久村、永久镇、永久县"的试点工作。

❶

进入发展快车道

1986 年 12 月 1 日，是永久人值得自豪的日子。在国务院推动横向经济联合的政策指引下，全国第一家自行车生产企业集团——永久自行车企业集团宣告成立。新组

❶ 杨小运买到了"永久"车

建的永久自行车企业集团，横跨全国六省一市（山东烟台、江苏南通、苏州，湖北沙市、安徽合肥、陕西西安、广西柳州、上海市）。集团拥有职工 2.2 万人，固定资产原值 2.2 亿元人民币，生产量占全国自行车产量的 1/7，成为全国最大的自行车集团。在"永久"的引领下，凤凰、飞鸽相继成立了企业集团。

为打破行业、地区、财政隶属关系的制约，创出自行车制造业发展的新路子，永久自行车集团在行业中率先推出"人无我有，人有我优，人有我先，人有我强"的发展战略，分别在中百一店、中百十店举办上海自行车厂有史以来规模最大、影响最深、参加人数最多的大型产销活动，安排"永久"各个系列 15 个型号、共 5000 辆车供消费者评选购买，沪上各大报纸竞相宣传，上海市民踊跃前往，本来就人流如潮的中百一店更是热闹非凡、应接不暇。

永久人总是自豪地说，永久自行车集团成立后的那些年，是"永久"最辉煌、最值得点赞的。1989 年，"永久"牌自行车已远销美国、加拿大、德国、苏联、日本等 50 多个国家和地区，为我国出口创汇作出了积极贡献。

增添中古"永久情谊"

1991 年 5 月 3 日，永久自行车集团接到上级部门通知，要求在 5 月 10 日前上报援助古巴项目工艺装备（包括备品备件）的明细表及报价，供相关部门到北京与古巴政府代表团洽谈时用。永久人接到这个在一周内必须完成的任务，意识到这是增添中古传统友谊以及永久自行车走出国门的好事，没有丝毫犹豫，即刻投入争分夺秒的工作。

别看自行车只有一个车架、两个轮子这么简单，实际上生产自行车的工艺装备多达上万件，要在 7 天内分门别类一项项列出明细清单、一件件测试生产成本后做出报价，谈何容易？但"赶上开放浪潮、永久走向世界"的使命感，迅即转化为动员令。厂部召开紧急动员会，"援古办公室"成员按照专业分工，时而各自为战、伏案疾书，时而密切配合、认真讨论。此时，已没有上班下班、白天黑夜之分，星期日成了照常工作的"星期七"，就连搞化验的人员也加班加点帮助抄写……在工具科全体员工努力下，赶在限期最后一天的上午，一份誊写得仔仔细细的工装清单及报价表按时送到了市里的主管局。

❶ 电镀车间青年班在攻难关　❷ 现场技术交流会　❸ 设计人员正在研究大型纵剪设备图

之后，永久厂"援古办公室"又根据古巴方面的要求，突击一个月完成酸洗车间全部设备的制造。为节省外汇资金，以援外促国内生产，企业还承接了全部多嘴焊工艺试验、设备设计和制造任务。在不到半年的时间里，永久人全部完成援助项目的平面布局和工艺流程图，基本结束工装设计、设备设计等工作……

庆典中国的"永久"记忆

2019 年 10 月 1 日，李晓晖早早起来收看建国 70 周年阅兵大典。他猛然升起一个念想：要是在群众游行队伍有一个自行车方阵，该多好呀！没想到，群众游行队伍走过来的时候，真的出现了自行车方阵，李晓晖激动得无以言表。后来他得知，国庆大典的自行车果真是永久自行车集团提供的，整整有 250 辆永久 51 型车、100 辆永久401 型轻便女车，而且，庆典组委会说："只要永久，别的牌子都不要。"

国庆 70 周年庆典仪式的自行车方阵，承载着几代人出行的永久"二八大杠"，点燃了中国人的"永久记忆"。那滚滚前行在北京长安街、上海南京路，以及全国城市的慢车道上、乡村宅前小路上的数百万辆永久自行车，永久行驶在我们的岁月记忆里。"永久永久，天长地久"的祝愿，随着更多"永久"单车、"永久"快递车在大街小巷的潮涌，也激荡着市民、乡民的心灵。

（余海峰）

❶　　　　　　　　　　　❷

亲历者说

王世封（曾任上海自行车厂第四任厂长）：回想起我们厂创业的那些年，真的很不容易！那时国家一穷二白呀，厂里生产技术很落后，油漆、电镀等都是手工操作，工人劳动强度非常高，干得很辛苦，但劳动生产率很低。我当厂长后，便将技术革新摆上重要位置，组织全厂开展技术改造、科学研究，改变了手工操作的落后面貌，劳动生产率显著提高。20 世纪 50 年代的《解放日报》，曾给永久牌自行车送上了中国自行车行业中"产量最高、质量最好、品种最多、成本最低"的"四最"美誉。

❶ 美国前驻华大使布什和夫人骑永久牌自行车在北京天安门广场　❷ 永久自行车近期照片

上海牌手表：
国表典范　匠心独运

　　1955 年 9 月，上海制造出第一批上海牌 18 块 17 钻细马手表。自 1983 年开始，平均每年开发一个机心系列。1987 年，SB1H 型薄型机械表经联合鉴定，其主要质量指标已超过瑞士梅花牌同类产品的实样测试数据，获国家银质奖。2001 年，陀飞轮机心研制成功。2005 年，为纪念上海牌诞生 50 周年，推出 50 块价格 10 万元的陀飞轮金表，被舆论称为"国产表卖出了世界名表的价格"。从 2000 年以来，上海表业有限公司先后推出了受市场欢迎的四大产品系列、90 多种新产品、800 多个新款式。2010 年，上海牌手表被国家商务部认定为"中华老字号"。2020 年 11 月，企业获得国家高新技术企业认定。

憋着一口气，也要造出国产表

　　1954 年，时任国家计委主任李富春在上海视察时提出：我国有 6 亿人民这样的大市场，手表工业大有可为，希望能生产我国自己制造的手表。次年 4 月，上海钟表行业的几十名师傅联名给上海市委写信，希望能够制造中国自己的细马手表。不久，市委公开复信表示支持。

　　1955 年 7 月 9 日，上海市第二轻工业局五金处与上海钟表同业公会组织了手表试制小组，有 28 家单位的技术工人和 6 名钟表修理个体劳动者共 58 人参加。然而，这些师傅只有制钟和修表的经验，没有造表的经验。第一批打算试制 12 块仿瑞士"赛尔卡"（SELCA）牌长三针（17 钻）细马防水手表。试制手表零件由参试单位人员分头制造。9 月 26 日，分散加工好的 150 多块手表零部件全部集中到慎昌钟表店，共组装出 18 块。经技术鉴定，全部样品质量接近瑞士"赛尔卡"手表。从此，迈出了我国手表制造的第一步。

　　1956 年 4 月，在河南路福州路口的五洲大楼内，组建了上海手表工厂筹备处。由于没有手表专业的工程技术人员，筹备组只能抽调专业有点相似的技术人员，如原搞火车头设计的工程师奚国桢，搞医疗针头制造的工程师童勤奋等。他们白手起家，参照《苏联工艺学》教科书，结合第一次试制的实践，画出 150 多张零件图纸，制订 1070 道工序的生产加工工艺。这是我国自己制订的第一套手表生产工艺文件。按图试

①

②

制，机心定为 A581 型。

1957 年 10 月，筹备工厂搬至高安路 19 号美孚公寓。1958 年 3 月，A581 型机械手表正式注册"上海"牌商标。当年的上海大厦是上海的地标性建筑，技术人员便借用上海大厦的造型，把"上海"两字巧妙地组合起来，呈下宽上窄等腰三角形结构，体现自强不息、傲然崛起的内涵，神采飞动、磊落雄强。

1958 年 4 月 23 日，我国第一家手表厂——地方国营上海手表厂挂牌成立。投产当年，共生产上海牌手表 13600 块。1958 年至 1960 年 7 月，精业仪表厂、华成表壳厂、上海卷烟三厂等 6 家企业先后并入上海手表厂，并正式搬入杨浦区榆林路 200 号。兵强马壮，实力大增，1960 年，上海牌手表达到 45 万只。

20 世纪 60 年代后期，工程技术人员从毛泽东主席题写的"好好学习，天天向上"与《满江红·和郭沫若同志》两幅手迹中，分别采集了"上"和"海"两字进行组合，合成毛泽东手写体"上海"，应用于表面、后盖及产品包装。"上海"两字，左右呼应，字连神贯，苍劲挺拔，气势豪爽，具有雄奇奔放的阳刚之美。从这时开始，上海牌手表的文字商标一直采用毛泽东手写体。

周总理：要戴我们自己造的表

1958 年 7 月 1 日，上海牌手表正式对外销售。据当日《新民晚报》报道：第三百货今晨顾客盈门，争买首批上海牌手表。柜员在橱窗里陈列 A581 型上海牌手表样品，并介绍其性能：17 钻、钢背、长三针、防水，发条上足可走 36 小时，24 小时日差不超过 60 秒，保用 2 年，每块售价 60 元。要知道，当年的 60 元，可真不便宜，相当于一位普通老工人一个月的工资，可人们宁肯节衣缩食，也要买一块上海牌手表。在试销当天，100 块上海牌手表一开门就被抢购一空。试销单位上海第三百货商店像办喜事一样，他们为买不到的顾客办理登记预售，一个上午登记人数就超过 1000 人。

新中国成立之初，周恩来曾感慨，什么时候能让我戴上自己生产的手表呢？后来

❶ 上海牌 A581 型手表　❷ 生产车间

听说上海牌手表问世的消息，他无限欣喜，指着东南方向说，告诉他们，我买一块。按市场价买，我给他们做广告！在一次访问非洲时，他还特意向几内亚总统展现了自己身上的衣服、皮带和佩戴的上海牌手表。周恩来总理生前一直佩戴上海牌 A623A 型手表。

"文革"期间，周总理来上海接待外宾，顺便想把手表清洗一下，加加油。当时的市领导知道后，送去几十块各色新款手表给总理秘书，转交给总理时，总理皱着眉头吩咐原路退回。后来，总理的卫士将手表送到上海手表厂修理。经过擦洗维修后，周总理依然一直戴着它。直到去世，这块手表才从总理的手腕上摘下，由中国人民革命军事博物馆收藏。

上海牌手表的成长和发展，始终得到党和国家领导人的亲切关怀和帮助，邓小平、董必武、李先念、乌兰夫、郭沫若、江泽民、朱镕基等领导先后视察过上海手表厂。陈毅、贺龙等老一辈无产阶级革命家生前都佩戴过上海牌手表。

1962 年 12 月，中国科学院院长郭沫若参观上海手表厂，欣然提笔写下 100 多字富有诗意的留言，称赞工人"眼灵手敏，神凝心胸，用金属和宝石写出的韵律严整之诗……"，并勉励他们"提高质量，精研技术，树立雄心壮志，远远超过瑞士"。

1986 年 7 月 24 日，时任上海市市长江泽民来厂视察，并题词："增加花色品种，满足市场需要；打入国际市场，多创外汇收入。"

上海牌手表：一个时代的标志

在那个物资匮乏的年代，拥有一块上海牌手表，绝对算是奢侈品，拥有手表、自行车、缝纫机"三大件"更是衡量家庭财富的标准。

上海牌手表既漂亮又质量过硬。据《文汇报》1981 年 5 月报道：人民解放军驻

❶《新民晚报》1958 年 7 月 1 日报道　❷ 消费者争购上海牌手表

豫某部副教导员在农场劳动时，将上海牌手表不慎掉落到水稻田里，遍找无着落。事隔一年后，农场的战士在翻耕田地时突然找到这块手表。当失主收到这块在稻田里埋了一年之久的手表时，表壳上没有一点锈斑，上紧发条，走动正常。副教导员还不放心，请修表师傅打开表盖，只见机心闪闪发亮，所有零件完好如初，不需更换。1983年，上海市闵行分局治安科徐筱生等同志写信反映："我们在黄浦江中捞起浸泡了45天之后的上海牌手表，拨动了一下发条就继续走动，可见上海手表厂生产的手表防水性能良好。"1984年11月19日，297块上海牌手表跟随国家赴南极考察试验，经受了低温严寒的考验。据1986年9月26日新闻报道：上海牌手表接受空投测试，直升机在100米高空抛下了300块手表，分别散落在砂石地、水塘、草坪上，收集到297块，无一停表。有两块表坠落在桑塔纳轿车车顶上，又掉落地面，轿车车壳被砸出了窟窿，两块表的表面玻璃都碎裂了，然而，经测试，一块表走时误差4秒，另一块走时误差8秒。多么不可思议的测试！

为了满足全国人民对国产手表的需求，1968年，上海牌手表产量突破100万块；1970年，突破200万块。1982年开始，产量一直维持在每年500万块以上，到1990年产量达到690万块。是年9月29日，迎来了第1亿块上海牌手表，这在全世界手表生产厂中可以说是绝无仅有的。

上海手表厂自成立以来，累计上缴利税50亿元，并且创造了中国手表工业年产量第一、年产值第一、累计手表总量第一等"十个全国第一"。上海牌手表当时占全国手表拥有量的1/4，换句话说，平均每4个戴表人中就有一个戴的是上海牌手表。

（柳海鸣）

亲历者说

董国璋（曾任上海钟表有限公司党委书记、总经理，现任上海表业有限公司总经理，上海市钟表行业协会会长。从事钟表行业工作四十四年）："上海牌"手表所走过的六十五年创业历程，见证了新中国成立后，在党的领导下，工人群众当家做主人，发挥无限的想象力和创造力，为我们书写了一部民族老品牌励精图治的奋斗史，永不言败的创业史，不断创新、自我突破的开拓史，铭刻着一代又一代造表人艰苦奋斗、精益求精的光荣传承，体现了上海精神、上海智慧、上海速度。一个在市场上能够站立并兴盛的品牌，一定是承载着历史与文化、核心技术与情怀的匠心之作。我们致力于持续创新，努力拓展手表在现代环境下的市场功能、文化功能、时尚功能和收藏功能。

"三五牌"台钟：
家喻户晓的国民品牌

1940 年 3 月 24 日创建的中国钟厂，是我国制钟行业内历史最长的厂家之一。1941 年 1 月，该厂创立"三五牌"。1941 年 10 月，定名为中国钟表制造厂股份有限公司。1954 年 12 月，实行公私合营。1966 年 4 月，更名为中国钟厂。1980 年，"三五牌"台钟被评为上海市和轻工业部的优质产品。1983 年、1988 年，获国家银质奖章。至 1982 年，该厂共生产 793026 只"三五牌"台钟。2002 年，中国钟厂并入上海钟厂，更名为上海钟厂一分厂。在 20 世纪六七十年代，"三五牌"台钟是每个结婚家庭的必备摆设，那清脆准点的打点声是那个时代每个家庭的温馨记忆。

一群"因钟结缘"的老人

20 世纪三四十年代，外敌入侵，战乱频仍，民不聊生。一批爱国企业家怀揣抵制洋货、制造国货的创业精神，为创立"三五牌"台钟，钟才章、阮顺发、毛式唐、王宽诚 4 位民国老人结缘前行。

1912 年 5 月，钟才章在上海创建钟才记营造厂，为法商百代公司留声机加工木壳，为昌明钟厂加工钟壳等。抗战爆发后，因当时提倡国货，钟才章便有心开设钟厂，曾拟名"天功钟厂"，取巧夺天工之意。说来也巧，在为中华教育用具厂承制仪器箱的过程中，钟才章与该厂工程师阮顺发相识，两人志趣相投，这便引出了后来的"三五牌"台钟。

阮顺发祖籍浙江奉化，生于上海。1912 年 15 岁时，经书院老师介绍到耶松船厂打样间当练习生，学画图纸。为能学到技术，喜好动手操作的他放弃绘图工作，直接到车间拜师学艺，经过两年努力终于学会车、钳、刨的操作技能。1914 年后，一直从事修船配件工作。1927 年，他进周彩道机器厂做钳工，因其手艺高超，1931 年晋升为领班。

20 世纪 30 年代，国内时钟市场被日、德洋钟所垄断，阮顺发十分不甘心，他认为：机械原理是相通的，我们大船造不出，但完全有能力做出自己的国产钟，来抵制洋钟的倾销。阮顺发精通钟表技术，曾设计制造过日、月、星期、时辰钟，被称为"八用钟"。日军侵华后，中华教育用具厂部分厂房被日本飞机炸毁。1940 年 1 月，钟才章得知阮顺发歇业在家，立即腾出 1 间亭子间，聘请阮顺发研究日本"宝时牌"八天钟、德国"丁字牌"十四天钟结构。1 个多月后，阮顺发便拿出了第 1 只可以连续走15 天的木台钟。在当时国产时钟都是仿造日本八天钟的背景下，连续走 15 天可是重大的突破。15 天包括 3 个 5 天，这是多大的优势和卖点！"三五"就自然成为该台钟的品牌名称。

要正式制造台钟，光有技术还不行，必须要有资金。也许是天从人愿，此时天津大纶绸布庄经理毛式唐因时局动荡辞去经理职务，变卖房产后携 100 根金条抵达上海，听到友人说欧战爆发，外国时钟进口减少，如开设钟厂获利丰厚；又通过钟才章的亲戚了解到钟才章欲集资办厂，且有现成的厂房、技术的优势，便来了兴趣。颇有心计的毛式唐特地拿来 1 只仿德国产的坏钟，请阮顺发帮助修理，阮顺发当即拆开，找出该钟停摆的原因是仿制的中心轮轮齿太小，他用小榔头将齿敲大，重装后就正常行走——现场考察通过！毛式唐暗暗佩服，坚定了投资办厂的决心。

1940 年 3 月，毛式唐等筹资 16 万元通用法币创建制钟工厂，自任经理，由钟才章任厂长，聘请阮顺发为工程师。1941 年 1 月，工厂正式投产，定"三五牌"为商标，初期日产 30 只左右。

❶《申报》头版头条刊登"三五牌"台钟广告　❷ 20 世纪 70 年代上海普通家庭的摆设

1941 年 2 月，因资金紧张，毛式唐邀上海维大洋行总经理王宽诚、中国国货公司经理李康年参与投资，遂请王宽诚出任总经理，资本增至 40 万元。10 月 13 日，首次在《申报》头版头条刊登"三五牌"台钟广告，上载顺口溜一首："挂歪摆歪虽歪不停，倒拨顺拨一拨就准。"形象地刻画了"三五牌"台钟的优点。

一辈子"嫁给钟"的人

阮顺发继续研发制钟技术，成为杰出的钟表工匠。为产品投产和提高性能，阮顺发自己动手画产品图、零件加工图，设计专用设备、模具，以至自己动手制造活摆结构中的弹簧加工设备等。1941 年至 1944 年期间，他将英国最新的高精度天文钟技术——后退式擒纵机构用于"三五牌"时钟机芯，使 15 天累计误差从 10 分钟减少到 5 分钟。为稳定走时性能，他改进主体设计，更新所有工夹模具，消除了停钟之虞。为使报时悦耳动听，他设计新颖的风轮翼控制打点速度，依据琴弦发音原理，采用两根长短不一的直簧代替洋钟的一根盘簧，使报时音质变单音为复音，被誉为"巧制直簧，入耳和畅"。为推算轮齿合理比例，他让钟摆自由摆动，再用秒表反复测定，从而计算

❶ "三五牌"台钟　**❷** 老式"三五牌"座钟

出最佳传动比，促使时钟质量稳定耐用。

自此，阮顺发一发而不可收，陆续研制了 24 点单型钟、不鸣点单套小钟、能奏"西敏寺"乐曲的高档报时钟等。1943 年 10 月，当竞争对手在市场上推出 18 天钟后，阮顺发立即予以回应，创制了"三五牌"21 天钟，首批 1200 只，翌年就与消费者见面。他对儿子说，如果别的厂能生产 21 天钟，我就研制 30 天钟……

阮顺发的制钟技术为同行所瞩目。"三五牌"台钟也随之声名鹊起，被誉为"中国之钟""国货之光"，成为风靡市场的名牌产品。1944 年，公司资本从初建时的 16 万元猛增到 4000 万元。其时，阮顺发也受到公司的厚待，月薪 356 元，超过了总经理的 277 元。然而，阮顺发一生无其他爱好，唯一嗜好是喝酒，往往一边喝酒，一边思考技术问题。为此，经理毛式唐专门采购陈年老酒，供其饮用。1946 年，工厂新楼落成，阮顺发全家迁入二楼，而毛式唐则住在底楼。当年，远东钟厂以委任厂长和赠送 1/3 股金为诱饵，拉其离开中国钟厂，但阮顺发念及毛式唐体贴、重用的知己之情，不为所动。

1952 年，中华仪器厂经理去香港后，托人带信请阮顺发去香港工作，待遇从优，但阮顺发表示要把自己的技术和才能贡献给新中国制钟工业。1955 年，阮顺发由上海市手工业局任命为第一批工程师。

1955 年 7 月，60 岁的钟表工匠阮顺发承担起我国第一批细马手表主夹板的试制任务。试制中，他仔细观察从瑞士"赛尔卡"手表中拆下的夹板，发现有 3 个孔，非常光洁，但它既不装齿轮，又不装其他的零件，即使在手表装好后这 3 个孔仍空着，他认为其中肯定有道理。为思索其中奥妙，他在厂里研究、家里琢磨，3 天后终于悟出这 3 个孔是手表的 3 个定位孔，全部孔径加工要以此为基准。这个问题的突破，使试制工作顺利进入实施阶段。在试制过程中，设备不够，他就自己动手制作 1 台两用手摇小钻床；工具不全，他自己动手做了 50 多把刀具，仅花了 2 个月时间，就完成试制任务，为"上海牌"17 钻细马手表的诞生作出了贡献。

1955 年 6 月，阮顺发参照手表流行长三针的款式，设计出国内第 1 款长三针背铃闹钟，设计了走与闹一根发条驱动的钟机结构。其心脏部位摆盘的设计，吸收了手表工艺中细榫头和镶嵌玻璃钻做轴承的优点，提高机芯的耐磨性，延长使用寿命 1 倍以上。1956 年至 1957 年，他为长江航运局研制出航道开关钟，填补了国内空白。1958 年至 1960 年，他设计出我国第 1 台应用于时钟并显示日历、星期和日、夜的双历装置。1960 年 4 月，他创造出我国首批音乐台钟，其外观设计成飞机型，能按时奏出优美轻快的"东方红"乐曲，令人耳目一新。

阮顺发毕生从事钟表研究，如痴如迷，乐在其"钟"，爱在其"钟"。为表彰阮顺发对钟表工业的贡献，经上海市委批准，他于 1956 年被评为上海市先进工作者。

一家因"三五牌"台钟而闻名的企业

　　因为研发、制造"三五牌"台钟，中国钟厂在上海钟表发展事业上独占鳌头。新中国成立后，中国钟厂研制成功15天钟、31天机械钟、石英钟、工业用钟三大系列，产品在市场上供不应求。1954年，研制出上海人民广播电台的报时钟，是国内电台首次使用"嘟嘟嘟"的天文报时讯号。1956年，研制出15台05型天文落地大钟，日误差小于1秒，作为全国机械摆钟走时精度最高的时钟，供中国科学院地球物理所研究之用。1957年，与上海天文台合作研制成功仿英高精度天文钟——锡达钟，在真空、恒温、避震的条件下，走时精度达到0.001秒每日，为天文台提供精确的报时信号，填补了国内空白。自1955年起，"三五牌"台钟还进入国际市场，至1986年共外销344.7万只，累计创汇4110万美元。

　　1999年，在昆明召开的世界园艺博览会入口处，摆放着上海市人民政府赠送的一座"四季花坛钟"。该钟直径19.99米（喻义1999年园博会），面积313.9平方米，是当时国内最大的花坛钟。大钟的三针采用制造火箭尾翼的航天材料，秒针悬臂长6米，厚度仅5厘米；三根指针表面涂有特殊材料，在室外可保持二十年不变色；采用GPS卫星信号作为校时基准。这座巨大的世纪花坛钟的制造者就是以生产"三五牌"时钟而闻名的中国钟厂。

（柳海鸣）

❶

❶ 中国钟表制造厂股份有限公司

亲历者说

　　蔡辉明（1982年部队复员进入中国钟厂，1991年担任副厂长，现任上海市钟表行业协会秘书长）：如今，喜欢机械木钟的消费群体仍然没有消失，许多人怀念客厅里悠扬的钟声和嘀嗒的走时声。机械时钟又逐渐受到了人们的追捧，是复古，也是一种时尚！我在钟表行业工作近四十年，深深体会到：老品牌的延续发展，工匠精神是关键，不断创新是核心。因而必须弘扬新时代的工匠精神，不断提高职工技能水平，建设一支高素质、高技能的人才队伍。尤其是要发挥企业技术大师、各类工匠在企业技术创新活动中的引领作用，造就一批兢兢业业的工匠，提升企业职工整体技能水平。这已经成为上海钟表行业乃至上海工业发展不可或缺的重要环节。

"大白兔":
从"国民奶糖"到"国潮典范"

　　1972 年 1 月，美国总统尼克松首次访华前夕，派出国家安全事务助理黑格准将到中国打前站。一位服务员细心地发现，中方准备的大白兔奶糖非常受美方欢迎。周恩来总理获悉后，立即指示将"大白兔"作为"国礼"赠送。尼克松正式访华时，"大白兔"娘家的工人连夜赶制 500 多斤大白兔奶糖，将其赠送给了尼克松及其随从。这颗代表着当时"上海制造"顶尖水平的小小奶糖，无声地融化着中美两国人民心中的坚冰，成为当年美国复活节期间民众抢购的热门糖果。这种延续了半个多世纪的奶香味，从来不曾远去。如今，跟随时代步伐不断创新的大白兔奶糖，已成既时尚又经典的上海标志性产品之一。

"大白兔"变身人人喜爱的"奶糖之王"

　　20 世纪 40 年代，上海爱皮西糖果厂老板冯伯镛从一款英国牛奶糖中发现商机，自主研发出一款国产奶糖"ABC 米老鼠糖"，这就是"大白兔"的前身。

　　新中国成立后，爱皮西糖果厂被收归国有，改名爱民糖果厂。该厂在"ABC 米老鼠糖"基础上改进推出大白兔奶糖。由于产品具有奶味浓、弹性足、不粘牙等特点，深受消费者青睐。1959 年 9 月，"大白兔"成为代表上海产业工人向国庆十周年献礼的产品。从此以后，大白兔奶糖走入千家万户。

　　改革开放后，糖果和巧克力行业是最早向外资敞开大门的行业，外商蜂拥而入：1989 年，美国玛氏进入中国；1995 年，德芙碗装巧克力接踵而来；同一年，美国好时也匆匆赶到；1996 年，意大利阿尔卑斯牛奶糖在中国上市；

❶ 1977 年 2 月 9 日，工人正在为春节生产大白兔奶糖

2001 年，日本悠哈在上海设立独资公司……它们都是国际性大公司大品牌。

感受到竞争压力越来越重的大白兔奶糖，迅速作出了应对之策。经过市场调研和分析，"大白兔"的领导层意识到，要使"大白兔"长盛不衰，就不能再单纯地依靠老牌子，"一招鲜，吃遍天"，而必须满足各种消费群体逐渐变化的需求，让"大白兔"适应各年龄段消费者的口味。因此，开发新一代"大白兔"，让"大白兔"繁衍出新品种，是"大白兔"生存发展的唯一选择。

千禧年之后，"大白兔"首先对生产设备和生产工艺进行改革，改变以往食品安全系数低、车间噪声大、工人劳动强度大的落后工艺，实现在加压状态下进行均质加料的密闭化生产，这样全自动化的车间在国内同行中还是首家；同时，在产品工艺设计上，通过减少砂糖投入量、增加鲜乳注入，使小颗粒奶糖达到更低甜度、更浓奶味的效果，适应消费者口味的新变化。

此后，"大白兔"进一步追寻生活品质提高之后人们口味的新变化，在调查分析的基础上，又陆续推出了红豆味、玉米味、酸奶味、薄荷味等不同口味的新颖奶糖，首次形成经典奶糖系列，满足不同地域、不同年龄段顾客的需求。

接着，"大白兔"又穿上时尚的"服装"——对传统包装设计进行了更新，将静态"大白兔"，改为形象各异的动态"大白兔"。"大白兔"站起来了，活起来了！一只只活泼、可爱、充满时尚感的"大白兔"新形象映入消费者眼帘，也跃入消费者的心中。

2011 年，注册商标"大白兔"被商务部授予"中华老字号"称号，凭着良好的口碑成为上海世博会的指定糖果。如今，"大白兔"已当之无愧地成为上海制造的"国民奶糖"，成为许多海内外游客来上海必买的标志性商品之一。

"大白兔"化身年轻人追捧的"国潮典范"

大白兔奶糖已经不再是奢侈品。工厂里 20 多条生产线，每年可产出 2 万吨"大白兔"，畅销全国各地和世界 50 多个国家、地区。

当年抢着吃大白兔奶糖的孩子们，已成为中华大地的中流砥柱；这只欢快跳跃的"大白兔"，也深深融入上海的城市记忆。一颗奶糖不过是物化的状态，它背后的文化和人文记忆才是最核心的品牌价值。"大白兔"的发展策略，就是让它不断"年轻化"，围绕其人文特征，通过跨界合作，拥抱更多年轻人。

❶

❶ 2018 年 11 月，大白兔奶糖与美加净跨界"联姻"

2013 年，大白兔奶糖开始与法国时尚轻奢品牌"Agnes b."进行跨界合作，随之推出的限量版礼盒上，那个一笔勾勒出的兔子形象萌动可人，粉蓝和粉红的包装采用最新流行的潘通（PANTONE）色号，在国内甚至找不到可用的油墨。这款产品在 2015 年"双 11"首发，十分抢手，随即卖空。可见，对于"90 后"消费者，大白兔奶糖依然有着甜蜜的诱惑力。2018 年，"大白兔"携手"上海家化"旗下老字号品牌"美加净"，跨界推出"美加净大白兔奶糖味润唇膏"，在当年"双 11"一炮打响，爆卖 10 万余支。

"大白兔"还通过各种创意营销活动，着意培养新一代拥趸。2019 年，正值"大白兔"诞生 60 周年。在"6·1"儿童节下午 2 点，上海 LuOne 凯德晶萃广场人声鼎沸。其中排队最长的地方，就是"大白兔"和台湾奶茶品牌快乐柠檬联手推出的快闪店——大白兔奶茶店。一位"90 后"女士赵洁带着 5 岁儿子排在长队的中部，时不时伸长脖子往前张望，她对记者说："我们昨天听说开了家大白兔奶茶店，今天特意来试一试。已经排了一个半小时了，估计差不多还要再排一个小时吧。"记者问她：为什么会来，她说："我从小吃大白兔奶糖长大，今天路过这儿，就忍不住走进来了。我是来拍照和买奶茶的，儿子是来买糖的。"

就在这一年，"大白兔"主题全国巡展第一站在上海 LuOne 凯德晶萃广场开启，并正式发售"大白兔"抱枕等衍生品。在巡展一个月中，这项创意营销活动稳居大众点评商圈热门活动指数首位。

第二站开到苏州，人气比上海更高！全国各大商场纷纷寻求与大白兔奶糖合作，广州乐峰、深圳来福士、北京富力广场、成都 IFS、西安 MOMOpark、青岛万象城、重庆来福士和厦门 SM 等 15 个一二线城市地标性商业中心，先后开展"大白兔"60 周

❶ 2019 年 1 月，大白兔 60 周年快闪店

①

年品牌巡展活动，媒体曝光量超过7亿人次，线下观展达30万人次，有效地扩大了"大白兔"的社会影响力和美誉度。糖果及各类衍生品引发销售热潮，传递经典，分享快乐……

2020年，"大白兔"和光明乳业联名推出大白兔冷饮、冰激凌和莫斯利安酸奶糖等跨界产品，让消费者以亲民的价格体验到正宗、简单和纯正的快乐。

在打响"上海品牌"和助推"国潮回归"的背景下，"大白兔"正进一步加大创新的力度、速度和广度，不断开启一波波"回忆杀"，赋予上海品牌新的创新空间。"大白兔"这个跨越了半个世纪的上海品牌，正以更加年轻化的崭新形象，甜美地走进新一代消费者心中。

（刘罗青）

亲历者说

吴坚（上海梅林正广和股份有限公司党委书记、董事长）：在这瞬息万变的时代里，一个品牌只有不断地"触摸"消费者需求的变化，才会有恒久的生命力。不然，再著名的品牌也会消失在人们的记忆中。"大白兔"正是不断探寻市场和消费者的需求，以不断的创新之举，赢得了不同消费层次、不同消费年龄段的知音。大白兔品牌是我们光明人和冠生园人的骄傲，我们将做精做优这一民族品牌，持续打磨"大白兔"IP形象，将大白兔品牌打造成为上海服务、上海制造、上海购物和上海文化的一张靓丽名片。愿与时俱进的"大白兔"，生生不息，永葆青春！

❶ 2020年5月，大白兔亮相上海豫园"国潮老字号"游园会

上海贝岭:
"社""资"之争

我国刚刚改革开放不久,集成电路体系和产学研力量都很薄弱,集成电路 85% 以上都依赖进口,严重影响到信息产业、通信产业和轻工业的发展,不能满足人民群众日益增长的需要。如果要建立自己的集成电路企业,就必须依靠外资和外企的力量,较为可行的方法是在引进设备的同时,引入技术、软件甚至是外企的管理方法。这在当时相对封闭的环境下,是一个不小的难题。上海无线电十四厂勇敢地站在了历史的风口浪尖,成为了时代的拓荒牛。

试验之田

1980 年,我国每一百人中拥有不到半部电话。在北京、上海这样的大城市,没有一台程控交换机。当时,邮电部作出重要决策,引进程控交换机生产线项目,并走出国门寻求合作伙伴。由于很多西方国家对战略物资和高科技项目实行出口禁运和贸易限制,因此谈判屡屡受阻。经过 3 年多的谈判,比利时贝尔公司才同意技术转让。1983 年 7 月 30 日,在北京人民大会堂,签订了上海贝尔电话设备制造有限公司(简称上海贝尔)合营合同。1984 年 1 月 1 日,上海贝尔成立。1985 年 10 月 1 日,国内第一条 S1240 程控交换机生产线投入生产。

上海无线电十四厂曾是机械电子工业部和电子元器件行业的重点企业,主要生产场效应晶体管、CMOS 集成电路及组件模块,拥有优秀商标"双岭"。他们决定出资与中国比利时合资的上海贝尔合作,创办一个全新的中外合资公司,用真正全套进口的生产线和配套的技术及管理方式,生产程控交换机的核心芯片,用以满足激增的程控电话交换机需要。几经周折后,中比资方终于达成共识,携手迈出我国集成电路发展史上具有象征意义的一步。

1988 年 9 月 6 日,在周围还是一片农田的漕河泾宜山路 810 号,中国集成电

❶ 1989 年 5 月 8 日,贝岭公司试投产新闻发布会

路行业第一家中外合资企业——上海贝岭微电子制造有限公司（简称上海贝岭）挂牌成立。中国第一条 2 微米～3 微米集成电路生产线开始搭建，采用由比利时贝尔公司提供的专用大规模集成电路（简称 CLSI）技术，这是 20 世纪 80 年代末国内最先进的技术。贝岭 9 个产品分别运用 CMOS、NMOS、BIMOS 三种技术产品的集成度，最高达 5 万多只分立器件，硅片直径为 100 毫米，年加工能力为 12 万块，加工生产这类高技术产品在国内尚属首次。

"贝岭"从西方资本主义那里引进的种子和技术，种植在东方社会主义土壤上的"试验田"，开启她的耕种之旅。

"社资之问"

20 世纪 80 年代末、90 年代初，苏联解体，东欧剧变，中国的改革之路还能不能坚持走下去？有的人发出了改革开放究竟是"姓资本主义还是姓社会主义"的诘难。

上海贝岭成立之初遇到了极大困难，几乎没有盈利的产品。公司通过整顿，积极采用国外先进的企业管理方法，9 种程控交换机专用芯片先后转让成功。1992 年，S1240 程控交换机专用大规模集成电路通过比利时的质量认定，全面向上海贝尔供货。但仍有不少人对从国外转让技术持不同看法。

1992 年 2 月 10 日，正值农历正月初七。清晨，上海贝岭意外地迎来了一位精神矍铄的慈祥老人。改革开放的总设计师邓小平同志在时任国家主席杨尚昆和中共上海市委书记吴邦国、市长黄菊的陪同下，冒着初春的寒意，专程来到上海贝岭的硅片制造部视察。

在听取了公司相关人员的介绍之后，小平同志饶有兴趣地开始视察生产线情况。看到一台首次引进到国内的集成电路生产关键设备大束流离子注入机，他表现出浓厚的兴趣，边听工作人员的讲解，边指着机器风趣地问大家："你们说，这台机器是姓'社'还是姓'资'？"谁都没料到，小平同志会在这里提出这个事关改革进程的重大问题。

片刻，小平同志意味深长说道："对外开放就是要引进国外先进技术、设备、资金，为我所用，这台机器现在姓'社'，不是姓'资'。"紧接着，他又分析了苏联这个原来经济技术较发达的国家，就是因为闭关自守而导致落后，最终解体的例子。他进而还对为提高上海贝尔的程控交换机国产化率而配上大规模集成电路，以及相关部件生产技术均给予了充分肯定。

料峭的春风并未影响小平同志对上海贝岭的热情，临上车时，他看到大楼前聚集了很多年轻技术人员，就主动走过去向他们鼓掌示意，并和前排的人一一握手。

测试部女大学生周剑锋热情问候："邓爷爷好！"

质量部女研究生华剑萍怀着崇敬的心情说："您在我们年轻人心目中是最德高望

重的。"

邓小平微笑道："这不好说吧！有一点贡献，做了一点事，很多事情没有做，来不及做，也做不完。"

这时，站在旁边的杨尚昆问大家："你们是什么学校毕业的？"

"华东师大。"

"复旦大学。"

"外语学院。"

年轻人一一作了回答。这时，旁边有人插话介绍："他们都是大学生！"

小平同志高兴地点点头，语重心长地说："21世纪靠你们年轻人。"

杨尚昆大声重复道："21世纪靠你们了。"

年轻人同声回答："请放心，我们年轻人会把中国建设好的。"

一个历史性的瞬间悄然在上海贝岭定格，"姓资姓社"的诘难得到了最掷地有声的答复："资本主义国家的设备、技术、管理引进为我们所有就是姓社。"而小平同志对贝岭年轻人的谆诲，也激励着一批又一批青年才俊加入贝岭，投身到为祖国集成电路产业奋斗的浪潮中去。

辉煌之路

党和国家领导人从未停止过对上海贝岭发展的关怀。鲜于题字的朱镕基同志在上海贝岭建厂之初，专门题写了"从严治厂、一丝不苟、一鼓作气、奋勇夺标"十六字管理方针。而在小平同志视察后，先后有罗干、邹家华、李岚清、温家宝、胡锦涛、乔石等众多党和国家领导人亲自莅临上海贝岭，提出许多宝贵的意见。用贝岭人的话来说，这些都是上海贝岭宝贵的精神财富，也奠定了上海贝岭发展的深厚基础。

在中外合资的公司体制下，上海贝岭曾聘请四任比利时籍副总经理，邀请若干

❶ 1998年8月19日，贝岭股票摇号抽签仪式　❷❸❹ 生产车间

外籍中高层管理人员、技术专家的加入，定期组织关键员工赴欧美先进企业和实验室进行管理技术培训。这些举措，不仅带来了技术上的高起点，更使上海贝岭从成立起，就呈现出既保持优秀的文化传统，又尊重知识、尊重专业的中西文化融合的管理风格。

1989 年 11 月，上海贝岭被上海市对外经济贸易委员会确认为先进技术企业。1990 年，公司初创阶段生产集成电路 372.9 万块，工业总产值 598 万元。1998 年 9 月，上海贝岭完成股份制改革，实现 A 股上市，成为中国集成电路行业第一家上市公司。

进入 21 世纪后，上海贝岭更是拥有 4 英寸～6 英寸集成电路芯片生产线，参股 8 英寸集成电路代工生产线，拥有国家级企业技术中心，每年生产的各类大规模集成电路达 8000 万块以上。通过引进合作和自主创新，开发和生产了以智能电表、程控电话机、金卡和智能家电等 4 大类 200 余种产品，为中国集成电路事业的发展，书写了辉煌壮丽的篇章。

（王甲）

❶ 贝岭公司今貌

相 关 链 接

随着集成电路成为全球科技发展的核心领域，上海贝岭积极谋求转型升级，以芯片设计为主要业务的新型公司上海贝岭股份有限公司破茧重生。2009 年 7 月，中国电子信息产业集团（CEC）成为上海贝岭的最大股东，上海贝岭蜕变成"央企"，开始承担多个政府科研项目，包括一些国家重大科技专项，中央国有资本经营预算重大技术创新及产业化资金项目，以及国家发改委、工业和信息化部、上海市的重大项目。2016 年 11 月，上海贝岭与复旦大学合作，成功参与申报"新一代宽带无线移动通讯网"国家科技重大专项 2016 年度课题"5G 高性能基站 A/D，D/A 转换器试验样片研发"。这是第五代移动通讯高性能基站的核心器件，是被国外垄断和"瓦森纳协议"管控的核心器件，属于国际数模混合集成电路的最新前沿技术。贝岭人不负众望，打破国外的技术桎梏，实现国有芯片的技术突破。

不寻常的 909 工程

909 工程是 20 世纪 90 年代第 9 个五年计划时期，国家建设的集成电路专项工程的简称。此工程有 3 个"第一"：工程审批时间之短、审批程序之简堪称第一；公司注册、开工建设、建成投产速度之快堪称第一；由电子工业部部长任董事长、上海市副市长任副董事长的体制绝无仅有堪称第一。经过二十多年的不断探索和发展，承建 909 工程的上海华虹微电子集团有限公司，已成为中国半导体行业的领军企业。

就算"砸锅卖铁"也要把半导体产业搞上去

中国的半导体产业起步于 20 世纪 60 年代，然而直至 90 年代中期，无论是在产业规模、技术水平上都远远落后于世界先进水平，产品、产量和档次难以满足国内对半导体产品的需求。

在 909 工程之前，国家在半导体建设方面曾有过 907（绍兴）、908（无锡）工程，但这两个项目由于体制的制约，进展并不顺利。两个工程的审批就花了 3—5 年，决策时间过长，而且资金下达逐年到位，最后两个工程的结果与最初的设想存在较大落差。国内集成电路的技术水平不仅未跟上先进国家的发展潮流，而且集成电路产业的性能和产量远远落后迅猛发展的国内市场需求。

1995 年 7 月，电子工业部提出《关于申请设立"九五"集成电路专项的报告》，提出"九五"时期继续实施集成电路专项工程，并建议简称 909 工程。1995 年底，中共中央总书记、国家主席江泽民出访韩国，在考察三星公司半导体工厂时感慨道："以前我们认为半导体产业美国、日本很强，现在连台湾地区、韩国都起来了。"回国之后，江泽民在一次专门会议上表示：就算砸锅卖铁也要把我们国家的半导体产业搞上去。11 月 23 日，电子工业部向国务院报送《关于报请国务院召开会议研究设立"九五"集成电路专项的请示》。12 月 13 日，国务院召开总理办公会议，决定启动 909 工程。

1996 年 1 月 17 日，李鹏总理、吴邦国副总理在上海西郊宾馆召开专题会设，决定将集成电路生产线建设地点放在浦东。1996 年 3 月 29 日，国家计委印发《国家计委关于审批 909 工程 8 英寸 0.5 微米集成电路生产线项目建议书的请示的通知》，传达国务院正式批准 909 工程项目立项。由于当时国内并不具备研发能力和建厂经验，为了引进合作伙伴，从 1996 年 3 月 19 日起至 1997 年 3 月，与国外十几家公司进行了广泛接

触和谈判。3 月下旬，日本 NEC 公司提出希望与 909 工程合作。他们提出可提供技术、负责员工培训、提供市场订单、负责经营、保证公司盈利等条件，可以规避技术风险、市场风险和经济风险，非常有吸引力。经反复权衡，最终 NEC 成为工程的合作者。

1996 年 11 月 27 日，承建 909 工程的上海华虹微电子有限公司超大规模集成电路项目奠基仪式在浦东金桥开发区举行。其核心工程是建设一条 8 英寸 0.5 微米超大规模集成电路生产线，达到国际先进水平。这也是中国电子工业有史以来最大的投资项目。后来的实践证明，909 工程 18 个月即建成投产，印证了中央把 909 项目放在上海、放在浦东是完全正确的决策。

以浦东速度全力保障"一号工程"

为保证 909 工程的顺利进行，1996 年 2 月 1 日，电子工业部和上海市共同成立 909 工程项目推进委员会，由电子工业部部长胡启立和上海市市长徐匡迪任主任。2 月 11 日，推进委员会在上海召开第一次会议，确定 909 项目公司的名称为上海华虹微电子有限公司，由胡启立任董事长，上海市副市长华建敏任副董事长。上海华虹微电子有限公司与日本 NEC 合资成立上海华虹 NEC 电子有限公司，具体承建 909 工程。1997 年 5 月 28 日，中日双方正式签订合资合同，合资成立上海华虹 NEC 电子有限公司。7 月 17 日，华虹 NEC 电子有限公司正式成立，合资期限二十年。

当时，市计委、经委、浦东新区、海关等相关部门联合组建成立了一个专门的工作班子，主要任务是与中央各部委联络，汇报工作；负责工程与本市各方面的协调；督促检查各项工作的进展，重大决策由部市领导联席会议拍板决策。

❶ 上海华虹 NEC 电子有限公司外景

　　为推进 909 项目的建设，很多事情都按照特事特办的原则办理，实施落地速度非常快。909 工程总投资额超过百亿元，这笔投资采用部、市联合出资和部分银行贷款的形式，电子工业部代表中央出资 60%，上海出资 40%。为保证建设资金尽快到位，909 工程的中央资金采用专门立项、特别管理的办法，由李鹏直接从总理基金中调拨到电子工业部的账户上，保证随时使用。上海的资金由市政府领导韩正调度，工程准备和走流程并行，为工程顺利进行争取了时间。进口设备采购，海关总署、国务院给予减免税政策……一切都以特事特办的浦东速度予以推进。

　　在中央和上海两个层面的重视和关心下，各有关部门积极配合，提供各方面的保障，浦东新区的各项优惠政策得以落实，从而确保了工程建设安全、按质进行。

技术合作助力华虹 NEC 逆境发展

　　工程上马了，但缺少核心技术、缺少需要主流技术的设计定单、缺少有经验的管理和技术人才等一系列现实问题接踵而至。

　　为了培养人才，华虹招聘了一批复旦、交大等高校的应届毕业生夫日本进行培训，他们中很多人后来都成为国内半导体、LED、太阳能行业的领军和骨干人才。

　　技术和人才问题解决了，却又面临着一个重大考验。当时国际半导体行业正处于周期性的低潮，半导体价格急速下滑。国外很多工厂都限制产量，新生产线下马或暂缓的消息不时传来，而 909 工程的工厂刚开始建设，何去何从是个巨大的挑战。部、市领导承受了很大压力，但经反复权衡，还是下决心继续建设。在国际半导体行业的低潮中，华虹 NEC 成为当时世界上唯一一个不断赶工、加快建设的半导体工厂。事实证明，这样的坚持是正确的。由于市场的低潮期，工厂的建设成本大大降低，加快了建设速度，18 个月工厂全部建成，比预期提前了 7 个月。

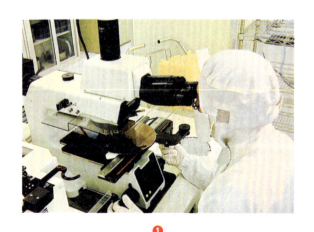

❶

❶ 华虹芯片制造过程中，工人严格把关检测

1999 年 2 月 23 日，上海华虹 NEC 电子有限公司的芯片生产线正式启动运行。工艺技术档次从计划中的 0.5 微米提升到 0.35 微米，主导产品为 64M 同步动态存储器。9 月 25 日，909 工程集成电路生产线项目通过国家验收。产品性能指标全部符合设计要求，达到世界先进水平，标志着我国从此有了第一条 8 英寸深亚微米超大规模集成电路芯片生产线。更令人兴奋的是，工厂建好后正好赶上行业新一轮高潮到来，建厂当年就实现盈利，为华虹未来的发展开了个好头。

自主研发谱写转型发展新篇章

与 NEC 的合作，让我国的半导体产业缩小了与国际的差距，但事情并不一帆风顺。8 英寸硅片的生产线在华虹 NEC，管理由 NEC 派团队负责，订单也全由 NEC 提供，这不相当于是 NEC 在华的一个车间吗？如果只满足成为 NEC 公司的产品加工厂，不能掌握核心技术，没有自主开发设计的产品，就不能起到带动中国集成电路业发展的作用。如何走自主开发道路的问题被提上了重要议事日程。经反复研究考虑，华虹微电子有限公司决定在做好生产线支持工作的同时，把工作重点放在产品设计开发和自主知识产权保护上来，走自主开发之路。

经过考虑，华虹微电子有限公司以 IC 卡、通信、信息家电类芯片三大类市场为主攻领域，以 IC 卡为突破口进行产品自主设计研发。1999 年后，公司陆续开发一系列具有自主知识产权的产品，如非接触式 IC 卡芯片、接触式 CPU 卡芯片、金融 CI 卡芯片 COS、金融 POS 机、LED 显示控制电路等。以华虹微电子有限公司和复旦大学、中科院上海冶金所共同组建的上海华虹集成电路有限公司为载体，利用已有的研究成果，在半年多时间内，成功设计完成国内首块具有自主知识产权的非接触式 IC 卡芯片。以这块非接触式 IC 卡芯片为基础，开发了国内首个具有自主版权的非接触式储值智能 IC 卡，连同用于 POS 机的 ASIC 芯片、POS 机具、结算清算系统、自动售票检票系统一起，构成了国内第一个具有国际水平的城市公交现代化管理付费系统——上海公交"一卡通"系统。1999 年底，"一卡通"正式在上海地铁、公交和轮渡线路上试用，上海成为建设部全国试点第一个实现公交"一卡通"的城市。

公交"一卡通"的成功，验证了中国市场的巨大机遇和优势。此后，华虹微电子有限公司凭借技术相继拿下上海市社保卡、第二代居民身份证等项目。通过这几个项目，华虹微电子有限公司掌握了从 IC 卡芯片设计、制造到系统集成的整体能力，这既为公司的芯片加工提供订单，也为后来自主经营和实现企业从存储器生产向 Foundry 转型发展打下基础。1999 年，华虹微电子有限公司已经从当初华虹微电子一个企业发展成拥有多家企业的企业集团。2000 年 1 月，按照现代企业制度的要求，上海华虹微电子有限公司更名为上海华虹（集团）有限公司，下属 7 家全资或控股子公司，初步形成集成电路芯片设计、制造、销售及相关整机应用的能力，成为中国半导体行业名

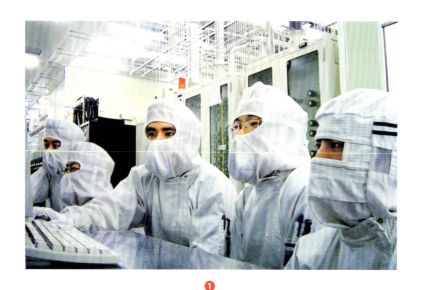

①

②

副其实的领军企业。

　　半导体的自主发展必须具有自主的研发能力和知识产权。为此，华虹集团于1999年成立技术中心，并与欧洲校际半导体技术的联合组织"IMEC"签订合作协议，派遣技术人员参与前沿技术的开发，共享知识产权。经过不断的坚持，华虹研发中心已成为唯一国家级的研发中心，不仅在自主生产工艺的研发领域举足轻重，并且对半导体设计、设备制造及材料自主发展都发挥着重要作用。

（黄志成）

❶ 华虹成为信息产业的骨干企业　❷ 2018 年 3 月华虹宏力推出的智能控制方案

相 关 链 接

　　中国的半导体起步不晚，从 20 世纪 60 年代开始建设，比日本还早。然而直到改革开放，我国才迎来半导体产业发展的契机。浦东开发进一步促进这个有利条件，才有了 909 工程的建设和发展。909 工程体现了国家意志，实行政府推动、企业和市场运作方式，采取超常规、高起点、跨越式发展新思路，引进世界先进的微电子技术，实现了中国微电子产业发展的大跨越。

上海通用汽车：
中国轿车制造开始与世界同步

　　1993 年，上海汽车工业初步成为上海第一支柱产业。在一片喝彩声中，面对德国大众在华设有 2 家合资企业引发的话语权争，面对中国轿车市场即将到来的严峻挑战，以及进一步提升技术水平和产品能级的紧迫要求，上海轿车工业的决策者和建设者居安思危、不失时机，全力建设新的世界级中高级轿车合资项目，依靠顽强的坚韧性，矢志不渝、屡克难关，终至上海通用汽车投产，实现中国轿车制造"与世界同步"，"天堑变通途"。

选择：一波三折

　　上海新的中高级轿车合资项目酝酿之时，正是国家严控固定资产投资之际，加上当时反对上海再搞第二家轿车合资企业的声浪甚高，致使项目承受了很大压力。但上海市和上汽总公司（简称上汽）并未退缩罢手，中共上海市委书记黄菊提出用"开拓性、坚韧性和可操作性"闯关开路。

　　一番锲而不舍奋争之后，项目终于转危为安。1994 年 7 月，黄菊开创亲往北京争取项目之先例，率副市长蒋以任和上汽总裁陆吉安到国务院汇报，邹家华副总理听闻项目所需资金全由上海解决时，当即表示："如果不要国家一分钱，国务院可以同意"。

　　"准生"有望，"准生"伙伴成为关键。1993 年 3、4 月，蒋以任曾带领陆吉安等组团遍访美、欧、亚 3 洲 7 国 10 多家跨国汽车公司，物色合资伙伴。经过多轮筛选，开始聚焦美国通用和福特 2 家汽车公司。这两家公司当时位居世界汽车行业前 2 位，势均力敌，且皆诚意满满、志在必得，各自提出的产品、规模、股比、CKD 价格、国产化以及建立技术中心等合作意向，基本符合中方合资原则。上海组织各方力量对 2 家方案作详尽缜密分析，结果倾向通用汽车，因其同等报价包括 2 款车型，而福特只有 1 款车型；通用别克轿车的造型比福特金牛座轿车更适合公务车的特点；另外，通用有完整的零部件体系优势等。1995 年 7 月，副总理邹家华、吴邦国主持召开该项目汇报

　　❶ 上海通用汽车运往四面八方　❷ 上海通用汽车驶出流水线

会，同意上汽与美国通用汽车合资，要求尽早报批立项。

通用胜出，项目还需国家正式批准才算真正敲定，其间上海和上汽不免担心：如果通用没有竞争对手"翘起尾巴"怎么办？必须稳住通用！机械工业部副部长吕福源建议双方先签订对政府没有约束力、但对合作双方有约束力的基础协议，正好通用也有此意，于是一拍即合，双方约定1995年10月在底特律签约。

一波三折之后，项目似乎可以立项报批了。

报批：柳暗花明

1995年10月，上汽集团决定由正在美国学习的副总裁胡茂元兼任上海通用汽车总经理，并提早结束学习回国主持合资项目。项目组夜以继日紧张工作，一个月就完成并上报可行性报告。有关部委研究后一致认为，该合资项目是国内汽车合资项目中合作条件最有利的一个。

眼看立项在望，不料1996年春节上海中高级轿车项目接到"不要再搞了"的指令，但上海和上汽并不气馁，咬定青山不放松，凭借坚韧性继续寻找各种渠道做工作，其中向江泽民总书记的汇报最为关键。当江泽民听取黄菊汇报后，立即表示十分理解和支持，此后在全国人代会等不同场合至少3次谈及汽车问题，指出："中国这么大的国家，需要搞好一点的轿车，好一点的轿车技术含量也高。汽车合资也要搞竞争，可以博采众长"。皇天不负有心人，经过多方面工作，各方看法终于趋于一致，就盼水到渠成瓜熟蒂落之时了。

时机终于来到。这年夏天，国务院总理李鹏要听取909工程汇报。黄菊、徐匡迪市长和蒋以任一起上京，瞅准机会在"909"之后汇报轿车项目。李鹏听完汇报问："有没有市场啊？"蒋以任很有底气地回答："我们做过市场调研，有市场，能销10万辆。"在场的国务院秘书长何春霖也帮着说话："中国应该造些好点的车，不要老是四只呼啦圈（指奥迪）。"李鹏频频点头表示赞同，于是汇报通过，项目闯过最为关键的一关。

1997年1月1日，李鹏主持国务院办公会议听取并通过国家计委主任曾培炎关于上海轿车项目的可行性研究报告。而后，中外双方在美国草签合营合同，并商定3月25日在美国副总统戈尔访华期间正式签约。可是这一计划上报后得到的回复是：这次还是草签，等同年10月江泽民主席访美之际正式签约，理由是还有反对声，领导压力大。"草签后还要草签？"蒋以任惊愕地问。上面回答："15多亿美元这么大个项目，草签10次也不算多。"

如此反反复复极易功亏一篑，怎么办？坚韧性，还是坚韧性！

时间已到3月21日，戈尔即将起程。十万火急之下，蒋以任带领胡茂元等火速进京，"跑部"前进，争取支持。此时已是星期五下午，国家机关已经下班，而合同报告机械工业部早就起草好，但因听说还是草签，就锁在司长办公室。取出这个报告后，还要经过国家4个部委领导签字盖章后才能上报国务院。当天晚上，赴京人员先紧急赶到外经贸部孙振宇副部长家，请他明天务必等着会签，千万不要外出。然后又赶到国家计委曾培炎主任家，得到关心和支持。第二天一早，听闻这个项目还有两个技术性问题没解决，要请示外经贸部吴仪部长。吴仪当时正在外植树，好不容易找到后，她很支持，表示同意。接着就是机械工业部、国家计委、外经贸部、外交部4部领导轮流会签，一直忙到当晚7点。在1天多时间内惊动9位国家部长级人物，报告总算送到国务院。

星期天晚上，消息传来：国务院已经批准，草签终于变成正签！

3月25日，上汽集团与美国通用汽车合资项目正式签字仪式在北京人民大会堂举行，李鹏总理与美国副总统戈尔共同出席。至此，当时最大的中美合资企业上海通用汽车项目柳暗花明之后，终于尘埃落定。

建设：上海速度

项目获批几度峰回路转，工程建设同样山隔水阻。1996年12月，黄菊到上汽现场办公，要求上海通用项目做到"1998年年底出车，1999年4月批量投产"两个"后墙不倒"。两年时间要在上海浦东金桥一片荒芜的沼泽地上，从无到有建成一个世界级的现代化汽车工厂，如此规模如此层级还要如此速度，放眼世界，几无前例。

为此，工程建设一开始就拼速度拼质量。1997年1月，国务院办公会议正式同意后仅10天，上海通用汽车项目就打下第一根桩基。进入1998年，项目更是全面发力全速推进。1月，徐匡迪宣布该项目为上海市一号工程。而后，黄菊视察建设工地，提出"面向新世纪、建设新高地、再创新辉煌"。"一号工程"和"三个新"成为建设者们不可动摇的奋斗目标和拼搏指南。

为了达到既定要求，上海通用汽车中方总经理胡茂元、副总经理陈虹和美方副总经理墨菲带领一千多名中外员工，克服重重困难，抓时间、赶进度，打破常规、大胆创新。从上海大众汽车转战上海通用汽车的陈虹，作为技术型和管理型的将才，坚持在工程一线现场指挥，提出精益规划、柔性化设计、质量体系同步规划等先进的工厂设计理念。经过他和同事们的共同运作，工程建设在工作步骤上，采用并联操作，各工作步骤同时开展，并行运行；在施工步骤上，采用立体操作，上下项目同时进行，冲压、拼焊、油漆、总装几个车间同时平行操作，节省时间、提高效率。引进的美国通用汽车全球制造体系（GMS）使工厂运营管理水平和产品质量超过美国通用汽车在全球的平均水平，成为美国通用汽车在全球的精益生产样板工厂。

工程建设如火如荼、日新月异。然而，来自中美两国的千人大团队首次合作，难免相处有隙。

一次，一位驾驶员因报销汽油费在美方财务主管碰了钉子，找领导抱怨。这件事引起胡茂元的思考。他想：此事虽小，但中美两国文化和制度差异如不处理妥当，势必影响工程建设大局。可是如何处理呢？他觉得关键要形成合作共赢的价值观。于是，借去底特律参加公司董事会倒时差睡不着之际，他彻夜思索，想出"以合资企业利益为重"为核心的"4S合作理念"。第二天，董事会全体成员一致鼓掌通过。而后，中外高层又达成发出团结和谐之音的"约法三章"，并身体力行、率先垂范，"合作共赢"成为工程建设者的共同价值追求和行为准则。

文化通则万事通，建设者们由此踏准了工程建设的每一个节拍和节点。1998年4月，冲压车间首台大型压机启动；8月，第一辆别克轿车白车身下线；10月，国内首台具有国际先进水平的自动变速箱下线。

1998年12月17日，改革开放20周年前夕，中国对外开放热土上海浦东金桥，彩旗招展、热闹非常，上海通用汽车举行第一辆别克新世纪轿车下线仪式。当市委书记黄菊亲手启动别克轿车生产线按钮后，美国通用汽车董事长史密斯和上汽集团总裁陈祥麟乘坐第一辆锃亮如镜的别克新世纪轿车缓缓驶下总装线。这时，距离1997年1月工厂建设打下第一根桩，仅仅过去23个月。23个月建设一个新厂，上海通用汽车创造又一个"上海速度"，创造又一个世界汽车工业史上同类工程的建设奇迹。面对拔地而起宏伟崭新的现代化工厂，史密斯抑制不住兴奋之情由衷赞叹道："我们把美国通用汽车的管理和技术带到上海，现在要把上海通用汽车的建设速度带到美国。"

1999年4月，具有世界级水平的上海通用汽车投产，别克轿车正式上市，"两个后墙"未倒，天堑终变通途。

（汪国富　包一恺）

❶2010年，上海通用汽车第100万辆交车仪式

亲历者说

陈祥麟（曾任上汽集团总裁、董事长）：我有幸参与谋划、领导上海通用汽车项目的筹备、建设和发展。这项目既是上海改革开放20周年的标志性工程，又是上海浦东开发开放的标志性工程。通过引进消化先进技术，带动国内轿车制造技术和产品水平的提升，开始实现中国轿车制造"与世界同步"。上海通用汽车建成一年多时间，中国加入世界贸易组织。面对严峻挑战，上汽开始实行"引进来和走出去并举"的战略，其中特别重要的举措就是与美国通用汽车在全国建立战略合作关系，携手参与中国汽车工业战略重组，上海通用汽车由此走出上海。2003年4月，烟台建成第一个沪外基地上海通用汽车东岳有限公司；2004年8月，在沈阳建成第二个沪外基地上海通用汽车北盛有限公司。2002年销量突破10万辆，2003年和2005年再上20万辆和30万辆台阶，成为当时中国轿车销量增长最快和最多的汽车公司，有力支撑上汽集团做大规模。

信谊药厂：
1 药 10 亿的培菲康

1995 年，已有百年历史传承的上药信谊药厂有限公司（简称上药信谊）成功开发双歧杆菌三联活菌制剂（培菲康），实现产业化，这是中国医药行业的一大创举，为医药界打开了运用微生态制剂筑就健康生活的大门，信谊百年品牌再次焕发青春。

❶

一个传奇的案例

1983 年，全球出现了"厄尔尼诺"现象。安徽省遭受洪水严重灾害，受灾地区出现大批人群患有严重腹泻而无药可医。调研发现，这种严重的腹泻病为带菌性腹泻，类似于急性肠炎，专家为其定名为"2 号病"。当时，医疗手段对其束手无策。关键时刻，中国微生态制剂的鼻祖、中国预防医学科学院流行病学微生物学研究所的刘秉阳教授带队深入灾区调研发现，在人的健康粪便中有一种厌氧菌——双歧杆菌对人体有益，可以治疗腹泻。他们在短时间里成功提取出这一双歧杆菌，彻底治愈了当地的"2号病"。

❶ 上药信谊外景

❶ ❷

这个传奇般的案例引起了上药信谊的极大兴趣。1986 年，上药信谊果断决策，与中国预防医学科学院流行病学微生物学研究所和江苏省微生物研究所三方，就刘秉阳教授重要科学发现的产业化开发达成合作协议，并于次年正式立项，启动微生态制剂科研攻关与产业开发。

一个创造奇迹的团队

从一个科学发现到微生态制剂的产业化开发是一个全新的课题，国外没有先例，国内也是首例，国家药典中没有活菌制剂的名录，研发没有标准可循。原料、制剂、检测、标准，一切都是空白，困难重重。上药信谊技术研发团队不畏艰险，历经了一次次失败，始终坚持中国独特的技术路线，反复试验，攻克一个个难关。1991 年，项目研发取得实质性突破，首先在厌氧条件下从婴儿的体内分离出现在培菲康产品的三大菌种：双歧杆菌、嗜酸乳杆菌、粪肠球菌，并在此基础上试验各种配方的培养液，建立了三个有益菌的有效测试方法。与此同时，制剂研发的另一难题是如何提高活菌含量和延长活菌生存时间。上药信谊中试室新药研发员陈彬华从一个文献资料中受到启发，采取番茄汤做培养基，最终突破益生菌生产中的两大难关：一是保证了细菌的存活量，从每毫升 1 千万个细菌的猛增到每毫升 10 亿个细菌；二是延长了存活期，从 6 个月延长到 18 个月。此项技术获得了国家发明专利。

❶ ❷ 上药信谊生产场景

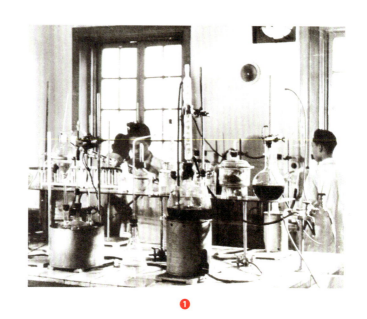

陈彬华团队并没有就此止步，而是更加精益求精，认真观察细菌在冷、热情况下的变异情况，在 25 ℃—30 ℃左右的发酵液中挑出部分菌种，选取耐热又耐冷的细菌作为种子选手进行"强化训练"，用了一年时间最后从 10 亿个细菌中筛选出 1 个优秀菌种，再度优化培菲康的基因。经过反复筛选，反复试验，使培菲康有益菌的存活期成功延长至 36 个月，作为活菌制剂，不放冰箱，也可保证培菲康在常温下存放一年。

1992 年 11 月，上药信谊培菲康团队研发初战告捷。上药信谊获得卫生部颁发的双歧杆菌三联活菌制剂的生物制品一类新药证书，商品名定为：培菲康。这是国内首创的原研药。上药信谊再接再厉，为这一项目度身定制一个新的生产车间，建立发酵、菌种培养、菌粉制备、胶囊灌装和包装等完整工艺生产线，按培菲康制备的要求，设定房间环境的技术参数。经过漫长而艰苦的八年，1995 年，上药信谊拿到了双歧杆菌三联活菌制剂（培菲康）正式生产批文，开启了我国微生态制剂的先河，也获得微生态制剂市场的先机。

培菲康来了！培菲康的诞生是上药信谊在药物开发领域的杰作，是中国医药行业的创举，在国际上首度提出了"微生态调节剂"的概念，取得了国际领先地位。培菲康上市好评如潮。为了适应市场需求，扩大规模，上药信谊又启动了培菲康生产车间搬迁扩建项目，并对药品质量的规范做了设计，成为国内首批、上海第一家通过国家 GMP 认证的企业，获得 001 号 GMP 证书。培菲康生产研发小组获得上海市模范集体的称号。上药信谊获得上海市高新技术企业、上海市科技进步一等奖、上海市知识产权示范企业等荣誉称号。2011 年，培菲康被选为益生菌制剂"国家标准菌种"，并作为自主知识产权产品申报美国 FDA 注册。

2015 年，培菲康迎来 20 岁的生日，共计超过 800 万患者服用了该产品，疗效显著，无一例不良反应。经国家药监局中国食品药品检定研究院、中国医学细菌保藏管理中心审核，培菲康生产菌株被选为国家标准菌株，培菲康成为首个入选国家益生菌类标准菌种库的药物，产品还拥有中国、美国、英国、澳大利亚、新加坡、加拿大等 6 国的发明专利。2016 年，培菲康获得美国 ATCC 菌种编号，成为国内首个入选 ATCC 的双歧杆菌菌种。

（杨佩悦）

亲历者说

顾浩良（上海医药集团副总裁、上药信谊董事长）：培菲康从无到有，由小到大，在艰难中磨练，在创新中成长，终于长成一棵参天大树，标志着百年信谊的历久弥新。在新形势下，上药信谊将继续努力，让"培菲康"精神代代相传，让信谊品牌更加发扬光大。到 2021 年，将培菲康打造成为公司单品销售额突破 10 亿元的支柱和标杆，并通过未来几年的不懈奋斗，力争使上药信谊成为中国制药行业最具规模的企业之一，始终保持我国引领微生态领域发展的先行者地位。

上生所：
与疫情比速度

2009 年 3 月，墨西哥发生甲型 H1N1 流感病例，疫情很快蔓延并出现多人死亡。4 月 27 日，世界卫生组织将这次流感流行的警告级别从 3 级提高到 4 级，仅仅两天后又提高到 5 级，后又调整到最高的 6 级。5 月 1 日，中国香港确诊首例甲型 H1N1 流感病例；5 月 11 日，四川省又确诊 1 例。时间就是生命，疫苗就是抗击疫情的利刃。5 月 14 日，科技部、国家药监局召开专题会议。5 月 15 日，上海生物制品研究所（简称上生所）向科技部请缨，牵头组织多家单位共同研制生产甲型 H1N1 流感疫苗！

利刃出鞘 抗击甲流

这是一场没有硝烟的战争，这是一场与时间赛跑的战役。

上生所紧急动员，第一时间成立大流感疫苗开发工作小组，集结研制、申报、临床试验、生产等各方精兵强将，统筹协调，专家和中层干部身先士卒，冲锋在前。从项目立项开始，就对人员调整安排、原材料采购、仪器设备添置等方面开通"绿色通道"，快速推进。工作组制定严密的日程进度表，各部门突破正常作息时间，打破条条框框，联动协作，互补互助。研发、生产、质保、检定、临床申报、临床试验……各项工作有序展开，环环相扣，无缝衔接，工作单位精确到分钟。

6 月 18 日 16:00，上生所拿到世界卫生组织提供的毒种；6 月 19 日开始三级种子库的建立；6 月 26 日投入使用；7 月 7 日 18:30，完成 9 批样品和 1 批安慰剂的配制；7 月 24 日，这 10 批产品全部顺利通过中检所的检定和审核，获得临床试验资格；7 月 25 日开始，按照双盲随机的原则，启动人体临床试验；8 月 22 日午夜 23:30，第一批甲型 H1N1 流感疫苗半成品配制完成；9 月 15 日，拿到国家一类新药证书和药品注册批件。前后 89 天，上生所便利刃出鞘！

为确保甲流疫苗研发战役顺利推进，上生所在季节性流感疫苗生产工艺的基础上，针对甲型 H1N1 流感组织力量进行关键技术创新攻坚，成功研发建立甲型 H1N1 流感疫苗生产工艺，使抗原纯度更高，杂质含量更低。紧接着，上生所又按照评审专家要求，连续奋战 30 多个小时，在国内首次建立了疫苗乙醚残留量的检测方法及其质量标准，并同时建立血凝素含量测定替代方法和相关标准，在保证疫苗高效优质的同时，提升产品的安全性。根据测试结果，上生所生产的 15 微克 /0.5 毫升规格国产甲型 H1N1 流感病毒裂解疫苗的免疫效果即保护率达到 90% 以上；30 微克 /0.5 毫升规格产品的保护率达到 93% 以上。

在疫情来临面前，上生人全力以赴、攻坚克难，夜以继日、任劳任怨，确保了甲流疫苗研制和生产任务的顺利进行。时任卫生部部长陈竺院士一直关注甲型 H1N1 流感病毒裂解疫苗研制开发情况。8 月 1 日，他在疫苗攻关的关键时期专程到上生所调研。他充分肯定上生所在国家重大传染病的防控关键时刻作出的重大贡献，题词："国家需求，人民期盼，抗击甲流，再立新功！"上生所没有辜负国家和人民的期望，关键时刻凸显国家核心骨干企业作用，为国家重大传染病的防控事业作出了新的贡献。

不忘初心　奋力前行

从 1919 年北洋政府成立中央防疫处算起，中国的疫苗和生物制品事业已走过百年历史。1949 年 9 月 1 日，由原 3 家单位改组合并创立上海生物制品厂（现上海生物制品研究所的前身）。1951 年，上生所又合并中法血清厂等 8 家生物制品私营企业，肩负起守护人民健康的神圣职责，逐步发展成为中国疫苗科研生产等生物制品行业的排头兵和国家队、主力军。

早在 1949 年，魏锡华教授就开始用丹麦带回的菌种研制预防结核病的卡介苗。结核杆菌对温度的要求非常敏感而严苛，而那时候物资匮乏、设备简陋，没有孵箱或孵

❶ 1949 年 9 月 1 日上海生物制品厂成立　❷ 1951 年上生所延安西路厂区正门

房设备。怎么办？上生所因陋就简，用煤油灯来进行加温和调温，人工24小时不间断地轮流守候，日复一日，整整持续了2个多月，终于培育出自己的卡介疫苗生产用菌株。当疫苗做出来以后，他们又首先在职工子女身上进行接种观察效果，阳转率一举达到90%以上，中国首批卡介疫苗在上生人手中研制成功了！经过多年努力，上海市区结核病死亡率从1951年的208/10万人下降到1987年的5.88/10万人，新生儿从1973年起已没有因结核病而死亡的病例。

1960年，上生所又自主研制成功我国第一株麻疹疫苗毒株"沪191"。1966年起全国开始使用麻疹疫苗，至20世纪80年代，麻疹病例已下降99%，麻疹不再是严重危害儿童健康的传染病。2010年，在国家麻疹强化免疫行动中，上生所紧急生产4200万人份的麻疹疫苗，为麻疹疫苗强化免疫接种作出了重要贡献。我国的麻疹发病率降到历史最低水平，向全国人民交出了一份合格的答卷。

建所七十二年来，上生所不仅积极参与、引领并见证了我国疫苗和生物制品事业的蓬勃发展，更为保障人民生命健康、提高国民生活质量发挥了重要作用。

1996年，上生所与日本BIKEN合作，共同开发水痘疫苗，并于2000年4月获得生产文号，正式上市，推动了我国预防由水痘—带状疱疹病毒感染引起的疾病。2000年3月，上生所再度与日本BIKEN合作开发三价流感病毒裂解疫苗，2001年11月正式上市。目前，上生所正加速推进四价流感疫苗的上市进程，期待进一步为人民健康造福。"上生"品牌系列产品在行业内享有很高声誉，麻腮风联合减毒活疫苗、流感病毒裂解疫苗、水痘减毒活疫苗等产品先后获得国家和上海市"重点新产品"、上海医药行业"名优产品"等称号。

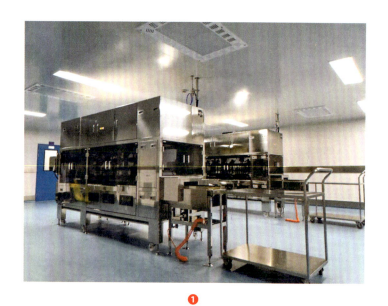

❶

❶ 上生所流感疫苗生产车间

①

2016 年，上生所又投资建成奉贤生物医药产业化基地，着手治疗性药物（抗体、大分子药物）的研发和产业化布局，研发管线上多个产品涵盖了抗肿瘤、抗感染、免疫调控等治疗领域。2019 年，中国生物抗体研发中心成立。2020 年 9 月，抗体产业化基地一期建设项目在上生所奉贤基地启动，建成后将具备同时规模化生产多个大品种抗体药物的能力，为上生所发展再添活力。

（李莲）

   相 关 链 接

上海生物制品研究所七十余年来始终秉持"关爱生命、呵护健康"的理念，承担并完成国家"863""973""科技支撑""重大新药创制""传染病重大专项"等几十项国家级和省部级科研攻关项目，产品涵盖血液制品、预防制品、基因工程产品以及各类诊断试剂，先后获包括国家科技进步奖一、二等奖在内的 30 余项国家科委、卫生部或上海市科技进步奖，以及上海市自主创新十强等荣誉称号。

① 上海生物制品研究所奉贤基地

海润实业：
红土荒滩的逆袭

东方国际集团上海市纺织品进出口有限公司成立于 1957 年，主营纺织品、针织品及原料出口贸易，多年来始终名列上海市最大出口企业排行榜的前列。作为改革发展的重要措施，外贸企业开始向贸工结合转型。专为进军制造业而设立的深圳海润实业有限公司，始终为客户提供优质的产品和技术支持、健全的售后服务。谁能相信，三十多年前一场翻天覆地的拓荒行动，竟然使得一家中国人自己管理的中外合资企业在一片红土荒地上崛起。

"别人做不到，我们也要创造条件做到"

20 世纪 80 年代，中国改革开放大潮汹涌，外贸体制加快改革，走上快速发展的轨道。紧靠外贸窗口香港的深圳，自然成为改革开放最前沿。1987 年，上海纺织品进出口有限公司决定进军深圳，委派苏培基作为驻深圳代表，带着股东各方汇集的 3600 万元前去运作海润实业有限公司。

当时的深圳南头半岛还是一片红土荒野，一切都是未知数。苏培基刚刚到达，一大难题就迎面而来。厂区内 600 余米的道路急需平整修建。当然也有省力的常规办法——让外地工程队承包。谁知一打听，对方开口两个月工期，开价 16 万元！苏培基左思右想，终于狠狠心，对班子人员说：我们自己干！

苏培基以强烈的责任感和事业心，自封为"参军司令"，将工厂员工和投奔而来的四川民工组成土建队伍，在一片乱石荒地上动手挖土修路。

深圳的雨季一下就是 10 多天。300 多人顶风冒雨，日挖夜抬，经常深更半夜才能回宿舍。结果，只花费 5 万余元和一个多月时间，就把道路造好了。

"别人能做到，我们一定要做到；别人做不到，我们也要创造条件做到！"这个口头禅苏培基说过无数遍，也被员工们记住。

就是凭着这样的热情和干劲，厂房建造好了，机器设备也安装了。正当大家满心欢喜做着开厂前的最后准备时，不料又冒出了一个大问题：污水处理怎么达标？这可是不能违背的硬指标啊！公司核心成员连夜召开会议，果断决策，立下"军令状"：三个月内工厂必须开工！在此之前，污水处理问题一定要解决！从这以后，工厂日夜灯火辉煌，人声鼎沸，员工们挥动简单的工具，硬生生挖好污水处理池，建成污水处理系统，还千里迢迢回上海找来了印染专家和操作工人。

正是凭着这股艰苦奋斗的精神，海润公司节约3000多万元的经费。1990年3月18日，海润公司第一个生产实体——印染厂筹建完毕，开始投产。

"用籼米烧出大米饭"

曾经有人说过：海润的成功简直就是一个奇迹。如今看来，此言并非过誉。说实话，海润公司的设备不算先进，在国内仅处于中等水平，有些设备还是国内淘来的二手货，但是海润公司却偏偏"用籼米烧出了大米饭"。

"用籼米烧出大米饭"，"掌勺"的苏培基是20世纪60年代毕业于上海财经学院的高材生。他精通英语，又自学法语、日语，还自学建筑装潢、机械设计、印染工艺、环保绿化等专业知识，成为这些领域的行家。他提出的煮漂机改进方案，不仅解决了产品质量难题，而且省时省工，让一些专业人员也自叹不如。

有一次，一家外国石油公司上门兜售重油，许诺免费提供并安装一套价格200余万元的储油设备。许多人觉得十分划算，但苏培基却看得更深：海润公司每天消耗重油35吨，油价才是关键。谈判桌上，苏培基要求每公斤油价下降0.15元港币，并拿出事先准备好的"法宝"——重油在不同温度下的膨胀系数和深圳地区的月早晨平均温度表。手持这两份数据，他胸有成竹地对外商说："按惯例，重油是在小于等于

❶ 海润公司生产车间　❷ 海润公司总经理苏培基接待外宾时的留影

18 ℃气温下计价的，而深圳的早晨平均气温远远高于 18 ℃，体积必然膨胀，报价也应相应调整。"他用流利的英语和充足的理由，令外商不得不答应降价。仅此一项，海润公司每年就减少支出 100 余万元。

海润公司制定详尽细致的规章制度，更在严格执行上下功夫。各部门主管晚上临睡前都要巡视车间；公司负责人经常在下半夜 3、4 点钟到工厂巡视，检查劳动纪律、产量、质量、设备等情况，十几年如一日。公司的奖惩制度把员工的收益与产品质量及公司效益紧密结合。

海润公司在香港设有办事处，许多业务都在香港开展。苏培基外出办事，总是尽量乘地铁。按照海润这样的企业规模和效益，完全可以在香港买一套住宅，买一辆轿车，但苏培基的原则是能省就省。在香港、深圳市场，人们经常看到他一副"跑街先生"模样：穿着海润的工作服，拉一辆载满布样的行李车，有时仅仅买地铁票一天就"跑"掉一百多元。1991 年，他年迈的父母来深圳小住，父亲要求借一些公司订阅的报纸看看。他没有答应，自己掏钱订了报纸给父亲看。香港一些中资机构的老总谈起苏培基时都肃然起敬，说他凭两条腿"跑"出了海润的兴旺。

1994—1995 年纺织品市场极不景气，国内许多纺织品生产经营企业面临亏损。在此重压下，海润公司及时调整战略，把销售重点转移到日本和远洋。1994 年初，公司领导和 4 名技术人员到日本大阪举办海润产品展示会。为了节省开支，5 个人挤一间房打地铺，精打细算，努力抓订单、扩大海润产品在日本的影响，使出口量猛增，仅对日销售增加 20%。1994 年，公司出口创汇达到 2452 万美元，盈利 1598.50 万元；1995 年出口创汇增长 26%，盈利几乎翻一番。

"不但要开花结果，还要子孙满堂"

1996—1997 年，海润公司进一步改变经营方针，提倡"一业为主，多元化发展"，出口创汇和利润总额创出新高，取得十分可观的经济效益。

海润公司原先分为三大块：一是贸易部，主要职责是面向市场抓订单、保证企业有足够的生产任务，产品力争卖出好价；二是工业部，一门心思抓生产、抓质量，力争以最低成本保证按时按质按量交货；三是管理部，主要职责是负责上述以外的所有工作。这种一体化的"贸工结合"，犹如"血与肉"的利益关系，最终的结果就是增强企业竞争力。

海润公司不断创新，反复宣传以"六

❶ 海润公司大门

观"为核心的价值观。"六观"就是正确的宽严观、得失观、苦甜观、金钱观、集体观、择业观，同时，通过独创的"贸工一体"管理模式，全面推行"铁与蜜"（严苛的管理理念，激励的奖惩制度）的思想理念和公司《管理总纲》，以及12项规章制度，使公司运营处于严格的规范管控之中。有人把海润公司的管理方式和特点比喻为：大庆式的管理（严格），上海式的待遇（小康），香港式的炒鱿鱼（用工制度）。正是这些管理理念和制度，让来自内地国营企业的许多员工内心受到了极大的震撼，也保证了海润公司高效的运作。700人的海润公司能够生产数十个大类品种，几乎等于上海棉纺行业十几个厂家品种的总和。

海润公司着眼于企业长远发展，看准市场需求，把一定的财力物力精力投入开发房地产和第三产业，相继建成制衣厂、助剂厂、商业娱乐城、芭蕉园酒家等10多家实体和物业，繁衍出大小11家企业，总资产由当初的0.25亿元发展到1.9亿元，利润累计达到2亿元，在全国外贸企业中名列前茅，在深圳这片沃土上"开花结果"，还做到"子孙满堂"。

（高世琼）

亲历者说

苏培基（曾任东方国际集团上海市纺织品进出口有限公司驻深圳海润实业有限公司代表，九届全国人大代表，曾获上海市优秀共产党员和上海市劳动模范称号）：回顾自己的一生，我一直在和纺织品打交道，从工业到贸易，紧密融合，我很荣幸能为国家经济建设作贡献。纺织品公司能够六十多年经久不衰，这是因为每一代纺织人都热爱自己的工作，为每位客户创造良好的服务氛围，及时报价，及时寄样，及时访问，及时下单，及时出运，从而能够以优质的产品、优惠的价格、优良的服务，面向世界五大洲每一个角落。

国际汽车城：
人车城的完美融合

　　上海国际汽车城自 2001 年开发建设以来，已经成为国内产业链最完整、研发水平最高、综合实力最强的汽车产业基地之一。区域内集聚 300 多家整车和零部件企业、7 个国家级基地、100 多家研发机构、50000 多名汽车专业人才。2011 年，上海国际汽车城成为国内首个"电动汽车国际示范区"；2015 年，成为首个国家级"智能网联汽车试点示范区"。在 2016 年中国汽车产业基地竞争力排行榜上，上海国际汽车城以 0.975 的综合竞争力指数位居全国第一。上海国际汽车城正全力推进嘉定建设"世界级汽车产业中心"。

"三个不能"构想

　　上海国际汽车城的初步构想起源于一场调研。2000 年 6 月 15 日，时任上海市委书记黄菊来到嘉定考察调研。当时，上海汽车制造厂和中德合资的上海大众汽车有限公司都坐落在嘉定。前者是中国第一辆纯手工打造的"凤凰牌"轿车诞生地，后来又顺利投产了中国普通公务车和国宾接待的主力车型"上海牌"轿车，在中国汽车史上留下了光辉的一页；后者则是国内历史最悠久的汽车合资企业之一。黄菊认为，嘉定汽车产业基础好，特色强，宜发展。他强调，嘉定发展汽车产业，一是不能只有汽车制造，更要有汽车贸易；二是不能局限于大众牌，更要打"中华牌""万国牌"；三是不能只在安亭，更要突破现有行政区划界限，具有带动和辐射效应。这番"三个不能"构想，在众人心里埋下了种子，为国际汽车城的谋篇布局埋下了伏笔。

　　调研结束后，嘉定区委、区政府根据黄菊书记的指示，将汽车产业作为嘉定未来的重点发展方向，并将黄菊书记在考察调研时的讲话精神分送至市各相关委办局，希望寻得"同道中人"共同推动落实。时任市发改委副主任程光迅速给出

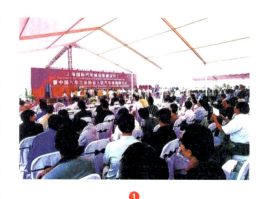

❶ 上海国际汽车城举行全面建设开工仪式

回应，在对黄菊书记指示进一步细化深化后，他提出："要建设一个国际汽车贸易城。"同时，还提出了上海"东西南北"四大产业基地的战略构想，为了使上海产业布局更趋平衡，强调汽车产业基地应该放在上海的西部——嘉定安亭。

在获得程光的支持后，时任嘉定区委书记金建忠组织一批团队，先后赴北京、武汉、西安、东三省以及德国、美国和日本等国内外汽车产业基地，完成相关课题研究。当时，曾经有人提出过"打造中国的底特律"，但经过实地考察后大家感到底特律模式不可持续，而是应该设定目标超越底特律，最终定名为"上海国际汽车城"。

四个开发主体

建设汽车城是个首创，没有任何经验可循，不仅需要市、区领导指引前进方向，还需要勇于试验、敢于创新、先行先试、有摸着石头过河的勇气。在制订汽车城规划时，曾经打算设置一个物流区。有一次，时任常务副市长蒋以任在了解规划情况时指出，国际汽车城必须要抓科技研发。于是，把物流区改成研发区。通过在实践中不断纠偏，协同探索出一条适应国际汽车城发展的道路。

汽车城开发初期，没有因循传统经济开发区一元化建设和管理的模式，而是实行市区联手、政府引导、市场化运作的多元开发体制，注重调动和发挥社会各方的积极性。为此，吸引上汽集团、久事公司、虹桥开发区发展有限公司等大企业集团参与，按照规划功能分工，形成了汽车城开发建设的四大主体公司，分别负责汽车城贸易区和研发区的规划、招商和开发，汽车城的土地动拆迁和基础建设，国家赛车场的建设以及安亭新镇的开发和经营。这种多元开发体制在建设初期，体现了"短期出形象、基本定框架、初步显成效"的优势，取得了良好的运作效果。

就是在这种全新的体制机制下，上海国际赛车场、上海汽车博物馆、同济大学嘉定校区、上海机动车检测中心、国家863项目洁净能源中心、上海二手车交易市场等一大批项目落地汽车城。在建设汽车博物馆时，中国的汽车文化还相对落后。大家担

❶ 建设和发展中的汽车城

心，汽车博物馆建成后，里面的展品——"老爷车"去哪里找呢？如何购买、如何进关呢？时任上海市市长韩正一次出访美国，看到了美国发达的古董车市场，当即决定，先从"借"开始，既借展品，又借思路，更是借经验。用"借"的方式，成就了中国首个专业汽车历史博物馆。正是突破了传统的思维定式，在"不走寻常路"的创新思想的指引下，从教育、研发、制造、贸易到休闲、运动，一条由汽车串起来的完整产业链在汽车城徐徐展开，链条上的每一个环节，都代表着中国乃至世界的一流水平，打出了一张漂亮的"世界牌"。

二次规划建城

2005 年，第一批重点建设项目基本完工，瓶颈接踵而来。由于大量"潮汐人口"的存在，白天，成千上万人群到汽车城工作；晚上，人们下班返回市区的家生活；住在汽车城的大多不在此工作，只是看中低廉的房价。汽车城成了一座"空城"和"睡城"。很多人议论说，"汽车城，只有汽车没有人，只有建筑没有城"。负责汽车城建设的领导们对此也煞费苦心，但办法永远比困难多，在找到瓶颈后，大家马上行动起来，汽车城的二次策划就此拉开序幕。

城市没有产业支撑，即使再漂亮，也是一座"空城"；产业没有城市的依托，即使再高端，也只能"空转"。负责汽车城建设的领导们在探究其原因后，发现症结有二：一是初次规划时忽略了城市功能互动交融的必要性，产业区与生活区布局过于疏离，两者之间相隔距离太远；二是城市功能配套水平与市中心差距太大，对企业员工吸引力低，难以留住人才。

一个区域的发展需要全产业链营造与城市化建设双管齐下，以产兴城、以城促产、产城融合。于是，对汽车城建设进行二次规划，着力提升教育、医疗、文化、体育、商业等服务功能，包括推动优秀教育资源落地、吸引区域高端医疗资源进入等，形成既有产业特色、又与市区同质的城市功能配套体系。

在提升城市配套品质方面，汽车城引入了华东师范大学附属双语学校、同济大学附属实验中小学、东方瑞仕幼儿园等公办与民办相结合的教育体系；建设了嘉亭荟城市商业广场，辐射嘉定城区及周边花桥地区；建立了瑞金广慈门诊部和东方肝胆医院，

❶ 上海国际赛车场　　**❷** 上海汽车博物馆

为区域内居民提供便捷、高端的医疗服务。

在集聚产业论坛高地方面，每年有 180 多场国内外汽车产业高端活动在汽车城举行，如中国汽车论坛、中国汽车工程学会年会、国际电动汽车示范城市及产业发展论坛等。

在开展汽车文化活动方面，F1 大奖赛上海站、汽车文化节等活动，进一步丰富了汽车文化内涵，增强了汽车文化的体验感，提升了区域品牌形象。

随着汽车产业的发展和城市化服务功能的不断完善，来自世界各地越来越多的汽车人才到汽车城工作与生活。

迈向"新四化"发展

2007 年，时任上海市委书记习近平到汽车城调研，在高度评价汽车城建设成果的同时，也提出更高要求："国际汽车城要建设成为全国汽车产业的制高点，在国际上有一席之地。"

汽车城建设者将习近平提出的要求铭记在心，在汽车产业"电动化、智能网联化、共享化、国际化"的变革窗口期，紧紧抓住机遇，把新能源汽车和智能网联汽车作为重点发展领域，围绕供给侧结构性改革这一发展主线，通过构建产业生态链、完善创新服务链、提升价值链，推动产业集聚并向高端迈进。

2011 年，科技部确认上海为电动汽车国际示范城市，嘉定区成为国内唯一的电动汽车国际示范区。汽车城先行先试，积极参与推动电动汽车在中国的示范与推广。2015 年，工信部批准国家智能网联汽车（上海）试点示范区建设，成为引领中国智能网联汽车先进技术研发、产品验证和展示发布窗口、标准研究规范制定和检测认证基地，以及智能网联汽车产业孵化基地、人才高地、产业和资本集聚地。国际汽车城在汽车产业"新四化"领域已形成一定的基础和先发优势，并把目标重新定位成建设世界级汽车产业中心。

（朱宁宁　荣文伟　王天玮）

亲历者说

朱宁宁（曾任上海国际汽车城建设领导小组办公室主任）：回顾历史，上海国际汽车城的成功不是偶然的，是广大开发建设者把握时代大势，主动谋篇布局的智慧体现，也是他们对这份事业永不言弃的执着追求。展望未来，上海国际汽车城将始终牢记习总书记的嘱托，把握机遇，迎接挑战，再创辉煌。

M50：
文化创意园的转型与嬗变

M50位于上海市普陀区莫干山路50号，其前身是上海第十二毛纺织厂。20世纪90年代，在上海纺织工业结构调整中，这家拥有几十年历史的老厂宣告破产，由上海第二毛纺织厂接盘。1994年，更名为上海春明粗纺厂。1999年，企业回天乏力，宣布第二次破产。如今，在困境中蝶变、在发展中转型的企业，已转身成为上海时尚新地标——M50文化创意园区，吸引了众多艺术家入驻，在中国乃至世界的艺术园区中都占有一席之地。

"卖"，还是"租"？

经历了两次破产的春明粗纺厂，当时除了1620名退休工人，还有1200多名员工等待安排。经过几年的折腾，职工们的心理防线彻底崩溃了，但员工的饭总是要吃的，工作也总是要做的。那一年，正临春节，职工的困难补助、医药费报销都急需用钱，长期亏损的企业哪里还有钱啊？现成的路还有一条：卖家当。"穷归穷，三两铜。"其实，几十年的老厂里什么都值钱，一个生铁铸成的烟囱，就卖了10万元，用于解决职

❶ 上海春明粗纺厂与如今的M50 ❷ M50正门

工眼下的困难。

面对这种窘境，由上级公司董事长兼任春明粗纺厂厂长、书记的赵长征思忖道：卖家当应急，只能是权宜之计，总不能光靠变卖有限的国有资产来解决员工的困难。他思索着，"卖"是一锤子买卖，卖完了就是人家的了；"租"可以做长远的打算，会有源源不断的收益。没想到，就是这么一个朴素的想法，却引出了日后一个细分产业的发展方向。

2000年起，赵长征带着一班人，迈出了房产出租的第一步。这在上海乃至全国也许是首创的招数，一举多得：一来可以收到租金，解决日常的开销；二来让一部分职工有就业的岗位。开始时，租金是廉价的，也不分行业，只要谁愿租赁，厂方就同意出租。于是敲煤饼的、卖冰棍的、做服装的、搞印刷的，各行各业都有。第一年年底结算租金竟超过了100万元。这对于一家揭不开锅的破产企业来说，可真是天大的喜事！

春明厂开创了厂房出租的经营之道，引起了上海市经委的关注。市经委规划室主任夏雨到春明厂调研，他感到不少停产的企业有一定的规模，厂房历史悠久，可规划建设都市型工业园区。于是，春明厂就开始探索艺术园区的建设，这比2002年开始建立的北京798艺术区（又称为大山子艺术区）还早一两年。市经委还拨了两笔费用给春明厂，用于对4万多平方米的历史老厂房群进行适当改造。

"拆"，还是"留"？

春明厂处于苏州河的一个美丽弯道，旧厂房建筑的魅力吸引着艺术家的涌入。2000年5月11日，艺术家薛松成了入驻春明厂艺术仓库的第一人。两年后，这片地方

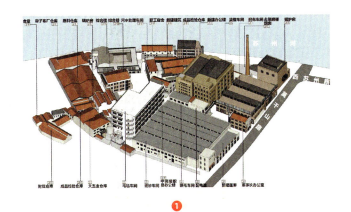

❶ 春明粗纺厂建筑编号及功能示意图

衍生出上海最大的当代艺术家工作室、画廊等的集聚点，形成了一个多元的艺术家群落。2002 年，春明厂被上海市经委命名为"上海春明都市型工业园区"。

当时的春明园区引进了大大小小共 100 多家客户入驻，其中有小商小贩，也有服装厂、印刷厂等小企业。艺术家们的入驻，给园区带来了文化和艺术的氛围。春明园区的管理者从中看到了新的发展机遇，于是对园区重新定位。用赵长征的话来说，就是"先满仓，再调仓"，逐步淘汰低端业态，充分发掘春明厂所承载的上海民族工业发展的历史文化价值，开始了从工业园区向文化艺术园区的转型。

"春明园区要拆了！"犹如晴空一声惊雷，谣传不胫而走。原来，春明园区成了艺术家们的创作乐园，也成了房产商的觊觎之地。当地区政府某部门在没有征得春明厂许可的情况下，一边以每亩 280 万元的价格把地卖给了一家房产开发公司，获得了巨额土地转让金。看到了发展前景的春明园区领导，说什么也不干，坚决不同意拆房卖地。区里的经办者真的急了，通过各种途径，频频对春明厂施加压力。春明园区一班人不为所动，守着底线：坚决不拆，双方就这样僵持着。

2003 年，市规划部门收到多位艺术家的群众来信，领头的就是早期入驻园区的薛松、丁乙等艺术家，他们明确要求保留原春明厂厂房。当时作为市规划局负责历史保护工作的王林，发现这处厂区并未在已批准的苏州河规划保留名单之内。在前去现场调研时，更是惊异地发现她的导师、中国著名文物保护专家同济大学阮仪三教授也租用了其中滨河的一栋厂房，挂了"历史文化名城保护中心"的牌子。阮仪三提示道：这里已不仅仅是普通厂房租赁空间使用这么简单，这里正发生着产业功能的悄然改变，文化艺术与创意设计功能的雏形正逐渐发展起来，并初具规模。专家的话语分量很重，或许打动了相关管理部门。

就在争议延续的时候，春明厂营运方又以承诺书的形式，保障艺术家低租金使用，尤其是对前期入驻的艺术家们，房屋租金十年内不涨价（只增加 10% 的土地升值价）。

不久之后，关于春明文化创意园的研究报告和未来发展建议获得市政府同意，厂区建筑终于得以完整的保留。其实，区里的有关人员与春明园区的领导平时都是很好的朋友，只是当时认识的角度和深度不同，一时存在不同的意见。等到市里作出了决定，区里的人员对春明园区仍然是大力支持的，还帮助厂里解决了许多困难问题。

"名"，还是"实"？

2005 年 4 月，上海市经委综合规划室主任夏雨再次来到春明园区，看着新挂的"春明艺术产业园"牌子，觉得园区的名称也太长了，不便于传播。当时入驻园区的有不少外国艺术家，他们在媒体上都用莫干山路 50 号来指代园区，夏雨灵感突发：莫干山路 50 号？莫干山——M 打头；50 号——50，恰好当时园区有 50 栋建筑，那就干脆就叫 M50 吧！春明园区随即向工商局注册。工商局也积极支持，突破不能用英文字母

作为企业、商标名称的陈规，正式予以批准。于是，在各种机缘巧合下，"M50"这个名字诞生了。

"正名"之后，园区该怎样进一步发展呢？M50的管理者的回答是——必须要名副其实，实至名归！2005年，上海市经委授牌"上海创意产业集聚区"。2006年，被评为上海十大时尚坐标之最高人气奖。2007年，被国家旅游局批准为全国工业旅游示范点；连续两届获上海十大最具影响力的优秀创意产业园区称号。2007年，获中国最具品牌价值园区称号。

从2008年开始，上海纺织集团时尚事业部和M50创意园的管理层对M50的品牌建设提出创新理念：从主体到客体，从实体到载体，要以M50创意园为基础，充分利用园区聚集的各种资源，提升到一个更高的层面，倾力打造以"艺术、创意、生活"为核心价值的知名品牌。

M50先后引进来自英国、法国、意大利、瑞士、以色列、加拿大、澳大利亚、美国、意大利、日本、委内瑞拉等20多个国家和地区的160多个艺术家工作室，以及画廊、服装设计、平面设计等艺术机构。年接待海内外游客150多万人次，多次接待国内外政要，如比利时皇后、加拿大前总督、联合国教科文组织副总干事、伦敦市市长、美国前国务卿基辛格、刚果（布）总理穆安巴等都曾专程到访。2019年，上海进博会期间，希腊总理夫人两次前来M50踩点、探店，在OSHADAI小店购买了一件绿色抽带风衣，热切地表达了对园区及入驻艺术空间的喜爱。

❶ 2003年7月21日，《新闻午报》刊载《艺术家呼吁保留莫干山路旧建筑群》 ❷ 原丁乙工作室

M50园区通过近年来的探索与实践，培育出了多个重点文化项目。起步于2018年的 UNFOLD 上海艺术书展，在艺术书展界已经具有相当高的知名度。M50中外少儿创意艺术大赛启动于2017年，至今已连续举办四届，每年 M50 都会同一个慈善机构合作，将作品拍卖所得的善款捐赠，帮助贫困与患病的儿童接受艺术教育。2018年，以打造上海海派艺术文化标志为使命举办的"M50联合开幕"，

❶ M50 荣登美国《时代周刊》　❷ 希腊总理夫人身着 OSHADAI 风衣逛 M50
❸ 如今的香格纳工作室外观

其主题寓意为"世界看中国，中国看上海，上海看M50"。2020年，M50又携手园区赛森艺术空间共同打造"M50上海当代艺术周"活动，与ART021（上海廿一当代艺术博览会）及2020西岸艺术与设计博览会遥相呼应，共同打造上海的金秋艺术盛会。

2019年底，为了纪念M50成立二十周年，园区诚邀20位曾经入驻或至今仍在园区的知名艺术家，选取了他们过去二十年来创作的作品举办了一次特展，作为对过去二十年园区孵化的艺术成果的回顾和回馈，也是对于M50未来发展的展望。

（严君慧）

亲历者说

管李兴（M50园区办公室主任，原上海第十二毛纺织厂机动车间管理员，参与M50创意园的筹备与建设）：M50是市场自发配置资源的自然杰作、时代的机遇。在过去的二十年中，M50见证了上海乃至中国当代艺术的发展过程。在今后升级改造中，将继续做好原貌的保护，既能给后人整体留下普陀区少有的原生海派文化创意园区鲜活风貌，又能给苏州河水岸留住一块原味民族工业建筑遗存历史风景。M50创意园所拥有的，不仅仅是老上海的记忆，更重要的是，它正在成为世界级的现代城市艺术地标。

宝钢：
取向硅钢从零起步到引领者

2020 年 12 月 15 日，宝钢股份新型刻痕机组正式投产。这条由宝钢自主研发、自主集成设计的产线，相比国际竞争对手生产效率更高，环境也更加友好。耐热刻痕项目的成功标志着宝钢取向硅钢在世界范围内实现了全面引领。

在不到二十年的时间里，宝钢在取向硅钢领域从零起步发展成为行业引领者，其间有着太多的感动与感恩。或许，也应该有一份特别的感谢给予当年卡我们脖子的国外厂商。没有他们，便不会有中国取向硅钢今日之强大。

"卡脖子"之痛

只有真正经历过被"卡脖子"，才能真切地理解窒息的痛苦。在三峡工程建设的前期，中国尚不具备高等级取向硅钢供应能力。当时项目急需高规格取向硅钢，外国厂商却不肯供应；后来"求"到一家国外厂商，对方却一次性提价 1000 美元 / 吨，并且也只是限量供给。在三峡工程这样举国瞩目的项目上，中国被人家"卡住了脖子"。

体会过切肤之痛，在 2003 年全国人大会议期间，国家领导接见了宝钢代表并下达了光荣任务，要求宝钢尽快供应取向硅钢，保障国家电力安全。

购买成熟技术肯定是最快的路径，为此宝钢领导亲自带队遍访亚洲、美洲、欧洲所有取向硅钢生产厂，谋求技术引进，但几乎全部厂家都给出了冰冷的回答：拒绝出售。只有一家勉强同意出售其过时技术，但提出了极其苛刻、令人难以接受的附加条件。在技术的购买上，中国再一次被"卡住了脖子"。

在关乎国运的核心技术面前，金钱显得无能为力。

知"痛"而后勇

买技术的路子走不通，宝钢决然地走上了自主研发的道路。宝钢研究院牵头成立工作小组，公司上下全力进行取向硅钢产品开发，将国家任务担在肩上。

技术路径的选择，是研发团队需要迈过的第一道坎儿。当时摆在面前的有两条路径：一条是高温路径，一条是低温路径。高温路径的发展时间长，技术相对成熟，开发成功的把握相对较大，但缺点在于难以形成大批量生产能力；低温路径当时刚刚形成，产品质量高并且容易形成批量能力，但当时全世界只有一条线生产线，宝钢还完全不知道是怎么回事，开发失败的概率很高。

两条路径的开发难度相差很大，但研发成功后的结果也会差异很大。一边是保守，一边是激进，技术团队花了大半年的时间进行辩论，一度相持不下。最后，一个简单的理由让大家统一思想，选择了激进。这个理由是：这么大的中国在持续发展，如果宝钢不能大批量地供应高品质取向硅钢，一个保守的成功又有多大意义呢？

技术路径的确定只是明确了走哪条路，但要真正上路，还需要研发设备。就像决定要造一辆汽车，必须首先要有造车的工具。对于技术开发来说，工具就是实验室研发设备。

技术团队先是找到了一家有经验的供应商，曾做过成套取向硅钢模拟设备，但就在谈判行将结束的时候，国外一家竞争对手出来干涉，理由是该设备商当年为其供应过设备，现在不能再卖给宝钢。技术不肯卖，连实验室设备也不让卖。核心技术面前，金钱再一次失灵。

设备买不到，我们自己造！现任宝钢股份硅钢事业部首席技术官李国保，当时已是研发带头人，他带领团队自主创新设计出 30 余套实验室试验装备，自主开发了数十项关键工艺参数检测技术，终于贯通了试验流程。正因为被人家卡了脖子，完全依靠自主设计的实验室装备才与原来厂商的装备不同，宝钢因此建成了世界上最好的硅钢实验室，为后来的研发、大生产验证、现场问题解决提供了坚强保障。

有了设备，研发团队开始拼命实验。当时有一种说法：用一年时间干三年的活。取向硅钢工艺流程非常长，通常情况下，一个月最多做两轮实验。技术团队群策群力，锁定"多功能炉"等瓶颈工序，采用穿插统筹的重叠试验方法，最大限度地提高效率、节约时间。实验过程中多功能炉从不停机，即便春节也不例外。炉子不停，人更不能停。每次实验结果出来，团队不分昼夜进行讨论，一年之中光投影仪的灯泡就用坏了 3 个。粗略一算，一年做了 75 轮实验，相当于一年做了正常情况下三年才能完成的实验量。

取向硅钢工艺窗口极窄，为了获得一个准确的轧制温度，李国保和团队成员往往需要戴着护目镜，在某个位置整整蹲上一宿，要历经几十次测温，把眼睛几乎看花，才能确认一个参数。工艺中有多少个参数，研发团队就需要来多少遍这样的蹲守！

如此拼搏的精神，换来了超高的研发效率。2004 年 5 月，第一块合格 CGO（普通取向硅钢）钢板出样；7 月，第一块 HIB（高磁感取向硅钢）合格钢板出样。团队没有急于庆祝，而是继续追求稳定的结果重现。直到 2005 年 10 月，当连续十轮实验重现同样的结果时，技术团队才确认已经掌握了低温取向硅钢的核心技术。好消息传出，宝钢股份立刻决策产线上马，研发团队的战场又随之从实验室转移到了产线。

产线的关键环节在设备。由于国外对手的技术封锁，虽然请来的都是世界一流设备商，却都没有做过取向硅钢。无可奈何的宝钢被迫越俎代庖，在工厂设计的基础上再完成一整套工艺技术输出书，相当于告诉设备商如何去设计他们的设备，这才了打破困局，啃下了设备这根硬骨头。

然而，硬骨头不止一根。2007年开展前工序验证，第一轮取向硅钢试制时，连铸机出口的铸坯断成了一块一块，最长的一块大概也只有8米。铸坯在运往热轧板坯库的途中，发出噼里啪啦的爆裂声音，等到板坯库一看，裂纹纵横交错，根本无法轧制，第一轮试制全军覆没！

虽然吃了一记下马威，技术团队却越挫越勇。他们全流程查找原因，每天连续工作十几个小时，通过不断地试错验证，最终将一贯制管理从炼钢延伸至炼铁。炼铁、炼钢、热轧所有前工序与硅钢联合克服了多项难题，才最终解决了开裂问题。

天道酬勤。2008年5月15日，宝钢取向硅钢第一卷合格卷成功下线！第一卷的下线，标志着宝钢取向硅钢自主研发取得成功！

仅仅相隔两个半月，2008年7月29日，宝钢第一卷高磁感取向硅钢下线！再隔四个半月，12月12日，宝钢第一卷激光刻痕取向硅钢下线！

一年内，宝钢取向硅钢三个细分品种全部成功下线！

时至今日，有团队成员回忆起2008年的场景情不自禁地说："第一炉合格的取向硅钢出炉时，钢水映红了整个车间，一瞬间，现场所有人的心都被点亮了。"

从"受制于人"到"领先于人"

2008年投产当年，宝钢取向硅钢产量2.6万吨，第二年产量达到9万吨，第三年产量10万吨实现达标。宝钢产品下线以后，很快投入到国家重大工程建设。

2009年10月，三峡工程召开鉴定会，对宝钢产品用于三峡500千伏电站进行技术评审。宝钢取向硅钢制成的变压器在随后的检验中一次性全部合格，宣告了中国在高端取向硅钢领域不再受制于人。

灵绍工程是±800 kV的直流特高压工程，当时国际形势风云变幻，国外唯一供应商切断供货，灵绍工程被迫待机。面对高难度技术要求，宝钢坚决地顶了上去。最终宝钢供货34台，变压器合格率100%，标志着中国取向硅钢品质又上了一个新的台阶。

宝钢取向硅钢的成功开发和应用，得到了国家高度认可。2012年3月，中国金属学会与中钢协经过鉴定，一致认为宝钢取向硅钢技术是中国钢铁行业完成的一项重大创新，技术水平达到国际一流。2013年，宝钢低温取向硅钢开发与产业化项目，获得

❶ 宝钢取向硅钢第一卷成品

国家科技进步一等奖。

宝钢硅钢在前进的路上从来没有止步。2018年，宝钢取向硅钢应用于±1100 kV全球最高电压等级直流换流变压器，开启了特高压输电技术发展的新纪元。发展到今天，宝钢取向硅钢产量稳居世界第一，产品覆盖全系列牌号，除了满足国内市场，还远销至欧美日韩等国外厂商的大本营。宝钢取向硅钢近年来连续发布代表世界最高技术水平的"全球首发牌号"，不仅成功实现对国外厂商的技术反超，还在时间推移中建立起多方位优势，向全球硅钢第一品牌奋力迈进。

宝钢取向硅钢对中国电力高质量发展意义重大。宝钢取向硅钢开发成功之后，中国电力行业安全得到保证，国外厂商"卡脖子"的情况不复存在。中国特高压电网迅猛发展，不仅成为国之重器，还成为中国"一带一路"的闪亮名片，其背后，正是宝钢充足而稳定的高品质取向硅钢供应能力。依靠自主创新，宝钢取向硅钢圆满地完成了国家任务！

（张继诚）

❶

亲历者说

刘宝军（宝钢股份硅钢事业部党委书记、总经理）：宝钢取向硅钢的发展历程再一次证明，核心技术是买不来的。产业发展和国家强大，还是要依靠自主研发来突破核心技术。雄关漫道真如铁，从追赶到引领，宝钢取向硅钢的自主研发历程充满艰辛；而今迈步从头越，站在引领者的位置前望，宝钢硅钢不忘初心，时刻牢记"将核心科技牢牢掌握在自己手中"，奋力建设全球硅钢第一品牌，立志为中国电力行业高质量发展、为国家绿色发展作出更大贡献。

❶ 新型耐热刻痕取向硅钢全球首发卷

沪东中华：
摘下 LNG 明珠

LNG（液化天然气运输船）是保障国家能源供给和运输的安全特种装备和国家能源战略的重要组成部分。沪东中华造船（集团）有限公司（简称沪东中华）从 2008 年 4 月交付中国第一艘 LNG 船"大鹏昊"至今，已交付 20 多艘大型 LNG。它们开辟新的"海上丝路"，为建设"美丽中国"运来源源不断的清洁能源，被誉为"大洋上的中国荣耀"。

为了不再"挨打"

20 世纪 90 年代，随着我国城市化进程加快和大量人口导入，能源需求旺盛而供给不足，能源结构不合理的矛盾日益突出。1998 年 10 月，国务院批准广东先行试点引进液化天然气，拉开了我国进口液化天然气序幕。时任国务院总理朱镕基指出，中国一定要造出自己的 LNG 船。

当时，国内大多数造船厂把目光瞄准散货轮和油轮等，挣得盆满钵满。沪东中华却顺应发展潮流，服务国家战略，悄悄把高端产品 LNG 研发作为企业战略重心。每年都派人考察国外先进造船厂，派工人、干部到日本船厂当研修生。

可是，日本一家船厂却婉言谢绝沪东中华科技人员登上在建的 LNG 船看一眼的请求。落后是要挨打的，婉言谢绝同样也是一种"挨打"。为了不再"挨打"，沪东中华决心啃下 LNG 这块"硬骨头"，为中国造船工业争气。

十年铸剑摘明珠

LNG 船是国际公认的高技术、高难度、高附加值的"三高"产品，建造难度堪比航母，是全球最顶尖的民用船舶，被喻为造船界"皇冠上的明珠"。它是可以运载零下 163 度液化天然气的"超级冷冻车"，可以运输数万吨液态天然气漂洋过海，所以对安全性要求极高。一旦液化天然气泄漏，就会迅速汽化，发生船毁人亡的大爆炸。因此，LNG 船的设计、制造绝对不能出错。

建造 LNG 船的艰辛难以想象，最初几年，仅设计修改的图纸就要装几卡车。至于

❶

❷

❶ 中国第一艘 LNG 船"大鹏昊"号在船坞中　❷ 2008 年 4 月 3 日，"大鹏昊"号
LNG 船交付使用

LNG 船建造的难度要求，可谓极其苛刻。一艘 LNG 船上需要成千上万个零配件配套，很多零配件的精度公差范围以毫米甚至 0.1 毫米计算，细微度接近一根头发丝。任何单一零件产生故障，都可能导致船舶整体出现故障。1 艘 LNG 船造价 2 亿多美元，没有一家船东会下单购买一艘有丝毫不安全和不可靠的 LNG 船。

沪东中华大胆采用多项新技术，应用许多新材料新工艺，攻克 80 余项重大关键技术难关，终于迎来胜利的曙光。2008 年 4 月 3 日，我国第一艘 LNG 船成功交付。

十年里，沪东中华投资 50 多亿元，在业内率先提出"数字造船""绿色造船"理念，创建国内造船业第一家数字化设计集成平台（SPD）、数据管理平台（PDM）、ERP 系统平台等。以科技"补钙""强身"，孵化设计建造 LNG 船的高端人才，奠定企业发力的强大基础。

2009 年，沪东中华成功交付第一批 5 艘 14.7 万立方米薄膜型 LNG 船。其建造流程完全颠覆过去的造船模式，开启中国船舶工业深刻革命的大幕。沪东中华昂然跻身全球一流造船厂行列。

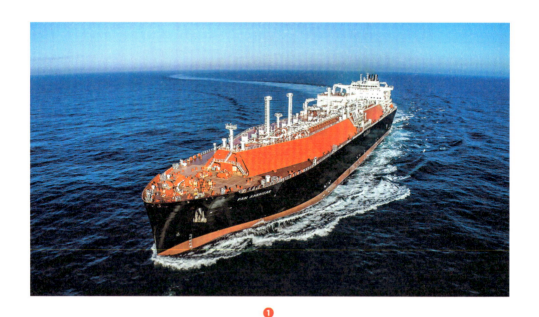

❶ 第四代 14.7 万立方米 LNG 船

为超强建造实力"圈粉"

欧美等国对中国一直禁售封锁高新技术，而且千方百计阻挡。沪东中华要研发 LNG 高端船型，只能独立自主、自力更生。

建造 LNG 船的核心难点之一是殷瓦钢焊接。殷瓦钢是一种耐超低温不膨胀的特殊不锈钢，其厚度仅 0.7 毫米，薄如纸片。殷瓦的反面是木制绝缘箱和热保护装置，在焊接过程中，必须严格控制其变形、避免绝缘箱着火。全船殷瓦焊缝长度约 130 公里，焊后需进行 6 项密性试验，没有漏点，是世界性焊接难题。沪东中华多次做到一个舱一个漏点都没有，实现日韩等造船强国都不能实现的目标。

二十多年砥砺前行，沪东中华始终以 LNG 储运装备制造为核心战略，走出一条从引进、消化、吸收，到自主研发、自主创新，完全自主设计建造的不凡道路。今天，沪东中华已经能够同时建造 NO96 和 MARK III 两种 LNG 船，产品线拓宽至 LNG 加注船、破冰型 LNG 船、LNG-FSRU、LNG 动力船舶等领域，在 LNG 船改装 FSRU、超大型集装箱船改装 LNG 动力系统等方面，也取得了新的突破，引领中国造船工业牢牢占据 LNG 船舶制造的制高点。世界级航运公司、油气公司纷纷被沪东中华超强建造实力圈粉。2020 年，沪东中华揽入迄今国内最大 200 亿元 LNG 船建造订单，在造船业巅峰之战中拔得头筹。

（张文豪）

相 关 链 接

全球有能力建造 LNG 船的企业至今不到 10 家，其中能建造薄膜型 LNG 船的只有 4 家，沪东中华就是其中之一。因为是中国民用船舶建造能力最强的企业，2016 年，沪东中华获得第四届中国工业最高大奖，成为中国造船业唯一获得该奖项的企业。

"新唐装"：
掀起 APEC 中国风

　　亚太经合组织（APEC）是亚太地区级别最高、影响最大的区域性经济合作组织之一。1993 年，首次 APEC 会议在美国西雅图召开，各国领导人约定：会议以非正式的形式进行，不设主题，与会者身着会议主办方为其定制的民族服装，不带助手，自由交谈。自此之后，服装也就成为每届 APEC 会议人们关注的一个热点：参会领导人穿上主办方提供的特色服装，来个"全家福"大合影，被称为世界最高级别的服装秀。

　　承办 2001 年 APEC 上海峰会是中国在 21 世纪伊始的一次重大外交活动，成为中国向世界展示改革开放、经济建设巨大成就的重要窗口。承办此次会议，为参会国领导人提供定制的民族服装，可以说是新中国成立以来中国服装界级别最高的服装项目。

传统特征与现代造型完美融合

　　中华民族传统服装已有几千年发展历史，每个朝代或年代都有当时的服装流行款式，但到底什么样的服装能代表当今中国，还真的不好拿捏。

　　早在 1999 年 10 月，上海服装集团、上海服装研究所先后制作 70 多件样衣送审，最后选定最典型的中华民族风格服装，于 2000 年 5 月封样送北京投标。2001 年 6 月，中央办公厅发文，明确上海纺织控股（集团）公司提交的设计款式在全国上报的 40 多个方案中脱颖而出，一举中标。上海市人民政府外事办公室随即把这个"国家机密任务"正式交给上海纺织控股（集团）公司。纺织集团领导亲自指挥，承上启下，协调方方面面，将市里的意图具体落实到下属的上海服装集团有限公司等单位。

　　上海服装集团上上下下为这个任务调集一批精兵强将，忙了足足一年。当然，也离不开面料、缝制等多家兄弟单位的支持和配合。APEC 领导人服装设计制作组技术总监丁锡强高级工程师在接受媒体采访时专门提到：最后呈现在大家面前的 2001 APEC 领导人的服装，是一件汇集团体智慧设计制作的佳作，既延续了传统服装的特征，又借鉴了现代服装的造型。

　　我们来打量一番 APEC 领导人服装外套的外形吧——

　　男式外套：元宝型立领、对襟、领口与门襟止口处用镶色料滚边；前衣片两片不收省不打褶，门襟处一排七粒葡萄纽扣；后衣片两片，背缝拼缝；两片袖装袖，肩部

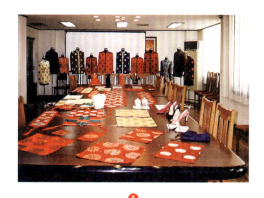

处内装垫肩，左右摆缝处开摆叉。

　　女式外套：元宝型立领、对襟，袖口、领口与门襟止口处用镶色料滚边；前衣片两片收腰省打胸摺，门襟处一排六粒葡萄纽扣；后衣片两片收腰省，背缝拼缝；两片袖装袖，肩部处内装垫肩，左右摆缝处开摆叉。

　　在服装制作过程中要攻克很多难题。就拿面料来说，领导人服装外套面料采用了当时创新的蚕丝与铜氨丝交织的织锦缎，经纬排列紧密，且不易拉断，让面料团花图案中四朵玫瑰花围绕下的 APEC 变体字立体凹凸。配合外套的衬衣面料则是带 APEC 字母和万寿团花的白色双绉提花 100% 全真丝锦缎。

度身定制，但无法给领导人量体

　　2001 APEC 服装未亮相时，媒体便纷纷猜测。2001 年 10 月 21 日，当 20 位中外领导人身着色彩多样的 APEC 领导人服装出现在大众眼前时，给世界带来了很大的惊喜。殊不知，选定的 6 种颜色固然美不胜收，却也给参会国领导人出了一道题，让他们为自己选个合适的颜色真不是件容易的事！

　　时任国家主席江泽民穿的是中国红；人气最高的是蓝色，美国总统布什、文莱苏丹哈桑纳尔、巴布亚新几内亚总理莫劳塔、泰国总理他信、智利总统拉戈斯、秘鲁总统托莱多、俄罗斯总统普京、日本首相小泉纯一郎、澳大利亚总理霍华德、墨西哥总统福克斯、印度尼西亚总统梅加瓦蒂都不约而同地选了蓝色；选择绛红色的有马来西亚总理马哈蒂尔、新西兰总理克拉克；加拿大总理克雷蒂安、菲律宾总统阿罗约、新加坡总理吴作栋都选了暗红色；韩国总统金大中选了绿色，越南总理潘文凯选择了咖啡色。

　　这次虽说是为 APEC 领导人度身定制，但事先根本就没有机会给每位领导人量体。

❶ 服装公司唐装设计室　❷ 2001 年 APEC 会议新唐装男款

照什么尺码制作呢？上服制作团队非常有智慧，他们首先分析了传真过来的这些领导人的服装尺寸，一一列表，从每个领导人的身高，体型特征以及其他一些公开的数据中寻找规律。最后，所有领导人的服装衣长尺寸都确定得比较合理，试穿后，没有一件服装需要改动衣长。

中装和西服在结构上有明显的区别，中装结构是平面裁剪，强调的是宽松；西服结构立体裁剪，突出的是合体。如何将中西方服装的精华部分融合在一起，也是领导人服装结构设计中的重要课题，特别是不少领导人的肚围较大，而中国传统服装前片不能收省打裥，真是难上加难！

当然，上服制作团队最后还是解决了这个难题。他们的秘诀是：不能开刀，合体美观全靠逻辑推理、比例设计。得知为中外领导人定制的服装全都获得了成功时，制作团队的伙伴们欢呼雀跃，兴奋不已。

试衣，从规定不能见面到主动现身

媒体把为 2001 APEC 领导人试衣的人员称为特别行动组。特别行动组成员有 8 名，全部是设计制作组成员。临去之前，外事办公室负责人交代了一系列细节，其中有一条就是"不能和领导人直接见面，只能通过助手传递试穿修改意见"。实际情况是，19 位外国领导人试衣，其中 16 位都与行动组成员见了面。他们对自己穿上中国传统服装的模样十分期待，穿上之后都非常高兴，"Very good！""Beautiful！"，赞扬声一片。有的在试穿前没和行动组成员见面，但穿上服装后很激动，亲自从试衣间跑出来和大家打招呼。文莱苏丹试衣服时，他离得非常远，但是当看到大红绸缎的衣套时，就开始凑近了。当行动组成员打开拉链，拿出蓝色的外套和白色的衬衣时，苏丹兴奋了，脱掉上衣穿上衬衣，再穿上外套——他选择的金黄色团花的蓝色上衣。这件外套在总

❶ 2001 年 APEC 会议新唐装设计制作组

统套房水晶灯的照耀下，闪闪发亮。

如果要评选 2001 年 APEC 会议最上镜、最合体领导人，相信很多人都会把票投给时任菲律宾总统的阿罗约这位容貌美丽、身材娇小的女强人。当她身穿暗红色的中国传统服装走进会场时，全世界电视机前所有的眼睛都亮了！大家似乎已经忘了她是国家领导人。大家赞叹的是：这位女性真漂亮，这位女性穿着合身得体的中国传统服装更美了！原来阿罗约对服装的要求很高，只有她传真递交的尺寸相当详细准确，也只有她提出要进行半成品邮寄试样。行动组按照反馈来的信息很顺利地完成了服装制作。于是，自然就让阿罗约分外美丽。

2001 APEC 开幕当天，领导人服装正式亮相，国内外媒体进行广泛报道，尤其是 20 位中外领导人在上海国际会议中心门前那张具有历史性意义的"全家福"引起轰动效应。谁都没料到的是，居然在服装领域掀起了一股"中国风"。《人民日报》刊文《回顾 APEC 2001 会议：上海举办峰会 唐装风靡全球》。2001 年冬天，中国大地掀起了一阵"中国风"，连平时最不留意时尚的人也一定能说出那个冬天的服装潮流——新唐装。中国人有过年穿新衣的习惯，在那几年的春节，很多人给自己准备的新衣就是一件"新唐装"。时尚从来都只是某一群体或范围内的事情，而像"新唐装"这样不分男女老幼，不管南北东西，无论前卫保守、品位高低、收入多寡，一股脑儿全被裹挟进去的潮流还真不多见。

（刘佩芳）

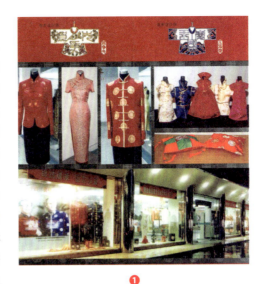

❶

亲历者说

丁锡强（上服集团设计制作组技术总监）：2001 APEC 领导人服装一时成为国内外关注的热点，但各种媒体的称呼却五花八门，莫衷一是。到底如何定名为好呢？经过多方面综合考虑，主创单位最后决定采纳我的建议，把领导人服装定名"新唐装"。主要理由是：唐朝是中国历史上最强盛的时代，盛唐的辉煌至今仍使每一个中国人感到自豪；而且现代意义上的"唐"还泛指中国人，如中国人聚集的街区为"唐人街"，中国人穿的衣服为"唐装"。自此，2001 APEC 领导人服装就被正式定名为"新唐装"，百度、360 百科等网络热搜也将"新唐装"作为专用词条收录。

❶ 上海服装集团新唐装工作室

"中华衫"：
进军巴黎时装舞台

在中国服装界和社会公众的视野中，巴黎历来是国际时装流行趋势的策源地，是世界顶级时装的殿堂，也是全球公认的时尚之都。上海在 20 世纪 30 年代就有"小巴黎""东方巴黎"的美誉。可是，由于历史的原因，新中国成立之后，中国时装界与巴黎几乎隔绝。重新登上巴黎时装舞台，成为上海服装界几代人的梦想和追求！谁曾料想，首先实现这一突破的，竟然是当年上海市服装公司的一名普通设计师。

在"进军时尚之都"的激励下奋起

"扬中华服饰文化之精髓，融现代设计理念的潮流"，是改革开放后上海市服装公司（上海服装集团前身）最早提出的口号和执著的追求。20 世纪 80 年代，拥有 80 多家工厂、35000 名员工、众多优秀设计师的上海市服装公司以"舍我其谁"的气概，勇敢地发起了"进军时尚之都巴黎"的历史性远征。

1985 年下半年，由于对外交往的需要，时任服装公司总经理的王树塞做出参展名家云集的第五十届巴黎国际时装博览会的决定。屈指算来，这时距离展会开幕只有100 来天了，时间紧、要求高。

当时，服装公司有 80 多家服装工厂，按照生产门类分为呢服装、布服装、丝绸服装、童装、睡衣衫裤等专业，产品远销全球近百个国家和地区，但主要任务是来样加工，并不特别注重独立设计。这个"为国争光"的任务该交给哪家单位完成呢？服装公司的领导一时"大伤脑筋"。

既然要"为国争光"，就要扬长避短，大家不约而同地想到富有中国民族特点的丝绸面料，于是很自然地把目光聚集到擅长制作丝绸时装的上海前进服装厂。接到任务之后，沉甸甸的责任就落到前进服装厂著名设计师钱士林身上。

在"唯有成功"的压力下前行

大家看好钱士林，其实不是偶然的。钱士林，1931 年出生在浦东川沙白龙港。浦东川沙在历史上就是出裁缝的好地方。1950 年初的统计显示，浦东裁缝有 1 万多人，其中在国内外开服装店（公司）的有375人，农忙时种田，农闲时做衣的"季节裁缝"更多。或许是受到乡风的熏陶，钱士林13岁进裁缝店学徒，新中国成立后进入上海前进服装厂从事服装设计。有人开玩笑说："看来你钱士林是最后一代浦东裁缝了！"

钱士林是一名中共党员，又是一位又红又专的设计师。他文化程度不高，但对服装设计的痴迷却有口皆碑。他不分时间，不分地点，总是自我加压，不断实践、钻研、思考、创新，技艺达到炉火纯青境界。他以时代的灵感和高超的技艺赢得广泛的口碑，也受到各级领导重视。20世纪80、90年代，他曾与上海服装公司的西服专家多次应邀去北京中南海，为国家领导人和国宾接待专员量身定做专用服装。"一人一品一策"，钱士林设计制作的作品总是让每个人都满意。

❶

❷

在唯有成功一条路的压力下，钱士林进入了高速运转状态。他首先确立中华服饰文化与国际潮流完美结合的设计构思，再将日常积累的国外时装杂志信息与中国传统服饰元素有机地融为一体。他认定，只有民族的，才是国际的。于是，他出奇制胜，色调突出中国红，样式渗透唐装美，格调洋溢现代开放气息，面料适应西方最新潮流。经过近三个星期的深化创新，并集思广益，征求意见，几易其稿，最终交出了令人满意的作品——"中华衫"。

他的完整作品是中国红长裙配外套，选用的是既剔透又飘逸的轻薄面料。前胸和袖口绣花，配上中式手工蝴蝶盘钮，裙边及外套饰以闪光珠片，红牡丹花蕊中嵌入珠片吸引眼球，装袖的工艺使穿着更为贴身，外套的前身和后身下摆处分别手绣了"上海"和"巴黎"的英文字样。

这套服装的制作也精益求精，耗时一个半月。钱士林亲自跑了多家制线厂，才找到鲜艳亮丽、熨烫后不褪色的上等绣花线，又同协作单位联系

❶ 时装设计师钱士林与同事探讨设计思路　❷ 蜚声巴黎的中华衫

到最好的绣工，在一周内赶制出高质量的手绣产品。

1985 年 11 月，这组承载着多少人期望的作品走出国门，来到法国巴黎第五十届国际时装博览会。其中，多款丝绸时装首次亮相，立马进入历史性的"高光时刻"，获得评委和观众的高度赞叹，产生轰动效应。真丝绣花裙套装"中华衫"和"蝴蝶衫"分别获得中国选送作品一等奖和二等奖——这可是中国时装头一次夺得国际时装设计大奖！

在大师的引领下高歌猛进

成功犹如大江大河，一旦突破阻拦，就一泻千里，势不可挡。钱士林的"中华衫"在巴黎国际时装博览会夺得一等奖，不但让世界服装同行对中国时装界刮目相看，激励更多的中国设计师在国际时装舞台上绽放光彩，也使上海这座东方大都市一步步走向国际时尚之都。

两年之后，应法国女装协会邀请，中国服装工业代表团参加第二届巴黎国际时装节。1987 年 9 月，上海服装公司下属的上海服装研究所选派年轻设计师陈珊华，携 8 位中国模特，参加巴黎国际时装节。就在这个由五大洲 980 名模特演绎的盛大国际舞台上，中国时装及表演队获得殊荣，被主办单位特别安排单独压轴谢幕。陈珊华力作《红与黑》系列刚一出场，立即惊艳全场。

《文汇报》以"巴黎时装舞台腾起中国潮"为题的报道中写道："中国作为亚洲场

❶ 陈珊华作品《红与黑》　**❷**《法兰西晚报》的报道

代表首先登台，在柔和的东方古典音乐中，一队中国模特，身着陈珊华设计的红黑色组合系列，款款走向观众。背后近千平方米的巨大荧幕上，则同时出现了万里长城、翠竹、梅花、牡丹和一个大大的China。"《费加罗报》评价：那穿着红黑相间礼服的是来自上海的中国姑娘，她们战胜了着长裙而不雄壮的德国表演队，也战胜了穿短裙的日本表演队。《法兰西晚报》用头版整版的篇幅刊登一幅中国上海模特们穿着红黑系列服装的巨照，赫然点题："来自毛泽东国家的时装。"主办单位负责人说：中国是参加本届时装节18个国家和地区中的"头号新闻国"。

"穿在上海"——上海服装人以进军巴黎的豪气和灵气诠释了老市长汪道涵的这一题词，更以此努力实践着"发展上海服装、建设时尚之都"的历史使命。

（刘佩芳）

亲历者说

钱士林（功勋卓著的设计师，1983年起连续三次荣获上海市劳动模范称号，1989年被授予全国劳动模范称号，并当选为中国服装协会第一届常务理事，1992年获国务院颁发的政府特殊津贴，庆祝中华人民共和国成立70周年纪念章获得者）：总结自己数十年的服装生涯，我深深感悟到：时装不是闭门可以想出来和做出来的。设计师的灵感来源于生活、来源于实践。只有紧贴社会市场，适应时代潮流，才能设计出适合时代需要的服装作品，美化人民生活，更好地实现事业价值。

中昊针织：
中国袜业的"隐形冠军"

　　在上海西部、黄浦江上游，有着一家年轻的民营企业——中昊针织有限公司。虽然建立才二十年，却形成了以上海总部为主导、工厂辐射全国、产品远销全球的经营格局，占据了上海十多家国有袜厂退出而留出的一大块市场空白，在行业内独领风骚。耐克、彪马、优衣库等全球 36 个知名品牌，都成了中昊公司的常年客户。自 2009 年至今，中昊产品的出口额在全国同类产品中连续位居第一，成为中国最大的袜子出口公司。谁能想到，毫不起眼的小袜子，在一圈一圈中织就了脚心的温度，也织就了一个行业的传奇。

为一双袜子，辞去了"处级"

　　小小袜子，虽不起眼，却也是现代生活必不可少的一部分。随着国民经济的发展和人民生活品质的提高，国内外对袜子产品的需求越来越大。

　　20 世纪 90 年代末，时任一家国有企业部门经理的高宝霖，在工作接触中看到日本客商带来的几双袜子，引起了他的好奇。这是一种之前从没见过的袜子，它用棉线织成，十分柔软，厚薄适中，看上去还很吸水，弹力也刚刚好。当时的中国，人们脚上穿的都是尼龙丝袜，又薄又滑，还不透气……高宝霖一下子被这几双袜子吸引了，一个念头冒了出来："如果能让中国人也穿上这样优质的袜子，那该多好啊！我们能不能做出这样的袜子呢？"

　　之后的日子里，一个男子汉居然开始关注起了袜子。他利用到日本出差的机会，专门前往各个商场参观袜子销售区。看到货架上各种类型的袜子，长的、短的、厚的、薄的、花的、素的、带毛圈的、镂空网眼的、手编风格的……真可谓琳琅满目，目不暇接。他由此领悟到，几乎不被人注意的小小袜子的背后，藏有一个并不为人注意的巨大市场！

　　高宝霖果断作出了一个重要的人生选择——"下海"，办一家袜厂生产袜子。熟悉他的同事闻讯后感到不可理解：一名中国人民大学国际政治专业的硕士研究生，在处级干部的岗位上工作成绩优秀，为什么突然要下海经商？做的还是那小小的袜子！局外的亲友更是替他捏了把汗。

然而，谋定而动的高宝霖义无反顾。他认为：袜子是消耗品，再不济，全国十几亿人，每人一年穿一双就是十几亿双，远销海外就更多了。更何况，春夏秋冬，谁能只穿一双袜子？

为了迈好创业的第一步，高宝霖着手做了各种准备工作，对袜业从原料采购、编织工艺，一直到批发零售，整个流程的各个环节，都可以说了解得八九不离十。

2000年，正值中国加入WTO，有人说是危机来了。高宝霖敏锐察觉到了机遇——此时正是进入国际市场的最好时机。他开始创业生涯，先在江苏扬州租借厂房，办了一家只有12台一组袜机的小厂进行尝试。在第一次接到客人的样品后，立即进行复样，几乎是立等可取。而客人通过其他外贸公司，拿到样品已经过了半个月。对比之下，扬州的小厂赢得了订单。凭着高效的服务和过硬的产品质量，扬州的小厂积累了大量的生产经验和稳定的客源。受上海的区位优势以及开放的经济政策所吸引，高宝霖将工厂从扬州搬迁到上海青浦，上海中昊针织有限公司正式挂牌成立。

第一单袜子，做成了"劳保用品"

中昊公司创建之后，迅速接到来自日本市场的第一笔订单，3个20英尺货柜的全棉毛巾袜。在现在看来，这样的袜子工艺要求并不是很高，因为毛巾袜的主要功能是防寒保暖，几乎没有时尚性的要求，是不难完成的。但是未曾想，日本客户收到中昊公司的产品后，话说得非常刺耳："你们生产的产品完全不能叫袜子！这样的产品，只能作为劳保用品，在种地时穿穿。"这样的评价几乎全盘否定了中昊公司的产品，无疑给一个新生企业以致命的打击。

日本客户的负面评价，是坏事也是好事，它促使中昊公司更积极主动地发现问题并解决问题。高宝霖带领团队对标先进同行，通过对日本企业的深入考察，请教专家，实事求是地分析自身的不足：中昊公司当时使用的是国产半自动设备、国产颜料染出的纱线，以及从田间到车间的初级工人，质量档次和技术水准与成熟的市场要求相比，有许多不足；就连商品的外包装也远远不如国外同行。特别是一些特殊的工艺处理，国内几乎是空白。比如第一个日本订单的毛巾袜，看似简单，其实当时成熟的做法是，在织造完成后，需要把袜子放入蒸汽烘箱里预缩几分钟，然后再烘干、定型。这样做出来的袜子，手感更蓬松，拉伸度也更为均衡，就不会出现袜子长长短短、袜型不挺的问题了。但当时由于国内没有这样的需求，蒸汽烘干机更是一机难求，于是只能用土办法，泡在一大缸热水里预缩，然后放在户外阳光下自然晒干，这样的土方法所达到的效果可想而知！

中昊团队深刻认识到：差距是全方位的，要迎头赶上，必须一步一步脚踏实地地去改变、去追赶、去实现。思想认识的提高，促使中昊团队提高了站位，也为接下来不停地进行智能化、标准化、流水作业熟练化等科技创新升级注入了不竭的动力。

全力使用智能机器人，国内袜业首家

在经历了首单受挫之后，如何抢占市场先机并把控市场？中昊公司从技术创新着手，加大资金和技术研发投入，累计投入6亿多元，引进先进设备，并二次开发改造，进一步提高智能化程度，不断地提高产品的档次和生产效率。

中昊公司依靠自己的研发团队，并在英国、意大利、美国等国家由14名设计师，根据特定人群的需求，开发不同的创新产品：老年人穿的袜子，就口大内紧，好穿好脱，既保暖，又方便；为极寒地或登山者穿的袜子，自带充电电池发热功能；为帮助消费者解决失眠的困扰，开发具有助眠功能的袜子，通过红外保暖让血液循环达到平衡，同时又运用先进的生产工艺控制进纱的速度，降低拉弹回缩力，做到"无感但温暖"，一投放市场，引来阵阵叫好。

2013年起，中昊公司顺应国家转型升级的战略，通过引进，将工厂及研发中心的

设备全部改造为智能机器人生产线，原先人工完成的换线、缝头、定型后整理等工序，全部自动完成。中昊公司成为国内第一家全面使用智能机器人生产袜子的企业。原来每10台袜机需要一名技术工人操控，改造后每68台机器人只需要一名熟练的技术人员配合做些收集、检验和包装的工作。整个生产流程的自动化率，由原先的45%提高到76%左右，成为业内规模最大的智能化4.0生产工厂。技术创新给企业带来可持续发展的真正底气，如今每年生产17亿双袜子，出口金额超过4亿美元，连续15年夺取国内袜业出口之冠。

（许世平　章微玲）

亲历者说

高宝霖（上海中昊针织有限公司总裁）：中昊公司选择了一个小商品，只专注一个品种，使企业天生就有一种钻劲和韧性。这就如同"挖井"，选择好挖井的地方，之后就要坚持不懈地挖下去，虽然在挖掘时会碰到"石头""树根"，但只要心无旁骛，坚韧不拔，终能挖出一口源源不断出水的井，尝到甘甜的清泉。因此，中昊公司打造"专注一行"的企业文化，即"简单的事重复做，重复的事用心做"。我们用二十年时间为生产袜子专心、专业、专注，做精做强，做到全国袜业同行中的"隐形冠军"，依靠的不仅是精工细作，更需要持之以恒的坚守。

❶ 生产流程高度自动化

振华重工：
屹立于全球港口的巨人之臂

　　港机是指沿海、沿江、沿河、沿湖具有的供船舶停泊码头使用的货物装卸、运输机械。1960 年，交通部在上海设立上海港口机械制造厂。1992 年，上海振华港口机械（集团）股份有限公司成立（与上海港机厂合营），并在几年内，在集装箱机械领域做到全球第一。2008 年，上海港机与振华港机合并，2009 年正式更名为上海振华重工（集团）股份有限公司（简称振华重工）。目前，振华重工是全球最大的港机设备制造商、全球最大的整机装备运输商、全球最大的自动化码头系统化解决方案供应商。

振华重工的诞生和志向

　　1992 年，小平同志的南方谈话浩荡神州、鼓舞人心。黄浦江畔，浦东开发的号角也已吹响。当时还在交通部水运司担任副处长的管彤贤，萌生出创立一家港机制造企业的想法。他认为，港口起重机械是劳动密集型、技术密集型和资金密集型的产业，必定会向发展中国家转移。中国有劳动力优势，中国人又聪明勤奋，只要抓住机遇，这个市场未来必定属于中国人。他决心在集装箱起重机械领域放手一搏，联合十几个志同道合的伙伴，用 100 万美元，以"振兴中华"为最高理念成立企业，开始了振华重工的事业。

　　成立之初，上海港机厂将港口集装箱起重机设备的生产任务交给了振华重工。当时，国际集装箱运输已进入成熟期，船舶大型化要求起重机实现快速装卸。中国也开始出现集装箱作业港口，如天津港、上海港等。但是，国内港口使用的起重机大部分都是从德国、日本和美国进口的，牌子多、国别多，维护保养是大难题。国内生产的起重机设备因传统、习惯和质量等原因，无人问津。

　　振华重工面对的首先是生存和发展问题。避开强敌，利用熟悉的国内周边资源，推销产品，待积累足够的资金和技术后，再图谋做大是企业壮大发展的捷径。但振华人却"明知山有虎，偏向虎山行"。他们第一战，没有选择国内，另辟蹊径，放在了强手如云的国外。

　　这种设想在当时简直是异想天开，其难度几乎无法估算。因为当时国外生产港口起重机的企业实力非常强，如日本三菱、三井、日立、石川岛，德国克虏伯、诺尔，韩国三星、现代等，这些企业占据了全球 95% 以上的市场，且控制了核心技术。此外，当时国内机电领域的产业积累也不足以支撑振华在国外作战。最关键的是，振华重工连"国内联赛"都没参加过，根本不具备参加"国际大赛"的资格。在许多人眼里，振华重工当时的选择是没有出路的。

然而，振华重工认为，要么干不成，要么就做世界最好的。既然国内国外都没有经验，干脆先从国际市场干起。而且当时国内比较偏爱"洋货"，尤其在港口起重机产品上，一些国内港口宁愿花高价买国外的产品，也不愿尝试国内的设备。振华重工管理层拍板，要把第一把火烧到"强敌"的地盘上。这和世界著名企业领袖、通用电气公司前总裁杰克·韦尔奇的主张不谋而合。他认为，要在当今世界里做大做强企业，"要么做到行业的第一第二，要么就从这个行业滚蛋"。

首开国际市场，第一台港机进入温哥华港

振华重工"出道"时间比同行晚了数十年，德国的克房伯、日本的日立和三井、韩国的现代等早已建立了深入人心的重工品牌，美国、新加坡等国际一线港口根本容不下所谓的"杂牌"港机，其他不知名的港口更不会贸然采用，海外市场开拓之路起步十分艰难。振华重工成立不久，就利用各种资源制造出了岸桥，但在这样的大型设备领域，世界上没有多少港口愿意冒风险去相信几乎没有一点"名号"的"中国制造"。在新加坡市场，振华重工曾经 5 次投标不中。

面对困局，振华重工从不轻言放弃。经过艰苦卓绝的工作，振华重工的产品终于在加拿大温哥华取得突破。1992 年底，温哥华港决定采购一台集装箱起重机产品，当时阿根廷和南斯拉夫等国家的企业都在争抢这个订单。由于中国政治经济环境稳定，且产品质量可靠，价格低廉，机会终于垂青了振华重工。然而，在温哥华客户授标前，上海港机厂为青岛港制作的 2 台岸桥因受自然灾害冲击落入了海中，一时间，授标扑朔迷离。美国船级社调查后发现，岸桥损坏确为自然灾害所致，产品质量并无问题，遂继续授标。振华重工积极修复破损机器，并将修复后的机器照片寄往用户，真诚踏实的态度获得了对方的认可与信任。

2006 年，加拿大温哥华港务局 ISI 码头与振华重工签订岸桥采购合同，这是振华重工的第 1000 台岸桥，为答谢温哥华港，振华重工决定将岸桥的价格与十四年前的第一台相同，比当时的市场价低约 200 万美元，体现了中华民族"饮水思源"的优良传统。

温哥华港项目的成功是振华人认真、负责、苦干的结果。当时振华港机上下憋足了劲，要将第一台产品做到最好，像制作工艺品那样来制造起重机，凡自己做不好的关键配套零部件，一律采用世界名牌。温哥华首台岸桥的成功交付，让诞生之初的振华重工在国际知名港口找到了自信，为振华全球港机市场拓展提供了光明前景，诞生

了敢于与世界诸强争锋的振华精神，同时也让振华人认识到与国外品牌在技术上的差距，催生了自主创新的动力。

组建整机远洋运输船队，确立核心竞争力

1994 年，振华重工在国际招标中一举中标美国迈阿密港岸桥项目，为该港提供 4 台超巴拿马型岸桥。这是振华重工产品首次进入美国，也是中国大型集装箱机械首次进入美国市场。对于这宝贵的第一单，振华人全力以赴确保优质按时交货，并委托国外的一家公司承担整机运输。但这家公司索价奇高，且船期无法满足公司要求。若产品不能按时运输，振华重工将面临每天高额的罚款。但当时世界上只有这家国外公司拥有叉装船和海上整机运输能力。

在进退维谷之际，振华重工做出了一个重大而又惊人的决定——打造自己的整机运输船，并购买了一艘旧船自行改装，次年便如愿以偿。振华重工使用自行设计改装的整机运输船"振华 2 号"运载迈阿密岸桥成功首航美国。至今，重型设备制造业中没有另外一家公司拥有自己的远洋运输船。

1997 年，振华重工夺得中远集团和美国 SSA 联合采购用于长滩港的 6 台岸桥订单。为将这 6 台起重机一次性运抵长滩港，振华又改造出一艘大型整机运输船"振华 4 号"。同年，美国各大港口采购起重机，只有一家公司能够准时交货，这家公司就是振华重工。这些自制整机运输船（最多时有 28 艘）确保了准时交货，至今二十余年来始终是振华重工在激烈市场竞争中战胜诸强的锐利武器，成为振华重工的核心竞争力之一。

❶

振华重工港机产品"席卷"全球

应市场而生的振华重工，在首次成功"抢滩"加拿大温哥华港之后，便开始追逐"美国梦"。1996 年，某国著名制造商向美国长滩供应 6 台岸桥，因电气布线不符合美国标准被返工，延期交货 3 个月，被罚款 3000 万美元，世界各大港机制造商闻之震惊，视向美国供货为畏途。振华重工"初生牛犊不怕虎"，邀请用户监管部门到生产基地初验，及时进行整改，并巧妙地利用自制整机运输船，以整机形态送货至用户码头上，接电即可投产，在美国东西海岸大受欢迎，新订单接踵而至。

1998 年，振华重工势如破竹，在美国市场拿下了全年 6 个港机项目中的 5 个。在

❶ 振华重工远洋运输队

美国市场连中 5 标的消息引起了全球轰动，世界权威杂志英国《WORLD CARGO NEWS》为此惊呼：ZPMC "席卷" 美国。2000 年，振华重工又获得美国长滩港 12 台岸桥订单，这是当时世界最大的集装箱起重机订单。截至目前，美国东西海岸的主要港口，遍布振华重工生产的港机设备。

振华重工港机产品在进入加拿大、美国后，1996 年首次进入巴西，打开南美市场。1997 年，振华重工港机产品进入欧洲市场的第一个国家——德国，在赢得以严谨、高标准著称的德国客户后，振华重工打开了整个欧洲市场。1998 年振华重工港口机械订单总额跃居世界第一，至今岸桥产品的市场占有率依然保持世界第一。

❶

面对数十家竞争对手，振华重工在国际市场上屡屡中标，究竟有何秘诀？"产品质量与国际知名的港机制造公司一样好，而且价格相对便宜，公司还有经得起考验的市场业绩"，刘启中如是说，"更为重要的是，公司可以完全按照用户的需求进行个性化设计，满足所有用户的个性化需求，这是振华重工最大的特色"。

世界首创双 40 英尺箱起重机，引发码头装卸革命

"没有世界领先的技术，就敲不开世界市场的大门。"早在 1992 年，振华重工董事会成员就通过每年将 2% 的产值投入科技研发的决定（目前振华重工的研发投入提升为 4%）。当初，振华重工并没有太多的技术积累，振华重工管理者认为，对于科技创新，要在游泳中学会游泳，在战争中学会战争。企业要发展，要想在技术领域获得超常规的突破，只有 "一边战斗、一边成长" "置之死地而后生"，要将自主创新视为企业的灵魂。

2004 年 10 月，70 余位国内外嘉宾在振华重工长兴分公司观看双 40 英尺箱起重机现场演示会，并随后在地中海南岸迪拜港的试用中，创下每小时装卸 104 标准箱的世界纪录，在行业迅速引起轰动，令世人信服集装箱起重机的中国世纪真正开启了。美国弗吉尼亚港总工程师鲁道夫专程去迪拜港考察振华重工双 40 英尺箱起重机作业情况，对振华重工设备的操作简便、快速高效及性能可靠印象深刻，回去后他强烈建议弗吉尼亚港使用振华重工的双 40 英尺箱起重机，认为只有这样才能在将来的大船快速装卸中应付自如。

行业轰动和市场认可的背后，是振华重工对世界港机市场的敏锐把握，是依靠自

❶ 上海振华港机待运的集装箱起重机

主创新杀出的血路。集装箱运输船的大型化，尤其是超巴拿马22排船型大量出现，带动港口集装箱装卸机械的更新换代和装卸工艺的改革。振华重工工程师团队审时度势，紧紧瞄准世界科技前沿，成功开发了一次可装卸两个40英尺箱的起重机，将生产率提高了50%～80%，成本却降低了25%～30%，在激烈的国际竞争中率先赢出，取得主动地位。

双40英尺箱起重机的设计凝聚了众多创新亮点，最终浓缩成10项国际发明专利，并获得2005年度国家科技进步奖一等奖，2006年被国家发改委、科技部、财政部等认定为"国家企业技术中心"。它的研发成功，提高了振华重工和中国机械制造业的国际地位和声誉，促进了世界航运物流行业效率的提高，引发了港口机械产业升级的行业革命，开启了集装箱起重机的中国世纪！

全自动化码头系统，引领全球港口变革

1993年，荷兰ECT码头建成世界上第一个自动化码头，此后自动化码头就如雨后春笋般涌现，包括极具代表性的德国汉堡CTA码头和荷兰Euromax码头。但自动化码头是一个庞大且繁琐的工程，涉及大量工作界面和接口，并且有建设周期特别长、成本居高不下、效率瓶颈难以解决等问题，这些问题始终困扰着码头用户。直到振华重工承建的厦门远海、青岛新前湾、洋山四期三个自动化码头成功投入运营，全世界才又一次重新认识了自动化码头。

1998年，振华重工向荷兰ECT自动化码头提供岸桥，并研究、学习该码头的自动

❶ 2008年5月，振华重工制造国际先进水平的7500吨回转式浮式起重机　❷ 2016年，振华重工制造的12000吨自行全回转起重船

化技术，从此开始涉足自动化码头领域。振华重工依托"产学研用"联盟，集结100多名设计、调试工程师组成自动化控制系统研发队伍，全力研制新型、高效、环保的全自动化码头装卸系统。2000年，振华向汉堡CTA自动化码头提供14台双小车岸桥；2002年，振华重工第一代AGV研发成功；2004年，向荷兰ECT提供37台自动化轨道吊；2006年，在长兴基地建造世界首个高效智能型立体装卸集装箱码头示范区，为巴拿马MIT码头提供远程操控岸桥；2009年，振华重工第二代AGV研发成功；2013年，向青岛港提供半自动化3E远程操控岸桥；2015年，振华重工自主研发的ECS系统在厦门远海码头实船作业成功，2016年投入运营；2017年，与上港集团联合打造的洋山港四期全自动化码头，成为世界上单体最大的自动化码头。

振华重工在探索自动化码头的过程中，始终坚持科技创新，从2000年为CTA提供双小车岸桥开始，逐渐研发成功AGV、ASC、SC以及岸桥远程操作技术、ASC/RTG远程操作技术、码头设备控制系统（ECS）等，培养了一支专注于智能港口系统、规划仿真设计、智能识别研发、搬运设备设计、港口软件研发、交通软件研发等的300人研究团队，逐步实现从单机到系统、从硬件到软件、从产品到精品的转型升级。

如今，振华重工已打造出新一代的自动化码头产品，包括自动化岸桥、全新移动式起重机、自动化轮胎吊等，以及全球领先的自动化码头技术，如无人集装箱跨运车及车队系统、智能堆场、智能集卡系统等，先后承建了厦门远海、上海洋山四期、青岛新前湾、天津五洲国际、南沙四期、中远海阿布扎比哈里发、印度Adani、马士基意大利VADO、和黄泰国蓝彩帮等自动化码头项目。2019年，振华重工联合中国移动、沃达丰和华为共同发布《5G智慧港口白皮书》，奠定了在自动化集装箱码头系统领域的"领头羊"地位。放眼全球，振华重工已参与全世界范围内70%以上的自动化码头建设。

（王梦光）

相 关 链 接

振华重工的产品已进入104个国家和地区，覆盖全球300多座港口，其中岸桥产品的市场份额连续二十三年保持全球第一，奠定了行业的绝对领先地位，基本实现公司创立之初时立下的愿景：世界上凡是有集装箱港口的地方，都要有上海振华生产的集装箱起重机在作业。如今，振华重工坚定以"装备制造"为本体，以"资本运作"和"互联网＋"为两翼，打造中国民族工业的"旗帜＋旗舰"，为打造具有国际竞争力的世界卓越公司而奋斗。

国潮时尚老凤祥

　　谁也不曾想到过，中国现存最早《共产党宣言》中译本之一的保存者——张人亚，是一位"老凤祥人"，他曾在南京东路的老凤祥银楼当过学徒，并在1922年担任上海金银业工人俱乐部的主任。老凤祥不仅是上海红色革命纪念地，也是有独特贡献和与时俱进的百年老字号。2020年，因为有共产党人张人亚结缘"老凤祥"，位于南京东路老店原址的老凤祥银楼总店被列入"上海红色革命纪念地名单"，成为党的"初心"承载地之一。

为"井冈山会师"纪念碑鎏金

　　1979年初，井冈山会师纪念馆要竖立纪念碑，碑上的铜字需要鎏金。这项任务交给谁？纪念碑工程指挥部思考良久，找到了"老凤祥"。

　　中国古代金银制品的制作技艺博大精深，"老凤祥"较为完整地汲取了中国传统手工制作技艺的精华，如泥塑、翻模、制壳、焊接、精雕，以及抬压、钣金、拗丝和雕琢等各种技法。鎏金，这一古老的工艺，也在老凤祥中保留着。由于井冈山会师纪念碑的铜字太大，当时车间里没有那么大的镀槽，必须采用最传统的鎏金方法。于是，厂里成立项目工作组，项目组成员大多数是20多岁的年轻员工，带队人刘庚生是当时行业内鼎鼎有名的表面处理专家。在他的带领下，组员们每天从早到晚挤在狭小的车间里，加工处理纪念碑的铜字。70年代的厂房排气设备简陋，五六个人穿着厚厚的衣服、戴着防毒面具和手套，先将汞化金涂在铜字上，再用木炭高温烧烤，汞蒸发掉后留下金。大家心里明白汞有剧毒，但都以参与这项红色任务为荣，每天撸着袖子挥洒汗水。

　　半个多月后，鎏金完成了，铜字被运到井冈山安装。老凤祥的精湛工艺和敬业精神，给当地指挥部留下深刻印象。1985年，纪念碑重建需要再次鎏金，指挥部指名把任务交给老凤祥。于是，老凤祥"突击队"二上井冈山，又高质量完成了任务。经过这两次鎏金，老凤祥的鎏金工艺

❶ 老凤祥店楼

闻名全国，北京人民大会堂、上海中苏友好大厦等知名建筑，都特邀请老凤祥为建筑物上的红星鎏金。

由此，"老凤祥"与制作红色文化金银摆件结下不解之缘，"毛主席去安源"纪念馆、"八一"南昌起义纪念塔、淮海战役纪念碑等一批作品应运而生。

赵朴初钦点"老凤祥"

1997年11月15日，由中国佛教协会发起修建的、高达88米的神州第一大佛——灵山大佛，落成开光。为配合开光庆典，需制作3500尊纯金小佛像。小佛像每尊高12.88厘米、重150克，面容形态须与大佛一模一样，制作难度相当大，多家著名金银饰品制作厂商指派能工巧匠，均在两周内做出样品。经专家初选，3尊入围样品被送到中国佛教协会会长赵朴初面前。朴老仔细端详、反复比较，最后的目光落在其中一尊，他问：这是哪家做的？有人答：是上海老凤祥银楼。

老凤祥？这个名字勾起朴老的回忆：抗战期间，新四军物资匮乏、药品奇缺，一批爱国人士筹集了银圆金器，秘密运送给朴老，望朴老助一臂之力，为解放区购买药品。困难的是，这批金银在当时的上海市面无法流通，大多店铺都不敢接手兑换，然而，老凤祥大义凛然，冒着危险兑换了这批送往解放区的金银。自此，"老凤祥"三个字，深深地留在朴老的记忆中。"就是这家吧"，六十年后，朴老一锤定音，钦点了老凤祥银楼制作灵山纯金小佛像。回忆这段往事时，朴老曾动情地说过，"老凤祥"是典型的民族品牌，从旧社会生存下来不容易，老凤祥冒着危险为抗战作贡献，更是难得。

领衔创制这尊小金佛的，是国家级工艺美术大师张心一，谈起这件往事他记忆犹新：按传统工艺，一只模具最多生产10多尊小金佛，3500尊小金佛至少要四年时间才能完成，但通过自己画的一麻袋图纸、上百回的实验，巧妙地将多种工艺结合，仅用大半年时间就完成了这批小金佛的制作。

制作奥运勋章为国争光

奥运勋章，是国际奥委会专门表彰为体育事业作出杰出贡献的领导人或运动员的。但是，许多人都不知道，由国际奥委会主席萨马兰奇最早颁发给中国运动员的两枚奥运勋章，是由"老凤祥"大师们手工精心打造的。

1983年，为表彰荣高棠为中国体育事业做出的贡献，国际奥委会决定授予他奥运银质勋章。按惯例，并无现成的这枚勋章，由被授国自己铸造，国际奥委会只提供统一的图案，如勋章表面是五环、颈链形如麦穗等。由于是按原样纯手工复制，银质勋章的比例、要求、重量都要一模一样，对工艺的要求很高。国家体委跑遍全国，找不到合适的制作企业。最后，上海市向国家体委推荐了"老凤祥"，理由之一是这家老字

号传承了手工细工的非物质文化遗产。

"老凤祥"当仁不让、毫不犹豫地接下这项国家荣誉任务，组织由工艺美术大师领衔的专门团队，一丝不苟地精心制作。当勋章送到萨马兰奇手中时，他忍不住啧啧赞叹："中国人制作的勋章，比我们的原样丝毫不逊色，甚至更精美，细工工艺如此精湛，这是我迄今为止看到复制得最好的勋章！中国原来有那么好的手工技艺，令人惊叹！"

由此，"老凤祥"擅长制作勋章的名声远播千里，开辟了"体育奖杯（牌）"制作新领域，先后制作了诸如黄河杯女排邀请赛、亚洲青年男子足球锦标赛、乒乓球锦标赛等系列赛事的奖杯，成为国际奥委会、国际兵联、国际羽联、亚洲篮联、亚洲排联、国家体委等体育机构的"座上宾"。

两大基地助力凤翔腾飞

进入新时代，快速发展的"老凤祥"不可能继续"窝"在漕河泾、漕溪路那个狭小的厂区。公司决策层毅然走出上海，向开放要发展、建基地求腾飞。于是，两个颇具"现代化、自动化、智能化"的黄金、镶嵌生产基地诞生了。

2014年7月，老凤祥东莞珠宝首饰有限公司成立。这是一家集黄金首饰研发设计、生产加工、装备制造、物流配送于一体的企业，拥有行业最先进的生产设备，自动化设备研发成为核心优势，其中"链条成型一体机"获2016年国家发明专利，开启全行业链珠碰焊、扣接完全无需人手的先河，生产效率提升5倍以上。公司创新高、精、尖工艺，推动5G金、古法金、3D打印技术、CNC车花等行业先进技术成功落地，原创精品比重占25%，专利总数166件，开发新品近4000款，高新技术产品收入占营

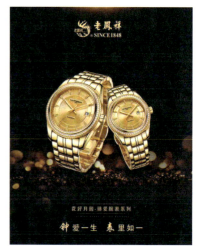

① 董事长石力华和工艺美术大师研究产品制作工艺 ② 老凤祥腕表

业收入比重达72%以上，2016年底通过"高新技术企业"认定。至2019年底，公司累计加工黄金首饰218吨，成为国内规模最大的黄金珠宝精加工企业，实现利润超2.4亿元，累计纳税1.25亿元。

2017年5月10日，老凤祥（东莞）珠宝镶嵌首饰有限公司成立，是集研发设计、生产加工、产品展示、物流配送于一体，功能齐全、配套完善的智能化、现代化镶嵌首饰生产基地。2018年，总产量20.8万件、实现销售收入1.4亿元。2019年，总产量22.66万件，实现销售收入1.8亿元、利润总额1744万元，比2018年翻一番。公司设计人员把传统镶嵌工艺与现代3D技术高度融合，设计制作的"小幸运""炫彩男戒""CNC情侣对戒""凤舞钻戒170年纪念版""灵羽"等重磅原创款式广受消费者好评，产品款式超过10000款，成为香港"老凤祥"的供货基地。

跨界开发彰显老字号活力

把黄金珠宝融于眼镜和钟表产品，是"老凤祥"历代传承人的梦想，20世纪90年代初"老凤祥"曾生产过K金镜架，"老凤祥"经销商中则有不少钟表经营的行家里手。进入新时代的"老凤祥"，提出"完整产业链，多元产品线"的新发展战略，把梦想化作使命，由单一黄金珠宝生产商华丽转身为跨界开发商。在招徕跨界人才、独树设计创意等基础上，2012年和2017年，老凤祥眼镜公司、上海老凤祥钟表公司相继挂牌成立，自此，"老凤祥珠宝金饰眼镜""老凤祥贵金腕表"系列新品在上海滩黄金珠宝行业闪亮登场。"凤之翎"系列及"饰镜"系列眼镜获国家实用新型专利，多次在国家级创新设计及工艺美术重量级大赛中荣获奖项。老凤祥眼镜专柜雨后春笋般地设立，目前的营业额已达数千万元。老凤祥钟表公司获国家级外观专利及版权专利近百项，在全国铺设门店509家，2018年实现经营收入1.13亿，被上海市政府列入老字号创意创新型重点扶持企业、上海制造100佳优质企业。在2020年8月7日的"国潮韵、世界风"钟表文化主题新品发布会上，"老凤祥钟表公司"正式宣布"触网"，在京东、拼多多、微信小程序等互联网平台上线，迸发时尚前沿。

（王恩生）

亲历者说

王恩生（老凤祥股份有限公司新闻发言人）：1979年，我22岁，跟随师父刘庚生老师，参与"八一南昌纪念碑"和"井冈会师纪念碑"鎏金这一工程项目。记得当时劳动条件十分简陋，防毒安全保护设施十分原始，任务十分紧迫。刘庚生老师身先士卒、身体力行、无私奉献的思想和行为深深地感染和带动了我们参与工程的年轻人。在刘老师的指导下，我和伙伴们克服种种困难，出色地履行了这一光荣使命，在老凤祥的历史上留下难忘的红色记忆。

世邦集团：
世界矿机第一钻

在中国制造业走向世界的进程中，一代代矿机人默默担起民族发展的重担；研发工程师的探索创新，缩短了中国制造业与世界的差距；技术工程师的服务匠心，让世界对中国服务品质刮目相看；电商的出现与发展，给了传统制造业与世界相遇的机会。世邦工业科技集团一直跟随着时代发展的脚步，认真书写着属于自己的故事。

越技术天堑　创国内先河

过去，我国工业基础薄弱，高端矿机一直被国外所垄断，许多大型矿主想要获得高端矿机只能依靠国外进口。但是，进口矿机设备除了价格高昂外，主机和配件备发货周期特别长、售后设备故障维护和技术支持等问题也一度困扰着投资者。

改革开放后，虽然随着国外技术引入中国，国内矿机企业在很多领域都有研发突破，但在一些核心技术上仍存在着较大差距。以多缸液压圆锥破碎机为例，传统国产圆锥破碎机转速是 260 转/分钟，国际先进破碎机已达到 410 转/分钟，150 转的差距仿佛一道无法逾越的天堑，长期制约着中国自主圆锥破碎机的发展。

但是，中国速度迫使中国砂石骨料行业不断向大型化、工业化和绿色化发展，作为硬岩和金属矿破碎领域中碎、细碎的核心，高产能、大破碎比的圆锥破碎机在国内需求日渐攀升。在此背景下，作为中国矿机制造的核心企业，世邦集团在充分考察调研国内矿机机型的市场需求后，做出了一项重要决定——冲击高端圆锥破碎机技术天堑，赢得高端圆锥破碎机市场。

决心下了，但对世邦集团矿机研发团队来说，却是无比艰辛。研发高端圆锥破不是简单的 1 加 1 等于 2，它对生产原材料、装配工艺和质量控制等都提出了更高要求。就拿密封设计来说，看似微不足道，却对设备运行有着重要作用，稍有细微偏差就容易导致润滑油污染问题，若不加以重视会

❶ 国内外圆锥破碎机转速对比

影响设备轴承的负载能力和寿命周期。

为解决诸如此类的难题，研发团队查阅了国内外技术文献，走访了工程技术研究院，以及材料装配等不同领域的技术专家，进行反复论证。随后，又把大量精力放到测试加工上，将理论和实践充分结合，边论证边验证。

研发团队分成几组，坚守在生产现场，从钢板排版下料、焊接、铸件工艺及检验、零件精加工、整机装配，一直到最后调试试车，大家不敢马虎，精雕细琢，牢牢把握住加工精度和装配质量，确保设备性能不受影响。

经过 300 多个日夜的努力，研发团队对 1000 多张图纸进行反复琢磨调整，终于把1000 多个零部件装配到一起。通过 12 小时的试机测试和 6 个月的现场检验，成功突破 410 转，达到国际标准，一台完全自主研发生产的高性能多缸液压圆锥破碎机终于顺利下线。

盖满 6 本护照的不只是印戳

如果你的工作需要全球各地奔波，你有想过自己大概会去多少个国家和地区么？

世邦集团技术服务工程师王工的回答是："别人我不太清楚，但是我已经走过 46个国家和地区了。如果可以，我还想去更多的地方出勤。"

王工一直负责国内业务。2005 年，公司通知他说，有一个国外项目需要一名资深的技术工程师带队，想让他去。他又惊又喜，却又担心不适应异域他乡的地理、人文差异。怀着这般忐忑的心情，王工迈出了走向国际的第一步。

飞机落地后，王工便立刻赶去项目现场，说来也神奇，一到现场，除了肤色不同的人，其他感觉也没那么大差别，尤其是抚摸到那熟悉的设备，他心里突然踏实了。后来证明，他的担心多余了，这个项目进展很顺利，一种超越自我的自豪油然而生。

❶ 世邦研发工程师在走访调研　❷ 世邦多缸液压圆锥破碎机顺利下线

有了第一次服务国际客户的经验，王工慢慢爱上了这种异域风情的项目服务体验。从初次的忐忑到如今熟练驾驭各种项目，王工服务国际客户的经验越来越丰富，护照上的章也越盖越多，到现在足足攒了6本。对于王工而言，每一个印戳都代表他每一次宝贵的实战经验，也标志着世邦集团的产品不断走向世界。如今，先进的世邦矿机设备和工艺已经出口到全球170多个国家和地区，越来越多像王工这样的技术工程师走出国门，推动着一个又一个的矿山项目建设运营，见证着中国矿机在世界各地开花结果。

插上互联网翅膀

2004年，很多大学生怀揣着梦想来到世邦集团。不同于以往的公司招聘，世邦集团并没有马上将这批大学生分配到已有的业务岗位，而是组织了一次特别的研讨会，让他们对公司还可以开展什么业务进行头脑风暴。

❶❷❸ 奔波于世界各国的技术服务工程师

当时，中国互联网协会成立不久，博客、SNS、论坛等社交网络刚刚兴起，无数的商机在互联网世界里涌现。这批新入职的大学生凭借在大学里积攒的见识和敢于创新的精神，提出一个前所未有的想法——可以试一试发展电子商务。

❶

但在2004年，敢于大规模投身互联网推广的企业少之又少，尤其是重型设备制造这种传统制造业，没人相信如此非标的、高额单价的重型矿机设备可以在互联网上推广和销售，博得一番天地。

但是，世邦集团董事长在听了大家的分析后，坚信重型设备在互联网推广是大势所趋，值得用心经营。于是，他专门成立了全新的部门，让这批大学生放手去试。

得到了集团董事长的认可，大家干劲十足。但作为整个行业借势互联网推广的先行者，世邦集团没有经验可循，只能自己摸索前进。功夫不负有心人，在一次又一次的尝试中，世邦集团的电子商务发展渐渐步入正轨。如今，世邦集团的产品和服务通过互联网推向170多个国家和地区，更多国家的客户了解到世邦，了解到中国矿机制造。世邦集团开启了电子商务摸索之旅，正式拉开矿机行业借势互联网发展的序幕……

受惠于电子商务的崛起，立足于优秀的产品和服务，世邦集团赢得世界各国客户的认可和好评，公司外贸出口额连续多年稳居行业第一位。同时，参与全球竞争，让世邦集团能够更大力度加大研发投入，与更多国际行业专家合作，不断提升产品质量和行业工艺技术水平。

有些路，因为期许的目光，我们在蹒跚踱步中有了方向；有些路，因为背负的行囊，我们将人生轨迹融入家国梦想。世邦集团正在以源源不断的创新动力，践行中国事业之工匠精神，推动中国品牌让世界关注，助力着中国制造业一步步走向世界高端制造领域。

（文武）

亲历者说

王工（世邦集团工程师）：我已走遍世界上46个国家和地区。我们这个年纪的人，看着祖国一点点在强大，看着从进口"洋货"到国货走向世界，看着自己能够亲自代表着先进的中国矿机制造去服务各国的客户，我真的为自己骄傲，也为世邦集团骄傲，更为中华民族骄傲！

❶ 与国外客户洽谈

汽轮机厂：
第一张 ISO 质量认证证书

　　产品质量代表了一个国家的形象。1992年，为适应经济发展和国际贸易的需要，中国政府开始等同采用 ISO9000 质量体系系列标准。从 1993 年 6 月开始对企业进行质量体系认证，对推动企业提高产品及服务质量、改善内部管理、增强国内外市场竞争力，起到了重要作用。在北京国家博物馆里，收藏着中国第一张质量体系认证证书，它的获得者就是著名企业上海汽轮机厂。

金奖产品出口遇阻

　　在上海闵行，坐落着上海机电工业赫赫有名的"四大金刚"：上海电机厂、上海重型机器厂、上海锅炉厂和上海汽轮机厂。新中国成立以后，"四大金刚"为发展新中国的电站发电设备和重型机器设备作出了重大贡献，在国家机械工业发展史上写下了光辉的一页。

　　上海汽轮机厂前身可追溯到 1946 年 3 月 28 日国民党资源委员会筹建的通用机器厂。1953 年初，中共中央、国务院决定在上海成立发电设备制造基地，这家厂被指定试制电站汽轮机，并于当年 8 月 30 日被命名为"上海汽轮机厂"。

　　汽轮机是在高温、高压工况下高速运行的庞然大物。别看它这么"粗大"，对加工质量的要求却是极其精细，其加工精度以"丝"来测量。成立伊始的上海汽轮机厂，由于对汽轮机了解不够，对产品质量的认识不足，试制之初进展并不顺利。产品图纸误差大，工人加工粗心大意，废品率较高，影响了车间计划。

　　1954 年 9 月，一机部对上海汽轮机厂试制过程中暴露出来的问题进行调研

❶ 上海汽轮机厂成立挂牌

后，专门在北京召开会议，讨论汽轮机试制走弯路的问题。一机部部长黄敬到会作了重要讲话，还两次来上海汽轮机厂蹲点，前后达三个多月。他强调："党要我们发展近代工业，现代化的汽轮机转速高达 3000 转 / 分，每一个零件都要达到标准，这就要求我们一丝不苟地去掌握它。一个革命者要求一丝不苟地学习，实事求是、一丝不苟地工作。"全厂职工认真学习和落实黄敬部长的指示精神，逐步形成了遵守制度、遵守纪律、遵守工艺、认认真真、规规矩矩造汽轮机的优良传统。

工人们在加工叶轮时，一次一次地试验了好久，人也慢慢瘦了下来。在试制 2000 多个叶片中的第一个叶根时，技术人员和铣床工人经过 16 个白天和黑夜的试验，连续失败 19 次才铣制成功。许多工种都涌现出不少工匠级人物。当时在厂的捷克专家也情不自禁地表扬说，产品真漂亮，够得上进展览会。

1955 年 4 月 9 日，上海汽轮机厂成功制造出我国第一台 6000 千瓦电站汽轮机。5 月 3 日，通过一机部组织的评审团的鉴定，被评为优质产品，安装于淮南田家庵发电厂，超期服役三十多年。当时，试制第一台 6000 千瓦汽轮机，整整花了两年多时间、23 万多个工时，材料消耗也多。以叶片的不锈钢来讲，1 台汽轮机就用了 3 台的材料。这巨额"学费"，也让"一丝不苟"的质量文化深入企业骨髓。时至今日，这台机组还矗立在上海汽轮机厂的文化中心广场，成为质量精神的象征。

此后，上海汽轮机厂创造了中国汽轮机制造史上的多项"第一"：中国第一台引进型 30 万千瓦汽轮机、第一台 31 万千瓦核电汽轮机、第一台超超临界 100 万千瓦汽轮机……主导产品先后成为上海市优质产品、上海市优质赶超产品、机械部优质产品，并获得汽轮机行业唯一的国家优质产品金牌；企业获得上海市和机械部的质量管理奖、全国质量效益型先进企业等诸多荣誉，成为首批国家质量管理奖试点单位。

1

1 第一台 30 万千瓦汽轮机

20世纪90年代初，上海汽轮机厂引进美国西屋公司技术，在消化吸收的基础上经过四次优化，制造出中国第一台30万千瓦汽轮机，质量优异并达到国际先进水平，获得国家质量奖金奖。1991年底，就在洽谈该机组出口巴基斯坦时，却遇到阻碍，对方索要"质量证书"。什么"质量证书"？上海汽轮机厂拿出了包括国家优质产品金质奖等许多荣誉证书，都不管用。只好请美国西屋公司出具"担保"书。而要西屋公司"背书"，必须支付20万美元，相当于上海汽轮机厂全体员工1个月工资的总和，而且，还是"一次性"的。今后只要每出口1台，就要出具1台的"担保"书！

获取国际市场"通行证"

到底是什么"质量证书"呢？厂长周飞达想起，有一次，国家技术监督局认证办公室领导吴季直到厂里调研，曾介绍过国际上通行的ISO9000质量体系。它是国际标准化组织发布的质量管理体系标准，是在技术层面有基础的体系和管理标准。通过ISO9000质量认证的产品和服务，代表着质量符合国际标准，是可以信任的。ISO9000质量认证证书，在国际贸易之间起到了质量信誉担保的作用，也有人将其称之为"国际市场通行证"。

原来，对方索要的是ISO9000认证证书。周厂长连忙找到上海市质量协会，请求帮助厂里建立质量体系。时不我待！在上海市质量协会的辅导下，上海汽轮机厂全厂动员，齐心协力，认真贯标，掀起了定要通过ISO质量体系认证的热潮。

1992年12月22日，上海按国际惯例，积极筹建的质量管理体系认证机构——上海质量体系审核中心（SAC）成立。这是中国第一家经国家授权的、独立、公正的第三方认证机构。1993年4月8日，SAC向上海汽轮机厂颁发了中国第一张质量体系认证证书。这张证书，不仅代表了上海汽轮机厂的质量能级，也代表着我国推动企业掌握国际管理标准、走向国际市场的决心。

为推动更多的企业按国家惯例开拓市场，第一张质量证书的颁发仪式，特意安排在人民大会堂。1993年8月16日。国家技术监督局在人民大会堂召开新闻发布会，向中外媒体介绍了我国推行与国际接轨的质量管理体系的情况，介绍了全国范围内有1000多家企业在参加试点，重点介绍了上海的试点成果——上海汽轮机厂的第一张ISO9000证书。

有了这张国际认可的质量证书，上海汽轮机厂冲破出口阻力，当年上半年就获得国外订单近3亿美元，我国大型发电设备机组开始打入国际市场。

❶

❶ 第一张 ISO 质量认证证书

上海汽轮机厂长期坚持质量管理并加以不断改进，ISO9001 标准经过 5 次转版，质量概念已经扩大到经营质量，质量管理体系一直保持有效运行，成为保证燃煤发电机组 10 万个零件三十年运转正常的基石。

上海汽轮机厂"领头羊"作用，带动了上海电气电站集团内其他企业。1993 年至 1994 年，上海电气电站集团内的上海动力设备有限公司、上海电机厂有限公司、上海锅炉厂相继通过质量管理体系认证，成为国内电站装备制造业第一批通过体系认证的企业。

如今，上海电气电站集团工程分布于全球 30 多个国家和地区，已承接海内外项目 90 余个，装机容量逾 9200 万千瓦，机组经济性、安全性、稳定性等指标均达到国际同类产品先进水平。

（唐晓芬　甄敏蔚）

亲历者说

唐晓芬（曾任上海市质量监督局副局长、上海市质量协会会长）：上海能够在国内率先颁发 ISO9000 证书，最重要的是得益于改革开放，适应了时代发展的要求，满足了企业走向国际市场的需求。截至 2020 年 10 月，上海企业已获得包括质量管理体系认证证书、环境管理体系认证证书、职业健康安全管理体系认证证书、产品认证在内的有效认证证书 116376 张，为上海企业走向世界，展示"上海制造"品牌，代表国家参与国际竞争打下了基础。

李斌：
新时代产业工人的楷模

　　李斌是在改革开放和现代化建设中成长起来的新一代劳模群体的代表，他连续四次被评为全国劳模，连续五次被评为上海市劳模，是全国著名的劳动模范。李斌曾先后获得全国优秀共产党员、全国道德模范、全国十大杰出工人、中华技能大奖、全国知识型职工标兵、全国十大高技能人才楷模、全国首席金牌工人、上海市优秀共产党员、上海工匠等多项荣誉称号。"爱岗敬业、刻苦钻研、勇于创新、无私奉献"的"李斌精神"是上海电气的员工精神，也是上海产业工人的宝贵财富。

一人多机

　　上海电气液压气动有限公司液压泵厂坐落在莘朱路上，进厂顺着绿荫道走，半道左侧就是数控车间。进入车间，放眼望去，柔和的灯光下是机型不一、错落有致的数控机床或加工中心，欢快的运转声此起彼伏。一个身穿着蓝色工作服的操作工人穿梭其中，或操纵按钮，或装卸工件，那一招一式显得那么娴熟，又那么自信，他就是全国著名劳动模范李斌。

　　2015年底到2016年上半年，液压泵厂在调整过程中，人员减少近一半。而近三年，随着工程机械行业的复苏、井喷，厂里的产量直往上蹿。2016年低谷时，年产销3000台。2017年，产销增到8000多台，2018年达到14000台，2019年实现18000台。在设备等硬件设施并没有什么大变化的情况下，他们是如何做到的呢？那还得从头说起。

❶❷ 李斌在工作

在 20 世纪 80 年代和 90 年代初，数控机床在液压泵厂还鲜为人知。为开拓视野、普及先进技术，李斌自编教材，给青年们上课。他认真备课，上课时循循善诱，因人施教。一部机床发生故障，李斌先要求徒弟看说明书、看图，不懂的话再阅读由他推荐的书籍，在理解和消化的前提下，找出问题所在。这样放手让徒弟尝试，关键时刻点拨一下，有利于培养徒弟动手解决问题的能力。

在初步掌握数控机床操作的基础上，李斌又鼓励大家参加专业技能培训。随着厂里数控机床的数量增加、机型增多，李斌又想道：能否让小组成员学会操作不同型号的数控机床呢？这不仅可以在生产需要时"顶岗"，而且可以在不同机型操作、不同工件加工中触类旁通，提高员工的综合能力。在李斌的积极倡导下，从 2007 年开始，企业推行一人多机生产模式。以缸体为例，原先加工需要 6 个人，现在只需要两个人，一个人完成 1—5 道工序，同时操作 4 台机床，即"2 台车床+2 台立式"加工中心。如今，每人能掌握 3 个大类 4 种型号的数控机床操作，能够自己调试数控设备，即便是新进车间的员工，也会通过三五年的学习培训达到这一目标。

追寻"指环王"

2013 年 11 月的一天，新落成的上海电气临港基地"李斌展示厅"里，一群来自基层企业的班组长，被展示柜内陈列的一款产品和一些形状像戒指的小圆环所吸引。大家边听介绍边小声议论着，脸上满是钦佩的神色。原来，这些展品，正是由李斌和他的团队一起研发的成果。

最吸引眼球的，是灯光下熠熠生辉、形状像戒指的小圆环——液压泵里的关键零部件柱塞环。这个柱塞环是一个薄壁零件，大小、形状像戒指，被业内称为"指环王"。最薄型号的柱塞环壁厚仅有 0.6 毫米，在安装、运行时一旦变形或断裂，整个液压系统就会停止运行。长期以来，它是外国人手里的秘密武器。

"我们不能受制于人，让小小的'指环王'卡住脖子！"李斌表示。经过反复酝酿，李斌提出了实施"高压轴向柱塞泵/马达国产化关键技术攻关项目"的方案。在公司领导班子召开的专题会议上，大家一致同意李斌的攻关方案。

对这次攻关，李斌提出走产学研结合之路、努力寻找社会资源的新思路。他对柱塞环的材料成分、金相结构、机械强度、弹性恢复、表面处理、硬度、热变形、预紧力情况等各个技术要素进行全面分析研究。又把柱塞环攻关项目分成若干个课题，与大学、研究单位搞产学研合作，共同攻关。到具有加工经验的轴承制造厂进行调研，请教生产经验和加工设备配置经验。李斌还综合各方面的技术要求，编制柱塞环的加工工艺，配置专用的外球面加工设备和专用的检测装置，为技术攻关奠定加工基础。

为解决材料热处理，他在热处理工艺所前后"泡"了一年。一天，李斌与徒弟王祺伟在工艺所做热处理工艺试验。按照数据分析和理论推算，王祺伟心想这次一定可

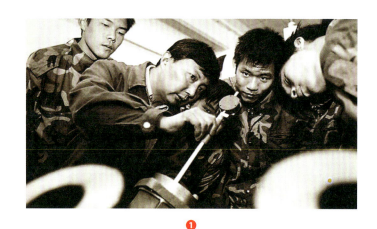

❶

以成功了，然而，试验结果还是没达到预期的效果。

看到徒弟一副垂头丧气的样子，李斌安慰道："别灰心，搞技术创新没那么简单的。"

"你知道我们这是第几次做试验？"李斌又问。

王祺伟含含糊糊地回答："大概有 30 多次了吧。"

"我们这已经是第 37 次了。"李斌笑着告诉徒弟，"前面的试验确实都失败了，但每次失败都为我们积累了经验啊。"接着，李斌详细分析了哪次试验存在什么问题，哪次试验有什么进步，哪次试验出现什么突破。

王祺伟认真地听着，真没想到，师傅的记忆力那么惊人，对每次试验都记得那么清楚。师徒俩对试验数据作了梳理、分析和对比，并提出下一次的试验方案。在做了第 42 次试验后，"指环王"的热处理工艺问题彻底解决了。

经过 200 多次试验后，最难啃的"指环王"终于被拿下。也正是这个突破，为后续拿下"斜轴式高压轴向柱塞泵 / 马达国产化关键技术攻关项目"创造了条件。这个项目共突破 11 项关键技术，获得 19 项发明专利及 21 项实用新型专利，产品的关键技术指标和可靠性均达到世界最高水平，打破了跨国大公司的技术垄断，在历史上首次实现我国中高端液压元件的国产化。

乐与机床为伍

2002 年初，液泵厂接到一个国家专用产品的加工任务。这种产品，液压泵厂虽然也生产过，外壳却是委托外加工的，每台加工费 8500 元。为了省下加工费，李斌向厂长提出，自己可以在数控机床上试试。

这种专用产品的外壳长 300 毫米，宽 260 毫米，高 140 毫米，体积如同一个小型

❶ 李斌和同伴们在技术攻关

的家用微波炉。在这么一小块地方 6 个截面上，大大小小的圆孔有 105 个，深深浅浅的槽子有 12 道，集铣、车、镗、钻、铰等多道工序，而且加工的各部位之间的三维空间的位子精度和尺寸精度的误差要求在 2 丝以内，即头发丝的 1/4。厂技术科没有现成资料可借鉴，李斌接下任务后便一头扎了进去。白天，他在车间解决其他产品的技术、设备等问题；晚上，他把图纸带回家中，反复思考。经严密测算，整个生产过程需要各种刀具 78 把，其中 14 把刀具买不到需要自己做；需要工装夹具 2 副；还要完成全部工序的数控编程……在李斌带领下，在其他部门的密切配合下，刀具、夹具和数控编程均一一完成。春节放假前两天，一台数控加工中心、一台数控铣床开始试运转，经过日夜调试，产品的外壳加工已不存在技术障碍。

厂里要求李斌工段在 3 月中旬完成机壳加工任务，可是李斌考虑到这种产品加工试制难度大，在试制过程中可能会出现不少意料不到的问题，为了掌握主动权，一定要在 3 月上旬完成机壳加工任务。

大年初三刚过，李斌工段的几部主要数控机床就开动起来。李斌日夜忙在车间里，小组保质保量提前在 3 月初完成壳体加工任务。产品质量在有关方验收试用时得到一致肯定。

当年 7 月，厂里筹集到 98 万元人民币，从日本购买了一台"玛扎克"数控车床。这台设备进厂后，工人们发现不仅缺少配件，而且连夹头、软爪、硬爪也没有，如需要还得追加 10 余万元订购配件。李斌获悉后，又一次向厂领导提出"让自己在厂里加工试试"。

这不，李斌再一次钻进车间，围着机床忙碌开了……

（褚建）

"三结义"拿下工博会金奖

1999 年，中国改革开放已经二十多年，国家经济飞速发展，工业实力虽然已经今非昔比，但是一些大型尖端的装备还掌握在外国人的手中，成为"卡脖子"设备，万吨油压双动铝挤压机就是这些"卡脖子"设备之一。盛世之下，行业困局，唯有敢闯敢拼才能打下一片新天地。于是一家民营企业（山东丛林）联合一个国家队（西重所）、一个地方队（上重厂），三家"歃血为盟"，一个敢投资、一个敢设计、一个敢制造，新世纪一场新的"桃园三结义"，攻关世界首台万吨油压双动铝挤压机的感人故事在上海上演。

盛世困局

铝，一种常见的金属，质地相对比较柔软。添加其他合金元素变成铝合金后，它变得强壮坚硬，可以与钢铁媲美，但是质量只有钢铁的 1/3。"强度高、质量轻"的特点让铝合金深受各种行业的欢迎。

铝合金产品的生产就和我们平时挤面条一样，铝锭被加热到 500 ℃左右，像面团一样"柔软"，通过更换各种模具，用力挤压，就可以像挤面条一样把它挤成各种各样需要的形状，然后再将这些原材料通过焊接、铆接等方式连接组装起来，得到我们需要的产品。小到一个铝合金门窗，大到汽车的车身，高铁轻轨的车厢都可以采用这种方式进行生产。

时针拨回到 1999 年，各种小的铝加工厂在全国各地遍地开花，多达几百家，生产各种铝合金门窗、普通建材等小规格产品，由于中国市场巨大、需求旺盛，大家都能赚到钱，因此大家都安于现状，沉浸在小打小闹中，并为此沾沾自喜、乐此不疲。而此时的国外技术早已突飞猛进，为汽车、高铁、动车、船舶、飞机提供的薄壁、宽幅面、大尺寸的高端工业铝材已被广泛应用。中国也即将迎来汽车、高铁、动车的大爆发期，国内的需求巨大，高端铝合金工业铝材却被国外垄断，需要大量进口，国外产品轻轻松松拿走了大量利润，而且还不愁销路。一方面国内厂家安于现状，满足于制造低端产品，忙于赚"快钱"，另一方面高端产品国内有巨大需求，国内却没人能制造。没有人意识到这一点，人家都只顾眼前利益，没有长远眼光，行业困局由此产生，令人唏嘘。

❶ 100MN 油压双动铝挤压机

新"桃园三结义"

山东丛林集团（以下简称山东丛林）是山东省龙口市的一家民营企业，从1990年开始生产建筑用铝型材，经过几年发展，成为北方知名铝型材加工企业之一。凭借敏锐的市场嗅觉，公司董事长张修基捕捉到这一个潜在的巨大商机。凡事要先人一步，走在前面，才能把握主动。1999年开始，他们在国内国外考察，决策投资建设一台万吨级双动铝挤压机，打破国外垄断，进军高端铝合金产品市场，做破除行业困局的第一人。

然而事情没有想象的那么简单。当时能设计制造这种万吨级铝挤压机的只有德国和日本等一些知名厂家，产品和技术基本被他们垄断。山东丛林与世界500强之一的德国霍高文公司的合作谈判艰难地进行了5个月，德国霍高文公司知道中国没有能力设计制造这种高端设备，于是报了个"天价"，并在占股比例、董事会组成、管理决策权、技术决策权、商标等方面都设置了苛刻的附加条件。一家民营企业，本来资金就捉襟见肘，这个报价和这些"屈辱"的附加条件显然令人难以接受，于是谈判在1999年8月式宣告破裂。引进国外设备和技术的路被堵死了。他们将目光转向国内，然而跑了一圈国内几家大型制造企业，不是没有设计和制造能力，就是嫌风险大、利润薄，不愿意干，不敢干。投资计划一时陷入泥淖，动弹不得。

一个偶然的机会，西安重型机械研究所（以下简称西重所）和上海重型机器厂（以下简称上重厂）得知了这个消息，他们主动找到山东丛林，凭着一股不服气的精神，勇敢地站出来愿意承接这项研制任务。山东丛林此时正苦于国外合作谈崩，国内企业又没人敢干，两家的主动请缨给了他们一针"强心剂"。但这可是投资几亿元的大项目，万一失败损失难以承受，换谁决策谁也心里没底。面对疑虑，西重所和上重厂当即表态："我们两家作为国家大型机械装备的'黄金拍档'，责任担当，使命使然。而且上重厂是新中国第一台万吨水压机的诞生地，外国人能做成的，我们也一定能做成。做这个事情，我们责无旁贷，无论多难，我们也要干。"受此感动，山东丛林正式向外界宣布："万吨挤压机项目，外国人合资，要干；外国人不合作，也要干。"三家迅速达成协议，准备签约正式启动。

1999年10月8日，一个值得纪念的日子，在与德方谈判破裂仅仅2个月后，三家企业"歃血为盟"，正式签订合同，一场新"桃园三结义"在世纪之交的中国上演，三家代表不同身份的企业为打造高端制造装备的"争夺战"打响了。

破局之战

得知国内企业准备自己干万吨铝挤压机，项目还没开始就引起业内人士的巨大争议，一些专家甚至持否定态度。一位北京专家劝说道："不要上了，万吨挤压机中国人做不了的！"还有专家断言："这台设备，中国人就是做出来也不能用！"

面对国外国内的各种质疑，三家企业唯有用实际行动回应。但是勇气归勇气，技术问题却来不得半点马虎，每一个技术难题都无法绕过，每一个技术细节也不能放过。

西安重型机械研究所为此专门成立了万吨挤压机技术攻关小组，集中了全部主要业务骨干，实行战时工作体制，并实行"谁设计、谁跟踪、谁负责"的全程责任追究制。为确保设备生产质量，还特地派出 7 名专家，常驻上海重型机器制造厂，负责产品质量跟踪。

上海重型机器厂是新中国第一台万吨水压机的诞生地，"万吨精神"的创造者和传承者。这台万吨挤压机的实际制造难度可比预想的要难多了。整台设备高 9.57 米、宽 11.6 米、长 30 米，总重 1630 吨，工作主缸重达 328 吨，每根拉杆重 35 吨，设备上的一颗螺丝帽就重达 3 吨，是一台不择不扣的"巨无霸"。此时千钧重担都压在了上重厂身上。

设备制造的一个难度是"大"，大大超出了上重厂的制造能力极限。挤压机的主要部件，个个都是"大家伙"，单件重量超过 20 吨的部件就有 30 余件，其中挤压机的"四大金刚"——前横梁、后横梁、主缸体、主柱塞的重量均在 100 吨以上。主缸体内孔直径达到 1980 毫米，长度 8080 毫米，一个人直立在缸内轻轻松松行走，都不会碰头，其重量达 183 吨。为啃掉这些难啃的"骨头"，上重厂充分发挥企业优势技术——焊接和"蚂蚁啃骨头"办法，采用"铸件与钢板焊接""锻件与锻件焊接"的加工工艺，将超大件分成若干个相对小的铸造或锻造（其实也非常大），再把它们焊接成整体。主柱塞和主缸体分别由 3 个和 4 个大型锻件焊接而成，其环焊缝的壁厚达 400 毫米，比墙壁还厚。每条环焊缝光所用的优质焊丝重达 3 吨，需要连续不断地焊 18 天才能完成。整体焊接后还要经过超声波探伤检验和退火除应力处理，并要保证承受 37 MPa 的高压测试。前横梁、后横梁的焊接工作量更大，科技人员和工人师傅通力合作，前后花了 4 个月的时间才完成，共用去焊丝约 30 吨。

设备制造的另一个难度是"精"，东西大，精度要求还特别高。关键部件之一的主柱塞，直径达到 1960 毫米，内孔直径 1200 毫米，长度 7000 毫米。要求外圆轴线与内孔轴线同心，允许偏差为 0.06 毫米，不到一根头发的粗细；外圆和内孔表面粗糙度为 Ra0.2 ~ 0.4 微米，达到镜面一样的平整和光滑。该主柱塞还有两个直径 150 毫米、深度达 6450 毫米的深孔，其细长比达 4∶3，要求深孔加工后的直线度控制在 2 毫米之内。这些超高精度要求，着实难坏了大家，技术人员开动脑筋，群策群力，其间几百次下车间，深入现场，与操作技工一起认真讨论，修改加工方案，改进工艺装备。光这一个零件的加工，前前后后就花了 9 个月的时间，才由技术人员啃下这个极难啃的"硬骨头"，最终达到了设计规定的要求。

29 个月的日日夜夜，上重厂多少技术人员加班加点，多少工人挥洒汗水，历经千辛万苦，才最终将设备制造完毕。2002 年 6 月 21 日，这台万吨挤压机在山东丛林车间进行了超压预紧试验，一次试压达到 13500 吨，远远超过设计标准，并于 2002 年 7 月 1 日一次试车成功。设备试车成功的消息一发布，立即在行业内引起极大轰动，新华

①

②

③

社、中央电视台、中国有色金属报等媒体都相继作了报道。随着试车的成功，进口的高铁车厢用高端铝型材价格立刻大幅下跌，国外公司对该产品的垄断地位被彻底打破。

这台万吨油压双动铝挤压机成功后获得很多国家级的荣誉，2003年获得"上海国际工业博览会"的最高奖——金奖，此后又接连获得"2004年国家重点新产品"称号及"2004年国家科学技术进步一等奖"，这些都是中国机械制造业和科学技术领域的最高奖。

（陶子健）

相 关 链 接

在成功研制这台世界首台万吨油压双动铝挤压机后，10000吨铝挤压机、12500吨铝挤压机、22500吨铝挤压机如雨后春笋一样在中国大地破土而出。截至2020年，中国的万吨级铝挤压机设备已增至10余台。二十年前的新"桃园三结义"，换来了中国大型铝挤压机装备的突破性发展，换来了占领世界高端铝合金行业"滩头阵地"的大好局面。

① 设备在上重厂试装　② 产品获2003年上海国际工业博览会金奖　③ 产品获2004年国家科学技术进步一等奖

上海电气：
勇闯核电大型设备关

1970年，上海市根据周恩来总理的指示，启动了中国第一座核电厂的建设工作。拥有我国第一台万吨自由锻造水压机的上海重型机械厂承担了秦山一期核电30万千瓦核电站主要设备大型锻件的制造任务，上海锅炉厂（上海电气核电设备有限公司的前身）承担了核电蒸汽发生器的制造任务。核电关键设备攻关制造就此起步。

勇担重任　艰难起步

蒸汽发生器被称为"核电之肺"，足见其在整个核电站中的重要地位。它体重209吨，身高17米，腰围3.8米。虽然体型巨大，却是由大量精细元件构成，它的管板厚0.524米，上面孔数多达5954个，孔径却只有φ0.02233米，而每个孔径公差仅为±0.00008米，精度要求极高，结构相当复杂，对工艺要求很严格。不仅每一个部件都要精准，而且需要达到辐照、寿命、安全等多项技术要求。

1982年，面对国家的重大项目，上海锅炉厂（上海电气核电设备有限公司前身）勇敢地承接了秦山核电的蒸汽发生器的制造任务。企业领导及时召开专题会议研究部署，调集全厂的技术骨干投入到核电设备的攻关和制造中。

管板深孔的加工最为关键紧迫，直接影响项目成败，但厂里现有的设备达不到制作要求，因而任务的第一个技术攻关就是联手上海第五机床厂研制深孔加工设备。经过多少个不眠之夜，技术人员不分昼夜地"翻滚"在制造现场，随着一个个故障被排除，一台管板深孔加工专机耸立在了人们面前。然而欣喜之余，大家发现专机虽可用，但是没有自动控制和报警装置，因而不敢使用。新问题面前，大家毫不犹豫再次攻关。经过工人师傅上百次试验，摸索出了一套操作方法，有效提高了产品的质量。试验持续了一年，终于将"土设备"打磨成了"金刚钻"，工人师傅们开始了深孔加工的"瓷器活"。为了防止设备基

❶ 秦山一期蒸汽发生器筒体焊接预热

础下沉，师傅们在设备四面都用千分表测量，观察是否变形。当发现行车一开，机床会跟着振动时，整个车间就做到钻孔时不开行车。

技术上的挑战、工期上的逼近都是对投身其中的人员智力、心理和体力上的巨大考验。操作团队24小时三班倒，吃在设备边上，睡在办公室，遇到技术问题需解决时连洗澡的时间都没有。在大家共同努力下，经过反复试验，吸取了各种失败教训，终于确定了钻头结构、材料断屑规范、冷却液、刀具寿命及钻孔方法与步骤，并基本摸清了孔表面出现的螺旋线、直线及孔轴线的垂直度误差等问题，掌握其中规律。通过在化工容器管板和蒸汽发生器隔板上做试验，对工艺、工夹具、钻床程序编制及操作做综合验证，技术人员最终完成了管板深孔的加工。当第一块管板深孔完成时，不少工人师傅高兴地说，"土设备完成了洋产品"。

全力以赴　攻"火焰山"

如果说管板深孔的加工考验的是工人师傅精细操作的能力，那么蒸汽发生器筒体对接总装焊接要考验工人师傅耐高温的毅力。

按设计规定，蒸汽发生器筒体对接总装焊接时，筒体必须预加热至280 ℃后方能进行，焊工必须钻入"火焰山"中去工作。然而人体热适应是有一定限度的，如超过

❶ 秦山一期蒸汽发生器制造成功　❷ 秦山一期蒸汽发生器发运出厂

限度，会引起人体水盐代谢、循环系统、消化系统、神经系统等紊乱。由此而引起的热射病，病情危急，死亡率高。为保证焊接人员的身体健康，工厂把最有效的措施都用上了：隔热层、焊接时一人在后对焊工喷吹冷风强制降温、配备无线步话机与外保持联系、急救车进入"一级战备"。即使这样，经对筒体内空间温度测定，最低温度仍达 73 ℃，这就决定了焊工们必须迅速进筒、迅速焊缝、迅速撤离，旋即开进第二梯队、第三梯队……

钻入"火焰山"的环缝焊接攻坚战，在 1989 年 1 月 6 日打响。核电制造车间的领导精心挑选了 6 位技术过硬，身强力壮的小伙子。6 位年轻勇士整装待发，穿戴上厚实的防护工作衣、工作帽、工作鞋，不是为了"御寒"，而是为了"御热"。开始！年轻的焊工将水中捞起的湿毛巾往头上一披，奋不顾身地从人孔钻了进去。超过人体体温两倍以上的空间高温，使人体内的水分从全身每一个毛孔向外直涌，旋即又像头上的湿毛巾一样被迅速烤干。人体的水分在涌冒和烤干的过程中蒸发、损耗。心脏为负担突如其来的血液循环加快而频率增加一倍，随之而来的是心慌、脑涨、胸闷、四肢发软。凭借无数次操练而娴熟的技术，焊缝在焊花的飞溅中缓缓地延伸。1 分钟、2 分钟……时间仿佛凝固，唯有步话机里传出的声音才能使观战的领导们稍减一点心理承受的重荷。"还能坚持吗？""还能……""注意保持撤离的体力。""我们知道。"凭着意志与信心，尽管筒内弥漫着缕缕有毒的气体，焊接环缝在不断地向前延伸……15 分钟！勇士！这 15 分钟是何种滋味？只要看从"火焰山"中钻出的勇士，只要看他们被烤得将要起火的模样，只要看他们大口大口地喝下水，旋即又从他们每个毛孔涌冒出来的情景，什么都不用说了！第二个、第三个……第二梯队、第三梯队……6 位勇士轮番冲锋、交替上阵，坚持了整整 26 个小时，直到胜利地完成焊缝焊接。

上海电气核电设备有限公司全体员工以应对挑战的勇气、战胜困难的豪情、攻克短板的智慧、不畏艰苦的意志，在 1989 年 4 月，成功打造我国首台蒸汽发生器，当年 5 月 12 日通过部级验收。为我国第一座自行设计建造的秦山核电在 1991 年 12 月 15 日 0 时 14 分并网发电成功奠定了坚实的基础。从此中国结束了没有核电的历史，进入了和平利用核能的新时代。

厂校联合科研攻关

国家核电 CAP1400 重大专项示范工程核电项目——大锻件研制项目，在 2012 年由上海重型机械公司（原上海重型机械厂）承制。项目涉及技术面广而复杂，从材料基础研究到热加工工艺计算机设计和仿真技术等方面，特别是复杂锻件的热处理工艺技术是大型锻件生多的瓶颈，上重公司科研团队邀请国际知名热处理专家、国家工程院院士、上海交通大学潘健生院士带领的交大科研团队联合攻关。项目启动时潘院士已近 80 岁高龄，项目推进过程中，潘老又生病了，但潘老在住院期间还隔三岔五偷偷离开病床，走到研发一线，指导解决研发工作中的技术难题，坚持与研发团队于每周二到生产现场"问诊把脉"。潘老表示，核电大锻件是他"情有独钟"的科研梦想，过去因条件所限，只能在实验室中做，如今产学研合作带来人力、物力、财力等方面的保障，迎来"从未有过的研发环境"，我们一定要出色完成这项研发任务，将研究成果指导制造工艺开发和生产制造。他鼓励研发人员"核电大锻件可能是我这一生最后一个大项目，你们一定要把产学研合作长期做下去"。

研发团队攻坚克难，通过多学科集成，逐步建立了反映热处理过程的数学模型，实现了复杂形状零件和复杂热处理工艺过程的计算机模拟，解决了实际生产难题，提高了产品一次成功率，从而开发了超大直径筒体锻件成形、过渡锥体仿形锻造、稳压器封头旋转碾压锻造等技术，其中多项技术填补国内技术空白，成功实现了CAP1400核电主设备蒸汽发生器、稳压器、堆内构件、主泵大锻件的国产化和产业化的目标。

❶

改革重组　跨越提升

为深化国资国企改革，上重公司聚焦国家战略，大力发展核电等高效清洁能源。上重公司将热加工业务整体划转，于2015年成立上海电气上重铸锻有限公司。"华龙一号"核电技术是由中国核电和中广核分别研发的三代压水堆核电技术ACP1000和ACPR1000+融合而成，作为我国具有完全自主知识产权的三代技术品牌。

2016年1月，上重铸锻公司启动"华龙一号"核电大锻件的研发，并先后承担宁德6号机组压力容器、蒸汽发生器锻件、漳州1、2号机组、太平岭2号机组堆内构件锻件和惠州2号机组堆内构件、蒸汽发生器锻件的研制工作。"华龙一号"压力容器接管段筒体锻件、"华龙一号"蒸汽发生器过渡锥体、"华龙一号"堆内构件流量分配组件锻件的生产，对上重铸锻公司来说，无论是人员、技术和设备都面临着不小的挑战。为了保质保量地完成任务，上重铸锻公司组织成立项目工作组，制定翔实的工作计划，设立重点环节的责任人；在投产前召开动员会，合理部署生产计划，做到人人心中有目标；逐一检修核电生产涉及的所有设备，磨刀不误砍柴工，确保设备每一台都正常运行；进行工艺交底，明确各道工序的关键点，细化工艺流程，责任到人。2019年11月，上重铸锻公司克服重重困难，实现了整套"华龙一号"核电压力容器、堆内构件、蒸汽发生器大锻件的顺利交付，出色完成"华龙一号"核电所需的大型锻件。

（褚建）

❶ CAP1400主泵电机壳锻件完工

三菱电梯：
"智造"成就"上上下下的享受"

1986 年 10 月，中方控股和管理的中外合资上海三菱电梯有限公司应运而生。公司秉承"上海智造"的精髓，以"为用户提供上上下下的享受、为社会创造更和谐的生活空间"为使命，在艰难中起步，在探索中发展，在竞争中崛起，成为"中国第一电梯品牌"。2020 年，电梯出厂突破 100 万台。公司成为上海市国资委旗下唯一一家连续六届蝉联全国文明单位荣誉的企业。

赶上中外合资大潮

20 世纪 80 年代，随着改革开放逐渐深入，中外合资企业不断涌现。上海长城电梯厂选择了走合资企业发展道路，先后与国际上多家知名电梯企业接触，在"货比三家"、慎之又慎的基础上，最后选择了具有世界先进技术的电梯制造企业日本三菱电机株式会社作为合作伙伴。1986 年 2 月，国家计划委员会、城乡建设环境保护部等四部委发文，批准上海三菱电梯有限公司（简称上海三菱）为中外合资企业，合资期限为二十年。

1987 年 1 月，上海三菱正式成立，投资方分别为上海机电实业公司（65%）、日本三菱电机株式会社（15%）、中国机械进出口总公司（10%）、香港菱电工程有限公司（10%）。1995 年，投资方名称投资比例变更为：上海机电股份有限公司（52%）、日本三菱电机株式会社（32%）、中国机械进出口（集团）有限公司（8%）、日本三菱电机大楼技术服务株式会社（8%）。

巨大先进的设备仪器，密密麻麻的日文说明书，第一次给日本专家打电话，小心翼翼地跟着日本专家后面学习设备……在刚刚成立的上海三菱，一切都是全新的。上海电梯行业第一次直观地感受到自己的差距。

学什么？怎么学？向谁学？一连串问题抛给了工人。回忆起学习技术的当年，技术"老法师"陈勇说当时有去日本三

❶ 上海三菱电梯有限公司外景

菱学习的机会，大家边看边拍照，"当时拍的照片日方还需要审核，通过了我们才能拿回来"。

比对着这些细节的照片，工人们埋头研究，同事们互相探讨，拆开了研究再自己装上。一步步繁琐的程序，没法运作了再一个个找问题，靠着勤能补拙，上海三菱正常运转了。

向技术密集型转变

长期以来，曳引机作为电梯核心机械部件，一直是电梯生产制造的瓶颈。由于机械结构的特殊以及产品升级换代的加快，导致生产模式一直是劳动密集型的手工装配模式。那时候，提高产能就需要工人"三班倒"。

2015年，上海三菱在投产全新LEHY-III-S曳引机时，提出全新的曳引机装配理念，将智能制造的最先进技术融合于新曳引机的装配线中，完成具有世界先进水平的电梯曳引机装配流水线。

但是以往的技术不够用，这对于上海三菱人又是一个新的挑战。

装配线的开发和调试过程，困难重重。技术、开发、生产等部门组成技术团队，通力协作，共同参与，针对产品部件、作业工艺、产品换代等各方面因素，反复推算和模拟，数十次将原方案推翻重来，攻克了一项又一项技术难题……

❶

❷

❶ 曳引机车间　❷ 模拟仿真技术

为了同时覆盖一个系列曳引机的生产，在不同型号生产切换时，传统装配线往往需要大量时间进行换产。而当时生产效率低，不能完全按照订单化组织生产。技术团队经过反复试验，采用运行在服务器上的 MES 软件进行管理，通过网络通讯方式，自动按照订单组织生产，实现自动匹配零部件、自动调整工装夹具、无缝连接型号切换。技术人员边摸索边实践，自主开发了程序复杂的软件系统，也就从这时候开始，上海三菱有了走进"智造"门槛的第一个软件系统。

智造是为了更好的用户体验

2016 年 5 月，一台台"大家伙"——工业机器人出现在车间现场。无人库卡机械臂在自动运转，自动化生产线有条不紊，工人们在设备室里一边观察数据，实时操控自动化生产……

而这样的现代化的工厂背后，需要付出多少次努力调试？由于设备供应商也是初次涉及高要求的智能化装配线，缺乏经验，不同的工程师设计的设备操作界面无统一格式标准、繁琐、复杂、操作形式不一，导致操作出现习惯性的错误。

经验丰富的班组长老程做了大量功课学习设备程序，发现问题的根源后，和软件工程师沟通提出大量建设性的改进建议，并手绘操作界面给设备供应商作参考，还对新版本软件的操作界面进行试用，通过不断优化改进，最终将系统操作界面做到所有设备统一简洁、一目了然、更易操作。

然而，设备故障还是不期而至。

8 月的一天临近下班前，设备调试软件出现 BUG，发生机器人夹具与缓存库托板碰撞，导致夹具严重变形无法使用。

事发突然，设备供应商重新制作夹具所需周期长，又无现场维修能力，无法第一时间更换损坏部件。虽然装配线还处于调试试生产阶段，但已经做到边调试边生产状态。

为了不影响生产，老程凭着丰富的工

❶

❷

❶ 生产线现场　❷ 车间生产设备

作经验，通过对夹具结构的分析，将夹具上所有部件拆除，利用压机对框架进行整形。

由于整形后的框架无法恢复到最初的状态，因此对所有有误差的导轨安装面进行刮铲来确保精度，方可保证直线导轨调整后的顺畅。最后安装伺服电机时，由于现场环境局促，工人们维修时不得不又是趴又是跪，整整维修了 12 小时，直到第二天凌晨 2 点多才将夹具修复。经过对抓具的检测，大家发现性能优于设备出厂状态，连设备供应商都大加赞赏。

随着 LEHY-III-S 曳引机装配线顺利投入生产，车间装配人员不用再围着 180 摄氏度的烘箱进行作业了，曳引机的运输可以摆脱缓慢、繁琐的行车起吊了。机床的钻孔作业交给专机直接完成，精度更高，效率更快。

数据显示，在没有采用该装配线前，每个工人一天生产 1 台曳引机；采用该装配线后，人均可以装配 8 台曳引机，效率提升 8 倍。LEHY-III-S 曳引机智能装配线是全球最先进的曳引机装配线之一。

（柳絮）

亲历者说

余建民（上海三菱电梯有限公司高速梯安装班组组长。全国五一劳动奖章和首批"上海工匠"获得者）：在上海陆家嘴，高耸入云的金茂大厦、上海中心大厦里，分别安装了速度为 9 米 / 秒、20.5 米 / 秒的上海三菱电梯，让市民和游客充分领略到"上上下下的享受"。上海中心从地下 2 层直达 118 层观光厅，只要 53 秒，创下世界速度最快、行程最长的电梯两项纪录；还安装了行程为 470 米、速度为 10 米 / 秒的三菱双层轿厢电梯，创下世界行程最长的双层轿厢电梯纪录。上海三菱的理念是"智造就是为了更好的体验"。所以，我们还有更多空间可以去耕耘。

恒源祥：
恒固长青　勇争第一

1927 年初夏，上海四马路一个弄堂口的半开间门面小店，挂上了一块用黑漆书写的匾额"恒源祥"。这三个字是老板沈莱舟从清末著名书法家赵之谦所写的一副对联"恒罗百货，源发千祥"中提取出来的。多年来，沈莱舟从对联中悟出：恒者，恒固长青；源者，源远流长；祥者，吉祥如意。经过九十多年的风雨洗礼，这家弄堂口小店已发展成为拥有 15 家子公司、国家级企业技术中心和博士后科研工作站，以及 100 余家合作工厂、170 余家经销商和超过 2000 个线上线下销售网点的品牌化纺织服装集团，产业覆盖绒线、针织、服饰、家纺、童装等品类，品牌价值达 182 亿元。

❶

"恒源祥，羊羊羊"

1991 年 4 月初的一天，上海电视台的广告部走进了一个年轻人，他小心翼翼地从包里拿出了一张 10 万元的支票，说是要做一个 15 秒钟的恒源祥广告，他就是刘瑞旗。

广告词只有 6 个字："恒源祥，羊羊羊。"——简单、明了，但非常引人注意！没想到这一招取得了意想不到的效果。当时，上海电视台正在热播的电视剧《婉君》颇受上海女性欢迎，创下了一轮收视新高。而恒源祥的广告则伴随着"有个女孩名叫婉

❶ 位于南京路上的恒源祥店面

君……"那凄婉优美的歌声，风靡了上海。恒源祥当年的营业额一下子就飙升到3000万元，这在当时是个创纪录的数字。

于是，刘瑞旗更坚信自己的想法。1993年，他把自己策划的"恒源祥，羊羊羊"的广告，投放到了中央电视台。重复三遍的"恒源祥，羊羊羊"，简单明快，连不少孩子都烂熟于心。有一段时间，这个广告在中央电视台停播了，竟然有不少观众写信给刘瑞旗，说是他们的孩子听不到"羊羊羊"，就不肯睡觉了！

1997年春节的前一天，令人耳目一新、荡气回肠的"恒源祥，羊羊羊"新广告如期播出，从小年夜一直播放到年初六，占据了中央电视台最宝贵的"黄金时间"。不同的是，这次的"恒源祥"三个字由14000头澳大利亚的美丽奴羊组成。广告的功效就是这样的神奇——万羊奔腾的气势与恒源祥的广告创意，使中国与世界牢牢记住了"恒源祥"。

情系体育　羊行天下

追求卓越、创造第一，是恒源祥品牌文化和品牌精神的核心。因为人们只记住第一，没有人记住第二。而体育竞技事业所追求的，就是不断超越和力争第一。在本质上，恒源祥的品牌精神和体育竞技精神是一脉相承的。因此，恒源祥从实施品牌导入开始，就将支持和赞助体育竞技事业作为品牌文化建设的重要工作。

"我有一个梦想，那就是有朝一日一定要让'恒源祥'三个字留在奥运史册上。"刘瑞旗和恒源祥为实现这个在当时看来遥不可及的梦想，付出了100%的努力，意志坚定，从未放弃。

2005年，通过十年的不懈努力和奋斗，恒源祥作为一家纺织服装企业成功地成为2008年北京奥运会的赞助商。2008年，恒源祥为北京奥运会及残奥会提供资金、正装、家用纺织品等方面的支持，包括为北京奥运村、媒体村提供25000套家用纺织品，为北京奥组委官员、奥运会技术官员、中国体育代表团提供10000余套正装。中国体育代表团穿着恒源祥提供的服装亮相开幕式，成为8月8日当晚最大的亮点之一。饰有红、黄色的礼服也被网友们戏称为"番茄炒蛋"，通过取自中国国旗的颜色要素来展现中华民族几千年来的文化与特性。

2015年4月15日，唯一全球性的体育颁奖仪式、被誉为"体坛奥斯卡"的2015劳伦斯世界体育奖颁奖典礼在上海大剧院隆重举行，埃里克·坎通纳、法比奥·卡佩罗、路德·古利特、卡莱斯·普约尔、路易斯·萨哈，中国运动员姚明、刘翔、邓亚

❶ 恒源祥羊羊羊广告

萍、李宁、李小鹏、杨扬、孙雯以及超人的扮演者——亨利·卡维尔、韩国著名演员河智苑等体坛、演艺界明星联袂出席，恒源祥作为主办方完美兑现了"成就一届历史上最成功的劳伦斯奖颁奖典礼"的承诺。

通过支持和赞助体育事业，恒源祥的品牌知名度、美誉度显著提升。2015年，在由亚洲品牌协会主办的第十届亚洲品牌盛典上，恒源祥位列"亚洲品牌500强排行榜"第82位。2017年，恒源祥以覆盖188个国家和地区的强大影响力再次登上"天猫海外成交覆盖国家地区数最多的十大老字号榜单"榜首。2018年，据阿里研究院联合北京大学光华管理学院王锐教授共同完成的《中华老字号品牌发展指数》研究报告，恒源祥以总指数81.9坐上老字号品牌发展指数TOP100榜单（2018）榜眼。

恒爱之心　立足慈善

在支持体育事业发展的同时，恒源祥作为一家公众企业，积极承担和履行各种社会责任。从1994年起，恒源祥每年都会拿出所获利润的10%用于社会公益事业，坚持做别人想不到、做不到、发现不到、涉及不到的好事，永葆一颗慈善之心。

从1994年起，上海市好小囡万能双手俱乐部、上海市好小囡少儿京剧团、上海乐团好小囡合唱团、好小囡幼儿园等一个一个地建立起来了。刘瑞旗为"好小囡"聘请的都是一流的顾问和老师，如贺绿汀、曹鹏、赵家圭、金千里等。党和国家领导人杨尚昆、吴邦国、黄菊、李长春、刘云山等都曾观看过他们的演出。2005年2月2日，吴邦国委员长亲笔题词："一个孩子是一个家庭的希望，千万个孩子是人类的希望。"这些"好小囡"还作为中国小朋友的代表，远渡重洋，在世界的舞台上展现中国"好小囡"们的艺术才华。

❶ 奥运会中国礼仪装　❷ 中国队身穿由恒源祥出品的礼仪正装

1997 年 6 月 1 日，上千名"好小囡"汇聚在天安门广场前进行会操表演，时任国务院总理李鹏特别为活动题词："锻炼坚强体魄，培养一代新人。"恒源祥将大家认为的不可能转化成可能，把品牌巧妙地做上了天安门。

2003 年 7 月，恒源祥向可可西里自然保护区管理局捐巨资建设可可西里藏羚羊救护中心，从此结束了可可西里救护野生动物没有固定场所、没有固定人员、没有集中管理的局面。2005 年，恒源祥与中国儿童少年基金会联合发起的大型公益慈善项目"恒爱行动"，为孤残儿童编织捐献了 100 多万件爱心毛衣。2009 年，恒源祥与 KAB 全国推广办公室联合发起以关心、关注青年成长、成才，服务、扶持青年（大学生）创新、创意、创业的开放性公益实践平台——"青年恒好"，奖励超过 130 个公益创业项目，其中奖励 1 万元以上的项目超过 30 个，扶持 5 万元以上的项目 7 个。慈善已经成为恒源祥的一种习惯、一个传统。恒源祥将尽其所能、深入实践，为更多人、更多组织提供帮助，促进中国社会的稳定和谐发展。

未来，恒源祥将坚持"用品牌的方法经营产品，用文化的方式经营品牌"，坚定"成为历史的一部分"的使命，坚定"无我、无限、无中生有"的精神，坚守"持续为社会创造价值"的价值观，为建设具有世界一流水平的百年、千年品牌而不懈努力。

（何爱芳）

亲历者说

刘瑞旗（恒源祥（集团）有限公司董事长）：一谈到品牌，人们往往把它与企业品牌或产品品牌画等号，很少有人会想到个人也有品牌，组织和国家也有品牌；一谈到文化，大多数人首先想到的也是文化事业或者文化产业，而很少思考个人、组织和国家的文化习性。但是，品牌决定财富，文化决定命运，不管是个人、组织还是国家，只有成为优秀的品牌，财富才会向其转移；只有建立优秀的文化个性，才会有好的命运。

国际时尚中心：
百年厂房的华丽转身

　　杨树浦路沿线一带是上海工业的发祥地。20世纪初，因水路运输方便快捷、成本低廉，浦江两岸孕育了众多工业企业，杨浦滨江的工业区也成为上海近代最大的能源供应和工业基地。近年来，上海市推动浦江两岸贯通及滨江岸线转型工作。从秦皇岛路码头至定海路桥的杨浦滨江南段，作为滨江最大亮点的66幢工业遗存被保留下来，堪称"中国近代工业文明长廊"，昔日的"工业锈带"正一步步转型成为"生活秀带"，水岸联动，水陆双线贯通，将为这里带来全新的生机。位于杨浦滨江南端的原上棉十七厂转型为上海国际时尚中心，成为上海作为国际时尚之都的一道靓丽风景线。

"要做就做最好的！"

❶

　　在上海工业产业结构改革调整大潮中，上海第十七棉纺织厂作为一家曾经的"万人大厂"，告别昔日的辉煌，人去楼空，留下空荡荡的厂房和偌大的厂区。转型之路究竟该怎么走？从上到下各个层面都陷入沉思……

　　2008年，上海纺织集团响应上海市委、市政府关于大力发展现代服务业的号召，以及对接"世博会"的要求，坚持"科技与时尚"的战略定位，致力于实现继法国巴黎、英国伦敦、意大利米兰、美国纽约和日本东京五大国际时尚之都之后的"第六大时尚之都"的发展目标。于是，将十七棉的转型方向定位为时尚产业，进而作为发展时尚产业的排头兵和展示窗口。这一设想很快就得到批准，正式立项，"上海国际时尚中心"应运而生。

　　要把原先以锯齿形厂房为主的厂区，改建成具有浓厚时尚气息的园区，谈何容易？不少人有各自的设想，不少人推荐了各自心仪的设计公司及设计方案。

　　"要做就做最好的！"纺织集团领导找来擅长时尚设计的法国夏邦杰设计事务所，

❶ 20世纪80年代第十七棉纺织厂大门

承担国际时尚中心的总体设计。成立于 1969 年的夏邦杰设计事务所，在全球拥有 100 多位优秀的建筑设计师、城市规划与设计师、室内设计师与景观设计师，设计的作品遍及全球。"假如国际最著名的公司也做不好，那神仙也没有办法了！"

改造修缮的方案以保留工业遗存为原则，仅仅拆除不具备历史文化价值的近 3 万平方米"违章建筑"，所有具有历史特色和人文保护价值的建筑都被保留下来，并在此基础上进行改造翻新，既保留了 20 世纪 20 年代老上海工业文明的历史年轮，又融入当代时尚的审美元素。

"尽可能保留历史文化风貌"

园区改造具有代表性的一步，是昔日封闭厂房的外围墙被拆除，成为开放式园区。紧邻 1 号门的二层小楼原是厂部办公楼，被改建成壹号楼，内设会议厅、会客室、酒吧等功能。建厂近百年来，这幢小楼见证了从裕丰纱厂到上棉十七厂，再到上海国际时尚中心的演变，用一砖一木默默记录下时代长河中这块土地上发生的故事。

一栋栋老建筑，是前人智慧的积淀，也是城市特色的重要标志。如今细致地观察，就会发现很多地方都留下了昔日棉纺织厂的印记：建于 1922 年的 3 号楼门头上，那两只织布用的梭子被装饰成时钟的分针和秒针。巨大的铁门装置了经纬图案，代表着纺织精神的传承和延续。木平台地面嵌进的铁片，是园区改造时从原先厂房上拆卸下来的。仔细寻觅精品仓户外走道的廊柱红砖，还能找到不同的编号，它们在十七棉原址改造时被小心翼翼地拆下，洗去因时间久远而发黑的表面，经历了拆卸、编号、清洗、拼装，最终留守在这片土地上，擎起了时尚新地标。

临江的 8 号楼曾经是原料仓库，南北两侧各有一道长长的货运楼梯，坡度小于 45°，宽面楼梯每个台阶的高度仅有普通台阶的 1/3，是为当时搬运工人运输棉花大包

拾级而上所设置的。而今均予保留，一楼设置游船码头，二楼则利用临江资源改造为餐饮娱乐场所，迎来送往的是尽享浦江风光的各地游客。

漫步在园区近 400 米的岸线平台，看着搭造起的亲水平台、叠水景观、白色膜结构的双顶遮阳亭，抬眼眺望江对岸老工业的景象，与这边的红砖厂房遥相呼应，感受江风拂面，聆听稚童嬉闹的笑声……上海国际时尚中心正骄傲地向城市展现一道靓丽的风景。

❶ 国际时尚中心今景

"充分展现当今时尚潮流"

时尚，自然离不开时装，离不开国际大牌。国际时尚中心拥有上海中环内唯一的大型奥特莱斯。它就落脚在上海中心城区内最完整、规模最大的锯齿形厂房建筑群里，形成时尚与传统的深情对话。这些锯齿形厂房当年由日本著名建筑设计师平野勇造设计，采用钢架钢柱结构。为了控制车间采光、获得稳定而重组的光线，屋顶设计成面向北方的锯齿形态。楼层高、空间大是当年日式纺纱厂的建筑特色。利用这一空间优势，近2万平方米的车间经过合理规划、妥善分割，摇身变为时尚精品仓。主打轻奢和买手品类的A馆，主打休闲生活品类的B馆，主打运动和户外品类的C馆，涵盖Levi's、Lee、FILA、Charles&Keith、I.T、GAP、Timberland、GUESS、Skechers、Nike、Converse、The North Face、Adidas、Champion等超过200个国内外知名品牌，满足人们对时尚消费的多元化需求。

被列为三类历史保护建筑的3号楼，是十七棉最早的生产工厂，后改为机动车间、医务室和食堂。如今，它被改建成亚洲规模最大的多功能时装秀场。主秀场为1500平方米的无柱空间，配备专业灯光、音响设备，可同时容纳近千名观众入场。2010年5月，伴随上海世博会的举办，多功能秀场同步投入运营，陆续承办来自澳大利亚、印度、墨西哥、日本、韩国、美国等国家及地区的近千场文化活动。2017年3月，上海外事对外合作系列推介活动上海首站"杨浦滨江　传承创新"活动在此举办，来自外国驻沪总领馆、友好城市驻沪机构、新开发银行、市长企业家咨询会成员单位、国际上海代表处、各大金融机构、跨国企业的代表及众多白玉兰奖获得者、境内外媒体代表等300余人齐聚一堂，为杨浦滨江创建"世界会客厅"的战略规划打响了第一炮。

时尚，在这里居然还可以用味觉来体验。原为仓库的9号楼改建为奥地利珍得巧克力剧场。2012年，"珍得"被列为世界上八大顶尖级巧克力品牌之一。2013年，这家"整个巧克力行业内最具创新力"的公司，选择在这里开设一家巧克力工厂、商店兼剧院。因为原建筑内部柱子镶嵌在墙体内，整个室内空间是无柱环境，因此进入之后，扑鼻而来的是巧克力的苦甜香气，还可以观摩到巧克力工厂的整个流程，亲历从可可豆到原浆，再到各种口味巧克力成品的全过程。巧克力工厂充满甜蜜浪漫的气息，也是亲子互动的首选，喷泉巧克力、针管巧克力酱、混合主题巧克力豆，免费品尝的百余种美味调动着人们的味蕾，甚至还可以动手制作一块专属的手工DIY巧克力，作

❶ 人流如织的时尚精品仓

为一场巧克力欢宴的完美纪念。

上海国际时尚中心建成以纺织业为文化背景，集创意时尚、市场交易、休闲娱乐、会展旅游及其相关商务服务等一体的业务格局。自2012年整体开放试营业以来，每年吸引客流超过300万人次，年均收入逾4亿元，并以10%的平均增幅持续增长，如今已然成为上海中心城区集时尚体验于一体的旅游、休闲、购物的时尚地标，堪称上海传统工业载体成功转型的典范。

❶

（诸雯菁）

上海第十七棉纺织厂前身为日本大阪东洋纺织株式会社1921年开始筹建的裕丰纱厂。抗战胜利后，更名为中国纺织建设公司上海第十七棉纺织厂，著名的"龙头细布"就出于该厂。1950年7月1日，该厂被更名为国营上海第十七棉纺织厂；1987年获得全国"五一"劳动奖章和国家质量管理奖并被评为国家二级企业；1989年12月成为全国纺织工业中首批获得国家一级企业称号的单位；1990年9月，其牛津纺产品获得国家金质奖；1992年8月8日，该厂被改制为龙头（十七棉）股份有限公司，龙头牌商标被评为上海市著名商标。1998年6月龙头股份资产重组，原上棉十七厂从龙头股份中置换出来，变身为上海第十七棉纺织总厂。2006年，上海纺织（集团）有限公司和十七棉总厂合资组建大丰棉纺织有限公司。2007年3月，企业关车停产，部分设备被迁到江苏大丰，原老厂房被开发建设上海国际时尚中心。2010年，上海国际时尚中心一期竣工。

❶ 俯瞰时尚中心全景

汉光瓷：
不是官窑胜似官窑

汉光瓷，中国高端艺术陶瓷、日用瓷器的著名品牌。自问世以来，汉光瓷系列作品凭借精湛的高温釉下彩技艺，以及永不枯竭的原创精神，刷新了中国乃至世界高端陶瓷的一系列纪录。作品不仅多次被尊为国礼赠送给多国政要、当作国宴用瓷亮相于重大外事活动场合，还屡屡被国家博物馆、国家美术馆等典藏，被国际公认为"虽不是官窑，却比官窑品相更加上乘"的顶级窑。

盛世瓷器的神话

1999 年 5 月，北京繁花似锦，生机勃发。位于故宫博物院以东不远处的中国美术馆里人头攒动，观众们共同见证了美术馆建馆以来，史无前例的首个陶瓷展——"汉光瓷艺术展"。目睹那一尊尊来自上海汉光陶瓷研究所巧夺天工的陶瓷艺术品，人们感受到一股强烈的震撼。"汉光瓷就是当今的官窑"，故宫博物院的老专家在现场兴奋地说道。闻讯而来的中央电视台等数十家媒体进行了立体式报道。其中，《人民日报》在显著位置刊发题为《汉光瓷创造了中国陶瓷的一个神话》的文章，让人们看到了中国陶瓷艺术复兴的曙光。

面对这样的盛况，汉光瓷缔造者、中国工艺美术大师李遊宇教授不禁心潮澎湃、感慨万千。十年前他在日本的两度尴尬遭遇又浮现在他的眼前。

东瀛之行的尴尬

1989 年，还是青年教授的李遊宇，作为上海大学第一批交换学者，前往日本大阪艺术大学讲授中国陶瓷史。其间，他利用课余空隙遍访了日本所有陶瓷产区，研究日本当代陶瓷。他发现，曾受中国古代深刻影响的日本陶瓷生产，已形成自己的民族特色，并跻身现代世界陶瓷强国阵列。随着视野不断打开，他进而发现不仅是日本，世界上不少产业大国如德国、英国的当代陶瓷，都已将中国陶瓷远远地甩在后面。

有一天，李遊宇登门拜访日本陶瓷考古泰斗腾岗了一。他按照日本礼节给前辈行礼，可这位泰斗却面无表情，纹丝未动。良久，腾岗了一才以一种欣然自得的语气告诉他，"你讲的中国陶瓷史，最早是日本人写的"，令李遊宇一时语塞。还有一次，在拜访日本现代陶瓷艺术的鼻祖山田光时，李遊宇先生遇到更尴尬的问题。山田光问他："你们中国的陶瓷在历史上很辉煌，为什么你们现代陶瓷却越来越不行了呢？"这个问题，一下子戳中了李教授盘桓在心中的隐痛。等到心情平复后，他告诉对方："这里面

有很多历史原因，但是，中国陶瓷文化的传统非常深厚，陶瓷的传统工艺还在，现在中国的陶瓷迎来了最好的发展时期，我们会让中国的陶瓷重新影响世界的。"

李教授在日本数年所受刺激的事情，常常让他感到脸红。自那时起，他就坚定地立下宏愿——一定要做出能代表中国的瓷器品牌。他拒绝日本高薪挽留，毅然辞去国内高校公职，召集一批志同道合者成立了上海汉光陶瓷研究所，竖起了"汉光"这面旗帜，以中国历代官窑瓷作为研究超越的蓝本，以世界品牌的工艺作为基础指标，决心创立一种在原料、材质、技术等各方面可以代表中国、领先世界的陶瓷艺术品，使之成为中国的骄傲，让世界为之叹服。

千年瓷韵的传承

汉光，"汉"指代中国，中华文明作为全球唯一没有断线的文化形态，陶瓷文化是其中的一个重要组成部分，号称中国历史上"第五大发明"的瓷器诞生于汉代。"光"指重振和发扬光大汉文化之辉煌。这蕴含着汉光人卓然的情怀、胆识与气魄。

然而，要将多年探索的研究成果转换成产业品牌，谈何容易！传统的官窑制瓷据说有72道工序，实际上往往不止这些。汉光瓷除了完全继承传统的手工操作，而且把每一道工序都拎出来做专题研究，将每一道手工工序，都借助现代精密测量仪器进行规范，进而在流程上实现标准化、程序化。

陶器制作有一道很关键的工序叫利坯。为了求得最佳的器型效果，公司曾高薪从景德镇聘请一位从事利坯三十年的师傅。他手艺的确不凡，能把正德碗利得传神，把玉壶春瓶利得分毫不差。于是，李遊宇设计了几个新的器型让他操作，结果是"老革命碰到新问题"，其水平大打折扣。原因是老艺人只会师傅传下来的几手，面对新的器物造型显得没有了章法。

李遊宇循循善诱地问他："作为利坯高手，怎么显示技术的高低呢？"

老艺人回答："利得稳、利得薄是水平标志。"

李遊宇说："错，这是基本功。就如一个美术学院学生要把人物画得像，一二年级

的学生都可以做到，这就是基本功，但距离艺术家的路程还很遥远。利得稳与薄，一个学徒两年之内都可以做到，要利好还需要长期的修炼。'好'的标准应该是对造型的理解，该厚的要厚，该薄的要薄，能表达出自己的情感。只有赋予造型以生命，把自己的情感倾注在造型中，才是高水平的体现。"

这一番话，老艺人没完全听明白，一位年轻的师傅却听懂了。于是，李遊宇身体力行，以他的创新理论结合传统工艺，手把手地教导、现场讲述、现场示范，并要技师们牢记一句话："在每道工艺上，都要做中国陶瓷领域中最好的技师。"李遊宇上班和师傅们在一起切磋，下班还要从事他的创作与研究。他要求采矿、选料、除铁、制泥、拉坯、利坯、成型、彩绘……每个环节都做到最好。正是有了这种追求极致的不断超越，汉光瓷才能一出生就登峰造极、风华正茂。

2005年冬天，李遊宇偕夫人在德国友人的陪同下访问德国麦森。麦森历来号称世界高端陶瓷的第一品牌，可谓集万千宠爱于一身。起初，他们对李遊宇一行的访问并没有引起重视，仅仅派出了一位中层管理人员例行接待。

面对这种情景，李遊宇只是泰然一笑，不露声色地拿出几件汉光瓷大口的碗、盘，反扣在平整的玻璃板上，只见盘口与玻璃结合得严丝合缝，从不同的部位按下去都纹丝不动。麦森的接待人员看了十分惊讶，连忙请出生产厂长等几位高层负责人，同时将他们的产品也反扣在玻璃板上，结果没有一件是不摇晃的。于是，宾主间开始了热烈的交流与探讨。

李遊宇说："瓷器的制造过程中，干燥与烧成收缩度通常在15%—17%，收缩的过程是软化到定型的过程。两次收缩，就是两次变形的过程，变形是绝对的，不变形是相对的。汉光瓷加入了诸多现代工艺，做到每个产品口部基本不变形，大多数产品可以与平板玻璃无缝对接。这就是我们为当代高端瓷器制定的新的标准之一。"

"世界上最好的瓷器出现在中国，是理所应当的事情。"麦森负责人由衷地发出感叹。

2008年秋，日本东京景色宜人。李遊宇故地重游，他带领的汉光团队在东京受到很高的礼遇。接待他们的是东京艺术大学校长宫田亮平教授与陶瓷系主任岛田文雄教授。宫田先生高度评价道：李遊宇先生的汉光瓷是中国当代陶瓷的代表，日本还没有这样的工艺，汉光瓷的艺术语言是世界的。在随后访问的涩谷美术馆里，馆长在汉光瓷作品前流露出难以置信的神情，当李遊宇把汉光瓷递给他时，他诚惶诚恐，竟然久久不敢用手去接，因为他觉得这实在过于珍贵了……

2009年7月，"汉光瓷科技与工艺成果论证暨官窑文化传承与发展专家研讨会"在北京故宫博物院举行。中国陶瓷界的顶级专家们，对日用汉光瓷最新科技与工艺进行了论证与品评。他们一致认为，日用汉光瓷达到了当今中外瓷艺的新高度。经权威部门测定，汉光瓷白度达88.5%，透明度为56%，光泽度达到98.6%，釉面硬度为7843 MPU。这一系列理化指标刷新了世界瓷器的纪录，优于自"7501"主席用瓷而上

①

②　　　　　　③

的中国历代官窑瓷器，也远远超过了国际上几家以奢侈品著称的皇家瓷厂，成为有史以来最优质的白瓷，将人们认为不可能的事情变成了现实。

如今，在美丽的黄浦江南岸，汉光瓷的总部早已从 1993 年创建之初的一间平房，发展成了花园式的现代化园区。汉光人知道，他们是在中国陶瓷的复兴之路上创造历史。短短的三十年中，他们斩获了 500 余项国家专利，不仅让汉光瓷品牌成为中国十大知名奢侈品之一，而且为中国乃至世界陶瓷艺术建立起了时代的新坐标。

（唐益龄　唐崇钧）

亲历者说

李遊宇（中国工艺美术大师、中国陶瓷艺术大师、中国工艺美术学会常务理事、上海中国陶瓷艺术家协会会长）：中国传统瓷器中，官窑为主流，民窑为主体。官窑创造了中国陶瓷的高度，只是官窑不复存在了。汉光瓷用了二十多年的时间，全面、历史性地把中国官窑进行了梳理、总结与分析，最终做成了一个代表中国陶瓷的民族品牌。从一个没有生命的原矿陶土开始，把它变成一个精神的、文化的艺术品要经过上百道工序，其中关键是态度和精神。也就是说，要做好一个陶瓷，必须全力以赴、心无旁骛，然后把思想和感情汇聚到装饰和造型之间。

① 汉光瓷作品《冰雪世界》——2009 年 2 月由外交部部长杨洁篪赠与美国总统奥巴马
② 汉光瓷作品　③ 汉光瓷总部

东隆羽绒：
羽绒行业的风向标

　　上海东隆羽绒制品有限公司是一家集研发、设计、生产、销售于一体的集团公司，在全国各地及国外设有 10 多个生产基地，主要生产羽绒原料加工、面料漂染及各类家用纺织品和服装，产品主要销往欧、美、日、俄罗斯、加拿大等国家和地区。作为一家民营制造业企业，二十八年来已获 14 项国家级或省市级荣誉，连续七年登上上海市工业企业销售收入 100 强和上海市民营百强企业榜单，在全国 4000 多家同类企业中，东隆公司综合实力名列前三甲，获"中国羽绒行业功勋企业"称号，被社会各界誉为"羽绒行业风向标"。

❶

在改革开放的洪流中诞生

　　说起"东隆"这个名字，还有一段来历。香港商人郑照棠是青浦县商榻乡最大的乡办企业——上海淀山湖时装厂的客商，对商榻的地理和经营环境有较多的了解。经过热心人士的建议和推荐，郑照棠对投资商榻产生了兴趣。他看到淀山湖丰富的水资

❶ 东隆大厦

源，便联想到自己熟悉的国际知名羽绒制品公司——台湾光隆实业股份有限公司。经过郑照棠的引荐，港、台两方与商榻乡政府，经过一年多时间的反复商谈，对项目可行性、出资比例结构、组织架构、厂址选择、职责分工等形成共识。香港东亚取个"东"字，台湾光隆取个"隆"字，加上青浦县商榻乡工业公司，三方共同发起设立合资企业——上海东隆羽绒制品有限公司。1992 年 8 月 8 日，举行了东隆公司奠基仪式。

然而，好事多磨，三方合资没多久，很快被日常工作中不同的立场和习性搞得焦头烂额，万般无奈。经营两三年来，机器在运转，但港商和台商预想的效益却没有达到，他们暗中另起炉灶，悄悄转移生产订单，使东隆公司陷入更大的困难。

几经周折，东隆上海方主动向港、台方提出"分手"，并于两年内按时履行完还款协议。谁料想，1997 年亚洲金融风暴紧接着就爆发了。受此影响，东隆主要的业务来源——日本订单量骤减。恰好此时，青浦县把试行股份合作制作为推动企业深化改革的突破口。经商榻乡领导研究，一致决定，东隆公司为第一家产权转让改革试点企业，于是，东隆公司就从一家中外合资企业转为一家民营企业。

在走向世界的征程中成长

2001 年中国加入世贸组织后，东隆公司领导发现，不少外商来上海投资发展时，更多地倾向于与有工厂做后盾的公司直接合作。这样的变化，对已进入上升通道的东隆公司来说十分有利。

随着逐步打开国内外市场，东隆公司的产能得到释放，迎来了高速发展期。由于商榻地区服装制造同行较多，"人往高处走"的心理促使工人频繁流动，给服装企业的用工带来冲击。东隆公司现有的生产能力无法应对急剧增加的业务量，就开始谋求扩大生产规模。除了上海工厂外，先后在安徽铜陵和无为、山东郯城和临沭、江苏启东和连云港、吉林图们、缅甸仰光和勃生等地投资建厂。

随着业务量不断扩大，业务部门逐渐增多，原本设在中心城区江苏路上的办事处显得"捉襟见肘"。搬哪里去？深深的家乡情结令郭连学毫不犹豫地选择回到青浦。2011 年，东隆公司在徐泾镇投资 2 亿元，建成一座 10 层的东隆大厦，建筑面积超过 5 万平方米，设立了设计研发中心、检验检测中心、技术研发中心、业务中心、销售中心等。东隆的"手脚"伸到外省市和国外，可"大脑"和"心脏"却始终在上海运转和跳动。

经过二十八年的发展布局，东隆在国内外共设立 13 个生产基地，每一个基地都是羽绒制品产业链上的重要成员，实现了公司"两头在内（沪），中间在外"的发展战略。

在建立产业链的进程中做强

如今的世界，万事万物都会发生难以预料的联系。万里之外的一则事关动物保护主义的电视节目，居然险些给东隆公司带来一场灾难。

2009 年 2 月，瑞典电视台 TV-4 播放了关于"活拔绒"的节目。卧底人员在国内一家养殖工厂暗中拍摄到了这样的画面：一个工人顺手抓起一只鹅，从其脖子处开始往下拔毛，拔下的羽毛在阳光中飞舞，鹅的凄惨叫声令人心里直犯怵……突然，镜头切换至消费者身上暖烘烘的羽绒服，家里暖和舒适的羽绒被、睡袋等寝具用品。该节目公布了 34 家"承认"生产或销售"活拔绒"的企业名单，其中 16 家是中国企业。这期节目在当地引起了很大震动，一些消费者因"活拔绒"存在虐待动物的嫌疑，开始抵制羽绒制品，瑞典部分商场售出的羽绒制品被要求退货。东隆也随即被波及，发往欧盟的羽绒制品被通知退货……

如何应对这场突如其来的危机？如何才能证明东隆公司的羽绒制品与"活拔绒"无关？公司采取了一系列对策，其中最根本、最有效的一项措施就是：控制羽绒原料生产的源头，杜绝"活拔绒"的怀疑和指控。2014 年，公司联合浙江新塘、江苏益客集团合作建设养殖场，使公司真正拥有自己的种禽养殖基地。为了进一步证明自己的羽绒来源可靠，东隆公司又委托江苏省南通市易阳软件公司研发了东隆羽绒追溯系统，并于 2015 年通过 RDS 羽绒追溯认证和 DOWNFASS 羽绒认证。

在安徽省无为县建立羽绒产业基地后，为了增加原材料供应，培育原料基地，经过协商，东隆公司与江苏益客集团和浙江东合公司三方在江苏沭阳合资开办比无为基地大一倍的羽绒水洗工厂，年处理羽绒 5500 吨、毛片 6500 吨。羽绒水洗的工艺流程从原毛收货开始，经过初分、加毛、焖洗、漂洗、脱水、烘干、冷却等环节，确保了原料的品质。公司还与安徽工程大学合作，对羽绒的加工技术、生产设备、附属产品等工艺进行研发，彻底解决羽绒生产中铁、脂肪以及气味等各种难题。经过不断地与科技单位合作研发，已拥有 20 项专利技术。这就从产量和质量两个方面，为公司在满足自己生产需要之余挤进羽绒原料市场奠定了基础。2017 年，东隆公司成功加入国际羽绒羽毛局，并担任理事单位，同时进入国际羽绒羽毛局公共关系委员会和技术委员会。

做足了功夫的东隆公司，建立起自己的羽绒产业链，不仅生产和制造自有品牌和国际高端品牌的羽绒制品，还与优衣库、ZARA、Levi's、Tommy、CK、无印良品、

❶

❶ 东隆羽绒生产车间

宜家家居、波司登、海澜之家、江南布衣、太平鸟等品牌商建立合作伙伴关系，成为各大品牌公司的原料指定供应商。

此外，东隆公司从羽绒产业链上发展出去，建立面料产业链和化纤产业链等行业周边业务，丰富了公司的原料供应，是宜家家居等品牌商的优质原料供应商。

在羽绒制品行业，漏绒率是衡量品质好坏的重要标准，防羽布的防漏绒率更是关键。国内防羽面料市场，漏绒率普遍都在每百根羽毛有 5—6 根，这与国际顶端防羽面料每百根羽毛 1 根漏绒率相比，存在着极大的差距。东隆公司经过反复搜索和比较，发现德国 KNS 公司在这方面具有强大的技术能力。2019 年，东隆公司出资 1.3 亿元买下了 KNS 公司的先进生产线连带专利技术，在无为县建造了相关的厂房和设施。

❶

2020 年 1 月初，东隆公司带着试生产出来的高端防羽面料新产品，来到法兰克福 Heimtextil 展会。"MADE IN CHINA"的高端防羽面料第一次出现在国际展会，吸引了许多客商驻足观看。质优价廉的产品得到了很好的反响，短短几天时间，东隆就收获了许多国际订单。

（陈旭华）

亲历者说

郭连学（东隆集团董事长，上海市工商联纺织服装商会副会长、上海市家用纺织品行业协会副会长）：我们清醒地看到，国内纺织服装制造业的产品附加值低、利润低，导致技术创新投入和能力都偏低，缺乏核心技术的自主知识产权和品牌，形成恶性循环。因此，民营企业更要加强科技创新能力建设，通过科技创新增强发展内生动力，提升包括品牌在内的企业软实力。东隆公司坚持完善和优化产业链，加大高溢价的技术和品牌投入，坚持"用心做好产品、用心做好企业、用心做好制造业"的经营理念，瞄准国际先进水平，实现优势产业结构升级，同时拥抱互联网，不断应用新技术将生产管理体系完善和优化，实现可持续发展。

❶ 东隆羽绒家纺样品陈列室

"双鹿"品牌复活记

20世纪90年代初,"双鹿"电冰箱被评为上海市著名商标,成为与"上菱"电冰箱品牌齐名的热销产品。但是,至20世纪90年代末,双鹿冰箱厂濒临倒闭,企业员工下岗分流。2004年1月,民营企业上海双鹿电器有限公司在上海松江区登记成立,收购了"双鹿"系列商标。2011年,又并购"上菱"品牌。如今,上海双鹿上菱企业集团有限公司座落在上海市松江区泖港工业园区,拥有近10家市内外企业、员工3000余人,年产冰箱、冷柜500万台、洗衣机160万台、空调100万台,产品畅销全国及欧美等地,年产值30多亿元。企业先后获得"高新技术企业""上海民营企业100强""全国轻工行业先进集体""松江区文明单位"等称号。

❶ 上海电冰箱厂挂牌场景　❷ 双鹿获国家质量奖　❸ 上海电冰箱厂被评为国家二级企业

"借船下海"与"借鸡生蛋"

浙江中享电器有限公司原先是从事落地钟和音响行业的。2002 年，公司董事长陈泉苗经过深入调研后发现：中国农村正快速发展，国家推行的"撤乡并镇"政策初显成效，农民生活不断改善引发对家电的需求，农村家电消费市场潜力巨大。于是，他决定转产做冰箱。但冰箱行业进入门槛较高、投入较大，建一条流水线就需数千万元，况且，当时国内冰箱市场竞争激烈，一二线市场"红海"一片。他权衡利弊，决定另辟蹊径，"先做市场，后建工厂"，即通过租赁品牌"借船下海"，通过租赁工厂"借鸡生蛋"。他果断瞄准逐渐淡出市场，但在消费群体中仍有较高美誉的"双鹿"品牌，于 2002 年 3 月获得"双鹿"品牌的商标使用权。

有了品牌，是否要马上建厂？陈泉苗从实际出发，选择租用生产流水线的办法，委托宝鸡长岭电冰箱厂贴牌生产。同时，利用"双鹿"品牌的市场影响力和长岭电冰箱厂的营销渠道，积极开发、建立、完善自己公司的经销网络。2002 年 8 月，第一批贴着"双鹿"商标的冰箱销往石家庄，"双鹿"粉丝真不少，市场反响极好。就这样，市场慢慢在一些地方做了起来，2003 年就销售了 5 万多台，接下来连年翻番，经销商都是先打款后排队提货，江浙沪地区对"双鹿"深怀感情的消费者欣喜地说："'双鹿'又回来了……"

2004 年，陈泉苗决策成立上海双鹿电器有限公司，并于上海注册。很快，在市场上沉寂已久的"双鹿"冰箱重现勃勃生机，销售业绩与日俱增。陈泉苗把民营企业的优势发挥得淋漓尽致，把国有企业的品牌资源深度挖掘，当慈溪当地众多无自主品牌冰箱的企业在看别人脸色行事的时候，"双鹿"已高歌猛进，夺回了曾经失去的市场，开创了冰箱行业的"蓝海"。

让"双鹿"重归"上海制造"

2004 年，双鹿公司创建了自己的电冰箱生产流水线；11 月，又获得"双鹿"商标所有权，成了"双鹿"的新主人。新主人信心满怀，决意让"双鹿"品牌重新振兴、焕发活力。"双鹿"不负期望，在随后的 2005、2006、2007 三年间，营收增长速度每年在 100% 以上。

陈泉苗清醒地认识到：要延续"双鹿"旺势、创造价值，必须让"双鹿"重返上海，使"双鹿"回归"上海制造"。2006 年，双鹿公司在上海松江泖港投资建厂，"双鹿"从浙江迁往上海。接着又把研发和管理总部设在上海，利用上海人才高地优势，与上海知名大学开展产学研合作，与专业设计院所强强联手，共同研发高端产品：24 小时仅耗电 0.36 度的超级节能冰箱、风冷变频大容积对开门冰箱、互联网＋物联网冰箱等高端产品应运而生。

2009 年，时任上海市委书记俞正声在"双鹿"品牌成功复活调查报告上亲笔批示，要求加快发展"双鹿"。2011 年，双鹿公司并购上海知名冰箱品牌"上菱"。2012 年，公司从潜在冰箱用户集中在农村的趋势出发，制订了立足农村，进军一、二线市场，走"农村包围城市"的品牌发展战略，精耕细作农民市场。同时，公司积极争取上海市"加快自主品牌建设专项资金"扶持政策，加快提升品牌知名度。"双鹿"冰箱先后被认定为"上海名牌产品""上海市著名商标""苏浙皖赣沪地区品牌 50 佳"。

靠优质服务做强"双鹿"

"双鹿"回归上海并不是结局，"双鹿人"追求的是永续发展。2013 年，依据上海市"十二五"发展规划，双鹿公司实施"两头在沪，中间在外"战略方针，在江苏宿迁投资 15 亿元建新厂。2015 年，抓住"一带一路"契机，在孟加拉国合资建厂。2020 年，在徐州新沂投资 50 亿元建立新厂。新建的冰箱生产、检测流水线均引进国际国内先进的无氟冰箱生产流水线及检验检测仪器，生产能力随之提高到年产 800 万台。

规模出产量，服务出效益。"双鹿"的成功，得益于优质的售后服务。"双鹿人"的服务灵感出类拔萃，销售业务员发现，乡镇家庭的冰箱不像城里人那样放在厨房或客厅，而是都放在卧室，那静音是第一要素。这激发了双鹿人的创意，而后发明的静

❶ 老双鹿冰箱 **❷** 双鹿物联网冰箱

音冰箱成为"双鹿"冰箱的卖点之一。"双鹿人"的服务层级彻底扁平化，从工厂到终端的服务渠道仅有两级，即从工厂到经销商，再从经销商直接到终端网点，且双鹿销售部门具有销售、售后、市场、财务和行政5项职能，销售与售后服务融为一体，每个负责当地销售的业务员必须负责售后。这可苦了销售人员。他们一个月有20天都在路上，一天要跑3至5个镇，平均每人每月要跑100个镇。为了加强信息沟通，方便终端销售，公司为每位销售员配备笔记本电脑、无线网卡和照相机，确保小问题3天反馈到工厂、大问题当天报告到董事长。这种销售和售后合一的举措在三、四级市场凸显优势，既让利给经销商和消费者，又能迅速反馈和解决问题，提供优良售后服务。专注化的农村运作、扁平化的物流渠道、密集化的覆盖网络，使做强了的"双鹿"傲立家电潮头，成为冰箱行业洗牌的赢家之一。

（陈国贤）

亲历者说

陈泉苗（上海双鹿上菱企业集团有限公司董事长兼总裁）：我们从2002年租赁"双鹿"商标进军冰箱行业开始，如今已成功复活"双鹿""上菱"两个上海轻工知名品牌。"双鹿""上菱"曾是上海的骄傲，在消费者心中，有着重要的地位，怀有较深的情感。我们对品牌的重视和保护，也是"双鹿""上菱"能够重新焕发活力的关键。我深深知道，创品牌不易，守品牌难，重新复活一个曾经辉煌的品牌更难。一个好的品牌，必须要有质量过得硬、适销对路的产品作支撑，同时售后服务也非常重要。未来，我们将秉承既定的品牌发展战略，打造全球智能家电产业制造基地，让世界上更多的家庭都能够享受"双鹿""上菱"家电带给他们的舒适、智慧和便捷，构建家电关爱世界。

大金空调：
友好信赖　匠心铸金

　　进入坐落于上海市闵行区莘庄工业区的大金空调（上海）有限公司大门，左侧的小树林里立有一块花岗岩石碑，上面镌刻着"友好·信赖"的红色大字。这是1995年大金工业株式会社会长井上礼之和上海协昌缝纫机厂董事长陈国有共同设立的奠基石碑。二十五年来，大金空调（上海）有限公司改革不断发展壮大，成为世界最大的以VRV多联机系统为核心产品的空调生产基地。

与上海的不解之缘

　　20世纪90年代，改革开放春风吹拂中国大地。外商企业纷纷涌进工业基础齐全的上海投资办厂。当时，引进外资受到产业政策的严格限制，大金空调（上海）有限公司（简称上海大金）是上海市最后批准的外资（合资）空调制造项目。

　　日本大金工业株式会社经过反复考察，认为上海地处长江三角洲龙头，商品经济发达，消费者的品牌意识强，有丰富优秀的人才资源，在采购零部件方面也具有优势，更重要的是上海以浦东为试点，

改革开放走在了全国前列，投资环境在不断地得到改善，市政府的支持力度也很大，因此，决定选择上海轻工控股（集团）公司下属的上海协昌缝纫机厂作为合作伙伴，创建在中国的第一家空调制造基地。协昌缝纫机厂专业制造缝纫设备，拥有"蝴蝶牌"驰名商标，是国家一级企业，与空调制造是不同的行业。当时国内空调行业的日资企业都感到十分不理解。

　　日本大金选择协昌缝纫机厂作为合作伙伴，重要原因是认为协昌缝纫机厂是一个非常值得信赖的伙伴。虽然在创业初期遇到中方资本金投入困难等严峻问题，但并没有影响双方在合资谈判过程中建立起来的友好信赖和对合资企业发展前景的共同信心。

❶ 1995年，"友好·信赖"石碑奠基

在上海市和闵行区政府的支持下，上海大金按计划实现"当年设计，当年建设，当年投产，当年销售"的创业目标。

上海大金的发展一直得到上海市政府领导的关心。1997 年，副市长蒋以任到上海大金考察，充分肯定上海大金的发展速度，期待能引进更多的先进产品，从上海推广到全国，为中国消费者提供更多先进的节能环保产品。1998 年 9 月，中共中央政治局委员、市委书记黄菊获悉上海大金经过努力提前一年实现盈利，专程到上海大金考察先进生产线，高度赞扬上海大金为上海经济发展所作的贡献。

开发高端系列空调

当时，在中国商用空调市场中，柜式空调比较普及。但是，在餐饮店和酒吧公共场所，安装柜式空调的空间很有限。上海大金捕捉到这一信息，立刻决定引进最新式的高级商用天花板嵌入式空调。

1996 年，上海大金率先引进天花板嵌入式商用空调，填补了中国市场商用空调产品的空白；1999 年，生产了中国第一代商用多联空调系统 SkyFree；2003 年，为了满足中国现代化楼宇对空调系统的需求，又接连推出融合各项尖端技术的高性能、直流变频、高智能化 VRV 多联系统产品。

2013 年，上海大金推出"New Life Style"全效家用中央空调文化，在全行业首先推出家庭厨房、浴室、衣帽间专用空调。2016 年，研发出搭载特有的高中压腔压缩机

❶1997 年，副市长蒋以任到上海大金调研　❷ 大金空调

的 VRVX 系列，IPLV 达到 6 以上（国家一级能效标准）。2018 年，VRV Intelligent 系列产品上市，开启智能云多联机空调的新纪元。2019 年，Air Mirror 黑奢系列上市，开启空调大屏时代。2020 年，第七代家用中央空调再次突破创新，汇集最新智能 CO_2 联动控制、Dryshock 除菌自清洁技术及超能粒除菌净化组件，针对后疫情时代空气的安全性及复杂性要求，用多重综合智能联动全方位守护居家空间，保障中国亿万家庭的健康生活。

经过二十五年的发展，上海大金已经成为以 VRV 多联机系统为核心产品的差异化产品阵容的先进制造基地，成为世界最大的 VRV 生产基地。

共创绿色未来

随着经济的发展和人民生活水平的提高，中国的用电量迅速增加。在这种背景下，中国政府针对环境保护，制定了促进经济社会可持续发展的新政策和新措施，对空调行业也设立了 5 个级别的节能标识认证制度，禁止生产和销售能效低的产品。

上海大金持续推广包括变频技术在内的节能环保理念，不断研发变频节能的环保产品。1998 年，将耗电量削减约 60% 的变频空调投放市场，推动中国空调市场普及变频技术。2019 年，中国家用空调的变频率达到 59.4%，多联空调的变频率达到 99.8%。

上海大金将先进的节能环保经营理念，贯彻到从产品设计、零部件评价和采购、

❶ 1999 年，大金空调（上海）有限公司董事长田谷野宪获白玉兰荣誉奖

❷ 2016 年 9 月，大金空调获 2015 年度上海市质量金奖

产品制造，以及产品废弃的整个产品生命周期中，最大限度的减少环境负荷。2003年，《中华人民共和国清洁生产促进法》颁布，将清洁生产审核分为强制审核及自愿审核。上海大金积极参加自愿审核，申请上海市清洁生产企业的评审工作，经过专家严格审核，在空调行业中首家通过清洁生产审核，并获"上海市清洁生产示范企业"称号。2006年，上海大金开始在主要产品上全面实施欧洲ROHS的标准要求。2011年，上海大金积极配合环境保护部推进并参与制定工商用制冷设备的《环境标志产品技术要求——工商制冷设备》HJ技术标准。到2020年底，上海大金近400种产品（只申报室外机）获得《中国环境标志产品认证证书》。

建立智能化工厂

在上海这样一个国际化大都市，制造业如何才能持续发展？上海大金现任总经理乾浩史认为："坚守在上海的制造业殊为不易，把工厂转移到成本更低的地区是一种办法，但在高成本的上海坚持生产这件事本身很有价值。我们以'上海制造'为傲，我们和上海一起与时俱进、不畏挑战，今后也将守护'上海制造'，在上海生存发展下去。"

为此，上海大金充分吸收并继承日本大金集团的DNA，坚持"自动化"的理念，通过智能化、自动化设备的推进，实现人机结合的小批量、多品种柔性生产和供货体系，不仅最大化降低操作人员的劳动负荷，同时按照客户的需要，按时按量提供优质产品，深受广大消费者的欢迎和认可。

上海大金不仅利用新一代通信技术为工厂赋能，更重要的是将人的才智和AI技术、IoT技术的优势结合，高效生产出消费者所需要的高品质产品，得到上海市政府和社会等多方肯定，获得"上海市质量金奖""上海市外资企业百强""全国质量信用先进企业"等称号。

（颜海云）

工程技术大学:
培养大国工业"智造"人才

在上海松江大学城,坐落着著名的上海工程技术大学。四十余载乘风破浪,工程教育深耕不辍。作为全国第一家产学合作示范高校,上海工程技术大学以行业学院为发力点、以产学研战略联盟为基础、以培养卓越工程师为引领、以"一三五学段制"改革为突破、以全员参与质量保障为手段、以产学研践习计划与产学合作实习等项目为抓手,探索出具有特色的产学合作教育模式,每年为全国源源不断地输送数以万计的高级应用型技术人才。

这里成为上海培育工程技术人才的摇篮

1978 年,改革春风迎来了高等教育的春天。10 月 30 日,中共上海市委批转上海市教育卫生办公室关于扩大高校招生名额的请示报告,决定建立 13 所高校(大学分校),一批知名大学分校应运而生。上海工程技术大学的前身:上海交通大学机电分校、华东纺织工学院分院等名列其中。各分校成立伊始,即与上海工业发展结下不解之缘:开创了由高校、工业局、地区联合办学的模式。

1985 年 1 月 16 日,经教育部和国家计委批准,在上海交通大学机电分校、华东纺织工学院分院的基础上,建立上海工程技术学院。2 月 15 日,上海市教育局转发教育部和市政府的批文,将上海工程技术学院更名为上海工程技术大学(简称工程大)。1986 年 7 月 5 日,上海工程技术大学召开成立大会,时任上海市市长江泽民出席大会,在讲话中提出厚望,"衷心期望这个学校是我们上海工业的台柱",并欣然题词,"为振兴上海,培养更多的工程技术及管理人才",为学校发展确定方向。时任上海市工业党委副书记蒋以任出任首任校务委员会主任,原上海市经委主任郁品方出任首任

❶ 上海工程技术大学

校长。

从 20 世纪 80 年代开始，工程大在沪上开启与企业共建行业学院的先河，与上海航空公司、上海申通地铁集团有限公司、上海汽车集团协同办学、协同育人、协同创新。从此，工程大与上海工业发展血脉相连，同向同行，为上海经济社会发展培养了大批有家国情怀、有时代担当的高素质工程技术人才。

这里是 C919 国产大飞机首任机长蔡俊的母校

航空工业被誉为"制造业皇冠上的明珠"。民航强国，时不我待。1993 年，工程大与上海航空公司联合创办上海工程技术大学航空运输学院。2007 年，成立上海高校中唯一培养飞行技术专门人才的上海工程技术大学飞行学院，成为国内民航领域培养飞行技术人才的 10 所主要非军事院校之一。

2017 年 5 月 5 日，中国自主研制的 C919 国产大飞机一飞冲天，大国重器，再添

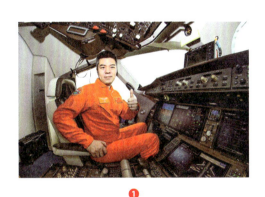

❶

辉煌。当全国新闻媒体声势浩大地报道这一喜讯时，媒体的聚光灯也对准了 C919 首任机长蔡俊。许多人不知道，蔡俊是上海工程技术大学校友，他就是从上海工程技术大学航空运输学院（飞行学院）"起飞"的。

多年来，500 余位怀揣飞行梦的学子也像蔡俊一样，从工程大走上飞行之路。学校通过"学历教育 + 执照培训"的人才培养模式，实现以中国民航局 CAAC 和美国联邦航空局 FAA 执照为标准的飞行执照和学位证书"双证融通"，订单式为中国东方航空股份有限公司、上海航空公司、吉祥航空股份有限公司、春秋航空股份有限公司、山东航空公司等企业培养飞行人才。

如今，飞行技术专业的学子比当年"大师兄"蔡俊拥有更为优越的成才条件：拥有国家级工程实践教育中心"飞行技术专业国家级工程实践教育中心"，拥有国家级虚拟仿真实验教学中心"民航飞行与运营管理虚拟仿真实验教学中心"。学院先后获得教育部"民航运营管理应用型人才培养模式创新实验区"、教育部"国家级特色专业"、教育部"卓越工程师教育培养计划"首批试点专业、中国高校与大型企业合作办学十大典型案例等。

工程大坚持以民航业的发展需要，推进"现代民航工程"学科专业群的内涵建设，打造品牌效应，以"交通运输工程"学科为抓手，以工学、管理学、经济学为基础，运用计算机技术、系统规划与优化方法、故障诊断与可靠性技术、控制论等手段，综

❶ 2017 年 5 月 5 日，工程大校友蔡俊任 C919 国产大飞机首任机长

合载运工具运用工程、交通信息工程与控制和交通运输规划与管理等二级学科交叉应用、相互联动，体现与同类高校错位互补的原则，凸显学科的内涵与特色。

这里诞生我国第一所城市轨道交通企业学院

地铁可以改变城市。工程大是国内第一所嗅到这个气息的高校。2005 年 1 月 22 日，上海锦江小礼堂，由上海工程技术大学和原上海地铁运营有限公司合作共建的上海工程技术大学城市轨道交通学院成立典礼在这里举行。时任上海副市长严隽琪、杨雄为学院揭牌。

城市轨道交通学院的运行管理机构充分体现校企共建的特点，设立院理事会，负责学院发展有关的重大工作决策。理事会实行双理事长制，由学校校长和企业董事长担任理事长。根据上海市对城市轨道交通人才的需求，经校企双方协商，开设城市轨道交通车辆工程、通信信号、运营管理和交通工程四个本科专业，车辆技术、通信信号和运营管理三个专科专业。2006 年第一批专科学生毕业，2007 年第一批本科学生毕业，纷纷进入企业迅速成长为业务和行政骨干。

2019 年 12 月 23 日，上海申通地铁集团有限公司城市轨道交通学院在工程大挂牌，校企合作又迈出了坚实一步。双方签署的产学研战略合作框架协议提出，将携手为国家建设"交通强国"贡献上海力量，共同推动上海乃至全国轨道交通事业的高质量发展。

企业学院成立之后，校企双方以"工程应用型"人才的培养标准为导向，进一步明晰新时代企业在人才培养方面的细分需求，在教学、科研、实践方面量身定制，通过并拓新的更多的学生实践教学基地、顶岗实习、员工脱产来校培训等方式，不断拓展和丰富人才共育的内涵。学校具备雄厚的师资力量，拥有国家检测认证 CMA 资质的轨道交通检测实验室、上海市轨道交通运营安全检测与评估服务协同创新中心等国内一流的教学科研设施，将为轨道交通更大发展提供源源不断的高素质专业人才保障。

❶

迄今为止，工程大为申通地铁输送各类人才 2100 余名，为企业培训工程技术和管理人员逾 16000 人次，他们在各个岗位为上海轨道交通事业的建设与发展贡献力量。此次合作，校企将共同破解城市轨道交通发展中的技术难题，共同探索优化超大城市

❶ 2019 年 12 月 23 日，上海申通地铁集团有限公司城市轨道交通学院在工程大挂牌，校企合作迈出了坚实的一步

轨道交通网络运营管理的新模式，联合开展科技攻关，对接国家产业和经济建设，引领行业发展，完成好上海交给申通的"两个1000公里"的轨道交通运营管理任务，为上海建设卓越的全球城市提供坚强的轨道交通服务保障。

这里为中国汽车工业输送高级技术管理人才

1985年，上海汽车工业总公司与德国大众汽车公司合资成立的上海大众汽车有限公司正式开业，从此上海汽车工业进入新的发展阶段。为满足我国高速发展的汽车产业对高级工程技术人才及营销管理人才的需求，1990年，工程大与上汽集团联合创办汽车工程学院（现为机械与汽车工程学院），成立首届汽车工程学院院务委员会，原上海汽车工业集团总经理陆吉安担任院务委员会主任。

在校企的共同努力下，车辆工程专业被列为教育部"卓越工程师教育培养计划"首批试点专业；学院与上海汽车集团股份有限公司、上海交运集团股份有限公司共建两个国家级工程实践教育中心；"交通运输"专业获批国家级特色专业。学院紧紧围绕汽车先进制造业和巨大的现代汽车服务业后市场培养人才，根据汽车行业对人才创新能力的要求，构建大学生方程式赛车创新平台，每年200余名学生参与其中，通过真实的整车设计和制作，发挥学生的主动性和创造力。建于2009年11月的上海工程技术大学锐狮（RISE）车队，在国内颇有名气，在各类赛事中始终名列前茅，曾获得CUKA中国大学生卡丁车校际联赛冠军、Honda中国节能竞技大赛EV组别第2名、"蔚来杯"中国大学生电动方程式大赛二等奖等殊荣，实现工程实践能力和汽车专业设计研发能力的同步提升，车队成员毕业后多成为行业翘楚。

❶

目前汽车相关专业的7500余名毕业生，在上海及全国汽车行业贡献智慧与才华。学生的知识结构、专业能力及工作表现，尤其是学生的实践创新能力，得到了用人单位的认同和赞誉。汽车类专业毕业生就业率连续五年均在98%以上，就业质量不断提升，为缓解汽车行业人才紧缺的矛盾作出了积极的贡献。

（才巍）

❶ 学校大学生方程式车队参加Honda节能竞技大赛

上上德盛：
中国不锈钢管制造业的翘楚

1991年，在浙江温州诞生了瓯海县金属材料制品有限公司。这家小公司历经二十年的发展，上上德盛集团股份有限公司已成为中国不锈钢管行业的龙头企业，在产品创新、管理创新、数据化转型方面创造多项行业第一。产品出口60多个国家和地区，外贸出口额和国内销售额居行业前列。

坚定目标　艰苦创业

瓯海县金属材料制品有限公司在初创时，就将目标瞄准不锈钢制造。1993年5月，公司更名为浙江永上不锈钢产业有限公司。当时，企业缺乏技术，创始人季学文从上海请来上钢五厂钢管厂厂长王鸿元、技术厂长邹子和以及相关技术人员，他们到厂后毫无保留地传授技术，积极开展一系列技术革新。企业原来只能将台湾华新丽华的直径180毫米的连铸坯，先切削加工成直径160毫米，再通过100型穿孔机穿出直径160毫米的荒管。经过技术革新后，企业可以把100型穿孔机，通过扩口最大穿出直径160毫米的管坯。原来扩口以后钢管冷拔时要打头，但打头材料损失太大，公司研发出用焊头取代打头生产方式，节省了好多母材，提高了成材率。扩口、焊头这些早期的技术革新，其工艺在行业里面至今还在使用。

1995年，企业发展迅猛，对技术的要求也越来越高。季学文再次不惜余力引进专家，聘请我国第一代不锈钢无缝钢管专家傅丰仁担任总工程师。当时，穿孔用的合金顶头，在穿孔过程中发热，容易沾管。穿一支钢管要报废一个合金顶头，穿孔成本太高。傅丰仁领衔的攻关小组发明了钼顶头，能穿孔几百支钢管不坏。但是，钼顶头在1050度到1200度穿孔时，也会发热沾钢。于是，他们又发明用玻璃粉作为润滑剂，使荒管得到良好的内孔表面，解决了穿孔难题。

一个问题解决了，又出来新的问题。荒管穿出来通过拔制到成品，在拔制过程中会产生热量，把母材与模具粘住，使母材拉断，很难拔制。用机油做润滑不行，用牛油也不行。后来研究出用牛油加石灰，涂在荒管表面作为润滑剂，这样在拔制过程中母材再也没有拉断，这个工艺到现在还一直在使用。

与此同时，企业着手制定不锈钢无缝钢管的生产工艺路线，使不锈钢无缝钢管的生产工艺技术、品质管理得到大大提升。所制定的工艺卡、流转卡、指令单，在同行业广泛使用。公司逐步成长为正规化、规模化的企业，通过了国家钢铁质量检测中心认定，获得国家技术监督总局发放的压力容器元件生产许可证。

1997年至1998年，我国支援非洲苏丹炼油厂项目建设，项目使用的不锈钢无缝钢管全部由浙江永上不锈钢产业有限公司提供，钢管质量得到国务院领导的表扬，在以后的大修中，都指定要用永上不锈钢产业有限公司的钢管。1999年起，公司成为中石油总公司、中石化总公司的合格供应商。以后，公司先后为中南海水管改造、中国第一艘核潜艇、长征5号大功率火箭提供不锈钢管。1997年，公司成为第一家不锈钢无缝管出口美国的企业。

节能减排　推进碳中和

我国能源供应以煤炭为主，燃煤工业锅炉占锅炉总数的83%，是我国主要的动力设备。然而，燃煤工业锅炉能源浪费相当严重，还排放大量的烟尘、二氧化硫等污染物。上上德盛集团为自己立下目标——做一家清洁生产型企业，为此，对燃煤退火炉进行"煤改气"升级改造，改用天然气退火炉烟气处理技术。

这是一个需要非凡决心和勇气，同时需要依靠员工并协调政府、社会各方面理解支持才能实现的技术改造。董事长季学文亲自挂帅，总经理严冬文、高级工程师余炳华等组成项目攻关团队。在技术改造过程中，他们拆除2台煤气发生炉，对场地重新进行规划。锅炉炉墙全部更换新的耐火材料进行砌筑。炉顶采用层铺+折叠单元块结构，由300毫米厚的复合耐火纤维折叠块组成。炉侧、炉底考虑到管料在炉内行进时可能对两侧炉墙产生机械刮擦，辊面以上部分装载层内壁采用重质高铝砖砌筑，其他部分内侧炉墙用轻质耐火砖砌筑，炉墙砖的背面选用优质陶瓷纤维板和硅酸铝棉保温。烧嘴部分采用磷酸盐浇注料烧结加工，辊孔砖采用重质高铝烧结加工。烟道出口为防止风刷，采用钢纤维浇注料浇注加工，出料炉口采用高铝浇注料浇注加工。

通过"煤改气"技术改造，应用天然气退火炉烟气处理技术，极大降低了废气和污染物排放，提高了退火效率和能源利用率，有效改善了工厂的大气环境；同时，提高了设备生产效率和生产能力，确保了钢管生产的高质量，以及设备使用操作的安全性和便利性。这一技术改造项目的成功，带动了国内不锈钢钢管制造行业的"煤改气"进程。

与此同时，上上德盛集团为创建"美丽园区、洁净企业"，实现绿色发展，以重拳出击的态势、壮士断腕的决心，重点解决治污难题，持续改善水环境质量，开发成功采用R0反渗透为核心的污水再生利用工艺技术和反渗透技术，工业废水经处理后，可用于不锈钢半成品冲洗；经深度加工后，能变为酸洗工序白化池使用的中水，使水得

到充分利用和循环利用，实现真正意义上的污水零排放，解决了不锈钢行业污水再生利用的难题。

从"心"出发　迈向"未来工厂"

2014 年 1 月，上上德盛集团有限公司成立。2019 年 12 月，更名为上上德盛集团股份有限公司。

不锈钢管行业主要有两大痛点：一是质量问题，二是交货期问题。如何确保产品质量和按期交货，始终是集团关注的首要任务。经过仔细分析和总结，发现在生产流程中，每道工序操作的指令、图纸、记录等都靠人工纸质台账工艺卡流转。由于纸质工艺卡指令传送慢、失误多、信息缺漏，因此制约了质量和产量。不能按期交货主要是由于生产管理人员无法及时了解车间人、机、料、法、环等生产影响因子的状态信息，导致各个生产单元无法高效利用，使订单无法按时交付。

为解决这个全行业共同面对的痛点，2014 年 4 月，季学文召集公司中高层管理人员进行认真探讨，决定通过信息化技术赋能，控制产品的质量和订单的交期问题。会后，领导层立即制定 MES 制造执行系统项目章程。5 月，项目研发正式启动，打响攻关战役。经过 5 个月的奋战，9 月 28 日，上线试运行任务完成。两大痛点一举攻破，传统的纸质工艺卡变身为电子生产工艺卡，信息终端延伸到每个工位。操作工人可在终端接受工作指令，接受图纸、工艺、更单等生产数据，灵活适应生产计划、图纸和工艺的变更。MES 系统可监控从原材料的进厂到产品入库的全部生产过程，记录生产过程中所使用的材料、设备，产品的检测数据和结果，以及产品在每个工序的生产时间、人员等信息；对从销售合同制订和审查、原料验货、产品制造、检验试验、物流

❶ 上上德盛集团绿色智能工厂　❷ 生产车间

配送、产品销售和服务，建立全程在线、全面质量的智能化管理系统。报表实时呈现生产现场的生产进度、目标达成状况、产品品质状况，以及人、机、料的利用状况，整个生产现场完全透明化。

三十年来，上上德盛集团不断向自我挑战、不断创新升华，不锈钢产品销往全国全球，推动我国不锈钢粗钢量从不到100万吨发展到3000万吨，无缝钢管从2万吨增加到100万吨，焊管达到300万吨，为我国不锈钢制造作出卓越贡献，获得国家、省市的多项表彰和荣誉。

（王志文）

亲历者说

季学文（上上德盛集团股份有限公司董事长）：我见证了中国不锈钢制造业从小到大、从弱到强的发展历史，特别自豪的是，亲自参与了不锈钢无缝钢管的研制生产过程，创新了扩孔、焊头、平台式水密封酸洗酸雾治理、工业废水零排放、智能化数字化等许多生产新工艺技术，培养了一批技术、销售、管理人才。在长期的企业实践中，我深深体会到：思想有多远，路就有多远；信念有多高，事业有多高；心态有多好，收成有多好。

❶ 生产车间　❷ 上上德盛集团绿色智能工厂　❸ 工人在测试电子工艺卡

图书在版编目(CIP)数据

百年上海工业故事/上海市工业经济联合会,上海
市经济团体联合会编.—上海:学林出版社,2021
ISBN 978 - 7 - 5486 - 1772 - 3

Ⅰ.①百… Ⅱ.①上… ②上… Ⅲ.①工业史-史料
-上海 Ⅳ.①F429.51

中国版本图书馆 CIP 数据核字(2021)第 116656 号

责任编辑 胡雅君 石佳彦
装帧设计 姜 明 张 一

百年上海工业故事

上海市工业经济联合会
上海市经济团体联合会 编

出　　版 学林出版社
　　　　　(200001 上海福建中路 193 号)
发　　行 上海人民出版社发行中心
　　　　　(200001 上海福建中路 193 号)
印　　刷 上海盛通时代印刷有限公司
开　　本 720×1000 1/16
印　　张 41.25
字　　数 85 万
版　　次 2021 年 8 月第 1 版
印　　次 2021 年 8 月第 1 次印刷
ISBN 978 - 7 - 5486 - 1772 - 3/F · 67
定　　价 298.00 元

百年

上海工业

故事

（下册）

上海市工业经济联合会　上海市经济团体联合会　编

上海人民出版社　学林出版社

编纂委员会

主　　任　　蒋以任

副 主 任　　管维镛

委　　员　　吴正扬　　朱宁宁　　裴　琦　　黄国伟
　　　　　　史文军　　邱　平　　任善根　　陈　波

主　　编　　管维镛　　任善根

采编人员　　王耕地　　张　强　　郑泽青　　浦祖康
　　　　　　汪国富　　黄　媛　　倪长关　　沈义林
　　　　　　叶明献　　杨永茂　　赵　磊　　李　桦
　　　　　　常凤珍　　潘　真　　冯金生　　熊建明
　　　　　　张姚俊　　杨　磊　　蔡　钧

百年

上海工业

故事

目

录

百年

上海工业

故事

进入新世纪，特别是中共十八大以来，在以习近平同志为核心的党中央领导下，上海工人阶级增强使命担当，服从服务国家战略，勇于挑最重的担子，啃最难啃的骨头，发扬孺子牛、拓荒牛、老黄牛精神，坚定追求卓越的发展取向，推动高质量发展，打响"上海制造"品牌，发展高端、智能、绿色制造和高复杂、高精密、高集成制造，努力建设全球卓越制造基地，为不断提升上海城市能级和核心竞争力作出新贡献。

上汽集团：圆梦世界 500 强

　　1954 年，在世界驰名杂志云集的纽约第六大道时代·生活大厦，著名的《财富》杂志推出世界 500 强企业排行榜。这份以全球企业规模排序的权威榜单一经问世，即产生巨大影响，遍布全球的跨国公司魂牵梦绕、争奋竞进。1997 年，上汽集团首次将跻身世界 500 强列为宏伟梦想，正式开启圆梦之旅。经过八年砥砺前行，终于在 2004 年梦想成真，世界 500 强的耀眼榜单自此始有上海企业、中国汽车企业和中国地方性企业，实现历史性突破。

思　梦

　　1997 年 6 月 27 日，中共上海市委党校大会场一派喜庆景象。台上党旗党徽交相辉映、台下座无虚席热烈非凡，上海汽车工业（集团）总公司（简称上汽集团）正在此隆重召开第二次党员代表大会。250 名代表济济一堂，听取集团党委书记林树楠作党委工作报告，当听到报告提出"为 2000 年跻身世界 500 强而努力奋斗"时，代表们群情振奋，报以热烈掌声，因为这是大家首次听到集团公开宣明"跻身世界 500 强"这一激动人心的奋斗目标。

　　上汽集团思梦世界 500 强，始于 20 世纪 90 年代中期。

　　历史上的上汽公司，小型、分散、落后，在上海工业和全国同行均排位靠后。1978 年后，上汽公司乘改革开放之风脱胎换骨、崛起腾飞。1993 年，创造中国第一个年产轿车 10 万辆纪录，开始建成上海第一支柱产业，销售收入跃居上海工业企业和全国 500 强企业之首。1994 年，上汽公司继续坐稳这两个头把交椅。1995 年 9 月 1 日，上海汽车工业总公司改制为上海汽车工业（集团）总公司，时任中共中央政治局委员、上海市委书记黄菊亲临集团成立大会并作重要讲话，要求上汽集团"起点更高、气魄更大、质量更好、步子更快"，向建成集产业、科研、贸易、金融于一体的综合性特大型企业集团的新目标迈进。

　　在市委的激励下，上汽集团迈出大步、加快发展，第二年整车销量增长 25%，迈上 20 万辆新台阶，再创中国轿车年产新纪录。1996 年 12 月 30 日，黄菊在时任副市长蒋以任等陪同下到上汽集团现场办公，听取集团总裁陈祥麟汇报后，黄菊围绕"发展"主题，胸有成竹地侃侃而谈近两个小时。他语重心长地指出："上汽发展到了一个新的转折点，今后三到五年怎么样？五年以后怎么样？一定要有压力，要增强紧迫感、抓住好机遇，壮大胆子、探索路子、迈大步子，坐立不安、奋发图强，千方百计争第一。"他还强调指出，"上汽要在市场促销、上海通用汽车项目建设、上市融资、跨行业投资和开发中心建设 5 个方面迈出大步"的同时，"要做大规模，挤进世界 500 强"，为上汽指明发展方向。与会的集团党政班子成员均为黄菊讲话所感染，一种跃跃欲试的责任感和兴奋感油然而生，会场气氛十分活跃。

会后，集团党政班子坐立不安、立马行动，组织力量紧急谋划，迅速形成加快集团发展、进入世界 500 强的总体战略设想、具体步骤和阶段性目标。1997 年 3 月，蒋以任副市长召开落实现场办公会精神专题会议，充分肯定上汽决心大、思路清、行动快、措施实。7 月，上汽集团借党代会之际，正式将跻身世界 500 强的梦想和目标昭告于众并发出进军动员令。

追　梦

梦想目标既定，上汽集团开始脚踏实地追梦。

世界 500 强，拼的是规模和实力。说到规模实力，上汽集团清楚记得 1991 年 2 月 6 日这个不寻常的日子。那天上午，上海大众汽车有限公司迎来极为尊贵的客人，那就是当年曾一锤定音、决定上海轿车项目从引进改为合资的小平同志，在时任中共上海市委书记、市长朱镕基陪同下亲临他关心下成立的上海大众汽车。老人家一边听取上汽总裁陆吉安、党委副书记刘雅琴和上海大众汽车总经理方宏的介绍汇报，一边仔细观看生产现场，当听到上海桑塔纳轿车零部件国产化率已达到 60% 时，连声称赞"好！好！"然而在参观装配流水线时，老人家却久久沉默无语，直到装配车间全部看完才发话："我看你们的车间很空，你们还有潜力，可以生产 100 万辆！"在场者听闻此言，顿感振聋发聩。

"100 万辆"，对当年仅生产 3 万辆、且正在为年产 30 万辆这一轿车入门规模而奋斗的上汽而言，简直是不敢奢望的天文数字！大家深感小平同志的高瞻远瞩和深谋远虑，他说的"100 万辆"，看似论及流水线布局，实质关乎轿车规模效应乃至企业的兴衰存亡，因为规模上不去，成本降不下，企业必然在激烈的竞争中败下阵来。

小平同志一语中的，鞭策上汽集团树立更强的规模意识和进取精神，而追梦世界 500 强，则成为彰显这种意识精神的号角和旗帜。集团决定全力推进支撑规模扩张的"东西联动"战略，即建设位于浦东金桥的上海通用汽车和位于浦西安亭的上海大众汽车三厂两大项目，并由集团副总裁兼上海通用汽车总经理胡茂元和上海通用汽车副总经理陈虹、集团副总裁兼上海大众汽车总经理洪积明分别担纲。1997 年 1 月，上海通用汽车项目打下第一根桩；同年 12 月，首辆别克新世纪轿车下线；1999 年 4 月，别克轿车投产，并创造同类工程 23 个月建成投产的世界纪录。与此同时，上海大众汽车三厂项目也在火速推进，

❶ 1991 年和 1992 年，上汽连续召开为建设上海第一支柱产业而奋斗的万人誓师大会

1999 年 12 月，首辆帕萨特轿车下线，2000 年 4 月投产。至此，上汽建成两个世界级整车项目，形成 40 万辆轿车年产能力，制造水平开始与世界同步，这一成果被黄菊誉为"面向新世纪、建设新高地、再创新辉煌"。

眼看圆梦在望，不料市场风云突变。"九五"期间，一路高歌猛进的中国轿车市场戛然而止，年均增速从"八五"的 80% 断崖式跌至 11%。特别是 2000 年，受中国即将入世的影响，轿车同比增速降至 7%。在市场"蛋糕"做大受阻的同时，上汽集团的"蛋糕"份额也开始下降。1996 年，全国轿车产销 39 万辆，上汽 20 万辆，占比 51%；2000 年，全国轿车产销 61 万辆，上汽集团尽管竭尽全力，但因一汽、东风集团等强劲对手开始发力，产销锁定 25 万辆，占比 41%，虽依然稳居全国同行第一，业绩仍旧漂亮，可是由于未达规划设定的年产 40 万辆目标，导致 1000 亿元预期销售收入实际完成 879 亿元，难圆 500 强之梦。

圆　梦

追梦受挫，但上汽集团矢志不渝，圆梦之心坚定如初。

2000 年第四季度，上汽集团开展中国入世行动纲领 18 个课题调研，在此基础上编制"十五"发展规划，提出走出上海、参与全国汽车工业战略重组、快速做大规模、奠定进入世界 500 强基础等思路和目标。2002 年，进一步形成 2007 年实现整车销售 100 万辆、跻身世界 500 强、新增自主品牌汽车 5 万辆的三大战略目标。这一目标得到是年 7 月再次到上汽现场办公的黄菊和蒋以任的充分肯定。黄菊指出：100 万辆是规模、500 强是实力、自主开发是突破，目标思路对头。

于是，上汽集团再启"2007 年跻身世界 500 强"新的追梦之路。

欲想进军世界，必先走向全国。按此思路，上汽集团开始大力推进走出去战略。2002 年 11 月，携手美国通用汽车进军西南，在广西柳州成立上汽通用五菱汽车股份有限公司，开始进入微型车制造领域。2003 年 4 月，再携美国通用汽车挥师向北，在山东烟台组建上海通用汽车东岳基地，开始低成本扩张。经过南北出击，布局全国，上汽集团规模实力突飞猛进。2002 年和 2003 年，整车销售连攀 50 万辆和 70 万辆新台阶，2003 年销售 78.2 万辆，比 2000 年猛增 2.1 倍，跻身世界 500 强的基础已经夯实。

至此，上汽集团将申报世界 500 强正式提上议事日程。可是一经了解，发现《财富》500 强游戏规则与国内完全不同，它以合并销售收入为依据，而国内沿用的是汇总口径，两者差别很大。以 2000 年为例，当年上汽集团汇总销售收入为 880 亿元人民币，折合美元 106 亿美元，高于当年世界 500 强准入门槛的 80 多亿美元，但是如果按照合并口径统计，则上汽集团因合资企业众多，

❶

❶ 2002 年 11 月，上汽与美国通用汽车联手在广西柳州组建上汽通用五菱汽车股份有限公司，开始进入微型车领域，进一步做大规模

❶

按股份只能算一半，亦即 50 多亿美元，几乎腰斩，离入榜门槛差之甚远。于是，上汽集团决定由副总裁沈建华挂帅，集团经济运行部牵头，会同财务部等组成专门小组，紧锣密鼓、精心研究，制订一套符合世界 500 强游戏规则的统计指标体系，2003 年初迅速下发所属企业严格执行。为确保万无一失，是年 10 月，上汽集团特邀《财富》国际主编和亚洲主编前来考察，商议敲定诸般细节。

2004 年 5 月，上汽集团正式向《财富》杂志提出申报。同年 7 月 12 日，2004 年度世界 500 名单揭晓，上汽集团以 2003 年合并销售收入 117.55 亿美元的业绩，首次跻身世界 500 强，位列第 461 位，提前三年实现三大战略目标中跻身世界 500 强的目标，并成为首家进入该榜单的上海企业、中国汽车企业和中国地方性企业。八年追梦不止，彼时终于圆梦！

喜讯传来，群情振奋、各方同贺。中共上海市委办公厅和上海市政府办公厅、上海市政协主席蒋以任和市政协办公厅、中国质量协会等纷纷发来贺电贺信。曾到上汽集团考察的《财富》国际主编罗伯特·弗里德曼先生也按捺不住兴奋之情，提笔致贺："去年 10 月我访问上汽，听取介绍时最后一页让我最为吃惊，这页有一张表绘制了上汽正如何努力缩小与世界 500 强的差距。根据当时预测，大约到 2007 年能够实现这一目标。然而，上汽不需要再等这么久了，它在 2003 年的表现实在太好了。……恭喜上汽！"

（汪国富）

亲历者说

蔡宾（上汽集团总裁助理）：上汽第一次申报世界 500 强时，我担任集团经济运行部副经理。记得我在接待《财富》国际主编罗伯特·弗里德曼先生时，曾陪同他到上海通用汽车和两家经销商单位考察，他对上汽集团管理水平十分赞赏。2004 年度，上汽集团经过拼搏进入 500 强。但由于当年世界 500 强门槛升至 124 亿美元，上汽集团以 3 亿美元之差被挡在 2005 年度世界 500 强门外。痛定思痛，上汽领悟到一个道理："不进则退，慢进也是退"，然后抓住 2005 年中国汽车市场形势好转的时机，乘势而上，业绩明显提升，销量突破百万辆大关，2006 年重返世界 500 强。此后，上汽年年位列其中，排名突飞猛进。至 2020 年，上汽集团排名第 52 位，已连续 15 次跻身世界 500 强，累计进入 16 次，连续七年跻身前 100 强。

至 2020 年上汽集团跻身世界 500 强一览表

年份	位次	年份	位次
2004	461	2013	103
2006	475	2014	85
2007	402	2015	60
2008	373	2016	46
2009	359	2017	41
2010	223	2018	36
2011	151	2019	39
2012	130	2020	52

❷

❶ 2004 年 7 月，上汽集团在上海工业、中国汽车行业和中国地方性企业中率先跻身世界 500 强。图为首次进入时《财富》杂志报道 ❷ 至 2020 年上汽跻身世界 500 强一览表

上海核电：
自主创新铸重器

上海是中国核电产业的发源地，经过五十年的不懈努力和奋斗，上海已成为我国核电装备制造的重要基地，拥有国内最完整的核电产业链。在中国核电从跟跑到并跑再到局部领跑的腾飞过程中，上海核电人的脚步一刻没有停歇，他们坚持自主开发，承担国家重点科研任务，坚持引进、消化、吸收先进三代核电技术，实现再创新；有力地支撑了我国核电技术自主创新和"走出去"国家战略的实施。

攻关"863"自主研制氦气风机

20世纪80年代以来，世界上许多国家纷纷投入大量人力与物力，把发展高技术列为国家发展战略的重要组成部分。1986年3月3日，王大珩、王淦昌、杨嘉墀、陈芳允4位老科学家给中共中央写信，提出要追赶世界高新技术的建议。经过邓小平同志批示，国务院正式批准了《高技术研究发展计划（"863"计划）纲要》。"863"计划包括7个领域15个主题，其中第14个主题为先进核反应堆技术，其中一项重要任务是要建设一座10兆瓦高温气冷实验堆。

1992年，清华大学10兆瓦高温气冷实验堆正式立项，因堆型新颖、设计超前、性能先进，其设备制造难度很大，对技术和工艺要求十分苛刻。在上海市核电办公室的组织协调下，上海核电企业迎难而上，承担了压力容器、堆内构件、蒸汽发生器、热气导管、控制棒驱动机构、氦

 1999年11月，上海鼓风机厂与清华大学合作研制10兆瓦高温气冷实验堆氦气风机

气风机等主要设备和核岛辅助设备、电气仪控设备的研制任务，其中氦气风机是研发难度最大的设备。

氦气风机作为高温气冷堆的关键核心设备，也被喻为高温气冷堆的"心脏"，它的可靠性直接影响反应堆的正常运行。由于要在高温、高压、氦气等特殊环境下保持高速运转，风机在技术、质量上都有着极高的要求，当时只有英国等少数国家能够设计制造。为了完全掌握高温气冷堆核心制造技术，经过清华大学核能技术设计研究院与上海市核电办公室多次考察和资格评审后，确定由上海鼓风机厂（以下简称"上鼓厂"）承担氦气风机总体研制任务，上海动力设备有限公司研制钟罩型压力壳，上海先锋电机厂设计制造大功率高速电动机。

1996年3月，上鼓厂与清华大学正式签署氦气风机设备制造合同。此时的上鼓厂已经历了秦山一期、二期和巴基斯坦恰希玛核电站厂房通风系统等多个核电项目实践，在核电风机设计和制造上具备一定技术储备。为了完成任务，上鼓厂抽调精兵强将组成攻坚小组，由具有丰富经验的老工程技术人员、高级工程师汤全法为主设计师，抽调了多名有经验的老工人从事风机的加工制造、装配和试验，并明确由黄士荣高级工程师专事此项工作。

在方案设计和整体设计完成后，清华大学核研院和上海市核电办公室分别邀请国内专家开展技术评审，进一步完善设计方案。鉴于氦气风机的结构与其他核电风机不同，单凭理论计算尚缺少依据，还没有十分把握，为确保风机的气动性能，上鼓厂先期设计制造了1:1的模型风机，进行气动性能测试。经过多次试验和性能测试，风机气动性能终于满足了反应堆各运行工况下的参数要求，为总体设计的验证和后续的施工设计打下坚实基础。

加工制造与装配工艺通过可行性评审后，氦气循环风机的零部件加工正式开始了。叶轮是该风机的关键部件，材质为25Cr2NiMOV高强度合金结构钢，上鼓厂以前从未加工过这种材料，同时在材料进厂验收时，需要做Kic值和Cv值的测试，这也是他们从未检测过的指标。为此，攻坚小组的同志们跑遍上海有关材料测试机构，最终解决了问题。在实物叶轮进行焊接过程中，要求材料预热200 ℃—300 ℃时才可进行焊接，但焊接师傅不可能长时间在这样的温度下工作，于是在全厂范围内选调了两位焊接师傅进行轮番工作，解决焊接难题。

科技部副部长徐冠华一次在上海检查高温气冷实验堆关键设备生产情况。由于行程安排紧张，检查从晚上9点持续到12点。午夜灯火通明的重型厂房、井然有序的工作现场和工人们精神饱满的工作状态，给徐冠华留下深刻印象，他感慨地说："夜战，上海的精神还是保留着。'863'项目的重大装备放在上海，我是放心的。"

氦气风机的零部件加工进行得较为顺利，但人们并不敢有丝毫大意，经过两年多的努力，终于迎来了产品出厂试验。1999年8月26日，氦气风机开始以氮气为介质的100小时连续运行试验。28日凌晨1时许，上海市核电办公室副主任钱惠敏接到工厂打来的电话，他隐约猜到，风机试验出问题了。原来试验中，电动机下轴承温度突然从 60 ℃上升至 80 ℃，监控仪表显示风机振动增大，压力壳内也传出碰擦声。停止试验拆解风机后，发现电机下轴承的保持架已碎成多块，内圈严重烧坏，外圈弹道压痕很深。试验的关键时刻出现这样的情况，令所有研制人员心急如焚。虽然大家都知道氦气风机主轴承的选型及润滑冷却是世界性难题，但真的出现轴承烧毁，还是感受到巨大的挫折，并且如果风机不能按时完工，整个高温气冷堆项目都将受到直接影响。清华大学校长王大中专程来沪了解问题，寻求改进措施；上海市核电办公室成立了项目领导小组，组织召开多次技术分析和技术攻关研讨会。功夫不负有心人，经过不断改进，氦气风机最终解决了轴承高温润滑的问题。

2000 年 4 月 7 日，氦气风机通过教育部、科技部的部级出厂验收，标志着我国第一台 10 兆瓦高温气冷实验堆氦气风机正式诞生！同时也为后续示范工程主氦风机的自主研制，提供强大的信心和宝贵的技术积累。

2006 年，国家科技重大专项"高温气冷堆核电站示范工程"正式启动，成为全球首座高温气冷堆商业示范项目。上海核电设备制造企业在示范工程中再次承担大量关键设备的研制任务，包括主氦风机、压力容器、堆内构件、控制棒驱动机构、汽轮机、电器仪控设备等，为工程建设提供了重要支撑。2013 年 11 月，上鼓厂开始主氦风机试验样机总装并开展各种试验，经过业内专家评审和鉴定，风机主要参数和技术达到世界领先水平。2020 年 9 月，示范工程的主氦风机顺利完成试验，实现功能可用，预计 2021 年反应堆将实现首次并网发电目标。

❶ 2000 年 4 月 7 日，国家 863 计划高温气冷实验堆氦气风机、控制棒驱动机构验收会

十年磨一剑　攻克三代核电主泵

2008 年 2 月，大型先进压水堆核电站（CAP1400）列入《国家中长期科学和技术发展规划纲要（2006—2020 年）》，成为 16 个国家科技重大专项之一。上海核工程研究设计院（以下简称上海核工院）承担整体研发设计工作，上核公司、第一机床厂、上海起动机厂、上海电气电站设备、国核运行、国核自仪、上海成套院、宝钢特钢、中核五公司等一批上海核电企业参与工程项目技术攻关。

CAP1400 反应堆冷却剂泵（以下简称"主泵"）是一回路系统中重要的核一级设备，是核电动机组的"心脏"，因其设计难度大、制造要求高、试验周期长，成为整个项目的"瓶颈"。为降低研制风险，示范工程主泵采用"屏蔽主泵"和"湿绕组主泵"两种方案，互为备用，"双保险"推进。上海电气凯士比核电泵阀有限公司（以下简称"SEC-KSB"）承担了湿绕组主泵样机研制并提供 4 台 50 赫兹湿绕组主泵的艰巨任务。

❶ 全球首台 AP1000 堆芯补水箱　❷ 2019 年 7 月，国和一号（CAP1400）湿绕组电机主泵样通过鉴定

在研制湿绕组主泵样机的近十年中，SEC-KSB 和上海核工院从设计到研发，从工艺到管理，从装配到验证，每一项细节，每一个流程，每一次论证，都有着一群百折不挠、默默奉献的上海核电人，用坚持不懈的努力、精益求精的执着、锐意创新的精神，铸造了这颗坚强美丽的"中国心"。

从 2009 年到 2012 年，上海核工院的夏迪工程师作为中方代表被派往匹兹堡（美国宾夕法尼亚州第二大城市）EMD 公司参与三代核主泵的试验。他夜以继日地参与试验中，白天他与外方人员忙碌在试验现场和会议室里，夜晚他扎进资料库里，投入和国内同事们激烈的讨论中。在协调中美双方的这一核电项目有关事宜的数年中，夏迪错过了见证女儿的出生和成长中的很多重要时刻。但是，经过不懈努力，上海核工院主泵团队完全掌握了主泵的推力分析方法，全面消化并吸收主泵的技转内容。经过不断优化技术参数，2012 年顺利完成 CAP1400 湿绕组主泵规范书的编制。

2011 年 9 月，SEC-KSB 与上海核工院签订 CAP1400 核电项目反应堆冷却剂泵的供货协议，正式启动湿绕组主泵样机的研制。在双方三年多的精心打磨下，主泵样机初具雏形，走上试验台。然而，从理论到实践的道路从来不是一帆风顺的，样机进行了多次试验和设计迭代，却迟迟未获成功。压力边界、水力部件、飞轮、热屏、轴承、电动机，究在哪个环节出了问题？SEC-KSB 遇到了超出预想的技术困难。随着时间的推移，样机制造、试验台建设和执行试验的巨大耗资，令公司上下承受了更大的内外压力。面对质疑，他们没有丝毫的退缩，而是认认真真、逐条逐项分析寻找原因，并坚信"一定能把这世界首台干出来"。

2016 年 11 月，主泵试验已累计近 1000 小时，取得了初步成果，获得了大量数据。但在一次循环试验时，转子又发生损坏，项目团队成员的情绪变得异常低落。总经理朱向东勉励大家说，样机试验出现问题不可怕，可怕的是在样机上没有发现问题，却在核电站现场出现问题甚至造成核事故，那才是大问题！深植于心的责任感和坚持到底的韧劲使所有人始终坚持默默地付出时间和心血。

研制期间，以工匠唐德江为核心的三人组装配团队，做到了近 20 余次拆装零失误，主泵的拆装精度控制在微米级以内。质量团队对主泵样机研发工作高度负责，每次试验前后，都第一时间向国家核安全局实事求是汇报情况，赢得监管部门的高度信任。研发团队采用"愚公移山"的方法，对试验结果一寸一寸进行剖析，避免出现重复错误，将改进项清单逐步减少至零。测试团队用精益求精的工作态度和严谨细致的工作作风做好每次试验前的检查，他们逐项检查试验台架的硬件和软件设施，几年间从来没有一次因为试验台的故障而影响主泵样机试验的正常运行。项目经理汤磊波被称为"大管家"，牵头各职能部门精心组织、策划、核查确保试验各个环节是否准备充分，事无巨细，一丝不苟。

数年的光阴匆匆又漫长，在各团队的紧密合作下，湿绕组主泵终于迎来最后的关键试验。2019 年 6SEC-KSB 提出"奋战 100 天"的号召，并专门成立"党员突击队"，加班加点，全力冲刺。在此期间，湿绕组主泵样机顺利完成全部鉴定试验项目，试验数据显示各项性能参数均满足主泵设计规范书要求，试验后拆检结果满足验收要求。

2019年7月31日，湿绕组主泵样机通过中国机械工业联合会和中国通用机械工业协会在上海组织的专家鉴定，样机研制圆满成功，性能指标达到国际领先。作为当前世界最大功率核电无轴封主泵——湿绕组主泵的成功研发，提升了我国三代核电核心设备的自主化发展水平，打破了国外技术垄断，填补了国内外空白，为"国和一号"（CAP1400）示范工程顺利推进提供了有力的保障。

亲历者说

陆海宾（上海市核电办公室党组书记、主任）：上海核电人肩负国家发展高科技、实现产业化的重要历史使命，沐雨栉风，披荆斩棘，以坚韧不拔的毅力和敢为天下先的勇气，不断突破创新，匠心铸造国之重器。上海核电在助力中国核电从跟跑到并跑，再到领跑的过程中，实现了自身的跨越发展。新的时代、新的起点、新的征程，上海核电将不断开拓进取，实现更高质量发展，为核电强国战略贡献更多智慧和力量。

（罗成　张咪）

包起帆：
不忘初心、乐于奉献的"抓斗大王"

小贴士

　　包起帆是一名从码头工人成长起来的教授级高级工程师，长期在港口生产一线从事物流工程的研发工作。20 世纪 80 年代，他结合港口生产实际，开展新型抓斗及工艺系统的研发，创造性地解决了一批关键技术难题，被誉为"抓斗大王"。四十多年来，他与同事们共同完成 130 多项技术创新项目，其中 3 项获得国家发明奖，3 项获得国家科技进步奖，45 项获得省部级科技进步奖，36 项获得巴黎、日内瓦、匹兹堡、布鲁塞尔、纽伦堡等国际发明展览会金奖；授权国家和国际专利 50 项。他曾在 1999 年获得聂荣臻发明创新奖，2007 年获得何梁何利科技创新奖，2010 年获得发明者世界联合会特别奖。

木材装卸抓斗的发明者

　　1968 年，包起帆初中毕业，被分配到上海港最大的运输木材、矿石的专业化码头木材装卸公司当一名装卸工。这些从美国、加拿大、北欧等地运来的圆木，粗的有一人多高、重达几吨。包起帆和工友们装卸圆木，每次都是拿着 28 毫米粗的钢丝绳，下到船舱，将圆木一根根捆扎起来，再用吊车吊到船舱外。人要在木材上爬上爬下，劳动强度大，工作环境恶劣，安全隐患经常显现。

　　有一次，他刚用钢丝绳捆扎好圆木，吊车的挂钩就启动上升了，钢丝绳一下子收紧，将他左手的手套连同大拇指一起往上空拖去。情急之下，他拼命地将左手从手套中抽出，可是大拇指已经血肉模糊，连骨头都露了出来了，至今还留有伤疤。从他进港到 1981 年间，短短十几年，他所在的码头就有 11 名工人因木材装卸引发的生产事故死亡，重伤和轻伤的职工多达 546 人，工人称木材装卸为"木老虎"。

　　1981 年，包起帆从上海第二工业大学毕业，回单位成为一名机械修理技术员。他所在的港口码头，又有 3 名工友在捆绑木材中发生事故而身亡，其中年龄最小的仅 20 多岁。这一重大事故深深地刺激了他，他下决心一定要改变工人的生产环境，给工友们增加安全生产的屏障。圆木能不能用抓斗来抓呢？用上抓斗后，工人就可以不下船舱，这样才能真正保障安全。他把这个想法告诉了周围的同志，他们都说肯定不行！

包起帆不甘心，你不干，我不干，木材装卸还是要出事故。再大的困难，只要方法对，摸准规律，困难一定会被克服。

包起帆在单位领导的支持和同志们的帮助下，不知跑了多少次图书馆，不知查了多少份资料，不知熬了多少个不眠之夜，不知画了多少张图纸，经过三年坚持不懈的努力，终于研制成功木材抓斗，并形成一套完整的"木材抓斗装卸工艺系统"。有了木材抓斗，装卸木材的工人再也不用上上下下到船舱里用人力捆绑木材了，从根本上扭转了安全事故频发的被动局面。从此，上海港木材装卸码头没有发生一起重大伤亡事故，装卸效率还提高了 2.67 倍。

从 1981 年至 1984 年，全国 9 个沿海港口因装卸木材作业发生的生产事故死亡 14 人，重伤 64 人。包起帆的发明，引起交通部领导的重视，很快组织了数百人参加的现场会，到上海港学习观摩。并且交通部发文，在全国港口推广，既从根本上保障了装卸工人的生命安全，也大大提高了装卸生产效率。

在木材抓斗取得成功后，包起帆又把目光瞄准了"铁老虎"，先后开发出外倾式齿瓣结构的滑块式单索瓣抓斗、能像手指一样灵活动作的异步启闭废钢块料抓斗等一批抓钢铁的设备、工具。短短几年时间，包起帆发明了五六十种大大小小的抓斗，实现了装卸工具流程的根本变革，港口装卸从人力化转向机械化。包起帆的这些技术革新的发明成果，还在我国铁路、电力、环卫、核能等 30 多个行业的 1000 多家单位得到广泛应用，并出口到了全球 30 多个国家和地区。

现代化集装箱运输的创新人

20 世纪 90 年代中期，中国的集装箱运输和装卸全部都是外贸箱。包起帆突发奇想：能不能在内贸标准集装箱运输上动动脑筋，开辟一条中国内贸标准集装箱航线呢？很多内行人告诉他说："包起帆，这肯定是行不通的，中国在 70 年代就搞过 5 吨的小内贸集装箱运输，做做就散伙了。"但是，包起帆想，这也困难，那也困难，不搞创新，那就只有等死，创新了说不定还有活路。共产党员就是要在没有路时千方百计创造条件、克服困难，走出自己的新路来。他决心带领大家走一条产业创新之路。

包起帆连续 4 次到北京去寻求交通部和相关单位的支持，8 次到南方去寻找船公司、货主和码头的合作。经过不懈的努力，克服了重重困难，在交通部和港航单位的支持下，终于在 1996 年 12 月 15 日开辟了中国水运史上第一条内贸标准集装箱航线。在此基础上，他还在龙吴码头引入了港口物流的新理念，组建了十多个合资合作企业，提供现代物流服务。内贸集装箱搞活了龙吴码头，年吞吐量从当时的 250 万吨发展到现在的 2200 万吨，效益也显著提高。中国内贸标准集装箱已经遍布全国 60 多个港口，吞吐量突破 6934 万标箱，创新给港口带来了巨大的经济效益。

　　2001年，包起帆担任上海港务局分管技术的副局长，2003年改制后担任集团公司副总裁。他瞄准建设世界强港的目标，和同事们一起，通过产、学、研结合，先后开展了现代集装箱码头智能化生产管理、港口集装箱自动化无人堆场、集装箱物流全程实时在线监控、散货全自动化装备和工艺等课题的研究。2004年，中国第一个集装箱自动化无人堆场建成。这些项目提升了上海港数字化、智能化、自动化的水平，极大地提升了上海港的核心竞争力，为上海港成为世界第一大港注入了技术支撑。

　　港口物流安全是一块硬骨头，运输过程中失窃、走私、调包、偷渡的事件几乎每天都在世界各国发生，在我国也不例外。据美国国土安全局统计，世界集装箱失窃方面的损失，每年大概是300亿到500亿美金。怎么来解决这个世界难题呢？包起帆和同事们发明了一套基于星地交互的集装箱物流跟踪与监控系统，通过卫星定位、卫星通信、移动互联网，在集装箱的箱门上装了一个电子标签，使用户在手机上面都可掌控集装箱现在到了哪里，箱门是不是被打开过。如果装上传感装置，还能够知道集装箱里面的温度、湿度、振动。通过提高透明度和安全性，实现了集装箱物流的可跟踪和可追溯，解决了一个世界难题，开通了世界上第一条带有集装箱电子标签的商业运营的集装箱班轮示范航线，被国外专家称为"这是一场改变人类运输方式的革命"。在这条示范航线的带动下，中加航线、中日航线、中马航线相继开通，中国发明走向了全世界。

❶ 包起帆在家中不忘技术革新　**❷** 包起帆在码头与工友讨论

这些年来，中国集装箱生产量、运输量、吞吐量都跃居世界第一。但是，在该领域却没有中国的国际标准，始终让包起帆心中很纠结。这块硬骨头要不要啃？能不能啃？包起帆和同事们以不入虎穴、焉得虎子的决心，积极投入试验。经过两年半研制和五年精心维护拓展，经过釜山、汉堡、巴黎、亚特兰大等13次国际会议交锋和交融，又经历七轮投票，他们申请的ISO18186标准终于在日内瓦正式颁发，并通过了发布五年后的复审投票。该标准是在物流和物联网领域第一个由中国专家主导的国际标准，充分展示了中国的创新在国际上是有生命力的。

（龚联）

亲历者说

包起帆（上海国际港务（集团）股份有限公司原副总裁、华东师范大学国际航运物流研究院院长）：我是一名在上海港基层工作了四十七年的共产党员。我从一名平凡的码头装卸工成长为全国优秀共产党员、"双百"人物、改革先锋，走过的是一条与共和国兴衰密切相依的路，也是一条中国工人在党的哺育下不断成长的路。回顾走过的路，我感到并没有什么诀窍，作为一名共产党员，应是特殊材料做成的人，不忘初心搞创新，牢记使命乐奉献，是我的责任和本份。在前行的路上，难啃的硬骨头还有很多很多，只要我们听党话、跟党走，就一定能迎着困难上，通过创新来推进各项工作。

❶ 包起帆和同事们研究革新项目　❷ 包起帆又一次获得国际金奖

上海电气：
"一带一路"的践行者

1994年，上海电气集团取得首个海外工程。二十多年以来，集团坚持响应国家"一带一路"倡议，积极升级"走出去"战略。2018年，集团获得全球规模最大、技术最先进的迪拜950 MW光热光伏混合发电项目和埃及汉纳维6×1100 MW清洁燃煤电站项目，以及文莱海淡项目等多个标志性海外项目，其中，迪拜项目、文莱项目得到习近平总书记的表扬。

沙漠明珠　璀璨世界

沙漠，从来只有海市蜃楼般的虚假繁荣，而在上海电气建设者的手中，却有万丈高塔平地起的豪迈。从渺无人烟到热气腾腾，迪拜工程就是茫茫沙漠里的璀璨明珠，上海电气集团就是奇迹的创造者。

迪拜光热光伏项目是世界最大的太阳能光热利用工程，位于阿联酋迪拜以南的一片沙漠之中。上海电气集团作为项目总承包商，首次进军光热发电领域，建设"一带一路"示范性项目，以7.3美分每度电创造最佳经济性纪录，具有重大里程碑意义。

44平方公里的项目现场，相当于6121个足球场这么大。如果步行，肯定是走不完的，必须开车进入现场。整个工地一派如火如荼的施工景象，工地上车来车往，约有600多辆工程车同时作业。沙尘暴时，前面如果有车辆开过，满眼都是细沙飞扬，能见度很低，仿佛一秒穿越到了《碟中碟4》电影的沙尘暴场景中。在风的加持下，这里的沙子无孔不入。尽管按要求，把裤子塞进鞋子里，能防止沙地里的毒蛇和蜥蜴，但防不了沙子进入袜子、还有耳朵里。有访客形容，戴上安全帽就感觉头重重的，有乘飞机晕晕的感

❶ 迪拜光热光伏太阳能发电项目

觉，现场工程人员的辛苦可见一斑。

迪拜光热光伏混合发电项目，总造价44亿美元，整个项目是40多个国家联合作战。作为总包方的上海电气集团，上对业主负责，下与分包方协作，是超级工程核心中的核心。来自世界各国的土方车，仿佛是一个个钢铁巨人，穿梭在工地上，所到之处沙尘飞扬。而在不远的将来，这个沙漠中皇冠上的明珠，白天吸收太阳的光芒，晚上储罐里的热盐会继续催动发电机发出电力带来光明，定将成为"一带一路"上最具标志性的风景。

以人为本　安全第一

建设者们说，建工程没有困难是不可能的，困难就是用来被征服的。迪拜项目的HSE（Health 健康、Safe 安全、Environment 环境）要求很特别，一方面作为全球最大的光热光伏混合电站，各项指标都是最高的，最高峰时有数千人同时工作，HSE 团队的压力可想而知。另一方面，除了要求高，人数多以外，沙漠地区的恶劣气候带来的考验更为严峻。

迪拜地处亚热带沙漠，冬季正午尚有20多度，昼夜温差大，早晚容易着凉，白天吃瓜、晚上烤火也算是真实写照。这里的秋冬季很短，夏季气温可达50度，地表温度70度，国内35度的高温和这里比只能是小巫见大巫。更加难熬的是，这里的空气相对湿度接近100%饱和湿度，导致皮肤毛孔无法出汗，热量积蓄在人体内，极易导致中暑。

在一般人的印象里，管安全的形象就是安全帽、劳防鞋，但在这里HSE的概念更为宽广，更加注重员工的身心健康。好比安全是红线，是及格线，HSE 做到位就是要让员工舒适地工作，是优秀线。因为极度的高温和高湿，虽然国内还在冬季，迪拜现场已经开始筹划夏季的防暑降温工作了。

在为前往沙漠深处工作的员工准备的HSE 装备，除了标配的安全帽和劳防鞋，还有针对风沙和紫外线准备的防沙眼镜和面罩，最特别的是那一个随身水壶，是一个很厚的保温水壶，如果摇一摇，里面还有硬物撞击的声音。这是员工自己琢磨出来的经验，因为气温太高，如果装普通的水，要不了多久水温就会被气温加热到超过人体的温度，喝水起不到降温的作用，

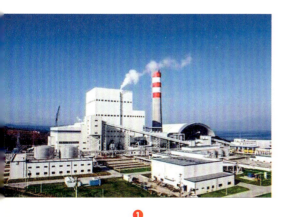

❶ 上海电气集团在印尼建设火力发电厂项目

所以夏季需要给水壶里装冰块，才能保证有效的防暑降温。

迪拜项目现场的道路不是外面标准的柏油公路，而是压路机将初步平整后的沙漠压成的临时道路，重载卡车、机械等车来车往道路状况不是很好。因为工地距离员工宿舍50多公里，往返要2个多小时，为了员工的安全，要求这一段沙路限速每小时40公里，每位员工上车都必须系紧安全带。项目现场，从原来一眼望不到尽头的茫茫沙漠，到集热塔、首批槽式集热器等标志性建筑、设备相继崛起，彰显了上海电气工程人员的拼搏精神，把不可能变为可能。他们付出的不仅是汗水，更多的是智慧，并向世界展示了一个充满活力与创造力的中国形象。

生态优先　绿色发展

飞速爬行的蜥蜴，三两结群的骆驼，警惕异常的羚羊……这些野生动物是迪拜项目的见证者。

注重生态环境的保护，一直都是这个项目施工的前提，因此项目伊始要进行动物迁移。

项目团队特地聘请迪拜当地专业的动物保护机构对现场范围内所有动物进行勘察，在围栏开口附近设置喂养点，吸引留在场区内的剑羚、赤狐等野生动物，将他们安全地移出到场外。

为了能让食物更好地"诱惑"到它们，项目团队几乎都快成为半个动物学家了，有空就和动物保护机构的专家混在一起，整天研究这些野生动物的习性。

树木在阿联酋被当作宝贝一样对待，没有官方的许可就不能砍伐，一旦发现定被重罚。冯玉祥有首打油诗，说"谁砍我的树，我砍谁的头"，就是这里的真实写照。

❶

❶ 上海电气集团参建文莱海水淡化工程

项目周围 40 多平方公里建设范围内的树木，均需事先用 GPS 逐个定位、编号，项目部还聘请了专业的移树公司，为每一棵树修了专门的道路，才将场区内的 180 多棵牧豆树安全移出。在得到相关部门的批准后，项目才开始施工。

保护生态沙漠，减少对环境的影响，上海电气在迪拜实践着"共建绿色丝绸之路"的可持续发展要求。迪拜四期项目是全球迄今为止规模最大的"光热＋光伏"综合发电项目，项目采用"一塔三槽＋光伏"太阳能发电组合，总发电量达 950 MW，建成后可为 32 万户家庭提供绿色能源，每年可减少 160 万吨碳排放量。

（金晓蕾）

相 关 链 接

2020 年 8 月 4 日，上海浦东国际机场出发大厅内，一群挥舞着五星红旗、手拉"上海电气与巴铁兄弟同舟共济"大红横幅的出行团队格外引人注目。这是上海电气电站工程公司建设者，即将奔赴巴基斯坦，驰援受疫情影响的塔尔煤电一体化项目。该项目是"一带一路"和"中巴经济走廊"重点项目，因受新冠肺炎疫情的影响，项目建设遇阻。上海电气集团克服重重困难，在确保疫情防控的同时，坚持推进项目执行，为工程节点按期完成打下良好基础。

近年来，上海电气集团已在 50 多个国家和地区设立 112 家境外企业和机构，海外工程已"走进"阿联酋、英国、日本、澳大利亚、希腊等众多发达国家，以"精品工程"的理念打造海外标杆项目。

电力股份:
用光明照亮"一带一路"

"一带一路"是促进共同发展、实现共同繁荣的合作共赢之路,是增进理解信任、加强全方位交流的和平友谊之路。上海电力股份有限公司(简称上海电力)作为一家"奉献绿色能源,服务社会公众"的上市公司,积极响应"一带一路"倡议,凝聚智慧、挥洒汗水,先后在马耳他、黑山、土耳其等国家开展能源基础设施建设,不仅有效地促进了当地经济发展,而且用光明照亮了一条民心相通之路。

马耳他——"回家之路"

在地中海上的袖珍岛国马耳他,凭借其得天独厚的地理位置与秀美风景每年吸引着数以万计的游客到来。然而以旅游业为支柱产业的马耳他,也和其他基础设施薄弱的国家一样,面临着平衡经济发展与环境保护的困境。

位于马耳他岛东南的马萨施洛克是马耳他一个热门的旅游打卡地。作为一个传统的渔村,海湾停泊的传统渔船鲁佐、周日的渔市、海边的餐馆吸引着众多游客的到来。在这样美丽的马萨施洛克,同时矗立着德利马拉电站,成为了这幅风景画中的独特元素。电站内的 D3 电厂在建设之初有 8 台燃烧重油机组,年发电量只有 136.8 MW。彼时马耳他的电力供应主要依靠与意大利西西里相连的海底电缆。由于海底电缆受环境影响很大,技术故障频发,马耳他经常停电。数据显示在 2014 年,马耳他用户平均每年停电 9.69 小时。

史蒂沃曼迪克来自塞尔维亚,他在十年前来马耳他旅游之后便深深爱上了这个美丽的国家。由于近些年马耳他经济形势非常乐观,他于 2016 年重返马耳他,应聘至上海电力(马耳他)控股有限公司,现任该公司下属 D3 电厂合同与采购主管一职。据他说,之前来到马耳他时,D3 电厂烟囱中还冒着黑烟。由于担心污染,当地人和游客都不愿意来到这片区域。

史蒂沃进入该公司时,正逢 D3 电厂进行油改气工程,将原先燃重油的机组改造成天然气和轻油的双燃料机组。改造工程为马耳他贡献了全岛首台燃天然气机组。上海电力除了对内燃机进行改造,也对烟气系统进行升级,并对海水中的废弃物进行收集。改造后的机组各项环保指标均优于当地政府要求水平。并且由于改造机组的特性,D3

电厂可以迅速满足电网的调度需求，尤其在夏季高峰极大地保证了电力的稳定供应。2017年，马耳他用户平均停电次数下降到0.44小时，优化率90%。

除了D3电厂，上海电力还在马耳他投资1亿欧元参股马耳他能源公司。由于资金和管理经验的注入，马耳他能源公司实现扭亏为盈，电网稳定性、安全性、可靠性大幅提升，公司顺利转型，助力公司可持续的财务表现使评级也得以上调。通过优化马耳他当地能源结构，马耳他居民电价下降25%，位列欧盟倒数第七。

史蒂沃说，他希望这个变化也可以发生在塞尔维亚："我的两个孩子就要出生了，我期待有一天可以带他们看到一个更好的塞尔维亚。所以'一带一路'对我来说也许是一条回家的路。"

史蒂沃也许很快就能跟随上海电力国际化发展的脚步，参与到自己家乡的建设之中。因为，上海电力已经将塞尔维亚及其所在的巴尔干地区作为公司在下一阶段开发项目的重点。

黑山——"合作之路"

2019年11月18日，下了一周雨的天空终于放晴，在黑山莫祖拉山脉上蔓延14公里长的风电场，面向亚得里亚海显露出其壮阔的样子。上海电力黑山莫祖拉风电项目在这一天举行盛大的完工仪式。历经62个月的莫祖拉风电终于"闪亮登场"。

黑山莫祖拉风电项目总负责人生宝杰清晰记得第一次踏上黑山共和国的场景，顾不上旅途劳顿，谈判从下午一直持续到凌晨。该项目作为马耳他与上海电力携手走到海外的第一个新能源合作项目，马耳他政府也是慎重万分，项目采用了非常周密的商务架构和建设、运营架构，严把风险，锁定所有投资方的责任和义务，力争发挥各方优势，实现多国共赢的大目标。

仪式现场的黑山工作人员，被莫祖拉风电场建设视频深深吸引，他们惊叹中国人的速度，短短几个月中将高达90米，直径121米的23台风机矗立在莫祖拉山脉。其实，黑山莫祖拉平坦大路在施工时让项目团队吃了不少苦头。莫祖拉山山势险峻，根据规划项目设在海拔600米的高度，原先通向现场的只有一条羊肠小道。开路的挖掘机要穿越大片的灌木丛，里面时不时会出现毒蛇、马蜂等野生动物。历经半年的艰苦奋战，路终于开通了，但是黑山冬天的严酷天气，常常给这条路带

❶ 黑山莫祖拉风电项目

来新的挑战。风电场的中方员工原本都是不太讲究的小伙子，但他们面对刀子式的冷风，每天也不得不擦几次厚厚的护肤霜，防止皮肤皲裂。2018年初的一场降雪将风电场内部的道路全部覆盖，最深处达到60厘米，人员和车辆均已无法正常通行。孤立无援的现场工作人员坚守在第一线，随时准备处理突发情况。在现场柴油发电机的柴油补给告急的时刻，靠项目的总承包商顶着严寒带人徒步5公里，将60 L柴油送到了升压站。项目团队中有人为了工作，错过了见父亲的最后一面，有人为了赶进度，8个月没回过家。

项目每一步阶段性的推进都获得三国政府的共同关注，这与其重要的意义密不可分。作为黑山的第二座示范性风电场，莫祖拉项目不仅为促进经济增长作出贡献，而且提高了当地可再生能源比例，对履行加入欧盟、发展绿色能源义务的承诺具有重要意义。莫祖拉项目在投产后可承担黑山全国5%的电量供应，预计每年能为黑山带来112 GWh的清洁能源，9.5万吨温室气体减排。对马耳他而言，上海电力在马耳他能源改革的成功，坚定了其走出去的信心，提升了岛国的国际影响力。对中国而言，上海电力联合欧盟成员国一同走出去，以欧盟投资人的身份进入黑山，正如中国国务院总理李克强在第八次中国—中东欧国家领导人会晤上评价，该项目是"17+1合作"的新成果。

两点半，主持人宣布仪式准时开始。生宝杰不禁看向了现场这些因为项目聚集在一起的人们。这些项目股东方、管理层、承包商来自黑山、中国、马耳他、英国、塞尔维亚、克罗地亚等国家，他还想到参与项目建设的550名当地员工，虽然国籍不同、语言不通，但凭借着职业精神和完成目标的干劲顺利完成了这项工程。

三国共赢的黑山莫祖拉风电项目在三方见证下圆满完工，莫祖拉山上的23台巨大风机以巍峨之势守护在这里，在余晖下闪耀光芒，将清洁能源输送到黑山的千家万户。

❶

土耳其——"信任之路"

2020年7月，在土耳其国家广播电视台（TRT）的一则新闻吸引了当地民众的眼球。报道称，土耳其有了首座无烟囱电站，那就是上海电力在阿达纳省伊斯肯德伦湾投资建设的胡努特鲁电厂。一座没有烟囱的火力发电厂是如何运行的呢？燃料产生的烟气从什么地方排走呢？民众对这座滨海电厂充满了好奇。

原来，这座电厂引入了中国高端的环保技术，在建设过程中采用压力等级最高的

❶ 齐心协力，合作共赢

超超临界燃煤发电技术，极大地提高了燃煤机组的效率，减少总用煤量、降低污染物排放；同时采用了循环水冷却塔"烟塔合一"的建造技术，将使烟气排放浓度进一步降低到世界公认标准的 1/5 以下，在降低排放的同时维护海洋生态平衡。

❶

自 2020 年 3 月以来，土耳其由于其特殊的地理位置和宗教社会文化，持续经历了多轮疫情的冲击，给工程建设平添了极大的不确定性。在这样的情况下，项目团队扎根土耳其，因情制宜，落实"分层分类＋网格化＋区域化＋错峰"的精准防控措施。在封闭式管理初始，所有中土籍员工生活工作都在项目现场，除了必要的物资补给外，"只进不出"。胡努特鲁电厂项目上有一位土耳其籍员工欧姆，她是三个孩子的母亲。在封闭式管理期间，她和家人视频聊天时偶然提起零食快没有了。她的小儿子立刻说要给她送过来。欧姆家住的村子离项目大约两公里，一路上没有路灯。当晚，她的丈夫带着两个儿子摸黑步行到项目，隔着警卫栏杆把东西递给了欧姆。隔着一米的距离，欧姆和家人深情对望了许久，思念之情溢于言表。之后，她的家人又步行两公里回家。欧姆说："因为信任你们中国人，我才放心留下来，让我们一起加油，一定可以挺过疫情。"正是因为这份信任，项目成功安全度过开斋节、古尔邦节两次大挑战，成为土耳其坚持封闭式管理时间最长的单位。

作为中国"一带一路"倡议和土耳其"中间走廊"计划对接的重点项目项目，胡努特鲁电厂项目也凭借其高质量、经济性得到了土耳其政府的信任，成为首个被土耳其中央政府批准为特别工业区的发电企业，企业影响力得到极大提升。2020 年 7 月，项目再次获得土耳其总统令，项目码头区域获批为特别安全区，成为土耳其首个可以得到土耳其海军全方位军事保护的私营码头。

胡努特鲁电厂还有一群特殊的邻居，那就是土耳其珍贵的海龟。每年，他们会选择电厂毗邻的沙滩，开始他们生命中第一次奔向大海的旅程。项目将输煤栈桥和引接道路优化为大跨距桁架桥方案，直接跨越属于海龟出没产卵的沙滩部分，同时，对栈桥和连接道路的灯光方案进行优化，避免项目建成后灯光对孵化后的幼龟造成影响。虽然增加了成本，但是有效保护了海龟栖息地，为海龟的繁衍留下生命通道。2020 年，经专家勘探，在项目所在沙滩共发现了 61 个巢穴，预计能孵化出 3500 只左右的小海龟，证明了这群可爱邻居对当地环境的信任。

（李媛）

❶ 土耳其胡努特鲁电厂

"海洋石油981"：
世界最先进深水半潜式钻井平台

2007 年 10 月 18 日，上海外高桥造船有限公司与中国海洋石油总公司签订 3000 米超深水半潜式钻井平台建造合同，时任上海市委书记习近平出席签约仪式。2015 年 1 月 9 日，在国家主席习近平的见证下，"海洋石油981"研发与应用项目获国家科技进步奖特等奖，一举成为中国科技界和制造业"最闪耀的明星"。

打造优质工程

2007 年，"海洋石油981"开始进行前期规划，当时国内在特大型深水海洋工程装备制造领域处于空白期，这个项目对外高桥造船来说是一个很大的挑战，生产建造的过程中遇到过意料之中的问题，也遭遇了意料之外的困难。上海外高桥造船有限公司（简称外高桥公司）采取有力措施，使这一海工装备"航母"完美亮相，惊艳世人。

"海洋石油981"号自重超过 3.1 万吨，甲板面积相当于一个标准足球场大小，从船底到钻井架顶高 137.8 米，相当于 43 层楼的高度，电缆总长度超过 900 公里，最大作业水深 3050 米，最大钻井深度 12000 米，按照南中国海两百年一遇的恶劣海况条件进行平台整体稳性和结构强度设计。为抗击海上飓风和避免各种复杂波流的影响，平台配置了目前世界上最先进的 DP-III 全动力定位系统、1 个半钻井系统和先进的卫星导航及定位系统，以确保其能全天候作业。这是我国第一次自主设计、建造深水半潜式钻井平台，业主、设计方和建造方都没有成熟的经验可以借鉴，外高桥公司管理层认识到，没有强有力的管理体系作保障，该项目总周期的控制难度将非常大。

为此，公司当机立断，设立了海洋工程部，将海洋工程项目的经营、设计、采办、建造、质量、安全、调试等各管理口的职能集中管控，并采取封闭式管理模式，在总体资源由公司统一调配的前提下，以项目利益为中心，充分发挥各管理口的职能，减少内部管理的界面，最大限度地避免出现各部门相互推诿的现象，使设计、建造、质量等管理口的骨干人员全身心投入到项目建设中。为有效协调界面问题，针对该项目设备众多、管理难度大的特点，海洋工程部要求设计人员主动发现问题，并及时以书面形式向业主反馈；要求项目组跟踪重大技术问题的协调情况，并在每周周报和项目周会会议纪要中及时进行分析；不断提醒业主关注界面问题，进而在合同谈判中赢取主动。

在保证进度的同时，外高桥公司决不放松安全与质量管理。公司不仅专门制定了项目安全管理手册和质量管理手册，分发给包括施工班组长在内的主要员工，而且在每一项作业开始之前，召集施工管理人员开展工作安全分析（JSA），详细分析施工过程中可能出现的危险源。针对半潜式平台密闭舱室多、空间狭小的特点，要求坞内的舾装工作以通风、照明、消防、空调、舱底水等系统优先施工为原则。整个平台出坞前，施工人员已经用临时电源实现永久性的机舱通风和照明，创造了良好的施工环境。"海洋石油981"号开建以来，其衡量安全工作的 TRIR 指标（每20万工时中损失工时事故率）仅为 0.17，无人员伤亡事故，大大低于国际石油公司规定的 0.4 的国际标准。

"海洋石油981"号建成后将在气候条件恶劣的南中国海作业，这对其建造质量提出极高要求。针对焊接质量要求高的特点，研究出高强度厚板焊接新之艺。项目组牵头组织 2000 多人的焊工考试，从中挑选素质较高的人员参加施工。全平台需要焊接的长度达 240 公里，经检验，焊接合格率达到 100%，受到业主和国际船东现场体系审查及质量勘测人员的高度评价。

针对半潜式平台系统众多的特点，外高桥公司还开发了适用于海洋工程项目机械完工管理的软件——完工管理系统，与系统完工和调试相关的工作全部纳入该系统，业主、船级社的所有检验意见以及过程也全部记录其中，使整个项目的后期管理工作全部实现量化，有效将工程后期工作划分为不同阶段，严格区分机械完工、预调试和调试工作的界面，形成了建造和调试管理团队相互监督、相互促进的良好氛围，为质量完工文件的准备提供了保证。

❶

攻克"硬核"技术难关

"海洋石油981"号的设计、建造工程量巨大，需要安装和铺设 35000 根管线、2000 多米机械处所通风管、3000 多米生活区通风管和 960 公里电缆。该平台入级美国船级社和中国船级社两家船级社，设计和建造须满足国际海事组织、美国石油学会等40 多项标准。这对首次涉足半潜式钻井平台设计、建造的外高桥造船人来说，是一次

❶2010 年 2 月 26 日，"海洋石油981"钻井平台出坞

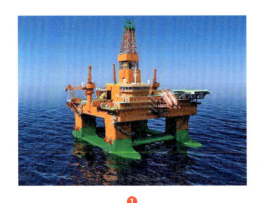

严峻的挑战。

设计之初，他们就面临人才不足的问题。公司将设计建造 30 万吨浮式生产储油船（FPSO）"海洋石油 117"号的核心团队全部"移植"到海洋工程部。在此基础上，还及时补充近 80 名大中专毕业生参与该项目的设计工作，并根据需要不断引进各领域人才，使海洋工程部从成立之初的约 60 人迅速壮大到 230 余人，成为中国船舶工业海洋工程领域的一支骨干队伍。海洋工程部不断坚定设计队伍以"我"为主的信心和决心，在收集、分析韩国和新加坡半潜式平台设计资料的基础上，提前组织设计标准的学习和应用工作，开展新员工培训、利用基本设计图纸开展三维（3D）设计等工作。在 3D 设计工程中，项目组及时发现并解决了前期基本设计和详细设计中的诸多问题，为后期的生产设计工作赢得了时间。此外，海洋工程部将工程项目的重大设计、建造问题以子课题的形式进行归类管理，成立子课题攻关小组，及时总结工程项目的重大设计、建造工法并形成企业标准。同时，挑选部门内拥有博士和硕士学历的人员对子课题的研究进行总结和分析，在推进工程项目的同时，完成科研课题的总结、归纳和结题工作。公司围绕半潜式平台项目累计申请专利 7 项，在国内外期刊和学术会议上发表论文 8 篇，其中 2 篇外文文章分别入选 OMAE（国际极地与海洋工程会议）2010 和 OMAE2011 会议论文。

与此同时，外高桥公司先后聘请新加坡、美国、苏格兰、澳大利亚、韩国等国的 8 名外籍专家参与项目的设计、精度控制、调试管理等工作。针对平台结构安装精度要求高的特点，项目组在韩国专家的指导下，制定项目精度管理指导书，确立分工原则，采用设计阶段的有限元分析预报技术与建造阶段反变形控制工艺相结合的船体总段搭载阶段的精度控制技术，使施工精度不仅完全满足建造合同的要求，而且超过韩国船厂的精度控制水平。

针对海洋平台系统复杂、界面繁多、电仪专业安装工作量大、调试工作复杂的特点，邀请国外调试专家全程参与轮机、电气及自动化系统的 HAZOP 和 FMEA 分析评估工作，保证了平台 DP-III 动力定位功能的实现。此外，外高桥公司还请外籍专家以独立身份对现场的安装工作进行质量分析，每周向项目组提供周报，详细说明整个项

❶❷"海洋石油 981"在南海开钻

目运行和现场安装工作中存在的问题；及时采纳外籍专家对高压电缆的安装、打压、保护和接线，仪表电缆的接线等方面提出的多项中肯意见；组织外籍专家对公司电仪专业的设计、施工管理人员进行标准培训，以确保电仪专业的安装质量。引进外籍专家参与海工项目的设计建造在外高桥造船历史上是第一次，这次合作有效提升了该公司的海工项目管理水平和质量管理水平。

大海上矗立越来越多的"国造"海洋平台

2011年11月30日，"海洋石油981"号顺利交付，为外高桥公司的"海工之路"增添了浓墨重彩的一笔。2012年5月9日上午，"海洋石油981号"在中国南海正式开钻。几年来，"海洋石油981"号钻井平台经受住了南海自然环境带来的各种考验，即使多次遭遇15级以上的台风龙袭，也岿然不动。

通过设计、建造"海洋石油981"号，外高桥公司掌握了深水半潜式钻井平台的关键技术、建造技术，在海工装备制造领域奋勇开拓，斩获颇丰。从2002年起，公司先后建成交付番禺15万吨级FPSO"海洋石油111"号、渤中油田17万吨级FPSO"海洋石油113"号，以及国内吨位最大、合同金额最大的渤海二期30万吨级FPSO"海洋石油117"号。承接完工的海工产品都代表了国内最高技术水平，在业界赢得了良好的口碑。

（何宝新）

亲历者说

陈刚（上海外高桥造船有限公司总经理）："海洋石油981"号是我国实施南海深水海洋石油开发战略、在2020年实现打造"深水大庆"目标的重点项目之一，也是我国继1983年成功自主开发"勘探三号"后设计、建造的最新一代深水半潜式钻井平台，其设计、建造的关键技术攻关被列为"十一五"国家重点"863"项目和国家重大科技专项，是我国拥有自主知识产权的海工装备"重器"。它的成功建造填补了我国在深水钻井特大型领域的空白，将我国深海探油领域延伸至3000米以下的深水区，对于我国加速进军世界级海洋工程装备开发、设计和制造领域，提升在海洋争议区的话语权，增强深水作业能力，实现国家能源战略规划目标，维护国家民族利益具有重要的战略意义。

民族乐器一厂：
国乐声中的"文化营销"

2018年，由上海品牌国际认证联盟颁发的首批"上海品牌"名录中，成立于1958年的"上海民族乐器一厂"（简称"民乐一厂"）赫然在目。令人惊讶的是，这个老字号乐器制造企业是以上海四大品牌中的"上海文化"取胜的。制造业与文化业这两个不同产业在民乐一厂实现了互融，是意料之外也是情理之中。回看民乐一厂发展历程，不难发现，"民乐文化"已成为这家企业的灵魂。

❶

"文化产品"价格"不降反升"

20世纪末，扬州等地琴筝产业迅速发展，古筝价格日趋低廉。当时厂里不少人质疑自己厂的古筝一两千元买一台，价格明显高了，"扬州古筝一千块能买两三台，我们不降价的话很难抢占市场"。面对员工们的担忧，企业领导深入开展市场调研，比较各地古筝产品质量，研究市场营销策略，在此基础上对员工呼声做出了回应：

"民乐一厂的产品价格，从今天开始不仅不能降价，而且还得涨！因为我们的'敦煌'产品不是一般性消费品，而是文化性产品，是蕴含中华优秀民乐文化内涵的精品

❶ "上海品牌"认证企业颁奖现场

优品。"

接下来的几年，民乐一厂注重全新设计理念的引领、产品品质的提升、经典工艺的嫁接，努力提升产品工艺附加值、消费者价值认可度，厚植了传统民乐产品的经典文化价值。事实证明，"文化赋能产品"决策推动"敦煌"古筝质高价提，"敦煌"用经典的工艺品质、审美的声学品质、现代的文化品位，撑起了古筝等各类产品价格的上升空间。

如今的敦煌牌民族乐器，不仅填补了民族乐器领域的产品门类空白，还以高文化附加值进入拍卖收藏界，并荣登北京奥运会、上海世博会、上海亚信峰会、中国国际进口博览会等国际性舞台。

"开疆拓土"兰考办厂

2000年8月8日，兰考县堌阳镇热闹非凡，上千民众见证了"兰考县上海牡丹民族乐器有限公司"的成立。县里的干部说，"牡丹"成为当时兰考县规模最大的企业。

异地办厂，对民乐一厂而言不是第一次。20世纪80年代，其曾在扬州开办过古筝联营厂，并委派厂里的古筝制作大师徐振高等人去传授古筝制作技艺，但联营厂的学徒学成后便自立门户，引得大大小小古筝厂雨后春笋般涌现出来，最终，民乐一厂开办的扬州联营厂解散了。前车之鉴，痛定思痛，厂长王国振一锤定音："扬州办厂不成功，关键是没有把联营厂纳入一厂管理体系，没有控制权的管理方式即便在上海也很难办下去，现在将工厂办到兰考，兰考既有原材料泡桐木的优势，又能实现低成本扩张，更要掌握管理权、市场运营权、产品销售权，这样的异地办厂一定能站稳脚跟、扩大发展。"

❶

❷

❶ 兰考奠基仪式　❷ 投资兴办兰考县上海牡丹民族乐器有限公司

① 兴办河南韶颂乐器有限公司

于是，民乐一厂投资 255 万元建起兰考公司，将先进管理模式引入公司，特别是驻派专职质量检验员，确保从选料、生产到成品出厂的整个生产过程，严格按照总厂质量标准进行。高质量的管理产出高质量的产品，兰考公司制造的乐器成功达到民乐一厂的品质。同时，这家异地民乐企业，为当地创造了近百人就业机会。由于天时地利人和，兰考公司各项经济数据稳定增长，即使在 2003 年的非典时期，仍取得销售收入比 2002 年增长 25% 的好成绩。2016 年，民乐一厂扩大对兰考的投资规模，注入 2000 万元成立全资子公司——河南韶颂乐器有限公司，新公司采用先进生产设备，践行绿色环保理念，严格生产安监措施。异地建厂推动民乐一厂迅猛发展，中国民族乐器文化的示范基地亦在中原地区崛起。

打造"中国式钢琴"

"我们要将古筝打造成'中国式钢琴'！"民乐一厂经过多方调研、反复思考提出的这一愿景目标，意味着未来的支柱产品是古筝。

愿景是美好的，市场是残酷的。通过一系列举措，虽然古筝年产量稳步上升，2001 年达到 2.8 万台，比 2000 年增长 139%，但好景不长，2002 年上半年市场突变，古筝库存一下子达到 7 千台，为企业半年的销量，仓库放不下长 1.63 米的古筝成品，只得摆到办公楼走道。停产还是续产？基于市场分析调查和市场敏感度，厂长王国振坚信市场会升温，前景会光明，在专门召开的鼓劲会上，他鼓励员工："生产不要停，

仓库放不下没关系，可以到外面去借仓库。"工人们吃了"定心丸"，不信邪地把一台台古筝搬进租借来的仓库。果不其然，数月后市场瞬间回暖，7千台库存古筝不到半年就销售一空。

之后，民乐一厂继续着"把古筝打造成'中国式钢琴'"的神话。2004年，古筝年产量突破3万台，2005年跨过4万台。2013年全球经济低迷，"敦煌"古筝的产销量依旧保持平稳增长，超过8万台，年销售收入突破2亿元大关。2017年，古筝年产量、销量均突破9万台。全国绝大多数专业古筝老师都在使用"敦煌牌"古筝，"中国式钢琴"的愿景目标稳步实现，成为"文化营销"发展战略的有力支撑。

敢吃民乐厂建民乐团这只螃蟹

2005年，民乐一厂要办乐团的消息传开了。乐器厂办民乐团，这可是头一次听说，质疑声也随之而来："现在请个乐团帮忙演一场多方便，企业有必要建乐团吗？""这些学演奏的年轻人个个娇滴滴的，又不可能到车间里去搞生产，厂里白养她们做什么？"……

但民乐一厂领导坚定"文化营销"的理念，立意在打造文化性产品的同时，建立"敦煌"品牌代言团队，通过演奏者的体验拓展乐器品质提升之路。企业领导力排众议，敢"吃"民乐厂办民乐团的"第一只螃蟹"，通过上海音乐学院民乐系领导的引荐，于2005年夏天正式成立取名为"敦煌新语"的乐团，打响了民乐一厂招牌和"敦

① 古筝车间　　**②** 琵琶车间

煌"系列品牌。

2008年，中国迎来北京奥林匹克运动会，北京奥组委和文化部决定借此良机在奥林匹克公园搭建一批"祥云小屋"，在奥运会期间展示全国各地非物质文化遗产和丰富多彩的民间文化，把北京奥运会办成中华文化走向世界的盛会。3月，上海文广传媒集团一行领导来到民乐一厂考察，决定让民乐一厂承担"祥云小屋"的主要展示工作。当得知文广局领导准备去上海音乐学院找一些学生演奏民族音乐时，厂领导忙开口："我们企业就有一个乐团，演奏者就是上海音乐学院毕业的优秀学生，可以让她们试试吗？"文广局领导一听，觉得新鲜了，"民乐一厂居然有个乐团"，马上爽快答应了。当场，"敦煌新语"乐团演奏了一首江南丝竹名曲《欢乐的夜晚》，市文广局领导称赞不已，即刻邀请乐团一同赴京参加"祥云小屋"展示活动。

此后，"敦煌新语"乐团更名为"上海馨忆民族室内乐团"，在世博会、进博会等场合展示了中国音乐文化的魅力，同时走出国门，在世界性舞台上宣传中国民族乐器文化。

（康婧玲）

❶ 北京奥运会期间，上海民族乐器一厂代表上海市参加"中国故事"文化展览 ❷ 上海馨忆民族室内乐团在第二届中国国际进口博览会演出

❶

亲历者说

　　王国振（上海民族乐器一厂厂长）：民乐一厂高举"文化营销"大旗，将民族乐器文化渗透到文史馆展、社会公益、演艺、教育等多个领域，敦煌国乐奏响新时代新曲。进入 21 世纪，"文化营销"的旗帜飘出国门，从新加坡、马来西亚、日本到美国、德国、澳大利亚，从一个个国际乐器展的小小展位到一次次国际文化的交流活动，从欧美市场几百美元的销售额到如今上百万美元的成交额，"敦煌"乐器成功走出国门、亮相世界舞台。能够推动中国民族乐器走向世界，是我职业生涯中最值得自豪的事情！

❶ 第二届进博会，敦煌牌礼品版小乐器在"2019 上海特色伴手礼产品集中展示区"展出

凤凰牌自行车：
全球销量创新高

20世纪90年代起，随着上海产业结构的调整，"凤凰"牌自行车一度陷入弱化、老化和边缘化的窘境。许多人都在问："凤凰"如今怎么了？令人倍感欣喜的是，经过2010、2015、2020年三轮混合所有制改革，"凤凰"牌自行车浴火重生，取得一系列可喜成果。2020年，"凤凰"牌自行车全球销量打破1994年创造的年销551万辆最高纪录，创历史新高。"凤凰"又重新成为人们关注的热点。

❶

"凤凰"插上高新技术翅膀

凤凰公司对市场的适应力来自高新技术。近年来，凤凰自行车公司建立了两轮车研发中心，对车架、外饰、涂装、零部件、款式等产品环节进行全方位开发，并布局产业链上游，投资科技创新公司，进入智能零部件及平台运营系统领域，运用与互联网公司合作所带来的大数据和设计资源，开发具有"凤凰"独立知识产权的新技术、

❶ 凤凰牌自行车深受消费者喜爱

新工艺、新材料和新产品，研发专利达 30 余项。2017 年，公司投资千万元组建国家标准的检测中心，建成包括自行车检测中心、锂电检测中心、户外环型多路况全天候检测场在内的检测设施，推进"凤凰"与国际先进水平的对接。

2020 年，突发的新冠疫情让所有凤凰人感受到了前所未有的压力。国内外两轮车市场会发生哪些变化？市场对产品的需求是否会有不同？面对疫情，凤凰应该拿出哪些产品？一个个问题引发了公司内部的激烈讨论。"凤凰"研发总监陈如实提出："我们既要开发市场需要的产品，更要开发引领市场的产品，打造凤凰印象、建立具有凤凰特色的产品线。"陈如实带领团队放弃节假日休息，全力开发新品，半年内完成了近 200 款产品的设计研发工作，实现了产品线的极大丰富，圆满完成了因国内消费升级、客户对"凤凰"产品更新迭代的迫切需求。

在抗击新冠疫情期间，欧洲多国政府出台补贴政策，修建自行车道，鼓励民众骑车出行，"凤凰"研发团队全力开发适合外销的山地车、公路车、锂电车等中高端产品。为挪威、英国、澳大利亚等客户开发的新品已陆续生产。

"凤凰"化身为功能各异的"百凤"

"凤凰"品牌要回归主流消费群体，就必须使产品年轻化和多元化。凤凰公司聚焦电助力技术、智能技术在产品上的应用，在天津和江苏建立两个自行车产业园，聚合外观涂装、车把车架制造、模具制造、纸箱制造等上游制造资源，形成产业链优势。公司打造覆盖老中青、少童幼四代消费群体的两轮车产品，其中包括婴童推车、童车、学生车、城市休闲车、运动竞技车、电动车、平衡车、智能助力车、医疗康复车等，并不断开发婴童衍生品、电子医疗产品和老年康复用品，实现面向各年龄段的产品全覆盖，快速提升了品牌的影响力。

2018 年 6 月 22 日，"凤凰"全面启动"国礼自行车"项目。研发团队启动车架管材的研发，最终选定了钛合金无缝管。钛合金在韧性、塑性、硬度、耐高温、抗腐蚀方面有明显优势，但属于"有记忆的金属"，折弯后会反弹复原，加工难度极大。在经历了一次次失败后，"凤凰"团队在管材内灌注加热，并在模具上折弯，退火冷却后再将灌注的材料取出，这样同时避免了褶皱和反弹复原。他们还创造性地将商周时代青铜器上的蚀刻工艺移植到自行车上，车架管壁最薄处只有 0.9 毫米，要蚀刻 0.2 至 0.25 毫米的流水纹，难度可想而知。他们耗费了巨大的人力、物力和精力，终于达到目标，蚀刻后的车身精美无比，手指轻轻划过蚀刻后的流水纹，就好像在触碰一件精美的工艺品。2018 年 G20 峰会期间，钛合金自行车被国家外事部门选为国礼，在习近平总书记出访阿根廷、西班牙时赠与国家领导人。

"凤凰"攀上互联网的梧桐枝

2020年，受新冠疫情的影响，各大工厂产能不足、物流运输不畅，这一度制约了电商销售。"凤凰"电商销售负责人把工作节奏调快一个等级，及时分析每日产品销量动态。他们下工厂紧盯生产线，跑店铺产品跟踪产品销量，协调厂家根据仓库配件库存，"看菜做饭"增加整车产量。2020年虽然困难重重，但"凤凰"电商却逆势上扬，线上销量首次超越线下。"双11"更是火力全开，电商销量创出25万辆新高。电商成了"凤凰"的增长主力，也为公司带来了更持久的竞争优势。

近几年来，凤凰公司完成了天猫、京东、拼多多等电子商务平台的店面布局，构建起以旗舰店为核心、专卖店为主力、专营店和淘宝店为补充的大电商体系，"凤凰"品牌在电商平台总体保持30%的增速。

"凤凰"在海外市场展翅翱翔

"凤凰"紧跟国家"一带一路"倡议，坚持在海外市场实施品牌经营战略，出口国从过去主销东南亚、中东及非洲，发展到南北美洲、欧洲、大洋洲等地区80多个国家和地区。外贸产品也从过去单一的代步产品，转向休闲运动的山地车、城市休闲车、公路车、折叠车、学生车、童车等多种品类。

2020年，公司运用数字化管理平台，打通因疫情隔绝的市场和生产厂家之间的

❶

❶ 凤凰牌自行车展台

❶

❷

通路，通过直播、云展会等新商业模式和展示模式进行市场开拓。"凤凰"跨境电商在阿里巴巴国际站启动后，通过直播、云展会等展示模式进行海外市场拓展，取得良好成果。"凤凰"参加的在线网交会，单月询盘较上年同期增长12.7倍，订单数增长15.5倍。

　　"凤凰"还根据海外市场的不同需求，通过在当地举办自行车文化展，和当地经销商一起开展骑行活动，在电视台等新闻媒体倡导中国骑行文化，举行骑行赛事等文化体育活动，吸引外国消费者，使"凤凰"品牌在菲律宾、印度、俄罗斯、印尼、孟加拉、哈萨克斯坦、塞拉利昂、乌拉圭等亚洲、欧洲、非洲、中南美洲市场实现了全球化的渠道突破，连续蝉联自主品牌产品出口行业第一。

（徐力）

❶❷ 新款式、新材料、新功能的凤凰牌自行车

一郎合金：
打破国际垄断从这里开始

　　上海一郎合金材料有限公司是在改革开放中创新发展起来的一家民营高新技术企业。在创业带头人付华清总经理的带领下，公司打破国际垄断，瞄准"卡脖子"的特种合金产品，坚持开拓创新，开发出一系列替代进口的高性能高温耐蚀合金新材料，为国产大飞机 C919 等航天航空、核电工业、海洋工程和国防建设等高端制造业作出了积极贡献。

❶

总经理领衔工作室，攻克首单任务

　　2008 年，上海一郎合金材料有限公司（简称一郎合金）为了开拓市场，公司总经理付华清亲自带领销售人员北上跑山东，努力想成为某大型化工国企的供应商。尽管

❶ 工厂厂貌

当时公司拿出了过硬的产品性能专业检测数据，然而对方还是不放心，直接回复说，这么关键的核心装备材料怎么敢用国产合金呢？此后三年时间里，公司连续多次与这家企业联系商洽，但最终还是没能拿下一笔业务，没人相信民营企业能开发出可靠的替代进口新材料。

2011年，这家化工集团的核心设备出了故障，需要立即更换高温耐蚀合金材料部件。他们同以前供货方的美国企业中国代表处联系，对方回复最快也要一年半才能供货。远水不解近渴，情势紧迫，怎么办？这时他们才想起了曾多次主动前来洽谈业务的一郎合金，便立即通知公司来厂实地交流。总经理付华清再次带队即刻赶到现场进行深入考察分析，并提出具体的解决方案。虽然对方将信将疑，但是面对这个"卡脖子"难题，还是抱着试试看的态度把开发替代进口部件的任务交给了一郎合金。

这项任务的技术要求非常高，核心是要在很短时间内开发和建立一种耐腐蚀镍钼合金管的成分配比体系，除了真空冶炼配方技术外，还需要通过四道关键技术：即有效控制析出相的合金化技术、热变形快锻成型技术、无分层缺陷的热挤压技术、冷变型及热处理技术。这对虽已具备良好专业开发实力的一郎合金来说，仍然面临许多新的课题和新的考验。付华清当即组织精兵强将创建"付华清高温合金创新工作室"，他身先士卒，两个多月吃住都在公司，带领技术团队与工人们一起奋斗在真空炉旁，反复试验、反复检测。稀有元素指标不稳定、不达标，他们就反复调整配方，反复试验，反复冶炼，直到完全达到高温耐蚀合金的工艺标准。经过四个多月紧张而有序的奋战，终于成功研制出超长耐腐蚀蛇形管产品，并顺利交付对方使用。这一新产品的性能参数和各项指标完全符合原有进口材料的要求，达到国际先进水平，填补了国内空白，被评为"上海名牌"产品。现在，仅此一项产品即可每年为公司创造7000万元以上的销售额，成为公司实实在在的"拳头产品"。

① 生产车间

为C919研发航天航空新合金

众所周知，我国钢产量为世界第一，占全球产量的48.5%，但特殊钢（特种合金）仅占5%，远低于世界先进水平。改革开放以来，我国航空、机械、汽车、机电和造船等行业快速发展，对特种合金的需求越来越大。虽然宝武特钢集团、东北特钢集团等国家骨干大型特钢企业在技术性能和产能等方面全力赶超国际先进水平，但仍旧满足不了国内市场需求，约有50%份额的高技术含量和高精度产品还依靠国外进口，我国航天航空、核电工业等领域许多重大装备、重大工程"等米下锅"的现象非常突出。比如，C919大飞机发动机上的高温耐蚀合金零部件一直被西方国家垄断，是大飞机装备制造业咽喉要道上的一根"刺"，严重制约着C919大飞机的产能性能。

付华清得知这一信息后，挺身而出，主动请命，与中国商飞公司联系对接，承接这一研制大飞机需要的高温耐蚀合金材料的任务。一郎合金经过调研了解到，C919大飞机所有配套产品的应用论证比军工要求还严，不仅技术指标须达到国际先进，而且产品性能和生产工艺的稳定性都有很高要求，能为C919大飞机完成配套任务真的是要"过五关斩六将"，而大飞机C919合金项目的核心任务就是要配套提供一种超低膨胀系数航天航空用合金新材料。公司技术团队进行分析论证，进一步明确了这个课题的关键技术就是建立成分配比体系，将铁和镍含量控制在最佳值，在常用大气环境温度下具有超低的线膨胀系数和良好的耐腐蚀性能；同时，材料的热稳定性也要比一般不锈钢材料的综合性能有很大提高。

付华清向全体员工下达了动员：我们就是要迎难而上，一定为C919大飞机项目炼出中国人自己的争气钢！为了从根本上解决技术难题，付华清带队上门拜师求友，北京钢铁研究院、东北大学特钢研究院以及原上海钢铁研究所等许多特钢领域有关高温合金的权威专家和一流工程技术人员都成了一郎合金的老师和顾问，协同合作，共克难关。付华清深入炼钢炉前明确提出"打破进口，从这里开始"的口号并写在车间的墙上，激励技术团队和工人们的斗志。他与大家一起日夜奋斗在真空炉旁，反复试验，调整配方，经过多次试验，终于摸索出从冶炼到热加工一整套科学而稳定的工艺，生产出了满足C919大飞机要求的超低膨胀系数航空用合金材料，综合技术水平达到国际先进水平，填补了国内特种合金新材料又一项技术空白，实现了国内航空航天领域关

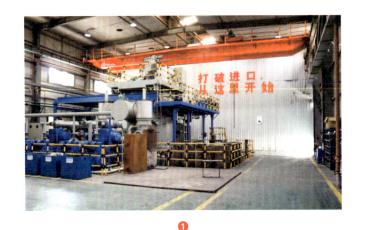

❶

❶ 生产车间

键零部件本土化采购应用的夙愿。

上海一郎合金材料有限公司成立以来，经过十年奋斗，瞄准行业标杆和国际前沿，坚持开拓创新，组织技术攻关，成功开发出一系列能高性能替代进口的高温耐蚀合金新材料，应用于航天航空、核电工业、海洋工程及国防建设等高端制造业。公司还成功参与国际竞争，产品远销德、英、美、日、韩、南非等几十个国家和地区。近几年来，公司产值销售额连续保持30%的增长，拥有20余项专利技术，并参与制订9项产品的国家标准和3项行业标准，逐步从一家20余人的小微企业发展成为年产值近5亿元、现有150多支员工队伍的新材料骨干企业，获得上海市"高新技术企业""科技小巨人企业""专精特新企业"和"高质量发展明星企业"等荣誉称号。

（亦浪）

亲历者说

付华清（上海一郎合金材料有限公司总经理）：我们公司专注镍基特种合金事业，我的想法是把这款材料要做到极致，在我的概念里没有"差不多"。"差不多"就是还差很多。研发新材料没有上限，国家标准只是一个底线，要不断创新，不断挑战自己，对自己制造的产品和所做的工作要有满腔的热情和不服输的精神。通过对技术工艺的分析研究和总结，不断完善、改进、提高，研制出高性能标准的材料，打破国外封锁垄断，实现国产替代进口，看着自己的产品成功应用于国防重器和国家工程，我们团队的研发的激情就会越来越高，我觉得这就是工匠精神，也是我所追求的梦想。

微创集团：
全球新一代心脏支架引领者

2018 年 9 月 3 日，世界顶级权威医学杂志《柳叶刀》(the lancet)全文刊登上海微创医疗器械（集团）有限公司自主研发的 Firehawk 冠脉雷帕霉素靶向洗脱支架系统（简称火鹰支架）在欧洲大规模临床试验的结果。这是《柳叶刀》创刊两百年来，首次出现中国医疗器械的身影，标志着火鹰支架已成为全球新一代心脏支架行业新标准的引领者。

微创初创

1994 年，上海市政府第一次组织留学生回国省亲代表团，25 位海外学者受邀回国"省亲"。此时，距离常兆华从上海赴美求学已经过太了七个年头。在这七年时光里，他不仅在美国完成了博士学位，还在当地一家上市公司任职副总裁。当时的浦东张江还只是外滩对面不为人知的荒芜之地。然而，正是这片"河流星罗棋布、农户庄稼满地"的土地，在常兆华心中种下了一颗创业的种子。此后四年间，这颗种子慢慢生根发芽，终于在 1998 年破土而出。那一年，常兆华放弃了美国的高薪职位与安逸生活，义无反顾地踏上了回国之路。他在张江高科技园区仅有的几栋再普通不过的多层厂房里找到了一小块立身之地，那里也成为了上海微创医疗器械（集团）有限公司的诞生地。

没有人知道，这家名叫微创的企业，二十年后会在全球高端医疗器械行业拥有一片天地。但公司董事长兼首席执行官常兆华始终坚信，迟早会有一个高端医疗器械集团从这里走向世界。虽然在创业初期，条件极其艰苦，常兆华和他一手创立的微创甚至一度遭遇了"弹快尽，粮将绝"的"至暗"时刻，但他对于自己的信念从未有过片刻的怀疑。

突出重围

微创伤医疗技术是一种通过在皮肤上的微小切口，在影像引导下，将治疗器材输送到体内病灶区进行医治，甚至将病灶彻底消除的现代化医疗技术，因其手术出血少、术后疼痛轻、恢复快的特点，微创伤手术已在欧美国家占到手术总量的80%以上。然而对中国患者而言，"微创伤"这三个字仍然十分陌生。当时，我国的医疗水平还基本停留在"手术刀和止血钳"的"刀耕火种"时代，全国只有为数不多的几家医院和少数医生能实施类似手术，而且所用器材100%全部依赖进口。

高精尖的心脏治疗手术，简单来说，如果将心血管比喻成下水道，一旦需要更换新的管道，这就是搭桥；如果需要请工人来通一通，这就是装支架。以冠心病治疗为例，当时全国每年仅有几千名患者有条件接受支架手术，放得起支架是社会地位和财富的象征。这种巨大的差距，深深刺痛了常兆华。让更多人能用得起心脏支架，将健康和长寿带给世界上的每一个角落，成为他的愿望；患者的求助，也成了对他一种无声而急迫的召唤。

1999年，微创自主研发生产了第一款国产PTCA球囊扩张导管。2002年，研发了第一款国产金属裸支架。2004年，又研发成功第一款国产药物支架。步伐坚定、不停追赶，微创就这样在被进口支架垄断的国内市场实现了突围。

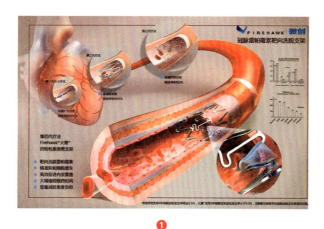

从追赶到并跑再到超越

冠脉支架是迄今为止人类对抗心血管病最管用的武器，但金属裸支架与药物支架却各有利弊。金属裸支架无法很好地解决晚期血管再狭窄的发生，药物支架虽然能通过抑制血管内膜平滑肌细胞增殖，有效预防血管再次狭窄，但容易诱发晚期支架血栓（支架血栓一旦发生，致死率高达40%—50%）。不仅如此，植入药物支架后，患者要长期服用双抗药物，不仅背负了长期的经济压力，更承受了沉重的身心负担。

是否能够创造出一种"完美"的药物支架，在保持药物洗脱支架"低再狭窄率"特性的同时，又能够实现如金属裸支架一般的"极低晚期血栓率"？2014年，微创自主研发的火鹰药物靶向洗脱支架在国内获批上市。火鹰支架在细如发丝的钴铬合金支架杆外表面，通过激光刻槽挖出600个均匀分布的凹槽，再将药物和可吸收聚合物精准点灌在槽内，实现了向平滑肌细胞"定向定时定量"精准释放。这款支架不仅能有效抑制平滑肌增生，防止血管发生再狭窄，更因其有效药剂量"零冗余"的全球最低标准，极大地降低了晚期血栓的发生概率。

❶ 心脏介入手术的历史进程

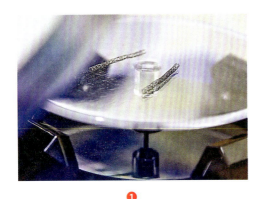

从立项到研发成功，微创用了整整八年。支架设计、刻槽工艺、药物喷涂、设备传输，乃至量化生产，每一段路都"荆棘密布"。很多时候，想法有了，但苦于没有标准加工设备，也没有现成工艺可以使用，不得不从最原始的机器研发开始做起。

常兆华和全体微创人的付出收获了回报。2018 年 9 月，世界顶级权威医学杂志《柳叶刀》(《The Lancet》) 全文刊登了火鹰支架 TARGET AC 临床试验的研究结果：火鹰支架以全世界最低的药物搭载量，就可以达到国际顶尖的 XIECE 支架的安全性和有效性，通过靶向洗脱，有效解决术后再狭窄、晚期血栓等多个困扰世界心血介入领域十多年的国际难题。微创在冠脉支架领域，完成了从并跑者到领跑者的角色转变。截至目前，火鹰支架已在全球 36 个国家和地区上市或完全注册，已有 650 万余枚微创的冠脉支架产品挽救了近 450 万名患者的生命。

❶ 上海微创集团研发的火鹰洗脱支架系统技术全球领先 ❷ 火鹰支架药物喷涂模拟示意图 ❸《柳叶刀》杂志全文刊登火鹰支架试验结果

向真善美长的生命进发

火鹰在全球范围内获得的认可，并没有让常兆华停下创新的脚步。在冠脉支架领域获得成功之后，微创又相继切入射频消融术、起搏器业务以及经导管主动脉瓣膜系统，在大心脏领域完成整体布局。随后，微创马不停蹄地进入骨科、神经介入、大动脉与外周血管疾病等多个领域，服务对象从中国的患者与医生扩展到了全球的患者与医生。不仅如此，微创还敏锐地捕捉到新兴赛道，微创旗下的医疗机器人公司已掌握手术机器人全链条底层技术，公司业务覆盖腔镜、骨科、血管介入、自然腔道、经皮穿刺五大"黄金赛道"。

在历史的洪流中，二十三年不过弹指一挥间。但正是在这二十三年里，微创从一家只有几张办公桌的初创企业，成长为如今研发与生产基地遍布全球的多元化的高端医疗器械集团。今天，在全球80多个地区的10000余家医院里，平均每6秒，就有一个微创的产品用于救治患者生命，或帮助改善其生活品质，或用于帮助其催生新的生命。

"帮助亿万地球人健朗地越过115岁生命线"，这是常兆华创业的原动力，也是微创的初心。这句话被写在微创总部大楼的一楼大堂，也时刻被铭记在常兆华乃至每个微创人心里，伴随他们一路向真、善、美、长的生命进发。

（李墨）

亲历者说

常兆华博士（上海微创医疗器械（集团）有限公司董事长兼首席执行官）：回顾二十三年创业创新历程，我们经历了从无到有、从小到大、从"海归"到"归海"，从国内走向国际并成为行业内有一定国际影响力的全球化集团公司。可能大家比较容易看到的是我们一代又一代产品的创新，但不易察觉的则是公司机制和平台本身的创新，后者甚至更为重要。因为创新是一个多元的复合概念，机制与平台的创新是基础、是策源。一个好的医疗产品的诞生需要经过"科学技术、工匠精神、艺术品位、人文情怀和自由思想"五个要素之间的激烈碰撞并找到平衡点之后，才能脱颖而出。微创首创以"创新反应炉为核心"和"线—站"为特征的流水线创新体系，大大提升了创新成果转化成功率和内部创业孵化成功率。

C919 喷气式大型客机：圆梦蓝天

2017年5月5日，中国自主研制的喷气式大型客机 C919 在浦东国际机场成功完成首次蓝天之旅。C919 首飞成功标志着我国大型客机项目取得重大突破，为中国百年航空工业史写上了璀璨的一笔。

筑梦：飞翔蓝天的梦想永不放弃

在上海浦东中国商用飞机有限责任公司的广场上，伫立着一个火炬造型的纪念台，名为"永不放弃"。苍穹下，天地间，熊熊燃烧的火炬象征着中国人圆梦蓝天的信心和决心永不熄灭。

在中华民族苦难深重的岁月里，造飞机的梦想根本无从谈起，直到新中国成立以后，中国的航空工业才开始真正起步。1951年，中国航空工业成立专门的工作组，后来发展成为航空工业部。1970年，毛主席到上海视察时说："你们上海工业基础这么好，怎么不搞飞机呀？你们要搞飞机。"毛主席的话一锤定音，确定了新中国要造自己的大型客机的历史使命，这就是后来制造运10飞机的"708工程"。

❶

1984年1月31日，运10飞机首航拉萨，并取得圆满成功，中国航空史翻开了崭新的一页。但由于种种原因，运10飞机以及后来的 AD100 干线飞机不得不下马，直到2008年，中国自主研制的 ARJ21-70 短航程支线飞机首飞成功，中国人才终于拥有了自己制造的民用客机。

斗转星移，时光荏苒。2008年5月11日，承载中国商用飞机制造重任的中国商用飞机有限责任公司宣告成立，标志着我国自主研制民用客机的重新起航。自此，C919 大飞机研制开始提速。

❶ 2015年11月2日，国产 C919 大型客机总装下线

追梦：平凡的人书写不平凡的诗篇

飞机是冰冷的、机械的，而人是活生生的、有血有肉的，正是因为有了千万个平凡的追梦人，才成就了一个不平凡的梦想。

吴光辉，C919 大飞机的总设计师。这位出身于湖北农民家庭的中国工程院院士，从小就是个喜欢拆装收音机等小玩意儿的"小发明家"。从南京航空学院飞机设计专业毕业后，在飞机设计领域一干就是三十八年。从 2008 年担任 C919 大飞机总设计师，到 2017 年 C919 首飞成功，近十年里他基本没有休息时间，硬生生把满头黑发熬成了一头白发。他太忙了，要操心的事太多了，庞杂的系统、烦琐的试验，一切都离不开他的运筹帷幄、排兵布阵。

强将手下无弱兵，他手下的 9 位副总工程师个个都是行业中出的翘楚。其中有一位来自陕西的老工程师，在飞机制造结构强度专业一干就是四十年，技术精湛不说，还尤为朴实。当公司准备为他落户上海，并半价给他一套 180 平方米的房子时，他却说："不用了，大飞机需要我做强度试验，而很多军机的强度实验也需要我来做。我就是一个农民，在陕西天天吃肉夹馍也挺好。"就这样，至今老两口还住在西安一幢普通居民楼的三楼。

上海飞机设计研究院副院长李东升，1986 年留学英国，作为著名的英国布里斯托大学航空系博士，曾执掌欧洲某飞机制造公司的技术大权。李东升爱唱歌，最喜欢唱的就是《我和我的祖国》。他说："我特别喜欢这首歌，因为这首歌的歌词，每一句都是我要说的话。"2008 年，中国商飞公司成立，国内各路航空精英云集黄浦江畔，国产大飞机研制拉开帷幕，这对于李东升来说，无疑就是祖国在召唤。他说："我是学飞机制造的中国人，我不想当祖国发展腾飞过程中的旁观者和局外人，参与大飞机的研制，无论是对国家的航空事业还是对我个人的发展，都是一个千载难逢的机会。"2009 年，李东升毅然决然地回国加入商飞公司，久别的归属感和主人翁的自豪感油然而生。不负厚望的李东升，不仅很快在 C919 研制领域崭露头角，还在公司组织管理结构优化、人员培训、海外人才引进等方面发挥积极作用。

中国商飞上海飞机制造有限公司高级技师、C919 事业部副主任兼总装车间副主任孟见新，1980 年进入上海飞机制造厂，从技工干起。他不仅见证了"运10"飞机的首飞和下马，也目睹了麦道合资后的限量转产。在缺乏项目支撑、国内民机制造人才无用武之地之时，他也曾远渡重洋，加入了当时世界最大的飞机机身维修企业。2002 年，中国民机事业再次起航，孟见新满怀热情地回到祖国。当时，无论是技术装备、管理方法还是设计理念都存在着一定的限制和不足。外国人搞技术垄断，孟见新等一批老技师就从模仿开始自学。在学习国外设备操作时，不仅了解技术原理和模仿消化，还开发出了具有中国特色的民机装配工装。来自国外的先进自动化工装经过本土化改良后，既省时又省力，工装设备缺乏的状况得以彻底改善。为了造出大飞机，孟见新联

❶

合经验丰富的技师们手把手带起了徒弟。一锤一锤地示范，一孔一孔地指导，通过两年的精心培养，上飞厂终于拥有了一支初具规模的飞机装配"生力军"。为了填补工艺规范上的空白，孟见新白天在一线组织工人进行大部段装配，晚上联手制造工程部同事编写工艺文件。他参与制定的中国飞机制造业的第一本民机装配大纲，后来直接应用于 ARJ21 新支线客机和 C919 大型客机项目。在 C919 装配的攻坚阶段，他带领工人们吃住在现场，累了眯一会，醒了继续干。圆满完成 C919 的装配任务后，熬红了双眼的孟见新说："C919 虽然已经上天了，但我的使命还没有结束，我还要为国家带出更多的民机后备人才。"话语中，一腔执著的航空报国情怀溢于言表。

圆梦：蓝天上镌刻下历史的丰碑

2017 年 5 月 5 日，是一个载入史册的日子。下午 1 时许，四方嘉宾云集上海浦东国际机场，一个历史性的时刻即将来临。

13 时 58 分，激动人心的声音响起。C919 大型客机项目副总指挥吴跃说："报告总指挥，C919 飞机 101 架机状态正常，准备完毕，是否放飞？请指示！"中国商飞公司董事长、C919 大型客机项目总指挥金壮龙沉着下令："同意放飞！"现场近 4000 名嘉宾齐刷刷抬头远眺。13 时 59 分，C919 飞机滑行到起飞点。14 时整，开始滑行，加速，再加速，几乎在一眨眼之间，机头开始上翘，前轮离地，腾空而起，给人们留下了一个优美的背影。现场嘉宾屏气凝神，目不转睛地盯着飞机。等到 C919 突然一下子"跳"到空中，人们似乎才反应过来，一些人扯着嗓子开始大声欢呼，一些人拼命鼓掌，一些人欢快地吹起了口哨。

❶ C919 大型客机机组人员

在 C919 飞行过程中，亲临现场的中共中央政治局委员、国务院副总理马凯在监控大厅与首飞机组进行了空地对话："你们肩负着重要使命，希望你们继续精心操作，安全飞行，确保首飞成功。我们在现场等待你们凯旋！"首飞机组观察员、中国商飞试飞中心主任钱进代表 5 名机组成员回答："我们坚决以成功首飞、安全首飞答谢全国人民对大飞机的支持和帮助！"

时间一分一秒地过去。C919 现在飞到什么地方了？飞机状态还好吗？能精确按照计划的时间节点返航吗？看着逐渐变厚的云层，一些嘉宾开始担心起来。"快看，来了，来了！"突然间，人群中爆发出几声呐喊。此时，C919 已优雅地穿云而出，出现在机场上空。在全场嘉宾的注视下，C919 在空中划出了一道优美的弧线，滑行，减速，停机。15 时 19 分，飞机分毫不差地降落在跑道上。舱门打开，首飞机组成员机长蔡俊、副驾驶吴鑫、观察员钱进以及试飞工程师马菲和张大伟依次出现，向现场观众挥手致意。一向沉稳的 C919 总设计师吴光辉再也抑制不住激动的心情，他快步踏上舷梯，一口气来到舱门口，给了年轻帅气的蔡俊一个大大的熊抱！

❶

"五星红旗迎风飘扬，胜利歌声多么嘹亮。歌唱我们亲爱的祖国，从今走向繁荣富强……"在雄浑、激昂的歌声中，人们呐喊着，奔跑着，相互祝福着，以自己的方式宣泄心中的激情……

圆梦蓝天。这一天，中华民族用智慧、勇气和卓越创新力在祖国的蓝天上镌刻下历史的丰碑。

（冯金生）

亲历者说

吴光辉（C919 大飞机总设计师）：C919 的研制过程，充分验证了中国大飞机事业带动国内现代高新技术发展，这涵盖了新材料、先进动力、电子信息、自动控制、现代制造、计算机等领域，带动了大量高技术企业。在中国流体力学、计算数学、固体力学、热物理、化学、信息科学、环境科学等方面，产生极佳的促进效果。

❶ C919 大型客机首飞成功

上海航天：
神奇的"太空之吻"

　　1992 年 9 月 21 日，中央决策实施载人航天工程"三步走"发展战略。第一步，发射载人飞船，建成初步配套的试验性载人飞船工程并开展空间应用实验。第二步，突破航天员出舱活动技术、空间飞行器的交会对接技术，发射空间实验室。第三步，建造空间站。对接机构技术是实现工程第二步的核心关键技术之一，是世界公认的难点。上海航天人自力更生、自主创新，历经十六年艰辛努力，于 2017 年 4 月 22 日 12 时 23 分，成功实现天舟一号与天宫二号空间实验室在轨首次交会对接，为中国航天事业交上一份完美的答卷。

走自主研制之路

　　载人航天交会对接是载人航天工程中难度最大、最为光辉的技术亮点。对接的实现离不开一个关键产品，即对接机构。20 世纪 90 年代初，俄罗斯"能源"火箭公司对接机构研制车间的一位主任曾经对前来参观的上海航天人说："世界上所有的对接机构都是我们这里生产的，你们造不出的……"

　　交会对接技术到底是走引进成熟技术、购买现成产品的道路，还是走主要依靠自己的技术力量、走独立自主研制的道路？载人航天工程决策层为此开展了一系列的调研和论证。

　　当时通过摸底和询价，得知俄罗斯方面的开价是购买对接机构技术的设计专利费要 1 亿美元，如再引进其成熟的技术和现成的产品费用则更为昂贵。不仅如此，他们还要搭售许多无关紧要的东西，这让中国航天人实在难以接受。一方面是因为我国对接机构的用量较多，如购买技术和现成产品成本太高；另一方面是花了钱而关键产品和关键技术仍掌握在别人手里，自己没有自主权，对于中国载人航天事业进一步发展十分不利。正是在这种情况下，上海航天人开始自力更生，走上自主研制交会对接机构的创新之路。

十六年，神舟八号与天宫一号成功对接

1995 年初，上海航天 805 所对接机构研制队伍成立，当时这个团队仅有 7 人。中国载人航天工程载人飞船、空间实验室系统副总设计师张崇峰博士就是开创者之一。身为哈工大导师的张崇峰深深地为交会对接任务的巨大挑战所吸引，毅然决定投身这项伟大事业，并始终默默无闻坚守在一线。"只有执着追求，才能取得成功"这句张崇峰博士最欣赏的格言，不仅成为他走向成功的信念，也成为对接机构团队无数奉献者坚守的信仰。

上海航天人一开始便对标国际先进，提出采用跨越式发展的思路，保证人货通行方便。异体同构周边式对接机构适应性高、承载能力强，但与此相应的是重量大、对接初始条件要求严格、构造复杂。为了将这个方案论证清楚，整个团队搜集和查阅了所有能找到的相关资料，在字里行间筛选出点点滴滴可用的信息，收集到的各类资料装满整整 10 个大箱子，仅论证报告的撰写就用了 3 个多月时间。通过一轮轮的评审和质询，国家采纳了团队提出的方案，上海航天人迈出了对接机构研制决定性的一步。

对接机构的研制之路，是一个不断碰到新问题、不断解决新问题的创新历程。把理论转化为设计方案难，而把设计方案变成符合工程应用需求的实物更是难上加难！如何模拟太空微重力环境下的对接过程成为摆在上海航天人面前的第一道难关。俄罗斯采用的是"吊挂"方案，利用钟摆的原理来模拟初始对接过程，但这种方案在稳定性上有很大的局限性。刚开始，团队尝试用滑车方案，但是摩擦力太大，无法模拟飞行器在太空中的环境特性。

后来，一名设计师建设性地提出气浮平台的方案，但这个方案的关键是需要建立两个平整度高和稳定性好的平台，整个平台在任何情况下的平面高低起伏不能超过 0.003 毫米，也就是一根头发丝直径的 1/20。通过查询各种资料，发现只有泰山花岗岩才能满足上述要求。于是，设计师亲赴泰山石矿区，仔细考察一个多月，终于开采到两块 70 多吨重的大石头，又用 5 个多月的时间加工成两个 20 吨重的精细平台。在这个平台上，两个 8 吨重的飞船模型只要用手指轻轻一点就可移动，而且还可以根据实验需要设置各种初始对接条件。俄罗斯专家参观后，不由赞叹："这是当今世界上水平最高的对接机构地面试验设备。"

2007 年，对接机构地面模拟试验时测得分离角速度太大，超过 0.35 度 / 秒，达不到设计要求。角速度是物体转动快慢的一个物理量，手表秒针的角速度是 6 度 / 秒。角速度对飞行器分离后的姿态影响非常大，角速度过大，就可能导致天宫一号和神舟飞船发生碰撞甚至侧翻，后果不堪设想。研制开始无休止的攻关、分析、试验、再攻关、再分析、再试验……但试验结果始终没有大的改观。搞科研最大的痛苦在于攻关，而这又是一个精雕细琢的过程，没有任何捷径可走。经过 170 多次的反复试验、分析和改进，最终用最严苛的环境条件来模拟，将分离角速度做到了 0.1 度 / 秒。

成功，意味着超出常人的付出。对上海航天人来说，连续十几天工作到凌晨2、3点，周六、周日得不到休息是常有的事。2000年9月，在对接机构项目深入攻关的关键时刻，刚博士毕业的柏合民加入对接机构研制队伍。他找来各种各样的机构方面的书籍，认真揣摩，反复研究，到2007年，他对机构的把握已经到了只要看一眼机构的实物，就能知道工作原理的程度。他的随身提包里永远备着简单的出差物品，不是在出差的路上，就是在随时准备出差的过程中。整整十六年，对接机构项目的每一个人都像柏合民一样，为了一个共同的目标默默坚守，无私奉献。

好在十六年的心血和汗水终于结出丰硕的果实。2011年11月3日凌晨1时29分，经历近43小时飞行和五次变轨的神舟八号飞船与等待已久的天宫一号成功对接，在静谧太空中上演了一场属于中国的"天神拥吻"盛景，标志着中国成为世界上第三个独立掌握交会对接技术的国家，并达到世界领先水平。

六年后，第二代对接机构迎来天舟一号

神舟八号、天宫一号首次交会对接任务结束后不久，还未来得及休整的上海航天人立即投入到了货运飞船对接机构的研制。神舟八号和天宫一号都是8吨级的航天器，其对接在上海航天人看来已经是重量级选手间的高难度动作了，但是对于接下来的空间站来说还是"轻量级"的。第二代货运飞船对接机构必须适应未来空间站建造阶段

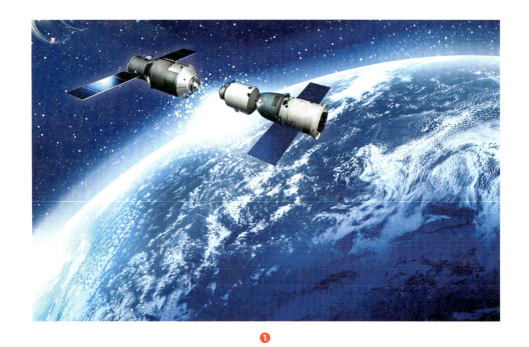

❶

❶ 天舟一号与天宫二号对接

8—180 吨之间的各种吨位、各种方式的对接，包括偏心对接，其间将会产生巨大的对接能量，对接机构的缓冲耗能能力提出很高的要求，研制的压力十分巨大。

压力越大，动力也就越大。货运飞船主任设计师邱华勇顶住压力，带领设计师通过大量的技术攻关和方案论证，破解了这一难题。为了既不影响原捕获性能，方便捕获，又实现对接机构捕获后的大吨位耗能需求，系统性地提出了可控阻尼的控制思路，增大货运飞船吸收能量的能力，使大吨位的飞行器对接更平稳。面对挑战，研制团队攻克了一个个难关，一路披荆斩棘：2012 年底，完成可控阻尼器关键技术攻关；2014 年，完成初样设计验证；2015年，完成天舟一号正样产品研制……2017年 4 月 22 日 12 时 23 分，中国第一艘货运飞船天舟一号与天宫二号空间实验室成功实现在轨首次交会对接，第二代对接机构首秀表现完美，标志着中国向在2022 年前建立永久载人空间站迈出了重大一步。

（苑轩）

相 关 链 接

二十多年来，上海航天的设计师们通过对接机构研制工作，建立了清晰的组织体系和工作模式，确立了相应的研制标准和规范，孕育了多项具有自主知识产权的核心技术，培养了一支技术能力强、能攻关能创新、作风硬朗、吃苦耐劳、管理有效的设计、生产和试验人员队伍。对接机构先后获"国家科技进步特等奖""军队科技进步一等奖""国防科学技术进步一等奖"，发表科技论文 100 余篇，获得国防专利授权 87 项。随着载人工程第三步——空间站研制的不断深入，上海航天的设计师们必将抓住机遇，为我国航天的绘制更壮美的画卷。

风云气象卫星：
巡天遥看一千河

从 20 世纪 70 年代初起，上海航天局承担了风云系列气象卫星研制重任。从 1977 年至 2016 年，从风云一号到风云四号，中国气象卫星事业五十年走过的道路，也是上海航天人自力更生、奋发图强、艰苦跋涉、勇于攀登之路，是自主创新、崛起腾飞、具有中国特色的成功之路。

风云一号命运多舛

1958 年 5 月，毛主席豪迈地提出"我们也要搞人造卫星"。1969 年 1 月 29 日，周恩来总理高瞻远瞩地提出"要赶快改变落后面貌，搞我们自己的气象卫星"。伟人们的这些话语始终是上海航天人将风云气象卫星迈向国际舞台的不竭动力。

20 世纪 70 年代初，中国卫星气象事业启动。但是，是自己造卫星还是花钱买卫星，国内有两种截然不同的声音。时任中国气象局局长的邹竞蒙力排众议，极力倡导自主研制。也正基于此，上海航天争取到了风云系列气象卫星研制项目。然而，风云卫星研制之路却艰难曲折，历尽磨难。

1977 年 11 月，国防科工委在上海召开气象卫星工程第一次大总体方案论证会，确定气象卫星工程代号为"711"工程，明确了卫星、运载火箭、发射场、测控通信和地面应用五大系统分工，全面展开卫星研制工作，并将第一代极轨气象卫星命名为风云一号，正式开启风云纪元。

1981 年初，由于我国国民经济调整，风云一号卫星的发射推迟到 1985 年之后，但研制团队并未因计划的调整而松懈。根据国家卫星气象中心建议，研制团队对风云一号卫星的性能进行了尽可能地提升设计，提高了扫描辐射性能，增加了 HRRT（甚高分辨率图像传输）信道和磁带记录容量。1985 年 10 月后，卫星按计划进入正样研制阶段。1988 年上半年，完成卫星总装测试。6 月 25 日，通过评审，运往发射基地。

1988 年 9 月 7 日，在太原卫星发射中心，风云一号 A 星在长征四号甲运载火箭的托举下一飞冲天。卫星准确进入 901 公里高度的太阳同步轨道，姿态控制系统用了 122.6 秒完成对地球的初始捕获。随后，国内卫星首次使用的折叠伸展式太阳帆板按预拉程序解锁、伸展，为卫星提供能源。接着，探测信息经过卫星传输信道源源不断发往全球气象卫星地面站。39天之后，意外发生了，卫星失控，风云一号A星在众目睽睽之下慢慢消失在太空。一旁的国家气象局局长邹竞蒙急切地问：还有办法吗？风云一号卫星总师孟执中无言以对，队员们心中也是一阵阵的疼痛。

1990年9月3日，风云一号B星由长征四号甲运载火箭成功发射，及时为第十一届亚运会提供气象预报。但10多天过后，卫星开始出现异常，虽然及时通过地面处理完成了修复，但同时遇到了一个更难以处理的故障。随后75天里，工作人员不间断地轮流值勤，一次次地排除故障，使卫星恢复正常工作，但终因星载计算机受空间环境影响而频繁跳变，未能完全回到正常状态，断续工作到1992年11月，在轨运行285天，未达到一年设计寿命的指标。

失败乃成功之母。研制人员将风云一号卫星研制过程中出现的问题和解决之策汇编成册，在后来漫长的航天攻关年月里，这4册凝结着心酸的图书，成为卫星可靠性设计和排故方案的典型教材。

① 风云一号02星

风云二号一波三折

此时，风云二号卫星已开始同步研制，通过八年的努力，风云二号01星于1994年2月底来到了西昌卫星发射中心。4月2日上午，模拟射前8小时准备的测试开始了，一切都很顺利。10点50分左右，突然一声令人心惊的响声从厂房大厅传来，固体远地点发动机被点着了，一人多高的黑色浓烟，夹着血红的火光像潮水般涌了出来，冲击波震碎了观测窗玻璃，厂房的供电中断了，黑暗的测试间内呛人的烟味令人透不过气来。经过4个多月的艰难工作，终于查清了事故的原因。血的教训给每一个航天人敲响了警钟，亡羊补牢，为时未晚，事故对航天人的启示，成了我国航天事业一笔极为可贵的财富。

接二连三的卫星事故使风云卫星的研制遇到了一些疑问，风云卫星一度陷入了低迷期。尽管如此，上海航天风云团队选择了继续坚持，再度重新启动风云二号A星研制。1997年6月10日，风云二号A星发射成功。6月21日，中国卫星气象中心成功获取第一张可见光云图。7月13日，又成功获取第一张红外云图和水汽分布图。12月1日，卫星正式交付国家气象局。但是，卫星运行10个月后，天线消旋系统发生失锁故障，造成数传和转发无线通道中断。针对这个问题，研制人员采取了综合性的措施应用于待发射的风云二号03星。2000年6月25日，风云二号03星发射成功，命名为风云二号B星。改进后的天线消旋系统良好，但转发器又出现故障。

风云一号C星为国人"争气"

1999年5月10日，风云一号C星成功发射，在轨稳定运行达七年之久，超期服役五年。该星完成了我国气象卫星研制历史上由屡遭挫折到圆满成功的完美转身，被誉为"太阳同步轨道长寿第一星"，揭开了我国长寿命、高可靠性卫星的运行历史。作为我国第一颗三轴稳定太阳同步极低轨道业务气象卫星，该星突破了三轴稳定姿态控制技术等多项关键技术，翻开了我国气象卫星事业上新的一页。

风云一号C星的成功发射还有着另一层特殊的意义。发射前两天，即5月8日，中国驻南斯拉夫大使馆被以美国为首的北约轰炸，该星的成功发射在国内外产生了很大的震动，在我国的政治外交上发挥了积极作用，也鼓舞中国老百姓和海外侨胞。由于该事件的重大作用，作为1999年我国重大事件之一，被铭刻在北京中华世纪坛。2000年8月，世界气象组织将风云一号C星列入世界业务气象卫星系列，为全世界提供气象服务。

风云三号接连告捷

有耕耘就会有收获。2002年，风云一号D星发射升空，第一次实现遥感卫星的长寿命业务运行，成为国内寿命最长的在轨遥感卫星之一。2004年10月19日，地球静止轨道气象卫星风云二号终于传来喜讯。风云二号C星成功定点，成为当时国内应用最为广泛的业务应用卫星，达到美国和日本20世纪90年代气象卫星的水平，图像质量甚至超过了美国。从2006年至2014年，我国先后发射4颗风云二号系列卫星，颗颗成功。长期稳定运行的风云二号卫星，挑起了国家重大活动的气象保障之担，也开始服务于国民经济，造福万千百姓。

2008年5月27日，一颗研制了将近八年的"新星"在太原卫星发射中心升空，这是风云三号的首发星，也是上海航天抓总研制的新一代太阳同步轨道气象卫星。此后，风云三号B星、C星、D星相继发射成功，风云三号气象卫星实现多星组网，各卫星功能互补，使全球数值天气预报的更新时效缩短为4小时。

❶

❶ 风云三号卫星发射成功

风云四号实现跨越式发展

2016 年，"风云"家族再度传来喜讯，我国地球静止轨道气象卫星也迎来了"新一代"。12 月 11 日，风云四号 A 星发射成功，较上代风云二号卫星，该星的观测效率提升 20 倍、探测通道提升 3 倍、空间分辨率提升 4 倍、时间分辨率提升 2 倍、观测数据量增加 160 倍，在世界上首次实现了成像观测和红外高光谱大气垂直探测综合观测，成为我国气象卫星技术从跟跑并跑转向并跑领跑的实践者。

作为我国新一代静止轨道气象卫星的首颗试验星，风云四号 A 星开创了首颗试验星直接投入业务运行的先河，于 2017 年 9 月 25 日正式交付用户，投入业务运行。伴随着全部国家级气象业务平台完成"风云二号"到"风云四号"卫星业务切换，风云四号卫星正为全球 80 多个国家和地区、国内 2500 家用户提供卫星资料和产品。

从极轨气象卫星风云一号到风云三号，静止气象卫星风云二号到风云四号，中国气象卫星事业已走过五十年的发展历程，实现了我国气象卫星事业从无到有、从小到大、从弱到强的跨越，实现了两代四型高低轨两个系列共 17 颗卫星的研制和发射，开创了中国特色遥感卫星的研制体系，推动了我国定量遥感相关基础工业的跨越发展。

（苑轩）

相 关 链 接

巡天遥看一千河，疑是银河落九天。风云卫星已成为世界气象组织观测网的重要成员，是我国遥感卫星中应用范围最广、效益发挥最好的卫星系列，被誉为遥感卫星运营服务的榜样、民用卫星业务服务的典范。

❶

❶ 风云四号 A 星

嫦娥四号：
让玉兔行走在月亮背面

2018 年 12 月 8 日 2 时 23 分，我国在西昌卫星发射中心用长征三号乙运载火箭成功发射嫦娥四号探测器，开启了月球探测的新旅程。2019 年 1 月 3 日 10 时 26 分，嫦娥四号的着陆器携带玉兔二号成功实现了首次月背软着陆和巡视勘察。上海航天局承担了嫦娥四号着陆器、巡视器五个半分系统的研制任务，玉兔潇洒地行走于月亮背面，嫦娥四号上饱含着浓浓的"上海基因"。

❶

激扬青春　志在探月

随着我国综合国力的增强，国家酝酿探索太空，决定从探月起步。十多年来，上海航天局嫦娥四号研制团队一直都有一个探月梦，大家带着对月亮——这颗神秘而美丽星球的美好憧憬，以只争朝夕的工作干劲、精益求精的工作态度、勇于创新的工作作风，努力探索着这个距离地球 40 万公里的地外天体。但上海航天局与探月一期任务擦肩而过。

2004 年，探月工程立项的消息传来，国家提出开展探月二期工程论证和研究。一开始只有几名兼职设计人员，关键技术储备不足，真可谓困难重重。在此情况下，上海航天局下决心自筹经费开展探月工程二期的研发，并得到了上海市和集团公司的大

❶ 嫦娥四号发射瞬间

力支持。在逐步确立多个分系统的关键技术方向后，上海航天局组成了以博士、硕士为主的研发团队，并建立了月面环境实验室、视觉环境实验室，还有大批老专家的加入，使得原理样机、攻关样机、工程样机等成果不断形成。

2008 年，我国探月工程二期正式立项，上海航天局在探月工程二期嫦娥三号任务中争取到了五个半分系统的研制任务，分别为：月球车移动分系统、结构与机构分系统、测控数传分系统、电源分系统、综合电子分系统移动 / 机构控制与驱动组件，以及着陆器一次电源分系统，志在实现探月工程零的突破。张玉花从钻研十七年的载人航天领域转向陌生的探月工程，担任副总设计师、副总指挥，开启了嫦娥团队的探月之旅。上海航天局嫦娥四号探测器研制团队在继承嫦娥三号技术的基础上，围绕嫦娥四号任务特点，补充了新鲜血液，壮大了科研队伍。月亮成了大家实现报国之志、展示中国航天实力的平台。

面对重任　迎难而上

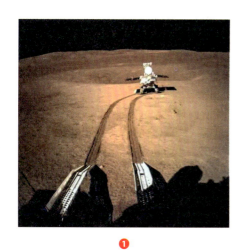

相较嫦娥三号着陆的月球正面，此次嫦娥四号着陆的月背环境更复杂、地貌状况更严苛，任何再细致的先期准备都不为过。因此，各分系统工作面临更多、更细、更严的各项质量要求，研制进度紧、产保要求高就成了工作时的常态。

巡视器体积虽然不大，但光移动分系统相关就有电机 10 余台、轴承 18 类 176 个、密封圈 13 类上百个，驱动机构、摆臂机构、差动机构 10 余个。为了确保这些外协产品的质量和进度，跟产工作必不可少。从此出差就成了队员们的家常便饭，凌晨的街道、深夜的火车站，对他们都已不再陌生，就像他们常说的"工作时不是在外协单位，多半就是在去外协单位的路上"。

805 所研制的移动分系统、结构与机构分系统总共加起来有 13 个机构，每个机构的热真空和低温存储试验常规安排至少需要 10 天的周期，但当时进度要求在不到 3 个月的时间内完成装配、试验和测试全部工作。面对困难怎么办？队员们通过充分挖掘设备利用率，在测试设备有限的情况下，错开测试时间，并行开展试验。这边机构测试刚结束，立即搬着控制器到另一边开展测试，两边测试人员无论白天黑夜轮番工作，终于使产品顺利按期交付。

即便繁忙已成为常态，但独立评估时的繁忙程度，还是给队员们留下了深刻的印

❶ 嫦娥四号巡视探测

象。当时移动分系统需要参加"探测器总体组"和"着陆与安全分离组"两项独立评估。面对20多位专家，在短短5个月评估周期内陆续提出的上百个书面问题和建议，以及10多个待办事项，移动团队需要一一给出令人信服的解释。这每一项解释和结果背后是成员们舍弃休息时间在试验室、工作电脑前和研讨室中度过的一个个假期。在最后的总结阶段，团队更是用一个半月的时间完成12类共144项试验总结，详尽答复了所有专家提出的问题。

充满活力　甘于奉献

嫦娥四号是嫦娥三号的备份星，虽然811所早早就完成电源控制器产品研制，但为比对月背面任务新的技术要求和应对产品长期贮藏的任务需求，近百项复查、测试工作一项都不能少，一刻都不能松懈。有时，往往一次专项测试就要完成近百种项目的试验，白天黑夜连续40多个小时不间断。特别是进场前测试等测试阶段，电源分系统主任设计师金波成了"奔波"，在上海和北京之间来回辗转。

满满的活力和干劲是这支团队队员们对工作不变的态度。作为移动系统主任设计师的刘殿富参与了嫦娥三号、四号移动分系统的设计和研制的工作。在这个漫长的过程中，产品经历不断地改进，大大小小的试验测试更是不计其数，但每一次他都认真记录测试结果。在一次验证中，测试数据出现细微的波动，大家都认为只是正常现象时，他则一定要找出背后的原因。为此，他利用工作间隙认真分析，查阅了几大摞报告，直到确定波动对系统没有影响。

804所测控分系统主任设计师汪莹被誉为"放风筝的嫦娥"，她负责的巡视器测控数传分系统在月球表面着陆探测期间承担着巡视器与中继星之间的遥控和数据传输，以及与着陆器之间的频段遥测、数据传输任务，对于此次任务的影响不可小觑。

在巡视器主结构生产过程中，为了争取顶板热控效果和质量的完美，结构分系统主任设计师张武带领队员对库房中的200多张铝蒙皮毛配件进行了严格的筛选，力求不留一丝瑕疵。当顶板成品送去热控实施时，见多识广的老师傅也啧啧称赞"做得真漂亮！"

那段时间里，队员罗小桃因长期在北京出差，在办公室出现时，会被人同事戏称"又到上海来出差了"。杨晓青作为团队中的女性，干起工作的劲头一点不输其

他同志。身为一名母亲，当在出差时听到女儿在电话里说："妈妈我想你了，我又学会了一首诗，你什么时候回来，我背给你听。"她想到的是尽全力完成好工作，及早回到女儿身边。尹宇磊，入所不到两年时间，作为团队的新鲜血液，在团队精神的熏陶下，在工作中践行着特别能战斗的航天精神。嫦娥四号发射阶段，工作周期长、任务重，3个月的发射场工作、3个月的飞控工作均需要他全程参与，为了不影响工作，他主动推迟了婚期。

严守关口　决不放松

发射场阶段的工作是嫦娥四号上天前严把质量的最后一个关口，团队里不少新同志都是第一次进入发射场工作，但在团队从严自我要求的氛围引领下，大家都迅速适应了新环境、新要求，并渐渐在系统测试和数据判读工作中承担主力。

在西昌卫星发射中心，嫦娥四号上海航天局试验队严格遵照"四查双想两比对"的工作要求，查文件、查状态、查岗位、查设备，积极开展预想和回想，将测试数据和嫦娥三号以及先期试验做比对。当完成一天的测试工作，有时已是第二天凌晨，队员们仍不厌其烦地把测试数据和前期数据进行认真比对。正是这种工作态度，确保了各阶段测试工作顺利完成和万无一失。工作之余，为了提升预想问题和回想工作的深度和广度，试验队员经常不定期地来上一场头脑风暴，从互相交流中转换思维，以不同角度互相启发，不断完善工作质量，交出了发射场"零问题"的满意答卷。

勇于探索　永不停歇

随着探索月球的进程不断向前推进，因月球特殊的环境和任务需要，各种新要求、新挑战层出不穷，上海航天局嫦娥研制团队在应对嫦娥系列任务挑战的过程中，实现了多项技术创新和首次应用，为相关专业输送了一大批人才。如桅杆等机构的多功能搭载，以及巡视器蜂窝夹层结构的设计、储存变形、轻量化等方面经验，为后续的嫦娥五号、空间飞行器轻量化等设计过程均提供了重要的参考和有益的借鉴作用。巡视器移动机构的研制经验，更是将直接有助于后续发展可能的载人月球车等月面移动设备，为畅想中的月球基地乃至月球生活提供了思路。

（苑轩）

相　关　链　接

2019年1月11日，嫦娥四号着落器与玉兔二号巡视器正常工作，在"鹊桥"中继星支持下顺利完成互拍，地面接受图像清晰完好，中外科学载荷工作正常，探测数据有效下传，搭载科学实验项目顺利开展，达到工程既定目标。12月5日，嫦娥四号任务获月球村协会颁发的优秀探月任务奖。

上汽集团：
十年磨剑铸荣威

　　1991年，当上汽人披红挂彩、敲锣打鼓送走最后一辆上海牌轿车时，心中的自主品牌之火并未因此而熄灭。"产业报国"的初心始终激励着上汽人在自主创新、发展自主品牌的道路上艰苦摸索、不懈追寻。2006年10月，上汽自主品牌荣威品牌及首款中高级轿车相继问世。2014年5月，习近平总书记视察上汽技术中心，为上汽自主品牌发展指明方向，"新四化"让上汽自主品牌焕然一新，新能源和智能网联等差异化竞争优势，让荣威品牌创立时"创新殊荣，威仪四海"的寓意变成现实。

历经曲折　荣威诞生

　　上汽集团在合资轿车逐步发展壮大的同时，一直没有放弃研发自主品牌汽车的摸索，特别是随着中国加入WTO，部分零部件企业外方开始提出占大股的要求，这让上汽集团充分认识到，做大不等于做强，规模不等于竞争力，必须要加快自主创新，建设自主品牌。2000年，上汽集团试制SH0001七人座小客车；2002年，试制SH0201SUV，小批量生产"赛宝"多用途车等。虽然由于产品技术不成熟、市场把握不准确等种种因素，这些产品并没有取得预想的成功，但是通过实践与摸索，锻炼和稳定了一支人才队伍，为自主开发工作积累了有益的经验。

　　2002年7月25日下午，时任上海市委书记黄菊和常务副市长蒋以任等市领导视察了上汽集团，听取集团中长期发展规划的汇报。上汽集团首次提出，到2007年要完成"年产汽车100万辆、跻身世界500强、生产自主品牌汽车5万辆"的三大战略目标。黄菊肯定了集团的工作方向，并特别指出"100万辆是规模，500强是实力，自主开发5万辆是突破，但要进一步细化，把它变成具体的规划、计划和行动"。黄菊的讲话让上汽人倍感振奋，以"三大战略目标"为标志，开始加快自主品牌汽车的发展步伐，并提出"三不一用"原则，即"不完全依赖外方、不排斥外方参与、不违反知识产权，充分利用国际技术资源"，在对外开放条件下，通过集聚利用世界资源，努力形成自主品牌轿车产品技术开发的集成能力，塑造具有自主知识产权的国际化自主品牌。

　　2002年，上汽集团组建汽车工程院，搭建自主开发技术平台。2003年，收购上汽

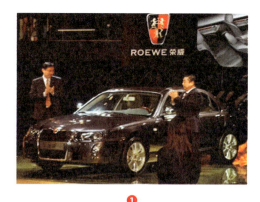

仪征汽车公司99%股权，盘活整车制造存量资源，并抽调王晓秋等四员"干将"参加上海汽车的自主开发项目中。2004年底，上汽集团改制成立上汽股份，陈虹担任上汽股份总裁，并兼任自主品牌领导小组组长，挑起了发展自主品牌的重担。为支持自主品牌建设，上汽集团从上海大众、上海通用、工程院等单位抽调骨干，加快集聚国内资源；同时把眼光投向海外、积极寻找国际资源，经过大量搜索和调研，英国罗孚（ROVER）逐步进入了上汽集团视野。

罗孚是具有百年辉煌历史的英国汽车品牌。2003年，罗孚品牌持有者英国凤凰财团（PVH）难以维持正常经营，于是向全球特别是中国，寻求战略合作伙伴以助其走出困境，并在股比和知识产权的归属问题上表现出较大的灵活性。PVH旗下有MG-ROVER、PTL动力总成等子公司，拥有4个整车平台，3个系列发动机的知识产权和生产设备，在全球设有1000多家经销商网络，具有很强的产品开发能力，在世界范围特别是在欧洲有较大的知名度。按照上汽集团确定的"利用世界资源建设自主品牌"的总体设想，罗孚品牌及技术资源非常有利于打造成为上汽自主品牌的平台。2003年5月，上汽集团启动代号"528"的罗孚项目，开始与英国方面进行合资合作的意向接触及谈判。

2004年8月，上汽集团与PVH签署Rover75、发动机知识产权技术转让协议和Rover商标的使用许可协议；12月，上汽集团与PVH签署Rover25、Streetwise及Rover Commerce知识产权技术转让协议和Rover商标的使用许可协议。但在项目进展过程中，上汽集团发现PVH存在着诸多经营问题，并可能引发巨大风险。因此，在2005年4月7日罗孚公司宣布破产后，上汽果断中止原定的合资合作计划，并于6月参与竞标罗孚汽车和动力总成公司资产。7月，当参与竞标的南汽集团竞标成功后，上汽股份准备收购罗孚品牌，但2006年9月，拥有罗孚品牌优先购买权的美国福特汽车公司决定行使优先购买权，上汽集团立即启动第二方案，加快推出自主品牌及产品。

2006年10月12日，上汽集团宣布自主品牌定名为荣威（Roewe），取意"创新殊荣、威仪四海"。10月24日，首款自主品牌中高级轿车荣威750隆重亮相。时任上海市委代理书记、市长韩正视察了荣威750轿车，并在车上签名留念。荣威750在原罗孚R75平台基础上对车身结构、内外饰、空调系统、底盘和动力系统等进行了大量的二次开发创新，它的诞生成为上汽自主品牌建设的新起点，标志着上海汽车工业从以合资合作为主、进入到合资合作与自主开发并举的新阶段。

❶2006年10月，上汽发布自主品牌荣威和首款车型750轿车

上南合作　"荣"为一家

　　虽然上汽收购了原英国罗孚 R75、R25 车型以及全系列发动机产品核心技术知识产权，但南汽集团却竞价收购了原英国罗孚公司及其动力总成公司的剩余资产。由于双方都利用了部分原英国罗孚的资源，南汽 MG 品牌名爵 7 与上汽率先推出的荣威750 轿车产品技术来源相同，在外观和性能上有较大相似，并在发动机方面存在知识产权纠纷，这些因素对双方自主品牌建设都造成不利影响，合作成为确保双方国有资产高效运作的更好选择。

　　2007 年 5 月，温家宝在上海召开长江三角洲地区协调发展座谈会后，上汽集团向时任上海市委书记习近平作了关于上汽与南汽进行全面合作的汇报，提出上南全面合作，加快建设自主品牌，实现优势互补、资源共享，避免重复建设，共谋合作发展的合作思路。根据习近平关于"可相对应成立领导小组和工作小组，推进全面合作加快进展"的重要批示，同年 6 月，上海市副市长胡延照带队专程赴南京，与江苏省和南京市领导以及南汽有关负责同志进行合作会谈；7 月，时任江苏省委常委、南京市委书记罗志军率领南京市党政代表团访问上汽集团总部，积极支持上汽集团与南汽集团的合作项目，并明确了合作原则。此后，在上海市和江苏省主要领导的关心支持和积极推动下，上汽集团与南汽集团主要负责同志多次互访商谈，加快推进上南合作项目落地。2007 年 7 月 27 日，上汽集团与跃进集团（南汽集团控股股东）签署《全面合作意向书》，明确在整车、汽车零部件和汽车服务贸易等领域进行全面战略合作，并如期完

❶ 2008 年 9 月，上汽自主品牌临港基地建成投产
❷ 2016 年，全球首款量产互联网汽车荣威 RX5 轿车获中国国际工业博览会设计金奖

成新南汽集团和东华公司的分拆重组工作。2007年12月26日，上汽集团和跃进集团在北京人民大会堂签署全面合作协议，国务院副总理曾培炎及国家部委、上海市和江苏省领导出席并见证，"上南合作、融为一家"，开创了国内汽车大集团跨地域联合重组的先河。

合作协议签署后，上汽集团通过统一规划、统一研发、统一采购、统一生产、统一营销的一体化管理模式，进一步整合双方在业务链各环节的资源力量，实现整合效应最大化。MG名爵品牌正式纳入上汽集团自主品牌乘用车业务，并与荣威品牌差异化定位，致力打造成为高附加值个性化运动型品牌。此外，商用车业务也获得了重要的发展资源，为上汽集团打造商用车自主品牌提供了优势基础。

创新殊荣　威仪四海

上南合作后，上汽集团自主品牌发展驶入"快车道"，到2013年不仅年销量跃上20万辆台阶，而且推出荣威550等深受市场认可的明星车型。但上汽集团清醒认识到，相比合资品牌，上汽自主品牌产品的差异化竞争优势仍不突出，自主自强之路依然任重道远。如何创新发展，打造具有核心竞争力的自主品牌产品，成为摆在上汽集团新一届领导班子面前的重要课题。

2014年5月24日，习近平总书记来到上汽技术中心视察。总书记首先来到造型中心，察看自主品牌系列样车，并详细询问技术性能、价格、市场认可度等情况。他走到一辆荣威950前，看到后排车门打开，就饶有兴趣地坐进去体验了一下，并对大家说："中央已经决定，公务车都要用国产车，这对自主品牌汽车是个机会，大家一定要努力。"随后，习总书记来到动力总成实验室，详细了解新能源汽车开发情况，并指出："新能源汽车技术研发能不能占领制高点，已经成为当今世界汽车行业竞争的焦点。汽车行业是市场很大、技术含量和管理精细化程度很高的行业，发展新能源汽车，是我国从汽车大国迈向汽车强国的必由之路，要加大研发力度、认真研究市场、用好用活政策、开发适应各种需求的产品，使之成为一个强劲的增长点。"习总书记对上汽集团发展的悉心指导和殷切期望，让全体上汽人备受鼓舞。

同年6月25日，时任上海市委书记韩正来到上汽集团总部调研，在展望未来的机遇与挑战时，韩正接连用了三个"超乎想象"来概括："当今全球汽车市场竞争的激烈程度超乎想象，对我们的挑战也是超乎想象"；"互联网时代与新技术的运用，带给我们的机遇，也将是超乎想象的。"韩正勉励上汽集团："市委、市政府将全力支持你们，走品牌发展之路、自主创新之路、国际经营之路。"

面对领导的殷切嘱托，上汽集团党委书记、董事长陈虹感到不小的压力与动力，他深知上汽自主品牌要在强手如林的竞争中冲出重围，就必须要有新的"杀手锏"。他找到了此前负责上汽Inkanet车联网项目的负责人，直言不讳地表示：现在的车联网，只是"把手机大屏安到了车上"，车还是车，互联网还是互联网；我们要实现汽车和互联网的真正融合，"把车变成可以移动的智能空间"，"要做跑在互联网上的汽车"；车必须改变属性了，今后我们要革自己的命，全方位深度融合互联网，这就是我们未来的创新战略方向。

当时在许多汽车同行看来，陈虹的想法过于理想化，但他的战略眼光和"固执"却得到阿里巴巴的响应。金风玉露一相逢，便胜却人间无数。一个是传统制造业的大型国企，另一个是新兴互联网巨头，两个完全不同的"物种"却历史性地展开了深度合作。2014 年 7 月 23 日，上汽集团与阿里巴巴签署战略合作协议，共同开发"跑在互联网上的汽车"。但让双方都意想不到的是，这次跨界合作带来的却是不同领域思维的强烈碰撞。想法的冲突、立场的差异让合作饱受磨砺，但陈虹对于合作的看法却一直未变，"不要只顾眼前利益，我们看的是未来，创新的未来"。为了攻克技术难关，双方高管和工程师们经常连轴转地加班，睡办公室成了家常便饭。当 2016 年 7 月 6 日全球第一款互联网汽车荣威 RX5 成功上市时，阿里巴巴高层回忆起那段日子也不禁感叹，"过去的两年，我听见汽车就害怕，因为创新落地需要的推动力非常大"。

荣威 RX5 上市后，成功开辟了"互联网汽车"的新品类，并带动上汽自主品牌汽车销量节节攀升，上汽互联网汽车累计销量突破 200 万辆。更为重要的是，以荣威 RX5 为起点，上汽集团在国内汽车行业率先提出"电动化、智能网联化、共享化、国际化"的"新四化"发展战略，并通过探索"新四化"的融合发展，加快打造上汽自主品牌差异化发展的竞争新优势。

在创新发展过程中，上汽集团牢记习近平总书记"发展新能源汽车，是我国从汽车大国迈向汽车强国的必由之路"的重要指示精神，把发展新能源汽车摆在"新四化"战略的首要位置，全面实施"纯电动、插电混动、燃料电池"三条技术路线，自主掌

❶ 2010 年，荣威 550 轿车获中国汽车工业科学技术奖特等奖。　❷ 2011 年，荣威 550 轿车获国家科技进步奖二等奖

控电池、电驱、电控等"三电"核心技术，并形成完整的产品矩阵和产业链布局。"十三五"期间，上汽新能源车销量年复合增长率近90%。2020年，上汽新能源车销量的排名跃居国内第一。与此同时，上汽集团不断加快智能网联技术的创新布局和产品落地，发布全球首款整舱交互5G的量产车型MARVEL-R，推出高端智能电动车品牌"智己"，并充分利用新能源和智能网联技术的差异化优势，在海外培育形成9个"万辆级"区域市场，上汽集团整车出口销量已连续五年排名国内行业第一，上汽自主品牌乘用车更是连续七年蝉联单一品牌出口冠军。

十年磨一剑，荣威露锋芒。荣威品牌的诞生，让上汽自主品牌发展实现新的起步。如今，上汽自主品牌销量占上汽集团整体销量的比重已超过46%，产品和服务已进入全球60余个国家和地区。经过艰苦努力，上汽自主品牌荣威在创立之初所寓意的"创新殊荣，威仪四海"正一步步成为现实。

（吴琼　包一恺）

亲历者说

陈虹（上汽集团党委书记、董事长）：上汽自主品牌的发展历程，凝聚着中央和历届上海市委、市政府领导的厚爱与支持，浸透着几代上汽人奋斗的汗水和心血。2004年，当我挑起建设上汽自主品牌的重担时，就立下"为中国汽车产业崛起，倾力打造中高端自主品牌"的志向，这是中国汽车人的梦想，也是我们伟大而光荣的使命。虽然在十多年的发展过程中，道路也不总是一帆风顺的，但我始终坚信"宝剑锋从磨砺出，梅花香自苦寒来"。当前，世界汽车工业正经历百年未有之大变革，以电动智能为特征的发展新动能，正在构筑起下一轮汽车产业竞争的新赛道。上汽集团将全力做强创新引擎、全速驶入新赛道，努力把自主品牌打造成为技术升级化、业务全球化、品牌高档化、体验极致化的世界著名品牌。

临港产业区：
推动"中国制造"新崛起

上海陆域东尽之处，内扼扬子江、外眺太平洋的所在，便是临港——它雄踞东海之滨，与杭州湾为邻，江水与海水相激，形成数十平方公里的滩涂，状如水滴。这里，曾是上海最穷、最低洼的地方，是老百姓口中"潮来一片汪洋、潮退一片芦苇荡"的芦潮港。如今，从泥潭里一跃而起的临港产业区，成了上海高质量发展"中国制造"的新高地，正在推动"中国制造"的新崛起。

因港而生

临港产业区缘于洋山深水港的建设。

建设深水港是上海历届市委、市政府十分牵挂的一件事。早在20世纪80年代，就已把深水港建设纳入了上海中长期发展战略的重点规划中。1995年，时任中共中央政治局委员、上海市委书记黄菊代表市委明确提出，建设深水港是上海迈向21世纪过程中最为重要的基础设施项目之一。但深水港究竟选址在哪里？最初始终没有找到合适港址。这年夏秋之交，黄菊亲自带队出海，深入长江口、杭州湾等海域进行调研踏勘。他们乘坐一艘中型港监船，从吴淞口经长江航道驶入东海，一直到杭州湾外的衢黄岛，一路上都在风浪中颠簸。然后折向西，到大小洋山绕岛一圈，船只行驶立即平稳下来。最后驶回上海吴淞港。后来，市长徐匡迪又亲自带队乘船前往考察，还登上山顶俯瞰全岛情况。根据踏勘考察形成的初步分析，认为洋山海域作为上海深水港的备选港址具有明显的综合优势。经过历时六年的前期工作，最终确立在距上海南江芦潮港约30公里的大小洋山岛建设深水港，并形成200万字的《上海国际航运中心洋山港区一期工程可行性研究报告》，正式上报国务院和相关部委。2002年3月，国家正式批准洋山港深水区建设的工程可行性报告。

2002年，上海提出"港为城用，城

❶ 临港产业区挂牌开建

以港兴"的战略思想，启动开发临港的千人大会战。时至今日，但凡参与过临港建设的老临港人都还在惊叹开发初期的围海造地工程，硬将负 4.2 米的滩地平均"吹"高 4 米，使低洼泥泞的滩涂成为基本用地。两年向大海要了整整 54 平方公里的城市用地！

2003 年 11 月，临港产业区挂牌开建，首个大项目上海电气临港基地打下第一根桩，轰响的机器声、鼎沸的人声，与东海潮水的涌动之声交融，谱写出一首产业发展的序曲。

世界一流

临港产业区建设之初，就确定"体现国家战略、体现上海优势、体现国际竞争力"的发展定位，坚持"高端制造、极端制造、自主制造"的产业导向，通过"联合大企业、引进大项目、建设大基地"，以国家重大专项为导向，积极培育战略性新兴产业的国家战略。

根据 2006 年国务院《关于加快振兴装备制造业的若干意见》确定的重大专项目录，规划建设新能源装备、船舶关键件、海洋工程、汽车整车及零部件、大型工程机械、民用航空设备及关键零部件六大产业制造基地，全力打造以民用航空动力园、集成电路产业园、再制造产业园为代表的战略性新兴产业园区，产业项目涉及 16 个重大专项中的 8 个，独占江山半壁。

然而，临港产业发展之路，可谓风雨兼程、筚路蓝缕。

中国是造船大国，大功率低速船用柴油机是船舶的心脏，曲轴是柴油机最主要的关键部件。世界上只有日本、韩国、西班牙、捷克等少数国家能生产。船用柴油机曲轴等关键部件始终受制于人，成了"卡脖子技术"。当时，国内造船业是"船等机""机等轴"。首批入驻临港的上海电气船用曲轴有限公司，通过产、学、研联合攻关方式，攻克曲轴毛坯的精炼、曲拐弯锻成型、热处理制造等关键技术问题，打破国外垄断，于 2005 年 1 月制造出我国第一根大功率低速船用柴油机半组合式曲轴，性能与质量达到国际先进水平，打破了国外垄断。十五年来，尽管遭遇市场寒冬，但公司没有被逆境压垮，用坚守完成又一次突破，一款款达到领先水平的新型船用曲轴源源不断发往客户，为国家坚守住自主研发的核心技术。

随着一批批事关国家战略，涉及高端、极端、自主装备制造的项目落地，中国最短缺、最核心的装备制造产业集群在这里框架渐成、雏形初显，"中国制造"的低端形

❶ 临港产业区俯瞰

象和高端装备制造领域受制于人的局面一再被打破——

以上海电气核电板块为代表，建成国内领先、国际同步水平的核电关键装备制造基地，涵盖核电、风电、光伏及其他新能源装备制造产业链；

以中船集团及中船重工两大集团为核心，船舶动力产业形成覆盖高速、中速、低速全分类船用柴油主机的产业聚集；

以上汽集团为龙头，带动乘用车整车、发动机、精密零部件、能源系统等的生产制造及后续物流配送、配套服务等产业链……

在一幢幢拔地而起的现代化厂房里，几乎每一幢都有一个"最"：

中国第一台自主知识产权的 3.6 兆瓦海上风电机组，世界第一根百万千瓦级超超临界汽轮机低压焊接转子，中国第一台自主设计的二代改进型核电百万千瓦级蒸汽发生器，第一套国产化率 100% 的百万千瓦级核电站堆内构件，中国第一台自主知识产权的 C919 大飞机发动机……

这里正在诞生一个个国产的"世界一流"，正在上演一幕幕"产业传奇"。

2007 年，时任中共中央政治局委员、上海市委书记习近平到临港调研，对临港地区产业发展作出高度评价："国家把我们作为装备制造业振兴的一个重要基地，我们在临港则看到了什么是国产的世界一流。"

特殊经济功能区

2018 年 11 月 5 日，国家主席习近平在首届中国国际进口博览会开幕式上，宣布增设上海自由贸易试验区新片区。这代表着临港又将肩负起新的时代重任——建立与国际通行规则相衔接的制度体系，通过功能培育引领区域开发，建设特殊经济功能。

"建设特殊经济功能"的破题要义之一就是打造特殊产业。2019 年 8 月 20 日，临港新片区正式揭牌，按照"五个重要"战略部署，在"五区联动"发展格局下，围绕"国家亟需、战略必需"的重点产业方向，以打造智能汽车、高端装备、集成电路、生物医药、民用航空五大"千亿级"产业集群为目标，以特色产业园区为载体，聚焦产业链核心环节和价值链高端领域，继续推进高端产业集群集聚，不断壮大产业规模、提升产业能级——

现代服务业开放区，规划面积 13 平方公里，对标日本东京湾、香港中环、新加坡滨海湾等，重点发展离岸金融、离岸贸易、数字经济等现代服务业，已导入工行、建行、交行、农行、上银、上农商行、浦发、太平洋保险、国寿等金融资源。

❶ 临港产业区的生产车间

国际创新协同区，规划面积 10.3 平方公里，重点吸引国际研发总部、科技银行、研发和转化功能性平台、国际化教育医疗机构、科技孵化服务机构等入驻；建设中的世界顶尖科学家社区和"信息飞鱼"全球数字经济创新岛将汇聚全球顶尖智慧和科创资源，成为中国面向未来世界的"科技之窗"。

洋山特殊综合保税区，由小洋山岛、芦潮港、浦东机场南侧等区域组成，是我国 151 个海关特殊监管区域中唯一的特殊综合保税区，重点发展国际供应链管理、高端制造及相关服务业和跨境综合服务业，推进产业链集群发展，建设具有全球示范意义的国际投资贸易服务自由化便利化一体化的最佳实践区。

❶

高端产业引领区，深耕高端装备制造业，聚焦人工智能、集成电路、生物医药、新能源汽车等重点领域，培育和做大存量，引进百亿级项目做大增量，擦亮"上海制造"金字招牌。

高品质国际社区，围绕全球高端产业人才对环境、居住、教育、医疗、商业等需求，在滴水湖环湖区域、轨道交通站点，以及重大产业基地周边建设国际社区，推进产城深度融合和职住平衡。

临港新片区正依托"五区联动"，在产业、功能、形态上进行有机融合、联动发展，跑出加速度，提升活跃度，打出显示度。

（韩国华）

亲历者说

刘家平（曾任临港集团党委书记、董事长）：十七年前，我们怀着"要在地球上留下作品"的决心，白手起家，战天斗地，在一张白纸上描绘最美的图画。经过十余年俯首耕耘，临港产业区先后取得国家级经济技术开发区、国家级新型工业化示范基地、中德智能制造临港综合示范区等荣誉，是中国技术水平最高、产业配套最好、人才最为集中的装备产业制造基地。

❶ 临港园区规划地图

上海时装周：
开创全球首个"云秀场"

2003 年，上海在成功举办多年服装节的基础上，推出上海时装周。上海时装周为设计师提供展示才华、提高艺术水平的舞台，为中国服装事业发展培育多层次的人才，促进形成"以秀促展、以展促市"的产业生态，被国际媒体誉为"全球最具活力时装周"。

时尚不掉线，秀场云上见

对于时尚从业者而言，年末岁尾可以说是一年中最为忙碌的时段。2020 年初，当人们正准备迎接新一轮时装发布秀热潮时，一场新冠疫情的爆发让一切被迫陷入停滞。面对突如其来的疫情，等待似乎是唯一的选择，时尚活动集体停摆。然而多年沿袭下来的每年两季的时装周早已成为公认的行业集结令。危机来临之时，受到重创的服装企业，特别是包括独立设计师品牌在内的很多中小型企业，更加需要一个抱团取暖的战斗堡垒。

2020 年 2 月上旬，上海时装周组委会办公室召开了一次特别的远程视频会议。会议中，组委会副秘书长吕晓磊提出一个大胆的提议——利用互联网技术将线下时装秀搬到线上，创办"云上时装周"。仿佛网络信号中断了一般，原本热闹的线上交流瞬间没了声响。事后一位工作人员回忆道："当时刚听到做云上时装周时，差不多所有人都惊得愣住了，虽然团队中很多成员都是'网络原住民'，但当时大家都以为活动要延期举办甚至暂停一季了，谁也没想到还能冲到线上。"T 台秀场自 20 世纪初诞生至今，已形成非常成熟的产业业态，可要说将整个时装周搬到线上，却是毫无先例可循。短暂的震撼过后，大家随即感受到了新方向的召唤，每个人都备受鼓舞。

登云梯，我们架好了

在做出举办"云上时装周"的决定之后，摆在办公室成员面前的是前所未有的困难和挑战。

首先是时间异常紧迫，以往新一季时装秀平台与参与品牌通常会花数月时间进行

沟通磨合，然而这一次，从项目立项到活动正式开启，筹备期只有短短6周，时间是否来得及？其次是品牌发布问题，很多时装品牌在春节前囤积了大量货品，春节后又因为工厂无法复工，导致新品生产中断，一些初创型品牌更是陷入资金链断流等生死攸关的境地。有多少品牌能来参加？最后还有技术问题，云秀场计划以直播形式呈现给大众，对于多数时装周工作人员而言，从观看直播的观众转为幕后操盘手困难重重。网络直播卖货对诸多独立设计师来说，简直是"另一个世界"——这些身份的转变，实非易事！

也许在每一位纺织人的骨血中早已深深根植了不惧险阻、勇于挑战的种子。面对困难，组委会办公室第一时间组建了一支青年突击队，争分夺秒学习新技术，从场景构建到话术准备，从蓄水引流到直播间链接技术对接，这群以往笑称自己为"时尚民工"的幕后工作者迅速化身为"时尚互联网人"，与品牌一起在"登云速成班"修学分。

云上秀是秀场，也是战场，只有全力以赴，才能为品牌和设计师们创造一线生机。令人感动的是，"登云召集令"一经发出，就得到众多品牌的积极响应。一位报名参秀的品牌负责人表示：上海时装周不取消、不延期，仿佛给品牌吃下了一颗"定心丸"，也让处在转型关口的品牌"找到了组织"。时装周的众多合作伙伴更是鼎力相持。早在2018年，天猫就与上海时装周共同探索如何在线上助力品牌推广，此次遭遇疫情突袭，天猫成为云上秀主阵地，更特别为设计师开通了绿色通道，帮助他们快速登云。本着"助企纾困"的首要目的，云上时装周也打破了季节的界限，品牌在展示创意理念的同时，更可借此减轻库存压力。

❶ 云上时装周主视觉画面

云秀风光别样好

看似"搭乘火箭"直冲云霄的背后，却承载着诸多不为人知的艰辛。秀场直播间整体上线的前夜，组委会办公室灯火通明，负责品牌对接的工作人员在加班加点进行测试。

然而谁能想到，在链接通道即将全部完成搭建时，却因为最后一个录入的品牌操作失误，致使此前的努力功亏一篑。一位工作人员回忆道："当时连崩溃都没有时间，

只能以最快速度联系品牌重新录入链接进行补救。令我们特别感慨的是，各品牌都非常理解和配合，大家第一时间补全了链接，最终按照计划搭好了云秀场直播间。"

尽管时间紧、任务重，但在品牌和平台方齐心合力的努力下，云秀场搭建过程中的难点、盲点被逐一攻克。2020 年 3 月 24 日，云上秀场正式拉开序幕。由于打破了时间和地域的限制，云秀场反而更加激活了设计师们的创意能量，塑造出线上线下全域联动的场景化营销模式，也让广大消费者足不出户就能感受到时装秀的独特魅力。观众在网上互动中表示："这种直播形式令人耳目一新"，"原来中国独立设计师可以做得这么好。"

云端结出累累硕果

云看秀、云订货、云逛街……秀场登云，一石激起千层浪，为停摆的时尚之钟重新拧紧了发条。3 月 24 日至 30 日，7 天时间，151 场线上发布，400 万人 1100 万次观看，超过 5 亿元品牌总营收，上海时装周和所有参与者一起交出了一份令人瞩目的答卷。

在交互技术的应用与数字系统的支持下，观众从远距离 T 台看秀变为线上线下直接交流，高冷走秀瞬间变得更有亲和力。同时，参与走秀的设计师品牌直接精准获取用户行为数据和反馈，让设计创意产品直接落地，实现销售。在激活新兴消费热点的同时，有效促进了消费回补和市场潜力释放。

❶ 云秀场直播间，主播正在向观众介绍服饰穿搭　❷ 上海时装周 T 台走秀

❶

据天猫提供数据显示，云上时装周开播首日的开幕大秀，3 个小时迎来 250 万人次的观看人潮，其中 3/4 的观众是女性；最多的是 26 岁到 35 岁的消费者，约占整体用户的 42%；观看地域最多的城市是上海、北京和重庆；而排名前五的职业是公司职员、个体经营、教职工、医务人员及学生。参与时装周的商家首日直播互动量超过 600 万次。

参秀品牌在传播品牌理念的同时也获得了极大的关注和良好收益，据部分品牌反馈，参与云上时装周期间，直播观看周环比增长翻倍，引导成交周环比增长 4 至 5 倍，

很多初次"触网"的品牌打开了云端通道，决定将线上直播引入常态化销售模式，并对未来线上业务更加有信心。而云秀场带来的收益也如同一场"及时雨"，帮助相关品牌解了燃眉之急。

"云上时装周"成为上海时装周在疫情下的快速反应、逆势创新的产物，成为中国时尚产业在数字化时装周领域引领全球的重要举措。"云看秀、云订货、云逛街"等一系列创新形态，极大地突破了传统纺织服装行业的发展瓶颈，促进了时尚产业在线数字经济发展。

（曲小萌）

亲历者说

吕晓磊（上海时装周组委会副秘书长）：此次云上时装周依托中国互联网基建的发展，顺应科技的进步，尝试适应数字化时代新消费的购买习惯，既是大胆创新之举，也是补足线上短板之计，更是在危机之下快速应变、积极承担社会责任之策。未来，我们仍然会抓住互联网优势，进一步创新线上模式，探索线上线下相结合的时装周，更好地为产业生态圈做好价值服务。

❶ 上海时装周活动合影

正泰电气：
让电力世界跳动"中国心"

　　在上海西南边的松江，矗立着一座占地1350亩，世界单体面积最大的电力设备制造产业基地之一——正泰电气松江工业园区。工业园区从2003年初建至今，创造了电力变压器研发和制造的多个"世界首次"、行业第一，走出了一条属于中国民营制造业企业科创驱动、转型发展的时代之路，用自己的硬核科技，为上海百年工业制造这块"金字招牌"增添了一份夺目耀眼的新光彩！

高阻抗，让变压器穿起了"铁布衫"

　　短路承受能力是衡量变压器可靠性的一个核心指标，特别是在超高压、特高压电力变压器产品领域，由于其固有的复杂性和跨学科的特点，其相关技术理论至今没有完全统一，属于变压器领域的世界性科技难题。因短路承受能力不足而导致变压器在电网中烧毁的事故案例也屡见不鲜。面对行业的发展、市场的需要和客户的期盼，正泰电气股份有限公司（简称正泰电气）立足自身，从2011年开始，由原沈阳变压器厂总经理李锦彪博士为首的研发团队，毅然投入了全系列高抗短路能力超高压电力变压器的技术研发，攻克了多项关键技术，取得了一系列领先的技术成果。

　　2014年8月，正泰电气专门研发的240 MVA/220 kV普通阻抗三绕组变压器，选择了对变压器短路承受能力考核最严格的中低短路试验，并在世界最知名的荷兰KEMA试验室一次性成功通过全套型式试验报告，高抗短路能力高压电力变压器"小试牛刀"。

　　2016年9月，正泰电气研发的500 kV/400 MVA超高压电力变压器在第三方试验机构荷兰KEMA试验室、英国ASTA及苏州电科院（国家电器产品质量监督检验中心）等三家世界知名的试验机

❶ 正泰电气制造的超大型开关

构一次性通过全部型式试验，整体水平达到了国际先进水平，其抗短路能力达到国际领先水平，为当时国际上通过突发短路试验的最大容量 500 kV 变压器。同时，该变压器属于典型的节能降耗、环境友好型产品，空载损耗数据低于行业 24%，负载损耗数据低于行业 4%，远远优于国际标准，长期运行下极大降低了能源损耗。在该系列产品研发过程中，正泰电气已取得 3 项发明专利、6 项实用新型专利、1 项软件著作权。近日，这一研发成果获得了上海市科技进步三等奖。

从第一台 110 kV 变压器诞生至今，正泰电气通过短路试验的变压器已形成了覆盖 35 kV—500 kV 电压等级的完整系列。

❶

试验变，打造"变压器中的变压器"

短路试验变压器是一种特殊的变压器，主要使用在各短路实验室、电器产品检验中心等，作为中间电源变压器，用来给电力变压器、GIS、断路器等实施极端过电流试验，模拟产品在电网中运行时可能出现的短路故障等过电流情形，它的制造极端考验企业的综合制造能力。

2018 年 9 月 11 日，随着短路后最后一项吊罩检查顺利结束，由正泰电气自主研发的 800 MVA/345 kV 单相全绝缘短路试验变压器在苏州电科院顺利通过了包括突发短路试验的全套型式试验。该产品在进行短路试验时，严格按技术要求标准，实际短路容量远超 800 MVA，高达 1600 MVA，对于单相变压器而言，这是一个在世界范围内都非常大的容量，其短路容量已接近

❷

❶ 产品待运　❷ 正泰电气生产车间

现有试验设备的极限。这一成果使得正泰电气又一次站在了高电压、大容量短路试验变压器产品研制的"制高点"。

实际上，早在 2011 年，由正泰电气研发的 4 台 1200 MVA 发电机短路试验变压器已正式投运，服役七年多来，该 4 台短路试验变压器实施了数百台电器产品的短路试验，承受了数千次的短路试验电流冲击，至今保持零缺陷记录。三年以来，正泰电气还陆续赢得了上海电科院、山东电科院等科研机构的试验变压器订单，充分证明了正泰电气在短路试验变压器这一细分领域所具有的行业地位。

天然酯，让变压器喝了绿色"纯净水"

传统的变压器绝缘介质是矿物油，虽然成本低，但其具有较大的污染性，一旦渗漏很难自然降解，会对环境造成较大影响。20 世纪 80 年代，酯类绝缘油开始出现，特别是由大豆、葵花籽等提炼的天然酯变压器应用快速发展，这类变压器具有防火防爆、燃点高、环保无污染等特点，对于防火防爆、环境保护等要求较高的客户而言，是非常好的选择，因此市场特别是国际市场的需求规模迅速放大。

自 2018 年 4 月，正泰电气在国内第一批开始立项研发该类型变压器，先后获得多项业内领先的成果。2019 年 5 月，正泰电气自主研制的组合式天然酯绝缘油变压器顺利通过美国的 UL 认证，刷新了国内变压器厂家在 UL 认证领域的记录。2019 年 8 月，在荷兰 KEMA 专业工程师见证下，正泰电气研制 220 kV 天然酯绝缘油变压器顺利通过全套型式试验。这款变压器高压侧雷电冲击耐受电压高达 1050 kV，较我国的国家标准 950 kV 高出 10%，同时还具有温升低、噪声低、使用寿命长、可靠性高等综合优势，这是 2018 年正泰电气在国内率先完成 132 kV 天然酯绝缘油变压器后，在国内再次首次完成的首台 220 kV 天然酯绝缘油变压器，这台变压器也得到了澳大利亚客户的高度评价。2020 年，正泰电气研发的天然酯绝缘油电力变压器以其节能、环保的独特性，被列入"上海市创新产品推荐目录"，获得"第三十二届上海市优秀发明铜奖"。

现在，以天然酯绝缘油变压器为代表的环保型变压器与高抗短路能力变压器已经成为正泰电气变压器产品的两个"独门武器"，并已陆续为国家电网、内蒙古电网以及澳大利亚、希腊、塞尔维亚、阿根廷、委内瑞拉、墨西哥、印度、博茨瓦纳等全球各地用户提供了总额超过 20 亿元的产品，得到用户高度赞誉。

多年的坚持创新，让企业的硬核实力不断提升，公司变压器实验室收到中国合格评定国家认可委员会 CNAS 颁发的"实验室认可证书"，并先后主持和参与修订了各类变压器行业标准 20 余项。公司也先后获评国家级企业技术中心、"优秀院士专家工作站"，2020 年单年度申请发明专利 150 余项，累计获得专利达到 1200 余项目。

近年来，公司紧密结合国内外行业形势及企业发展现状，持续加大科技创新投入力度，围绕"高端化、智能化、绿色化、服务化"的总要求，积极组织并实施以新产品开发为重点的科技创新工作，提升核心竞争力，让企业获得了市场和用户的高度认可，即使是受新冠疫情影响经济形势异常严峻的 2020 年，正泰电气仍然交出了一份两位数增长的优秀答卷，实现全年营收突破 105 亿元，同比增长 12%，利润同比增长高达 34%，公司综合实力跃居上海制造业企业 50 强第 30 位、上海民营制造业企业 50 强第 9 位、中国电气工业 100 强第 26 位，产品在全球 130 多个国家稳定运行，展示出强劲的发展后劲。

"创新驱动，凡墙皆门；因循守旧，凡门介墙。我们要以'等不起'的紧迫感、'慢不得'的危机感、'坐不住'的责任感加大科技创新力度，实现高质量发展。"这是公司南存辉董事长时常挂在嘴边的一句话，这种强烈的科技创新意识已融入所有正泰电气人的血液之中。在公司最新的"十四五"发展规划中，公司明确提出了"市场引领、创新驱动、开发合作、精准研发、价值创造"的技术战略，围绕"数字化、小型化、模块化、高电压、大容量、高可靠"的产品路线，将每年的研发投入提高到占营收的 3%—5%，通过搭建创新合作与价值链协同一体化平台，开展重点行业应用解决方案和前瞻性技术与先进工艺的研究，突破一批"卡脖子"的关键核心技术、工艺，掌握产业链价值链核心环节，满足市场多元化需求，用融合人工智能和互联网因子的智能制造和体现资源高效集约利用的绿色制造，实现企业的高质量发展。

可以想见，不久的将来，一家来自中国、名叫正泰的民族工业企业必将以益然勃发的姿态登临世界电力设备制造行业之巅，为推动"上海制造"向"上海智造、上海创造"转型作出自己应有的贡献！

（金熠）

亲历者说

陈成剑（曾任正泰电气股份有限公司总裁，现任正泰电气股份有限公司副董事长、党委书记）：作为正泰电气松江工业园的奠基人之一，我倍感自豪和欣慰。正是对技术创新近乎偏执的追求，让我们用十年左右的时间，走完了外企和国企二十年甚至是三十年的变压器研发制造路程。通过在电力设备制造业这条道路上的不断探索，经过十八年艰苦创业，正泰电气实现了由中低压电压等级产品向特高压电压等级产品转型升级，由"卖产品"向"卖服务"转型升级，由单纯产品制造向系统集成总包转型升级，由传统制造向工业化、信息化融合的"智慧制造"转型升级。前路漫漫，上下求索，科技创新的大旗必将在正泰电气永远高高飘扬！

上海新昇：
跻身世界一流硅片梯队

在上海自贸区临港新片区，中国第一条 12 英寸半导体硅片生产线源源不断产出直径 12 英寸（300 毫米）的半导体硅片。这些硅片可广泛用于存储器芯片、逻辑芯片、模拟芯片、IGBT 功率器件和通信芯片等集成电路产业，打破中国在这一领域受制于人的现状，填补了国内这一技术空白。

"中国制造"之痛

集成电路产业作为信息技术产业的核心，是支撑经济社会发展和保障国家安全的战略性、基础性和先导性产业。在集成电路产业链中，硅片材料是制造集成电路最重要的原材料，占比达到 35%。然而，我国硅片材料长期依赖进口，尤其是 12 英寸大硅片几乎全部依赖进口，成为"中国制造"之痛。

新昇呱呱坠地

上海是我国集成电路产业最集中、综合技术水平最高、产业链最完整的产业集聚区、在绝缘体上硅（SOI）材料技术研发与产业化建设方面有一定基础和优势。SOI 技术是国际上公认的"21 世纪硅集成电路技术"，是微电子和光电子领域发展的前沿，西方国家对我国一直实行禁运。2001 年，中科院院士、时任中科院上海微系统所所长王曦带领 6 个博士创立上海新傲科技股份有限公司，仅用 5 个多月建成我国第一条 SOI 生产线，制备出国际最先进水平的 SOI 晶圆片，打破了国外的技术封锁，解决了我国 SOI 产品的"有无"问题。新傲因此获得国家科技进步一等奖、上海市科技进步一等奖、中国科学院杰出科技成就奖。2003 年，被英特尔公司正式列入供应商名单，成为世界六大 SOI 材料供应商之一。

基于 SOI 材料研发和产业化方面的成功经验，2013 年 6 月，国家 02 科技重大专项把 12 英寸硅片作为三大重点需要解决的战略任务之一。在中科院王曦院士的建言下、上海市政府大力支持下，决定在上海启动建设 12 英寸硅片项目。

2014 年 6 月，上海新昇半导体科技有限公司（简称上海新昇）正式落地临港新片

区，开始 40-28 纳米集成电路制造用 12 英寸硅片的研发与产业化建设。不可否认的是，12 英寸硅片在中国起步比国际同行晚了二十年，且当时国内硅片材料企业仅有少数几家 8 英寸生产线，发展现状整体规模小而散，技术能力不强，抗市场风险能力弱，缺乏国际竞争力，亟须在资金、资源、组织方式上进行整合、创新。在这样的情况下，上海国盛集团联合国家集成电路产业投资基金于 2015 年成立上海硅产业集团，专注于硅材料的研究和产业化建设。硅产业集团整合新昇、新傲等企业资源，通过资本助力进行全球并购，抢回 12 英寸大硅片的发展时间。

零的突破

有了集团资源保障，有了政府产业基金支持，上海新昇开始发力，全面展开 12 英寸大硅片的技术研发与产业化建设。12 英寸硅片制造是全方位追求物理、化学、工艺极致的过程。主要表现为四个方面：一是完美，要求晶体完全消除原生缺陷，达到完美晶体（钻石结构）标准。二是洁净，要求晶体表面颗粒尺寸达到 19 纳米，即 PM2.5 颗粒的 1%。三是平坦，硅片平整度相当于上海到北京高速公路距离 1000 公里内的起伏小于 30 厘米。四是高纯，要求硅片表面金属杂质密度相当于 10 倍地球人口（750 亿）中只有 1 位携带病毒。

大硅片要求如此之高，而我国在 12 英寸硅片制造方面的经验为零，更谈不上拥有大硅片生产经验的人才。上海新昇一方面发挥艰苦卓绝的奋斗精神，另一方面求贤若渴，引进国际化团队，以不断解决现实研发和生产工艺问题为抓手，努力跨越一道道障碍。

❶ 2002 年 9 月 24 日，王曦院士和新傲创业团队

晶体生长是个持续数日的缓慢过程，当晶体缓慢生长到一定程度时，晶体直径会失控，导致无法继续稳定生长。对此，一个研发小组提出开展晶体生长评价试验方案，探索、掌握拉出满足高端半导体硅片要求的完美晶体（Perfect Crystal）的生长条件。当时，新昇包括国内的半导体硅片企业都从未进行过这种非常规的试验，有些外国专家也不赞成该试验的开展。但研发小组仍然不放弃，

公司积极支持他们的首创精神，研发人员经过一次次失败，不折不挠顽强攻关，终于获得成功，找到理想晶体的生长条件和设备调控规律，拉出第一根完整的、2米高的12英寸单晶。这一步跨越比起国际同类公司快了9个月之多。

这样的故事在上海新昇屡见不鲜。六年来，公司努力打造国内12英寸硅片人才高地，培养出一大批本土工程师，为12英寸硅片产业可持续发展积累了大量的技术人才。

根据40-28纳米技术节点对12英寸硅衬底片的技术要求，上海新昇还开展12英寸晶圆成套加工工艺攻关，成功掌握12英寸直拉单晶的生长、研磨、抛光、清洗、外延生产等关键技术，形成规模化生产整套体系，建成中国第一条月产能15万片/月的12英寸硅片生产线。

自2016年10月成功拉出第一根12英寸单晶硅棒后，90纳米、65纳米、55纳米、40纳米、28纳米技术节点不断被突破。至2020年10月1日前，上海新昇在28纳米以上所有技术节点的产品均通过客户可靠性验证，实现中国12英寸半导体硅片技术"零"的突破。

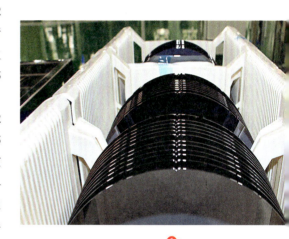

不骄不躁持续产业化

在产业化方面，从2018年形成规模化销售以来，公司于2019年8月首次实现出货100万片的里程碑，成为国内外主要半导体制造企业的供应商。2020年10月1日，又创造出货量突破200万片的新纪录。

2020年9月底，国家科技重大专项（02重大专项）实施管理办公室组织专家组，召开02专项综合绩效评价会。由上海新昇承担的40-28纳米集成电路制造用12英寸硅片技术研发项目以优异的成绩通过专项验收。这意味着中国第一条12英寸半导体硅片生产线不但获得技术突破，形成关键技术开发体系，而且经过大生产考验，证明这是一条成熟的生产线。

❶ 2016年10月，新昇第一批12英寸大硅片出货

❶

如今，上海新昇已经在用 14 纳米制程研发完成 128 层 3D NAND 技术送样认证；19 纳米 DRAM 也开始全工艺流程测试，进行第二批样片验证。

因为有了硅材料产业发展的坚实基础，上海硅产业集团（简称"沪硅产业"）于 2020 年 4 月 20 日在科创板成功上市。

（陈爱琳）

亲历者说

李炜（上海硅产业集团执行副总裁、董事会秘书；上海新昇董事长、新傲科技董事长）：短短六年多，上海新昇努力追赶国际巨头几十年发展的步伐，经历了一个又一个里程碑式的发展，取得国产大硅片零的突破。作为亲历者，我认为这样的成绩来之不易，但是路漫漫其修远兮，硅片产业发展之路道阻且长，仍需努力。

❶ 2020 年 4 月 20 日，沪硅产业科创板上市

六晶科技:
在创新中求新生

上海六晶科技股份有限公司原名上海六晶金属科技有限公司,是 2006 年 1 月成立的民营企业,从事特种钨、钼合金材料、复合材料及相关高精密部件的研发、生产与服务,并为高端医学影像链提供综合解决方案;产品在世界高能射线医疗领域有着举足轻重的地位,是通用电气、西门子、飞利浦等公司的战略供应商或核心供应商,且拥有产品定价的话语权。公司拥有 40 多项专利,获上海市高新技术企业、专精特新企业、小巨人培育企业和专利试点企业等称号。

传统工艺把企业逼上绝路

六晶科技成立之初,采用传统热加工工艺生产钨合金薄板,将较厚的钨合金钢板坯经反复加热、热轧、酸碱洗等工序,加工成薄板,但仅仅用这些方法,无法加工出厚度均匀、1 毫米及以下的薄板材,而且高能耗、高损耗、高污染和低产出,不仅使公司在产品的质量、价格、交货期及持续供应方面缺乏竞争力,而且,环境污染问题难以解决,不得不将生产基地从漕河泾开发区迁至远离市中心的嘉定区工业区。但到了嘉定后,公司仍未解决环境污染问题,被当地环保部门处罚警告。此时,六晶科技如果不解决高能耗、高污染问题,将面临企业倒闭或迁出上海的境地。

"联盟计划"使企业起死回生

就在准备从嘉定迁往贵州之际,公司负责人打听到上海科技成果转化促进会有个"联盟计划",即由企业提出技术难题,科促会发动高校和科研单位通过产学研合作加以解决。于是,六晶科技迅速向科促会提出"钨合金超薄板的新型制备工艺及在高端医疗设备上的应用"的难题招标项目。经科促会组织专家评选和审核,上海大学朱玉斌教授团队以"低能耗、短流程、无污染的钨合金材料的制备技术"的解决方案中标,并得到"联盟计划"资金资助。此后,十届上海市政协主席蒋以任、科促会领导周鹤龄、张其标、管维镛等,多次到六晶科技了解情况,现场帮助解决问题。

朱教授团队采用难熔金属粉轧技术,巧妙地将钨合金粉末和黏结剂等混合,像揉面粉一样揉成"钨合金面团"，送进自主研发的机器中，用"压制馄饨皮"的办法，将"面团"压制成薄片，并裁剪成所需的外形尺寸（余料回到"面团"中利用）。而后，他们将这些薄片坯料放入氧化铝粉中固定，进隧道窑中烧结成具有金属强度的合金片，最后冷轧成厚度仅1毫米或更薄的钨合金超薄板。新工艺取消了热轧、高温退火、酸碱洗及修磨等多道工序，使生产周期从20天缩短为1—2天，原材料利用率从30%—40%提高到95%以上；节约电能70%、节约水45%，并完全消除酸洗、碱洗工序对环境的污染，创造了高比重合金行业的绿色生产这一奇迹。

该技术成功应用于工业化生产后，在产值和利润逐年增加的同时，产品成功打入国际市场，使公司生产的钨合金薄板，以优胜的质量击败了美国、德国等竞争对手，获得了美国通用电气医疗系统CT-PET核心部件的全球独家供应商的权利，嗣后又成功进入西门子、飞利浦公司的全球采购系统。从此，六晶科技摘掉了"高污染、高能耗"的帽子，企业获得了新生。

企业盛开创新之花

2007年，公司开发的新产品不仅要求钨合金薄板精度的误差不超过一根头发丝的1/10，厚度比小馄饨皮要薄很多，而且要求在其他金属材料上，覆盖高精度、高超薄钨合金薄片，做到两种材料结合很牢。当时，六晶科技使出全身力气都做不到。公司再次向科促会提出招标项目，朱教授团队毅然接标，通过不断改进材料、黏合剂的配方和轧机精度，生产出新一代CT机核心探测器用的厚度仅有一根头发丝一半的40微米厚的钼基超薄材料产品。

世界上LED照明器件的功率很难做大的难点之一，是半导体发光器件的内部热量发散不出去。大家都在寻找新散热办法，其中，寻找绝缘性好、导热性优良的材料是最佳途径。2008年，六晶科技自然而然地又想到两次帮助企业解决难题的朱教授。他们第三次向科促会提出难题招标项目。朱教授团队接标后，认真研究配方和钨、铜粉末的粒径大小，进一步改进生产设备及优化工艺，将钨、铜粉末及黏合剂等"揉成合金面团"→"压成馄饨皮"→"烧结成薄板"→"冷轧薄板到要求厚度"，制备出世界上最薄的钨铜合金箔材，成功应用于LED照明器件产业链。目前该材料已批量出口到国际知名的LED厂商。

与朱教授团队的三次成功合作，得到公司股东们的一致好评、信任和肯定。大家认识到，只有引进懂技术的人才，走"科技兴企"的路，企业才能发展前行。2009年，在公司股东大会上，股东们决定请朱玉斌入股，并选举他担任公司董事长，之后，又两次聘他兼任公司总经理，掌控企业发展方向。

朱教授担任董事长后，将技术创新战略作为企业发展的第一要务，极大地推动了产品不断推陈出新。公司将前端的材料制备、部分精密加工的高能射线管理材料及零

部件等产品，交由外地企业合作完成，上海本部专注研发、市场和供应链管理，以及精密组装和高端产品的生产和质量控制。产品从单一零件逐步向部件及系统产品进军，多项技术填补行业空白，领先于国际同行，使我国难熔金属行业从低附加值原材料出口，转向高附加值的高端零部件出口。

此后，公司先后开发出钨镍铁、钨镍铜、钼铜合金箔材、金属基高分子复合材料等多种新产品。其中，金属基高分子复合材料将金属细颗粒，与高分子材料复合，使之像塑料一样非常方便加工成复杂形状的零部件，还可回收使用。用新型射线屏蔽金属高分子复合材料制备的13件套高精度零部件，成功应用于美国通用电气最高端机型256排 Revolution CT上。后续开发的柔性金属高分子复合料，与传统铅橡胶医用屏蔽服料相比，极大提升了对X光射线的屏蔽性能，而且更轻、更薄、更柔软，解决了现有铅橡胶屏蔽服的毒、重、硬难题，投放市场后获得了医护人员的高度评价。

六晶科技的发展壮大，受到投资机构青睐。2013年，公司接受资本注入，完成了股份制改造，并于2015年3月成功登陆新三板上市。2016年5月，公司引进拥有十多年飞利浦医疗集团美国公司和中国公司管理经验，熟悉医疗系统运作流程、行业人脉广泛的吴敏，担任公司总裁，兼管商务。2017年1月，邀请在GE医疗工作多年，任高级机械设计工程师及项目主管，有丰富技术和管理经验，精于医学影像链创新设计的潘祥生博士，担任公司技术副总裁，负责公司现有产品和工艺改进、新产品开发以及未来产品发展的战略规划。2017年10月，又邀请具有八年多飞利浦医疗采购和供应链管理工作经验，精于供应商开发、供应链管理、质量体系运作的桂海燕女

❶ 国外客户到访

士，担任公司常务副总裁。经过调整，形成一马当先，三驾马车并驾齐驱的态势，使公司 2018 年营业收入比 2017 年增长 88.65%，净利润增长 928%；共获 40 多项专利，产品先后获上海市优秀发明大赛的一等奖、上海产学研合作优秀项目一等奖和第三届中国国际新材料产业博览会金奖。

（唐益龄）

亲历者说

朱玉斌（上海六晶科技股份有限公司董事长）：六晶科技公司与上海大学材料学院长达近十年的合作，构建并不断优化产学研合作机制，坚持创新与人才培育并重，既提高了研究生的实践技能、创新能力，创建了在校研究生全素质链培养新模式，也为企业研发团队提供了新鲜的创新血液，实现了高校与企业的互利共赢、共同发展。

❶ 六晶科技公司新三板挂牌仪式

8848.86：

丈量世界新高度

2020年12月8日，国家主席习近平同尼泊尔总统班达里互致信函，共同宣布珠穆朗玛峰最新高程——8848.86米。从8848.13米到8844.43米，再到8848.86米，对珠穆朗玛峰高程的一次次追问，这是我国测量技术不断创新突破的发展史，也是中国测绘、中国制造、中国北斗新的高度，更是北斗西虹桥基地企业之一的上海华测导航技术股份有限公司（简称华测）导航产业新的起点！

接受任务

2019年11月，第九届中国测绘地理信息技术装备博览会在南京召开，华测依例参与其中。自然资源部领导在巡展过程中突然向展位负责人提及2020珠峰高程测量，并征询公司参与意向。华测与此次测量任务的缘分由此结下。

彼时，几乎所有知情者都领会到这一件事的分量。在相关讨论群，董事长赵延平请大家各抒己见，从不同视角说说干或不干。首先被抛出的现实问题，就是成功率。

然而，这实在不是一个轻易能够回答的问题。巍然屹立的珠穆朗玛峰人迹罕至，关乎它的每一次攀登皆是极限挑战，对人如此，对仪器装备亦如此。先前的华测产品未曾于海拔8800米以上工作，临时建立相匹配的测试环境也并非易事。要依靠经验做出确切推论显得太过艰难。

但这又无疑是最难得的机会。1975年和2005年，中国先后对珠峰高程进行2次测量，采用的仪器装备基本皆为进口。这一次，自然资源部在组织编制实施方案时明确要求，测量任务要由国产测绘仪器装备全面担纲。作为国内测绘仪器装备的领先企业，经过多年的研发投入和产品打磨，华测正需要一个窗口证明中国制造的实力。

为此，副总裁王向忠代表企业高层在微信群里发布作战令："全力以赴加油干！"这一天，是2019年10月31日。

上海测试

P5是上海华测基于第四代智能平台研发的一款GNSS接收机，主要用于精密定位

服务系统、矿山监测、桥梁监测、地灾监测、机械控制、车辆调度、船舶调度等领域，兼备高可靠性和高精度特点，完全可以满足国家、省、市级北斗地基增强系统硬件需求，其平均故障间隔时间为 MTBF=38544 小时，是目前市场上该指标最高的 GNSS 接收机。P5 通讯手段多样化，集成 4G/WiFi/ 蓝牙 / 电台等多种通讯方式。其抗震等级高，有更高的硬度和抗冲击指标，能适应野外环境，具备稳压和防雷功能，主机的稳定性更强。华测的北斗 GNSS 设备，尽管此前在全球 CORS 网络建设中使用超过 5000 台，但测量珠峰，还需进行优化设计和改进。

"能够参与到国家级项目中固然值得骄傲，但这是不容失败、难有补救的任务，要出了意外，可就是人民的罪人了"，项目总指挥的王向忠坦言道。为了把"万一"统统剔除，华测公司抽调 40 余位精干力量来保证华测珠峰项目的推进，并联合研发、工艺、结构、制造、北斗装备等相关部门组成攻关组。

测试工程师张党魁是产品测试环节的负责人。极端环境下的可靠性测试是项目组首先面临的问题，这里囊括了高寒、低压、缺氧、风沙、雨雪。能上去的各种设备不仅要防水抗摔，还要求产品整机和所有配件在 30 kPa 低气压和 –55 ℃环境下低温贮存 48 小时，在 –45 ℃环境下低温工作 24 小时，这对项目组带来了巨大考验。

然而时间之紧超出想象。第一次送国检中心测试的日期被定在一周后的 11 月初。要通过低温测试，低温电池是基础配件。技术和采购人员在得知要求的当天即联系供应商发货，待电池一到便进行装配，并通宵进行实验。低温相关的实验完成了，设备全部通过测试。就在大家欢呼庆祝的同时，研发副总监张沛尧却说："为了保障设备万无一失，我们必须在模拟珠峰的低压环境的同时进行低温试验！""可是我们现在没有

❶ ❷ 华测北斗高精度接收机 P5

低压试验设备啊?"张党魁脱口而出。"那就找周边的实验室和检测机构,周边找不到就在全国找,一定要通过这个测试才算成功!","这个实验交给我来负责!"项目经理徐升说道,他曾经负责过同类北斗高精度接收机的研制及交付工作。最终所有设备在上海天梯检测技术有限公司完成并通过测试,这也为项目组争取到了宝贵的时间。

环境测试的同时,是接收机的后处理软件测试。这次登顶珠峰的设备完全采用分体机静态观测模式,需要支持北斗三代卫星同时数据量还要限制到最小等一系列要求。

因为疫情,项目组耽误了几天的产品测试工作。为节省时间,项目组决定实行24小时不间断测试,人不停,机器也不停:软件开发人员改完代码后,张党魁立即把接收机更新为最新固件,开始进行数小时的测试工作;数据采集完成后,开始分析测试问题,出现问题马上反馈给开发人员,开发人员继续修改;然后又是新一轮的测试,分析,反馈,测试循环往复。

"我们还剩两天。装配需要时间,装配完成后还得做足24小时实验,测试人员都把时间卡得很紧很紧。"张沛尧咬紧牙关要求道。那一次,24小时的实验恰好在清晨6点结束,通常8点半上班的测试人员守着点换班,就这样轮轴挤出了分分秒秒。而与之类似的作息在3月里几乎固定下来:清晨分析数据,中午给出结论,下午至晚间进行改进,凌晨升级开始测试,而后迎来新的轮回。项目中的研发人员仿佛成了啮合的齿轮,紧密配合并推动着彼此完成产品的不断进化。

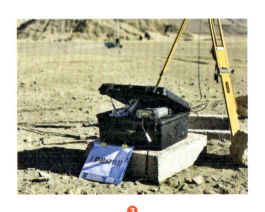

❶ 华测北斗高精度接收机在野外进行现场培训 ❷❸ 华测北斗高精度接收机在珠峰 GNSS 控制网点作业

2020 年 3 月，华测导航按要求将所有产品提交给中国测绘科学研究院下属的国家光电测距仪检测中心，由他们进行更为严苛的各项测试。GNSS 设备在各项性能和指标上的表现都优于同类产品，经历重重考验和验证后，最终 12 台 P5 接收机按时交付登山测量队使用。

现场保障

在拉萨，张党魁配合国测一大队做好登顶的各项准备工作后，就与登山队员乘车赶往西藏定日县。

❶

之前，测量队员们的测量工作已经开展了，他们到位于珠峰大本营和定日县城之间预先布设好的测量点开展水准测量和重力测量。张党魁马不停蹄先给相关人员培训。他在定日县城格桑花大酒店的楼前空地，熟练地支起三脚架并架上先进的抗干扰的 GNSS 天线，通过 5 米的定制低温同轴线缆连接到 GNSS 接收机（P5）的相应接口上，长按电源键 3 秒，伴随着接收机开机并迅速搜到各个卫星系统的卫星，给他们讲解了多通道的数据采集配置、查看工作状态、拷贝下载所采集的数据。

待队员们测量归来，他又给队员们讲解 GNSS 接收机的操作规程，并指导进行数据记录的配置，再将数据自动采集和存储，并双备份在定制的低温 U 盘中。

测点大多距离定日县城有 100 多公里的山路，一般要求静态观测至少 8 小时。张党魁和测量队员经常早上 6 点就出发，中午就温开水泡面，观测结束回到驻地基本都是夜晚 10 点多了。一周之后，完成定日县周围 60 个点的测量任务后，国测一大队开始向珠峰大本营进发。大本营距离定日县城有 2 小时的车程，登山人员在大本营都是住帐篷、吃干粮。由于资源紧张，张党魁只能留在定日县，处理相关数据，随时听候调遣。

5 月 6 日，测量登山队第一次出征，张党魁来到大本营为出征前的 GNSS 仪器设备进行一次全面检测，从接收机数据配置到电量和外观结构认真查验，检查完毕后将接收机关闭电源放心地交到测量队员和登山队员手中。但登峰的路途是艰险和充满众多未知因素的，这次出征因北坳冰壁有流雪危险而下撤。

5 月 16 日，第二次出征，因超强气旋影响突降大雪，测量登山队不得不再次下撤。

5 月 27 日凌晨 2 时，队员们从海拔 8300 米前进营地向峰顶突进，原计划 6 个多小时的路程，他们用了 9 个小时。历尽千难万险，队员们终于成功登顶。他们顾不上休

❶ 国测一大队队员与 GNSS 设备

息，争分夺秒地立起觇标，操作测绘仪器。峰顶天气说变就变，多待一分钟就多一分风险。但为了获取更多更可靠的数据，队员们连续工作了 150 分钟，创下了中国人在珠峰峰顶停留时间最长纪录。

测量队员们在 5200 米至 6000 米的 6 个交汇点（同步观测点）上一直坚守在各自阵地。为了获得准确的测量数据，12 位测量队员背着大冰块，在雪地里或斜坡上搭建帐篷，用冰块烧水泡面，顶着风雪严寒，从 5 月 19 日最后一次"上点"，到 29 日完成测量任务下撤，在靠近峰顶的 6 个交会点连续待了 10 天 9 夜。他们反复模拟练习设备操作，为冲顶人员提供各种保障，确保他们完成任务。当登顶人员回撤大本营后，这些测量队员还继续留在交汇点补测数据。

迎接大考

2020 年 5 月 27 日 11 时，中国登山队队长王勇峰的对讲机里传来"全员登顶"的前线消息。一时间，珠峰大本营里一片雀跃。

身在数千公里以外的上海华测办公楼，张沛尧从直播中观看到这一画面。他听见屏幕中的工作人员发出欢呼，自己的心非但没放下来，甚至更紧张了几分。登顶并非珠峰高程测量的终点。他以系统工程师的身份前前后后参与其中，迫切想知道，凝聚了华测人逾半年努力的北斗高精度测量型接收机究竟能否挺过这场"大考"，展现出国产装备的真正实力。

"前方报回的数据，我们的国产仪器，上海华测的 GNSS 仪器，在峰顶接收到了

❶ 华测北斗高精度接收机 P5（左下）在珠峰峰顶完成 GNSS 测量任务　❷ 听闻华测仪器装备成功登顶，同事激动欢呼

❶

❷

56 颗卫星的信号。"

时间一分一秒流逝，转眼队员们已在山顶停留近 2 小时。直到下午 1 时许，前线记者跟进报道华测接收机在峰顶开机工作并顺利搜星的消息，于各地遥遥远望珠峰的华测人方才松一口气。但仪器装备需要在测量登山队下撤带回后才能拷出数据，在不确定中等待，令华测人备受煎熬。

在上海的徐升同样等待着有关数据的消息。作为华测珠峰项目的项目经理，他的心理压力在接收机成功登顶的那一刻已卸下一大半，此时，只盼望陪伴打磨了 200 多个日夜的仪器装备不辱使命。

直到 5 月 28 日晚，仪器装备中的数据顺利得到回收。这一场无疑将铭刻在华测公司历史上的大事终于落下休止符。在一个晴夜和一场安眠后，工作与生活似乎又回归常轨，但每一个曾奋斗其中的华测人都能感知到其中难言的振奋。

（沈义林）

亲历者说

郁文贤（上海交通大学讲席教授、博士生导师，北斗西虹桥基地首席科学家，全国模范退伍军人）：至 2020 年，北斗西虹桥基地已成立七周年，是全国唯一以北斗导航为特色产业的国家火炬特色产业基地。目前，基地已集聚百余家北斗导航与定位相关企业，基地总产值年平均增长 50%，其导航核心产品产值约占上海地区的 55% 以上。基地先后建成"国家火炬特色产业基地""国家示范院士专家工作站""上海市科技企业孵化器""中小企业服务机构""上海市创业孵化示范基地""上海市文化创意产业园区"等。

❶ 测试工程师张党魁在 2020 珠峰高程测量前线 　❷ 北斗西虹桥基地

奥盛集团：
牵引世界大桥的"中国彩虹"

在美国旧金山奥克兰新海湾大桥、印度班德大桥、杭州湾跨海大桥……世界上许多国家地标性的大型的悬索桥上都用上了奥盛集团有限公司制造的缆索结构，那一根根缆索仿佛组成巨大的竖琴，奏响着动人悦耳的"中国智造"协奏曲。

走进世界地标性大型桥梁

奥盛集团有限公司（简称奥盛集团）的创始人兼董事长汤亮始终记得，小时候，父亲经常会给他读一些经典的古代短章，印象最深的是诸葛亮的《勉侄书》："夫志当存高远，慕先贤，绝情欲，弃凝滞，使庶几之志，揭然有所存，恻然有所感。……"全文只有87个字，但是字字珠玑，好懂易记。父亲对他解释道，诸葛亮在这封家书中，之所以开宗明义说"志当存高远"，就是因为一个人的志向是否高远，最终将决定他有没有作为。虽然父亲较早就离他远去，但汤亮一直把父亲的这番教诲铭记在心。

汤亮大学毕业后，先是分配到国有企业，后来调到机关工作，朝九晚五的职场生活虽说十分安逸，可他总感到生活缺乏一股激情。于是他报考了硕士研究生，毕业后到了国家部委工作。生活转了一大圈后，汤亮的自我感觉是："自己的内心，依然在渴望一种更加充满挑战的生活。"

幸运的是，他赶上了一个改革开放的好时代。辞职创业前的那几个晚上，汤亮曾无数次独自徘徊在深夜街头。父亲当年勉励他"志存高远"的谆谆话语，似乎就在耳边，给了他很大的勇气。汤亮说：或许，这就是我之所以选择制造业作为创业立足点的原动力吧！

1997年，汤亮和几位志同道合的伙伴创立了奥盛集团，这是一家以制造桥梁缆索产业链为核心的综合性企业集团。创业之初，汤亮为企业制定的第一个发展规

❶ 奥盛集团创始人兼董事长汤亮

❶

❷

划，就是要求从"志存高远"的战略设想起步，坚定信心，走自己的路。于是，奥盛集团从诞生的第一天起，就抱定了创新宗旨，从填补国内材料空白做起，立志在跨江越海的大型桥梁上架设起世界上最好的缆索。

大桥缆索制造是技术密集型行业，其技术含量要经受百年岁月的风雨考验。20世纪90年代，大桥缆索的建材和制造核心技术一直被法国、日本等少数国家掌握，其中高端的预应力钢材PC全部依赖进口。1998年，上海开始建造中国第一座大跨径的斜拉索桥——南浦大桥。在前期准备时，日本公司主动提出提供技术支持和建设贷款，但条件是必须由日本方面施工。时任同济大学校长的李国豪先生坚定地向市长江泽民提出，未来中国桥梁的建设是体现国家综合实力、与国家战略安全息息相关的重要产业，一定要从开始的时候就实现国产化，把核心技术掌握在自己手里。汤亮迅速组织科研人员开始攻克技术难关，经过两年努力，实施PC国产化，打破了进口货垄断的局面，承担了南浦大桥的缆索工程建设，并逐步走进国内和世界多国地标性的大型桥梁，使"奥盛缆索"成为"中国制造""中国智造"的象征。

奥盛集团始终以科技创新为驱动，与世界桥梁工程的科技水平同步发展，并在多项新材料和新技术领域领先于国际水平。迄今为止，奥盛集团已获得重大科技成果13项，其中包括国家科技成果一等奖2个、二等奖1个，拥有123项发明专利，获得詹天佑奖、鲁班奖等国家级质量奖82项；参建完成国内外的大型地标性工程120个，为全球800多座大桥提供了缆索结构，其中包括跨径世界第一的美国旧金山奥克兰新海湾大桥、印度跨径最大的班德拉大桥、峡谷跨径世界第一的云南龙江大桥、海峡跨径世界第一的杭州湾跨海大桥。在建设云南龙江大桥桥梁缆索时，奥盛集团采用了一项全球创新的新技术——主缆索股入鞍预成型技术，使整座桥梁的架设周期缩短57天，一举创造世界桥梁工程的新纪录，让全球同行惊叹不已。

❶ 美国旧金山奥克兰新海湾大桥上的奥盛缆索　❷ 云南龙江大桥上的奥盛缆索

开创"一树四翼"的新格局

中共十八大以后，汤亮带领企业领导层深入学习习近平新时代中国特色社会主义思想，对标国际制造业的先进水平，对照企业实际，找出自身差距，重新制定集团战略发展规划的升级版。

汤亮说，从今后十年看，奥盛集团的单一制造产业——桥梁缆索的订单是不愁的，但是市场总有饱和的那一天，要清醒地认识到，创新路上无止境，必须未雨绸缪，在企业经营最好的状态下，以改革开放再出发的勇气和智慧，对企业进行结构性调整，在企业转型升级中，力争培育新的经济增长点。

这一番大动作的结果，就是奥盛集团以科技创新为突破点，以新材料为抓手，立足主业，深耕主业，形成了由"一树四翼"产业板块支撑的高科技制造企业集团的新格局。

奥盛集团的"一树"，是上海新材料产业技术研究院，是集团科技创新的"大脑"，下辖6个科学实验室及一家联合研究院。"四翼"是科技成果在四个产业的转化延伸，涵盖了全球桥梁缆索设计制造、高端医疗器械研发制造、高端精密制造、高温超导研发制造等。

奥盛集团旗下的普实医疗器械公司，专攻高端医疗器械的研发制造，拥有一系列自主知识产权，研发的新一代介入医疗器械，近年来取得傲人成绩。除了左心耳封堵器等新产品已投放市场外，二尖瓣修复系统、卵圆孔未闭封堵器、脉冲电场除颤系统、纳米刀肿瘤治疗系统等创新产品的研发，也取得核心技术的突破，正处于不同的临床试验阶段，数据十分鼓舞人心。

奥盛集团旗下的佳士航空动力公司，专攻高端精密制造，突破了冷辊压、钎焊及等离子喷涂等关键技术，从而大大提高产品的技术性能，成功跻身于国际先进制造水平的行列。

奥盛集团旗下的上海国际超导公司，致力于高温超导研发应用制造，率先在世界上首次将公里级超导电缆引入超大型城市腹地，为大城市电网发展提供新的技术支撑，为城市能源互联网发展增添新动能。

奥盛集团的超导技术，作为具有战略意义的一项前沿引领技术，被誉为21世纪电力科技的一场革命，也是一项最具发展潜力的电力应用技术。世界上第一条超公里级商业化超导示范段，已经在上海徐汇区开工建设，全长1.2公里。上海城市的地下管线工程交叉纵横，简直就像是密密麻麻的蜘蛛网。超导电缆穿行其间，虽然只占用传统电缆的九分之一的空间，但是要在原有的管线密网中，上上下下地穿行，最大落差处有8米之高。若不是新科技、新材料、新技术、新工艺的结晶，真没本事钻进上海的地下"迷宫"。

近年来，奥盛集团的桥梁缆索产业也有了长足进步，集团旗下的"浦江国际"已在香港上市，公司业绩优秀，被财经界人士一致赞誉为"缆索行业的隐形冠军"。

新时代开拓新天地

2020年，世界遭受新冠疫情的侵袭，国内外市场环境复杂多变，国民经济下行压力加大，民营经济更是"一叶落而知天下秋"，处于困难大、矛盾多的特殊关口。汤亮率领集团紧跟党中央的战略部署，牢牢把握企业发展方向，化"危"为"机"，抓住机遇谋求更大发展。他在中共上海市委和市政府的支持下，与江苏、浙江、安徽等地的企业家一起，组建了"长三角企业家联盟"，并出任联席主席。

"长三角企业家联盟"成立后，以只争朝夕的紧迫感，马上把工作重点放在组建"长三角产业链联盟"上，瞄准突破性的关键产业，以核心企业为龙头，牵手上下游企业和科研院所，既谋划长远，又干在当下，为长三角一体化发展的国家战略做贡献。

作为"长三角企业家联盟"联席主席的汤亮，更是一马当先，走在前头。奥盛集团旗下的"四翼"产业，都是赶超国际先进水平的国内领军企业。他率先发起组建了"长三角超导电缆产业链联盟"和"长三角高端医疗器械产业链联盟"，力争打破国际上的"卡脖子"，把核心产业的产业链、供应链、市场链，控制在中国人手中，为国民经济"内循环"奠定基础。

三年前，在奥盛集团一次研讨企业发展战略的会议上，汤亮给大家说了一个"风筝"的故事。他说：许多人可能不知道，扶摇直上万里长空的风筝，不仅是中国伟大的思想家墨子发明的，而且中华民族的代代杰出人物都曾为这个美丽的"风筝传奇"，奉献过自己的创新智慧。如名匠鲁班为它改造了木质结构，大将韩信为它增加了竹哨音响，蔡伦造纸为它更换了材质，画家张择端更是把飞翔的风筝，画进了他的不朽名画《清明上河图》……

在汤亮看来，风筝问世的那一刻，实际上就开启了人类"渴望飞翔"的追梦之旅。今天的汤亮，用自己二十多年的心血，实现了青年时代"志存高远"的志向，并以奥盛集团科技创新的实践，孜孜不倦地不断让科技的"风筝"高高飞翔，创造出一个个新时代的"风筝传奇"。

（水不舍）

亲历者说

周旭峰（奥盛集团创业团队的领导者之一，奥盛集团党委书记）：我追随汤亮一起创业，经历了奥盛集团的发展全过程。在二十多年的共同奋斗中，我对汤亮的最大评价，就是他总比我们站得高、看得远。特别是当大家踌躇满志的时候，汤亮总是提醒我们不要固步自封。事实证明，汤亮每每提出的新的攀登目标，后来都成为奥盛集团高质量发展的新突破。我认为，这与汤亮平日里十分注重政治学习，提高自身的政治站位，时刻思考着如何把企业发展纳入国家发展大局，有着密切的关系。

临港新片区：创造特斯拉速度

2018 年 7 月，上海市政府与美国特斯拉公司签署协议，规划年产 50 万辆纯电动整车的特斯拉超级工厂正式落户上海临港地区，这是上海有史以来最大的外贸制造业项目，也是中国第一家全外资汽车制造公司。2019 年 10 月，特斯拉上海超级工厂竣工。2019 年 12 月，首批 15 辆中国产特斯拉汽车正式交付。"特斯拉速度"成为热搜，全世界的目光一齐投向中国上海自贸区临港新片区。

高效服务展现上海速度

2019 年 1 月 7 日，上海自贸区临港新片区（简称临港新片区）内装备产业区 Q01—05 地块，一座现代化的特斯拉上海超级工厂奠基仪式正在隆重举行。

然而，特斯拉美国总部在当初选址时，上海并不是他们唯一的选择，临港也不是他们在上海的唯一选址。

2018 年的一天，特斯拉总部要求临港集团提供一份"临港方案"，希望在这份方案里看到这样几个重要的内容：上

❶

海的优势、临港的优势、上海新能源汽车的基础条件、长三角新能源基础配套情况等。这还不够，特斯拉总部方面提出，希望能够在方案中尽可能展现临港的实际情况，甚至细化到配套住房有多少、道路有几条、五星级酒店有几家，以及从机场到临港用怎样的交通工具需要多少时间……它之于特斯拉，或许是一根代表欢迎与友好的"橄榄枝"；而对于临港，可以想见这是多大的工作量，但又是一个必须攻克的任务。

对方在前一天的下午 4 点才发来诉求，却要求第二天凌晨就看到方案结果。这意味着临港人必须在短短七八个小时里，精心准备好这份内容复杂、涵盖面广的材料。

方案操作起来，远比想象复杂。先说这一个个宏大议题，它们需要长期的、深度的走访调研才能获得，如果预先没有相应的储备，任谁也做不出"无米之炊"。而临港恰恰就是那个"有准备的人"。在近年来的发展中，临港的干部们关注产业、研究产业，对地区的资源禀赋也是了如指掌。最终，通过大量的文字、图表分析，足足 20 页的报告把 4 个问题阐释得明白透彻。

❶ 位于临港新片区的上海特斯拉工厂

聊起当晚的事，参与方案整理的临港集团临港产业区公司招商管理部总监助理陈艺微微一笑："这些问题交给我们，算是问对了人。"这些年来，陈艺和同事们为临港招商工作日夜奔波，早已对临港的一切了如指掌，哪怕问哪幢写字楼里有哪几家咖啡馆，都可以脱口而出告诉你。

仅仅数小时的准备，一份翔实完整、甚至颇有些人情味的"临港方案"出炉了。夜里一点多，当最后一版修改稿敲定，所有人都振奋了。按照特斯拉方面诉求，临港第一时间将方案呈送到总部。在特斯拉公司与上海临港签约以前，首席执行官马斯克从未踏上过临港的土地。陈艺和伙伴们深知，说得再多，也不如眼睛看到的更真实、直观。所以，他们用最短的时间增做了一个视频，是航拍的特斯拉项目地块的样子。

2018 年 7 月 10 日，特斯拉公司与上海市政府及临港管委会、临港集团签署纯电动车项目投资协议。3 个月之后的 10 月 17 日，特斯拉公司与上海市规土局正式签订《土地出让合同》，创造了上海外资项目从签约到土地出让的最快速度，也标志着特斯拉项目实质落地。

2019 年 8 月 19 日，特斯拉上海超级工厂项目（一期）顺利取得首张综合验收合格证——动力站房综合验收合格证。9 月 11 日，特斯拉上海超级工厂项目（一期）第一阶段正式竣工。与此同时，特斯拉上海超级工厂 220 千伏配套电网工程首条线路仅用了 168 个工作日就顺利送电，创下了上海同等规模配套电网工程的最快接电速度，较同等规模客户的平均接电用时缩短约 50%。10 月 15 日，特斯拉上海超级工厂进入试运行阶段。12 月 30 日，首批 15 辆国产特斯拉 Model 3 在特斯拉上海超级工厂正式交付给客户。

从签约到拿地 3 个月，从拿地到开工 2 个多月，从开工到竣工 8 个多月，从竣工到投产 1 个多月，从投产到交付 2 个多月，特斯拉项目一再刷新着上海乃至全国制造业项目建设的历史纪录。对比之前特斯拉公司在美国本土建造的 2 号超级工厂，2014 年开始动工建设，直至 2016 年之后才竣工，整整花了两年时间，而上海超级工厂——一个外资汽车制造品牌的全资工厂，在中国仅仅花了 8 个多月时间。

当年开工、当年投产、当年交付的"特斯拉速度"背后，伴随的是上海市政府相关部门有呼必应、无事不扰的"店小二"服务，伴随的是临港新片区营商环境的优化。

培育"朋友圈"凸显上海广度

特斯拉公司对供应链管理的精准、高效和严苛，业内常用"4 小时朋友圈"的说法来形容。在特斯拉上海超级工厂项目启动伊始，上海市政府便积极引进新能源汽车产业链上下游的企业落户，协助特斯拉进行"供应链培育"方面的工作，以便在未来形成更完善的汽车产业集群，进一步推动国产化。为此，上海市政府、浦东新区、临港管委会、临港集团成立了工作小组，每周碰头开会，沟通项目进展，协调问题解决。

2020 年 9 月，临港新片区举行了新能源汽车配套产业项目集中签约仪式，包括新泉、锦源晟等业内重点企业的 13 个项目正式落地，投资额总计超过 40 亿元。多家

"服务到家门口"的供应商在特斯拉上海超级工厂的厂区周边掀起环厂建设潮，这些供应商在让特斯拉上海超级工厂零部件"触手可及"的同时，也保证了供应链的稳定。无论是供应距离、人力成本，还是生产效率，这些处在产业链"包邮区"的零部件公司有着得天独厚优势。

现在打开临港新片区新能源汽车的产业链"朋友圈"，就能找到涵盖方向盘、安全带、安全气囊、驾驶舱模块、铝合金零部件等各类汽车配套产品。而随着新能源汽车的车身、底盘、内外车饰、新能源动力总成、材料、传感器及电子元器件等汽车产业链上各类上下游企业的不断入驻，这些无缝衔接的供应链让临港新片区的新能源汽车的"朋友圈"不断壮大。

根据临港新片区创新型产业发展规划，"十四五"时期，临港新片区要初步营造跨界融合的智能汽车产业生态体系，促进新能源汽车产业集聚，成为上海世界级汽车产业中心的新增长极。

制度创新彰显上海力度

增设临港新片区，是习近平总书记交给上海的三项新的重大任务之一。探索新途径，闯出新路子，临港新片区肩负着为全面深化改革和扩大开放形成可复制、可推广经验的重任。

根据党中央赋予的"特权"，在上海市政府的支持下，临港新片区结合地方特点，突出区域优势，聚焦于"五自由、一网络、一税制、一监管"（"五自由"为：投资、贸易、资金、运输和人员从业自由；"一网络"为：网络信息服务能力；"一税制"为：税收政策；"一监管"为：风险安全监管体系）8个方面进行制度创新，积极探索"自贸试验区＋自主创新示范区"的双自联动。

2018年6月，国家发改委和商务部发布《外商投资准入特别管理措施（负面清单）》，取消了新能源汽车整车制造的外资股比限制。对特斯拉而言，临港新片区制度创新无疑是最大优势：率先采用"主线容缺后补"与"辅线多条线统筹"等创新实践，率先实施产业用地多用途混合利用试点，率先开展建设工程施工许可告知承诺制改革。以"主线容缺后补"与"辅线多条线统筹"为例，按照常规的审批思路，100%满足审批条件，才能进入下道审批，各技术、评审等单项占用主线时间5—20天。聚焦主线后，70%—80%核心条件符合后，容缺进入下一道审批，总用时节约近3个月。

由于中国和美国对消防设计标准的不同，与2019年1月特斯拉上海超级工厂正式动工建设时的设计相比，最终竣工的厂房作了很大的调整。上海市应急管理局（原消防局）根据特斯拉项目的实际需求，以及国内消防规范设计性标准的强制底线，经过几个月的沟通对接和专业辅导，对特斯拉上海超级工厂项目设计方案进行优化，从最初设计的标志性大单体（即整体屋顶）改为4个独立建筑，这虽然意味着部分审批环节必须重新来过，但并没有放慢特斯拉上海超级工厂的建设脚步。

临港新片区针对特斯拉上海超级工厂的建设需求，创新实践，边施工、边验收跟进，发现问题及时整改，使项目在合法合规的情况下不断提速。2019年3月，开始与特斯拉上海超级工厂对接综合验收事宜；5月，第二次对接，告知验收所需材料及注意事项；7月，双方成立工作组开展综合验收工作。等到特斯拉上海超级工厂项目建设完成，验收工作也同步完成，大大缩短了项目验收时间。

在一系列创新制度的支持下，特斯拉上海超级工厂项目从2018年7月正式签约到2019年9月正式竣工，仅仅用了14个月时间。这证明了临港新片区有足够空间承载特斯拉的梦想。

根据普华永道发布的临港新片区营商环境发展报告，在世界银行营商环境指标体系下，临港新片区的营商环境已经接近全球前沿水平，领先澳大利亚、日本等经济体，排在英国之后。2020年，临港新片区营商环境的综合得分为83.2分，比上一年度增加3.2分。

一心为企体现上海温度

2020年，一场突如其来的新冠肺炎疫情席卷全球。受新冠肺炎疫情影响，特斯拉公司位于美国和欧洲的工厂生产和交付一度处于停工状态。但新冠肺炎疫情并没有打乱特斯拉上海超级工厂的生产和交付节奏。

疫情之下，中国政府出台一系列推进企业复工复产，减轻企业融资、社保、税费等负担的政策举措，并专门出台稳外资政策，根据外企经营状况，加强服务和指导，帮助解决实际困难。在上海市政府的关心下，临港新片区管委会和临港集团成立了特斯拉上海超级工厂专项复工小组，并匹配工作专员，为特斯拉上海超级工厂筹措2台红外测温仪、1万只口罩，协调600多套住房，解决特斯拉上海超级工厂新员工的住宿问题，做好重点地区来/返沪员工的集中隔离。针对外籍人员入境难，积极协调快速处理签证申请，建立"绿色通道"，帮助特斯拉外籍员工返沪。针对复工难，上海市经信委联合各区，重点保障整车企业关键零部件、无库存零部件的优先复工复产，保障特斯拉上下游产业链8家供应商复工，推动特斯拉上海超级工厂恢复正常生产经营。2020年3月中下旬，特斯拉上海超级工厂的产能已经超过疫情前的水平。

（李逸鹏）

亲历者说

埃隆·马斯克（美国特斯拉公司首席执行官）：我深知没有中国政府特别是上海市政府的支持，我们无法完成这样一个奇迹，是我们共同创造了令人惊叹的上海速度，也创造了全球汽车制造业的新纪录。

❶2019年12月，上海特斯拉工厂投产

第一机床厂：
华龙"龙骨"挺直核电脊梁

2018年4月10日上午9时，挂着"全球首台'华龙一号'福清5号机组堆内构件发运"大海报的运输车缓缓驶出上海第一机床厂有限公司大门，全球首堆华龙一号核电机组的"龙骨"堆内构件正式出厂交付，运往福建福清核电站安装现场。一时间，"上海第一机床厂有限公司""全球首堆""华龙一号龙骨"等关键词刷爆各大官方媒体。

❶

花落一机床

上海第一机床厂有限公司（简称一机床）的历史最早可追溯到20世纪70年代，上海第一机床厂和上海先锋电机厂完成"国之光荣"秦山核电站堆内构件和控制棒驱

❶ 全球首堆华龙一号堆内构件发运

動机构的制造任务，并在后续的核电发展中分别在核岛主设备制造的两个领域独占鳌头。2004 年，两家企业的核电板块合并成立了上海第一机床厂有限公司。作为新中国最早的核电装备制造企业之一，在四十多年的核电事业发展中，一机床已成为国内发展历史最久、交付业绩最多、技术路线最广、装备能力最强、全球产能最大的专业从事堆内构件、控制棒驱动机构和核燃料装卸料系统的高新技术企业，创造出核电装备领域的 20 项"中国第一"，市场占有率和产能高居世界第一。凭借其辉煌业绩和雄厚实力，一机床成功中标全球首堆"华龙一号"福清核电站 5 号机组堆内构件项目，并于 2013 年 4 月 26 日与中核集团正式签订制造合同。

堆内构件由仪表测量格架组件、导向筒组件、堆芯罩、堆芯板、二次支承组件等重要组件构成，在核反应堆中主要为堆芯核燃料组件提供可靠支撑，承受堆芯部件的全部载荷，在堆芯跌落工况下，它可以为堆芯提供二次支撑，有效防止核安全事故的发生，可以说堆内构件是保障核电安全运行的核心设备。如果把核反应堆中大大小小的设备比作华龙一号巨龙身体里的各个器官，堆内构件就相当这条龙躯之中的"龙骨"，相当于摩天大厦中各种承重架构。在堆内构件中有长达 8 米的精密驱动线通道，是 61 组共 1464 支直径仅 10 毫米控制棒的运动路径，精度要求极高；在其内部有厚度仅 45 毫米的堆芯板，上面有 1500 多个大小不同的孔，在加工时极易变形，需要保证总偏差在 0.12 毫米以内，相当于成年人两根头发丝，局部偏差更是要控制在 0.05 毫米以内，制造难度不言而喻。

2015 年 5 月 8 日，全球首堆华龙一号正式开工，一机床也正式启动堆内构件的制造工作。面对自主研发的堆型和更加严格的制造规范带来的全新挑战，一机床全体员工众志成城、迎难而上，誓要打赢这场"龙骨"制造攻坚战。

❶ 上海第一机床厂有限公司外景

攻克堆内构件技术难关

　　一机床副总工程师龚宏伟是堆内构件产品技术总监，长期以来从事堆内构件的研制工作，从工装设计到产品工艺、从焊接试验到工艺评定、从热处理到表面处理，在堆内构件研制领域积累了丰富的技术和经验。

　　让我们把目光拉回六年前。作为第三代核电技术堆型，华龙一号较二代改进型增加了20组燃料组件来提高热功率，堆芯径向尺寸变大，堆芯支承板等大锻件直径相应增大，需按照RCC-M标准进行技术评定。在龚宏伟的主持下，早在正式开工前，研发团队中年轻的材料专家就牵头联合设计方及分包商组织攻关，三方充分发挥自身技术经验优势，经多次讨论和尝试，顺利完成华龙一号相关国产化大锻件首件评定，形成具有自主知识产权的三代核电大锻件制造技术，也为后续华龙系列堆内构件大锻件国产化制造奠定坚实基础。

　　由于我国核电事业起步较晚，仪表测量格架组件（IGA组件）制造等重点技术往往是向国际先进的核电企业学习而来，而华龙一号作为国产化的核电堆型，与世界上其他三代核电堆型有很多不同。面对这一变化，为了更好实现华龙一号的自主研发，在与研究院技术骨干多番研究和评估后，龚宏伟做出果决判断——重新定义IGA组件技术路线！他组织攻关团队对华龙一号IGA组件的制造方案进行多次论证、试验，最终成功探索出一套全新的完全结合中国工业实践情况的IGA组件制造技术。

　　团队里的"老法师"们经常跟新成员提到，不要以类比的方式照搬或引进别人的

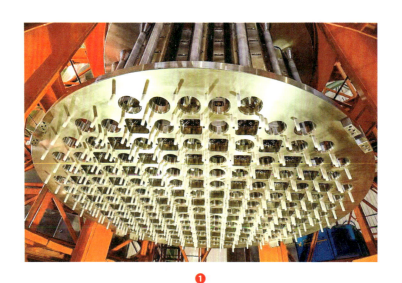

❶

❶ 全球首堆华龙一号堆内构件

工艺，应该从产品本身开始思考，我们的制造工艺是否真的合理、有意义，还是在跟随别人。无论是进行自主化研发改进，还是获得差异于国外技术的自主化技术路线，不放弃、不迷信、不跟随的心态早已植根于团队的灵魂之中。正是因为有这样的心态，在制造过程中，一机床先后攻克 71 项技术难关、完成 16 项技术创新，并获得 10 项发明专利，仅用 33 个月便完成全球首堆华龙一号堆内构件的制造任务，刷新了国内外第三代核电技术堆内构件制造的纪录，也使一机床又一次实现飞跃发展。

工艺改进推进技术创新

核电领域安全重于一切，在核电设备制造中需要考虑的首要问题并不是经济利益，而是核安全。一个堆内构件由 1 万多个零部件构成，而核反应堆一旦运行起来，对其运行安全的最大最有力的保障之一就是设备的高质量。为了保证"龙骨"质量和制造周期，一机床开展多项工艺改进课题，通过新工艺、新技术将可疑工序或不可靠工序直接规避或代替。通过创新，化繁为简，化险为夷，这要求攻关团队有着壮士断腕的勇气和魄力，意味着夜以继日的计算和尝试。

径向支承键等大型部件的钴基合金堆焊是堆内构件关键制造工艺之一，几十年来该工艺长期依赖外协，堆焊质量难以保证，几乎每件都需返修。研发团队经初步讨论分析，果断提出钴基堆焊的自主化研发。焊接"老法师"带领年轻的焊接工程师们大胆从焊接材料、焊工操作、焊接热循环等诸多环节进行试验并固化，最终实现全面自主化制造，产品质量和合格率更是大幅度提高，制造成本也大幅降低。

华龙一号围板长度、宽度、平面度等关键参数，相较公司拥有成熟制造经验的传统堆型有较大变化。虽然该部件制造并未成为技术瓶颈，但为了确保产品质量，实现100% 的一次合格率，龚宏伟亲自搭档团队中年轻的机加工工程师，搞起了工艺创新。经过长期的试验开发，最终在国内首创围板超宽大平板精密加工技术，获得 2 项国家发明专利，并成功应用到华龙一号围幅板组件的制造中，使公司在堆内构件超宽大平板精密加工技术领域中再次引领国内，走在世界第一梯队。

华龙一号"龙骨"走向世界

让我们把目光投向海外。坐落于阿拉伯海沿岸、巴基斯坦卡拉奇市附近的卡拉奇2 号核电机组，是继福清 5 号机组之后全球第二个开建的华龙一号核电项目。2018 年5 月 2 日，一机床承制的华龙一号海外首堆堆内构件——卡拉奇 2 号机组堆内构件顺利发运，历史性地在不到一个月时间内，接连实现了全球首堆华龙一号和华龙一号海外首堆堆内构件的交付。卡拉奇核电项目是我国实施"中巴经济走廊"和"一带一路"建设的重要成果，也是国家大力推动中国核电"走出去"战略的标志性项目。该项目

的建设，为当地提供了大量的就业岗位，培养了当地的工业技术工人，获得巴基斯坦人民的高度认可。2020 年 11 月 28 日，卡拉奇 2 号机组正式装料，正式运行后将极大缓解当地电力紧缺的局面。

从 20 世纪 80 年代初开始发展至今，我国的核电事业已逐步从中外合作的"万国牌"转变成拥有完全自主知识产权的"中国造"。作为中国制造的全新名片，华龙一号在世界舞台上为中国核电项目"走出去"赢得了更多支持。2017 年 5 月 17 日，中核集团与阿根廷核电公司签署华龙一号出口合同；2019 年 6 月 11 日，采用华龙一号技术的巴基斯坦卡拉奇 3 号机组堆内构件已经完成交付；2020 年 2 月 13 日，华龙一号在英国的通用设计审查正式进入最终批准阶段，华龙一号已在海外迈出实质性步伐，并随着"一带一路"战略的推进而享誉全球。从最初的"追随者"到如今的"领导者"，中国核电以华龙一号为开端，在世界领域正逐步确立自己的全新地位。

（王居鑫）

❶ 华龙一号海外首堆堆内构件发运

亲历者说

龚宏伟（上海第一机床厂有限公司副总工程师、产品技术总监。上海市劳动模范、上海市领军人才、上海市优秀技术带头人、上海市五一劳动奖章获得者）：刚开始做华龙一号的时候，我认为最难的就是 IGA 组件，它是薄板框架全焊接结构，焊接变形量大，我们的技术团队自主研发了特殊工装，编制了针对性的焊接程序，和焊接人员一起在现场连续奋战，经历了数不清次数的试焊才突破这个难关。现在这项技术也在后续华龙一号设备上得到充分应用，IGA 焊接都是一次合格。如今，全球首堆华龙一号福建福清核电 5 号机组已顺利并网发电并投入商业运行，这是包括一机床在内全体参建单位坚持不懈砥砺创新取得的重大标志性成果，也是中国核电发展的重大跨越。未来中国将有更多的核电站采用华龙一号的技术，相信一机床也将在中国核电新一轮的蓬勃发展中创造新的辉煌，为建设核工业强国添上浓墨重彩的一笔。

南洋万邦：
筑牢申城抗疫数码防线

2020 年春节前夕，一场突如其来的新冠疫情席卷全国。武汉告急、湖北告急、全国告急！在此过程中，上海坚持人民生命至上，不仅是搭建一道看得见的人力防线，而且借助云计算、大数据技术，及时推出"随申码"应用，为申城抗击疫情打造了一道坚固的"数码防线"。疫情就是命令，防控就是责任！上海仪电旗下南洋万邦主动担当，承担"随申码"背后的数据运营和申诉保障服务任务，为上海复工复产和常态化疫情防控提供了看不见的数据支撑，彰显了国企的责任担当。

不眠之夜，争分夺秒组建"随申码"保障团队

在新冠肺炎疫情防控需求下，"随申码"的上线，有效增强了申城市民健康出行的便捷性和申城疫情防控管理的效率，得到申城老百姓普遍好评。然而，随着"随申码"的使用量增加，随之而来的码色申诉和各种热线电话咨询求助量大幅增加。如何让上海市民获得更好的用码体验？如何通过应用"随申码"真正提升上海防疫工作效率？南洋万邦大数据中心项目现场运维组长桂骁敏参与了"随申码"申诉保障小组从创建到成熟的全过程，品尝了"随申码"运营背后的酸甜苦辣。

2020 年 2 月 22 日，晚上 10 点 20 分，南洋万邦运维服务部项目经理桂骁敏正准备就寝，突然接到部门经理打来的电话，让他务必在当晚组建一支"随申码"申诉处理工作组，第二天上午 9 点投入"真枪实战"，开始处理"随申码"热线电话的码色申诉工单。电话这头的桂骁敏顿时既兴奋又忐忑。兴奋的是，自己和同事们总算能为申城打造"数字抗疫"防线做点事了；忐忑的是，疫情防控形势十分严峻，许多外地同事还未回沪，能否顺利完成重要任务心中没有底。

这一夜，注定是一个不眠之夜。时间不等人，必须背水一战！桂骁敏立即打电话、发微信，通过各种途径联系同事，一直忙活到凌晨 4 点，才将符合要求的工作组成员全部筛选完毕。顾不上半刻停歇，他又马不停蹄梳理编写"随申码"码色申诉工单处理标准流程。早上 6 点，长达 20 多页的标准流程梳理完毕。此时的他满头大汗，心里却乐开了花。他说，"有了这份'宝典'，兄弟们干起活来就顺溜多了"。随后，他立即召集所有成员到办公室集结，开始战前培训。上午 8 点，全体成员奔赴"随申码"码

色申诉处理一线。这时，同事给他递了一整瓶矿泉水，他竟一口气喝完。此时的他才意识到，自己从昨晚10点到现在，一口水都没顾上喝。

工位就是战场，不折不扣解决问题

2月23日上午9点，南洋万邦工作组成员准时到达现场第一线，投入没有硝烟的战斗。

上午9点07分，电话铃声响起，工作组成员从容拿起电话，开始处理第一单码色申诉工单。大家镇定自若、有条不紊地为百姓答疑解惑。随着时间推移，现场的电话铃声此起彼伏，大家全力以赴参加"战斗"，甚至顾不上吃饭和如厕，但每个人都没有丝毫怨言。他们说，"总想着能多接一个电话，我们忙一些不要紧，只要能帮老百姓解决问题，不耽误防疫工作就好"。经过一个小时的实践，工作组所有成员都能自如应对每一次申诉电话。

为了进一步提升工作效率，桂骁敏又在项目现场做起"记录员"。他在每个工位间来回穿梭，根据每位成员接电话的内容，记录梳理出"随申码"码色处理最经常遇到的几类问题，然后，再根据每类问题，整理出解决该类问题的最优方案。随后，他见缝插针，把这些最优方案发给每位成员。这样一来，大家的工作效率和市民满意度更高了。

这一天，大家连续奋战到深夜11点半，成功处理近2000条"随申码"码色申诉工单。

❶ 南洋万邦随申码项目团队

改善用码体验，从"能用"变为"好用"

2月24日至28日，随着"随申码"使用人群越来越多，覆盖面越来越广，伴随而来的码色申诉工单大幅增加，存量任务工单就达到2万条。南洋万邦工作组的新挑战来了：要升级申城老百姓的用码体验，从"能用"变为"好用"！大家心里清楚，这仅仅一字之差的转变，对他们而言就是一场不容有失的"攻坚战"。

人手就那么多，任务翻了好几倍，怎么办？工作组成员决定从工作流程想办法、挖潜力，通过优化处理流程提升工作效率，让每位来电话申诉的申城百姓都满意。大家群策群力想办法、出点子，挤出为数不多的空闲时间，分析每个处理环节、仔细研究每项工作，总结问题点、注意事项和最佳解决方法等，并把它们整理成最新的"随申码"码色申诉处理培训教材，便于大家随时总结、随时学习，及时掌握老百姓最新需求，给出最优解答，让百姓放心满意。

在这7天里，南洋万邦工作组几乎天天"连轴转"，每天都工作到深夜12点多，回家休息几个小时，又披挂上阵，迎接新的战斗。

"随申码"迅速铺开，搭建高质量保障团队

2020年3月，南洋万邦工作组进入第二周"随申码"码色申诉工单处理工作。随着"随申码"应用在全市范围的大面积铺开，码色申诉处理相关工作亟须补充更多新鲜血液。

为了加快实现新老团队无缝融合，根据两周实践经验，工作组组织拍摄不同类型、针对性和操作性非常强的申诉处理"模拟对话场景"，让新成员一边对照视频学习，一边参阅工作处理标准教程，提升了新成员的学习效率，其学习效果更是事半功倍。经过这样的实战训练，新成员快速适应角色，很快就走上岗位、独当一

❶ 南洋万邦随申码项目团队 　❷ 南洋万邦随申码项目团队服务保障中国国际进口博览会

面。3月6日，之前积压的2.4万条"随申码"码色申诉历史存量工单全部处理完毕。

之后，南洋万邦工作组经历全上海复工、复产、复学、复市的用码考验，经受进博会召开前后全球和全国各地来宾集中参展的考验。

直到今天，南洋万邦工作组依然奋战在保障"随申码"运营维护的第一线。他们是数码防疫战线当之无愧的"白衣天使"！

（刘志强）

亲历者说

竺军（南洋万邦党总支书记，主持协调组建南洋万邦"随申码"工作组）：构筑数码抗疫防线，就是构筑生命防线！在关乎国计民生的重大事件中，国企责无旁贷、义不容辞！为了让城市生活更有温度，为了让人民生活更加便捷，我们再多付出都是值得的！

西岸艺岛：
用心捂热每一寸建筑

西岸艺岛位于上海徐汇滨江，已经逐渐成为上海艺术、展示、商务的标志性区域。这样一座艺术天堂的打造者，正是有着百年工业历史积淀的上海仪电。上海仪电将"智慧制造"结合应用到城市更新中去，为从工业化智慧制造内涵上，支撑提升城市更新的"艺术＋智慧"含量，提供了有效途径。当工业与艺术交融，西岸艺岛正以其特有的方式，向世人昭示上海仪电百年工业的变迁。

序曲：组队

上海仪电（集团）有限公司重点子公司华鑫置业（集团）有限公司（简称华鑫置业），是一个卧虎藏龙的地方。其中华鑫置业工程咨询有限公司就是旗下的猛龙之师，它负责管理上海仪电系统内城市更新等新建项目建设管理工作，攻下过华鑫中心、华鑫天地、张江智天地、慧天地等很多"碉堡"，总建筑面积达65万平方米，其中的西岸艺岛项目堪称是一场"上甘岭之战"。

❶

❶ "潘金生工匠创新工作室"在西岸艺岛项目现场

西岸艺岛项目是以"智慧制造"工业手法打造城市更新时尚艺术的扬名之战，是把"智慧制造"工业创新成果融于城市更新的镇山之作。具体承担这场战役的是"猛龙师"下属由9名队员组成的一个尖刀队"潘金生工匠创新工作室"（简称"工匠室"）。

前章：扭动的大楼

2016年7月11日，位于徐汇滨江的西岸艺岛开工建设。为了对得起徐汇滨江最佳位置的风水宝地，获建筑界最高奖项"普利兹克奖"的女性建筑师妹岛和世，与西岸项目负责人与国际大牌设计师完全想在了一处。经过无数头脑风暴和推倒重来，终于换来惊艳四座的设计方案：远远看去，9万余平方米建筑全玻璃幕墙，弯曲的梁柱扭动旋转，是上海为数不多的大体量异形建筑；从室内各处，视线无遮地欣赏江景，堪称妆点浦江游廊的一件艺术雕塑。她有一个艺名叫"扭动的大楼"。

造一座扭动的建筑，听起来就"挠头皮"，实际做起来就更"竖汗毛"。为了这个扭动，得先把传统造房观念扭一扭。西岸艺岛是上海结构施工难度最大的工程之一，9万平方米建筑巨量的尺度精准如发丝，就像"能穿过针眼的大象"。大楼整体螺旋状，没有一根柱子是直的，都是歪的，最倾斜的与地面夹角不到20度，几乎要躺到地面，就像杂技节目"不倒翁"，而且朝向还各不相同。这还没完，幕墙的上万块玻璃，没有一块的大小和曲度是一样的，块块要独家"高级定制"，装错一块就得全部返工。

西岸艺岛的独特设计对现有设计规范和标准提出很大挑战，没有精益求精、敢为人先的工匠精神，没有那份偏执，根本熬不下去！

由于项目采用"细柱薄梁"营造轻盈之感，柱子直径比正常情况下少20公分至50公分。这样虽然体态轻盈了，然而，纤腰细腿毕竟支撑不住建筑巨大体量。能不能让这个勇敢的、要"风度"不要"温度"的大美女，不被黄浦江上的风吹"感冒"冻出病来呢？

经过反复推敲，工匠室团队与设计、施工通力合作，在受力较大的"细柱"内部巧妙地添进去一副钢结构的"筋骨"，增加了承重能力，而外面看去一点也不露馅、不露粗，真的让这个江畔大美女"楚楚冻人"起来！此外，为了让"细柱薄梁"站位更准，工匠室还提出了三维测

1

1 竣工的西岸艺岛

量定位技术，通过这项技术，把 9 万平方米建面的大块头钢结构，定位精确到 1 毫米。这项技术经中科院认定为国际先进水平，这犹如给美人的天鹅脖上再添一根妩媚绝伦的"珍珠项链"！

后章：摘月亮去

桂冠之路，必多荆棘。工程上的事，总是一个问题解决了，又一个问题冒出来。西岸艺岛因造型独特，需大量复杂的预埋件，而且更要命的是：预埋件单体最重达 3 吨，长度超过 10 米，每个单体预埋件的安装都极为困难，往往刚安装完成，就发现存在误差，必须返工，而返工一次，就是好几个小时，单靠现场工人的人工调整，已无计可施。工匠室团队的战友们围坐在一起，共同读了段美国航天之父肯尼迪的话相互鼓励，"我们选择去月球，不是因为它很容易，而是因为它很难"。因为难，才会激发我们匠人的智慧和潜力。大家认识到：智慧城市要智慧的建设，不能光靠蛮力，要有巧劲。

功夫不负有心人。工匠室团队终于找到方法，通过 BIM 技术把各类预埋件以立体模型方式展现出来，像是给建筑拍全身 CT。但是，BIM 技术复杂，数据庞大，未知因素太多，靠寥寥数人的工匠室，完全是孤军一战。仪电集团迅速召开作战会议，大家认为：BIM 技术给提升城市更新的"艺术＋智慧"含量，提供了有效途径。集团雷厉风行，迅速调兵遣将，拿出集团的技术积累和人才精锐，协助工匠室进行 BIM 技术的攻坚，确保巨量数据的高效获取和精准整合。工匠室团队充分借力仪电集团的大数据、云计算、人工智能等技术优势，以及"7+1+2"智慧城市产业链协同作战能力，使西岸艺岛在 BIM 攻坚战中获得充分有力的外援。

有了坚强的外援，工匠室团队更是"拼命三郎"，大家白天忙于现场工作，晚上加班自学掌握 BIM 技术。同时，大家手提肩扛各种测量仪器，一寸寸丈量西岸项目的建筑结构，经常是在狭小空间里操作而闷出的一身热汗还没干，突然一场临江大雨又冷淋下来，整个人就像铁条被不断"淬火"，爆热爆冷，"骨架子都嘎嘎叫"。但是，大家相互打趣说："这是老天爷在给我们松筋骨、做热身呢，好让我们天降大任时能够不压肩、不崴脚！"

❶❷ 忙碌中的建设者

浩大的测量工作完成后，工匠室团队马不停蹄地组织 BIM 技术对项目三维建模、模拟施工环节，在施工模板有限空间内寻找锚固定位，分解每个埋件长度，按方案定位准确焊接。BIM 技术有效运用，避免了复杂施工过程中的返工，把西岸艺岛的预埋件安装效率提高 600%。他们还将其推广到外脚手架、大体积混凝土浇筑、钢结构、外立面幕墙等领域，在提升施工质量和加快工期中作用显著。

❶

不仅如此，工匠室团队还把人工智能引入西岸艺岛的海绵城市建设上，对渗水砖、雨水花园等循环节水体系实行"慢排缓释、源头分散"的智慧精准运控。至于节能、报警、监控等系统更植入工业智能化诸多技术。

❷

尾声：天籁之音

西岸艺岛已经圆满完工。到访此处，你可以尽情感叹艺术的灵动和建筑的壮美，你可以见证时代脉搏的跳动。2020 年 10 月 15 日，"上海艺术品交易月"在西岸艺岛举行。今后，她还将助力徐汇滨江成为艺术文化集聚区。

上海城市更新的恢弘乐章已经唱响，西岸艺岛就是其中一个柔美但又刚强的音节。但更可歌可泣的"天籁之音"，其实孕育自那座不灭的精神图腾：精益求精工匠情，一寸建筑一寸心！

（干恩民）

亲历者说

潘金生（上海华鑫置业集团工程咨询有限公司工程总监、上海仪电工匠、潘金生工匠创新工作室带头人）：我们华鑫人不忘初心，牢记使命，勇当城市更新先行者。西岸艺岛项目是海派文化和艺术的完美融合，会成为国内艺术聚集高地和最活跃的热点。西岸绽放的这段优美旋律，是一首凝聚华鑫置业乃至仪电集团广大员工智慧和创造力的大合唱。

❶ 建造者团队在项目现场
❷ "潘金生工匠创新工作室"团队合影

马克华菲：
中国的"潮牌"

潮牌（street wear），起源于美国街头文化，作为亚文化的一种表征，它是年轻人群身份认同的符号与标志。在全球万亿美元的服装市场中，潮牌作为新兴势力，逐渐释放出巨大的商业价值。潮牌具有强调原创、符号化、规模小、跨界频繁、品类相对单一、创始人个人特征明显等特点。独特性、设计感、文化磁场等是吸引目标消费者的主要因素。作为中国的"潮牌"，马克华菲不仅品牌特色鲜明、经营业绩出众，而且品牌的经营理念和企业文化也非常特别，颠覆了一般人对于民营企业的认识。

用梦想打造中国"潮牌"

MARK FAIRWHALE，一个以深海蓝鲸命名的时尚品牌，用看似随意的简约设计及贴身流畅的立体剪裁，演绎了潮人心目中低调的奢华、任性的张扬和艺术的风尚。——这就是中国人自己的"潮牌"。

马克华菲缔造者之一杨坤田出生在中国东南沿海的一个小镇。大学毕业后，杨坤田的第一份工作是在当地一座滨海旅游度假村做行政文员。他每天都在勤奋、进取中度过，什么事都抢着做，努力做到最好，赢得广泛赞许和肯定。他第二年升为主管，第三年升为经理，第四年进入一家服装公司担任营销总监，第五年成为一家涉外三星级酒店总经理，下属有 300 多位员工，那年他只有 26 岁。

杨坤田心里早已萌生更大的事业梦想，希望创造一个属于中国人自己的原创时尚品牌。2000 年，他与 20 世纪 80 年

❶ 马克华菲品牌缔造者：张肇达与杨坤田

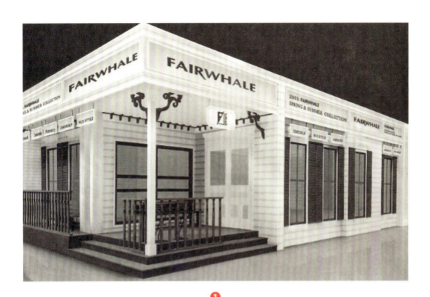

❶ 马克华菲最早的店铺形象，处处徜徉着欧式风尚　❷ 2020 年 1 月，马克华菲多元艺术潮牌亮相英伦

代就走向世界的中国时装设计拓荒者张肇达相遇相知，两人都怀有"结束国人无时尚"的梦想，决定携手打造中国原创设计师时尚品牌。于是，杨坤田只身来到上海，开始梦想之旅。他们将品牌命名为 MARK FAIRWHALE，中文名为"马克华菲"，意为"美丽的鲸"，有志成就深海蓝鲸一样的时尚事业。

2001 年 3 月底，马克华菲在第九届中国国际服装服饰博览会上以"蓝色燃情"为主题，推出新概念时装，以其与众不同的风格和独特时尚的款式，成为博览会上的一抹亮色。

随着第一家加盟客户签约、第一家店铺开张，马克华菲品牌引领的时尚潮流迅速涌遍全国。店铺从 2001 年的第一家，开到 2020 年的 1500 多家，总部员工数量也从最初的四五人增加到 3500 多人。马克华菲成为消费者的时尚和潮流选择。即便在金融危机时期的 2008 年—2009 年，马克华菲仍然保持强劲的发展动能。2013 年后，许多服装品牌陆续陷入困境，而得益于全面践行稻盛经营学，马克华菲开展"阿米巴经营"，团队能量持续高涨，业绩逐年提升。

目前，马克华菲品牌家族拥有 MARK FAIRWHALE 男装、RESHAKE 男装、FCU 女装等 3 条自主品牌线，还全权代理 CAMEL ACTIVE（德国骆驼）品牌服装，全方位诠释多元艺术潮牌及户外休闲风尚，成为当今中国原创时尚品牌的领航者之一。2020 年底，马克华菲拥有线下实体店超过 1500 家，线上电子商务位列"天猫"男装前三，年度零售总额约 35 亿元，比 2010 年净增长 200%。

用"阿米巴"为团队赋能

前进的征程不会总是一帆风顺。2010—2012 年，马克华菲经营遭遇瓶颈，现金流一度中断。困境中的杨坤田积极思考，寻找突破之路。

2012 年底，杨坤田在机场登机前到书店里转悠，忽然看到日本"经营之圣"稻盛和夫所著《在萧条中飞跃的大智慧》一书，翻开一看，立刻就被深深地吸引了。书中诠释的"克服萧条的六项精进""突破困境的经营三要诀"及"基业长青的经营十二条"，让处于痛苦矛盾中的他茅塞顿开。此后，杨坤田认真研读稻盛和夫的书籍，如饥似渴，咀嚼回味，成为稻盛经营学的拥趸和实践者。

2013 年 5 月，杨坤田经过反复思考，决定践行稻盛和夫的经营思想，建立马克华菲自己的经营哲学，导入"阿米巴"经营。核心团队经过 8 个月的学习和探讨，理清企业经营的诸多核心问题，编写了《马克华菲经营哲学》，确立马克华菲的具有大义名分的经营理念——"在追求全体马克伙伴物质和精神幸福的同时，让时尚改变人们的生活，为社会进步做出贡献。"2019 年，将经营理念升级为马克华菲使命——"追求全体马克伙伴物质与精神双幸福的同时，创造中国时尚，引领潮流生活，造福美好世界。"

马克华菲经营理念和使命将追求全体伙伴的幸福放到了首要位置，"员工第一，客

户第二，股东第三"成为马克人新的价值取向，这让全体员工兴奋不已。此后，核心团队又共创《马克华菲经营十二条》，确立正确的经营方向，如第四条："全心以赴，付出不亚于任何人的努力"；第五条："有业绩才有尊严，有盈利才有未来"；第十一条："感恩、利他、至善、至诚"……有了这些哲学基石，马克华菲的经营思路豁然开朗。2014年后，他们以发展愿景为总目标，每年都制定新一年的行动战略，将经营目标落实到每年、每季、每月的工作中。

在创立经营哲学之后，核心团队研讨"阿米巴"经营的总体思路和具体行动方略。"阿米巴"的拉丁语表达即Amoeba，属原生动物变形虫，其最大特性是能够随外界环境变化而变化，具有超强的生命力，在地球上已经存在几十亿年。稻盛和夫在经营京瓷公司时，举先创造"阿米巴"经营模式，将各个品牌线乃至各个生产工序都分解成大小不同的"阿米巴"，赋予每个巴长充分的经营权力，每个阿米巴可以自主经营，随着外界变化而不断变形，调整到最佳状态，成为适应市场变化的灵活组织。

马克华菲构建了自己独特的"阿米巴"模式。他们以品牌事业部为一级"阿米巴"，以线上渠道（电商）和线下片区为二级"阿米巴"，层层推进，直至终端店铺。每个员工都是经营主体，每个小组织都知道自己的经营目标及资源，每天都为达成目标而自发奋斗。公司总部发布"阿米巴"激励方案，在四级"阿米巴"终端店铺建立"梦享店老板"机制，在每个直营区建立"梦想合伙人"机制，"巴长"不需要投入1分钱，只要超额达成经营目标，可以分享超额利润的10%—25%。公司还建立"10%+10%"利润分享机制，承诺只要全年利润高出上年，一定拿出总利润的10%和

❶ 经营之圣稻盛和夫　❷ 马克华菲经营哲学手册，马克华菲事业的思想宝库

509

超额利润部分的10%作为奖金总盘，奖励全体伙伴。这一奖励方案给大家带来莫大鼓舞。各级"阿米巴"组织根据公司的战略，自己找方向，自己定任务，真正体现了让"巴长"成为老板的经营思路。

构筑一个没有血缘关系的幸福企业，持续增强每位伙伴作为马克人的自豪感，是马克华菲经营哲学的核心内容，也是马克华菲每年的工作重心之一。为此，马克华菲成立幸福工作部，在每个部门和直营区设置"幸福使者"，他们是链接总部与每位员工的纽带，让每个团队时时处处充满温馨。马克华菲还建立"心行基金"，为因病因灾而陷入困境的伙伴们提供及时的无偿援助。他们还将关爱延展到员工的父母，每年中秋和春节，都会给每位父母准备一份特别的礼物，连同伙伴们自写的家书，由上海总部快递到他们父母的手上，传递一份孝心。爱潮涌动，波及万里，幸福的员工每天将幸福感传递给客户和顾客，幸福领域持续扩张。

❶

❷

物流部一位29岁的员工，2015年在朋友聚会时受到脑外伤，一个月之后，外伤愈合但血管内形成血栓，虽然经过积极治疗，保住了生命，但因脑干细胞大面积死亡，造成其四肢功能完全丧失。不久之后，这位员工劳动合同到期，企业决定动用"心行基金"长期帮助这位员工，给予这位员工本人每月3000元，直到他能够站起来为止；给予他2个年幼的孩子每人每月1000元，直到他们18岁为止。五年过去了，这位员工仍然没有站起来，但依靠马克华菲"心行基金"的援助，他顽强地用嘴巴发微信，做小生意，在安徽老家用自己的劳动维持生计。

用心的力量奔向未来新空间

面对已经取得的良好业绩和市场口碑，马克华菲没有停顿。2019年初，杨坤田再次启动新定位计划，推出"多元艺术潮牌"理念，获得大家普遍认同。"多元艺术潮牌"是一个跨越空间和时间的概念，空间上不受国界、民族、地域、阶层甚至性别限制，时间上不受年龄限制，只要喜欢时尚，喜欢"潮"，都可以成为马克华菲的消费者，都

❶ 2014年7月，马克华菲建立心行基金　❷ 成立幸福委员会，全方位关爱员工

可以加入到开发的队伍里，一起设计未来，一同步入未来。

2019 年 11 月，在天猫"双十一"来临之际，马克华菲不失时机，提出"我潮由我"的口号，引发线上线下强烈共鸣，全渠道一天销售 3 亿元，业绩位列男装品类第六。因为天猫当年没有设"潮牌"品类，亿邦机构将天猫全网标榜潮牌的品牌做了统计，结果马克华菲以无可争议的业绩位列第一，为"潮牌"发展吹响了冲锋号。

2020 年"双十一"，马克华菲根据天猫新玩法，及时调整策略，从 11 月 1 日至 11 日，11 天销售 5 亿元，比 2019 年猛增 66%，再度跻身男装品类前三名，再次以最高战绩登上潮牌品类榜首。

❶

（逢焕双）

亲历者说

杨坤田（马克华菲（上海）商业有限公司创始合伙人兼 CEO，马克华菲品牌创始人之一）：马克华菲公司的愿景是："成为中国第一潮牌，有成效奋斗者的幸福家园。"马克华菲为"有成效奋斗者"做了定义，他们是一个奋斗的群体，乐于奋斗，注重成果，是事业的中坚力量。马克华菲存在的价值，就是为了让有成效的奋斗者收获物质和精神双重幸福，给奋斗的人生相应的回报。经营企业就是经营人心。在马克华菲，人心是第一生产力，这是全员的共识，这是赢得未来的坚实基础。受到员工和消费者真心喜爱的品牌，何愁走不快、走不远？

❶ 马克华菲多元艺术潮牌，不潮怎 YOUNG

中国工博会：
中国工业面向世界的"窗口"

　　2020年9月15日，第二十二届中国国际工业博览会在上海国家会展中心开幕。中国国际工业博览会作为我国最具影响力的国际性工业展会，已是一张亮丽的世界级会展名片。中外制造业企业利用这个国际化、专业化、品牌化平台，展示新产品，交流新技术，拓展新领域，共同引领推动全球制造业繁荣发展。

打造东方"汉诺威"

　　1995年起，为适应上海外贸出口发展需要，上海联合有关省市在上海举办一年一度的华东商品交易会。但是，交易会的产品大多是传统轻纺产品。时任副市长蒋以任认为，交易会出口产品的品种、档次必须调整，应当充分体现上海产业结构调整和出口产品升级换代的现状。于是，他提议上海要举办发展高新技术和改造传统工业的产品展览会。为此，他与市外经贸委主任朱晓明专程去外经贸部汇报，得到他们的支持。

　　当时，北京举办高新技术展览会，深圳举办高新技术周。上海这个展览会起什么名称呢？在市长办公会议上，蒋以任提议叫"中国上海国际工业博览会"（简称工博会），这样参展的企业、产品可以更加广泛，更加国际化、实体化，更能体现上海具有自身特色的能力。时任市长徐匡迪支持举办这样能体现上海特色的博览会，并认为可以体现中国工业化进程及信息化与工业化相融合的时代特点。

　　为了保证第一届工博会顺利举行，市政府成立了领导小组和办公室，明确由市外经贸委为主，市经委配合。大家的共同想法是立足于国际化，立足于扩大机电产品和高新技术产品出口，立足于引进技术、加强国际交流，增强上海工业的国际竞争力，并且定下目标要努力打造东方"汉诺威"，使之成为具有顶级水平的世界级博览会。

　　时任市委书记黄菊、市长徐匡迪对举办工博会高度重视。他们亲自召开会议，会见支持上海举办工博会的中央有关部、委领导，并请国务院批准，由国家经贸委、外经贸部和上海市政府共同举办工博会。筹备工作紧张有序地进行。开幕前两天，蒋以任专门用一天时间到展览馆检查展品，凡是不符合主题、不属于高科技和传统工业改造后的产品，一律撤出场地，结果撤下了不少如酒类、服装等低档次的传统产品，大大增加了高科技技术和产品。

①

1999 年 12 月 13 日，第一届上海国际工业博览会在上海展览中心开幕，展览面积 15000 平方米，参展企业 412 家，接待观众 22 万人。2000 年 10 月 24 日，由国家经贸委、外经贸部、科技部、信息产业部、教育部和上海市政府共同举办的第二届上海国际工业博览会开幕，展览面积增至 21500 平方米，参展企业 810 家，接待观众 40 多万人。时任中共中央总书记江泽民专门为博览会题写了名字。

从 2001 年起，上海国际工业博览会移至浦东上海新国际博览中心举行。2005 年 11 月，经国务院批准，自 2006 年起，上海国际工业博览会更名为中国国际工业博览会，由区域性展览会上升为国家级展览会，逐步打造成与德国汉诺威工博会齐名的、具有广泛国际影响力和良好国际声誉的工业博览会。

拓展中外"朋友圈"

中国工博会坚持面向世界、服务全国的办展方针，二十二年来，展会规模越来越大，参展的境外及外商企业越来越多。在工业展览会领域，形成"西有德国汉诺威，东有中国工博会"的格局。

1999 年，第一届工博会虽然已是国内最大的专业化博览会，但展会面积只有 1.5 万平方米，400 多家参展企业都是国有企业，其中九成是上海地方国有企业。到 2017 年，第十九届中国工博会展会面积 28 万平方米，展位 1.3 万个，来自全球 82 个国家和地区的 2602 家企业参展，其中境外及外商企业占 30%，外省市企业展示面积占 48% 以上，参观人数近 20 万人。工博会的主办单位也由首届的 3 个增加到 9 个：工业和信息化部、国家发展和改革委员会、科学技术部、商务部、中国科学院、中国工程院、中国国际贸易促进会、联合国工业发展组织和上海市人民政府。

① 1999 年上海首届国际工业博览会

2006 年，中国工博会开始与德国汉诺威公司合作，首次引入德国汉诺威公司在中国的三场展会——工业自动化展、机床与金属加工展、电力电工展，并在后来成为工博会的专业子展。2009 年，中国工博会正式获得全球顶级展览会评级机构 UFI 的认证，使工博会在国际展览大家庭中有了重要的发言权。从 2016 年起，工博会开始设立主宾国机制，俄罗斯、英国先后成为主宾国。2020 年，工博会专门设置意大利国家馆。中国工博会成为中

外企业开展经济技术合作交流的重要平台，许多境外及外商企业通过工博会展示最新技术和产品，作为全球新品的首发；国内企业也借助工博会走向世界，推动"中国制造""上海制造"加快融入全球制造体系。

角逐工业"奥斯卡"

工博会从创办起，就十分注重展品的高水平、高质量、高档次。当时，时任副市长蒋以任要求成立评审部，时任市经委副主任俞国生等参加评审工作，负责对展品进行严格把关。从 2001 年开始主办方对参展产品进行评奖，还邀请国外专家参与评奖，参展企业踊跃申报参加评奖活动。2006 年起，中国工博会经国务院批准，成为国内唯一具有评奖功能的大型博览会，也是唯一由国家和地方政府给予获奖产品政策扶持的

❶ 2006 年中国国际工业博览会在沪开幕　❷ 2020 年中国国际工业博览会

展会。

自 2001 年首次评奖至 2018 年，工博会授奖总数 738 项，其中特别荣誉奖 10 项、产品金奖 66 项、产品银奖 202 项、创新金奖 19 项、工业设计金奖 16 项、创新奖 206 项（含创新银奖）。

2018 年，中国工博会评奖工作指导委员会决定，评奖工作对标国际一流，进行改革创新，在奖项设置上，所有奖项名称统一为"中国国际工业博览会大奖"（简称 CIIF 大奖），奖项数量减少为 10 项。CIIF 大奖专门授予代表全球工业和信息化融合的前沿水平、在技术创新和产品换代上取得重大突破、实现示范应用或规模化商用，并对行业、地区发展起引领和带动作用的世界先进工业产品。

在 2019 年第二十一届、2020 年第二十二届中国工博会上，柔性 AMOLED 全面屏、DDL 激光管材加工中心、宽幅超薄精密不锈带钢（手撕钢）、全景动态 PET-CT uEXPLORER 探索者、11.83×7.27 米全断面切削类矩形盾构掘进机、月背软着落激光导航避障敏感器、人体肺部气体磁共振成像系统、自动化码头装卸系统、海斗一号万米级全海深水下机器人、节卡共融系列协作机器人、上汽 5G 智能重卡、超高清超高分辨率大尺寸 LED 显示器、北斗三号中科院导航卫星等产品分别获得 CIIF 大奖或 CIIF 特别大奖，获奖产品涉及材料、装备、能源、医疗、航空航天、核心零部件等领域的尖端技术，大部分获奖产品为"全球第一""国际首创""达到世界先进水平"。

（廖沙）

亲历者说

俞国生（曾任原上海市经委副主任，上海市科委原副主任，第十二、十三届上海市人大财经委副主任，上海市工业经济联合会、上海市经济团体联合会原会长）：在国家经贸委、科技部等有关部委的支持和帮助下，中国工博会作为我国最具影响力的国际性工业展会，越来越体现制造业发展的时代性，紧跟制造业在数字化、网络化、智能化升级中的新成果新前沿，发挥了链接全球产业资源的重要作用，展示了中国制造业在新产业新变革中迈向全球价值链中高端的最新进展和成效，并将进一步强化高端产业引领功能，推动制造业智能化转型。

上汽集团：直达世博 2030

　　2010 年中国上海世博会召开之际，上汽集团—通用汽车馆以"直达 2030"为主题，畅想二十年之后，一幅由绿色智能出行工具和网联化城市交通管理系统共同组成的美好城市生活图景。到那时，汽车是绿色的、智能的，盲人能用语音驾车出行、医生能通过救护车内的远程通讯及时救助病人，人们因为出行的便利而拥有了更多面对面交流的机会。同时，上汽集团还为世博会提供了 1125 辆清洁能源车辆。通过 184 天的安全绿色运营，真正践行了"城市让生活更美好"的上海世博会主题。

面向 2030 的携手合作

　　2006 年 7 月的一天，位于威海路的上汽集团总部迎来了一批特殊的客人。他们是世博执委会专职副主任钟燕群一行。这次会晤中，钟燕群代表世博执委会，正式向上汽集团发出邀请，希望上汽集团能参与上海世博会全球合作伙伴的竞标。

　　上汽集团了解到，世博会全球合作伙伴的竞争非常激烈，包括美国通用汽车、日本丰田汽车等在内的世界知名汽车公司都收到邀请。上汽集团感到，家门口的这次全球盛会是一次难得的品牌推广良机，也是履行企业社会责任义不容辞的担当。然而，怎样才能获得这次机会呢？

　　恰在此时，美国通用汽车公司也表达了希望参与竞标的意愿。1939 年纽约世博会上，通用汽车首次提出了"超级高速公路"的概念。第二年，在这一创意启发下，美国建造了第一条 262 公里长的宾夕法尼亚 Turnpike 高速公路。当世博会将在通用汽车最重要的海外市场——中国上海召开时，通用汽车公司希望能够再次与世博会携手。

　　获知这一情况后，上汽集团感觉到，世博会是一种世界性的交流博览，合作是最好的展示方式。于是，上汽集团向美国通用汽车公司发出了希望联合竞标的邀约，并很快得到通用汽车美国总部的积极响应。最终，上汽与通用的联合团队，以企业规模、参展意愿、车辆支持等综合优势，赢得了全球合作伙伴的荣誉。

　　成为全球合作伙伴，相当于拿到了建设场馆的入场券。汽车馆馆长金麒与他的合作伙伴，来自美国通用汽车公司的副馆长刘奇很快投入到汽车馆的设计工作中。为了找到合适的展示主题，他们邀请了中国、美国、德国、日本等国的 27 名来自汽车、城市研究与规划、环境与能源、人类与社会学领域的专家共同参与讨论，提出城市交通面临的问题。此外，金麒还带领团队花费 4 个月时间在 6 个城市发放了 5500 份问卷，对汽车消费者进行调查，以了解城市交通对他们造成了哪些困惑。

经过无数次头脑风暴，这些研讨和调研的结果，被转化到汽车馆所呈现的影片之中。这部名为"2030，行"的影片，把故事设定在 2030 年。二十年后，汽车能源多元化使人们不再依赖传统能源；智能交通系统和车联网使城市道路不再拥堵；立体车库和城市汽车小型化趋势使停车不再成为难题；而无人驾驶技术与智能交通系统的结合可以解决交通事故频发以及老年人、残疾人驾驶不便的问题。电影展现的愿景如此具体、生动、清晰和科学，它告诉人们，只有认同这个愿景，并携起手来共同努力，就一定能实现这个美好的愿景。

汽车馆里，由上汽集团和通用汽车专门为上海世博会研发的叶子和 EN-V 两款车型，成为 2030 年出行工具的代表，它们分别体现了未来汽车技术发展的两个趋势。叶子体现了汽车能源多元化趋势。它以电力驱动为主，同时集光电转换、风电转换和二氧化碳吸附转换等新能源转换技术于一身。其叶片状车顶是一部高效的光电转换器，就像真正的叶子一样实现"负排放"。EN-V 体现了智能网联的趋势。它通过整合全球定位的系统导航技术、车对车通信技术、远程感应技术，实现手动驾驶和无人驾驶的兼容，使未来城市交通实现零堵塞和零事故。

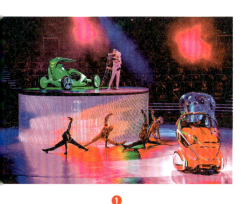

❶

世博会结束后，叶子车和 EN-V 被收入了世博纪念馆。叶子车更是成为上海科技馆的镇馆之宝，与观众共同憧憬绿色出行的美好未来。

呈现 2030 的 184 天

经过 600 天的前期准备，2010 年 4 月 11 日，汽车馆开始试运营。与第一批观众同时入场的，还有上汽集团团委选拔的 200 名上汽优秀青年、300 名新进上汽的应届大学毕业生及东华大学、上海工程技术大学在校大学生共同组成的汽车馆青年志愿者团队。经过一个多月的严格培训，志愿者们在汽车馆各个岗位上忙碌起来。

试运营期间，由于浦西企业馆片区有些场馆还在装修，观众可以参观的馆比较少，因此参观汽车馆排队时间比较长。一名观众不由地向在门口接待的志愿者小姑娘发起火来，想要直接闯进馆去。来自上汽乘用车公司的吴刚看到这一幕，迅速与伙伴们交换一下眼光，他们带着温和的微笑，不知不觉中组成一道人墙，挡住了这名焦躁不安的观众。"每场演出 30 分钟左右，一天演出 24 场，大家都可以看到，请耐心等待"，人群重新开始安静排队，志愿者们就这样相互配合，成功化解一次次难题。

志愿者们不仅用心做好服务，还经常贡献改进服务的"金点子"。志愿者们发现，

❶ 叶子传说

进入盛夏以后，排队的观众长时间暴露在烈日和高温下，老人和小孩都有点"吃不消"。在他们的建议下，汽车馆采取户外排队区域加装遮阳棚、喷雾设备和大功率电扇，给排队观众发放冰块、冰毛巾和矿泉水等防暑降温用品等人性化措施。

此后，汽车馆又首创设置长条凳"以坐代站"和快乐互动的排队方式，并在上海世博园区内得到推广，长条凳后收入世博会纪念馆。不仅如此，在参观的高峰期，志愿者们还在汽车馆的统一策划下，将部分场内的展品和演出带到室外的露天广场，让更多观众不用排队，就能一睹汽车馆的精彩内容。

技术维护团队的志愿者俞丹军没有想到，志愿者工作强度如此之高。每天晚上11点最后一场表演结束后，他赶紧将当天的运行数据文件存入电脑，对车辆进行理性维护和充电，往往要忙到子夜时分才能下班。有一次，在馆内解决技术难题后回家晚了，俞丹军就和伙伴们在公交站蹲在地上，摊着报纸享用了一顿特别的夜宵。第二天踏着晨曦，又如往常一般8点准时来到汽车馆，开始例行电压和胎压检测，再将表演用车移到指定区域。

在上海世博会184天运营期间，上汽集团—通用汽车馆累计展演4535场，累计接待中外游客217万人次，日均接待1.3万人，其中包括现任和原任党和国家领导人、国家部委和省市自治区党政领导、各界知名人士及国际友人等，观众、各大新闻媒体、官方网站均给予高度评价。该馆获上海世博会唯一国家级刊物《世博周刊》与国际权威调研机构尼尔森公司发起授予的上海世博会最受大众游览者喜爱的企业馆冠军称号；在上海世博会展馆评选中，汽车馆获最佳企业馆和最具科技含量馆第1名、最受喜爱世博展馆第3名。

2010年10月31日晚22点30分，汽车馆第4535场演出完美谢幕，也宣告了汽车馆运营184天以来所有的演出全部结束。与此同时，汽车馆诞生了第2178789名，也是最后一名观众。这位来自上海的幸运儿杜青，高兴地在心愿T恤上写下了对2030年的美好愿景：希望今天许下的愿望能够在二十年后全都实现，2030年的生活将会非常美好。

通往2030的1125辆绿色汽车

自5月1日开园以来，作为全球最大规模的新能源汽车示范区，在5.8平方公里的上海世博会园区内，由上汽提供的包括纯电动客车、超级电容客车在内的1125辆新能源汽车。这些新能源汽车顶住了7300万名观众的客运的压力，安全平稳运行184天，圆满完成世博会的运营任务。

8月份，新能源公交车运营保障团队收到天气预报：未来十天，上海将迎来台风

❶ 上汽通用汽车馆内的概念车

和雷暴雨天气。在这种气候下，新能源汽车能否安全地为游客提供服务？由于这样大规模的新能源公交车运营在世界上属于首次，并没有前人的经验数据可以参考。所以，只有把检查工作做得再细一些，把故障消灭在萌芽状态。年近花甲的申沃客车工程师马宝富马上向公司党委会汇报天气情况和预备方案。申沃的党政领导没有耽搁，马上加派保障力量，坚持每天来到世博园区亲自督战。度过了雷暴雨天气后，又是连续10多天

❶

的40度高温。每个人心里都捏把汗，电池能经受长时间的高温吗？好在世博会之前，上汽已经聘请国外著名公司和专家对新能源汽车进行了专门的安全技术评估，列出了100多项可能发生的安全隐患并逐一排除，让这些新能源汽车在上岗之前，就具备了安全运营的底气。

来自南汽专用车公司的电器工程师杨林承担了纯电动观光车的技术服务。她既是技术员，又是修理工。每次车辆突发电器故障，她总是第一时间赶到现场，找到"症结"并根治。为了世博项目，她三改婚期，婚假未休完，又从南京赶回上海，投入到工作中。

这批新能源汽车中，有40辆提供贵宾接待任务的"上海牌"燃料电池轿车。当时，燃料电池技术在世界范围内仍处于示范运行阶段，技术保障和安全管理任务很重。吕成浩作为远程监控小组组长，运用先进的智能化网络系统对这批车辆实现实时监控和远程诊断。整整6个月的数据分析，积累了弥足珍贵的经验，对后来上海市政府搭建的新能源汽车安全监测保障系统提供了重要的基础系统。

世博期间，千余辆新能源汽车累计运送游客1.2亿人次，总行驶里程达到670万公里，共节约传统燃油约1万吨，减少有害物质排放约118吨，减少温室气体排放约2.84万吨。世博会后，这些新能源汽车投入了上海市区的车辆运行之中，为城市的绿色发展再作贡献。

（朱湘君）

亲历者说

金麒（曾任上海世博会上汽集团—通用汽车馆馆长）：当时，我们选定2030年这个时间点，是希望给观众一个二十年后城市交通生活清晰的未来。我们展示了未来交通发展的三大方向：电气化、车联网、无人驾驶，这些技术发展趋势如今已成为行业共识。要从2010年跨越到2030年，真正实现未来城市交通愿景，光有车还不行，还需要城市设施、能源信息配备同步，需要汽车行业、政府对新能源的支持，配套的环境、政策法规，以及消费者的认同。世博会是一个可以点燃梦想的地方。我坚信，当千百万人共享一个梦想时，这个梦想就能成为现实。

❶ 概念车

1850年　戏鸿堂笺扇庄开业，是华商最早开设用机器生产的包装印刷厂。

1861年　英商怡和洋行开设的纺丝局开工。

1864年　英商创办广和洋行。1883年改为正广和洋行。

1865年　清政府开办江南制造总局。

1866年　方举赞与孙英德集资创办发昌机器厂。

1881年　黄佐卿创建第一家华商缫丝厂——公和永缫丝厂。

1882年　董秋根创办永昌机器厂。曹子为建造中国最早的造纸厂——上海机器造纸局。英商平和洋行与华商唐茂枝合办中国玻璃公司。

1886年　英商福利公司开设机制家具厂。

1890年　叶澄衷开设燮昌自来火公司，是民族资本开设的第一家火柴厂。顾光裕集资创办顺昌翻沙厂（上海重机铸造厂前身）。

1891年　龚照瑗创办的华新纺织新局开工。

1895年　上海裕晋纱厂、大纯纱厂开工。

1896年　吴季英创办云章袜衫厂。

1899年　华商与外商合资开设华章造纸厂（利华造纸厂前身）。

1902年　英美烟草公司在沪设立分公司。严裕堂与诸小全合股创办大隆机器厂。

1904年　华商与外商合资开设江南制革厂。

1907年　中英合资振华纱厂开工。张

謇等人创办大生二厂。

1908年 郑孝胥等人开设日辉织尼商厂开工（上海第一毛纺织厂前身）。

1911年 日商内外棉株式会社开办的内外棉第三厂开工。德商顺和洋行创办上海联合酿酒公司。

1912年 叶鸿英、苏筠尚、顾馨一创办荣大染织厂（上海第一色织厂前身）。

1913年 叶仁兴创办第一家油墨企业——中国油墨厂。

1914年 顾兆桢与人合伙建立胜德织造厂。

1915年 荣宗敬、荣德生创办的上海申新纺织第一厂开工。阮霭南、周元泰合伙建立开林造漆厂。

1916年 邵晋卿开办孙振华实业公司（振华造纸厂前身）。杨济川、叶左才、袁宗耀合伙开办华生电器制造厂（革新电机厂和华生电器总厂前身）。冼冠生创办冠生园食品店。

1919年 容子光与人合伙开办中华制造橡皮有限公司。姚德甫等4人合资创办华通电业机器厂（华通开关厂前身）。

1920年 上海机器工会成立。

1921年

4月

17日 中国共产党早期组织由李启汉出面邀请机器工会、沪西纺织工会等工会商讨五一节纪念活动。

5月

1日 为防止上海工人举行庆祝活动，上海军警如临大敌、戒备森严，反映了当权者对日益兴起的工人力量的忧惧。

20日—8月1日 在中共领导下，上海英美烟厂工人举行罢工。

7月

23日 中国共产党第一次全国代表大会在望志路树德里106号（今兴业路76号）李公馆召开。

8月

4日 杨树浦三新纱厂4000余人罢工。

是月 中共开办第一工人补习学校，培养工人干部。

10月

24日 上海英美烟厂万余工人举行罢工。

11月

11日 上海机器工会举办英文夜校，号召机器工人报名学习。

1922年

1月

8日 上海工人举行大规模示威游行，反对政府与日本交涉山东问题。

3月

19日 上海纺织工会在浦东设立分会。

4月

14日 上海大中华纺织厂开业。

18日 浦东日华纱厂工人为要求增加工资罢工。

24日 390余名邮政工人罢工，全市邮务完全停止。

5月

1日 中国劳动组合书记部同10余工会团体举行"五一"纪念会。

7月

16—23日　中国共产党在上海召开第二次全国代表大会。

18日　中国劳动组合书记部被上海公共租界工部局封闭。

8月

5日　上海25家丝厂女工罢工。上海海员工会领导海员大罢工。

9月

1日　上海浦东日华纱厂3000余工人罢工。

2日　上海英美烟厂工人罢工。

6日　上海南洋兄弟烟草公司6000余工人罢工。

10月

1日　浦东烟草印刷工人俱乐部成立。

11月

1日　浦东日华纱厂3800工人罢工。

6日　南洋兄弟烟草公司6000余工人罢工。

是年　杨景时等4人集资创办益中机器股份有限公司(先锋电机厂和上海绝缘材料厂前身)。

1923年

2月

"二七"惨案发生后,上海工人、学生、商界人士声援京汉铁路工人。

3月

1日　恒大纱厂1000余工人罢工。

2日　同业纱厂500余工人罢工。

18日　宝成纱厂4000余工人罢工。

5月

1日　上海各工团举行纪念劳动节大会。

6月

23日　汇丰银行新大厦在福州路外滩落成。

7月

日本明治制糖株式会社建立明华糖厂(上海化工厂前身)。

11月

2日　上海丝茧女工总工团总代表赴南京请愿,要求恢复9小时工时制。

1924年

1月

23日　上海华界卷烟业为反对卷烟特税,停业请愿。

2月

27日　闸北宝康丝纱厂女工抗议老板开除女工罢工。上海纺织工会、丝茧女工团集会声援。

6月

14日　上海14家丝厂1.4万余工人罢工。

9月

8日　南洋烟草公司7000余工人罢工。

下旬　在中共上海党组织领导下,沪西工友俱乐部成立。

10月

上海第一架无线电生产工厂上海亚美股份有限公司制造厂落成开工。

1925年

1月

6日　永安纱厂兼并大中华纱厂。

11—22日 中国共产党第四次全国代表大会在上海举行。

2月

9日 日商内外棉株式会社9000余工人大罢工，抗议摧残童工。

15日 上海印刷工人联合会成立。

4月

1日 中国第一家中国人创办的中国亚浦耳电气股份有限公司成立。

5月

7日 日商内外棉三、四厂工人罢工，抗议厂方取缔工会。

30日 震惊中外的"五卅惨案"发生。

6月

1日 上海总工会发表罢工宣言及告工友书，20余万工人大罢工。

3日 叶圣陶、胡愈之等人创办的《公理日报》在反帝斗争中诞生。

4日 中国共产党创办的第一份日报《热血日报》创刊，瞿秋白任主编。

5日 上海各界妇女联合会成立。

8日 中共中央发表告全国民众书，反抗帝国主义野蛮大屠杀。

7月

6日 全国总工会上海办事处成立，由刘少奇等负责。

8月

10日 中共中央执委会拟定《告工人兵士学生书》，要求既要有组织罢工，也要有组织复工。

9月

8日 上海总工会召开工人代表会议，决定各厂复工。

18日 淞沪戒严司令部查封上海总工会，并令解散所有公会。

22日 上海各产业及各地区工人代表宣告建立上海工人代表临时会议。

10月

21日 上海117个工会联合致函五省联军司令部及淞沪警备厅，要求启封总工会。

12月

6日 上海工人代表会、上海学生联合会等团体召开反段大会。上海总工会宣布恢复办公。

1926 年

1月

15—22日 上海各工会发起救济"五卅"失业工人运动周。

2月

23日 上海总工会、学联、妇联等130余进步团体为刘华被害发表宣言。

25日 省港20万罢工工人捐款2000元，捐助上海失业工人。

5月

30日 上海各界6万余人举行"五卅"惨案周年纪念大会。

6月

3日 上海日商内外棉各厂工人举行同盟罢工。

26日 上海闸北32家丝厂女工联合大罢工。

7月

11日 上海总工会召开第三次全体代表大会。

9月

17日 为抵制外货，上海各大国货工厂联合成立上海国货团。

10 月

24 日 上海工人举行第一次武装起义失败。

12 月

10 日 上海手工业总工会成立。

1927 年

1 月

30 日 中共上海区委发出通告，武装工人，组织纠察队。

2 月

19 日 上海 15 万工人在中共领导下开始总同盟罢工。

21 日 上海工人由总同盟罢工转入上海工人第二次武装起义，经 3 天鏖战失败。

3 月

21 日 上海 80 万工人在周恩来等领导下，举行第三次武装起义取得胜利。

24 日 上海总工会通告，除武装纠察队外，一律复工。

4 月

12 日 蒋介石发动反革命政变，收缴工人纠察队武装，捕杀工人党员。

13 日 上海总工会在闸北青云路召开紧急大会，要求蒋介石发还工人纠察队枪支。会后去司令部请愿，遭卫兵扫射，死 100 余人，伤无数。

15 日 蒋介石宣布解散中共领导的工人纠察队。

5 月

15 日 上海总工会为保存力量，通知罢工工人本日起复工。

20 日 上海开展大规模抵制日货运动。

8 月

22 日 沪西内外棉 5 厂 2000 余工人罢工，7、8、9、12 厂工人相继罢工。

10 月

25 日 上海英美烟厂工人罢工后援会成立，通电全国不吸、不贩、不运英美烟厂香烟。

12 月

1 日 上海英商电车公司 2000 余工人罢工。

1928 年

1 月

5 日 各业工人响应上海总工会号召，各业开展年关斗争，谋划加工资。

3 月

9 日 为抗议警方打伤纬纶丝厂工人，全市 89 家丝厂工人罢工。

5 月

3 日 济南发生日军屠杀中国军民 4000 余人惨案，上海工人学生举行示威游行。

30 日 上海各界代表举行"五卅"烈士公墓落成仪式。

6 月

8 日 全市丝厂 65000 工人抗议法院无理释放打伤工人之巡官举行罢工。

7 月

7 日 上海国货运动大会开幕。

11 日 内外棉九厂 2000 余工人反对日方延长工作半小时举行罢工。

8 月

12 日 上海药业全体职工罢工，抗议资方无故开除工人。

9 月

24 日 上海中小型铅印厂 2000 余工

人反对资方开除工人举行同盟罢工。

11月

8日 法商电车工人向资方提出增加工资等16条要求。

12月

3日 法商水电工厂为改良待遇举行罢工。

是年 吴蕴初集资创建天原电化厂股份有限公司。余芝卿创立大中华橡胶厂。

1929年

1月

31日 南洋烟草公司浦东烟厂突然停业，工人要求复工。

2月

16日 日华八厂1600名工人为反对开除工人、降低工资举行罢工。

6月

17日 中共江苏省委决定成立上海工会联合会。

7月

10日 上海日商东亚制麻株式会社纱厂工人要求增加工资举行罢工。

25日 上海杨树浦英商自来水厂为争取工会组织权举行罢工。

11月

7日 中华全国总工会在上海秘密举行第五次全国劳动大会。

1930年

1月

13日 美商安迪生灯泡厂1000余工人罢工，遭到镇压。

3月

5日 法租界祥昌棉纺厂1000余工人与法国巡捕发生冲突，死3人，伤20余人。

11日 中共江苏省委为组织工人纠察队发表《告上海工友书》。

4月

3日 上海市总工会执委会举行会议，援助药业职工罢工。

5月

1日 上海工人、学生数百人在南京路示威游行，纪念"五一"国际劳动节。

30日 上海工人、学生等市民数万人举行示威游行，纪念"五卅"运动五周年。

6月

8日 上海美商绸厂工人举行罢工要求改善待遇。

7月

1日 上海最大的三家火柴厂合并组成大中华火柴公司。

10日 上海法商水电公司工人罢工，捣毁电车、汽车10辆。

14日 沪东杨树浦老怡和纱厂3000余工人举行罢工。

21日 上海法商水电公司工人1000余人罢工。

29日 上海各业70余个工会发表联合宣言，声援法商水电公司工人罢工。

8月

1日 淞沪警备司令部、上海市政府发表公告，严禁工人罢工。

9月

10日 中共上海各级党组织发动群众7000余人举行示威活动。

16—21日 上海8家丝厂工人4000余人举行罢工。

10 月

9 日　上海国货时装展览会举行。

是年　曹涛声、石芝山集资创办大生橡胶厂（上海胶鞋六厂前身）。

1931 年

1 月

18 日　英商英美烟厂工人反对解雇工人举行罢工。

4 月

1—3 日　闸北丰泰、庆丰等 20 余家丝厂全体女工举行罢工。

5 月

12 日　上海 140 余家装订工厂工人举行同盟罢工。

6 月

8 日　光华染织厂 3000 余工人罢工，声援被捕工人。

8 月

6 日　中华印刷厂 400 名工人成立工会。

20—29 日　英商公共汽车公司工人、售票员 200 余人举行罢工。

27 日—9 月 1 日　法商水电公司工人举行罢工声援被捕工人。

9 月

24 日　上海 3000 余名码头工人举行反日大罢工。

26 日　上海 800 余个团体 20 余万群众召开抗日救国大会。

10 月

2 日　全市 150 余个工会代表举行大会，要求政府严惩宝山路惨案主凶，并通电全国，一致对日经济绝交。

11 月

27 日　上海纱厂工人成立抗日救国会。

1932 年

1 月

8 日　上海总工会致电国民政府，要求出兵收复失地，公布对日方针。

11—28 日　沪西日华等 3 家日商纱厂全体中国工人罢工。

28 日　日本军队在上海袭击第十九路军，发动一·二八事变，淞沪抗战开始。

29 日　中共通过中华全国总工会发表宣言，号召工人及一切民众抵抗日军。

2 月

15 日　上海各业工人抗日救国会成立。

3 月

2 日　淞沪抗战宣告结束，上海满目疮痍。

5 月

22 日　上海邮务工会、上海邮务职工号召 3500 余名邮务职工举行罢工。

6 月

7—22 日　美商上海电话公司工人 3000 人举行罢工。

25 日　怡和、云成、祥成 3 家工厂工人 1000 余人举行罢工。

8 月

2 日　上海全市电报工人举行罢工。

11 日　上海英商公共汽车公司工人举行罢工。

27 日　"废止内战大同盟"在上海成立。

9月

9日　上海船厂发生工人大罢工。

11月

18日　上海华商电厂工人发动罢工。

1933年

1月

8—9日　上海英美烟草公司工人约4000人举行罢工。

2月

2日　上海总工会致电国民政府行政院，反对续签中日关税协定。

26日　上海总工会发表《告全国工友书》，团结一致，共赴国难，抵制日货，支持抗日。

3月

11日　上海申新一厂工人与搜捕巡警发生冲突，巡警开枪击伤工人15人。

5月

10—19日　上海英美烟草公司一、二、三厂工人举行罢工。

25—28日　上海申新一厂9000余工人举行罢工。

7月

5—10日　闸北区11家丝厂5000余工人举行罢工。

14日　上海天厨味精厂捐献1架"天厨"号飞机试飞失败。

9月

1日　闸北北泰等14家丝厂5000余人举行罢工。

29日　上海电力公司新厂1000余工人宣布罢工。

10月

13—30日　上海英美烟草公司三厂工人宣布罢工。

11月

6日　上海总工会发表《反对国民党五次"围剿"反革命武断宣传告江苏工友书》。

12月

中国工业煤气公司生产的第一瓶国产氧气问世。

1934年

2月

8日　杨树浦煤气厂竣工投产。

3月

3日　上海美亚绸厂工人罢工。

7月

13日　茂新、申新、福新公司总经理荣宗敬退职。

26日　英美烟草公司持续2个月的罢工潮平息。

11月

11日　官商合办的上海酒精制造厂成立。

12月

20世纪30年代远东第一高楼——国际饭店建成。

1935年

2月

19日　国民党在全市疯狂大搜捕，中共党组织遭到严重破坏。

21日　英商老怡和纱厂4000多工人罢工，反对厂方减薪。

3月

4日 上海工商界为谋自救,成立中国工商业救济协会。

6月

1日 上海华商工厂成立"中华工业国外贸易协会"。

7月

11日 成立于1888年的恒丰纱厂停业。

22日 中共上海中央局、江苏省委再次遭到大破坏。

9月

28日 海军部江南造船厂承建的"平海"舰行下水礼。

是月 中共中央《为抗日救国告全体同胞书》传到上海。

12月

17日 上海93个同业公会发布宣言要求政府维护国家领土主权完整。

1936 年

1月

1日 化学工业家吴蕴初创办天原氯气厂投产。

8日 中华国产厂商联合会承办的沪南国货展览会开幕。

2月

7日 沪东日商纱厂工人举行罢工,抗议日本人打伤工人。

3月

8日 上海妇女节举行三八节扩大纪念会,参加人数4000余人。

4月

14日 江南造船厂建成全国最大船坞,举行开坞礼。

5月

8日 中华工业总联合会在上海召开执委会,电请政府制止日本在华走私。

6月

1日 全国60余个救亡团体代表在上海秘密举行全国各界救国联合会成立大会。

7月

15日 黄浦、虹口两区40家丝厂工人历时8天的罢工结束。

8月

9日 上海工人救国会成立。

9月

3日 沪东英美烟草公司第三厂全体机器工人罢工。

11月

8日 日商纱厂共15万余名工人举行反日大罢工。

19日 上海各界救国会吁请全国同胞援助上海日商纱厂罢工工人。

28日 日商纱厂工人罢工胜利结束。

1937 年

1月

30日 工部局工务段路工举行罢工,反对裁减工人。

2月

9日 英商电车公司司机、售票员罢工。

18—27日 英商公益纱厂工人罢工。

3月

31日 纺织业工人要求加工资,社会局裁定普加工资一成。

4 月

1 日　英商公益纱厂 2230 名工人罢工。

18 日　公共租界电车工人罢工。

6 月

7 日　合兴机器造船厂建成中国第一艘破冰、拖救两用船"建泰号"。

7 月

12 日　上海各界电慰 29 军壮士，表示当输财输力以为后盾。

8 月

13 日　日军向闸北等地进攻，中国军队奋起反抗，八一三淞沪抗战爆发。

9 月

18 日　上海 40 余个救亡抗日团体组成 3000 人宣传队，分赴伤兵医院、收容所、里弄宣传抗日。

10 月

31 日　四行仓库守军 800 壮士与日军作战 4 昼夜后，奉令放弃阵地。

1938 年

1 月

10 日　上海棉纺、面粉大王，茂新、福新、申新总公司总经理荣宗敬病逝于香港。

3 月

上旬　上海华商电气工人开展反对解雇斗争。

5 月

5 日　上海中国职业妇女俱乐部成立。

8 日　邮政工人成立护邮运动促进会。

7 月

7 日　为纪念七七事变一周年，悼念抗日阵亡战士，上海各界下半旗志哀。

9 月

上海各界救亡团体，开展纪念节约献金和劝募寒衣活动，不到 1 个月，劝募到 10 万件棉衣运往前线。

10 月

30 日　中共江苏省委发表"告上海同胞书"，号召全市人民团结一致，答复敌人一切进攻。

11 月

12 日　在上海沦陷一周年之际，上海各团体联合发表《宣言书》号召全市人民，绝不屈服，继续战斗。

12 月

上旬　上海各界人民组成慰问团赴皖南慰问新四军。

1939 年

1 月

15 日　叶挺、项英致函上海学生界和工人救亡协会，感谢上海人民对新四军的慰问。

20 日　颐中烟厂 2000 余工人为要求增加工资发动怠工斗争。

5 月

1 日　上海工人联合会致电英国纺织工人联合会、美国总工会等团体，呼吁联合世界工友制裁日本侵略。

6 月

18 日　中共江苏省委提出改善上海人民生活的十点主张。

7 月

15 日　中共江苏省委刘长胜主持的《上海产业与上海职工》出版。

9 月

8 日　大中华橡胶厂 1800 余名工人罢工。

10 月

11 日　江南造船厂 4000 余职工对敌怠工，暗将日方待修轮船沉没。

19 日　华东印刷公司工人为拒印日伪刊物罢工。

12 月

8 日　上海英联船厂 1000 名工人罢工，要求增加米贴。

12 日　中国职业妇女俱乐部主席茅丽瑛遭敌伪"76 号"特务枪击，抢救无效于 15 日逝世。

1940 年

2 月

27 日　永安纱厂 3000 余工人罢工。

3 月

1 日　英商中国公共汽车公司 2000 余工人罢工。

5 月

29 日　春茧上市遭日方控制，租界内丝厂全部停工。

7 月

19 日　法商电车公司机务工人罢工。

20 日　英商自来火公司全体职工罢工。

8 月

13 日　上海人民沉默纪念八一三淞沪抗战三周年，全市人民自动素食 1 天，各娱乐场所停止营业。

9 月

18 日　上海各界沉默纪念九一八事变。

19 日　公共租界电车工人罢工，各路车辆全部停驶。

12 月

2 日　大中华橡胶公司 2000 余工人罢工。

22 日　针织行业工程师罢工，全部电机针织厂停工。

1941 年

1 月

8 日　英商电车工人要求提高待遇再度罢工。

3 月

12 日　孙中山逝世十六周年纪念日，各区发现大量爱国传单。

4 月

18 日　杨树浦怡和纱厂工人发生暴动，警察开枪击伤工人。工人击伤警察被捕 12 人。

24 日　前 88 师团长谢晋元被孤军营叛变杀害。

5 月

11 日　各团体 350 余人参加谢晋元追悼会。

6 月

27 日　行刺谢晋元团长的 4 名罪犯被判死刑。

7 月

3 日　英商上海电话公司职工罢工。

25 日　香港工商界领袖赴内地发展工业，沪市工厂纷纷内迁生产。

8 月

3 日　虹口日商二烟厂工人罢工。

9 月

19 日　英商上海电车公司职工罢工。

12 月

8 日 日军占领上海公共租界，上海全部被日军控制。

1942 年

1 月

20 日 英商中国公共汽车公司 2600 名职工被公司遣散。

22 日 华生电器厂停工。

29 日 怡和纱厂停工，4000 工人失业。

2 月

4 日 大中华橡胶厂因原料断绝停产。

14 日 英商怡和洋行华人员工 1600 余人被解雇，上海出现失业潮。

4 月

因日军占领当局查缴书，致使大量书籍遭禁。

7 月

22 日 日本宪兵队发出通告，要求市民限期交出抗日宣传品。

9 月

18 日 沪上马路戒备森严，来往行人被搜身检查。

10 月

18 日 在沪的交通、中国、兴业、上海等银行贷款 5000 万元，促使纱厂、面粉厂开工。

1943 年

1 月

14 日 日军当局发还 8 家工厂。至此，日军当局管理的在沪华商工厂 140 家中，已发还 104 家。

3 月

24 日 市西服业工人为领工资与资方交涉成功，领到 40% 至 60% 工资。

5 月

8 日 汪伪市政府批准日军收买申新第一、第八纺织厂全部财产及和兴铁厂、中国植物油厂的机器。

是月 公用电机厂研制成功国内第 1 台 300 匹马力交流电动机。

7 月

5 日 汪伪市政府布告登记上海各工会团体。

8 月

9 日 汪伪市政府指令全国商统会强制收买上海所有棉纱棉布。此后，上海棉布棉纱买卖一度绝迹。

11 月

8 日 上海证券交易所正式复业。

1944 年

1 月

5 日 上海开始实行卷烟配给，凭空壳换购香烟。

法商水电公司工人开展怠工斗争，迫使资方给所有工人退职金 50%。

3 月

1 日 法商电车公司 2000 余工人罢工。

7 日 米市场开放，黑市米价空前高涨。

4 月

中共党组织负责人到淮南根据地参加整风。

5 月

22 日 邮局职工在中共领导下为恢复米贴举行怠工。

6 月

29 日　日军当局向伪市政府移交自来水公司、电力公司、沪西电力公司、电车公司、电话公司和煤气公司。

7 月

8 日　美军飞机轰炸日军在沪军工目标。

26 日　限于电力,电车公司今起减少行驶车辆 30%。

10 月

信谊药厂创出名牌产品"消治龙"药片。

11 月

10 日　美军大批飞机空袭江湾飞机场、龙华飞机场及高昌庙军用仓库。

12 月

中华五金工厂在中国共产党领导下,采取磨洋工等方法,破坏敌人炮弹生产。

是年　中共华中局城工部派高骏到上海组织工人武装——地下军,配合新四军攻打上海。

1945 年

1 月

中旬　中共党组织积极开展宣传工作。法商水电公司中共党支部秘密印发传单、标语,向市民宣传日伪即将垮台。

21 日　新四军淞沪支队营救美军飞行员托勒特。

3 月

1 日　中共淞沪支队先遣队到达青浦,执行巩固浦东、开拓浦西的任务。

4 月

5 日　淞沪地委与淞沪大队领导人陈伟达等率淞沪大队主力,由浦东向浦西挺进。

21 日　沪东地下军把日本人隐藏在同兴第二纱厂的枪支弹药等秘密运给新四军。

是月　中共上海党组织在沪西、沪东、龙华、杨行等地区建立上海工人地下军。

5 月

2 日　日军到处抢粮,遭到新四军淞沪大队伏击。

8 日　苏联红军攻占柏林,德国无条件投降,上海人民奔走相告。

6 月

14 日　淞沪支队在青浦反击"忠义救国军"。

8 月

11 日　昨晚日军准备投降的消息传到上海,上海全市自动停业,市民欢呼声、爆竹声响成一片。

15 日　日本天皇宣布无条件投降,上海万众欢腾。

23 日　上海地下军和工人群众占领机器厂,下午中共上海"工委"负责人张祺传达中央指示,部署撤离工厂。

9 月

14 日　上海日军开始解除武装。

15 日　上海成立接收委员会,接收敌伪机关及产业。

10 月

10 日　上海今起放假三天,庆祝抗战胜利。

12 月

23 日　据社会部统计,上海产生失业工人 7 万余人。

1946 年

1 月

1 日　抗战胜利后第一个元旦，凌晨零时起，全市汽笛齐鸣半小时以示庆祝。

13 日　上海各界人士万余人在玉佛寺公祭一二一惨案中的遇难烈士。

22 日　沪东区 6000 余失业工人示威游行，提出救济失业工人，准许组织工会等要求。

23 日　杨树浦发电厂职工 2800 余人罢工，反对公司裁减工人，要求提高工资。

2 月

中旬　法电工会联合江南造船所、龙华水泥厂和丝织、针织、机器、橡胶、卷烟等 10 余家工厂，成立沪南区工界联谊会。

3 月

1 日　上海工人救亡协会改名上海工人协会，通过新的工作纲领。

4 日　上海绸缎、棉布、尼绒、西服、时装、估衣业职工成立上海衣着业同人联谊会。

6 日　上海妇女联谊会成立。

8 日　中共上海市委动员全市妇女参加争取和平，实现民主的斗争。

9 日　三区机器业产业工会成立。

13 日　新裕二厂工人为营救被捕工人代表发动罢工。

16 日　全市水木业 2 万余工人要求改善待遇的罢工取得胜利。

4 月

25 日　著名实业家荣德生被绑架，军警当局趁机勒索。

5 月

1 日　沪西 15 万工人召开抗战胜利后第一个“五一”劳动节大会。

5 日　上海人民团体联合会成立。

7 日　数千家棉布商为反对中纺公司垄断政策举行罢市。

18 日　英商电车工人、江海关职工、清道工人要求加薪举行罢工。

31 日　800 名失业工人在外滩公园集会，要求复工，遭军警镇压。

6 月

3 日　177 个工会代表召开座谈会，反对内战，要求组织反内战大同盟。

19 日　各业职工成立和平民主团，开展反内战，争取和平的签名活动。

23 日　上海各界人士 5 万余人在北火车站欢送和平请愿团赴南京请愿，并进行示威大游行。

7 月

2 日　上海民众团体联合会发表《告美国人民宣言》，指出只有美国停止援蒋，中国和平才有可能。

8 月

18 日　上海人民团体联合会和全国和平运动大会联名发表时局宣言，呼吁停止内战，实现民主。

9 月

2 日　法商电车工人罢工抗议多次殴打职工。

18 日　上海市总工会赴京请愿代表团朱学范等要求国民政府免征各种税。

22 日　周恩来在中共代表团驻沪办事处向美联社记者谈话，揭露美国助蒋打内战。

11 月

30 日　为抗议国民党当局取缔和迫害各摊贩，3000 多摊贩游行，包围黄浦警察分局。

12 月

22 日　中纺十厂发动要求年奖的斗争，并联合各棉纺厂一起大闹社会局。

是月　全市丝织工人开展要求年奖的斗争。

1947 年

1 月

7 日　上海市工人协会发表"告工友职员书"，号召工人支持学生运动，抗议美军暴行。

13 日　上海进口商达 3800 余家，造成进口货特别是美货泛滥。

18 日　上海市劳动登记局发表普查结果：上海共有工厂 2879 家，技术人员 13728 人，工人 222205 人，失业者超过 15 万人。

2 月

9 日　学团联、上海学生抗暴联号召全市学生"爱用国货，抵制日货"。

21 日　上海市总工会召开理监事经济会议，决定向当局请愿，要求解冻生活指数。

3 月

5 日　中共驻上海联络处被迫撤离上海，返回延安。

4 月

25 日　四区纺织工会、中华书局工会、报业工会连日请愿，要求解冻生活指数。

5 月

上旬　上海工人展开持续百天的斗争，要求解冻生活指数。

6 月

9 日　机器、染织、丝织、铅印、皮革等行业工人相继罢工，抗议资方不按生活指数发工资。

7 月

18 日　法商电车公司 300 余失业工人绝食，要求复工。

8 月

29 日　上海市国民党政府拟就《上海市战乱总动员纲要》，内容包括严禁罢工怠工等。当局发布《共产党处置办法》，开列 2000 人黑名单，准备进行大逮捕。

9 月

23 日　上电 2000 余工人包围市社会局要求释放被捕人员。法商电车工人、英商电车工人举行反迫害大罢工。

10 月

2 日　中华船厂举行"民俗号"客轮下水典礼。

11 月

10 日　全市各机关团体代表及工业界巨子 100 余人集会，庆祝首届工业节。

12 月

30 日　英美烟草公司颐中烟厂 1.2 万工人为要求改善待遇举行"年关"罢工。12 家工厂数千人要求发放 2 个月以上工资的年赏举行罢工。

1948 年

1 月

1 日　大中华火柴厂 300 余工人到社会局请愿，要求增加年终奖金。

2 月

2 日　申新九厂工人罢工，军警悍然开枪镇压，3 人牺牲，100 余人受伤，236 人被捕。

12日 各业工人佩黑纱,悼念申九血案遇难工友。

3月

15日 申新二厂工人罢工。

18日 英商电车公司工人罢工。

4月

20日 京沪铁路3000余工人卧轨罢工。

5月

上海掀起反对美国扶植日本运动。

6月

28日 1.2万拖驳水手罢工,码头工人举行声援罢工。

7月

7日 公交公司工人举行反解雇罢工。

17日 染织行业工人罢工。

8月

16日 中国自行制造的第一列空调列车从上海开出。

19日 国民党政府宣布发行金圆券,通货恶性膨胀。

9月

30日 中共党员王孝和被国民党军警杀害。

10月

上海市场出现抢购风潮。

11月

11日 江海关职工举行"慢工""怠工"斗争。

17日 沪西百家丝织厂工人怠工。

12月

17日 104家烟厂已停工两周,派代表晋京请愿。

27日 中国技术协会第二届年会开幕。

1949年

1月

10日 中共上海市委指示各界组织动员群众配合解放上海的工作。

22日 法商电车工人罢工,有轨电车全部停驶。

2月

8日 全市机械制造业工人到社会局请愿,要求工资以米价折算。

下旬 中共上海市委决定党组织系统按产业划分改为按地区划分,设6个区委,便于开展迎接上海解放的斗争。

是月 上海恶性通货膨胀达到最高峰,工人为生存而斗争,罢工席卷全市。

3月

1日 上海工人协会决定在各工厂建立工人纠察队,保护工厂,反对搬迁。

中旬 中共上海市委统一组成上海人民保安队,全市人民保安队员达6万余人,人民宣传队和救护队员4万人。

4月

24日 中共中央华东局组织的南下市部纵队到达丹阳,为接收上海作准备。

25日 上海工人成立工人纠察队。

5月

7日 中共党员李白在浦东戚家庙被国民党军警杀害。

27日 上海解放。

是日 中国人民解放军军事管制委员会成立。

28日 上海市人民政府(简称市政府,下同)成立。陈毅任市长,曾山、潘汉年、韦悫任副市长。

是日 市军管委发布第一号令,任命

张元培、王李芬为军事代表，接管江南造船所。

6月

1日　市军管会决定对私营工厂收购产品和开展加工订货，300多加工厂逐步恢复生产。

22日　全市55家私营纱厂已有54家先后复工。

28日　全市616家机器厂已有140家完全开工，303家部分开工。

7月

4日　中国纺织建设公司所属35个工厂已恢复正常生产。

6日　上海市民为纪念七七事变，举行一百万市民联合大游行。

12日　上海钢铁公司第三钢厂开始出钢，私营亚细亚炼钢厂开始复工。

23日　阜丰、福新等8家私营面粉厂先后开工，日产面粉5万袋。

27日　陈云受中共中央委托、在上海主持召开有华东、华北、华中、东北、西北5个地区的财经部的领导人参加的财政经济会议。

8月

3日　4架国民党飞机轰炸江南造船所，损失甚重。

20日　中共上海市委员会（简称市委，下同）邀集产业界代表座谈。陈云在会上指出，目前存在的工厂生产、棉粮供应、交通运输、工业资金以及安置旧公务员等具体困难，是胜利中的困难，公私企业都有充分发展的条件。

10月

1日　中华人民共和国成立。

2日　上海市人民政府大楼（今江西中路215号）上升起五星红旗。

13日　国民党飞机滥炸十六铺地区，死伤达百余人。

31日　全市87个工业行业的13647家工厂，10月份开工的已有5641家。

11月

4日　全市20余家工厂响应内迁号召，其中有私营中国标准铅笔厂、上海铅笔厂、环球内衣织造厂和康乐烟厂4家完成部分内迁工作。

12月

9日　染纺行业私营企业签订全市第一个劳资协商集体合同。

16日　上海市花纱布公司收购棉纱400余件，以扶植私营工业发展生产，稳定物价。

是日　私营华通电业机器厂被批准为全市第一家公私合营工厂。

31日　全市工厂废除对工人的抄身制度。

1950年

1月

26日　市日用品公司开始收购搪瓷、针织、内衣织造、橡胶、火柴等14个行业私营企业的成品，并酌量与之短期定货。

2月

1日　市花纱布公司与私营申新二、三、五、九4个厂签订定货3000件棉纱的合约，规定货款由企业工会负责人监督使用。

6日　17架国民党飞机分四批集中轰炸电厂及吴淞等处，伤亡1500余人，杨树浦、闸北、南市3个发电厂中弹，很多设备受损，全市绝大部分工厂停工。电厂职工和其他行业工业工人立即抢修,42 小时 5 分后全市最大的杨树浦电厂第一台机组恢复发电。到 2 月底全市恢复原发电量的 80%。

7 日 3 日至 7 日市工人代表大会召开,上海总工会成立。陈毅作《为打破敌人封锁、克服困难,争取经济好转和恢复而斗争》的报告。

3 月

19 日 上海第一钢铁厂按照中央财政经济委员会 2 月 28 日发布的《关于国营、公营工厂建立工厂管理委员会的指示》,正式成立工厂管理委员会。这是上海市第一个职工参加企业管理的工厂。

5 月

5 日 上海电缆厂电缆项目投产,新增电线电缆(折合全国)生产能力 1.89 万吨。

20 日 上海市棉纺、毛纺、丝织、橡胶、卷烟、造纸等 30 个行业建立劳资协商会议。因工厂生产困难被疏散的工人,经协商后复工,出走的资方也纷纷回厂。

6 月

30 日 百货华东区公司扶助私营企业生产,第二季度收购金额近 3000 亿元(旧币),全市 85% 的厂商受惠。全市 28 家私营钢铁厂,78 家私营电机厂在中央重工业部定货扶助下全部开工。

7 月

1 日 市政府成立上海市失业工人救济委员会,陈毅为主任委员。

26 日 上海市棉纺、毛纺、铅笔、卷烟、机器等 10 多个行业企业实行联购、联销、联购联销、联购联产 4 种方式的联合经营。

8 月

8 日 私营章华等 13 家毛纺织厂与纺织工业部签订合约,接受加工订货 62.9 万码,占这次全国加工订货总额的 67%。

9 月

10 日 上海市劳模大会举行。

10 月

16 日 上海市二届一次各界人民代表会议开幕。会议指出上海经济已经好转。在调整工商业以前的 1—5 月,有 1454 家工厂停工,占全市工厂总数的 10% 以上,有的资本家出走,使情况更为严重。调整工商业后,产销增加,6—9 月工业停工 316 家,复工 638 家,情况逐渐好转。

25 日 中国人民志愿军开赴朝鲜前线和朝鲜人民军一起作战,上海工业承担了许多抗美援朝的军需任务。

11 月

27 日 上海工商界举行大会,制定以加紧生产、遵守法令、不投机,不逃税为主要内容的上海工商界抗美援朝爱国公约。

12 月

9 日 上海总工会召开扩大会议,通过《上海工人抗美援朝保家卫国运动行动纲领》。

16 日 上海市工商界举行抗美援朝示威大游行。

30 日 市军管会发布《清查并管制美国在沪公私财产的决定》,对美资上海电力公司、上海电话公司及其他美国公私财产实行军事管制。

1951 年

1 月

17 日 上海市对 130 多家美国企业实行军事管制。

2月

1日 上海市工商界代表会议（第一届）召开。

22日 上海市工商业联合会成立。

3月

4日 上海市江南、万利等造纸厂自制纸浆成功，大量生产文化用纸。

4月

17日 上海千余家机器厂全部恢复生产，各国营机器厂转亏为盈。

6月

20日 市政府公布《上海市私营企业重估财产调整资本实施办法》。

7月

21日 上海市人民政府财政经济委员会成立，下设地方工业、财政金融、转业辅导3个委员会。

9月

1日 上海市工商联召开响应"六一"号召捐献飞机大炮集体缴款大会。

3日 华东纺织管理局和上海纺织工会决定以国棉三厂为试点，有计划地推行郝建秀工作法。

24日 市委批准建立市工业生产委员会，并设工业生产委员会沪东区和沪西区分会。国营大厂由华东工业部分批划归该委领导。

10月

30日 上海电机厂、上海汽轮机厂建设工程在闵行开工。从此，闵行地区逐步建设成为上海市重型机械和电机制造工业的重要基地。

11月

16日 市委和市政府按照10月份中共中央政治局扩大会议决定实行的"精兵简政、增产节约"的方针，成立上海市人民政府精简节约委员会，布置开展增产节约运动。

12月

27日 上海市增产节约委员会和节约检查委员会成立。

30日 市政府发布《关于开展反对贪污、反对浪费、反对官僚主义运动的指示》。

1952 年

1月

17日 市工商界代表扩大会议15日至17日举行。会议通过《上海市工商界关于反行贿、反欺诈、反暴利、反偷漏运动的初步方案》，并成立上海市工商界反行贿、反欺诈、反暴利、反偷漏运动委员会。

2月

4日 大康西药房经理王康年被逮捕法办。他曾向25个机关的65名干部行贿，盗骗国家大批资财和志愿军部队购药巨款。

3月

23日 市增产节约委员会召开扩大会议。

25日 上海市举行3200余人参加的市、区增产节约委员会扩大联席会议，陈毅宣布上海市"五反"运动正式开始，并阐述方针、政策；市增产节约委员会主任潘汉年宣布"五反"运动期间的8条纪律。

30日 全市有60万工人、店员投入"五反"运动，高级职员也纷纷检举资本家的"五毒"罪行，1万多工人、店员和高级职员经过培训后成为运动中的骨干。

4月

1日 市增产节约委员会召开大会，总

结"五反"斗争的第一阶段(重点试点阶段),部署第二战役。

14日　市增产节约委员会召开各单位"五反"工作干部代表大会,总结第二战役,部署第三战役。

29日　上海市国营及公私合营工厂企业通过"三反"斗争提拔一批优秀工人担任领导工作。

30日　华东军政委员会和市政府开始在沪建造大批工人住宅。第一批计划建造21000户,可容纳10万人。

5月

26—31日　中共中央华东局召开华东工业会议,要求国营工厂今年完成民主改革和生产改革,争取初步实行计划管理和经济核算;私营企业以物资交流为中心,活跃城乡经济,搞好工农业生产。

6月

21日　上海纺织保全工人初步总结出细纱揩车工作法,市推广委员会予以总结和奖励。

30日　华东纺管局和市纺织工会开会表彰细纱落纱工作法的集体创造者,决定予以推广。

7月

21日　市政府宣布上海市"三反""五反"运动结束。全市16.5万多户私营企业的定案结果是:守法户占39.23%,基本守法户占45.49%,半守法半违法户占11.92%,严重违法户占2.92%,完全违法户占0.44%。

8月

29日　华东工业部举行奖励创造发明和合理化建议大会。

30日　上海市中国纺织机器厂创建中国第一个机械化铸造工厂。

10月

31日　23个国营和公私合营工厂从8月份以来,从工人和职员中提拔干部590余人,其中提为厂长5人,提为科长和车间主任186人。

1953年

1月

12日　上海市轻工业产品品质规格技术改进展览会开幕,展览会介绍了上海市轻工业三年来恢复和发展的情况。

3月

25日　上海市一届三次工商界代表会议闭幕,会议号召全市工商界为完成1953年的三大任务(增加产量,保证质量,降低成本;积极扩大城乡物资交流;踊跃纳税,消灭偷漏现象,保证国家的财政收入)而努力。

是日　上海电机厂汽轮机发电项目投产,新增汽轮发电机63台,生产能力83.58万千瓦。

5月

3日　上海五金、纺织等17个产业系统的788家工厂,已建立153个工人疗养院和业余休养所,共有3327张床位。还有2000多个医生、护士在各个工厂的医务室为职工免费防治疾病。

5日　上海5000多家中、小工厂联合创办了58个地区性和行业性的劳工保健站,初步解决了16万职工的日常医疗问题。

6月

上海市工业生产合作社联合筹备委员会成立。

7 月

20 日　市委建立工业生产委员会。

28 日　上海第三制药厂开始生产青霉素，该厂是中国第一家生产抗菌素的工厂。

8 月

7 日　市政府公布《上海市加工订货管理暂行办法》，将私营企业逐步纳入国家经济计划轨道，并促使其不断改善经营管理，提高产品质量。全市已有 6230 家私营工厂接受国家加工订货。

9 月

29 日　中国第一台 100 吨桥梁式电动行车在上海锅炉厂试制成功。

11 月

2 日　市政府发布命令，将法商在沪的电车、电灯公司收归公营。至此，外商在沪经营的自来水、电力、电话、公共交通等市政公用事业已全部收归国有。

29 日　上海市私营棉纺织印染厂产品已全部由国家加工订货、包销和统购。

12 月

8 日　1 万伏高压扇形电力电缆在上海电缆厂试制成功。

1954 年

1 月

1 日　新建上海电表厂投产，新增各种仪表生产能力 3475 万只。

28 日　根据中央关于在 10 个工人以上的私营工厂中开展公私合营工作的决定，市工业生产委员会开会要求从 3 月份起分批着手 205 家工厂的合营工作。

2 月

28 日　上海机器厂、大同铁工厂、华成电机厂、正泰橡胶厂、中南橡胶厂等 13 家规模较大的私营工厂先后实行公私合营。

5 月

16 日　上海市各国营和公私合营重工业工厂推行一长制。

31 日　上海市 1953 年工业劳动模范和先进工作者代表大会闭幕。华生电器厂、中华铁工厂、新业制酸厂等 12 家私营重工业工厂实行公私合营。

是日　申新纺织公司总经理荣毅仁提出公私合营申请。8 月 11 日，上海市人民委员会宣布批准申新纺织公司等 168 家私营工厂公私合营的申请。1955 年 9 月 28 日，申新纺织公司举行庆祝大会，正式宣布公私合营。

6 月

30 日　又有 57 家私营工厂实行公私合营。至此，全市已有 123 家公私合营工厂。

7 月

2 日　奔赴各地参加第一批重点建设的上海技工在列车上向欢送者告别。

9 月

2 日　上海市第一次大规模动员五金技术工人参加国家重点建设的任务胜利完成，有 11295 人报名，被批准的有 2098 人。

25 日　上海电机厂制造成功中国第一台 6000 千瓦汽轮发电机。

11 月

17 日　上海市 400 多种产品参加莱比锡国际博览会。

1955 年

1 月

上海灯泡厂开始正式生产钨丝。在此

以前,中国钨丝全部依赖进口。

2月

24日　全市已有7000多家私营工厂接受加工订货,棉纱、棉布、卷烟、火柴、肥皂、胶鞋、搪瓷制品、卫生衫裤等数百种主要商品已全部为国营商业掌握。

3月

11日　上海市动员第三批五金技术工人参加国家重点建设的工作胜利结束,被批准的约有2200人。今日又有600人出发前往长春第一汽车制造厂等处。

30日　上海制笔工业公司成立。这是经政务院批准的按行业成立的第一个专业公司。

4月

2日　上海电业管理局试行电力分配。

5月

14日　上海汽轮机厂制造成功第一台6000千瓦汽轮机。

25日　上海开始动员一般劳动力参加西北地区建设,第一批1600多名失业人员和流动建筑工人已出发。

6月

10日　上海市手工业生产合作社联合社成立。

8月

4日　上海市决定输送5万多名技术工人。技术管理干部。建筑工人和初中毕业生等参加全国各地的社会主义建设。

11日　上海市人民委员会(市人委)接受私营棉纺、毛纺织、麻纺织、搪瓷、造纸、卷烟、面粉、碾米8个行业的166家工厂及2家私营冷藏制冰厂申请公私合营。

9月

14日　毛泽东主席在上海中苏友好大厦会见一些公私合营工厂的资方代表。

26日　上海慎昌钟表店将54名钟表修理匠和制钟工人制作的零件组装成"东方红"牌17钻男表。这是中国首批用国产零件制造的手表(1958年改名为上海牌)。

11月

16日　市工商联召集私营钢铁、化学原料、颜料、转口4个批发行业的资本家开会,宣布国家对这些行业进行全业改造。

27日　中国第一艘自行设计、制造、验收的沿海客货轮——"民主十号"建造完工,正式在上海港试航。

12月

5—14日　上海市调整改组同业公会。纺织、轻工、建筑等25个同业公会筹委会先后成立。重工业各同业公会也于7日和14日成立。

12日　上海市棉纺、毛纺、麻纺、卷烟、造纸、搪瓷、面粉、碾米8个行业完成经济改组,160多家工厂裁并为100家工厂,并实行公私合营。

是日　中共上海市委批准私营钢铁炼钢业42家工厂和6家私营耐火材料厂实行公私合营。

1956年

1月

13日　上海市已有80%(17800多家)的私营工厂申请公私合营。

19日　市人委在中苏友好大厦举行上海市资本主义工商业公私合营大会。时任副市长曹荻秋宣布上海205个行业、106274户私营工商业一次全部被批准实行公私合营。

28 日　上海市资本主义工商业全部实行公私合营后,已成立 100 多个专业公司。

2 月

25 日　上海市 106 家国营、公私合营印染厂和 200 多家公私合营纺织厂开展竞赛,申新九厂等 29 家厂参加了全国纺织工业厂际竞赛。

4 月

2 日　永鑫五金制造厂轧制小口径无缝钢管成功,并正式投产。

5—6 日　上海市 1955 年劳动模范、先进生产者代表大会 5 日至 6 日举行,2035 个劳模、先进生产者和 285 个先进单位受到奖励。

13 日　上海市手工业合作化组织任务基本完成。全市 64048 名手工业者分别建立 1053 个手工业生产合社(组)。

20 日　上海市工业生产先进经验展览会开幕,共展出展品 3368 件,介绍先进经验和合理建议的有 1084 件。

30 日　国内第一台管型塔式起重机在上海建筑机械制造厂试制成功。

6 月

19 日　上海市许多工厂为国产汽车赶制配件,为第一批汽车配套的车窗玻璃、灯泡、电线、电器等 44 项产品陆续发往长春。

30 日　上海市 84 家主要工厂为玉门油矿赶制总重量达 3100 吨的机械设备、部件、配件。

7 月

11 日　中共上海市第一次代表大会今日开幕,26 日闭幕。会议确定"充分利用,合理发展"是今后上海工业发展的方针。

8 月

30 日　中国第一台 12000 千瓦汽轮发电机在上海电机厂制造成功。

9 月

12 日　上海口岸已与 68 个国家和地区建立贸易关系,出口商品达 6500 多种,出口的工业品绝大部分为上海市生产。

27 日　新建望亭电厂第一期工程(装机容量 20 万千瓦)开工。

10 月

29 日　市人委批准任命 189 名私方人员担任上海市工、交、商业等 105 个专业公司的经理、副经理,同时任命公方经理、副经理 213 名。

11 月

1 日　上海市国营、老公私合营企业近50 万名职工完成工资改革,实行八级工资制。新合营企业工资改革开始分批进行。

12 月

31 日　新建上钢二厂投产,新增炼钢能力 71 万吨。

是年　中国第一辆标定型自行车问世,并在上海永久自行车厂批量投产。

是年　中国第一套有线广播设备在国营上海广播器材厂试制成功。

1957 年

1 月

18 日　全市派出 400 多名干部到 800 多家公私合营工商企业担任公方代表(经理)。市委决定 1、2 月内再从市、区机关抽调 1000 多名干部到公私合营企业工作。

3 月

今年一季度,上海炼钢工人的炼钢纪录一直处于全国前列。第一钢铁厂 1、2 份每天吹炼钢 22 炉。第三钢铁厂的 2 座平炉炉底利用系数是全国中小型平炉中最高的。

4 月

19 日 海外华侨通过上海市华侨投资公司在上海市投资 300 万港元，扩建和改建大中华橡胶厂、五和织造厂、飞轮制线厂、普发仪器厂和益丰搪瓷厂。

30 日 市人委确定漕河泾为上海市的仪表电子工业基地。

6 月

1 日 中国第一艘海洋研究船"金星号"在中华造船厂建成试航。

14 日 35000 伏高压电缆在上海电缆厂试制成功，通过国家鉴定。

15 日 上海市分别在桃浦、彭浦地区建设化学、机电工业区，连同漕河泾仪表电子工业区在内，共占地 900 亩。

30 日 江南地区建成第一条上海—望亭—无锡全长 100 多公里的 11 万伏高压输电线路，今日开始供电。

9 月

16 日 中国第一辆 58 型越野车在上海汽车装修厂制造成功。

20 日 毛泽东主席到国棉一厂看大字报。

10 月

9 日 中国第一艘黄河破冰船——克凌一号，在中华造船厂建成。

24 日 中国第一台每分钟鼓风量 600 立方米的高炉鼓风机在上海汽轮机厂试制成功。

11 月

12 日 中国第一批 1511A 型多棱箱织布机在上海市中国纺织机械厂试造成功。

23 日 中国最大的火车渡轮"上海号"，由江南造船厂设计制造完成，投入南京浦口之间运输。

12 月

28 日 国产第一辆三轮汽车由上海内燃机厂等 30 家厂协作制成。

31 日 上海市建成国内第一座连续铸锭设备。

1958 年

1 月

15 日 全市工厂职工普遍以英国和其他经济发达国家名牌产品的技术指标为赶超目标，如"英雄"（金笔）赶"派克""双钱""回力"（轮胎）赶"邓禄普"等。到今日为止，制定赶超国际名牌产品的工厂有 250 家、产品 321 种。

2 月

17 日 上海市在江苏省望亭地区兴建的望亭电厂第一套 2.5 万千瓦汽轮发电机组投产。

3 月

8 日 永鑫无缝钢管厂工人潘阿耀等用独特工艺和设备试制成功中国第一根无缝钢管，被周恩来总理赞誉为"草窝里飞出了金凤凰"。

26 日 上海市近 2000 名科学家、教授、工程师举行会议，正式成立了机械、电机、造船、化工、冶金、纺织、土木建筑、医药、农业、水产等 9 个全市性协作小组。

28 日 上海电焊机厂试制成功中国第一台 A372M 型电渣电焊机。

4 月

1 日 上海市工业生产比先进、比多快好省展览会开幕，共展出 4000 多种近万件实物,模型和图表。

21 日　上海第一批年产 50 万吨生铁的 4 座炼铁高炉在上海第一钢铁厂开工兴建。建成后,上海将结束只炼钢不炼铁的历史。

是月　中国第一家手表厂——上海手表厂建成投产。同年 7 月 1 日,首批量产的"上海牌"手表上市销售。

6 月

19 日　江南造船厂建造的 5000 吨海轮——"和平 28 号"下水。

29 日　上海无线电器材厂试制成功国产第一台工业电视机。

30 日　冶金工业部将上海钢铁公司及所属 12 个企业下放地方管理,市人委决定成立上海市冶金工业管理局。

是日　上海 20 多家单位同心协力制造成功"红旗"高级拖拉机。

7 月

24 日　上海广播器材厂试制成功中国第一代电子管"上海"牌 101 型 17 英寸电视机。

是月　中国第一座合成纤维工厂——国营上海合成纤维厂实验工厂仿制出黏膜纤维(人造丝)、卡普纶、尼龙 66、涤纶等 6 种化学纤维。

8 月

15 日　中共上海市委在工业战线树立"八面红旗"(江南造船厂、上海第一钢铁厂、上海第二纺织厂、公私合营铜仁合金厂、第二印染厂、公私合营永鑫无缝钢管厂、公私合营大达电机制造厂、公私合营大安机器厂),并号召全市工、农、商、学、兵开展比思想,发扬共产主义精神;比作风,同工农群众打成一片;比智慧,大闹技术革命和文化革命;比干劲,跃进再跃进的"四比"竞赛。

9 月

28 日　上海飞龙机器厂试制成功中国第一架自行设计的水上飞机"飞龙号"。

30 日　上海汽车装配厂在许多单位的协作下,试制成功"凤凰"牌轿车。

10 月

1 日　上海市第一台 2.5 万千瓦汽轮发电机在上海电机厂试制成功。

11 月

22 日　中国第一台离心式细纱机在国棉十二厂正式投产。

12 月

上海电机厂 10 月份研制成功的中国第一台 1.2 万千瓦双水内冷汽轮发电机以后,本月在上海南市电厂投入运行。

是年　上海照相机厂成立。上海自力更生制造出第一架 135 上海牌 58-I 型照相机。

是年　中国自行设计的第一座现代化片基车间上海感光胶片厂投产。

1959 年

1 月

9 日　新建的闵行发电厂第一套 2.5 万千瓦汽轮发电机组开始运行。

21 日　上海机床厂试制成功第一台 2 米自动滚齿机。

29 日　上海锻压机床厂制造成功上海市第一台 7 米立式车床及 15 米桥式龙门刨床。

2 月

6 日　江南造船厂建造的排水量为 5100 吨的"江苏"号火车轮渡下水。

3月

12日 上海第一钢铁厂年产12.5万吨生铁的中型高炉投产。

7月

1日 中国第一台自行设计的2500吨水压机在上海重型机器厂安装投产。

是日 市中国炼气厂新建一座年产量7000吨的电石车间。

9月

9日 上海光学仪器厂制成中国自行设计制造的10万倍高级电子显微镜。

11日 上海第一座年产6000吨聚氯乙烯塑料车间在天原化工厂建成。

12日 年产42吨的大型链霉素车间在上海第四制药厂建成。

23日 江南造船厂5000吨海轮"和平28号"35天下水，创船台周期新纪录。

28日 上海制造成功中国第一台光电管控制双人自动扶梯。

10月

9日 国产第一台2000匹马力船用柴油机在上海沪东造船厂制造。

26日 上海市沪东造船厂建造的"和平六十号"3000吨沿海货轮出海试航。

11月

3日 上海汽轮机厂自行设计的6000千瓦列车电站汽轮机试制成功。

21日 上海电机厂试制成功5万千瓦汽轮发电机。

25日 上海最大的有色金属生产基地——上海金属加工总厂（901厂）在松江开工建设，将研制生产钒、钛、硅、铍、锆等国家急需稀贵金属。

是年 上海工业展览会在中苏友好大厦举办。

1960年

1月

6日 上海电焊机厂试制成功重达15吨的MR-500钢轨对焊机，性能符合设计要求。

14日 上海市沪光科学仪器厂工人王林鹤，经过371次试验，制成万伏高压电桥，填补中国仪表工业的空白。

20日 市人委决定把10个大中型轻纺工厂（职工1.8万人）转产仪表电子产品，同时成立上海市仪表电讯工业局。

28日 上海电机厂制造成功10万千瓦汽轮发电机。

2月

19日 中国第一枚小型探空火箭在上海郊南汇县芦潮港发射成功。

4月

15日 中国第一艘自行设计制造、全部采用国产钢材和设备的万吨远洋货轮"东风"号在江南造船厂下水。

23日 中国自行设计的12万千伏安22万伏三相强油水冷式巨型电力变压器在上海电机厂试制成功。

28日 中国第一台自行设计制造的达到国际水平的高温高压10万千瓦汽轮机和5000千瓦船用汽轮机在上海汽轮机厂制成。

29日 市人委决定成立上海市业余工业大学。1984年7月19日，市政府决定上海市业余工业大学更名为上海第二工业大学。

5月

30日 中国自行设计制造的第一台交流发电机电梯在上海电梯厂试制成功，并安装在市百一店大厅。

9 月

30 日　上海工学院成立大会举行。1979 年 1 月恢复上海工学院原建制，成立上海工业大学。

10 月

28 日　市人委组织工人等 3 万人云集崇明县海滩围垦。

12 月

31 日　闵行电厂 8.6 万千瓦机组投产，新增装机容量 8.6 万千瓦。

是日　新建先锋电机厂投产。新增生产能力电动机 77.5 万千瓦。

1961 年

1 月

31 日　上海市机械工人大力支援农业，本月生产了 1000 多台农业机械和 120 万件各种配件，陆续运往全国各地。

是日　新建吴泾电厂投产，新增装机容量 13.7 万千瓦。

3 月

1 日　上海第五印染厂采用"无衬布印花"的新工艺。

5 月

1 日　毛泽东主席在上海电机厂同职工一起欢度"五一"国际劳动节。

8 月

10 日　上海炼油厂建成中国第一座年产 7000 吨石蜡装置，为生产肥皂用的硬化油提供了原料。

9 月

16 日　上海市机电工厂今年以来已生产农用水泵 5548 台、10965 吨，柴油机和电动机 1522 台、124500 马力支援各地农村。

12 月

7 日　上海市化学工业今年以来已有 1000 多个新品种试制成功和投产。

11 日　江南造船厂、上海重型机器厂等单位制造出中国第一台 12000 吨自由锻造水压机，填补中国重型机械工业的空白。

1962 年

1 月

18 日　上海肥皂厂新建合成脂肪酸车间投产，新增合成脂肪酸生产能力 5000 吨。

2 月

27 日　上海机床厂、上海锅炉厂等 22 家大型机电厂建立固定的厂际互助关系，使这些工厂产品质量、生产技术和管理水平都有提高。

3 月

上旬　上海溶剂厂新建苞米脱胚车间开始生产高级食品用油——胚芽油。

31 日　上海市各工业部门已经制订或修订 1500 多种产品技术标准。

6 月

22 日　中国第一台 12000 吨自由锻水压机在上海重型机器厂制造、安装并调试成功，今日举行开工典礼，并投入生产。

8 月

15 日　中国自行设计的第一座制造粒状合成洗涤剂的塔式喷雾干燥车间在上海永星合成洗涤剂厂建成并开始试生产。

20 日　上海市 1958 年以来改建，新建的 170 多个轻工业工厂和车间先后投产，填补了照相机、感光胶片、手表、秒表、合成洗衣粉、合成脂肪酸、曝光表、闪光灯、光学玻璃等空白。

9 月

9 日　中国第一艘冷冻运输船在沪东造船厂建成。

10 月

17 日　新建上钢五厂投产，新增炼钢能力 98.6 万吨。

11 月

27 日　大隆机器厂等通过改建、扩建和添置技术装备，增加年产 2.5 万吨合成氨设备的制造能力。

12 月

6 日　由中国自行设计和制造设备的上海吴泾化工厂生产出第一批合成氨和硫酸铵。

29 日　永鑫无缝钢管厂生产出薄壁管、厚壁管、不锈合金管、高光洁度管和方形、矩形、椭圆形等 322 种不同规格、品种的异型管和一般无缝钢管，96.95% 的产品达到部颁标准。

31 日　上钢一厂扩建工程投产，新增生产能力转炉钢 95 万吨，平炉钢 66 万吨。

1963 年

1 月

1962 年 8 月—1963 年 1 月　上海分两批关、停、并、转了生产能力过剩、设备陈旧、产品无销路、质量差、消耗高的工厂 623 家。

26 日　中国第一个自行设计、施工、安装的大型化肥厂——吴泾化工厂首期工程投产。

2 月

13 日　包括上海锅炉厂、高压阀门厂在内的全国 100 多家机电工厂，开始形成制造成套氮肥设备的完整的化肥设备制造工业。

16 日　大明铁工厂、协昌缝纫机厂、中国化学工业社、上海自行车厂等许多轻工业工厂，为全国 20 多个省、区以及不少城市制造设备，培训技工，供给资料，帮助他们发展轻工业。

7 月

2 日　周恩来总理在北京接见上海嘉丰棉纺织厂副厂长梅寿椿等 5 家勤俭办企业的先进厂矿代表。

8 月

同光医疗器械厂张根福研制成功中国第一台电子血球计数仪。

9 月

11 日　上海机床厂今年以来试制成功高精度外圆磨床、深孔内圆磨床、大平面磨床和两种高效率专用磨床。

10 月

3 日　上海市工业部门从 1958 年迄今，创造和推广了 300 多项新工艺、新技术，有 200 多条自动、半自动生产线投产，试制成功 3 万种左右新产品和新品种。

15 日　上海第一机床厂完成第一台精密新产品——YS2250 螺旋伞齿轮铣齿机的装配工作。

11 月

16 日　上海市倍高钟厂和中华电钟厂已制成一座由 2 只母钟和 600 只子钟组成的新颖大型钟站，一座大楼钟和一座顺序自动控制钟，最大钟面直径 5 米，时钟重 100 多公斤。

12 月

6 日　上海人民机器厂试制成功中国第一台 J2102 型单色自动胶印机。

18 日　上海永新造船厂制造的中国第一艘大型捕鲸船"元龙"号试航成功。

1964 年

3 月

28 日　由江南造船厂承建的载重 6000 吨的远洋货轮"建设号"下水。

4 月

11 日　上海嘉丰棉纺织厂纱、布在全国纺织工业中第一个获得出口"免于检验"荣誉。

中旬　中国第一座自行设计、制造设备、施工的镀锡钢带车间在上海第十钢铁厂建成。

19 日　上海科化医用仪表厂试制成功 6 种不同型号的 X 光电子管,填补中国大型 X 光电子管空白。

8 月

18 日　上海沪光灯具厂试制成功国内第一个碘钨灯。

24 日　上海市彭浦机器厂试制成功国内最大的 100 马力推土机。

9 月

10 日　上海感光胶片厂建成中国自行设计的第一个现代化感光胶片片基车间,新增片基生产能力 111 万平方米。

20 日　上海市电子光学技术研究所和工厂、高校协作,研制成功 20 万倍电子显微镜。

24 日　上海货车修理厂成批生产"交通牌"4 吨载重汽车。

11 月

4 日　上海重型机床厂试制成功中国第一台自行设计的 12 米深孔钻。

28 日　华东化工学院和上海感光胶片厂联合试制成功彩色电影胶片。

12 月

31 日　中国自行设计的沪东造船厂制造的"88208X75/160A 型"低速船用柴油机装在万吨轮"东风"号上。

是月　上海牌 SH-760 型轿车开始小批量生产,年产量 50 辆。"上海牌"轿车生产线是中国自行设计制造的第一条轿车总装配流水线。

是年　复旦大学和上海先锋电机厂研制的静电加速器诞生。它是中国第一台完全自行设计、由国产材料生产的加速器。

1965 年

2 月

7 日　中国自己设计的由大隆机器厂等制造的第一套 2 万吨合成氨、4 万吨尿素设备最近在上海试车成功。

3 月

20 日　江南造船厂制造的中型鱼雷潜艇 I 型首艇,交付海军部队使用。

是月　上海吴淞化工厂乙炔项目投产,新增生产能力乙炔 500 万立方米,乙醛 6 万吨。

4 月

16 日　上海七一农业机械修配厂等 80 多家工厂协作制造的丰收—35 型拖拉机,经过两年来不断改进,质量显著提高,开始小批量生产。

28 日　国际上最先进的双水内冷汽轮

发电机在上海电机厂创制成功。

5 月

21 日　上海曙光机械厂试制成功高真空镀膜设备，并已成批生产，填补了中国真空设备制造的空白。

是月　上海彭浦机器厂试制成功一台自行设计的三辊精密冷轧薄钢管机。

6 月

4 日　泰山制药厂以"气海相反应"代替"海相反应"，产品质量全面赶上国际水平。

18 日　丰收—35 型拖拉机通过市级技术鉴定。1966 年 1 月，通过国家科学技术委员会和第八机械工业部技术鉴定，投入批量生产。

8 月

2 日　中国第一台 20 万倍一级大型电子显微镜在上海市电子光学技术研究所研制成功。

9 月

26 日　上海汽轮机厂试制成功中国第一台 6000 千瓦燃气轮机。

10 月

19 日　上海机床厂试制成功中国第一台高精度万能补圆磨床。

12 月

11 日　上海轻工业研究所试制成功中国第一台"周期控制标准钟"。

12 日　"东风号"远洋货轮经过鉴定交船。

1966 年

1 月

9 日　中国自行设计的 2500 吨综合性

海洋科学考察船在沪东造船厂建成。

2 月

22 日　上海精业机器厂试制成功中国第一台大型高压对称平衡式氢气压缩机。

3 月

14 日　上海手套九厂设计的两种全自动手套机投入生产，实现纱线手套生产自动化。

6 月

1 日　上海无线电十三厂建立。这是上海市第一家专业生产电子计算机的工厂。

24 日　上海人民机器厂制成大型高速轮转印报机，其最大印制能力为每小时 8 万份。

7 月

10 日　上海医药工业研究所与信谊药厂等单位合作试制成功治疗气喘用的气雾剂——"异丙基肾上腺素"。

8 月

7 日　上海建筑机械厂制成全液压挖掘机，填补中国挖掘机品种空白。

9 月

6 日　上海重型机床厂试制成精密龙门导轨磨床，可以加工长 4 米、宽 1.25 米的机床台面。

是月　上海第一钢铁厂三转炉投产，新增生产能力转炉钢 30 万吨。

10 月

6 日　中国第一个纯氧顶吹转炉炼钢车间在上海建成。

17 日　上海科技人员经过八年攻关，建成世界上第一个合成苯车间，首次生产出合成苯。

12 月

31 日　吴泾发电厂 10 万千瓦机组投

产，新增装机容量 10 万千瓦。

1967 年

1 月

11 日　江南造船厂举行万吨轮"朝阳"号下水典礼。

18 日　上海汽车运输公司修理厂制成中国第一辆载重 150 吨的重型平板挂车。

3 月

1 日　中国第一台高效率的杀菌灯在上海制成，填补中国电光源一项空白。

5 月

11 日　上海东方红制药厂试制成功具有世界先进水平的维生素 J3 结晶，填补国内空白。

1968 年

2 月

3 日　中国第一台轴流风机在上海鼓风机厂制造成功。

4 日　一种凸型金色毛泽东像塑料语录封面在上海人民印刷十厂试制成功并成批生产。

3 月

25 日　中国第一台全自动立体照相机在上海人民印刷七厂试制成功。

4 月

28 日　吴泾化工厂生产出第一批国产甲醇。

7 月

21 日　上海机床厂制成中国第一台 M7150A 大型平面磨床。

8 月

9 日　上海工具厂制成高效耐用的钻头纵向轧制机。

11 日　中国第一台热板拉伸切断机在上海第二十毛纺厂制造成功。

31 日　上海电梯厂试制成功中国第一台单人自动扶梯。

是日　上钢五厂特冶车间投产，新增高温合金冶炼能力 1000 吨。

9 月

6 日　上海玻璃器皿一厂制成中国第一台玻璃自动四色印花机。

是日　上海乳品机械厂制成中国第一台用于养蜂的自动巢础母机。

27 日　上海钟厂试制成功中国第一台音叉钟。

是日　上海机床三厂试制成功中国第一台自行设计、具有世界先进水平的 M9017 光学工具曲线磨床。

10 月

8 日　中国第一台印刷胶板连续表面处理设备在上海造纸机械厂试制成功。

是日　上海市汽车运输公司修理厂制造出中国第一辆载重 250 吨重型平板挂车。

11 日　上海照相器材厂试制成功中国第一台大型硒静电复印机。

11 月

20 日　中国第一台自行设计的具有国际水平的新式高压锅炉在杨树浦发电厂制造成功。

12 月

31 日　中国自行设计制造的新式玻璃纤维双筒自然拉丝机在上海东方红玻璃厂制造成功。

1969 年

2 月

24 日　中国第一台片梭织机在上海国棉三十一厂制造成功。

5 月

10 日　上海第三钢铁厂试制成功中国第一台大张塑料复合钢板机组，轧出国内第一张大张塑料复合钢板。

7 月

5 日　上海依粒厂奋斗三年多，用国产原料试制成功达到国际水平的依粒。

8 月

8 日　周恩来总理代表中共中央、国务院向上海下达研制人造卫星和运载火箭的任务。同年 12 月，上海成立"701"工程领导小组和办公室。

15 日　上海电机厂等单位制造成功世界第一台 12.5 万千瓦双水内冷汽轮发电机组。

9 月

7 日　上海汽车制造厂等单位联合试制成功 32 吨矿用自卸载重汽车。

8 日　上海货车制造厂等单位协作试制成功 15 吨自卸载重汽车。

30 日　中国第一台工业控制机在上海闭环运行成功。

11 月

上海录音器材厂与北京中央广播科学研究所合作，研制成功中国第一台磁带录像机——LX-1 型广播用四磁头黑白磁带录像机。

12 月

26 日　中国第一艘自行设计制造的 3200 吨大型破冰船在求新造船厂下水。

29 日　上海革新塑料厂试制成功中国第一盒录音磁带。

1970 年

1 月

9 日　上海市无线电专用机械厂、上海锅炉厂等十多个单位建成第一座单晶炉，并拉出第一炉单晶硅。

21 日　中国第一台数字式电子计算机程序控制立式自动铣床在上海试制成功。

31 日　中国自行研制的最大挖泥船——500 立方米的链斗式挖泥船由上海 708 所设计、沪东造船厂制造成功。

4 月

1 日　上海第四制药厂试制的中国第一个抗癌药自力霉素投入生产。

30 日　上海船厂在 3000 吨船台上采取技术措施，建造的万吨级远洋货轮"风雷"号下水。

是日　上海船厂建成 1 万马力低速重型柴油机。

6 月

15 日　上海东方造船厂制造的 1.5 万吨海轮"安源"号下水。

7 月

31 日　9424 工程（上海在南京的梅山铁矿基地）1 号高炉和焦炉投产。

是日　上海照相机厂制成中国第一架中心快门千分之一秒的单镜头反光式 120 高精密度照相机。

8 月

中央军委、国家计委向上海下达"708"工程任务，要求研制大型喷气客轮——"运十"飞机及航空发动机。

9 月

上海开关厂试制成功完全不用油的 3.5 万伏化学气体高压开关，填补中国电器工业空白。

12 月

28 日　上海电子光学研究所试制成功 40 万倍一级大型电子显微镜。

31 日　中国自行设计、制造的第一台全板式大型制氧机在吴淞化工厂建成投产，新增制氧能力 6000 立方米 / 时。

1971 年

2 月

3 日　上海螺帽五厂制成第一台 16 吨多功能冷墩机。

6 日　上海针织工业公司最近制成中国第一台全自动织袜机。

3 月

22 日　上海第五制药厂试制成功新型抗菌素——强力霉素，并投入批量生产。

6 月

27 日　江南造船厂建造的 2 万吨级远洋货轮"长风"号下水。

7 月

10 日　中国第一台 8820 千瓦（12000 马力）低速重型船用柴油机在沪东造船厂试制成功。

8 月

3 日　中国第一台可调式液压变矩器在上海大隆机器厂试制成功。

9 月

24 日　上海求新造船厂建造的大型破冰船"海冰 102"号下水。

10 月

14 日　上海机床厂自行设计制造成功具有国际先进水平的中国第一台 S7450 大型精密螺纹磨床。

11 月

2 日　上海柴油机厂试制成功万匹低速船用柴油机。

23 日　上海船厂建造的万吨轮"风云"号下水。

12 月

10 日　上海电机厂与上海汽轮机厂等 10 多个单位联合制成 6 万千瓦水轮发电机组。

21 日　上海沪东造船厂建造的第一艘 2.5 万吨远洋货轮"郑州"号下水。

30 日　上海江南造船厂建造的万吨级远洋货轮"益阳"号下水，今年上海市造船厂共建造了 6 艘万吨轮。

1972 年

1 月

16 日　上海航海仪器厂制成中国第一台激光自动平衡机。

是日　上海第五钢铁厂制成大型真空精炼炉。

是日　上海锅炉厂制成 935 吨锅炉。

2 月

5 日　毛泽东、周恩来批准国家计委《关于进口成套化纤、化肥技术设备的报告》。后来确定其中引进的一套化纤设备放在上海，建设上海石油化工总厂。

8 日　上海摩托车厂制成"550"型三轮摩托车。

29 日　上海钟表元件厂制成优质合成

手表油,填补中国手表工业空白。

3 月

31 日 中华造船厂建造的万吨轮"昔阳"号下水。

5 月

13 日 上海计算技术研究所和长宁拉手厂试制成功一台每秒钟运算 11 万次的集成电路通用电子计算机。

7 月

17 日 上海第二机床厂等 10 多个单位最近联合制成 6216 型 160 毫米大型镗床。

28 日 上海滚动轴承厂制成上海第一台大型轴承专用磨床。

8 月

11 日 上海第十一机床厂制造成功纵切自动手表机床。

是月 上海机床厂试制成功中国第一台 Y70200 大型齿轮磨床。

9 月

20 日 上海汽车运输公司修理厂试制成功中国第一辆载重 300 吨的大平板车。

12 月

20 日 中国又一台 12.5 万千瓦双水内冷发电机组在吴泾发电并入电网。

28 日 上海市 5 万民工开进市郊金山县的金山卫海滩,突击围海造田,为上海石油化工总厂的建造提供用地。

1973 年

1 月

29 日 上海市工业系统近三年为全国各地制造 300 套 3000 吨合成氨厂的关键设备,其中包括机械设备 2.5 万多台、电动机几十万千瓦及各类仪器、仪表和大量高压、中压阀门。

2 月

5 日 上海纺织工业进行技术改造,开发新品种 5000 多种。并建设起一批化学纤维工厂、合成纤维工厂和车间,初步形成具有一定规模的化纤工业体系。

7 日 上海市江南造船厂建造的万吨级远洋货轮"风庆"号下水。

13 日 上海手套十厂制成第一台电子程控手套机。

4 月

中国第一台盒式磁带录音机在上海玩具元件厂诞生。

5 月

1 日 上海第一石油机械厂试制成功新的密封轴承三牙轮钻头。

6 月

4 日 上海乒乓球厂生产的"红双喜"牌乒乓球各项技术指标都达到国际先进水平,被国际乒乓球联合会定为国际比赛用球。

20 日 中国第一辆 G30 曲臂式登高消防车在上海消防器材厂试制成功。

8 月

31 日 又一台 12.5 万千瓦发电机组在闵行发电厂建成投产,并网发电。

9 月

27 日 上海第二锻压机床厂制成中国第一台 30 吨数控冲模回转压力机。

是日 上海电梯厂试制成功大高度双人自动扶梯。

是日 中国第一台 SXJ50 型车装液压修井机在上海第一石油机械厂试制成功。

10 月

30 日 上海沪东造船厂、上海医疗器

械七厂等单位试制成功胸骨电动电锯和胸骨气动电锯。

11 月

12 日　上海印刷机械一厂和上海印刷技术研究所联合制成中国第一台彩色电子制版机。市针织工业公司花色手套科技组制成中国第一台集成电路数字程序控制尼龙自动手套机。

12 月

2 日　中国第一台生产"的确凉"的氧漂机在上海印染机械修配厂试制成功。

是日　上海第九制药厂制成治疗心血管病的复方丹参注射液。

1974 年

1 月

1 日　上海石油化工总厂一期工程动工兴建。共包括 18 套生产装置，其中 9 套从国外引进，9 套国内自行制造，总投资 21.87 亿元。

3 月

20 日　上海市建成第一个 2.5 万吨级"黄山号"浮船坞。

4 月

22 日　上海电缆厂制成 22 万伏高压电缆。

26 日　上海无线电十三厂制成第一台每秒钟运算 90 万次的大型通用电子计算机。

是日　上海石化总厂维纶厂举行开工典礼。

6 月

20 日　上海电子管三厂制成 12 英寸显像管。

7 月

29 日　上海手表二厂试制成功中国第一台手表摆轮自动静平衡仪。

8 月

1 日　沪东造船厂在 1000 吨沿海油轮上试用无首支架下水新工艺；1976 年 9 月又在 2.5 万吨散货船"杭州"号下水时取得成功。在 1978 年、1979 年获六机部重大技术改进成果的一等奖。

9 月

21 日　中国自行设计的又一台新型 6000 千瓦燃气轮机在上海汽轮机厂制造成功。

10 月

18 日　上海第三钢铁厂平炉车间试验成功平炉纯氧顶吹新技术。

11 月

28 日　上海市沪东造船厂建造的 2.5 万吨远洋轮"徐州"号下水。

是日　望亭电厂 30 万千瓦机组投产，新增装机容量 30 万千瓦。

12 月

30 日　沪东造船厂、上海探矿机械厂等 30 多个单位合作设计、建造的中国第一艘海洋地质勘探浮船"勘探一号"在黄海南部海区首次试钻成功。

1975 年

1 月

17 日　布缆工作船由七〇八研究所设计，中华造船厂建造，交船后与日本合作，顺利完成中日海缆建设工作。

4 月

28—29 日　中共上海市委召开工业学

大庆经验交流大会。

30日　上海焊接二厂为上海金山石油化工总厂完成了第一只重达270多吨的大型球罐的焊接任务。

7月

12日　上海新建机器厂制成直径为6.1米的大型球型贮氧容器，为发展化工、冶金工业提供了条件。

26日　上海机电二局所属单位经过五年多的努力，使用中国自行研制的大型运载火箭"风暴一号"，发射成功中国第一颗人造地球卫星"长空一号"。1975年12月16日、1976年8月30日"风暴一号"又相继两次成功地发射了两颗技术试验卫星。1977年9月和1978年4月，又先后两次使用"风暴一号"运载火箭进行低弹道飞行试验获得成功，为1980年向太平洋发射远程运载火箭试验奠定了基础。

8月

11日　上海市第五毛纺织厂在兄弟单位协助下，不到一个月，高速度、高质量地新建一个自捻纺纱机的中试车间，提出半年正式投产。

22日　上海报刊开始报道上海石油化工总厂高速建设的情况。

25日　中国自行设计、制造的第一套醋酸外循环冷却氧化塔装置在上海石油化工总厂化工二厂诞生。

10月

6日　上海服装行业革新成功超声波无线锁眼机、撬边机、钉扣机，从而摆脱了手工操作。

11月

20日　上海中华印刷厂汉文自动照相排字机问世。

27日　上海在南京的炼铁基地9424工程第一期工程胜利建成，并正式投产。

30日　上海水泵厂制造的叶轮直径为3.1米的2台大型轴流泵，自6月30日在江都水利枢纽工程安装并试运转以来，质量性能良好。

12月

27日　彭浦机器厂在天津工程机械研究所、上海柴油机厂等单位大力支持下，制成中国第一台上海240大马力推土机。

1976 年

1月

6日　中华造船厂制造的国产第一条海底布缆船下海布缆试验。

30日　上海医疗器械研究所研制出一批具有先进水平的新型医疗器械，其中27项填补中国医疗器械空白。

2月

14日　上海新跃仪表厂制成达到国际先进水平的多道X光光谱仪和离子直接成像质量分析仪。

17日　中国第一台七套印花机电子上下自动对花装置在上海第七印染厂、复旦大学和上海纺织工学院共同努力下研制成功。

20日　中国第一台150型多用途高速液相层析仪在上海分析仪器厂制成。

5月

5日　上海石油化工总厂18套生产装置中，已有14套基本建成，常压蒸馏装置、空分装置、醋酸装置和甲醛装置先后投料试车成功。

是月　上海光学仪器厂制成中国第一

台大型精密先进的数字式重型万能工具显微镜。

6 月

15 日　由上海和全国各地 100 多家单位协作设计、制造和安装的 30 万千瓦双水内冷汽轮发电机组在江苏望亭电厂建成投产。

是月　上海研制成功中国第一台 ST-301 型数据处理电子计算机。

7 月

28 日　河北省唐山、丰南一带发生 7.8 级强烈地震。上海工业积极生产输血胶管、氧气袋、手术刀、X 光胶片、翻斗车、铲车、电瓶、液压泵、拖拉机、救护车、摩托车、电风扇等急需用品，支援灾区。

31 日　江南造船厂制造的"长青""长顺"号万吨轮同时下水。

8 月

11 日　中国功率最大的低能电子加速器在上海先锋电机厂诞生。

27 日　上海市电视工业发展迅速，直接生产电视设备和器件的工厂已有 30 多家，技术队伍有近 8000 人。

10 月

10 日　望亭电厂 60 万千瓦机组投产，新增装机容量 60 千万瓦。

11 月

21 日　上海船厂用 5 个多月时间建造的大型客货轮"东方红十四号"交付长江航运公司使用。

12 月

上海拖拉机厂 45 匹拖拉机项目投产，新增 45 匹拖拉机生产能力 5000 台。

是月　上海柴油机厂万匹机项目投产，新增万匹柴油机生产能力 10 万台。

1977 年

1 月

29 日　上海市召开干部大会，开展工业学大庆活动。

4 月

12 日　上海新跃仪表厂研制成功 80 万倍电子显微镜。

19 日　由上海电度表厂、上海继电器厂等单位五年前开始筹建的援助罗马尼亚的仪表机械元件车间，正式投产并移交。

5 月

26 日　上海市纺织工业局承担援建的马耳他纺织厂建成移交。

7 月

9 日　设在江苏省沛县的上海大屯煤矿孔庆矿建成投产。

8 月

10 日　上海市工业学大庆会议 7 日至 10 日举行。

12 月

26 日　国务院批准在上海新建现代化的宝山钢铁总厂。

30 日　上海市第七届人民代表大会第一次会议 25 日至 30 日举行。会议号召全市人民高速度地把上海建设成先进工业科技基地。

1978 年

1 月

15 日　中国第一台自行设计制造的 3.2 万千克大型塑料成型注射机在上海制造成功。

23 日　中国第一台腈纶转向纺丝及水

洗欠伸工艺设备在上海第二化学纤维厂试运转成功。

2月

1日 中国共产党上海市委员会（以下简称中共上海市委）决定：建立中共上海宝山钢铁总厂工程指挥部委员会。

4月

27日 上海船厂制造的中国第一艘出口万吨级运洋货轮"绍兴号"下水。

30日 上海第十钢铁厂制成中国第一台带钢生产作业线。

7月

19日 上海仪器仪表研究所总工程师支秉彝发明的"见字识码"汉字编码方法发表，为汉字进入电子计算机开拓新途径。

25日 上海市服装用品工业公司参赛全国服装质量评比鉴定会，获得服装质量总分第一名。

是月 上海第五钢铁厂与北京钢铁设计研究总院、航天部一院703所联合研制GH169高温合金新材料获得成功。1980年用此材料制成的涡轮转子的长程运载火箭向太平洋海域发射成功。1985年获国家科技成果特等奖。

8月

12日 国家计划委员会批准上海宝山钢铁总厂工程正式立项。

9月

15日 国务院批准，从1978年9月开始，每年9月定为全国质量月。上海市开展第一个质量月活动，召开14万人参加的"上海质量月动员大会"。

23日 上海船舶修造厂为中波轮船分公司建成1.4万载重吨远洋干货船"绍兴"号（含船舶主机6ESDZ76/160型柴油机）。

这是新中国成立以来首次建造万吨级出口远洋货船。

30日 上海第三钢铁厂铸钢车间运用全水冷挂渣炉壁新工艺，创电炉炉龄369炉的全国最高纪录。

是月 上海汽轮机厂研制成功"远望"号远洋测量船用的主汽轮机。

10月

29日 上海异型钢管厂试制成功不锈钢外螺纹驱动软管，填补国家空白。

30日 中共上海市委批转市教育卫生办公室的请示报告，决定建立上海交通大学机电分校、华东纺织工学院等13所高校（大学分校）。1984年，市委、市政府决定华东化工学院分院并入上海交通大学机电分校。

11月

7日 4000吨海洋调查船"向阳红09号"在上海沪东造船厂建成，交付国家海洋局使用。

是月 上海起重运输机械厂自行设计制造成功国产第一台跨度60.4米×15/3吨桥式起重机。

12月

11日 上海市"708"工程办公室改为上海市航空工业办公室。

是月 上海市半导体器件工业公司成立。

18—23日 中共十一届三中全会在北京召开，作出了实行改革开放的新决策，掀开了党和国家历史的新篇章。

23日 上海宝山钢铁总厂举行动工典礼。

是月 上海市半导体器件工业公司成立。

是年 上海为了发展市场短线产品，新建和分设塑料、染料、电视、电子元件、半导体、光学仪器等一批专业公司。

是年　上海设计制成中国第一艘 32 吨高效率、大跨距的起重船。

是年　上海试制成功中国第一台染料激光眼科凝固器。

是年　上海制成中国第一套组合式高传真立体声的特级半导体收音机。

是年　上海制成中国第一辆 20 吨自行平板车。

1979 年

1 月

30 日　被列入市 10 个科研会战项目之一的 120 路光导纤维通信系统研制成功。

2 月

19 日　上海市汽车拖拉机工业公司和上海市标准件制造公司被国家经济委员会列为行政性公司改为企业性公司的试点单位。

24 日　由上海市仪表电讯工业局负责组织，华东计算技术研究所和行业内外有关单位合作研制的运算速度为 500 万次/秒大型电子计算机——"905"甲机，通过国家鉴定。

是日　上海医疗器械研究所与上海注射器三厂等单位研制成功国内第一台医用激光肿瘤气化装置。

3 月

5 日　中共上海市委决定成立上海市后方基地管理局。

5 月

30 日　中共上海市委工作会议提出，上海经济工作的总要求是：边调整边前进，在调整中改革，在调整中整顿，在调整中提高。

是月　国家经济委员会决定在全国进行扩大企业自主权试点，其中上海试点企业有：上海柴油机厂、上海汽轮机厂、彭浦机器厂。7 月 10 日开始在 3 家厂实行以利润留成为主要形式的扩大企业自主权的试点。

6 月

1 日　上海高桥化工厂年产 1000 吨 ABS 树脂装置试车成功。

25—27 日　上海石油化工总厂一期工程通过国家验收委员会验收。

7 月

13 日　根据国务院《关于扩大国营工业企业经营管理自主权的若干规定》等文件精神，上海扩大试点范围，在 103 家工厂实行基数留成加增长分成的利润留成办法，留成资金按四、三、三比例，分别建立生产发展、职工福利基金和职工奖励基金。

15 日　上海市生产资料交易市场成立。这是全国第一家以商品形式自由销售生产资料的交易场所。

26 日　上海航天局研制生产的大型运载火箭，首次成功地把一颗重量超过 1 吨的重型卫星送上轨道。

8 月

6 日　上海半导体器件研究所、中国科学院上海冶金研究所、南京集成电路研究所、上海计算技术研究所、常州市半导体厂等单位共同研制成功国内第一块 8080A 微处理器大规模集成电路。

9 月

30 日　上海市冶金工业局和上海市纺织工业局试行以局为单位的全行业利润留成办法。

是月 国家经济委员会确定上海电机厂、上海机床厂、上海砂轮厂、上海第一冷冻机厂、上海东方造纸机械厂、上海第三石油机械厂、上海高压油泵厂、上海南洋电机厂、上海人民电机厂为扩大企业自主权试点单位。

10 月

30 日 中国航空技术进出口公司与美国麦道公司正式签署 DC980 主起落架舱门转包生产协议书，由上海飞机制造厂承担生产任务。

11 月

8 日 上海天原化工厂与化工部上海化工研究院、锦西化工机械厂协作试制成功的国内第一台 LLY3700 氯气透平压缩机投产，并获国家科技进步奖。

14 日 上海吴泾热电厂扩建的国产第一台 12.5 万千瓦超高压中间再热双水内冷发电机组并网发电。

23 日 上海市重大科技项目——直径 60 毫米三辊式行星轧机，由上海第一铜棒厂和上海冶金设计院共同设计研制成功，使中国压力加工装备达到 20 世纪 70 年代国际水平。

25 日 上海录音器材厂试制成功国内第一台 LX20 型二磁头彩色录像机。

27 日 上海焦化厂自行设计安装的国内第一套温度压力自动补偿大流量计量装置投入使用。

12 月

3 日 中国第一套年产 30 万吨合成氨和 24 万吨尿素生产装置在上海吴泾化工厂建成，并试生产出合格的合成氨和颗粒尿素。

16 日 上海机床厂试制成功国产第一台大型坐标测量机，精度达到 20 世纪 70 年代世界先进水平。

22 日 708 研究所设计的"远望 1 号"和"远望 2 号"测船，在江南造船厂建成交船。该型船被誉为"海上科学城"。

28 日 上海人民无线电厂与上海电视技术研究所、上海电视十一厂等单位协作试制成功全频道 31 厘米黑白电视机，首批生产 300 台投放市场。

是月 上海第一座户内型 110 千伏逸仙变电站建成投运。

是月 上海电焊机厂试制成功国内第一台大型悬臂式自动埋焊机（MZG1000）。

是月 上海第十一机床厂开发成功集车、镗、铣、磨、钻于一体的 H111 型多功能机床，填补国内空白。

是年 上海市标准件制造公司与上海螺钉厂共同设计试制成功国产第一台低噪声 180 件 / 分 Z312 螺栓高速冷镦机。

是年 上海延安机器厂试制成功 DFSA 型电子分色机，填补国内空白。

是年 上海整流器厂研制成功国产第一台 3000 千瓦 1 万安培 440 伏大功率高精度可控硅传动装置。

1980 年

1 月

4 日 上海柴油机厂、上海汽车配件厂与上海开关厂、上海革新电机厂联合会战，试制成功 2 台 200 千瓦柴油机发电机组，填补国内电站技术空白。

11 日 上海工业扩大全行业利润留成试点范围，在 23 个工业公司实行以公司为单位的利润全额留成。

2月

上海金属软管厂、上海异型钢管厂与航天部112厂联合研制成具有耐压、耐高温等特点的柔性管道连接件环形双层整体不锈钢软管，填补国内航空工业材料空白。

3月

3日　国务院批准上海航空电器厂对外开放，为外贸出口扩权企业。

21日　上海石油化工总厂化工二厂醋酸装置由单塔氧化改为双塔氧化工艺，为国内首创。

是月　上海重型机器厂自行设计制造的世界最大的200吨三相三摇臂双极串联抽锭式电渣重熔炉投产，并试炼出第一根89吨重的电渣钢锭。

5月

8日　上海第二冶炼厂硅单晶车间生产出国内最大最重的直径157毫米、重377公斤的硅多晶锭。

18日　中国发射远程运载火箭全程飞行试验成功。江南、中华等船厂建造的主测量船"远望1号""远望2号"，海洋调查船"向阳红10号"，远洋打捞救生船"J302""J506"，远洋拖船"T830""T154""T710"等参加该试验任务。

是月　上海电缆厂试制成功国产第一根35万千伏铝芯交联聚乙烯绝缘电缆。

是月　上海市纺织局、二轻局、机电一局、仪表局所属21家企业试点劳动合同制。

6月

28日　上海无线电二厂研制的中国第一台调频调幅立体声盒色座纹声系统问世。

30日　上海飞机制造厂试制成功SF640型大型客车。

7月

8日　上海仪器仪表研究所研制成功国内第一套CAMAC系统组件（计算机辅助测试和控制），使电工仪器仪表跨入自动测试领域。

是日　中国机械行业第一家中外合资企业——中国讯达电梯有限公司成立。

上旬　上海第一绸缎织染厂、上海第一丝绸机械厂和上海丝绸科学技术研究所研制成功中国第一台双喷染色机。

29日　上海电梯水暖修配厂制成中国第一台1.5米/秒交流快速载客电梯。

8月

8日　市经委召开扩大企业自主权试点大会，冶金、纺织等2个工业局，自行车、缝纫机、制线织带、玩具、拖拉机汽车、标准件等6个工业公司和711家工厂进行扩大企业自主权试点。

16日　上海开展固定工制度改革试点，改招用固定工为招用合同工。首先在上海元件五厂、中国纺织机械厂等部分全民所有制企业的熟练工和普通工岗位试行。

9月

8日　上海市召开工业优质产品授奖大会，185项产品获市优质产品奖和证书。

26日　"运10"飞机在上海飞机制造厂大场机场首次试飞成功。

10月

30日　中国自行设计制造的第一条年产10万台16英寸黑白显像管生产线在上海电子管二厂投产。

是月　上海电缆厂研制成功中国第一根22万伏高压电缆终端。

11月

19日　国内第一家专业时装表演

队——上海服装公司表演队成立。

12 月

19 日　上海第二铜管厂试制成功 LD2 直径 5×0.3 毫米铝合金航空散热管，填补国内空白。

是月　上海长江电子计算机厂与上海工业大学合作，研制成功上海地区第一台采用国产元器件的 DJS051 型微型电子计算机。

是月　经财政部批准，上海率先在国营企业进行"利改税"试点。

是年　上海橡胶制品二厂与同济大学合作，试制成功国内第一座 450 平方米充气展厅，并首次在上海工业展览厅使用。

1981 年

1 月

22 日　万吨级出口多用途船"鲁班号"在上海船厂下水。

31 日　上海市郊区县属 50 家国营小型企业进行以税代利的试验，按照集体所有制企业的八级累进计征办法向国家缴纳所得税，并缴纳资金占用费。

是月　上海电缆厂研制成功 79—1 型深水双屏蔽电缆和 79—21 型深水多屏蔽电缆，获得中共中央和国务院表扬。中旬，为美国在北京投资建造的北京香山饭店研制成一根三芯 3.5 万千伏交联电力电缆，为国内首创。

2 月

9 日　上海市手工业联社出资在香港购买 H. 培罗蒙有限公司。4 月，在香港重新注册开业，作为上海服装行业在境外的"窗口"。

25 日　DC980 主起落架舱门首套交接仪式在上海飞机制造厂大场厂区举行。

3 月

14 日　上海第二钢铁厂与北京钢铁设计研究总院等单位联合设计研制的中国第一台 45 度高速线材轧机在上海通过鉴定。

18 日　彭浦机器厂试制成功国内第一台 D155A 型 320 马力推土机。

6 月

27 日　上海灯泡厂从日本引进的黑白显像管生产线建成，这是国内最大的显像管生产线。

8 月

4 日　上海第一家沪港合资企业——上海联合毛纺织有限公司举行开工典礼。

10 日　市政府就与外商合资改造上海轿车厂事宜请示国务院。8 月 31 日，国务院同意市政府的意见。9 月 26 日，国务院授权国家外国投资管理委员会批复上海市和第一机械工业部，同意与联邦德国大众公司合资改造上海轿车厂的项目。

是月　中国第一个电池专用喷雾锌粉在上海有色冶炼厂通过鉴定。

9 月

3 日　上海市手工业联社出资与香港招商局所属海通公司在香港合办申海船舶用品供应有限公司，总投资 200 万港元，是上海手工业系统首家在境外开办的贸易性合资企业，1983 年 1 月 4 日开业。

7 日　国务院批复同意上海炼油厂、上海高桥化工厂、上海高桥热电厂、上海石油化学研究所、上海农药厂、上海染化十五厂、上海第二化学纤维厂、上海合成洗涤剂二厂合并，组建上海高桥石油化工公司。11 月 6 日，上海高桥石油化工公司成立。

这是全国第一家跨行业、跨部门的特大型石油化工联合企业。

20日　上海航天局研制生产的大型运载火箭准确地把一组不同用途的3颗空间物理探测卫星送入轨道，使中国成为世界上少数几个掌握"一箭多星"技术的国家之一。

10月

15日　财政部批准上海市郊区各县县属国营工交企业从1981年起全部试行由上缴利润改为国家征税、自负盈亏。

12月

1日　中国最大的上海显像管玻壳厂破土动工。该厂设计能力为年产400万只12英寸黑白显像管。1983年12月6日，上海显像管玻壳厂建成，并开始点火。年生产能力为31厘米玻壳400万套或35厘米玻壳300万套。1984年12月24日，国家验收通过。

1982 年

1月

1日　经市政府批准的第一家工贸合一企业——上海手帕进出口公司成立。6月1日正式对外营业。

19日　上海第三制药厂制成第三代半合成青霉素，填补国内抗菌素工业空白。

21日　上海市拖拉机汽车工业公司与联邦德国大众汽车公司举行上海轿车合资经营备忘录签字仪式。

2月

6日　上海决定在11个主要工业局所属1893家工厂全面实行全行业利润全额留成，平均留利率为12%。

23—25日　上药四厂通过FDA检查，这是中国氨基糖苷类产品第一次通过美国FDA验收。

3月

21日　中国最大容量火力发电机组——宝山钢铁总厂自备电厂第一台35万千瓦发电机组建成投入运营。4月30日，并网发电。

4月

16日　经国家对外经济贸易部批准，上海纺织经营公司与香港上海实业公司、香港溢达有限公司共同投资，在香港开办申达制衣厂。这是新中国成立后在境外开办的第一家纺织合资企业。

5月

4日　上海电子计算机厂试制成功运算速度为350万次/秒的905乙大型电子计算机。1984年4月，905乙大型电子计算机获上海市重大科技成果奖。

17日　上海压缩机厂研制的用于年产40万吨尿素装置的二氧化碳离心式压缩机高低压转子，在云南天然气化肥厂试车成功，填补国内空白。

30日　市政府将《关于在上海石油化工总厂建设30万吨乙烯工程的报告》报国务院。1983年5月，国务院批准该项报告。1983年3月26日，上海市计划委员会召开会议，部署上海30万吨乙烯工程定点方案。工程分设在上海石油化工总厂、上海氯碱股份有限公司、上海高桥石油化工公司。工程建设分为一阶段工程和一阶段完善配套项目两个阶段实施。1987年5月10日，一阶段工程正式开工。1990年3月，一阶段工程全部建成投料开车。国务院对工程建成投产发出贺电。1992年6月，建成完善配套项目，打通上海30万吨乙烯工程全流程，产出合格产品。1993年12月12日，上海30万吨乙烯工程通过国家验收。总投资90.65亿元的上海30万吨乙烯是国家重点工程，上海石油化工总厂成为国内唯一的化纤、塑料、油品和化工原料并举的大型石化联合企业。

是月　上海重型机床厂与联邦德国沃伦贝公司试制成功V1000车床，成为国内首家出口大型卧式车床的工厂。

6月

26日　上海梅山炼铁基地第一期工程正式验收并移交生产。

是月　上海起重运输机械厂试制成功84式重型机械化桥（又名105机械化桥），填补国产军用舟桥空白。

是月　国内自行设计制造的第一套万吨乙烯管式裂解试验装置在高桥化工厂建成。1983年3月19日，投入试生产。

7月

7日　上海第五钢铁厂、上海第十七棉纺织厂、上海炼油厂、上海内燃机厂、大中华橡胶厂、上海手表厂、上海无线电十八厂、上海第四制药厂、上海徽章厂、上海吴泾热电厂、上海石油化工总厂腈纶分厂等11家企业，推行首都钢铁公司的经济责任制经验。

8月

6日　上海重型机器厂与北京钢铁学院协作建成200吨级大型电渣重熔炉。

是月　正泰橡胶厂"回力"牌子午线轿车轮胎取得美国DOT-y5证书，进入美国市场。

9月

18日　上海医药工业研究院研制成功胆固醇酶联试剂。这是国内第一个酶诊断试剂。

20日　江南造船厂自行设计施工的5万吨级固定船坞竣工。该工程于1977年7月开工。

10月

15日　上海市经委系统工业企业实行生产经营责任制，共分五批推开，主要是实行利润留成制度，有1个公司2家工厂试行"以税代利，自负盈亏"。到目前为止，参加试点的单位共有冶金、纺织、轻工3个局，22个公司和其他局的28家工厂，共计1434家工厂，占11个地方工业局所属企业总数的74%，总产值占87%，利润总额占84%，职工总人数占75%。

28日　上海电视一厂从日本引进年产20万台彩色电视机流水生产线竣工投产。

11月

28日　沪东造船厂制造的3.6万吨出口散装货轮"车量"号试航成功。

12月

上海曙光机械制造厂制造出国产第一套超高真空KFT同步卫星试验装置。

1983年

1月

1日　上海国营工业企业实行第一步"利改税"。

11日　上海东风机器厂试制成功国产第一台具有国际先进水平的LHV802型大型联合打包机组。

是月　市政府决定建立闵行和虹桥两个经济开发区。6月9日，决定成立上海市闵行、虹桥两个开发公司。

2 月

5 日　上海石油化工总厂等 9 家企业实行上缴利润递增包干经济责任制。

3 月

17 日　国务院批准《关于上海引进技术改造中小企业扩权的试点报告》，上海在"六五"期间后 3 年，每年用 3 亿美元安排企业的技术引进和技术改造。同时，扩大上海技术引进项目的审批权限。

26 日　国务院批准宝山钢铁总厂二期工程继续建设。

4 月

4 日　市政府决定成立市引进技术、改造中小企业工作领导小组。日常工作由生产技术局负责。

11 日　第一辆上海桑塔纳轿车在上海汽车厂组装成功。

13 日　上海市仪器仪表工业公司与美国福克斯波罗公司合资开办上海·福克斯波罗有限公司。这是中国仪器仪表工业的首家中外合资企业。

5 月

2 日　国务院批准《关于上海发展对外经济贸易工作几个问题的请示》，决定给上海引进和消化技术、利用外资、改造老企业和开拓国际市场等方面以更多的自主权。

27 日　上海医疗器械研究所研制成功首台国产 X 线电子计算机断层颅脑扫描装置。

6 月

1 日　国内自行研制、设计和建造的第一座核电厂秦山核电厂在杭州湾北岸的秦山脚下破土开工。

4 日　由美国魁基（QUICKIE）飞机公司来料在上海飞机制造厂制造的 Q2 轻型飞机试制成功。

8 月

3 日　上海评选水仙牌洗衣机、华生牌电扇等 18 种产品首批命名为"上海市名牌产品"。

20 日　上海自行设计、自行制造的第一台高频高压大功率电子辐照加速器在上海电机厂研制成功。

是月　上海耀华玻璃厂与国家建材局建材研究院研制成功锆英石砖，并通过技术鉴定，填补国内玻璃窑耐火材料一项空白。

9 月

30 日　上海电缆厂试制成功第一根国产 10800 路中同轴电缆。

10 月

6 日　轻工业部召开表彰大会，上海有 201 项科研成果获奖。

12 日　上海市第一个大规模科研生产联合体——光纤通信联合体成立。

21 日　市政府颁发《关于在工业生产中加强质量工作的若干决定（试行）》，并成立质量工作领导小组，提出 1987 年底前全市 500 项主要工业产品的质量达到 20 世纪 70 年代或 80 年代初世界水平。

11 月

1 日　上海重型机器厂冶炼成功 203 吨的大型电渣重熔钢锭，为世界之冠。

3 日　上海医用激光仪器厂研制成功国内首台 YAG 激光内腔治疗机。

是月　中国建材行业第一家中外合资企业——上海耀华皮尔金顿玻璃有限公司成立。

12 月

5 日　国家经济委员会与西藏自治区

政府商定 74 个对口支援和经济技术协作项目，其中上海市有 15 项。此外，确定 10 个对口支援单位，其中上海益民皮革厂对口西藏农垦厅皮革厂，上海市毛麻公司对口西藏林芝毛纺厂。

6 日　上海显像管玻璃厂建成点火生产。

10 日　中国最大的煤气厂——上海浦东煤气厂工程举行开工典礼。

12 日　上海市副市长阮崇武听取关于小三线的各方面意见，报告市长汪道涵，建议结合"七五"规划全面、综合地考虑小三线的发展方向和调整方针。

26 日　国内第一台采用微处理机技术的汉字自动译报机由上海电子计算机厂试制成功并投产。

28 日　被国防科学技术工业委员会命名的"上海航空发动机露天标准试车台"在上海大场建成，填补国内航空发动机试验设备空白。

是日　上海成立集成电路和计算技术小组，并制订"电子工业振兴大纲"，规划到 1990 年，全市主要电子产品在技术上力争有 80% 左右采用国际通用标准，达到 20 世纪 70 年代末、80 年代初世界普及的水平。

31 日　上海无线电一厂制造出用微型计算机控制的快速自动电阻基体渗碳炉，投入试生产，填补国内空白。

是月　上海鼓风机厂设计制造出国内第一台 TLT 隧道风机。

是月　上海冶金机修总厂与上海钢铁研究所合作，研制成功国内首创的 30 辊极薄带材轧机，全部元件均由国内生产，用于轧制精密合金，最薄成品带厚度为 0.001 毫米。

1984 年

1 月

1 日　经财政部批准，上海冶金系统实行"利改税"改革。1984 年实行第一步，实现利润按 55% 税率交纳所得税，税后利润再由国家、企业分配。1985 年实行第二步，按新税率交纳产品税时交纳资源税、增值税、地方税、调节税。

3 月

14 日　国家经济委员会、中国企业管理协会确定上海第十七棉纺织厂、上海机床厂和上海无线电二厂为全国管理现代化重点试点单位。

16 日　由上海市计算机工业公司和上海市计算技术研究所合并组建的上海市计算机公司成立。

21 日　中国机械工业最大的中外合资项目——上海大众汽车有限公司举行奠基典礼。

27 日　中国最大的海洋平台井架在上海船厂吊装成功，总高度为 56.2 米，自重 105 吨。

29 日　根据冶金工业部"六五"攻关课题，上海第三钢铁厂 75/90 公斤高强度精轧螺纹钢筋进行生产性试验获得成功。1985 年获国家科学技术委员会"六五"科技攻关重要贡献奖。

是月　上海石油化工总厂二期工程芳烃联合装置经运转考核及格，完成交接验收。10 月，二期工程成套引进装置的交接验收工作全部完成。

4 月

1 日　由第七机械工业部有关单位和上海航天局共同研制的长征三号三级火箭

成功发射一颗科学实验卫星。4 月，使用该火箭成功发射一颗地球静止轨道的试验通讯卫星。

30 日　江南造船厂为新加坡海皇轮船公司建造的万吨轮"海皇·碧玉"号签字交船。这是中国第一艘采用自行设计的无人机舱万吨轮。

5 月

2—5 日　市政府召开上海市科技工作会议，确定大规模集成电路、微型计算机推广应用等 10 个重大科技战役；围绕行业技术改造和新产品开发，全市将系统地组织 12 条龙协作攻关。

10 日　上海无线电二厂、上海机床厂、上海第十七棉纺织厂等 58 家工业企业试行"三配套"扩大经营管理自主权试点。上海第十七棉纺织厂等 4 家企业实行"四配套"试点。至 1986 年，全市 500 多家国有人中型工业企业进行"三配套""四配套"改革。7 月 9 日经市政府批准，上海第十七棉纺织厂、上海无线电二厂开始实行全面配套改革试点，三年内工资总额实行包干。

11 日　市政府召开工业企业整顿工作经验交流会。截至 4 月底，全市完成 5 项工作整顿、验收合格的企业共有 1115 家，其中国营企业 738 家，集体企业 377 家。

29 日　市政府确定第一批进行经济体制和管理体制配套改革的试点单位。其中，上海市轻工机械工业公司、上海市自行车公司和上海市标准件公司等 30 个企业性公司试行经理负责制；上海电视机一厂、南洋电机厂、上海牙膏厂、上海皮鞋厂、上海第一印染厂、上海第四制药厂、上海天原化工厂等 31 家整顿验收合格企业试行厂长负责制。

6 月

6 日　市政府同意筹建上海市郊县城镇集体工业联合社，与上海市农业机械工业局实行两块牌子，一套机构；同意建立各县城镇集体工业联社，与县农业机械工业局为两块牌子，一套机构。

13 日　市政府决定成立上海市大规模集成电路和计算机工作小组。

15 日　上海船厂建成中国自行设计的第一座半潜式海洋石油钻井平台"勘探三号"，钻井深度可达 6000 米。

19 日　上海光学仪器厂研制的 95J 型精密坐标测量机通过技术鉴定，填补国内空白。

23 日　中国第一家制造程控数字电话交换机企业——中比合资上海贝尔电话设备有限公司成立。

27 日　上海市决定在漕河泾开辟微电子工业区，筹建具有世界先进水平的"数据服务中心"和软件工厂。

是月　上海选定 58 家国营大中型企业开展企业"三配套""四配套"改革试点。至 1986 年，全市 500 多家大中型企业进行"三配套""四配套"改革。

7 月

10 日　国家经济委员会授予 120 家企业为全国工交系统 1983 年经济效益先进单位称号，上海有上海石油化工总厂、上海第十七棉纺织厂、上海无线电十八厂、上海铁路局、上海广播器材厂等 20 个单位获得先进称号。

21 日　上海 10 个系统 100 家企业组成的上海汽车拖拉机工业联营公司正式成立。

30 日　市政府成立上海市城乡工业协调小组，要求把上海工业生产的建筑面积，从市区 141 平方公里扩展到郊区的 6100 平方公里，使上海城乡经济联成一体。

是月 市国防科工办提出《关于上海小三线调整情况及其调整方案》。8 月 8 日，中共上海市委召开常委会，听取市国防科工办汇报，确定调整要"保护和发展生产力"，"要走联营的道路"，"帮助地方搞活一批企业"，人员要"分期分批返回市郊，确保社会安定"的指导思想。随后成立由市国防科工办等抽调人员组成的"小三线协调办公室"。

8 月

2 日 市政府批准上海激光技术研究所、上海计算技术研究所等 24 个单位试行有偿合同制，作为上海市第一批改革试点。

是日 上海市副市长刘振元在上海市微型机应用工作会议上宣布，中共上海市委和市政府将以信息技术为主导，把微型机的应用作为改造机电、化工、轻工、纺织、手工等传统工业的突破口。

10 日 市政府批准引发《关于发行股票的暂行办法》。

23 日 国家质量奖审定委员会决定授予上海嘉丰棉纺织厂等 7 家企业国家质量管理奖荣誉称号。上海无线电十八厂、上海电力安装二公司、上海市第一建筑工程公司等 17 家企业受通报表彰。

是日 市政府批转上海市劳动局《上海市国营企业实行劳动合同制的暂行规定》，规定自 1984 年 9 月 1 日起，上海国营企业改变招工办法，试行劳动合同制。

9 月

1 日 市政府提出振兴上海经济发展战略，决心逐步把上海建成多功能的经济中心和社会主义现代化的国际城市，主要实行产业结构、产品结构、所有制结构、经济循环和城市布局等 5 个转变。

11 日 江南造船厂建成全国最大的 11.3 米液压推进盾构式隧道掘进机。

22 日 国务院批复原则同意国家计划委员会《关于上海轿车合营项目可行性研究的审查报告》，同意上海市拖拉机汽车工业公司等单位同联邦德国大众汽车公司合资经营上海轿车项目，作为"七五"国家重点改造项目，固定资产总投资 3.87 亿元。

25 日 上海先锋电机厂为国家高能研究所正负电子对撞机制造的 70 BM 电磁铁第一次试冲成功。10 月 7 日，邓小平在北京对撞机实验室观看电磁铁冲片样片。

是月 市政府成立新技术开发联合办公室。上海市科学技术委员会初步选定微电子、计算机、生物工程、机器人、光纤通信、激光技术、海洋石油开发等 7 个优先发展领域和 22 个重点发展行业。

10 月

5 日 市政府批准市经委、上海市企业整顿领导小组、上海市财政局、上海市劳动局等 8 个单位关于《改革试点企业贯彻国务院"关于进一步扩大国营工业企业自主权的暂行规定"若干实施意见》。

7 日 市政府批准市经委、上海市农业委员会《关于扶持乡镇企业发展的几个问题的意见（试行）》。

10 日 中国汽车工业总公司、上海市拖拉机汽车工业公司、中国银行上海信托咨询公司同联邦德国大众汽车有限公司在北京正式签订上海大众汽车有限公司合营合同。

12 日 联邦德国总理科尔和夫人由国务院副总理李鹏、上海市市长汪道涵、联邦德国大众汽车有限公司董事长哈恩等陪同,出席上海大众汽车有限公司奠基典礼。

11 月

11 日　新中国成立以来上海第一家外国独资企业——美国 3M 公司(明尼苏达矿业制造公司)中国有限公司在上海成立。

16 日　对外经济贸易部颁发上海市拖拉机汽车工业公司与泰国正大集团所属香港易初投资有限公司合资经营摩托车批准证书。上海易初摩托车有限公司成立。

18 日　上海飞乐电声总厂以企业、个人参股形式,试办国内第一家股份制企业——上海飞乐音响公司,并首次向社会发行股票。该公司股票于 1986 年 9 月 26 日上市交易,是国内第一家上市交易的公司。

20 日　中共十二届三中全会通过《中共中央关于经济体制改革的决定》。

12 月

5 日　市政府批准成立上海航空工业公司。

20 日　市政府批准《关于进一步扩大本市国营工业企业自主权的若干规定》。

23 日　沪东造船厂召开"双十万"庆祝大会,庆祝船、机生产双双突破 10 万大关(船 10.3 万吨,机 12.3 万马力),成为国内首家船与机生产"双十万"的船厂。

26 日　市政府、国务院改造振兴上海调研组向中央呈报《关于上海经济发展战略的汇报提纲》。

1985 年

1 月

1 日　市政府和中国石油化工总公司向国务院报告,扩建上海高桥石油化工公

司化工厂的顺丁橡胶装置,增建 5 万吨生产能力,作为上海 30 万吨乙烯工程的完善配套项目。经国家计划委员会批准后,1990年 8 月 20 日,5 万吨顺丁橡胶工程开工。

是日　上海电气联合公司成立。这是上海突破行业和部门进行改革的一个试点。

8 日　上海市有色金属工业公司成立,实行以上海市为主的双重领导体制。

14 日　上海延中实业有限公司向社会公开发行股票 10 万股,每股面值 50 元。

16 日　经教育部和国家计划委员会同意,在上海交通大学机电分校和华东纺织工学院分院的基础上,建立上海工程技术学院。2 月 16 日,市高教局转发教育部008 号文和市政府 26 号文,将上海工程技术学院改为上海工程技术大学。

28 日,《上海市人民政府、安徽省人民政府关于上海在皖南小三线调整和交接的商定协议》签订,并上报国务院。协议规定,小三线在皖企事业单位的固定资产和流动资金全部无偿交给安徽省。4 月 17日,国务院同意市政府、安徽省人民政府关于调整和交接的商定协议。上海在皖南小三线 80 家企事业单位开始进行移交工作。1988 年 4 月,上海在皖南的小三线 80 家企事业单位全部移交给安徽当地。

是月　上海电机厂试制完成国内第一台全氢冷 30 万千瓦发电机,安装在山东石横发电厂。

2 月

17 日　上海拖拉机厂、上海内燃机厂、上海拖拉机底盘厂、上海拖拉机齿轮厂以产品为纽带,联合组建上海 50 型拖拉机经济联合体,把四家厂利益捆在一起,利益共享,风险共担。

28日　市政府批准由工业部门独立组成的上海新联纺织品进出口公司开业。

3月

26日　宝山钢铁总厂一号高炉建成。

4月

12日　经国务院批准，中美签署的《合作生产MD-82及其派生型飞机、联合研制先进技术主线飞机和补偿贸易总协议》及其5份协议正式生效。这是截至1985年，中美两国规模最大、内容最广泛、技术先进、有效期最长的一个合作项目。

26日　正泰橡胶厂首批"回力牌"子午线轿车轮胎获得欧洲技术经济委员会ECE标准认可证书，成为国内轮胎厂第一家获得该证书的企业。

是月　上海航空工业（集团）公司与美国麦克唐纳·道格拉斯公司就合作生产25架MD-82飞机达成协议。

是月　上海飞机制造厂、上海第三汽车底盘厂、上海第一汽车附件厂、上海工农动力机厂、上海汽车齿轮厂、上海第二汽车底盘厂、上海汽车底盘厂等7个单位组成的SH110微型汽车经济联合体成立。

是月　上海第二汽车底盘厂自行设计制造成功第一辆SD631中高级旅行车。

5月

19日　上海石油化工总厂二期工程进入全面试生产阶段，该期工程总投资23.4亿元，主要产品为涤纶和其他纤维混纺织物。

31日　上海推行更新改造项目投资包干责任制。

6月

3日　上海首次用世界银行贷款引进工业设备的上海铝箔项目举行国际招标开标典礼。

15日　上海引进一条国内产量最大、自动化程度最高的汽水生产线在上海汽水厂投产。

22日　以许可证贸易方式引进美国伟步公司技术的35D型32吨矿用汽车在上海重型汽车厂出厂。

24日　宝山钢铁总厂炼钢厂建成交付生产。

7月

2日　上海化工三厂年产4800吨聚醚和800吨破乳剂工程破土动工。1986年5月竣工，6月和8月分别投料试车。

27日　"七五"期间国家重点工程建设项目——上海石洞口电厂破土动工，规划安装4台国产30万千瓦亚临界燃煤机组。1990年5月，4号机组装机容量30万千瓦投产发电。上海最大火力发电厂基本建成。

8月

2日　中美合资经营的上海卡博特硬面有限公司破土奠基。该公司建成投产。

5日　上海广播器材厂对引进技术消化配套，在不到一年的时间内建成两条彩色电视机生产线。1984年获国家经济委员会颁发的"引进技术改造现有企业全优奖"。

8日　上海探矿机械厂制造出中国第一台地热钻机，为开发西藏地热作出贡献。

20日　上海市引进年产50万只355.6毫米（14英寸）彩色显像管的生产线项目，在上海电子管厂举行开工典礼。

9月

2—8日　上海首次在香港举办工业产品展销会，展出3800余项、1.2万多件展品，展销会成交额9000万美元。

12—26日　市经委举行上海市引进技术消化吸收展览会，展出1101项成果。

15 日　宝山钢铁总厂举行一号高炉点火仪式，一期工程进入全面试生产阶段。一号高炉为世界上日产万吨铁水的 25 座大高炉之一。

16 日　上海市轻工业局利用世界银行贷款，经过国际公开招标，引进英国戴维·麦基公司年产 6000 吨净铝箔生产线，总投资 1.2 亿元，该生产线将建在闵行地区。

30 日　中国与比利时合营的 1240 程控数字电话交换系统正式投入装配。建成后有 30 万门电话交换机，大大提高电话通讯能力。

10 月

27 日　中国第一台光盘录放系统在上海激光技术研究所研制成功。

31 日　上海电子计算机厂研制成功 TQH—100 型汉字计算机终端，可与 DJS-131、185 型等电了计算机组成汉字计算机系统。

是月　上海第二制药厂与瑞士罗氏公司签订技术转让合同，这是上海第一个贸易性技术出口项目。

11 月

15 日　市政府决定成立开发漕河泾微电子工业规划区领导小组，由副市长刘振元任组长。上海市漕河泾微电子工业区开发公司开业。主要开发电子计算机、大规模集成电路、光纤通信、激光以及相关的微电子产品。

28 日　上海合成纤维研究所与中国纺织大学研制成功的国家"六五"期间的科研攻关项目——芳纶Ⅱ 3、4 型通过纺织工业部鉴定，填补国内空白。

12 月

11 日　上海电力公司成立。1986 年12 月 17 日，经电力工业部和市政府批准，上海电力公司改为上海市电力工业局。1989 年 10 月 23 日，经能源部和市政府批准，成立经济实体——上海市电力公司。

是日　上海易初摩托车有限公司举行摩托车发动机项目合资签约仪式，上海动力机厂参加合资。

20 日　上海最大的技术改造引进项目——上海第二钢铁厂线材轧机改造工程开工。

24 日　上海企业整顿总结表彰大会在上海体育馆举行，上海电视机厂等 246 家企业受到表彰，上海汽轮机厂等 275 家企业受到表扬。四年来，上海共有 9585 家企业通过企业整顿验收，完成中央提出的在 1985 年以前对所有企业普遍整顿一遍的任务。

26 日　上海电子计算机厂开发成功可与 IBMPC/XT 相兼容的东海—Ⅰ型微型电子计算机，投入批量生产。

29 日　中国第一台运用引进技术制造的 30 万千瓦火电机组的锅炉、汽轮机、发电机和高压加热器等主机、主要辅机，已全部由上海电气联合公司所属工厂完工。

1986 年

1 月

6 日　时任上海市市长江泽民召开 MD-82 工程专题工作会议，强调要确保 1986 年 4 月 1 日开铆，争取 1987 年推出第一架飞机。

10 日　上海压缩机厂自行设计试制的活塞式 4D45 氮氢气压缩机通过部级鉴定，标志着中国制造活塞式压缩机的技术达到当代国际先进水平。

15日　上海梅山冶金公司第一高炉（第二台炉役）投产。

16日　以外销为主的企业性公司——上海章华毛纺织公司成立。它是上海第一家由生产工厂升格改制为公司的企业。

19日　国内第一套30万千瓦核电站主设备在秦山核电站全面投产。

20日　上海沪光仪器厂研制成功QS30型50万伏高压电桥，填补国内空白。

31日　上海市首次公布科学技术进步奖共有350项，其中"运10"飞机获一等奖。

是月　中国第一台QS30型50万伏高压电桥在上海沪光仪器厂研制成功。

2 月

2日　上海航天局参加研制的长征三号运载火箭发射成功。

12日　市经委、上海市财政局批准北京皮鞋厂、上海轻机模具厂、上海第十三丝织厂等3家国营小企业实行租赁经营试点，从1986年1月1日起为期两年。租赁期间企业全民所有制性质不变，享有自主经营管理权限；改交纳所得税为上交租赁费；职工的劳保待遇不变。

22日　中国第一艘在船坞建造的3.9万吨散装货轮"安平二号"，在江南造船厂出坞。

3 月

18日　市经委确定上海第十七棉纺织厂、新华金笔厂、上海皮鞋厂、上海第三钢铁厂、大中华橡胶厂、上海焦化厂、上海炼油厂、上海机床厂、沪东造船厂和上海第三制药厂等53家企业为上海工业系统管理现代化重点企业。

4 月

1日　首架MD-82飞机开铆典礼在上海飞机制造厂大场厂区举行。

15日　上海新建齿轮厂自行设计、研制成功中国第一个能按ISO国际标准完成汽车液压制动软管全部测试项目产品试验室，填补国内汽车液压、气压制动软管测试技术领域一项空白。

23日　上海光学仪器厂与上海无线电仪器厂合作开发成功S-860型二维光栅数显装置，该项目属国家"七五"期间重点推广的新技术项目之一。

24日　经国家有关部门批准，确定全国第一批机电产品出口基地企业46家，扩大外贸自主权企业98家，其中上海出口基地企业27家。

是日　上海缝纫机厂、上海益民食品四厂等15家企业被首批批准利用国外商业贷款或债券引进国外先进技术。

25日　中国与加拿大在上海的第一家合资企业上海高桥宝兰山有限公司成立。

28日　经市政府批准，上海第十二棉纺织厂试行工资总额同产品质量、料费成本挂钩，奖金同利润挂钩。

5 月

13—14日　上海召开经济体制改革工作会议，重点讨论发展横向经济联合。

22日　上海亚明灯泡厂引进年产50万只高压钠灯生产设备安装投产。12月26日，通过国家级验收。

28日　上海初步形成光纤通信产业，光纤年生产能力达到3000公里—4000公里，已建成从原料、工艺设备、光纤、光缆到端机、光电器件配套的科研中试基地。

6 月

10 日　市政府颁发《上海市进一步推动横向经济联合的试行办法》。

7 月

5 日　上海船厂承接的"渤海八号"自升式钻井平台改建和修理工程竣工。

是日　上海工程技术大学成立大会举行。时任市长江泽民出席大会，并题词"为上海经济建设培养更多的工程技术和管理人才"。

13 日　首次采用世界先进的钢珠下水新工艺的国内最大远洋货轮"泰安海"号在沪下水。

18 日　上海召开工业产品采用国际标准工作会议，要求"七五"期间，上海主要工业产品全部采用国际标准。

22 日　市工业党委、市经委成立改革行政性工业公司领导小组，指导、审批、督促各工业局改革行政性工业公司工作的落实。

25 日　中共上海市委办公厅、市政府办公厅转发《关于本市行政性工业公司体制改革方案》，加快行政性工业公司改革工作。

1986 年 8 月—1987 年 6 月　上海工业公司改革全面展开。77 个行政性工业公司中，撤销或解体的有 60 个，改建为企业性公司的有 17 个。另组建企业集团公司 100 个。行政性公司的改革是建国以来上海工业管理体制组织方式最大的一次变革，为 20 世纪 90 年代工业管理体制改革奠定了基础。

8 月

27 日　上海康达纺织联合公司成立，实行统一经营、独立核算、自负盈亏。它由上海第十二棉纺厂和上海第二十二漂染厂发起，有上海和江苏、浙江两省的 10 家纺织厂参加，是上海第一个实行统一经营、独立核算、共负盈亏的紧密型经济联合体。

9 月

5 日　经国务院批准，上海闵行、虹桥为经济技术开发区，执行沿海开放城市经济技术开发的各项政策。

8 日　上海第五钢铁厂从德国引进一套 30 万吨合金棒材轧机项目开工。

是月　市经委牵头组成上海市桑塔纳轿车横向国产化领导小组，下设协调办公室，主管配套国产化工作。这是上海对外合资方面采取的一项重大改革措施。

10 月

7 日　上海汽车底盘厂自行设计研制成功转向横拉杆与齿轮齿条转向器总成性能强化试验台，填补国内汽车技术一项空白。

8 日　上海电子计算机厂引进年产 1 万台微型电子计算机生产线设备项目竣工验收。

11 日　中美合资经营的高科技的上海王安电脑发展公司开业。

28 日　航空工业部与上海市共同组成 MD-82 工程项目领导小组。

11 月

14 日　邓小平同志向美国纽约证券交易所董事长约翰·凡尔霖先生赠送新中国第一张股票"上海飞乐音响"。

20 日　上海石英玻璃厂引进英国一套 MCVD 光导纤维生产线建成投产，年产 5000 公里多模和单模光导纤维。

22 日　上海工业系统为贯彻"城乡一体化"已在郊县设 860 个生产点，有 63 万名农村劳动力转向非农产业，其中80%以上直接为城市大工业和外贸出口配套服务。

12月

1日　全国第一个自行车生产集团——永久自行车集团成立。

2日　国务院批准上海机床行业利用世界银行贷款进行技术改造，将开发并批量生产出一批在国际市场上有竞争能力的高技术产品，成为中国一个重要的机床出口基地。

9日　以上海自行车三厂为主体的凤凰自行车集团成立。

10日　上海保温瓶胆总厂投产，成为国内最大的生产保温瓶胆专业厂。

13日　上海重型机床厂研制成功国内第一台带凹凸磨削功能的大型精密龙门导轨磨床，达到世界先进水平。

16日　江南造船厂建造的两艘总吨位10万吨巨轮下水。

25日　上海无线电三厂研制成功具有国际先进技术水平的TF7100型100瓦全固态调频立体声广播发射机和100瓦全固态分米波电视发射机。

30日　中国最大的城市煤气气源——浦东煤气厂的煤气通过过江隧道向浦西输入全市煤气管网。

31日　南市发电厂扩建1台2.5万千瓦汽轮发电机组竣工投运，发电设备总容量13.9万千瓦。

是月　全国第一家跨省、市综合性松散型橡胶企业集团——上海回力橡胶联营公司成立。

是年　上海试验机厂试制成功国内第一台200吨高速大型动平衡机。

1987 年

1月

1日　上海市纺织工业局获准全行业试行单项承包，即工资总额与经济效益挂钩浮动，期限两年。这是上海第一个全行业承包试点。

2日　上海无线电十八厂和上海无线电四厂与日本夏普公司联合设计的47厘米彩色电视机，经过电子工业部和上海市测试，确定各种性能指标达到国外同类产品的先进水平。

4日　中国第一条完整的导电塑料电位器引进生产线，在上海新跃仪表厂投产。

11日　中共中央、国务院颁布《全民所有制企业厂长工作条例》《中国共产党全民所有制工业企业基层工作条例》和《中国共产党全民所有制企业职工代表大会条例》，决定在全民所有制工业企业中全面推行厂长负责制。上海开始贯彻执行。

15日　沪东造船厂制造的具有中国特色和当代世界先进水平的大功率低速船用柴油机通过鉴定。

24日　上海第一家试行股份制的国营大型企业——上海真空电子器件股份有限公司首次向社会公开发行股票810万元。

2月

7日　上海重点建设工程上海市区第一座22万伏超高压大型电站天宝变电站建成，投入运行。

9日　国家经济委员会确定重点技术改造的第二批1100家大中型骨干企业名单，上海有118家。连同1986年批准的第一批53家，上海共有171家。

10日　全国最大的橡胶工业企业集

团——大中华橡胶联合公司（双钱集团）成立。

14 日　以上海电视一厂为主体、由 9 省 2 市的 38 家工厂和研究所组成的金星电器（集团）公司成立。这是中国最大的电子企业集团。

17 日　国家重点技术改造项目——上海第三钢铁厂 3.3 米厚板车间工程破土动工。1989 年底建成投产，年产量可达 80 万吨。

是月　上海行政性工业公司改革第一阶段工作基本告一段落。经委系统纳入改革规划的 68 个行政性工业公司，已有 63 个公司的改革方案获批准，其中撤销 53 个，转为企业性公司 5 个、完善企业性公司 5 个。

是月　中国第一个百万次中型通用计算机优选机型在华东计算机所通过国家鉴定。

3 月

4 日　上海手术器械联合公司成立。这是上海医疗器械行业第一个企业集团。

9 日　由上海亚明灯泡厂、复旦大学电光源研究所等 29 个单位组成的照明电器产品的经济联合体上海照明电器公司（亚字集团）成立。

21 日　上海灯泡厂工程师王菊珍发明的"钨铈电极材料及其设备工艺和用途"，获美国专利权。这是中国实施专利法以来，上海获得的第一件美国专利。12 月 6 日，该发明获得 1987 年度国家发明奖唯一的一等奖。

23 日　中国南方最大的计算机集团长江计算机（集团）联合公司成立。

4 月

上海第二纺织机械厂、彭浦机器厂、

上海第十二棉纺织厂、上海第十七棉纺织厂、上海机床厂等 5 家大中型企业率先试行承包经营责任制。至年底，全市 1732 家全民所有制工业企业全部实行承包经营责任制。

5 月

3 日　经国家计划委员会批准，上海电气联合公司从 1988 年起实行计划单列。这是上海实行计划单列的第一个大型企业集团。

12 日　上海高桥石油化工公司举行万吨 ABS 树脂装置开车典礼。

17 日　上海仪表厂与上海交通大学联合研制的中国第一台焊接和搬运的工业用机器人诞生。

19 日　上海 30 万吨乙烯吴泾工程指挥部与上海电化厂合并，成立上海氯碱总厂。

是月　中国第一台焊接和搬运的工业用机器人由上海仪表厂和上海交通大学研制成功。

6 月

25 日　国产 300 吨钢包在宝山钢铁总厂炼钢厂第一次试用成功。

30 日　国内第一批以股份制形式出现的工贸联合实体——上海自行车进出口有限公司和上海钟表进出口有限公司成立。

7 月

1 日　上海凯乐无线电厂与香港新铮恒电子有限公司合资的上海凯丰电子有限公司开业，成为上海市集体所有制电子工业企业中首家合资企业。

是日　全国第一座国内主体设计建造、日产生铁 1 万吨的现代化高炉——宝山钢铁总厂 2 号高炉破土动工。这座容积为 4063 立方米的现代化高炉，80% 以上的设备由国内自行制造。

12 日 上海无线电二十三厂由厂长周允芳等 5 人合伙租赁承包，这是上海第一家通过招标实行租赁的国营企业。

31 日 上海航空工业公司与美国麦克唐纳·道格拉斯公司合作生产的第一架 MD-82 型客机，在上海飞机制造厂交付中国民航。

8 月

7 日 国务院批准在上海石洞口新建 120 万千瓦的石洞口第二电厂。

11 日 上海第五钢铁厂与上海市冶金工业局、上海市财政局签订承包经营责任制合同书，这是上海万人以上大型企业与有关领导部门签订综合承包的第一家企业。

15 日 沪东造船厂承接建造的 63000 吨远洋油轮"大庆 91"号下水。该船采用世界先进的钢珠下水新工艺，成为上海海运局船队中最大的一艘油船。

18 日 具有 20 世纪 80 年代国际一流水平的医疗器械——X 射线计算机断层扫描装置（CR 型全身 CT），在上海医疗器械厂组装成功。

20 日 上海桃浦工业区综合治理一期工程破土动工。经过十年努力，桃浦工业区摘除重污染"帽子"，使地区近 7000 户居民居住环境得到改善。

9 月

8 日 上海标准件公司与泰国金龙紧固件有限公司在泰国合资开办的金龙紧固件有限公司举行开工典礼，这是中国机械行业在泰国开办的第一家合资企业。

18 日 上海康达纺织联合公司与上海市纺织工业局、上海市财政局签订承包经营责任制合同，成为上海第一家试行承包

经营责任制的企业集团。

19 日 美商在沪合营的最大工业性项目——上海施乐复印机公司成立。

10 月

1 日 上海供用电研究所高压等电位自验式声光验电器获得上海电业系统第一个国家专利权。

13 日 上海市大规模集成电路设计中心成立。

16 日 经市政府批准，上海电子仪表、邮电、航天工业及有关高校、科研、设计、金融、施工等 55 个单位组成长江通信设备工程联合公司。1990 年 8 月 18 日，改组为上海长江通信设备（集团）公司。

23 日 上海电影机械厂试制成功国产第一台大型工程图纸复印机。

11 月

7 日 美国联邦航空局（FAA）在上海正式向麦道公司签发延伸的生产许可证，认可上海航空工业公司组装生产 MD-82 飞机，这是该局首次同意向未与美国签订双边适航协定的国家延伸美国航空工厂的生产许可证。

26 日 上海石洞口电厂 30 万千瓦的一号机组锅炉点火成功。

29 日 上海机床行业利用世界银行贷款 1 亿美元和国内配套资金 1.25 亿元人民币，进行全行业战略性改造。

30 日 上海耀华皮尔金顿玻璃有限公司浮法玻璃工程建成点火，投入试生产。

12 月

21 日 上海医用分析仪器厂研制成功国内首台全部采用国产元器件和全部自制零部件的 XF-503 三指标血细胞检测仪。

25 日 上海石油化工总厂二期工程建

设项目 1.5 万吨涤纶短纤维成套装置获国务院国家重大技术装备嘉奖。

1988 年

1 月

9 日 国内第一艘排水量 2.4 万吨，可装载 4000 辆标准轿车的"沃尔夫斯堡"号汽车滚装船在江南造船厂下水。

19 日 上海召开彩色电视机国产化工作会议。"金星""凯歌"等牌号彩电单机国产化率达 85%，整机批量生产国产化率超过 80%。

是日 国务院重大技术装备领导小组、宝钢工程联合办公室、国家机械工业委员会和冶金工业部在宝山钢铁总厂召开庆功大会，庆祝 2050 热轧机设备合作制造成功。

21 日 市经委召开干部大会，1700 多家全民所有制工业企业分别采取"上缴利润基数包干，增长分成""上缴利润定额包干""上缴利润递增包干"和"减亏包干"等 4 种形式，全面推行承包经营责任制。

23 日 沪东造船厂制造成功首台 HDB&W6L50MC 型柴油机。

26 日 上海重型货车制造厂设计制造的"大通"牌 SH361AI—15 吨自卸车，首批 30 辆发往朝鲜民主主义人民共和国。这是中国重型自卸汽车首次批量进入国际市场。

2 月

27 日 市政府同意上海康达纺织印染服装（集团）公司、上海华申纺织印染联合公司、上海申康集团、上海第一印绸厂、上海第七印绸厂和上海毛麻纺织联合公司等 6 家企业进行外贸放开经营的试点，可自营出口产品。

28 日 市经委系统 8 个工业局和上海市财政局分别向 645 家工业利税大户颁发承包书。上海市对外经济贸易委员会也向各外贸公司、有关工业局颁发出口收汇、出口货源交拨量等指标承包书。

3 月

4—8 日 上海市仪表电讯工业局在上海电子行业内对 101 厂进行公开招标承包，这是上海首次对全民所有制大型企业进行公开招标。

5 日 上海第二纺织机械厂成为上海市第一家承包外贸创汇金额的工厂，承包基数一定三年不变。

16 日 上海市第一家"厂内银行"在上海无线电四厂设立。

22 日 上海纺织品进出口公司与 80 多家大中型纺织厂、印染厂签订合同，承包外贸出口销售任务和工厂拨交量任务，这是工贸双方加强合作、相互支持、发展外向型经济的一种新形式。

25 日 经国务院机电产品出口办公室批准，上海电视电子产品出口集团、飞乐电声产品出口集团和长江计算机（集团）联合公司出口实行外汇全留、自负盈亏的试点。

30 日 国家经济委员会下达 1988 年国家重点支持技术改造的 1400 家大中型骨干企业名单，其中上海有 110 家。

4 月

25 日 根据国家经济委员会《关于确定全国重点联系的实行满负荷工作法试点企业的通知》精神，市经委确定在上海第十七棉纺织厂、上海第十二棉纺织厂、上海第二纺织机械厂、上海彭浦机器厂、上海照相机总厂试点推行满负荷工作法。

5月

6日 上海耀华皮尔金顿玻璃有限公司举行浮法玻璃生产线投产典礼，标志中国玻璃生产水平进入世界先进行列。

是月 市政府决定建立上海市科技结合生产重点工业项目会战领导小组办公室。

6月

1日 上海永新彩色显像管有限公司工程开工。该工程被市政府列为1989年第1号建设工程。

8日 经财政部、劳动人事部批准，宝山钢铁总厂与冶金工业部签订承包合同，留利总额以上年为基数，超额部分同国家"五五"分成。

11日 市政府办公会议决定印发《关于发挥科技优势，组织重点工业项目攻关会战的通知》，选择和组织桑塔纳轿车、S—1240程控电话交换机、数控精密组合机床、彩色显像管、多功能涂层及复合织物、小型微型计算机、超临界电站设备、光纤通信、DF—300电子单镜头反光照相机、彩色感光材料和原材料、60万千瓦核电设备、30万吨乙烯设备等14个重点工业项目，进行"一条龙"攻关会战。1988年至1995年，共完成914项，其中有50项达到当时国际先进水平，76项达到国际水平，94项为国内首创。

18日 加拿大政府保健局（HPB）批准中美上海施贵宝制药有限公司向加拿大出口西药制剂。这是全国第一家进入北美市场的西药制剂企业。

是日 上海广播器材厂14英寸彩色电视机获联邦德国通信工程总管理局（FTZ）认可，成为国内第一家通过DBP标准的厂家。

22日 上海吴泾热电厂第六期扩建工程计划安装2台30万千瓦机组，经过国际招标，由上海电气联合公司集团中标，合同在北京签字。

29日 华能上海石洞口第二电厂一期工程破土动工。1992年6月12日和12月26日，2台60万千瓦超临界机组分别完成连续72小时满负荷运转，热态移交生产，投入商业运行，开创中国电力建设史上一年内连续投产2台60万千瓦超临界机组的新纪录。2008年6月1日，二期工程开工。2009年12月15日，2台66万千瓦超超临界机组全部投产。

7月

1日 上海桑塔纳轿车国产化共同体成立。

5日 经国家有关部门批准，上海108家工业企业列入全国第一批大型企业名单。

23日 上海漕河泾新兴技术开发区建立。国务院批准将该区列为上海经济技术开发区，享受中央、国务院和上海市关于经济技术开发区的各项优惠政策。

8月

1日 上海高桥石油化工公司炼油新区年加工量250万吨的常减压蒸馏装置动工兴建。

8日 宝山钢铁联合（集团）公司成立。

9日 上海内燃机厂研制成功国内第一台气缸盖精锪枪铰高精度复合机床，填补国内空白。

15日 上海协昌缝纫机厂研制成功中国第一套高档机种CY-4型高智化大型多头电脑工业绣花机。

24日 上海电钟厂试制的国内第一块

新华社快讯大屏幕显示系统安装在北京火车站东侧广场。

9月

7日 起飞推力为800吨的长征四号运载火箭成功发射中国第一颗风云一号气象卫星。该运载火箭和气象卫星均为上海研制。

16日 市政府选定18家重点企业试行放开经营。

是月 中国集成电路行业第一家中外合资企业——上海贝岭微电子制造有限公司成立,建成中国第一条4英寸芯片生产线。

10月

6日 上海焦化厂2号焦炉易地建设工程破土动工。

20日 上海召开化工发展战略研讨会。

26日 中国与泰国合资的上海易初摩托车有限公司的15条生产流水线投产。

28日 国内最先进的上海大众汽车公司总装流水线投入试生产。

11月

28日 上海电子管厂作为上海灯泡厂分厂引进的年产50万只37厘米彩色显像管生产线建成投产。

12月

1日 市长朱镕基邀请武汉柴油机厂原"洋"厂长格里希来沪,给全市1200多位厂长、经理上质量管理课。朱镕基在厂长大会上讲话,提出"质量是上海的生命"。

2日 上海无线电六厂从奥地利引进关键设备的电镀可焊性引线生产线正式投产。上海电子元器件引线焊接的可靠性将达到世界先进水平。

12日 宝山钢铁总厂二期工程中规模最大的建设项目——具有当代世界先进水平的宝钢冷轧厂42台机组全面负荷试车。

20日 国务院重大办公室在宝钢总厂召开庆功动员会,祝贺宝钢1900连铸机全部制造完成。

22日 上海高桥石油化工公司从日本引进的国内第一套年产6000吨SAN树脂生产线通过验收。

31日 四方锅炉厂组装完毕第一台DZL1013/350A角管式工业锅炉,为国内首创。

是月 上海石洞口第一发电厂装机容量各为30万千瓦的1号、2号机组投产发电。

1989 年

1月

30日 上海船舶行业第一家合资企业——上海华海集装箱制造有限公司开业。

2月

26日 上海市政府办公厅转发市对外经贸委、市纺织局《关于上海纺织行业推行出口代理制和工贸双线承包实施方案的报告的通知》。

3月

3日 国内第一家跨省市的手表集团——上海手表公司(集团)在沪成立。

10日 美国在沪投资额最大的工业项目——上海施乐复印机公司,组装试产1000台复印机后正式投产。

12日 国内最大的胶乳生产企业、年产2万吨丁苯胶乳的上海高桥——巴斯夫分散体有限公司成立。

21日 由中国银行上海分行和香港金城银行牵头，法国、联邦德国、日本、瑞士等10家银行组成的国际银团，向上海第三钢铁厂贷款6000万美元，兴建中国首座特宽钢板轧机，计划1990年投产，年产量75万吨。

27日 国家"七五"科技重点项目——中国自行设计的第一根大长度、大容量过江水底电缆，由上海电缆厂研制成功，并通过验收。

29日 市政府召开上海纺织局进出口、工贸双线承包动员大会。时任市长朱镕基出席会议并作报告。

4月

3日 国家重点建设项目——中国与比利时合营的数字电话交换系统工程在上海通过国家验收。

16日 由上海核工程研究设计院设计，上海第一机床厂制造的秦山30万千瓦核电站核岛主设备——反应堆堆内构件通过国家验收。

21日 国内第一台30万千瓦核电站的蒸发器在上海锅炉厂制成。中国核工业总公司颁发生产许可证。

28日 国内第一台60万千瓦超临界发电机组主要辅机设备每小时2400吨蒸发量除氧器在沪交货。

5月

8日 上海无线电十四厂与上海贝尔电话设备制造有限公司合资经营的上海贝岭微电子制造有限公司建成。

23日 国内首次批量制造的30万千瓦核电站阀门在沪通过验收，并已陆续运往秦山核电站建设工地安装。

29日 上海光纤通信工程公司、邮电部上海通信设备厂与荷兰美国电话电报国际网络系统公司经过谈判，就兴建中国第一家生产光纤通信设备的高技术中外合资企业上海爱梯恩梯通信设备有限公司达成协议。

6月

3日 国内单机功率首次突破3万马力的船用柴油机在沪东造船厂制造成功。

10日 永新彩色显像管工程急需的8台35千伏六氟化硫高压开关柜，提前20天在上海华通开关厂制造完毕，标志着中国35千伏六氟化硫开关生产达到世界水平。

23日 沪东造船厂与联邦德国西夫柯公司联合设计、被国际航运界誉为"90年代未来型"的4万吨冷风集装箱船——"柏林快航"号，在沪东造船厂下水。

7月

4日 年产9000公里光纤的引进生产线在上海新沪玻璃厂建成投产。

7日 市政府成立上海市通信工业发展协调小组。

10日 国际上最先进的电子分色和整拼版系统设备在上海凹凸彩印厂通过投产验收，标志着上海彩色印刷进入国际先进行列。

28日 美国上海太平洋合股有限公司、中国物资开发投资公司、上海久事公司、上海第一钢铁厂共同投资兴建的上海益昌薄板有限公司举行股东签字仪式。公司主要生产超薄型冷轧钢板。

29日 沪东造船厂制造的首台世界小缸径、超长冲程十字头型低速船用HDB&WS26MC型柴油机交货。

8月

8日 具有国内先进水平的青霉素发酵微机在线控制系统在上海第三制药厂开

发成功,并通过专家鉴定。

11 日　上海召开上海技术改造十年总结研讨会。据统计,1982 年至 1988 年,全市有 1520 项市重点技术改造项目投产,年新增产值 30 亿—40 亿元,19 个行业、1400家企业得到不同程度的改造。

29 日　上海手表厂研制成功国产双日历石英电子男表,填补国内高档石英表的空白。

9 月

7 日　四方锅炉厂生产的中国第一批 6台油田热采专用锅炉通过世界银行代表认可,将发运克拉玛依大油田。

18 日　上海康派司衬衫厂研究衬衫全无浆新工艺成功,填补国内空白,并正式投产。

28 日　上海电机厂 30 万千瓦水氢汽轮发电机试车成功。

10 月

10 日　世界上最大的 200 吨电渣重熔炉防氢装置在上海重型机器厂研制成功。

17 日　被列为机械电子工业部和上海市重点新产品攻关计划的全自动轴承环车削生产线,由市机电局主持通过验收,交付中国轴承厂使用。

30 日　国内轴承行业首家中美合资企业上海通用轴承有限公司在闵行开工。

31 日　宝山钢铁总厂 2050 毫米热轧带钢轧机正式投料负荷试车成功。

是月　中国载重量最大、装载列车最多的现代化火车渡船“北京”号在中华造船厂下水。

11 月

8 日　上海高桥石油化工公司三厂新建年产 4800 吨聚醚和 800 吨破乳剂两套装置通过中国石油化工总公司竣工验收,正式投产。

14 日　中国独立设计研制的世界上第一台 2000 吨力双向测力机,在闵行工业区完成安装,并通过带负荷试验和整机试运转等测试和考核。

26 日　上海缝纫机一厂与日本胜家日钢株式会社合作开发试制成 JH26001 电子多功能缝纫机,填补国内空白,国产化率达 99%。

28 日　上海科技大学设计、彭浦机器厂制造的中国第一台大抓力“桥架式机器人”,在上海第二耐火材料厂总装调试和性能考核成功,投入试生产。

是月　大中华橡胶厂试制成功国内第一条 11R22.5 无内胎钢丝子午线载重轮胎。

12 月

2 日　上海航空工业公司、中国航空技术进出口公司与麦道公司签署继续合作生产 10 架 MD-82/83 飞机的协议,其中 5 架 MD-83 飞机返销美国。

28 日　上海头号重点工程中外合资上海永新彩色显像管有限公司一期工程,联动试车一次成功,生产出第一只合格的“上永牌”彩管。该工程年产能力为 100 万只 47 厘米彩管。

是日　中国最大的火车渡轮“芜湖”号在中华造船厂下水。

30 日　上海电视一厂、上海无线电四厂、上海无线电十八厂首次推出 3 种统一设计、自制生产的 54 厘米直角平面彩电,通过部级鉴定。整机技术性能达到国际 20世纪 80 年代中期水平。

是年　至年底,全市向社会公开发行股票的有 8 家股份有限公司(俗称“老八股"），其中工业企业有7户，即上海真空电子器件股份有限公司、上海飞乐股份有限公司、上海飞乐音响公司、上海延中实业有限公司、上海爱使电子联和公司、上海申华电工联合公司、浙江凤凰化工公司（股票上名称为浙江凤凰化工公司）。另为上海豫园旅游商城股份有限公司。

1990 年

1 月

16日　30万吨乙烯工程主要配套项目，中国现代化程度最高、规模最大的年产15万吨离子膜烧碱装置项目，在上海氯碱总厂电化厂一次开车成功。

2 月

8日　上海企业管理指导委员会首次召开企业升级工作信息发布会，上海有16家企业被评为国家一级企业，有23家企业通过国家一级企业考评，396家企业被审定为国家二级企业，571家企业被审定为市级先进企业。

21日　上海召开上海市科技结合生产重点工业项目会战总结表彰大会。164名科技人员、72个项目分别获奖。

3 月

13日　连接30万吨乙烯工程的金山部分和吴泾部分，全长54.8公里的金—吴乙烯输送管线正式投运。

23日　对外经济贸易部批准上海与美国合作生产10架MD-82飞机，5架返销美国。

28日　上海照相机总厂试制成功海鸥832变焦镜头，填补国内照相器材的一项空白。

31日　上海氯碱总厂年产20万吨聚氯乙烯装置一次投料试车成功。

4 月

2日　中国制造的第一艘2万吨级出口冷藏船在上海船厂交船。

16日　上海30万吨乙烯工程投产电视大会在上海石油化工总厂举行。

17日　宝山钢铁总厂第二期工程冷轧连铸投产和热轧负荷试车仪式举行。

18日　国务院总理李鹏在上海大众汽车有限公司成立五周年庆祝大会上宣布："中共中央、国务院同意上海市加快浦东地区的开发，在浦东实行经济技术开发区和某些经济特区的政策。"

5 月

4日　国家计划委员会批准兴建上海外高桥电厂项目建议书。1995年4月25日，1号机组正式投产。1995年12月28日，2号机组投产。1996年12月21日，3号机组投产。1997年9月19日，4号机组投产。该工程总投资54亿多元。1997年11月10日，外高桥发电厂一期工程全面建成。

10日　由世界银行贷款的上海铝材厂闵行分厂阔幅铝箔生产线，已调试生产出204吨合格铝箔，中国的铝箔加工跨入世界先进水平。

21日　上海特种灯泡二厂和上海轻工研究所联合研制成功双U形节能灯弯管机，填补国内空白。

6 月

8日　上海轻工业系统在市工业企业技术进步展评会期间举行的"上海人民最喜爱的10件轻工产品"评选揭晓："飞人牌"电子多能缝纫机、"凤凰牌"902型自行车、"永久牌"67型多速自行车、"飞达牌"

内燃机助动车、"美加净"系列化妆品、"英雄牌"高级铱金笔系列、"如意牌"高保温矿化净化气压瓶、"上海牌"指针式石英表系列、"上儿牌"朱古力系列、"上玻牌"蒙莎玻璃器皿系列。

17日 上海飞机制造厂和上海广播器材厂联合研制成3辆6讯道彩色电视转播车。该车用于北京第十一届亚洲运动会。

29日 上海医疗器械厂与上海核工程研究设计院等50多家单位合作,研制成功国内第一台JD31型(中华Ⅰ型)全身CT。

是月 上海重型机床厂制造的国内第一台超重型精密200吨双向基准测力机通过国家级技术鉴定。

7月

16日 国内第一台60万千瓦超临界机组高压给水加热器在上海试制成功,质量达到世界先进水平。

是日 中国与联邦德国合作生产的首批具有世界先进水平的大型数控导轨磨床在上海重型机床厂制造成功。

23日 市经委批准以上海针织九厂、上海第五棉纺厂等9家全民所有制企业为核心组成上海针织内衣(集团)公司。

26日 中国火电设备制造技术重大突破的60万千瓦临界冷凝器在上海研制成功,填补国内空白。

8月

29日 为推动产品结构调整,市经委印发《关于加强工业企业新产品开发工作的十条意见》。

9月

3日 上海航天局基地设计和制造的第二颗"风云一号"气象卫星在太原发射基地由"长征四号"火箭送入太阳同步极地轨道。

4日 中国首台无水冷陶瓷发动机由上海船用柴油机研究所和上海硅酸盐研究所联合研制成功。

21日 上海重型机器厂制成国内第一台大型加氢反应器锻件。

是日 上海协昌缝纫机厂引进意大利轻金属电子多功能家用缝纫机生产流水线(二手设备)通过竣工验收,标志着中国缝纫机生产进入第三代,产品达到20世纪80年代国际水平。

22日 上海电视一厂首次出口朝鲜民主主义人民共和国的彩色电视机流水生产线合同签约。

26日 上海航空工业公司与美国麦道亚太公司联合在上海飞机制造厂举行中国制造的首件MD-82型飞机水平安定面完工仪式,标志着中国民航工业具备制造飞机大部件的能力。

10月

3日 经美国食品和药物管理局检查通过,上海第二制药厂磺胺噻唑、磺胺嘧啶,上海第十二制药厂五氟脲嘧啶,上海第十七制药厂消炎痛,首次进入世界最大的药品市场美国。

11月

1日 上海无线电七厂试制出纯度达99.999%的高纯氢气,结束了上海地区不能生产这种高纯气体的历史。

14日 上海市仪表电讯工业局召开第六次彩电国产化工作会议,上海彩电整机单机国产化率达100%,整机批量国产化率达95%,沪产彩电基本实现国产化,提前实现机电部规定的目标。

16日 上海电站辅机厂生产的30

万千瓦高压加热器可靠性指标达到国际先进水平。

是日 亚洲最大的炼胶中心——上海大中华橡胶厂新建的炼胶车间建成，可年产供30多万辆汽车轮胎所用的优质橡胶。

19日 上海医药工业研究院完成"七五"国家重点科技项目头孢菌素C高产菌株选育及发酵工艺研究。

20日 沪东造船厂建造的上海地区最大船舶"大庆92号"原油轮下水。油轮总吨位68600吨，能同时装载2种原油。

28日 上海高桥石油化工公司炼油新区竣工验收。

12月

10日 国家"七五"期间重点改造的老企业——上海卷烟厂改造工程竣工。改造后的部分生产装备达到20世纪七八十年代国际水平，名优烟产量比改造前增长3.24倍。

14日 国内第一套年产1万吨蒽醌法过氧化氢装置在吴淞化肥厂投产。

是日 上海造船工业建国以来进行的最大一项技术改造工程——沪东造船厂技术改造工程正式竣工并通过国家验收。

17日 上海最大的三废综合利用装置在上海氯碱总厂建成投产。

25日 上海机床厂建成亚洲最大的六联厂房。

是日 上海第九丝织厂利用日本政府低息贷款进行的全厂改造竣工投产，成为上海第一家具有国际先进水平的丝织现代化企业。

是日 上海制成国内第一台大型智能压力机。这台自重达140吨、压力达800吨的大型智能压力机价格仅为进口货的三分之一，而性能、质量可与世界名牌产品媲美，替代进口产品。

28日 1991年市重点工程——上海第三制药厂头孢菌素分厂工程在浦东开工。

是日 上海市一号重点工程——上海益昌薄板有限公司冷轧薄板工程试车成功，轧出酸洗卷板。

1991 年

1月

1日 当今世界最大高炉，由中国自行设计、自行安装，容积为4350立方米，年产生铁325万吨的宝山钢铁总厂三号高炉工程打桩。4月13日，工程破土动工。1994年9月20日，点火投产。9月21日出铁。

2月

15日 中美合资上海益昌薄板公司从国外引进的冷连轧机组全线开通，开始生产冷轧卷板。

28日 上海汽车工业总公司召开振兴上海汽车工业誓师大会。市长朱镕基要求加快第一支柱产业建设，1991年完成桑塔纳轿车3万辆，1992年完成5万辆，1995年完成15万辆，三年完成桑塔纳轿车转型。

3月

8日 上海超高压输变电公司采用新技术，将220千伏西郊变电站2号调相机组改制成国内第一台6万千瓦大容量氟利昂冷却调相机。

14日 708研究所设计的3000立方米液化石油气（LPG）船"鲲鹏"号，由江南造船厂建成交船。

是日　中国第一艘自主设计的 3000 立方米液化石油气（LPG）运输船"鲲鹏"号在江南造船厂建成交船。

27 日　中国第一台 560 吨加氢反应器锻件在上海通过国家级鉴定。

4 月

5—7 日　第二次上海桑塔纳轿车国产化会议举行。会议要求当年桑塔纳轿车减货国产化率达到 70%。

5 月

10 日　中国自行设计、制造、施工的宝山钢铁总厂二期首座焦炉投产，炼出第一炉焦炭。

27 日　亚洲规模最大的血液制剂生产线之一、上海市重大建设工程项目上海血液制剂生产线建成。

6 月

29 日　宝山钢铁总厂举行二号高炉点火仪式。6 月 30 日，二号高炉出铁。1992 年 4 月 17 日，宝山钢铁总厂举行二期工程投产仪式。二期工程总投资 172.4 亿元，主要包括冷轧、热轧、连铸、高炉、烧结、焦化六大主体工程。

7 月

25 日　亚洲规模最大面粉专业生产厂——上海新沪面粉厂建成。

8 月

12 日　上海市劳动工资委员会印发《关于企业劳动人事制度配套改革试点工作的若干意见》。选定上海第三钢铁厂、上海柴油机厂、上海溶剂厂、上海工业缝纫机厂、上海第十印染厂等 13 家企业（职工 3.86 万人）为第一批实行全员劳动合同制的试点单位。9 月，试点单位扩大到 56 家企业（职工 18 万人）。

13 日　首批 30 辆上海桑塔纳轿车出口日本。

14 日　首架 MD-83 大型客机在上海飞机制造厂开工制造。

9 月

5 日　上海光纤通讯工程公司与美国电报电话公司（ATNT）合资兴办的上海爱梯恩梯通讯设备有限公司开业，生产光纤通讯传输设备 BCM 终端。

11 日　上海第一家外商独资企业——3M 中国有限公司在漕河泾新兴技术开发区举行奠基仪式。

17 日　上海嘉丰棉纺织厂获得国家进出口商品检验局颁发的 01 号出口商品免验证书，成为全国第一家出口商品免验企业。

18 日　上海耀华玻璃厂研制的 430、860 无碱玻璃纤维膨体纱通过技术鉴定，填补国内空白。

26 日　市经委召开改革试点企业会议，宣布一批大中型企业将分批完善经营机制改革试点。

10 月

1 日　国内轮胎行业最大引进项目——大中华橡胶厂生产线试产，第一条"双钱"牌全钢丝子午线轮胎诞生。

10 日　列为 1991 年上海工业 1 号工程的上海第三钢铁厂 3.3 米宽厚板工程初轧机一次试轧成功。

20 日　上海大众汽车有限公司董事会签署《上海大众合营合同第二次补充协议》，主要内容为：增加投资 25 亿元人民币和注册资本 8.5 亿元（注册资本总数达 12 亿元）；上海汽车厂作为中方投资并入上海大众汽车有限公司；1995 年轿车和发动机生产能力年产达 15 万辆（台）；上海大众汽车有限公司与德国大众汽车公司和巴西拉美汽车公司联合开发新一代桑塔纳轿车。

28日　上海重型机床厂研制的2000吨力标准测力机通过鉴定，该机最大压力2200吨力，最大拉力1000吨力，为世界上第三台。

11月

9日　国内首台60万千瓦超临界发电机组在上海石洞口二厂一次点火成功。

15日　国内最先进的碱性焊条自动生产线在上海电焊条总厂建成投产。

是日　国内第一个具有20世纪90年代国际水平的QRS快速反应高档时装生产流水线在上海第五服装厂建成。

20日　市经委召开上海工业产品发展战略大讨论动员大会，提出"八五"期间上海要重点发展10个行业和50个重点产品。

是日　国内首台留头式自动络筒机样机在上海第十七棉纺织厂通过技术鉴定。

21日　上海第七印绸厂的真丝印绸产品获第十七届国际质量金星奖，授奖仪式在西班牙马德里举行。

25日　上海重型汽车厂桑塔纳轿车总成投产，开始向上海大众汽车有限公司批量供货。至此，上海桑塔纳轿车五大总成全部国产化。

是日　上海汽车厂最后一辆上海牌轿车下线仪式在总装车间举行。这是该厂从1958年9月28日诞生第一辆凤凰牌轿车以来生产的第77041辆车。

12月

10日　以上海市航天工业局为主研制的长征四号A型运载火箭获国家级科学技术进步特等奖。

14日　上海柴油机厂建成远东第一流大型铸造生产线，并点火出坯。

15日　上海核工程研究设计院为总体设计，华东电力设计院承担常规岛设计的泰山核电厂30万千瓦机组工程并网投产。

22日　上海机床厂利用世界银行贷款引进德国技术制造三坐标测量机，通过国家定型鉴定，达到当代国际先进水平，填补国内空白。

24日　国内第一条国产大屏幕彩电生产装配线在上海电视一厂投产，生产出上海第一批28英寸彩电。

27日　上海第八机床厂与德国H·华尔特公司合作开发成功国内第一台高精度、高效率四轴数控电火花成型机床，标志着中国成型加工机床的制造技术达到国际先进水平。

是月　中国第一台四轴数控电火花成型机床在上海第八机床厂诞生。

是年　国家金银奖评选自1979年起至1991年结束。十三年中，上海有143项产品获国家金质奖，599项产品获国家银质奖，获奖总数在各省市中居首位。

1992 年

1月

4日　国内首家向境外发行人民币特种（B股）的中外合资企业——上海真空电子器件股份有限公司开业。

8日　上海无线电七厂承担的国家"八五"科技攻关项目——SC20S（A）、SC272接近开关专用电路通过鉴定，填补国内空白。

11日　中国造船行业第一家大型合资企业——中德合资上海爱德华造船公司成

立，同年 9 月正式投产。

2 月

1 日　中国第一台加工精度误差 2 微米以下的数控立式加工中心在上海第三机床厂研制成功，为中国模具加工行业提供新的关键设备。

2 日　经市政府批准，上海联合纺织实业有限公司正式转型为股份有限公司，这是上海企业中第一家中外合资股份制公司。

20 日　上海高桥石油化工公司"煤代油"工程通过国家级竣工验收。

24 日　中国第一套消化引进技术具有国际先进水平的 30 万千瓦发电机组在吴泾热电厂交付生产。

29 日　年产 100 万吨钢的上海第三钢铁厂转炉炼钢分厂全连铸试生产成功，成为全国第一条国产化全连铸生产线。

是月　中国第一台跨度 60.4 米 × 15/3 吨桥式起重机在上海起重运输机械厂制造成功。

3 月

13 日　上海第一机床厂与德国柯尔勃机床公司联合研制成功首台大型立式双柱五面体加工中心。

24 日　上海平板玻璃厂采用国产先进设备，试制成功 2 毫米以下超薄浮法玻璃，填补国内空白。

26 日　市经委宣布 1992 年在 113 家企业中扩大各种改革试点。

4 月

11 日　市经委向区、县下放技术改造审批权限，总投资 1000 万元（含 1000 万元）以下的技术改造项目建议书、可行性研究报告、扩初设计，均由区、县政府自行审批。1000 万元以上至国家有关规定的限额

以下的项目，由市经委审批项目建议书，可行性研究报告和扩初设计也由区、县政府自行审批。

17 日　上海宝山钢铁总厂举行二期工程投产仪式。

24 日　德国奥伦盖斯航运公司订造的 4200 立方米半冷半压式乙烯液化气运输船在江南造船厂签字交船。该船是世界造船界公认的建造难度大、技术要求高的新型特种运输船。

25 日　市重点办公室召开新闻发布会，宣布上海科技结合生产重点工业项目会战三年多来，立项的 772 个项目中已完成 371 项，占总项目近 50%。1991 年有四分之一的项目达到国际先进水平或国内领先水平。

5 月

7 日　市经委、中科院上海分院、上海市高等教育局、上海科学院联合发出通知，决定成立上海市产、学、研联合工作领导小组及协调办公室。

22 日　上海城镇集体工业企业逐步开展股份合作制改革试点，20 家企业列入首批试点。

28 日　列入中国"八五"发展规划的上海永新彩色显像管有限公司第二期工程，举行合同签字仪式暨厂房扩建开工典礼。

29 日　上海市对外经济贸易委员会和市经委召开新闻发布会，宣布上海造纸公司、上海八达纺织印染服装公司、上海第一锁厂、上海丰华圆珠笔厂、上海圆珠笔厂为上海第一批自营出口企业，享受浦东新区优惠政策。

6 月

10 日　上海申达纺织服装（集团）公

司改制为上海申达股份有限公司,这是上海第一家由企业集团改制的外向型股份公司。

11日　中国第一座60万千瓦超临界发电机组在华能上海石洞口第二电厂投产发电。

30日　上海市发展通信产业动员大会在上海展览中心举行。会上宣布支持上海通信产业发展的九条优惠政策。

是月　上海大众汽车有限公司与德国大众联合研发出桑塔纳2000车型。

7月

2日　上海重型机器厂12000吨自由锻造水压机大修改造工程竣工投产。

14日　中美合资上海卡博特化工有限公司炭黑厂第一期工程在吴泾工业区建成投产。这是国内规模最大的炭黑生产合资企业。

8月

8日　上海装配的首架MD-83客机正式交付美方,打破中国大型客机返销国外零的纪录。

9日　中国研制的一颗新型科学探测和技术试验卫星于16时在酒泉卫星发射中心发射成功。发射这颗卫星的长征二号丁运载火箭由上海航天局负责研制。

14日　上海第五钢铁厂二炼钢厂冶炼成功国内第一炉尿素钢。

28日　中国上海航空工业集团在沪成立。

9月

11日　上海市试行上海质量标志制度。

14日　经国家科学技术委员会批准,白即日起上海张江高科技园区和上海漕河泾新兴技术开发区统称为上海市高新技术产业开发区。

是月　上海第五钢铁厂30万吨合金钢棒材工程建成,总投资4亿元。

10月

10日　求新造船厂建造的5000吨级油轮签字交船。这是上海地区首制成功的特涂成品油轮。

15日　上海外高桥发电厂一期工程破土动工,引进4台30万千瓦国产引进燃煤发电机组。1998年3月19日,一期工程竣工。2008年3月26日、6月7日,外高桥第三发电厂建设的2台100万千瓦超超临界燃煤发电机组,分别通过168小时满负荷试运行,投入商业运行。

28日　上海建造的被称为"海上炼油厂"的最大船舶75500吨"渤海明珠"号储油轮在江南造船厂下水。

11月

13日　上海第一只54厘米平面直角(21英寸FS)彩色显像管在上海永新彩色显像管有限公司诞生。

18日　市经委组织召开上海老工业基地技术改造规划研讨会。

12月

1日　年产2000吨高浓硝酸装置在上海吴淞化肥厂建成投产。该装置采用全加压、氧化镁浓缩法工艺,生产工艺和控制技术在国内处于领先地位。

15—20日　中共上海市第六次代表大会召开。会议确定上海到2000年实现以下目标:在提高质量、优化结构、增进效益的基础上,全市国民生产总值要超过2000亿元,年均递增10%左右。第三产业占国民生产总值的比重提高到45%以上。形成具有相当规模的高新技术产业群,重点行业和骨干企业的技术水平达到 20 世纪 90 年代的国际水平，外贸出口占国民生产总值的比重力争达到 50%。按照建立社会主义市场经济体制的要求，基本形成同世界经济接轨的经济运行机制和运作方式。

21 日　经市政府批准，上海市工业投资公司挂牌成立。

是年　江南造船厂为比利时太平洋湾油轮公司建成首艘 6.85 万吨双底双壳油船。这是世界上最先进的油船船型。

1993 年

1 月

18 日　经国务院批准，上海冰箱压缩机股份有限公司、国家开发投资公司与日本株式会社日立制作所在金桥开发区合资成立上海日立电器有限公司，年生产 140 万台旋转式空调压缩机。实现当年施工、当年竣工、当年投产的目标。

21 日　上海第十二机床厂研制成功中国第一台印刷线路板数控加工中心。

是月　中国第一台大型坐标测量机在上海机床厂试制成功。

2 月

3 日　上海电器联合公司承造的中国第 1 台 32 万千瓦发电机组在国际市场成交，打破大型电站由世界上少数几个工业发达国家长期垄断国际市场的局面。

3 月

16 日　上海市劳动局印发《关于 1993 年上海市企业实行全员劳动合同制的意见》，明确凡具备条件的企业，都可自主实行全员劳动合同制改革。至年底，全市有 6200 家全民所有制企业，职工 164 万人实行全员劳动合同制。此外，还有 1811 家企业，职工 86.6 万人实行上岗合同。

17 日　上海电视机一厂、上海龙头股份公司、上海协昌缝纫机厂、上海异型铆钉厂等 4 家企业的有关产品被首批授予"上海质量标志"。

30 日　国家最大软件产业基地浦东软件园落户张江。

4 月

9 日　经上海质量体系审核中心批准，上海汽轮机厂成为中国第一家获得国内第三方质量体系认证的企业，率先取得在欧洲市场的"通行证"。

5 月

8 日　上海电气联合公司与广东省电力局签订向广东台山发电厂提供 2 套 60 万千瓦发电机组的合同。

6 月

上海灯具厂成为上海第一家国有小企业改组为股份合作制企业。

7 月

9 日　市经委决定，1993 年至 1995 年的三年内继续对区属工业提供 5.5 亿元专项贴息技改贷款，用于区属工业技术改造。

8 月

16 日　上海实行产品质量管理与国际接轨。根据中华人民共和国产品质量法，上海实现国内四个"第一家"：取得国务院质量监督部门授权的中国第一家质量体系认证机构——上海质量体系审核中心；第一家获得国家认可的质量体系合格证书企业——上海汽轮厂；取得中国认证机构认证的第一家中外合资企业——上海国际数字电话设备有限公司；按照外方要求获得国外有关认证机构认证的首家企业——上海福克斯波罗有限公司。

20日　上海制笔行业15家企业实现联合，组建成上海制笔集团，成为中国最大的笔类产品生产企业。

10月

26日　中共上海市委、市政府决定把计算机产业、医药生物产业列为上海市重点发展的支柱产业。

11月

26日　上海永新彩色显像管有限公司二期工程提前半年全面建成试生产。

是日　上海烟草集团、上海烟草（集团）公司成立。上海烟草集团是以上海烟草（集团）公司为核心的经济联合体，拥有15家紧密层企业，42家半紧密层企业。

12月

6日　上海传真机公司、日本理光株式会社与香港冠军传真机投资有限公司合资组建的国家"八五"传真机专项的"龙头"上海理光传真机有限公司开业。

16日　市重大工程、14个重点攻关项目之一的140万条子午线轿车轮胎项目投产。

18日　市重点工程扩建30万套全钢丝载重子午线轮胎项目通过验收。该项目生产规模超过设计能力的33.3%，达到年产40万套水平，列全国同行业之首。

22日　国务院副总理朱镕基为上海大众汽车有限公司年产量达10万辆、国产化率突破80%表示祝贺："成绩卓著，敬致祝贺，并表感谢。'发财'虽已实现，前途面临竞争，手段就是'三靠'，靠质量过硬，靠管理水平，靠新的车型，向国际先进水平挑战。"

是日　上海第三制药厂浦东新厂一期工程建成，这是中国规模最大的头孢类抗生素生产基地。

23日　宝山钢铁（集团）公司举行1580毫米热轧工程奠基仪式。该工程是宝钢自筹资金建设三期工程，采用20世纪90年代国际十大先进工艺和技术，国产化率达72%，主要生产冷轧深冲钢板、镀锡钢板、硅钢片的原料及热轧商品卷。

29日　上海大众汽车有限公司当年第10万辆轿车下线，创造中国轿车工业第一个年产10万辆的纪录。

31日　上海首届纺织精品展示展销会在上海展览中心开幕。200多家参展企业共推出6000只新品、精品。

1994年

1月

19日　市政府批准上海物资局改建为上海物资（集团）总公司，是全国物流流通行业中规模最大、经济实力最强的集团。

2月

1日　中共上海市委、市政府在上海展览中心召开上海市计算机应用与产业发展动员大会，明确提出把计算机产业化列为全市起带头作用的新一代支柱产业，以推进信息化进程。

3月

24日　从即日起，上海5000名工业企业领导干部分批进行"GB/T19000 ISO9000质量管理和质量保证"系列标准培训。

4月

6日　市政府召开推进首批11户困难企业落实解困措施协调会，要求完善14条解困措施，推动解困工作取得实质性成效。

14日　国有小企业上海灯具厂全体职

工集资 100 万元，一次性买断国有资产，改制成股份合作制企业。这在上海市国有企业中尚属首家。

23 日　国内第一家行业性的国家级高科技园区——中国纺织国际科技产业城在青浦县奠基兴建。

28 日　上海市长宁区人民法院下达民事裁定书，决定上海第二织带厂破产。这是上海国有企业首例破产案。

5 月

8 日　上海工业经济文化巡礼活动开幕式在江南造船厂举行。

26 日　上海广电股份有限公司与美国休斯公司合资组建上海休斯网络系统有限公司。这是国内第一家生产卫星通讯设备的企业。

6 月

2 日　市政府办公厅转发市经委《关于本市国有工业企业解困试点工作的若干意见》。

8 日　上海市纺织国有资产经营管理公司成立。

9 日　上海市发展 30 万辆轿车工作会议召开。

18 日　世界最大高炉——中国自行设计、自行安装，容积为 4350 立方米，年产生铁 325 万吨的宝钢三号高炉建成，9 月 20 日投产。

7 月

3 日　上海航天基地独立设计研制的长征二号丁大型运载火箭在酒泉卫星发射中心发射成功。

18 日　上海针织九厂兼并上海百达针织厂。这是上海首例运用破产机制实行企业兼并的案例。

26 日　上海召开国有工业企业破产试点工作专题会议。

8 月

3 日　上海易初摩托车有限公司举行王港工程开工典礼。

12 日　上海太平洋机电（集团）有限公司成立。

16 日　上海太平洋化工（集团）公司由上海国有资产管理委员会正式授权经营管理本公司国有资产。

是月　中国方圆标志认证委员会宣布上海二纺机股份有限公司等 20 家企业为首批产品质量认证合格企业，授予国家质量认证专用标志——"方圆标志"。

9 月

7 日　求新造船厂、701、702、725 研究所与上海新南船舶有限公司联合研制建造的铝质自控水翼高速客船"北星"号签字交船。该船时速 80 公里，系出口船舶，达到世界先进水平。

27 日　上海炼油厂重点攻关项目 MTBE 生产醇烯比在线自动控制技术，通过技术鉴定，填补国内空白。

10 月

7 日　市政府同意以上海梅山冶金公司为核心，组建上海梅山（集团）有限公司。12 月 30 日，举行成立大会。

19 日　上海市经济体制改革委员会、市经委、上海市国有资产管理办公室、市政府法制办公室、上海市经济研究中心联合印发《上海市进行现代企业制度试点若干问题的意见》，上海现代企业制度试点开始启动。

26 日　市工商联在市政协江海厅召开上海市首届优秀民营企业家表彰大会。

11月

4日 国务院决定在100家大中型企业进行现代企业制度试点。上海三维制药公司、上海汽车工业总公司、上海针织内衣集团公司、上海无线电三厂、上海一百（集团）有限公司和江南造船厂等6家企业列入试点企业。

是日 根据中国航空技术进出口公司与美国麦道公司的修订协议，将在中国合作生产20架MD-90新型干线飞机。其中上海航空工业（集团）公司将负责飞机的总装、试飞及交付。

9日 上海市劳动局、市经委、上海市财政局、上海市社会保障局、上海市工商行政管理局、上海市总工会6个部门联合印发《关于企业下岗待工人员再就业和保障基本生活问题的若干意见》。至年底，全年下岗19.1万人，分流11.8万人，积存下岗待工人员19.4万人。

18日 全市第一家以品牌和现代企业制度运行模式组建的上海三枪集团成立。该集团是全国百家现代企业制度试点单位中唯一的针织企业，集团母体是兼并三家亏损企业的上海针织九厂。

20日 上海第一家进行破产试点的国有工业企业——第二织带厂破产终结。

23日 上海市政府召开现代企业制度试点工作会议，提出用三年时间，到1997年在上海率先建立现代企业制度的运行框架。

25日 宝山钢铁（集团）公司三期工程1420毫米冷轧项目打桩。1995年7月，项目破土动工。1998年3月24日，1420毫米冷轧带钢机组轧出第一卷镀锡钢板，国内目前最先进的易拉罐等超薄钢板生产基本建成，酸连轧线全部贯通，属于当代最先进的超薄钢板生产线。

12月

27日 1994年上海市工业系统1号工程——上海大众汽车有限公司二期工程竣工，该公司年生产能力提高到20万辆。

29日 上海市重大实事工程之一"三联供"煤气一期工程煤气化装置在上海焦化厂建成，提前实现日增产130万立方米煤气的目标。

是年 劳动部确定上海为再就业试点城市之一。上海市劳动局印发《关于企业下岗待业人员再就业和保障基本生活问题的若干意见》。

是年 在中共上海市委、市政府领导下，上海工业企业采取"六个一块"即主体多元吸一块、政府扶植补一块、存量盘活调一块、企业发展增一块、债权转股换一块、兼并破产活一块的措施，攻坚克难，降低企业负债率。

1995年

1月

25日 上海体制改革工作会议提出，全年基本建立现代企业制度，上半年抓好140家企业试点。

29日 市政府办公厅发文，同意将中国纺织机械股份有限公司、上海二纺机股份有限公司等95家企业作为上海市第一批现代企业制度综合配套改革试点单位。

2月

14日 上海拖拉机内燃机公司出口秘鲁1100台上海504型拖拉机。

3月

1日 市政府召开工业企业工作会议，时任市长徐匡迪要求上海工业以实施名牌发展战略为重点，以大力发展支柱产业为突破口，以加快组建大集团为动力，以建立现代企业制度为中心环节，以提高企业整体素质为目标，采取新举措，寻求新发展。

8日 上海市纺织工业局举行仪式，欢送18位纺织女工加盟上海民航事业，成为首批"空嫂"。

28日 "远望3号"航天测量船在江南造船厂建成交船。该船入中国船级社（ZC）级，是中国新一代航天测量船。

4月

26日 市重点工程——上海石油化工股份有限公司80万吨/年渣油加工联合装置一次投料试车成功。

5月

24日 上海纺织控股（集团）公司、上海机电控股（集团）公司、上海仪电控股（集团）公司成立。

25日 上海市名牌产品推荐委员会成立。

是月 上海光通信公司、上海电缆厂与法国阿尔卡特公司共同投资组建的国内第一家生产海底光缆、电力复合光缆（OPGW）的上海阿尔卡特光缆有限公司在沪成立。

7月

18日 上海第二毛纺织厂与张家口市纺织国有资产经营公司在沪举行合作经营签约仪式，决定组建上海"二毛"张家口毛纺织有限责任公司。

8月

13日 上海高桥石油化工公司2万吨/年聚醚装置建成投产。

11月

10日 市经委召开优化工业结构、实现梯度转移专题会议，提出优化工业结构厂迁点新设想：内环线内工业企业实行"三三制"，到2010年，三分之一的工业企业调整迁出，三分之一转性发展三产，三分之一保留城市型工业。

27日 被列为市重大工程的耀华皮尔金顿浮法玻璃二期工程投入试生产。

28日 国务院批准闸北电厂燃机工程项目，是上海市第一个中外合作经营的电力项目。

29日 上海大众汽车有限公司一、二期技术改造工程项目通过国家验收。

12月

16日 上海理光传真机有限公司竣工投产达到年产40万台传真机，是中国生产规模最大、技术水平最先进的传真机生产和技术开发基地。

21日 上海第五钢铁厂改制为上海沪昌钢铁有限公司，成为上海国有特大型企业中首家实行现代企业制度的企业。

是日 上海长江计算机（集团）公司投资100万美元，引进国外先进生产设备组建的两条计算机板卡SMT自动生产线，通过验收投产，成为目前华东地区最大的计算机板卡生产基地。

26日 上海冶金行业以资产为纽带，推行现代企业制度，实行结构重组。上海第一钢铁厂兼并上海第八钢铁厂，组建由上海第一钢铁（集团）有限公司为母公司，上海新沪钢铁有限公司、上海矽钢片厂等企业为子公司，以及包括其他参股企业的上海第一钢铁集团举行揭牌仪式。

是日　上海梅山（集团）有限公司举行炼钢连铸工程开工仪式。1999年4月18日建成投产。

28日　上海轻工控股（集团）公司、上海化工控股（集团）公司成立。

是月　国内第一条达到规模生产、技术水平领先的1.2微米超大规模集成电路生产线，在上海贝岭公司扩建完成。

是月　国内规模最大、技术最先进的传真机生产项目——上海理光高速传真机项目建成。

是年　上海市轻工行业以名牌骨干企业为龙头，组建4个企业集团：上海冠生园（集团）、上海梅林（集团）、上海英雄（集团）和上海白猫（集团）。

是年　市重大骨干项目轮胎公司载重胎厂60万套全钢丝子午线轮胎项目年底全面建成，成为国内首家达到全钢丝子午线轮胎规模生产企业。

1996年

1月

8日　全国最大玻璃棉生产线——上海浦东玻璃纤维有限公司建成投产。

9日　首架麦道MD-90飞机水平安定面在上海飞机制造厂完工，并交付美国麦道飞机公司。

17日　年产光纤能力50万公里的上海爱梯恩梯光纤有限公司在漕河泾新兴技术开发区投产。

18日　上海航天工业总公司成立。

是日　上海工业品配售总公司成立。

20日　上海久事公司和上海高桥石油化工公司投资兴建的市重点工程年产3万

吨丙烯酸及酯项目通过竣工验收。

是日　国内最大的大型精细化工装置有机颜料工程在上海巴斯夫染料化工有限公司建成投产。

是月　上海贝尔电话设备制造有限公司与法国阿尔卡特公司共同投资组建的上海贝尔阿尔卡特移动通信有限公司建成投产。

2月

14日　上海汽车工业科技发展基金会成立。

3月

16日　国内最大、技术最先进的年产3.3万吨（100%）双氧水项目在沪签约，该项目计划于1999年初投产。

28日　上海梅山（集团）有限公司的梅山热轧板厂建成投产。

是日　国内首家造船集团——沪东造船集团成立。

30日　年产1650万只钟表的上海钟表公司改制成上海钟表有限公司，成为国内集科、工、贸于一体的最大钟表制作及商贸企业。

4月

1日　中美合作生产20架具有国际先进水平的干线飞机MD-30飞机项目正式实施。

3日　中共上海市委、市政府召开推进现代企业制度试点工作会议，试点企业扩大到250家，涉及独立核算企业2000多家。

29日　上海冠生园（集团）总公司、上海冠生园食品总公司、上海百年老店集团有限公司三方组建的上海冠生园集团上海有限公司举行签字仪式。这是全国首家工商一体的新型企业集团。

5月

4日 中共中央总书记江泽民在上海召开部分省市国有企业改革和发展座谈会。

8日 上海机床厂、上海第三机床厂、上海第八机床厂和上海木工机械厂联合成立上海机床厂有限公司。

是月 中国第一台高性能精密装配智能机器人"精密一号"在上海交通大学诞生。

6月

3日 江南造船厂改制的江南造船（集团）有限责任公司成立，这是全国船舶系统首家实行改制的企业。

6日 中国第一个自主开发、生产基因多肽药物的现代生物技术工业园区在浦东开工。

10日 上海漕泾化工区开发启动。

11日 上海最大的电力建设项目吴泾电厂八期工程启动，将由上海电气承担两套亚临界60万千瓦机组主设备制造，并成套供货。

7月

5日 市政府召开全市现代企业制度试点工作会议，市长徐匡迪要求200家试点单位努力开创改革新局面。

12日 上海市政府印发《关于推进上海纺织、仪电控股（集团）公司再就业工程试点的意见》。

8月

2日 国家科学技术委员会、卫生部、国家医药管理局和市政府在人民大会堂签约，决定在上海张江高科技园区合作建立"国家上海生物医药科技产业基地"。

9日 市工业党委、市经委召开上海市工业系统企业思想政治工作会议，命名51家企业为"上海工业系统思想政治工作优秀企业"，授予102名个人"上海工业系统思想政治工作者"称号。

12日 市政府召开第54次常务会议，决定在奉贤县和金山县交界处杭州湾北岸建立上海化学工业区。9月28日，化工区围海造地工程开工。1998年4月25日，围海造地工程结束，进入建设阶段。

28日 上海太平洋化工（集团）有限公司成立，总资产达28亿元。

10月

20日 上海航天局参与研制的长征二号丁运载火箭将一颗科学探测和技术试验卫星送入预定轨道。

21日 上海石油化工股份有限公司与英国BP集团在北京人民大会堂签署合资企业意向书，建造包括一套总投资高达25亿美元、年产65万吨乙烯裂解装置及部分下游衍生物装置。

22日 上海太平洋化工（集团）有限公司吴泾化工总厂引进国际先进技术建成的年产10万吨醋酸工程投产。

31日 中共上海市委、市政府召开放活部分市属小企业交接会议，上海轻工控股（集团）公司与虹口、卢湾、闵行三区举行交接首批52家小企业签字仪式。

11月

4日 上海化工控股（集团）公司和上海市医药管理局的全部国有资产联合重组，成立上海华谊（集团）公司。

5日 上海市首例破产企业产权招标转让评审揭标在上海产权交易所举行。上海冠生园（集团）有限公司中标收购破产的上海酒精总厂。

8日 上海旭电子玻璃有限公司玻壳项目举行开业典礼。

13日 世界最大的芯片制造商、著名跨国公司英特尔公司在中国的制造工厂英特尔科技（中国）有限公司破土动工。

27日 上海华虹微电子有限公司超大规模集成电路芯片生产线项目在浦东金桥出口加工区奠基。该项目总投资100多亿元，建设一条采用0.5微米技术、8英寸硅片、月产2万片的超大规模集成电路芯片生产线。

30日 上海市重点工程上海梅山（集团）有限公司三号焦炉建成投产。总投资1.7亿元，年产焦炭42万吨以上。

是日 世界上最高的吊车——120米高的高架门机在上海港口机械厂建成。该设备用于三峡工程。

12月

23日 宝山钢铁（集团）公司三期工程1580热轧生产线投产。

25日 上海益昌薄板有限公司镀锡板工程通过考核进行试生产。工程年产镀锡板能力10万吨。

26日 拥有270多家企业的特大型企业集团上海电气（集团）总公司成立。

是年 第一台32万千瓦火电机组走出国门，落户巴基斯坦木扎法戈。

1997年

1月

10日 上海通用汽车项目建设全面启动。6月22日，上海通用汽车有限公司成立。1998年12月17日，上海通用首辆别克新世纪轿车下线。

29日 上海航天局研制的运载火箭被中国航天工业总公司评为"优质运载火箭"，这是国内唯一获此殊荣的产品。

3月

24日 中美合资经营的泛亚汽车技术中心有限公司合营合同在北京签字。6月12日，泛亚汽车技术中心有限公司成立。

28日 上海轻工、华谊、电气、冶金和建材等5个（集团）公司的再就业服务中心成立。

4月

18日 经中共上海市委批准，上海广电（集团）有限公司实行资产重组。整个公司总资产20.9亿元，由上海汽车工业（集团）总公司控股（占总股本的48.6%）。

5月

10日 上海进行盘活国有工商企业房地资产试点的12家大型企业集团获得126亿元房地资产权，这批资产的注入为建立现代企业制度提供条件。

16日 市政府召开现代企业制度建设工作会议，要求各部门、各企业围绕建立"五个机制"（即企业优胜劣汰的机制、国有资产保值增值机制、职工能进能出的再就业机制、全社会的保障机制、经营者择优录用的竞争上岗机制），实现"五个加强"（即加强产品开发、加强技术改造、加强市场开拓、加强内部管理、加强队伍建设），全面推进现代企业制度建设。

25日 总投资16.08亿元的世界级大高炉宝山钢铁（集团）公司一号高炉经过13个月大修点火恢复生产。中国冶金行业大型高炉检修达到世界先进水平。

28日 上海华虹微电子有限公司与日本电气公司成立合资公司合同的签字仪式在人民大会堂举行。

6月

2日 市工业党委、市经委、上海市总

工会联合发出通知，决定在工业系统开展"学李斌、创佳绩、比贡献"立功竞赛活动。

12日　中美最大的合资项目上海通用汽车有限公司正式成立，负责整车开发的泛亚汽车技术中心成立。

7月

4日　沪东造船厂引进丹麦专利技术，自行开发制造具有国际先进水平的超长冲程、紧凑型船用主机5S50MC C低速船用柴油机，通过世界12个主要船社鉴定认可。

8日　中国第一幅真丝印中国地图、世界地图在上海七印丝绸有限公司问世，填补一项世界空白。

15日　市政府召开上海市大型企业集团工作会议，宣布重点扶持的54家企业集团名单。会议要求力争经过几年的艰苦努力，使上海企业集团有一批进入全国100强，有数家进入世界500强。

21日　上海医疗器械（集团）有限公司成立，有核心、控股、参股和契约企业等40余家，是国内最大的以医疗器械为主业，集科、工、商、贸于一体的现代大型企业集团。

29日　中共上海市委书记黄菊视察4家主力电厂，并在外高桥发电厂召开上海电力发展规划座谈会，指出"城市发展，电力先行"这个大原则一定要坚持。电力建设要做到"三方努力、三箭齐发、三管齐下"。

30日　世界第一台全部燃烧低热值高炉煤气、国内装机容量最大的燃气轮机组在宝山钢铁（集团）公司投入试运行。

是日　国内第一条高密度酚醛泡沫生产线在上海平板玻璃厂建成投产，填补国内空白。

8月

22日　国内规模最大、技术最优的上海吴泾化工总厂年产10万吨醋酸项目通过竣工验收。

9月

4日　世界最新型的5RTA58T型船用柴油机在上海船厂制成，这台大功率柴油机集中了世界船舶柴油机的最新科研成果。

8日　市经委召开上海工业系统高科技产业化会议，确定今后三年，上海高科技产业的产值将达1700亿元，占全市工业总产值的20%，其中信息（通信设备、微电子、计算机等）、现代生物与医药、新材料3个产业的总产值将达1200亿元，占全市工业总产值的15%以上。

10月

9日　上海第一家以资产为纽带、以多元投资方式进行工贸结合的集团公司——上海丝绸（集团）有限公司成立。

16日　国内电子行业中投资规模最大、具有世界先进技术水平的特大型企业——上海华虹NEC电子有限公司举行成立仪式。

18日　上海电气（集团）总公司获由上海质量体系审核中心颁发的中国第一张电站工程质量ISO9001质量认证证书。

11月

6日　上海汽车有限公司等企业与德国博世公司合资联合的上海汽车电子有限公司，在浦东金桥开发区建成投产。

是日　沪东造船集团为中国远洋运输（集团）总公司建造的第一艘7.3万吨散装货轮"衡山"号下水，整艘船舶的总体技术能级达到世界造船业先进水平。

10日　上海外高桥发电厂一期工程建

成投产。

26日　具有国际一流水平的轿车涂装保险杠等汽车饰件生产基地，在安亭汽车城竣工投产，填补国内空白。

12月

17日　上海浦东钢铁集团公司与德国克虏伯蒂森公司在人民大会堂签约，合资成立上海克虏伯蒂森不锈钢有限公司，建设国内最大规模的不锈钢板卷生产基地。

18日　上海梅林正广和（集团）有限公司成立。

29日　光明食品有限公司成立。

1998年

1月

12日　市工业党委、市经委命名宝山钢铁（集团）公司等35家企业为第二届"上海市最佳工业企业形象单位"，沪东造船集团等27家企业为"上海市优秀工业企业形象单位"。

14日　上海市成立棉纺压锭领导小组，全面负责全市纺织压锭任务，计划1998年压锭68.2万锭。

23日　上海市纺织首批棉纺压锭现场会在浦东钢铁（集团）公司举行"全国压锭一千万，上海敲响第一锤"仪式。

2月

20日　上海30万吨乙烯装置改扩建工程投料开车成功。

3月

27日　上海高桥石油化工公司投资25亿元建设的绿色项目——140万吨重油催化联合装置、60万吨炼油连续重整和100万吨加氢精制联合装置竣工投产，投料喷油成功。

31日　由上海市电力公司和中国华东电力集团共同发起的上海电力股份有限公司经国家体制改革委员会批准成立。

4月

8日　上海宝钢五冶承建的国内规模最大、技术最先进的烧结工程——宝山钢铁（集团）公司三期工程烧结机组热负荷试车圆满成功，产出首批优质烧结矿。

18日　长江计算机（集团）公司上海电子计算机有限公司推出采用美国英特尔公司所研发的主频为400兆奔腾处理器的东海金海豚 AP Ⅱ /400 微机。

5月

24日　2套具有国际水平的大型加氢反应器在上海锅炉厂有限公司制造成功。

是月　金山漕泾围海造地工程竣工，造地10平方公里，相当于2个黄浦区。

6月

17日　市工业党委、市经委、上海市总工会联合召开"学李斌、创佳绩、比贡献"立功竞赛活动总结表彰大会。10个工业局、公司，11位工会分管干部、33家企业、108个班组及138名个人获各类先进称号。

27日　中共上海市委、市政府召开上海市高新技术成果转化工作会议，颁布18条促进高新技术成果转化的规定。

7月

28日　国产首台60万千瓦大型发电机组锅炉汽包在上海锅炉厂有限公司制造成功，这是国内自行设计制造的最大发电机组锅炉。

8月

14日　上海通用汽车有限公司第一辆别克新世纪轿车下线。

11 月

6 日　国内首台高温气冷试验堆中的关键主设备——10 兆瓦高温气冷堆压力容器在上海锅炉厂制造成功，通过部级验收。

17 日　经国务院批准，宝山钢铁（集团）公司、上海冶金控股（集团）公司和上海梅山（集团）有限公司联合组建的上海宝钢集团公司成立。

12 月

1 日　重新组建的上海工业投资（集团）公司成立。

5 日　中国自行设计的最大功率、多功能海洋救助拖轮"德翔"号在东海船舶修造厂建成交船，填补国内空白。

28 日　市工商联召开改革开放二十周年私营企业家座谈会。

是月　中国第一台高温气冷堆堆内构件竣工。

是年　上海市药材有限公司中药研究所研制成功的高含量银杏叶提取物"银杏酮酯"及其制剂"杏灵颗粒"获得国家二类新药证书和生产批文，并正式通过美国食品和药品管理局（FDA）心肾药品部预审。

是年　国内规模最大的维生素 E 合资企业罗氏三维（上海）维生素制品有限公司的维生素 E 新厂，在浦东星火开发区建成。

是年　上海发展都市型工业启动，决定把食品、化妆品及清洁用品、现代文化体育和办公用品、包装及印刷品、室内装饰材料及用品、旅游工艺纪念品六个行业作为重点发展行业。

1999 年

1 月

8 日　上海家化（集团）有限公司成立。

31 日　上海工业经济协会更名为上海市工业经济联合会。

2 月

21 日　国内第一条代表当今世界主流技术的现代化半导体生产线在上海华虹 NEC 电子有限公司投入试生产。

3 月

20 日　中共上海市委、市政府召开上海市工业工作会议。市委书记黄菊在会上宣布，上海工业要按照"有所为、有所不为"的原则，调整产业结构，推动产业升级，加快建设工业新高地。

26 日　上海宝钢（集团）公司高速线材生产线投入试生产。

29 日　市工业党委、市经委成立推进建设工业新高地领导小组、国有企业摆脱困境扭亏为盈领导小组、推进现代企业制度确立企业创新机制领导小组。

4 月

29 日　上海市高新技术产品领导小组成立。

5 月

10 日　上海航天局研制的长征四号乙运载火箭，在太原卫星发射中心成功地将"风云一号"第三颗气象卫星及"实战五号"科学实验卫星，送入预定轨道。

6 月

25 日　上海永新彩色显像管有限公司建成国内彩管行业第一条超大屏幕生产线，诞生第一支 M78 超大屏幕彩管，填补国内空白。

30 日　上海天原化工厂在上海化学工业区举行开工奠基仪式。

7 月

7 日　上海内燃机研究所等 12 家原部属科研院所转制进入上海工业系统。

22 日　总投资 4.1 亿美元的上海索广映像有限公司开业。

8 月

19 日　上海最后一座平炉和最后一座化铁炉分别在 8 月 19 日和 11 月 1 日于上海第一钢铁厂熄火停炉，绵延 86 年的平炉炼钢和持续 41 年的化铁炬钢（工艺）正式退出历史舞台。

22 日　上海航天局研制的中国第三颗"风云一号"C 极轨气象卫星验收交付仪式在国家卫星中心举行。

28 日　沪东造船集团建造的中国最大的 7.1 万吨级双底双壳原油轮下水。

9 月

7 日　中国自行制造的第一艘高速无舱口盖集装箱在江南造船厂签字交船。

15 日　上海召开纪念上海市推行全面质量管理二十周年表彰大会，10 位"上海市质量管理功臣"、近百位"上海市质量管理领导者"、400 位"上海市全面质量管理推进者"、50 个"上海市推行全面质量管理先进单位"、14 个"上海市优秀行业质量管理协会"获表彰。

10 月

3 日　中美合作生产的首架 MD90-30 干线飞机试飞成功，于 11 月 9 日在沪取得美国联邦航空局（FAA）颁发的适航证。

9 日　上海锅炉厂有限公司制成的 30 万千瓦发电机组脱硫装置出口越南法莱电厂，这是中国首个制造成功的大型发电机组脱硫装置。

11 日　上海梅林正广和集团收购香港屈臣氏益民食品有限公司 51% 的股权后，重新组建的上海益民食品一厂有限公司成立，成为国内最大的冰淇淋食品制造企业之一。

18 日　外高桥造船基地开工兴建。

19 日　国内第一个年产 60 万台数码相机的生产基地初具规模。上海海鸥照相机有限公司生产的"海鸥"数码照相机日产能力突破 700 台。首批 3000 台 33 万像素的数码相机销往美国。

是月　中国第一台大型悬臂式自动埋焊机（MZG-1000）在上海电焊机厂试制成功。

11 月

12 日　上海电真空公司与韩国三星、美国富特莱公司共同投资 2.5 亿美元兴建的平板显示器生产基地落户松江。

20 日　上海航天基地参与研制的中国第一艘"神舟"号宇宙飞船在酒泉卫星发射中心发射成功。

28 日　上海市小企业（生产力促进）服务中心和市小企业（贸易发展）服务中心成立。

12 月

7 日　宝山钢铁（集团）有限公司引进国外当代先进装置年产精蒽 2000 吨、蒽醌 1936 吨的工程全线开通投产。

9 日　国内最大的年产 12 万吨苯酚丙酮装置在上海高桥石油化工公司建成投产。

13—17 日　经国务院批准，由国家经济贸易委员会、对外贸易经济合作部和上海市市政府共同主办的第一届上海国际工业博览会，在上海展览中心举行。

14日　上海动力设备有限公司（原上海电站辅机厂）研制成功60千瓦核电主辅机，全部发运秦山核电站工地。

15日　上海大众汽车有限公司与德国大众汽车公司联合设计开发、上海大众汽车公司制造的首辆帕萨特轿车下线。

22日　上海电缆厂研制成功的中国第一根超大型、新结构且具有电力传输和信号控制功能的全塑电力综合高压电缆，在徐州万寨大型煤炭机械化中转站投入使用。

28日　上海化学工业区发展有限公司成立。

29日　市工业党委、市经委命名上海宝钢集团公司等30家企业为第三届"上海市最佳工业企业形象单位"，上海外高桥发电厂等30家企业为"上海市优秀工业企业形象单位"。

30日　中国华能集团公司和上海市电力公司共同投资组建的上海石洞口发电有限责任公司成立。

2000 年

1 月

11日　市政府召开上海市工业扭亏解困工作总结大会。会前，市委书记黄菊、市长徐匡迪、副市长蒋以任等会见扭亏成绩显著的50家企业负责人和100名个人。

13日　市工业党委、市经委召开上海工业工作会议，表彰1999年在建设工业新高地争先创优活动中取得优异成绩的上海三菱电梯（集团）有限公司等53家企业和100名先进个人。

24—26日　上海石化70万吨乙烯工程正式启动。项目建成后，上海石油化工股份有限公司将成为世界级乙烯生产基地。

2 月

3日　经国家经济贸易委员会批准，宝山钢铁（集团）有限公司独家发起的宝山钢铁股份有限公司成立。

9日　5至8微米波段半导体量子级联激光器研制成功，使中国成为世界上第二个能研制此类高技术激光器的国家。

27日　上海仪电、广电、建材等集团再就业服务中心的最后一批下岗职工顺利分流，这3个中心改造成为与劳动力市场配套的职业介绍和培训中心。上海再就业工程开始进入从"双轨"到"转轨"的新阶段。

28日　市政府决定，上海奉浦工业区将定位为上海市综合工业区，成为张江高科技园区和漕泾化工区之后的第三个重点工业区。

3 月

1日　上海大众汽车三厂建成投产。该厂是生产第三代桑塔纳轿车帕萨特的基地。

31日　上海长江计算机有限公司成立。

4 月

6日　上海永新彩色显像管公司研制成功具有自主知识产权的29英寸多媒体彩管，通过市级技术鉴定。

25日　经教育部批准，上海轻工业高等专科学校、上海冶金工业高等专科学校、上海化工高等专科学校合并组建成上海应用技术学院。2016年3月4日，教育部发函同意上海应用技术学院更名为上海应用技术大学。

5 月

6日　中共中央总书记江泽民为上海工业大学建校四十周年题词"发展高等职业教育，为四化建设培养合格的专业对口人才"。

7日　国家和上海市重点工程——吴泾热电厂八期工程一号机组正式并网发电。

6月

9日　上海华虹（集团）有限公司通过英国劳氏认证机构（IRQA）质量体系认证现场审核，取得认证证书。

16日　列入国家"九五"科技攻关项目的泰山二期工程关键设备60万千瓦核电蒸发器，由上海锅炉厂有限公司研制成功。

18日　中德合资的上海高桥巴斯夫分散体有限公司新建6万吨梭基丁苯乳胶装置投产，成为亚洲规模最大的乳胶生产基地。

是日　中国石化上海石油化工股份有限公司四期工程开工。2002年4月27日，四期工程建成投产。

25日　上海航天局承担总体设计、研制的风云二号（B）气象卫星由长征三号运载火箭发射成功。

7月

1日　上海汽车集团与瑞典沃尔沃客车有限公司、沃尔沃（中国）投资有限公司合资组建上海申沃客车有限公司。公司将形成年产2000辆城市公共汽车和500辆城郊客车的生产能力。

7日　三枪工业城在浦东康桥工业区奠基。2001年11月18日，三枪工业城投入试生产。

12日　国家重大技术装备国产化创新研制项目，上海船厂建造的集装箱船1700TFU"飞云河"轮竣工交船。

20日　国内第一个国家级软件产业基地——上海浦东软件园在张江高科技园区揭牌。

8月

9日　中共上海市委、市政府确定设立30亿元整治基金，用六年时间对吴淞工业区环境综合整治，同时成立负责综合整治的协调和长效管理领导小组办公室。

9月

1日　上海航天局研制的长征四号乙运载火箭成功发射中国资源二号卫星。

8日　经市政府批准，上海工业投资（集团）公司与奉贤经济发展实业公司通过资产重组成立上海市工业综合开发区。

28日　市区联手、工商联手组建的上海雷允上药业有限公司成立。

10月

15日　市经委和卢湾区政府实行市区共建、条块结合、工商联手组建的上海国际服装服饰中心在淮海路揭牌成立。

17日　上海贝尔有限公司成功开发出基于512交换系统，该项技术在国内外同行中尚属首创，填补电信交换机旁路技术空白。

24—28日　第二届上海国际工业博览会在上海展览中心举行。

12月

7日　市政府颁发《关于本市鼓励软件产业和集成电路产业发展的若干政策规定》。

20日　宝山钢铁（集团）有限公司三期工程全面建成典礼在宝山宾馆举行。宝山钢铁（集团）有限公司成为中国第一个千万吨级的钢铁生产基地。

21日　上海电气（集团）总公司与阿尔斯通公司共同出资组建上海阿尔斯通变压器有限公司，生产大型电力变压器，填补上海高压、超高压变压器产品空白。

是年　第一台32.5万千瓦核电机组出口巴基斯坦恰希玛。

2001 年

1 月

6 日　上海化学工业区隆重举行开工仪式。

10 日　中国自行研制的第一艘正样无人飞船"神舟二号"在酒泉卫星发射中心发射升空。飞船由航天科技集团所属中国空间技术研究院和上海航天技术研究院为主研制。

2 月

6—7 日　总投资 27 亿美元的上海 90 万吨乙烯项目可行性研究报告确认协议在北京签署。2002 年 3 月 28 日，工程在化学工业区开工建设。2003 年 6 月 29 日，上海赛科 90 万吨／乙烯工程投入商业运行。

26 日　中国第一台国产化压力容器竣工（秦山二期）。

3 月

2 日　全球最大的电子线路板生产商美国惠亚电子集团投资 3000 万美元建造的上海惠亚电子有限公司在嘉定区南翔落成投产。

24 日　法国米其林集团与上海轮胎橡胶（集团）股份有限公司共同投资 2 亿美元组建上海米其林回力轮胎有限公司。

4 月

8 日　沪东中华造船（集团）有限公司在沪成立。

5 月

13 日　上海国际汽车城建设启动。

15 日　国家"十五"重点技术改造项目——宝钢集团第一钢铁有限责任公司不锈钢工程奠基。

23 日　上海化学工业区发展有限公司与德国拜尔公司举行转让 F3 地块 0.6 平方公里土地使用权的签约仪式，德国拜尔公司投资总额为 31 亿美元。该项目是德国在华最大投资项目，相当于目前德国在华投资的一半。

7 月

12 日　上海飞机制造厂生产的第 100 架波音 737NG 飞机平尾按计划交付给美国波音公司，标志着上海航空工业的制造技术和质量保证体系达到生产航空零部件的国际先进水平。

18 日　国家重点建设工程——上海外高桥发电厂第二期工程破土动工。该工程计划安装 2 台 90 万千瓦单轴超临界燃煤机组，是国内单机容量最大、技术水平最高的机组。

19 日　上海汽车工业（集团）总公司与广西柳州五菱汽车有限责任公司签订合作协议，受让柳州五菱汽车股份有限公司75.9% 股权，与柳州五菱汽车有限责任公司等股东将柳州五菱汽车股份有限公司改组为上汽集团五菱汽车股份有限公司。

26 日　上海电气（集团）总公司与法国阿尔斯通公司共同组建的阿尔斯通电力自动化有限公司成立。

8 月

1 日　中国石化上海石油化工股份有限公司年产 6.6 万吨腈纶的国家重点技改项目正式投产。

是日　上海市药材公司与香港和黄药业（上海）投资公司共同投资 2.2 亿元人民币成立上海和黄药业有限公司。这是上海首家合资中药企业。

22 日　宝山钢铁（集团）有限公司与巴西 CVRB 股市签约，双方各出资 50% 组建宝华瑞矿山有限公司。这是宝钢集团公司首次向海外直接投资，实施国际化经营的重大举措。

23日　上海梅山钢铁股份有限公司在南京成立。

9月

18日　柯达公司与海鸥照相机公司合资生产柯达数码相机的上海达海照相机有限公司在浦东开业，这是柯达公司在中国的第一家合资企业。

20日　市经委召开推进都市型工业园区（楼宇）建设工作会议，要求把发展都市型工业作为"十五"期间上海工业的重大战略加以落实。

25日　总投资超过10亿美元的中芯国际集成电路制造有限公司开始试生产。

28日　上海宝山钢铁股份有限公司、上海大众汽车有限公司获首批"全国质量管理奖"。

10月

15日　上海动力设备有限公司首次研制成功国内第一套单机容量最大的90万千瓦超临界电站辅机成套设备，并交付上海外高桥电厂。

30日　上海锻压机床厂自行设计制造的国内首台Y-27 50000千牛液压机通过专家鉴定，达到国际同类产品先进水平。

11月

2日　德国拜耳公司举行仪式，为在上海投资建设一揽子聚合物工程开工奠基。

4日　中国石化上海石油化工股份有限公司四期工程25万吨聚乙烯装置的关键设备大型气相反应器制造成功。

22日　中芯国际集成电路制造有限公

司在张江高科技园区开业。

22—27日　第三届上海国际工业博览会在上海新国际博览中心举行。

23日　上海化学工业区管理委员会揭牌。

12月

10日　上海赛科石油化工有限责任公司在上海化学工业区成立。

20日　上海纺织（集团）有限公司成立，并举行揭牌仪式。

22日　江南造船（集团）有限公司举行为上海海事局建造的国内第一艘大型专用巡视船"海巡21"号交接仪式。

28日　沪东中华造船（集团）有限公司为中国远洋运输（集团）总公司青岛远洋公司建造的74500吨散货轮"德华海"号签字交船，成为中国第一家年造船总量达到100万吨的造船企业。

2002 年

1月

10日　上海国际包装印刷城一期工程奠基，吸引国内外200多家企业入驻。

18日　市工业党委、市经委命名60家企业分别为第四届"上海市最佳工业企业形象单位"和"上海市优秀工业企业形象单位"。

29日　上海电气（集团）总公司与中国机械进出口总公司联合举行孟加拉巴拉普库里亚2×125万千瓦燃煤电厂合同换文仪式。该项目是中国125万千瓦火电机组首次出口。

30日　上海华谊（集团）公司拥有自主知识产权的丙烯酸装置投产。

2月

28日　上海纺织科技工业园建成。

是月　上海电气（集团）总公司与晨兴集团共同出资3000万美元，收购日本老牌企业秋山印刷机械制造株式会社（AK），开了中国国有企业收购日本公司的先河。

3月

28日　上海外高桥造船有限公司开工建造17.5万吨好望角型散货船，这是世界上能进入法国敦克尔刻港口的最大散货船，已列入国家重大装备国产化创新研制项目。

30日　由上海第一机床厂与法国法马通公司合作生产的秦山二期2号机组60万千瓦反应堆堆内构件竣工。

4月

12日　中德双方在德国沃尔夫斯堡举行上海大众汽车有限公司合营合同延长二十年的协议签约仪式。新合同规定，双方合营延长至2030年，注册资本从46亿元增至63亿元。

17日　中国石化上海石油化工股份有限公司年产70万吨乙烯项目投产。

18日　上海广电（集团）有限公司与日本电气株式会社签署意向书，合建国内最大、技术等级最先进的薄膜晶体管液晶显示器（TFTLCD），年生产50万大片薄膜晶体管液晶显示器。

中旬　宝山钢铁股份有限公司与巴西淡水河谷公司（CVRD）各出资3800万美元联合投资的宝华瑞矿业公司正式开业，年产600万吨铁矿石。

22日　市经委发布《上海市新材料产业发展指南》，明确上海将重点发展新型金属材料、新型有机材料、新型无机非金属材料、复合材料和新型建材五大类34种。

24日　上海电气集团希科水电设备公司制造的中国第一台长江三峡水力发电机定子座出厂，并举行歌唱会，500余名建设者高唱《咱们工人有力量》。

27日　为实现船用低速柴油机曲轴国产化，沪东中华造船（集团）有限公司、中国船舶重工业集团、上海工业投资（集团）有限公司和上海电气（集团）总公司共同投资2亿元组建的上海船用曲轴有限公司成立。

5月

15日　上海航天局主研发的长征四号乙运载火箭将中国第一颗海洋探测卫星"海洋一号"和第一颗太阳同步轨道业务应用气象卫星风云一号D送入太空预定轨道。

21日　市工业党委、市经委召开"学李斌、学技术"活动表彰座谈会。

6月

22日　宝山钢铁股份有限公司与澳大利亚签署协议，双方共同投资1.24亿澳元，开发西澳帕拉布杜东西坡铁矿。新矿将于2004年投产，年产铁矿石1000万吨，合作期限二十年。

25日　上海海欣（集团）股份有限公司成功收购世界最大毛绒服装面料生产经营企业美国公司纺织分部。

28日　上海新先锋药业有限公司及新亚药业有限公司成立。

7月

25日　中共上海市委书记黄菊到上海汽车工业（集团）总公司现场办公，听取上海汽车工业（集团）总公司"九五"发展情况和"十五"发展战略的汇报。上海汽车工业（集团）总公司提出，至 2007 年，年产汽车 100 万辆、跻身世界 500 强、生产自主品牌 5 万辆的三大战略目标。

27 日　中国第一艘跨海火车渡船——琼州海峡火车渡船"粤海铁 1 号"在江南造船（集团）有限责任公司建成下水，填补国内空白。

8 月

2 日　上海汽车工业（集团）总公司汽车工程研究院成立。

9 日　江南造船（集团）有限责任公司 22000 立方米液化气船获上海市优秀新产品一等奖。该船为国内首创，总体指标达到国家先进水平。

12 日　中国第一代"绿色环保船舶" 7.2 万吨成品油轮"蓝海豚"在沪东中华造船（集团）有限公司下水。

中旬　第一台超大容量船用柴油机在沪东重机股份有限公司诞生。这是国内最大、最新的柴油机，最大持续功率 16860 千瓦、22920 匹马力。

22 日　双钱轮胎公司自行研制开发的第一条全钢丝子午线工程轮胎——14.00R24（无内胎）下线。

是月　中国第一台超大容量 22920 匹马力船用柴油机在沪东重机股份有限公司诞生。

9 月

11 日　中国石化上海高桥分公司年产 140 万吨延迟焦化装置投产。

是日　上海燃料电池汽车动力系统有限公司暨同济大学汽车学院揭牌。

13 日　上海外高桥造船有限公司研制开发的 23 万吨超好望角型散货船被国家经贸委列入国家重大技术装备创新研制项目。

14 日　中国石化上海高桥分公司总投资近 3 亿元的 800 万吨 / 年蒸馏装置扩建成功投产。这是中国燃料油——润滑油型炼油厂单套最大的蒸馏装置。

16—17 日　上海三菱电梯有限公司、上海日立电器有限公司获"2002 年全国质量管理奖"，宝山钢铁股份有限公司获亚太质量组织"世界级组织奖"。这是中国企业第一次获此奖项。

18 日　上海阿尔斯通交通设备有限公司生产的上海第一列城市轨道交通车辆下线，打破上海轨道交通车辆生产"零"的记录，结束上海轨道交通"有轨无车"的历史。

10 月

8 日　上海广电（集团）有限公司应用美国技术，推出全球第一台涵括自动延时及刻录功能的高端 DVD 接收机和 DVD 播放机，在打造小型家庭数码影音系统方面走在世界同行前列。

13 日　上海汽车工业（集团）总公司出资 5970 万美元，投资通用一大宇项目获国家批准，占股 10%。该项目是中国大型汽车集团首次走出国门，参与全球汽车工业的重组行动。

25 日　中国建设规模最大、技术设备最先进、现代化程度最高的船舶总装厂——上海外高桥造船有限公司一期工程建成投产。

11 月

1 日　上海通用汽车有限公司与通用汽车加拿大（CAMI）公司达成协议，上海通用汽车动力总成厂向加拿大凯米公司提供 V 63.4 升 LNJ 发动机。这是中国第一次大规模向发达国家出口高档、大排量汽车

（汽油）发动机。

上旬　中国最大的新型大缸径船用低速柴油机在沪东重机股份有限公司诞生。

18日　上汽通用五菱汽车股份有限公司在柳州成立。

22—27日　第四届上海国际工业博览会在上海新国际博览中心举行。

12月

11日　上海五钢（集团）有限公司总投资4.38亿元的锻造改造工程正式动工。建成后，五钢（集团）有限公司将成为中国钢铁企业中规模最大、技术最先进的锻造生产基地，也是全球最先进的锻造生产线。

16日　上海船厂崇明造修船基地建造的第一批新船合同签约。上海船厂将为中海集团建造两艘57300吨散货船，分别于2004、2005年交船。

19日　上海集成电路研发中心在张江高科技园区成立，这是国内第一家产学研结合、企业化运作的研发中心。

是日　沪东中华造船（集团）有限公司首次推出的被誉为中国第一代"绿色环保船舶"的72000吨成品油轮在沪下水。这是国内承建的最大成品油轮。

20日　中德合资上海汽轮发电机有限公司采用西门子公司技术和工艺制造的90万千瓦发电机定子发运外高桥电厂，这是中国首次制造的单机容量最大的超临界火电机组。

是日　上海汽车工业（集团）总公司、美国通用汽车有限公司和上海通用汽车有限公司共同出资9亿元收购烟台车身公司，并将经济型轿车赛欧生产线迁到烟台，2003年5月投产。这是上海汽车工业（集团）总公司在国内的第六个整车生产基地。

23日　上海宝山钢铁股份有限公司宣布投资120多亿元，建设5米宽厚板及配套连铸工程和1800冷轧带钢工程两大"十五"规划重点项目。

是日　上海绿亮电动有限公司应用美国技术制造的世界上第一辆燃料电池两轮电动车投放市场。

26日　上海通用汽车有限公司新一代产品别克君威下线。

28日　中国第一艘引进的综合海洋调查船"大洋一号"，由沪东中华造船（集团）有限公司完成现代化改装，正式竣工交船。这是当时国内最先进的远洋综合科学考察船。

是月　上海汽车工业（集团）总公司会同同济大学完成列入国家科技部863计划的首辆"超越一号"燃料电池轿车研制任务。

2003 年

1月

10日　沪东中华造船（集团）有限公司通过英国劳氏认证公司的ISO14000环境管理体系的审核认证。这是中国船舶行业内首张国际认可证书。

2月

6日　世界医药批发商联合会（IFPW）理事会研究决定，吸纳上海医药股份有限公司为该联合会成员。这是目前该联合会中唯一的中国医药企业。

19日　上海电气（集团）总公司与中国最大煤电集团神华集团国华电力公司控股的3家电厂签署9台60万千瓦发电机组制造合同及8台60万千瓦机组制造协议书，

总金额达 100 亿元,这是中国电站设备领域最大的一次性订单。

是日 沪东中华造船(集团)有限公司建造的国内装箱量最大、航速最快(25.7 节)、技术性能最先进的超大型集装箱船——5668TEU 集装箱船首制船"新浦东"号,交付中国海运(集团)总公司。后续同型船"新青岛"号和"新宁波"号分别于 5 月 4 日和 9 月 10 日交付。

26 日 国内首个具有自主知识产权的 0.18 微米 16 位 DSP 芯片"汉芯一号"诞生,标志着中国在 DSP 核心芯片技术领域将登上国际竞争舞台。该芯片具有 32 位运算处理内核,运算速度达到每秒 2 亿次指令以上,同时申请 6 项专利和专业的布图保护。

3 月

17 日 中国石化上海石油化工股份有限公司利用世界银行贷款建设的全国化纤行业唯一的国家级工程研究中心——合成纤维国家工程研究中心通过竣工验收。

27 日 上海天原(集团)公司国家级技术中心聚合中试装置经过三年的施工和调试后通过验收。

4 月

2 日 上海建立防治"非典"联席会制度,全面启动防治"非典"工作,在市经委设立防范"非典"重要物资协调办公室。从 4 月 20 日至 6 月 20 日,上海纺织、医药、轻工企业共生产口罩 3000 多万只、药皂 26 万箱、体温计 500 多万支、消毒水 610 万吨、隔离衣 15 万件,并向 29 个省市及港台地区提供价值超过 2 亿元的西药、中成药、医疗器械等。

5 日 中国石化上海石油化工股份有限公司年产 13 万吨丙烯腈装置扩能改造项日建成投产。

12 日 希腊一航运公司与上海外高桥造船有限公司签订 4 艘 10.5 万吨阿芙拉型原油轮建造合同,这是上海地区承接的最大吨位原油轮。

21 日 上海飞机制造厂向波音公司交付第 300 架波音 737NG 飞机水平安定面,成为亚太地区最大的波音平尾生产商。

5 月

16 日 国务院批准设立上海漕河泾、青浦、奉贤 3 个出口加工区。至此,包括松江出口加工区、金桥出口加工区(南区)和松江出口加工区 B 区,上海出口加工区总数达 6 个。

17 日 中国最大吨位的第一条绿色环保型 17.5 万吨好望角型散货船在上海外高桥造船公司试航成功。

6 月

8 日 台湾积体电路制造股份有限公司与上海松江区政府签署投资协议,在松江科技园生产 8 英寸芯片,月产量 4 万片以上,首期投资近 9 亿美元。

20 日 上海振华港口机械(集团)股份公司制造的 4 台"巨无霸"起重机——超巴拿马岸桥提前 100 天从长兴岛启运,驶往美国东海岸弗吉尼亚港。

21 日 市经委发布《上海工业产业导向和投资指南》。临港综合经济开发区重点发展综合性高技术装备基地,列入上海第五大产业基地。

22 日 被命名为"海洋石油 111 号"的 15 万吨海上浮式生产储油装置(EPSO)在上海外高桥造船有限公司交付中国海洋石油南海西部公司。这是上海建造的最大吨位海洋工程项目,建造周期仅 16 个月,创造世界新纪录。

7月

11日　国内最大功率船用柴油机——由沪东重机有限公司建造的 7S80MC 型船用柴油机交付，将安装在为新加坡海昌公司建造的 30 万吨超大油轮上。

28日　上海华谊集团氯碱化工股份有限公司与宁夏英特力电力（集团）股份有限公司、宁夏民族化工股份有限公司共同投资的年产 12 万吨 PVC、10 万吨烧碱、13 万吨电石项目，在宁夏回族自治区石嘴山市河滨工业园区开工。

8月

8日　上海大众汽车有限公司投资 12 亿元、历时五年建成的具有国际一流水平的专业轿车试车场在安亭汽车城投用。

12日　市政府与中国船舶工业集团就上海地区船厂布局调整签署合作备忘录，从长兴岛新开港下游 1 公里起，安排 8 公里岸线建设世界最大规模造船基地。12 月 28 日，长兴岛造船基地围堤吹填工程开工。2005 年 6 月 3 日，长兴岛造船基地举行开工典礼。2008 年 6 月 3 日，一期工程提前竣工，包括建造 4 个大型船坞和 11 座码头，标志着中国最大造船基地诞生。

是月　漕河泾新兴技术开发区通过国家环保总局的验收，被授予 "ISO14000 国家示范区称号"。

是月　上海三枪集团有限公司圆纬机大齿轮传动定位装置获第十届中国专利新技术新产品博览会银奖和中国国际专利与名牌博览会金奖。

9月

29日　上海外高桥造船有限公司一号船坞创下中国造船史上一坞三船同时起浮、两船同时出坞的新纪录。

是月　上海电气（集团）总公司与上海汽车（集团）总公司达成协议，联合重组彭浦机器厂，重组后的彭浦机器厂在发展推土机和挖掘机产品的基础上，为汽车工业配套。

10月

9日　上海船厂为中波轮船股份有限公司建造的国际最大最先进的新生代杂货船 "明月" 号下水。

15日　中国自主研制的 "神舟" 五号载人飞船，在中国酒泉卫星发射中心用长征二号丁运载火箭发射成功，将中国第一名航天员杨利伟送上太空，飞船准确进入预定轨道。10 月 22 日上午，上海航天局 "神舟" 五号载人飞船试验队在完成任务后返沪。

16日　中国石化上海石油化工股份有限公司年产 6.6 万吨腈纶改造项目通过竣工验收。

18日　上海外高桥造船基地一期工程竣工，通过国家验收。这是中国建设规模最大、技术设施最先进、现代化程度最高的大型船舶总装厂。

23日　美国通用电气（GE）公司在张江高科技园区的研发中心启用，这是美国通用电气公司第三个全球级研发中心。

29日　宝钢集团汽车板加工线正在运行中。

11月

6—11日　第五届上海国际工业博览会在上海新国际博览中心举行。

18日　上海电气（集团）总公司与中国华能集团公司在北京签约，由上海汽轮机有限公司和上海汽轮发电机有限公司为浙江玉环电厂制造4台100万千瓦超临界火力发电机组，设备合同总额超过18亿元。

26日　由德国拜耳公司和上海氯碱化工股份有限公司共同投资的聚碳酸酯项目在上海化工区开工，项目规模20万吨/年。

12月

16日　上海汽车进出口有限公司和上汽仪征汽车有限公司共同举行"赛宝车首批车辆走出国门"发车仪式，首批16辆赛宝多功能车将从天津和上海港装船出发，赴叙利亚、利比亚等中东、非洲国家和地区。这是上汽集团自主品牌车首次出口国际市场。

是日　宝钢集团一钢（集团）有限公司投资117.8亿元的1780热轧生产线热负荷试车成功，投资16.9亿元的五钢（集团）有限公司不锈钢长型材项目投产。至此，宝钢集团已建和在建的不锈钢项目产能达到140多万吨。

18日　上海三枪集团有限公司总投资3亿多元的三枪高档针织面料生产基地国债技改项目通过竣工验收。

20日　拥有自主知识产权的ARJ 21飞机在上海、西安、成都、沈阳四地同时开工。上海是ARJ 21飞机的研发、总装基地和生产指挥控制中心，上海飞机厂同时承担飞机平尾和系统件的制造。

21日　上海外高桥电厂二期一号机组——第一台90万千瓦超临界燃煤发电机组并网发电。这套发电机组是中国目前容量最大的火力发电机组。

23日　宝山钢铁股份有限公司、日本新日铁制铁株式会社、法国阿塞洛公司就合资建造1800冷轧工程举行合同签约仪式。

28日　长兴岛造船基地围堤吹填工程开工。该基地计划在2015年实现造船能力800万吨，产品涵盖液化天然气船、海洋工程船舶和豪华邮轮等高技术船舶。届时，上海造船能力将由目前的300万吨提高到1200万吨。

是日　上海广电（集团）有限公司与日本NEC共同投资80亿元的国内第一条第五代薄膜晶体管液晶显示器（TFT-LCD）生产线开工，这是当时电子行业投资规模最大的项目。

2004年

1月

15日　上海振华港口机械（集团）股份公司举行韩国釜山新港18台桥吊车项目开工仪式。该项目合同金额1亿美元，是中国大型机电产品首次进入韩国市场。

18日　具有自主知识产权的集成电路芯片汉芯二号、汉芯三号在沪诞生。汉芯二号每秒可处理1.5亿次指令，汉芯三号每秒可处理6亿次以上指令。其中，汉芯二号是中国首颗以IP专利授权方式进入国际市场的"中国芯"。

31日　宝山钢铁（集团）有限公司与巴西CVRD公司在上海国际会议中心签署在巴西桑路易斯合资建立钢厂的前期合同。

2月

18日　上海外高桥造船有限公司建造的海上浮式生产储油轮——海洋石油113号轮下水。

26日　上海汽车（集团）总公司、通用汽车中国公司及上海通用汽车有限公司在沈阳签订沈阳金杯通用汽车公司重组备忘录，这将成为上海通用汽车有限公司的第三个整车基地。

3月

2日　上海电气（集团）有限公司成立。

是日　国内最大的30万吨/年聚氯乙烯（PVC）项目一期工程在上海化工区破土动工。

7日　上汽集团、上海通用汽车公司和美国通用汽车公司在沈阳合资成立上海通用北盛汽车有限公司。

29日　全球最大氰酸酯（MDI/TDI）项目在上海化学工业区破土动工。项目总投资11.2亿美元。这是上海化工区一期开发的三大主体项目之一。2006年8月18日，项目投入商业运营。

4月

19日　宝山钢铁（集团）有限公司与澳大利亚哈默斯利公司合资组建的宝瑞吉矿山公司建成投产典礼在澳大利亚帕拉布杜举行。

21日　上海国际包装印刷城一期工程竣工开业。这是目前国内规模最大、功能最齐的包装印刷综合产业基地。

27日　展讯通信上海有限公司研制成功有自主知识产权的第三代手机（3G）核心芯片。

5月

3日　上海汽车工业（集团）总公司与德国大众汽车集团在德国签署协议，双方共同对上海大众新增15亿元人民币注册资本，在浦东改扩建大众五厂。

9日　宝钢集团一钢股份有限公司不锈钢工程建成投产。

23日　国内第二套90万千瓦超临界燃煤发电机组在上海外高桥第二发电公司投入试运行，9月22日投入商业运行。

6月

8日　中国自行设计制造的最大吨位海上浮式生产储油轮（FPSO）"海洋石油113"在上海外高桥造船有限公司命名交付。

7月

8日　宝山钢铁（集团）有限公司与平顶山煤业集团公司合资组建的河南平宝煤业有限公司挂牌，双方联手建设年产原煤240万吨的特大型煤矿首山一矿。

12日　美国《财富》杂志公布世界500强企业最新排名，上海宝钢集团公司居第372位，成为中国竞争性行业和制造业中首批跻身世界500强的企业。上海汽车工业（集团）总公司列461位，成为中国第一家进入世界500强的地方性企业。

8月

24日　上海华谊（集团）公司自主研发的、针对Ⅱ型糖尿病进行治疗的新一代药物"谊生泰"获得国家食品药品监督管理局的临床批文。这是国内基因工程药物研发的重大突破。

27日　宝山钢铁（集团）有限公司、新日本制铁株式会社、阿赛洛米塔尔钢铁集团等3家钢铁巨头联合成立的宝钢新日铁公司揭牌。公司将年产最高级汽车板170万吨。

是月　上海外高桥造船有限公司制造的海洋石油113号成功下水。

9月

2日　总投资1.49亿元的上海石化年产15万吨聚酯三釜流程国产化装置投料开车一次成功。

8日　国家微电子产业基地落户上海

张江高科技园区张江集电港。

9日 上海航天局研制的长征四号乙运载火箭，在太原卫星发射中心将实践六号 A、B 2 颗卫星送入太空。

是日 上海广电 NEC 液晶显示器公司的中国大陆第一条第五代薄膜晶体管液晶显示器（TFT-LCD）生产线产出第一批液晶显示屏。

15日 中国石化上海高桥分公司年产 20 万吨苯酚丙酮装置全部建成，移交生产，成为上海化学工业区首套建成投产的大型装置。

20日 上海航空工业公司上海飞机制造厂向波音公司交付第 500 架份波音尾翼。

22日 代表中国发电机组最高水平的上海外高桥第二电厂的第二台 90 万千瓦机组通过连续 168 小时满负荷运行试验，投入商业运行。

27日 上海航天局研制的长征二号丁火箭，在酒泉卫星发射中心将中国第 20 颗返回式科学与技术试验卫星送入太空。

29日 长征四号乙火箭将实践六号 01 组 A、B 两颗卫星送入太空预定轨道。

10 月

6日 全球单线产能最大的乙烯装置之一的 90 万吨乙烯装置裂解气压缩机试车成功。

8日 上海广电投资公司与日本 NEC 共同投资 1146 亿日元兴建的第五代薄膜晶体管卜液晶显示屏（TET-LCD）生产线一期项目投产，生产能力每月 2.25 万大张（1100 毫米 × 1300 毫米）液晶显示屏。

22日 中国石化上海高桥分公司年产 140 万吨加氢裂化装置建成投产。

25日 上海通用汽车有限公司"凯迪拉克"豪华轿车 CTS 车型上市，公司进入多品牌运作。

是日 集研发、贸易、质检等功能于一体的新型纺织产业园区——中国流行面料工程研发产业基地落户松江。

28日 上海汽车工业（集团）总公司与韩国第四大汽车企业双龙汽车公司债权团在汉城签署双龙汽车公司部分股份买卖协议，上海汽车工业（集团）总公司以 5 亿美元收购双龙汽车公司的 48.9% 股权，成为该公司第一大股东。

是日 上海三菱电梯有限公司出厂第 10 万台电梯，成为中国第一个生产销售电梯达到 10 万台的企业。

30日 世界著名医药跨国企业罗氏公司在全球的第五个研发中心落户浦东张江高科技园区，初期资金投入 11000 万美元。

11 月

4—9日 第六届上海国际工业博览会在上海新国际博览中心举行。

8日 上海轻工控股（集团）公司整合冷饮品牌"光明"、饮料品牌"正广和"、罐头品牌"梅林"、综合食品品牌"冠生园"等优势资源，成立光明食品（集团）有限公司。

9日 崇明岛有史以来第一艘万吨轮 57300 吨散货船"嘉和山"号从上船澄西船舶有限公司崇明造船基地 7 万吨新船台上下水。

18日 作为上海科教兴市重大项目之一的 1000 吨／年莱赛尔（LYOCELL）纤维流水线在星火开发区奠基。

23日 上海电气（集团）股份有限公司与德国西门子股份公司签约，共同出资 5500 万欧元，成立上海西门子燃机部件有限公司，利用西门子转让的世界最先进燃气轮机部件生产技术，制造燃烧室和高温透平叶片等燃机核心部件。

是日　中国石化上海高桥分公司年产 30 万吨润滑油加氢装置建成投产。该装置是中国最大的高端润滑油基础油生产装置。

26 日　中国石化上海石油化工股份有限公司 70 万吨／年乙烯改造工程通过竣工验收，成为国内最大的乙烯生产基地。

12 月

18 日　上海电气（集团）总公司完成对日本池贝机械制造株式会社全部收购程序。

19 日　上海吴泾化工有限公司具有自主知识产权的国产化 20 万吨／年醋酸低压羰基合成工艺技术获上海市科学技术进步一等奖。

21 日　中国容量最大的火力发电机组——上海外高桥电厂二期一号机组第一台 90 万千瓦超临界燃煤发电机组并网发电。

30 日　上海汽车集团股份有限公司成立。

2005 年

1 月

4 日　上海外高桥造船有限公司建造的 17.5 万吨中国最大吨位的散货船出口美国。

20 日　上海三电贝洱研发成功世界顶级汽车空调压缩机。

31 日　上海船用曲轴公司制造成功中国第一根国产化大型船用曲轴。曲轴 8 米长、3 米高、72 吨重，改写了中国船用曲轴依靠进口的历史。

2 月

18 日　市经委在上海国际包装·印刷城举行首批原创设计大师工作室授牌仪式暨经典作品展示会，向老凤祥名师设计中心等 11 家大师工作室授牌。

20 日　中国石化上海石油化工股份有限公司年产 800 万吨常减压蒸馏装置建成投产，顺利产出常压汽油和常压柴油。

21 日　上海首批 88 项专利新产品获得市政府颁发的专利新产品证书。

3 月

18 日　市经委发布《上海先进制造业技术指南（2005）》。

28 日　总投资 12 亿元、年造船 260 万吨的上海外高桥造船有限公司二期工程开工建设。2008 年 6 月，二期工程建成。

4 月

15 日　上海开埠以来建造的最大的吨位原油轮 10.5 万吨阿芙拉型原油轮在外高桥造船有限公司完工交付。

28 日　上海电气股份有限公司在香港 H 股上市。

5 月

28 日　上海通用汽车有限公司浦东金桥生产基地的整车南厂建成投产，规划年产 16 万辆整车。

是月　上海申沃客车有限公司、上海交通大学联合上海柴油机公司、上海焦化厂研制成功具有自主知识产权的二甲醚城市客车，并投入上海公交试运营。

6 月

2 日　上汽通用五菱汽车股份有限公司收购颐中（青岛）运输车辆制造有限公

司，在青岛建立直接面向北方市场的生产基地。

3日　中船江南长兴造船基地举行开工典礼。

8日　上海电气（集团）总公司与山西国际电力集团有限公司签署山西柳林电厂二期工程总承包合同。

10日　台湾船东向祖国大陆订造的第一艘散装货轮"中华和平号"在上海外高桥造船股份有限公司举行命名交船仪式。

27日　市经委、上海市人事局联合召开上海市工艺美术大师颁证大会。经市政府批准，首批41位工艺美术专业人才被授予"上海市工艺美术大师"称号。

29日　国内首次运用熔融还原技术、世界上第一座年产铁水150万吨的COREXC 3000装置，由浦东钢铁有限公司搬迁罗泾后开工。

30日　国家重点工程上海化学工业区赛科公司90万吨乙烯工程投入试运行。

是月　国内第一条610毫米钢管生产线由上海中油天宝钢管有限公司建成，填补国内空白。

是月　上工申贝集团承债式收购德国杜克普爱华股份公司的94.98%股份。

7月

6日　上海航天技术研究院负责总研制的长征二号丁火箭在酒泉卫星发射中心将实践七号科学试验卫星成功送入太空预定轨道。

8月

13日　江南造船（集团）有限责任公司为中国国家海洋局建造的新一代综合海洋监测船"中国海监83"号顺利交船。

18日　上海电气集团首台F级重型燃气轮机运往上海石洞口燃机电厂。

9月

6日　占地74.66公顷的上海航天科技产业基地在闵行开工。

7日　上海电气（集团）总公司签署总价值近9亿元的秦山核电站二期扩建工程主设备供货合同。这是上海电气（集团）总公司继20世纪80年代为秦山核电站一期工程提供核能发电设备之后，又一次承接制造国产自主设计的大容量核电机组。

是月　上海汽车工业（集团）总公司汽车工程院与交通大学联合成功开发国内首台二甲醚城市客车。

10月

12—17日　"神舟六号"载人飞船成功发射并顺利着陆。这是中国首次有人参与的空间飞行试验。

20日　中国石化上海高桥石油化工有限公司30万吨润滑油加氢装置生产的高粘度指数Ⅲ类润滑油基础油出厂，结束了国内高档润滑油基础油长期依赖进口的局面。

22日　上海市工经联撰写《上海品牌战略实施方案建议》，韩正市长专门作了批示，"实施品牌战略要坚持以企业为主体，政府要创造条件，提供服务，并充分发挥行业协会及工经联的作用"。

27日　宝山钢铁股份有限公司中口径直缝焊管工程热负荷试车成功，这是世界上第一条集焊管、精整、套管、套管热处理线于一体的焊管生产线。

11月

3日　上海外高桥造船有限公司为香港华光航业控股有限公司建造的绿色环保型17.5万吨好望角型散货轮"中华勇士号"

命名交船。

4—9日　第七届上海国际工业博览会在上海举行。国务院正式批准"上海国际工业博览会"自2006年起更名为"中国国际工业博览会"。

8日　上海平板显示产业基地成立暨上海广电NEC液晶显示器有限公司竣工仪式举行。

是日　宝钢新日铁汽车板有限公司1800毫米冷轧工程投产。

19日　中国石化上海高桥分公司年产8万吨聚醚改扩建一期工程一次开车成功，产出合格产品。

29日　市政府召开上海市推进实施品牌战略工作会议，授予宝钢、上汽集团、电气集团、江南造船、振华港机、广电集团、中芯国际、海立集团、上海化工区、张江高科技园区"上海先进制造业十人品牌"称号。

12月

1日　上海天马微电子有限公司合资合作签约仪式举行。该公司将投资31亿元，建造4.5代薄膜晶体管液晶显示器（TFT-LCD）生产线项目。

4日　国家西气东输配套项目、上海市重大工程上海漕泾热电有限公司二号燃气蒸汽联合循环机组168小时可靠性试运行成功，年内2套联合循环机组全部提前投产。

31日　上海首套烟气脱硫装置——外高桥发电厂一号发电机组烟气脱硫工程建成，进入试运行阶段。

2006年

1月

6日　中国石化上海石油化工股份有限公司重点环保项目——热电总厂1号、2号锅炉烟气脱硫装置开工建设。

12日　上海电气（集团）总公司所属电站集团承建的孟加拉巴库电站项目1号机组并网发电一次成功，发电能力为12.5万千瓦。

1月13日　上海通用汽车有限公司第100万辆整车下线。

2月

23日　上汽汽车制造有限公司成立，全面负责自主品牌乘用车体系的建设，初期投资为36.8亿元。

27日　上海品牌促进中心举行揭牌仪式。

28日　中日合资8年的上海冠生园协和氨基酸有限公司决定，追加投资到4590万美元，年产能扩大至2500吨，在青浦工业园区建造亚洲最大的氨基酸原料药生产基地。

是月　年产1000吨莱赛尔（Lyocell）纤维项目在上海里奥纤维企业发展有限公司投入试生产，成功纺出第一束赛尔纤维。

3月

12日　宝钢集团有限公司与新疆八一钢铁集团有限公司在京结成战略联盟。

14日　上海电气（集团）总公司所属电站集团与德国艾罗迪（AERODYN）公司签署协议，双方共同开发2000千瓦风力发电机。这将是国内最大单机功率的风力发电机。

是月　中国第一台中国实验快堆堆本体竣工。

4月

26日　上海举行企业自主创新与知识产权保护大会暨首批上海市知识产权示范

企业命名授牌仪式，首批命名 20 户"上海市知识产权示范企业"。

27 日　中国第一艘自主研发设计的超大型油船——30 万吨级巨型油轮通过专家验收。

是日　上海航天技术研究院研制的长征四号乙运载火箭在太原卫星发射中心将遥感卫星一号送入预定轨道。

5 月

16 日　国内单机及总装机容量最大的燃机电厂华能上海燃机电厂 40 万千瓦 1 号机组，顺利通过 7 昼夜 168 小时满负荷试运行，投入商业运行。

6 月

10 日　国产第一台百万千瓦汽轮发电机在上海汽轮发电机有限公司总装试车台上完成充氧状态下的型式试验和科研试验，各项技术性能指标达到设计要求。

29 日　上海船厂崇明基地一期工程通过中船集团公司竣工验收。

7 月

28 日　中国石油化工股份有限公司与日本三井化学株式会社合资的第一个项目年产 12 万吨双酚 A 装置在上海化学工业区开工，项目总投资 10 亿元。

30 日　华能上海燃机电厂 3 台 40 万千瓦 F 级燃气蒸汽联合循环机组建成投产。

是月　上海振华港机公司总承包美国旧金山新海湾大桥钢结构工程项目，总金额 2.5 亿美元。

8 月

8 日　光明食品（集团）有限公司成立，资产规模 458 亿元。

27 日　上海轨道交通第一列国产化车辆在上海阿尔斯通交通设备有限公司完成总装、调试出厂。

31 日　上海自主制造、安装、调试和建设的上海第一座燃机电厂华能石洞口燃机电厂举行上海电气重型燃机国产化示范工程投产仪式。

9 月

13 日　国家重点工程 ARJ21 新支线飞机上海大场基地建设开工典礼暨誓师大会在上海飞机制造厂大场厂区举行。

16 日　中国船舶工业集团公司、沪东重机股份有限公司与日本三井造船株式会社共同投资 22.7 亿元组建的上海中船三井造船柴油机有限公司在上海临港重型装备产业区成立。

是月　上海广电 NEC 液晶显示器有限公司第五代薄膜晶体管液晶显示屏（TFT-LCD）生产线新扩产项目投产。

是月　上海化学工业区拜耳一体化基地开工投产。

10 月

17 日　上海机床厂有限公司与上海重型机器厂有限公司签约，前者将为后者制造国内最大的 MK84250/15000H 数控轧辊磨床。

20 日　上海电气集团汽轮发电机有限公司完成 1000 兆瓦 /27 千优级定子线圈绝缘攻关项目，获得百万千瓦级发电机国产化的重大突破。

24 日　上海汽车集团有限公司首款自主品牌中高档轿车荣威 750 在安亭国际会展中心发布。

26 日　首个"国家射频识别（RFID）产业化基地"落户张江，将成为国内最大的产业链集聚地，形成每年 5 亿片电子标签生产及封装能力。

11 月

1—5 日　2006 中国国际工业博览会在上海新国际博览中心举行。

18 日　宝钢集团有限公司第 1500 万吨汽车板下线。

21 日　亚洲最大的海上浮吊——"华天龙"号 4000 吨全回转浮吊在上海振华港机机械（集团）股份有限公司研制成功，并正式移交广州打捞局。

28 日　上海电气集团制造的国产第一台百万千瓦超超临界发电机组投入商业运行。

12 月

1 日　上海振华港口机械（集团）股份有限公司研制成功一种全新的起重机，这台"大力士"最多能同时搬运三个 40 英尺集装箱，比常规起重机生产效率提高 50%。

8 日　上海航天技术研究院为主研制的风云二号 D 星在西昌卫星发射中心由长征三号甲运载火箭发射升空，卫星准确进入预定轨道，与地球同步运转。

是日　上海外高桥造船有限公司建造的，国内迄今吨位最大、造价最高、技术最新的 30 万吨海上浮式生产储油船（EPSO）船体顺利出坞。

18 日　上海汽车集团股份有限公司首款自主品牌中高级轿车荣威 750 轿车下线并批量生产。

31 日　上海新兴医药股份有限公司自主研发的八氟丙烷人血白蛋白微球注射液获新药证书。

是年　上海电气（集团）总公司制造的电站工程首次走进非洲。

2007 年

1 月

8 日　首台代表国际尖端技术水平的薄膜太阳能电池关键生产设备——等离子体增强型化学气相沉积设备（PECVD）在上海张江理想能源设备公司下线，填补光伏电池高端设备国产化空白。

11 日　中国品牌研究院首次举办的全国各省市"城市经济名片"选评揭晓，"双钱""中华"等 10 个标志性品牌，被认定为"上海经济名片"。上海十大标志性品牌是：中华、光明（食品产业）；双钱、白猫（化工产业）；东风（机械设备产业）；恒源祥、三枪（服装纺织产业）；老凤祥、锦江（商贸服务业）；宝钢（冶金及材料产业）。

16 日　上海船厂生产的 3500 箱集装箱船交船。该船是国内拥有自主知识产权的最大集装箱船。

26 日　世界上第一个采用特殊结构加宽工艺改建的大型浮船坞——20 万吨级"中海九华山"浮船坞在长兴岛竣工。

是月　宝钢集团有限公司首家试制出不锈钢中的顶级产品——高强度双相不锈钢 2205 毫米热轧带钢。

3 月

17 日　上海罗氏制药有限公司研制的盐酸厄洛替尼片（商品名特罗凯）获国家食品药品监督管理局颁发的新药证书并上市销售。

18 日　上海汽轮发电机有限公司完成 4500 千瓦无刷励磁机总装型式试验，标志着上海电气集团在百万千瓦级火电机组产品的生产制造领域迈上新台阶。

30 日　ARJ21 新支线飞机项目总装、

试验在上海飞机制造厂全面启动。

4月

1日 美国最大的化工企业——陶氏化学公司进驻上海化工区，计划兴建1家年产15万吨甘油转环氧氯丙烷工厂和1家年产15万吨的液体环氧树脂工厂。

28日 宝钢集团有限公司与新疆维吾尔自治区人民政府增资重组八一钢铁集团有限责任公司协议签字仪式在乌鲁木齐举行。宝钢集团有限公司增资30亿元，以69.61%股权控股新疆八一钢铁集团有限责任公司。

30日 中国建造的吨位最大、造价最高、技术最新的30万吨海上浮式生产储油船（FPSO）"海洋石油117"号在上海外高桥造船有限公司举行命名仪式。中国在FPSO的设计与建造领域跻身世界先进行列。

5月

11日 宝钢集团有限公司与邯郸钢铁集团签约，在邯郸成立合资公司，共建500万吨级精品钢基地。12月15日，邯宝钢铁有限公司揭牌。

25日 上海航天技术研究院研制的长征二号丁Y8火箭发射遥感卫星二号获得成功。

28日 拥有完全独立自主知识产权的8530标准箱超大型集装箱船"新亚洲号"在沪东中华造船（集团）有限公司出坞。该艘大型集装箱船是第六代超巴拿马特大型集装箱船。

6月

15日 中意合资企业上汽依维柯红岩商用车有限公司和上汽菲亚特红岩动力总成有限公司在重庆成立。

是月 上汽集团制造的上海牌新能源轿车亮相。

7月

3日 全球首台、当今世界技术领先、单机容量最大的核电核岛主设备ＥＰＲ核电核岛安注箱从上海电气集团电站设备有限公司出厂，运往广东台山核电站1号机组工程现场。

是日 世界最大的、完全由中国自主设计与制造的1.65万吨压机压套在上海电气集团上海重型机器厂有限公司焊接成功。

18日 宝钢集团上海浦东钢铁有限公司最后一条厚板生产线轧完最后一块厚板，停炉熄火。至此，创立于1913年的浦钢公司老生产基地退出历史舞台。

8月

10日 宝钢集团有限公司下属上海梅山钢铁股份有限公司4号高炉工程开工。

27日 国家（上海）平板显示器件产业园在莘庄工业区成立。

9月

16日 上海临港重装备产业基地的上海中船三井造船柴油机有限公司举行首台柴油机提交庆典。国内生产规模最大的船用低速大功率柴油机生产基地开始运行。

18日 上海研制的6辆电池电容混合动力公交客车在大众公交营运的825路上开始示范运行。

19日 上海航天技术研究院研制的长征四号乙运载火箭在太原卫星发射中心发射资源一号卫星。

25日 首届上海老字号博览会开幕。

27日 总投资30亿元、年产400万条全钢子午线轮胎的双钱集团（重庆）轮胎有限公司动工兴建，这是上海国有企业服务长江流域的标志性项目。

10 月

3 日　宝钢集团有限公司与巴西 CVRD 公司合资成立的宝钢维多利亚钢铁公司在巴西圣艾斯普里图州维多利亚市揭牌。宝钢集团首个海外钢厂投资项目启动。

18 日　中国海洋石油总公司、中国船舶工业集团公司在北京举行 3000 米深水半潜式钻井平台船体建造总包合同签字仪式，该项目由 708 所设计、上海外高桥造船有限公司承建。

24 日　中国空间技术研究所承担研究的中国第一颗绕月探测卫星——嫦娥一号成功发射，进入预定地球轨道。

是月　中国第一家生产第 5 代薄膜晶体管液晶显示器件用玻璃基板生产企业——电气硝子玻璃（上海）广电有限公司投产。

是月　上海重型机器厂自主制造成功全球最大的 16500 吨自由锻造油压机。

11 月

6—10 日　2007 中国国际工业博览会在上海新国际博览中心举行。

12 日　上海航天技术研究院研制的长征四号丙火箭首次在太原卫星发射中心成功发射遥感卫星三号。

23 日　拥有完全自主知识产权的 8530 标箱超大型集装箱船——"新欧洲"号在上海沪东中华造船公司交付。

24 日　上海振华港口机械（集团）股份有限公司在全球首创的全自动化集装箱码头装卸系统——长兴岛"无人码头"集装箱装卸系统启动。

12 月

1 日　上海最大的管理软件供应商和服务商金蝶软件园开园。

10 日　上海市科教兴市重大项目、总

投资 12 亿美元的中芯国际上海 12 英寸芯片生产线投产。

12 日　中国石化上海石油化工股份有限公司新建年产 120 万吨延迟焦化装置投产。

18 日　长兴造船基地三号生产线成功交付第一条 16400 吨化学品船。至此，中船长兴造船基地一期实现三条生产线全部投产。

21 日　中国首架自主知识产权喷气支线客机 ARJ21-700 在上海飞机制造厂总装下线。该机被命名为"翔凤"。ARJ21 已获国内外 171 架订单。

是月　上海电气集团上海锅炉厂有限公司圆满完成世界首台 1000 MW 机组海水脱硫 GGH 的设计工作。

是年　上海市编制《上海"十一五"生产性服务业发展重点级空间布局规划》，推进科技研发型、物流型、专业型三类生产性服务功能区的建设，至 2017 年，形成 39 个生产性服务功能区。

2008 年

1 月

22 日　上海通用汽车有限公司在"绿动未来"战略发布仪式上，展示首款中高档混合动力量产车型别克君越 Eco Hybrid 油电混合动力车。

是日　数字化造船国家工程实验室在上海揭牌，这是国家发展和改革委员会批准组建的中国船舶行业首个国家工程实验室。

2 月

27 日　宝钢集团浦东钢铁有限公司罗

泾一步工程宽厚板轧机建成投产。该轧机由中国第二重型机械集团公司和德国西马克公司合作研制，是国内第一台4.2米宽厚板轧机。

3月

8日　上海船厂船舶有限公司负责改建的8缆环保型地球物理勘探船"海洋石油719"号在上海船厂浦西码头交船。

25日　上海电气集团上海机械设备有限公司签订全球最大、国内自行研究制造的首台452.5平方米链箅机制造合同，合同金额2335万元，成为国内第一家制造超大型链箅机的生产厂家。

4月

1日　上海大众汽车有限公司南京分公司开业。

3日　沪东中华造船（集团）有限公司建造成功的第一艘中国自主设计、自行建造的LNG运输船"大鹏昊"交付船东，在世界最高难度的船舶建造领域取得"零"的突破。

12日　中国自主设计研制的最新一代航天远洋测量船在上海交付中国卫星海上测控部使用。

18日　上海汽车工业（集团）总公司完成对南京汽车集团有限公司下属南京菲亚特汽车有限公司100%股权收购、工商过户手续，成立上海大众南京生产基地——上海大众汽车四厂。

是日　中国重型机械研究院与上海重型机器厂有限公司联合设计，上海重型机器厂有限公司制造的1.65万吨油压机，首次进行试压。

20日　上海华谊（集团）公司自主研发制造的国内首台2万吨级顺酐反应器正式竣工。这是目前国内产量规模最大、完全采用国产化技术制造的顺酐反应器。

25日　中船江南长兴造船有限公司为中国长江航运集团南京油运公司建造的29.7万吨"长江之珠"油轮，在长兴岛造船基地下水。它是国内第一艘拥有自主知识产权的超大型油轮，也是上海造船工业有史以来建造的最大吨位运输船舶。

5月

7日　上海振华港口机械（集团）股份有限公司为中海油工程公司建造的世界最大海上起重船7500吨全回转浮吊"蓝鲸"号落成仪式，在长兴岛基地举行。同年9月4日，"蓝鲸"首吊成功。

11日　经国务院批准，中国商用飞机有限责任公司在沪成立，注册资本190亿元，将研制150座级的大型客机。

27日　上海航天技术研究院抓总研制的长征四号丙Y2火箭在太原卫星发射中心成功发射新一代风云三号极轨气象卫星。

30日　上海电气集团上海电机厂有限公司为临港基地百万千瓦级汽轮发电机试验站、汽轮机动超站建造的试验站机组制造完工。

是月　宝钢分公司试制成功1400兆帕级超高强度厚板，成为全球极少数拥有该项生产技术的企业之一。

是月　宝钢集团有限公司成功实现向国内第一艘（世界第四艘）30万吨FPSO浮式储油轮和望远5号航天远洋测量船的整船供货船板。

是月　宝钢集团上海二钢有限公司为世界第一跨度斜拉桥——苏通大桥提供6500多吨镀锌钢丝编成的272根斜拉索。

7月

7日　上海电气电站集团承制的河北黄骅电厂二期工程海水淡化设备在上海发运，实现中国国产万吨级海水淡化设备制造"零的突破"。

27日　上海船用曲轴有限公司研制的国产最长最重的8K90MCC大型船用大功率低速柴油机曲轴在上海电气临港重装备基地正式下线。

8月

6日　上海电气临港重装备基地生产的第一个核电站主设备秦山核电站二期扩建工程3号机组60万千瓦蒸汽发生器正式竣工，发送运往秦山核电站。

14日　中共上海市委副书记、市长韩正批示："工经联开展节能减排小组活动应予以支持。"

9月

9日　上海市经济团体联合会成立揭牌。

19日　总投资29亿元的上海汽车自主品牌临港基地落成启用。

是日　国内首套现代化大口径直缝埋弧焊管机组宝钢集团有限公司大口径直缝焊管生产线建成投产。

25—28日　中国航天科技集团公司所属中国空间技术研究院和上海航天技术研究院研制的"神舟七号"载人航天飞行获得成功。中国航天员首次实施空间出舱活动。

10月

27日　中共上海市委召开中共上海市经济和信息化工作委员会、上海市经济和信息化委员会成立大会，决定原上海市经济工作党委更名为上海市经济和信息化工作党委，与上海市经济和信息化委员会合署办公。

11月

4—8日　2008（第十届）中国国际工业博览会在上海新国际博览中心举行。

26日　上海卷烟厂"中华"牌卷烟专用生产线技术改造项目在上海烟草（集团）公司奠基开工。

28日　中国第一架自行研制、拥有完全自主知识产权的ARJ21-700新型涡扇支线飞机在上海首飞成功。

29日　世界最大浮船坞"中海峨眉山"号在上海中海长兴修船基地投产。

12月

3日　落户康桥工业区、投资额达5.1亿元的上海ABB工程有限公司奠基开工。

12日　上海沪东中华造船（集团）有限公司制造、拥有知识产权的8530箱超大型集装箱船"新非洲"号交付船东中海集运公司。

18日　上海电气（集团）总公司在临港基地举行风电公司临港一期厂房开工、临港实验风场开工暨2MW风电发电机组下线仪式。

23日　长征三号甲火箭在西昌卫星发射中心成功发射风云二号06卫星。上海航天技术研究院抓总研制的风云二号06卫星是自主研制的静止气象卫星，可以全天候对地球进行连续气象监测。

是年　上海国家汽车及零部件出口基地在上海安亭国际汽车城揭牌。这是中国首批8个国家级汽车及零部件出口基地之一。

是年　市政府设立最高质量荣誉奖——上海市市长质量奖，授予实施质量管理并取得卓越绩效的各类组织和为质量事业做出突出贡献的个人。

是年　上海市发改委、市经信委、市建交委、市环保局、市国资委、市总工会、市经团联7家单位下发《关于在本市重点领域试点开展节能减排改进小组活动的通知》。

2009 年

1 月

18日　中航商用飞机发动机有限责任公司在上海成立。

20日　江南造船（集团）有限责任公司首次采用平地船台建造的7.6万载重吨散货船在中国船舶工业集团江南长兴造船基地下水，成为该公司造船史上又一项"中国第一"。

2 月

17日　上海振华港口机械（集团）股份有限公司自行设计、自行建造的最先进的抓斗式挖泥船下水。

24日　沪东中华造船（集团）有限公司建造的液化天然气船（LNG）"闽榕"号在沪交付船东，这是世界上最大的薄膜型LNG船。

3 月

1日　宝钢集团有限公司与杭州钢铁集团公司签署股权转让协议，由宝钢集团出资20.21亿元受让宁波钢铁有限公司56.15%股权，成为宁钢控股股东。

20日　上海锅炉厂有限公司承制的首台1000兆瓦等级超超临界塔式燃煤锅炉，通过中国机械工业联合会和中国电力企业联合会联合组织的鉴定。

4 月

上旬　宝钢集团有限公司自主研发成功高钢级大规格高镍基合金油管，首次产出250吨产品，应用于四川达州普光气田，打破国内高酸性腐蚀气田对该类产品依赖进口的局面。

20日　国内海洋工程装备制造业标志性工程第六代3000米深水半潜式钻井平台在上海外高桥造船有限公司顺利下坞，进入搭载总装阶段。这是中国首次自主设计、建造的世界上最先进的深水半潜式钻井平台。

是月　双钱集团股份有限公司自行设计和生产的外直径3.5米、重达3.1吨的巨型轮胎在闵行载重轮胎生产基地下线，并出口北美市场。

是月　国内单体面积最大的并网型兆瓦级太阳能光伏发电项目上海临港太阳能光伏发电示范项目投入商业运行。

5 月

5日　上海重型机器厂有限公司自行设计、自行制造的世界上最大的450吨电渣重熔炉进行首次热调试并冶炼，获得成功。

13日　上海ABB工程有限公司投入生产。

31日　上海市推进高新技术产业化工作会议在上海展览中心召开。会上，市政府颁发《关于加快推进上海市高新技术产业化的实施意见》。

6 月

6日　中国商用飞机有限责任公司上海飞机制造有限公司暨总装制造中心成立。

9日　市经信委召开推进生产性服务业功能区建设工作会议，向19家生产性服务业功能区授牌。

11 日　经过 168 小时调试运行，上海外高桥第三发电有限公司世界首创的"零能耗脱硫"系统在第一台机组上正式投运。外高桥第三发电有限公司 100 万千瓦超临界机组的年内运行煤耗预计可降至 285 克 / 千瓦时，继续保持该领域世界第一。

18 日　上海最大的燃气电厂总投资约 55 亿元的上海临港燃气电厂一期工程在临港重装备园区开工。

7 月

1 日　ARJ21-700 新支线飞机 102 架机在上海首飞成功。

5 日　国内首艘完全自主设计、建造的大型铺管起重船"海洋石油 202 号"，在上海振华重工（集团）长兴岛生产基地交付使用。

6 日　中国商用飞机有限责任公司设计研发中心在浦东张江奠基。

15 日　中国拥有自主知识产权的首架 ARJ21-700 飞机从上海起飞，成功转场西安阎良。在上海举行的转场仪式上，中国民用航空局向 ARJ21-700 首架机颁发特许飞行证。

18 日　上海电气临港核电制造基地二期工程开工建设。

8 月

15 日　世界最大的 1.65 万吨自由锻造油压机、250 吨 /630 吨·米锻造操作机和 450 吨三相三摇臂双极串联电渣重熔炉在上海重型机器厂有限公司投入运行。

26 日　市经信委举行第二届上海市工艺美术大师颁证大会。30 位工艺美术大师获得证书。至此，上海累计有 71 位上海市工艺美术大师、22 位国家级工艺美术大师。

27 日　宝钢铁集团有限公司与澳大利亚综合矿业公司（AQA）签署股权合作协议，以 2.9 亿澳元收购 AQA 股份，成为该公司第二大股东。

是月　中国航天科技集团公司上海航天科技研究院抓总研制的长征六号运载火箭批复立项。2015 年 9 月 20 日上午 7 时 01 分，长征六号火箭在太原卫星发射中心，成功将 20 颗卫星发射升空，卫星顺利进入预定轨道，开创中国一箭多星发射的新纪录。

9 月

4 日　亚洲首座大型海上风电场——东海大桥海上风电场首批 3 台风机正式并网发电。

15 日　中国石化上海石油化工股份有限公司年产 60 万吨 PX 芳烃联合装置建成投产。

10 月

4 日　上海华谊丙烯酸有限公司年产 6 万吨丙烯酸装置改扩建工程完工，投料开车。

18 日　上海船用曲轴有限公司制造的国产首根瓦锡兰系列——8RT fles68D 型船用柴油机曲轴下线。

25 日　中国石化上海石油化工股份有限公司年加工 15 万吨碳五分离装置建成，并投料开车，成为国内最大的碳五化学工业研发生产基地。

11 月

3—7 日　2009（第十一届）中国国际工业博览会在上海新国际博览中心举行。

26 日　上海市高新技术产业化重点项目"新能源汽车动力锂离子电池项目"投资签约仪式举行。该项目是上海首个新能源汽车动力电池产业化项目，形成年产 1 亿安时的车用动力锂离子电池生产能力。

12月

7日 市政府颁发《关于促进上海新能源产业发展的若干规定》和《关于促进上海新能源汽车产业发展的若干政策规定》。

10日 沪东中华造船（集团）有限公司建造的液化天然气船（LNG）"大鹏星"号命名。"大鹏星"号是国际公认的高技术、高可靠性、高附加值的"三高"特殊船，集中世界最先进的造船技术。

18日 国内第一套新能源汽车监控系统"上汽新能源汽车远程监控系统"项目通过专家组验收。

28日 国内自主设计制造的二代加核电百万千瓦级蒸汽发生器在上海临港核电基地竣工。

是年 上海双线集团股份有限公司第一条外直径3.5米、重3.1吨的37.00R75巨型全钢子午线工程轮胎下线。

2010年

1月

10日 上海市紫竹新兴产业技术研究院成立。

10—24日 中国商用飞机有限责任公司ARJ21-700新支线飞机成功完成高寒试验。

12日 上海世博会配套工程上电漕泾发电有限公司一期两台百万千瓦机组工程一号机组投入商业运行，脱硫脱硝等环保装置同步投入运行。4月5日，二号机组投入运行。

19日 "909"工程升级改造12英寸集成电路生产线项目启动仪式在上海举行。

上海华力微电子有限公司揭牌。

是日 中国最大的重大科学工程——上海光源通过国家验收。

21日 具有自主知识产权的大型核电汽轮机1710毫米长叶片在上海电气电站集团开发成功。

22日 华虹集团12英寸芯片生产线启动，技术水平国内领先。

2月

26日 上海电气核电设备有限公司和上海重型机器厂有限公司的百万千瓦压水堆核电蒸汽发生器和堆内构件大锻件研制项目通过验收。该产品获2010年中国国际工业博览会金奖。

是日 上海外高桥造船有限公司建成国际先进水平的海洋石油981号出坞。

3月

5日 上海航天局负责研制的长征四号丙遥五运载火箭在酒泉卫星发射中心一箭三星，成功发射"遥感卫星"九号。

8日 中国石化上海高桥石油化工公司年产10万吨苯酚丙酮装置扩建项目建成投产。

4月

13日 中国商用飞机有限责任公司ARJ21-700新支线飞机104架机在上海成功首飞，标志着该项目研制批4架飞机全部投入试飞取证。

27日 双钱轮胎FT105产品通过美国环保总署（EPA）认证，成为继美国、法国、日本、德国、韩国之后，代表中国进入"绿色轮胎"领域的首款产品。

5月

1日—10月31日 中国2010年上海世博会在沪举行。市经济和信息化系统广大企业和职工齐心协力、密切配合，在电力运行保障、信息安全保障、能源保障、危险物管控、无线电保障、世博接待工作等方面大力服务世博会，为上海世博会圆满成功作出贡献。

11 日　国内第一根最大缸径瓦锡兰船用柴油机曲轴在上海船用曲轴有限公司下线，曲轴重 162 吨，长 11.5 米。

25 日　上海电气集团制造的风机应用在江苏如东风电场。

6 月

17 日　江南长兴造船公司投入使用，能满足 30 万吨大型油轮（VLCC）大口径焊接机器人。

20 日　中国石化上海高桥分公司年产 500 万吨常减压蒸馏装置建成投产。

是月　宝钢集团有限公司自主研制成功高等级 R5 级系泊链用钢。首次产出的 9000 余吨产品陆续发往俄罗斯和中国海洋石油总公司。

7 月

1 日　上海电气风电设备有限公司研发试制的叶片长 56.4 米、风轮直径 116 米的海上风机"巨无霸"3.6 兆瓦大型海上风机在上海电气临港重装备基地下线。这是中国自主研发的技术最先进、容量最大的风力发电机组。

6 日　国内首座大型海上风电场——上海东海大桥风电场全部风机并网发电。项目被评为联合国环境友好型城市示范项目。

27 日　上海人造板机器厂有限公司制造的中国首台具有自主知识产权的大型平压式连续压机通过验收。

8 月

28 日　国内首台自主设计和制造的第二代改进型核电百万千瓦级蒸馏汽发生器在上海电气临港基地制造成功。

9 月

8 日　上海吴泾第二发电有限公司首台 60 万千瓦机组烟气脱硝示范工程签约启动。

29 日　中国首台 IGCC 汽化炉发运。

10 月

21 日　第一批雪佛兰新赛欧从烟台港装船起运出口海外，上海通用汽车有限公司研发的国际品牌家用轿车走出国门。

22 日　上海大众汽车有限公司累计生产第 600 万辆轿车下线。

26 日　上海市云计算创新基地成立，这是上海落实"云海计划"、打造云计算产业集聚区的平台与载体。

28 日　上海电气（集团）股份有限公司与印度信诚电力公司在上海举行合同签字仪式。上海电气（集团）股份有限公司制造的 36 台 660 兆瓦超临界火力发电机组将出口印度。

11 月

3 日　中国第一台国产 AP1000 核电站常规岛给水泵组前置泵竣工。(三门核电)。

5 日　长征四号丙遥七运载火箭在太原卫星发射中心成功发射风云三号卫星 02 星。承担该次任务的运载火箭和卫星由上海航天局负责研制。

8 日　上海振华重工（集团）股份有限公司设计研发、世界上最大的 8000 吨海上作业浮式起重船在上海长兴岛成功交付韩国三星重工。

9—13 日　2010（第十二届）中国国际工业博览会在上海新国际博览中心举行。

是月 上海捷能汽车技术有限公司和上汽乘用车技术中心共同研发的荣威 E50 纯电动轿车在深圳—香港 EVS25 电动车大会展示，该车是国内首款量产的紧凑型纯电动汽车。

12 月

3 日 上海电气（集团）股份有限公司总投资 5 亿元的高效清洁特大型风电轴承生产线技改项目竣工投产，首台 3.6 兆瓦海上风电轴承下线。

28 日 商用航空发动机基础技术研究中心在上海挂牌。大型客机国家重大专项标准化示范项目创建启动。

是月 上海通用汽车有限公司 2010 年销量超过 100 万辆，成为中国汽车工业史上第一个年产销跃上"百万辆级"的乘用车公司。

是年 临港重型装备制造基地全面投产。该基地具有国内领先的 1400 吨起吊能力、5000 吨级码头、350 吨动平衡试验能力，配备内部铁轨，成为上海电气集团核电、风电、绿色火电、特高压输配电等重点产业的生产制造基地。

2011 年

1 月

8 日 中国第一台代表国际尖端技术水平的薄膜太阳能电池关键设备——等离子体增强型化学气相沉积设备在上海张江理想能源设备下线。

2 月

15 日 上海贝尔宣布与中国移动签署谅解备忘录（MOU），共同发展下一代无线接入网（RAN）。

18 日 上海外高桥第三发电厂有限责任公司宣布：两台 100 万千瓦超超临界发电机组在上年负荷率仅为 74.3% 的情况下，实现供电煤耗 279.39 克 / 千瓦时，成为世界上第一个冲破实际运行供电煤耗 280 克 / 千瓦时整数关口的电厂。

是月 中国第一艘最大的拥有自主知识产权的 8530 箱超大型集装箱船在上海出坞。

是月 世界最先进第六代 3000 米水深半潜式海上钻井平台"海洋石油 981"在外高桥造船有限公司命名交付。

是月 中国第一个具有自主知识产权的大型核电汽轮机 1710 毫米长叶片在上海电气集团研制成功。

4 月

22 日 中国首次设计建造的最新一代三维地震物探船"海洋石油 720"在上海船厂完工交付。

5 月

9 日 上海松下等离子显示器有限公司举行 SP3 新型等离子显示屏项目奠基仪式。

7 月

25 日 亚洲首条柔性直流输电示范工程——上海南汇风电场柔性直流输电工程投入正式运行，标志着中国在智能电网高端装备方面取得了重大突破。

26 日 国内最大的功能性薄膜产业基地二期项目与金山区签约并开工建设。

9 月

7 日 市委、市政府召开推进智慧城市建设动员大会，发布了《上海市推进智慧城市建设 2011—2013 年行动计划》。

10 月

12 日 中国自主研发建造的新一代绿色环保型散货船 20.6 万吨级"兰梅"号好望角型散货轮交付使用。

11 月

1 日 2011（第十三届）中国国际工业博览会在上海新国际博览中心隆重开幕。本届工博会的主题是"创新转型与战略性新兴产业"。本届工博会以 8 个展区、13 个展馆、15 万平方米展示面积、6222 个参展展位再创历史新高，同期将举办系列论坛 60 多场。参展企业 1869 家，其中上海本地 441 家，外省市 858 家，境外企业 570 家。

12 月

20 日 全球首台 AP1000 稳压器竣工（三门核电）。

28 日 上海首台百万千瓦核电压力容器竣工（宁德核电）。

30 日 上海汽车集团股份有限公司完成整体上市，上汽集团超过 99% 的资产进入上市公司。

2012 年

1 月

5 日 市政府召开服务企业稳增长工作会议。

2 月

29 日 上海中航商用航空发动机制造有限责任公司揭牌暨奠基仪式在临港产业区举行。

3 月

20 日 由市经信委、浦东新区政府共同主办，国际半导体设备与材料协会、慕尼黑国际博览集团、中国印制电路行业协会联合承办的 2012 上海国际信息化博览会在沪开幕。

4 月

18 日 宝钢集团有限公司与广东省国资委共同出资组建的宝钢集团广东韶关钢铁有限公司挂牌。

5 月

6 日 上海品牌发展研究中心、上海东方品牌文化发展促进中心隆重发布 2012 年度上海十大品牌新闻事件、十大品牌和十大品牌领军人物。

31 日 宝钢集团湛江钢铁项目开工建设，项目建设规模为年产铁 920 万吨、钢 1000 万吨、钢材 938 万吨。

8 月

29 日 上海市制造业创意促进中心揭牌成立暨 2012 年制造业创意高峰论坛举办。

31 日 上海市企业技术创新大会在国际会议中心召开。上海市产业技术专家委员会宣告成立。

是月 上海市工业经济联合会首创成立上海制造业创意促进中心。

9 月

25 日 中国第一台国产 690U 型管首次应用于核电蒸汽发生器（防城港一期）。

26 日 上海节能重点工程——燃煤锅炉清洁能源替代高效电机推广在上海市全面启动。

10 月

12 日 上海市召开高端装备制造业推进大会。

11 月

5—10 日 为期 5 天的第十四届中国国际工业博览会在上海成功举办。

12 月

6 日、12 日 中微半导体公司、理想能源公司分别举行 MOCVD 设备首发仪式。

25 日 国家北斗导航应用上海产业基

地在沪举行开工仪式,启动一期建设。

是年　老凤祥香港(珠宝)有限公司揭牌。

是年　中石化上海石油化工股份有限公司完成改造工程,成为全球生产欧V标准汽柴油大型基地。

2013 年

3 月

沪东中华造船(集团)有限公司建造的8888TEU集装箱船"东方孟菲斯"号交付香港东方海外货柜航运公司。

5 月

16 日　上汽大众湖南(长沙)项目开工。

8 月

28 日　上海外高桥造船有限公司建造的第一台自升式钻井平台建成下水。

是月　上汽大众(新疆)有限公司开业。

9 月

5—11 日　2013上海设计之都活动周举行,以"设计智造梦想"为主题,以"创新、开放、可持续"为关键词,5日在上海展览中心拉开帷幕。

10 月

19 日　上海天马有机发光显示技术有限公司AM-OLED项目一期启动仪式在浦东新区举行。

28 日　具有自主知识产权的"六爪章鱼"救援机器人进行了载人实验,可用于核电救灾。

是月　上汽大众(宁波)分公司建成投产。

11 月

1 日　2013上海设计之都活动周重要系列活动之2013上海创意产业博览会在上海国际展览中心开幕。

5 日　第十五届中国国际工业博览会在沪开幕。

12 月

3 日　2013上海国际"3D打印技术与未来"高峰论坛暨快速成型展览会在上海开幕。市政协副主席、市工商联主席王志雄出席论坛。

是年　上海交通大学水下机器人获第15届中国国际工业博览会创新奖。

是年　中国第一艘双燃料电力推进型液化天然气(LNG)船在沪东中华造船(集团)有限公司下水。

是年　上海海立(集团)股份有限公司建成空调压缩机机器人生产自动线。

是年　第三届轻工新品名品展、上海自主品牌新品展、第七届中华老字号博览会成功举办。

是年　由奥盛集团架设缆索的全球最大跨度单塔自锚式悬索桥——美国旧金山—奥克兰新海湾大桥通车。

是年　副市长周波为市工经联颁发5A级社会组织铭牌。

是年　中石化上海高桥石化总公司年产40万吨苯酚丙酮系统装备在上海化工区建成投产。

是年　中石化上海石油化工股份有限公司"超仿棉"聚酯纤维生产线投产。

是年　世界第一台96环超高速PET-CT在上海联影医疗科技有限公司诞生。

2014 年

4 月

29 日　2014 年上海市品牌建设工作联席会议召开。

5 月

9 日　全球速度最快、最环保的近海型集装箱船"通和"轮在外高桥 6 期码头下水首航。

6 月

18 日　ARJ21-700 飞机 105 架机在上海完成第一次飞行，该机即将交付首家用户成都航空公司。

28 日　2014 上海轻工业创新设计产品成果展示会在上海图书馆开幕。

7 月

14 日　2014 上海国际机床及国际机器人及欧洲机床展览会在上海新国际博览中心开幕。

8 月

6 日　具有世界先进水平的 12 缆深水物探船"海洋石油 721"在上海船厂船舶有限公司交付。该船研制成功仅花费 15 个月，创造同类型物探船建造速度世界第一。

10 月

27 日　ARJ21 飞机 106 架机从上海成功首飞。106 架机是 ARJ21 新支线飞机的第二架交付飞机，首飞后于 11 月赴珠海航展进行飞行展示。

28 日　2014 第五届中国国际物联网、车联网与智能交通展览会暨论坛在上海世贸商城举行。

11 月

4—8 日　以"高端、智能、绿色"为主题、聚焦装备制造业转型升级的第十六届中国国际工业博览会在上海开幕。

10 日　上海市分布式光伏产业联盟正式成立。

19 日　中国自行研发、设计、建造的第一艘 8.3 万立方米超大型全冷式液化石油气运输船在江南长兴造船基地命名交付。

27 日　中国第一颗 40 纳米 SOC 芯片"航芯一号"在上海北伽导航科技有限公司发布，标志着中国北斗导航产业大规模应用的最大瓶颈得到突破。

12 月

8 日　中国海运集团与上海港集团在洋山港联合举行"中海环球"轮首航仪式，世界最大最先进集装箱船"19100TEU"的"中海环球"轮首航上海，将前往欧洲四国。

22 日　上海第一家重点集聚 TMT 产业（Technology、Media、Telecom）的产业园区——上海云部落 TMT 产业园在闵行区颛桥镇举行开园和授牌仪式。

是年　世界上工艺最先进、单体规模最大的三元乙丙橡胶生产装置建成。

2015 年

1 月

8 日　中国第一艘自行设计、出口海外的 17.2 万立方米薄膜型液化天然气船在长兴岛码头命名交付。

3 月

9 日　市经信委领导率部分企业家赴云南"走市场、看企业、谈合作、促发展"，围绕沪滇两地产业战略合作及"四新"经济交流发展进行实地考察。

4月

20日 上汽集团在上海车展上正式发布旗下MG品牌首款智能驾驶汽车IGS。同年，MG IGS智能驾驶汽车荣获中国工博会创新金奖。

25日 2015中国品牌经济（上海）论坛首次在沪举办。工信部副部长怀进鹏、副市长周波等应邀出席并致辞。

5月

18日 上海医药集团股份有限公司与京东集团签署战略合作协议，在战略、资本、业务等层面开展广泛合作。

28日 首届上海3D打印产业大会暨增材制造产业推进和技术应用论坛开幕。会上，上海市增材制造协会、上海3D打印产业联盟正式揭牌成立。

是日 上海市信息服务产业基地联盟正式成立。

9月

12日 超大型18000标准集装箱船"郑和"号命名交付。

10月

9日 工信部与上海市政府在沪签署《推进"四新"经济实践区建设、促进上海产业创新转型发展战略》。工信部部长苗圩与上海市市长杨雄代表双方签约。

11月

2日 中国首家C919大型客机在沪总装下线。中共中央政治局委员、国务院副总理马凯宣读习近平总书记、李克强总理的重要批示，并在下线活动讲话。

3—7日 2015（第十七届）中国国际工业博览会在国家会展中心（上海）举行。

5日 智慧城市公共安全预警物联网正式启动。

是日 上海中昊针织有限公司成为中国第一家尝试用智能机器人生产袜子的企业。

12月

2日 全球最大规模车联网年度盛会——2015TC汽车互联网大会在沪举行。

是年 上海发那科机器人有限公司协作机器人FANUC ROBOT CR-35iA获第十七届中国国际工业博览会设计金奖。

是年 中国航天研发的机器人航天员在工博会亮相。

2016 年

1月

6日 中国首个国家级卫星导航与定位服务产品质检中心——上海计量测试技术研究院筹建的国家卫星导航与定位服务产品质量监督检验中心（上海）以优异成绩在沪通过现场验收。

24日 上海仪电集团成功收购欧洲著名照明品牌喜万年国际照明集团。

3月

1日 2015上海十大互联网创业家颁奖暨2016上海"互联网+"创业论坛举行。

是月 全球首卷CPA1400核电多种核电新材料成功下线。

4月

1日 上海大数据联盟成立。

是日 2015中国职业技能大赛——首届上海市信息服务业职业技能竞赛颁奖仪式在上海市职业培训指导中心举行。

5月

11日 上海华谊集团与泰国合资签约仪式举行。

6 月

2 日　上海石墨烯产业技术功能型平台在上海宝山城市工业园区正式启动。

7 日　中国第一个"国家智能网联汽车（上海）试点示范区"封闭测试区在上海国际汽车城启动。

9 月

20 日　上海金山工业区与上海和辉光电有限公司举行总投资为 272.78 亿元的和辉光电二期项目签约仪式。和辉光电二期项目主要建设第 6 代低温多晶硅（LTPS）AM-ULED 显示项目，力争进入全球 AMOLED 面板供应商三甲的行列。12 月 9 日，生产线启动。

11 月

1—5 日　2016（第十八届）中国国际工业博览会在国家会展中心（上海）举行。

4 日　罗氏制药创新中心项目在上海张江高科技园区奠基动工。

9 日　华力二期 12 英寸项目在沪启动。

16 日　上海航天汽车机电股份有限公司与韩国 erae 公司在上海航天交流中心举行股权交易签约仪式。

12 月

1 日　经国务院批准，由宝钢与武钢联合重组而成的中国宝武钢铁集团在上海成立。

23 日　中芯国际新建 12 英寸芯片生产线启动。

是月　中国率先由迪赛诺生物医药有限公司仿制研发的依非韦伦片（0.6g）获国家药监局批准生产。

是年　海电气集团研制成功新一代智能机器人。

是年　上海医药（集团）有限公司收购澳洲上市公司 Vitaco Holdings Limited 60% 的股权。

2017 年

3 月

28 日　上海专精特新中小企业千家百亿信用担保融资计划启动仪式举行。

是月　上海外高桥造船有限公司建造的国内吨位最大的一艘 FPSO 30 万吨海洋石油运输船下水。

4 月

上海举办第三届中国品牌经济（上海）论坛。"中国工业品牌之旅"在沪首航。

5 月

5 日　国产大型客机 C919 从浦东国际机场第四跑道腾空而起，平稳飞行 79 分钟，完成预定试飞科目并安全返航着陆。

8 日　上海生产性服务业促进会二届二次会员大会命名"上海十佳生产性服务业功能区示范园区"。

22 日　中国商飞（COMAC）与俄罗斯联合航空制造集团（UAC）的合资企业——中俄国际商用飞机有限责任公司（CRAIC）在上海成立。合资公司主要负责中俄联合研制新一代远程宽体飞机项目的运行工作。

是月　上海联影医疗科技有限公司制造的世界首台全景动态扫描 PET-CT uEXPLORER "探索者"首次全球亮相。

6 月

3 日　世界首创 66 万千瓦双水内冷发电机在上海制造成功。

7 月

11 日　上汽集团印尼基地竣工，首款

产品下线。

27日　上海电气集团首台蛇形管高加发运。

8月

17日　上海新时达机器人有限公司年产1万台套工业机器人新工厂开工仪式在嘉定举行。

28日　上海和辉光电第6代AMOLED显示项目主厂房钢结构屋架吊装仪式在和辉光电二期工地现场举行。

9月

28日　世界首创新一台调相机研制成功。

是月　上海外高桥造船有限公司首制40万吨矿砂船VLOC下水。

10月

上海医药（集团）有限公司与安徽天长金太阳医院合作成立的上药依升金太阳医院血液净化中心正式开业。

11月

21日　上海航天技术研究院总研制的长征六号遥二火箭以"一箭三星"方式将"吉林一号"视频04、05、06卫星成功送入预定轨道。

12月

4日　2017（第十九届）中国国际工业博览会在上海新国际博览中心举行。

14日　世界首创50万千瓦燃机发电机在上海制造成功。

25日　外高桥造船公司建造的中国主尺度最大、载箱量最大的超大型集装箱船21000TEU集装箱船（H1416）在长兴重工出坞。

28日　由上海兆芯举办的先进安全自主可控CPU发展论坛暨兆芯开先KX-5000系列新品发布会举行。市经信委副主任傅新华出席并致辞。

是日　中国首个具有自主知识产权的人工智能平台型芯片——华夏芯国产自主高端处理器和AI新片发布会在松江区举行。

2018年

1月

13日　上海电气集团制造的中国最大的低温多效海水淡化蒸发器发运文莱。

3月

14日　第十五届上海国际信息化博览会在上海新国际博览中心开幕。

20日　第二十七届中国国际电子电路展览会（2018 CPCA SHOW）在国家会展中心（上海）开幕。

28日　投资总额达298亿元、建设占地2950亩的37个重大产业项目在宝山集中开工和启动。

是月　市工经联会同上海工业投资集团等，组建成立上海产业创意设计协会。

4月

10日　全球首台"华龙一号"堆内构件发运。

18日　奉贤区举行2018年首批重点项目集中开工开业开租仪式。本次集中开工、开业、开租的65个重点项目，总投资额高达288亿元。

24日　中共上海市委、市政府召开全力打响"四大品牌"推进大会。

25日　中共上海市委、市政府颁发《关于全力打响上海"四大品牌"，率先推动高质量发展的若干意见》。

5月

1日　中国第一片国产6英寸碳化硅（SIC）cdMOSFET晶圆诞生，将为电力电子芯片产品升级提供核心保证。

2日　国家大力推动中国核电"走出去"战略的标志性目标——华龙一号海外首堆卡拉奇2号机组堆内构件设备在上海电气上海第一机床厂有限公司发运。

3日　中国首款云端人工智能芯片——寒武纪MLU100面世。这是面向人工智能领域大规模数据中心和服务器提供的核心芯片。

7日　中共上海市委办公厅、市政府办公厅印发《全力打响"上海制造"品牌，加快迈向全球卓越制造基地三年行动计划（2018—2020）》。

18日　上海振华重工集团自主研发成功世界最大风电施工平台2000吨级"龙源振华三号"。

6月

7日　53家企业的50个产品和36项服务通过第三方认证，成为首批"上海品牌"。

7月

2日　和辉光电第6代AM-OLED显示项目生产设备搬入仪式在沪举行，标志着上海最大的工业洁净厂房初步建成，项目进入生产设备安装调试阶段。

3日　国家集成电路创新中心、国家智能传感器创新中心启动会在上海举行。

10日　美国特斯拉公司与上海临港管委会、临港集团签署协议。特斯拉公司将独资建设集研发、制造、销售等功能于一体的特斯拉超级工厂，规划年生产50万辆纯电动整车。这是上海有史以来最大的外资制造业项目。

12日　上海电气集团自主研制的"华龙一号"1100 MW核电发电机在临港基地竣工。

8月

16日　上海半导体有限公司积塔集成电路特色工艺生产线开工。

9月

3日　上海微创医疗器械（集团）有限公司自主研发的第三代药物支架"飞鹰"在英国权威医学杂志《柳叶刀》发布。

10日　江南造船厂建造的中国第一艘极地科学考察破冰船"雪龙二号"在上海下水，标志着中国极地科考保障能力取得新的突破。

17—19日　2018世界人工智能大会在上海举办。国家主席、中共中央总书记、中央军委主席习近平发来贺信。

19—23日　第二十届中国国际工业博览会在国家会展中心（上海）成功举办。

10月

18日　经过22个月的艰苦奋战，上海最大的集成电路产业投资项目——华力二期12英寸先进生产线正式建成投片。

19日　集智能制造、节能环保为一体的现代化绿色标杆工厂——上海大众新能源汽车工厂项目开工，规划年产30万辆新能源汽车。

是日　西门子医疗公司投资30亿元新建实验室诊断工厂，成为西门子医疗影像诊断与实验室诊断产品生产的综合性创新基地。

27日　上海市政府与ABB集团签署战略合作谅解备忘录。ABB投资1.5亿美元，新建一座全球最大、最先进、最具柔性的机器人超级工厂。

11 月

6—7 日　中共中央总书记、国家主席、中央军委主席习近平在上海考察。他希望上海勇于挑最重的担子、啃最难啃的骨头。

20 日　中国首颗由商业航天公司独立自主研发制造的高性能微纳卫星——"嘉定一号"由长征二号丁型火箭成功发射升空。

27 日—12 月 25 日　上海市工经联、市经团联举办"勇于创新——上海工业改革开放四十年 500 例成果展"。开幕式上，第四届上海市工商业领军人物颁奖仪式一同举行。

28 日　上海集成电路设计产业园正式揭牌，上海市政府与紫光集团有限公司签署战略合作框架协议。

12 月

18 日　2018 年上海市核电质量工作会议召开。

21 日　上海制定"上海市参与建设丝绸之路经济带和 21 世纪海上丝绸之路的实施方案"，全力推进服务国家"一带一路"倡议。

2019

1 月

7 日　特斯拉上海超级工厂在临港产业区正式开工建设。

11 日　上海临港松江科技城与江苏徐工信息举行战略合作签约仪式，徐工汉云工业互联网平台正式落户上海松江区。

12 日　国轩高科全球总部暨上海电气国轩研发基地在位于嘉定区外冈镇的汽车城产业园破土动工。

2 月

21 日　中国首条公里级高温超导电缆示范工程启动大会在上海宝山城市工业园区举行。

27 日　闵行区、嘉定区分别举行大项目集中签约仪式。从本月开始，各区纷纷召开重大产业项目签约及启动仪式，掀起一轮高质量招商引资和重大产业项目建设推进的热潮。

3 月

22 日　江南造船（集团）有限责任公司建造的世界第一艘使用三维设计的大型航标船"海巡 160"下水。

4 月

2 日　浦东生物医药产业基地揭牌。

23 日　2019 上海 5G 创新发展峰会暨中国联通全球产业链合作伙伴大会在沪开幕。

24 日　工业和信息化部日前公布各地 2018 年国家新型工业化产业示范基地发展质量评价结果，上海 6 大园区进入五星级评价结果名单，分别是：石油化工·上海化学工业区、新材料·上海青浦工业区、装备制造·上海莘庄工业区、生物医药·上海张江高科技园区、军民结合（民用航天）·上海闵行区、汽车产业·上海嘉定汽车产业园区。

25 日　SAIL 启航·上海人工智能发展联盟发起成立仪式、2019 世界人工智能创新大赛启动仪式、上海市首批人工智能试点应用场景发布仪式在上海举行。

5 月

6 日　上海市超高清视频产业联盟成立大会暨 2019 上海超高清视频产业发展高峰论坛召开。

10日　由工业和信息化部、上海市政府指导举办的第五届中国品牌经济（上海）论坛在沪举行。

24日　微软亚洲研究院（上海）和微软—仪电人工智能创新院在沪正式揭牌。

6月

21日　2019长三角产业电商与高端生产性服务业创新峰会暨上海市产业电商"双推"工程启动仪式在浦东举行。

24日　以"拓展'智能+'、打响'上海制造'品牌"为主题的2019年上海市智能制造推进大会在上海电气集团召开。

7月

2日　上海市人工智能产业安全专家咨询委员会成立仪式暨第一次会议召开。

26日　2019年世界人工智能创新大赛的系列活动之——"AI+医疗"产业创新与发展论坛举行。

8月

1日　早上5时32分，中国自主研制的C919大型客机第4架试飞飞机（编号104架机）从上海浦东国际机场第四跑道起飞，经过1小时25分的飞行，顺利完成首次飞行试验任务。

6日　由上海市经济和信息化委员会主办的"产业技术创新驱动高质量发展"——《寻找中国制造隐形冠军（上海卷）》丛书首发式暨上海企业技术中心创新联盟发起成立仪式在上海核工院举行。

8日　由上海市经济信息化委员会主办、上海市市北高新技术服务业园区承办的"2019上海国际开放数据论坛暨上海开放数据创新应用大赛（SODA）启动仪式"举行。

12日　工业和信息化部在上海中国商用飞机有限责任公司召开"5G+工业互联网"全国现场工作会议。

23日　上海临港智能网联汽车综合测试示范区开园仪式在临港新片区举行。

29日　2019世界人工智能大会在上海世博中心开幕。

30日　以"设计再出发"为主题的2019上海设计周在上海展览中心拉开帷幕。

9月

3日　2019年"创客中国"上海市中小企业创新创业大赛决赛在张江举行。

4日　以"释放5G驱动力、智慧赋能新未来"为主题的2019第四季漕河泾科创嘉年华开幕。

10日　全球首个综合性5G应用展示及联创平台——"5G全球创新港"在上海北外滩滨江开港。

12日　上海自贸区临港新片区首批23个重点项目集中签约开工，总投资110亿元，涉及人工智能、生物医药、新能源汽车等领域。

是日　航天科技集团八院（上海航天）抓总研制的长征四号乙运载火箭在太原卫星发射中心成功实施一箭三星发射，将资源一号02D星、京师一号卫星、金牛座纳星送入太阳同步轨道。

是日　ABB集团位于上海的机器人新工厂和研发基地正式破土动工，总投资1.5亿美元，预计2021年投入运营。

16日　国际奥委会官方宣布，恒源祥将在2020年东京奥运会以及2022年北京冬奥会期间为国际奥委会成员及工作人员提供官方正装。

17—21日　2019（第二十一届）中国国际工业博览会在上海举行。

18 日　2019 年长三角省市工经联联席会议在上海举行，通过《关于促进长三角产业集聚区一体化发展的上海共识》。

19 日　上海市中小企业重点项目集中开工仪式暨中小企业高质量发展座谈会在松江区举行。

22 日　上海电力股份有限公司投资建设的土耳其胡努特鲁电厂浇注主厂房第一罐混凝土，标志着中国在土耳其最大的直接投资项目正式开工。

24 日　中船集团沪东中华造船公司制造的第四代 17.4 万立方米大型液化天然气运输船首制船"天枢星"号在长兴岛造船基地完成命名。

25 日　全球首艘 2.3 万吨标准箱天然气动力集装箱船在中船集团沪东中华造船公司交付。

28 日　500 辆上汽名爵自主品牌电动 SUV 依次驶入滚装船，驶往荷兰阿姆斯特丹港。这是中国自主品牌纯电动乘用车首次出口欧洲。

30 日　市政府召开常务会议，部署建设上海智能传感器产业园。

10 月

31 日　上海 5G 商用启动仪式举行。

11 月

19 日　上海市公共数据开放工作推进会召开。

是日　上海大数据应用创新项目"大数据与城市精细化管理（静安）"获 2019 全球智慧城市大会中国赛区"城市精细化治理奖"。

12 月

13—15 日　第三届中国工业设计展览会在武汉国际博览中心举行。上海展区连续三年为布展面积最大展区。

24 日　"传感未来　智行天下"上海智能传感器产业园会暨重点项目签约仪式在嘉定工业园举行。

27 日　祝桥航空产业园和大飞机创新谷联合启动仪式暨上海市航空产业链大会举行。

2020 年

1 月

3 日　由市经信委指导，上海人工智能发展联盟（SAIA）与闵行区政府共同主办的"2020 人工智能与长三角协同创新高峰论坛暨上海人工智能发展联盟年会"在上海虹桥商务区举行。

8 日　上海国微 EDA 研发中心在临港康桥园区正式启动，上海市经济和信息化委员会副主任傅新华出席启动仪式并致辞。

9 日　2020 工业互联网创新发展大会暨工业人共振嘉年华在沪举行。

13 日　上海市人民政府与中国长江三峡集团有限公司在沪签署战略合作协议。

2 月

10 日　上海全面复工第一天，面对依旧严峻的疫情防控形势，上海各大企业一边严密防控，积极应对疫情；一边结合实际，组织复工生产。

是日　上海市工经联疫情防控领导小组召开专题会议，要求发挥市工经联和各行业协会的专业优势、渠道优势、信息优势，为强化疫情防控、支持复工复产多作贡献。

是日　位于上海奉贤的中国化妆品领军企业、自然堂品牌母公司伽蓝集团复工，投入应对"口罩脸""酒精手"修复类产品的生产。

是日　特斯拉上海超级工厂正式复工，开足马力赶生产。

12日　上海金桥经济技术开发区已有400多家工业生产型企业陆续开工，近4万名员工到岗。

13日　上海自贸区临港新片区举行重点产业项目签约仪式。12个产业项目总投资超过200亿元，涉及新能源汽车电池管理系统、以5G为代表的第三代半导体材料、芯片、智能高端装备等领域。

是日　中国国家药品监督管理局正式批准罗氏旗下肿瘤免疫创新药物泰圣奇联合化疗用于一线治疗广泛期的小细胞肺癌。

17日　上汽通用五菱复工复产，陆续生产中东国家的1660辆订单，首批478辆宝骏530已经发运。1—2月，上汽集团累计零售突破45000辆，同比增长约20%，继续保持全国第一。

19日—4月2日　上海成立复工复产复市工作协调机制，全力推动复工复产。全市37个主要行业领域中，规模以上工业复工率为99.9%、重点工程为100%、外资行业为100%，16个行业领域已基本全部复工。

20日　截至今日，市工经联系统行业协会和企业共捐款9.43亿元，捐口罩13914万只、防护服70万套、消毒剂20吨、护目镜42万只、额温枪1500支、呼吸机等设备77台、诊断设备及试剂和药品等价值2.1亿元。

是日　闵行区举办2020年重点招商项目在线签约仪式，总投资合计175.02亿元。

21日　本市总体复工复产情况良好，央企复工率95%，国企复工率约80%，217家跨国公司地区总部复工率93%。

是日　一艘巨轮载着每台上千吨重的4台岸桥设备前往欧洲市场。这是2月10日复产后，振华重工发往海外市场的首船项目。

23日　党中央召开统筹推进新冠肺炎疫情防控和经济社会发展工作部署会议。习近平总书记作重要讲话，部署下一步疫情防控和经济社会发展工作。

是日　延锋汽车内饰安亭工厂，生产的首款车规级深紫外线杀菌盒下线，可完成对内饰表面的杀菌，实现99%的病毒灭活率。

24日　全市统筹推进新冠肺炎疫情防控和经济社会发展工作电视电话会议举行。市委书记李强强调，全市上下要全面打赢疫情防控的人民战争、总体战、阻击战，奋力夺取疫情防控和实现经济社会发展目标双胜利。

25日　浦东21个外资重点项目集体进行"云签约"，总投资额超过17亿美元。

27日　张江科学城举行30个重点项目签约仪式，集中开工项目20个。50个项目总投资364亿元，涉及创新研发平台、集成电路、生物医药、人工智能等领域。

是日　江南造船第二批次也是最大批次的"复工专车"兵分多路，奔赴安徽、河南、江西、山东、江苏五省13个城市，共计接回410名员工。员工完成体温检测后，分别送至相关社区和生活区办理登记手续，开始14天居家观察。

3月

5日　格科微电子（香港）有限公司与临港新片区管委会签订合作协议，投资建设"12英寸CIS集成电路特色工艺研发与产业化项目"，预计投资22亿美元，计划2021年建成首期。

6日 浦东集成电路产业已复工企业达228家。其中,重点制造企业中芯国际产能利用率达100%。

7日 上海外高桥造船有限公司2号船坞接长改造项目主体结构完工,原船坞与延伸段正式打通。船坞改造后总长度740米,被誉为"中国第一长度船坞"。

12日 坐落于浦东金桥开发区的上海首个5G产业生态园开园,一大批重点项目同步集中开工。

15日 临港新片区产业园区1470家企业复工率已达95.4%,产值1亿元以上的企业与上千个在建项目全部复工。

17日 上海东方美谷与日本资生堂集团签署战略合作协议。资生堂将在东方美谷设立美和健康领域的研发机构,开展先端研发和化妆品原型开发。

19日 复工复产后,特斯拉上海超级工厂每周产能已提高到3000多辆,将加速实现2020年年产15万辆的目标。

20日 ABB全球最大、最先进、总投资额达1.5亿美元的ABB机器人上海新工厂全面复工。

21日 上海电气首个海外燃机联合循环EPC项目孟加拉国锡莱特燃机联合循环项目投产。

23日 上海研制的"新冠病毒体外转录RNA标准物质"被批准为国家级标准物质。这是首个由地方研制成功并获国家批准的新冠病毒体外转录RNA标准物质,可供国内外核酸试剂盒生产企业和研发机构使用。

31日 上海16个区、152个项目、约4418亿元投资的重大产业项目集中签约。

是日 上海外高桥造船有限公司为融资方交银金融租赁有限责任公司、船东方

韩国北极星航运公司建造的18万吨好望角型散货船签字交付。

4月

1日 一款由浦东企业钛米机器人研发的消毒智能机器人进入德国法兰克福一家医院,近期将有100台消毒智能机器人发往海外。

5日 上海振华重工先后有13个项目克服困难,按时发运至各码头、项目现场;共236个海内外项目全面复工。

是日 上汽荣威爱心车队在瑞金医院门口列阵以待,护送援鄂医护人员回家。疫情发生后,上汽集团携下属企业捐献折合6000多万元现金和物资。

6日 位于临港的特斯拉超级工厂二期工程全面复工,进入钢结构顶棚吊装阶段。

7日 来自上海联影的全美第一台为新冠疫情专设的24小时全天候车载CT投入使用。

11日 人工智能产业中心项目开工仪式在静安市北国际科创社区举行。

14日 江南造船为新加坡petredec公司建造的第四艘8.4万立方米超大型液化气运输船(VLGC)成功交付,是江南造船复工后的首次交船。

15日 张江总部园和上海集成电路设计产业园举办开园仪式,总投资额不少于500亿元。

21日 2020世界人工智能创新大赛(以下简称AIWIN)全网正式启动。

22日 上海船舶集团有限公司与卡塔尔石油公司以"云签约"方式联合签署"中国船舶——卡塔尔石油液化天然气(LNG)船建造项目"协议,订单总金额超过200亿元人民币。此次签约项目中的LNG船型

是沪东中华自主研发设计的 17.4 万立方米新型"G4+ 长辉"系列 LNG 船。

27 日　紫光展锐宣布，申请超过 4000 项专利，已形成核心技术专利群，为自主知识产权保驾护航。

28 日　上海市生物医药产业特色园区推进大会举行，张江创新药产业基地、湾区生物医药港、临港新片区生命科技产业园、东方美谷、北上海生物医药产业园 5 个生物医药产业特色园区正式授牌。

是日　2020 首届中国（上海）工业品在线交易节开幕。

29 日　上海外高桥造船有限公司、广船国际有限公司与交银金融租赁有限责任公司在北京、上海、广州三地以"云签约"方式签署 12 艘 12 万吨双燃料油船建造合同，合同总金额约 46 亿元。

5 月

5 日　长征五号 B 运载火箭在中国文昌航天发射场点火升空，重约 22 吨的新一代载人飞船试验船等载荷的组合体顺利进入预定轨道。上海航天承担长征五号 B 四个助推器以及安全系统、芯级配套电池等研制工作，提供 90% 的起飞推力；同时承担新一代载人飞船试验船能源管理系统、太阳帆板、信息管理功能测控子系统等研制任务。

9 日　上海举行 2020 年上海品牌日"打造治疗标杆，唱响上海品牌"主题活动，发布《关于加强质量品牌建设、推动告知想发展的指导意见》。

18 日　文汇报刊登《上海市工业经济联合会系统为复工复产助力加油》，报道上海市工经联会同各行业协会及会员单位，全力以赴，主动作为，敢于担当，无私奉献，一手抓防控，一手抓生产，为抗击疫情贡献绵薄之力。

是日　市政府常务会议原则同意《关于推动工业互联网创新升级　实施"工赋上海"三年行动计划（2020—2022 年）》。

20 日　首届"上海设计 100+"亮相上海信息消费"云峰汇"。

23 日　上海外高桥造船海洋工程有限公司建造的 2 艘 PSV 船舶——"国海民盛"轮和"国海民兴"轮，正式交付中海油田股份有限公司。

26 日　国际权威期刊《自然》杂志在线发布君实生物和中国科学院微生物研究所合作研发的中和抗体临床前研究成果。

6 月

6 日　全球第三大面向公开市场手机芯片设计企业、我国集成电路设计产业龙头公司紫光展锐在浦东张江举行媒体开放日活动。紫光展锐功能手机在全球市场的份额已占据首位。

是日　腾讯长三角人工智能超算中心及产业基地项目开工仪式在松江经济技术开发区举行。

8 日　上海已有布局复制无人工厂模式的基础，已形成机器人研发、整机和零部件生产、系统集成、检测认证、服务应用等较为完整的全产业链布局。

27 日　上海智能网联汽车规模化载人示范应用启动暨滴滴自动驾驶出行服务首发仪式在嘉定安亭举行。

28 日　中国航空集团有限公司、中国东方航空集团有限公司、中国南方航空集团有限公司在中国商用飞机有限责任公司总装制造中心浦东基地接收首架 ARJ21 飞机。三架飞机同时交付标志着 ARJ21 飞正式入编国际主流航空公司机队。

30日 上海外高桥造船有限公司建造的18万吨好望角型散货船"德瑞"号签字交付。

7月

7日 临港新片区2020年重点产业项目集中开工活动举行，总投资约480亿元的18个重点产业项目正式开工建设。

9日 2020世界人工智能大会云端峰会在上海世博中心开幕。

23日 "天问一号"开启飞向火星的旅程。长五助推器、火星环绕器及多项观测仪器均由上海航天研制。

31日 北斗三号全球卫星导航系统建成暨开通仪式在京举行。位于上海张江的中科院微小卫星创新研究院，是北斗卫星团队中的主力军。35颗北斗三号卫星（含试验卫星）中，有12颗"家"在上海。

8月

7日 上海核电海南服务基地合作联盟成立大会举行并揭牌。

11日 上海市工业经济联合会（上海市经济团体联合会）召开六届一次会员代表大会暨六届一次理事会、监事会。中共中央政治局委员、上海市委书记李强对市工经联工作作出批示，要求市工经联充分发挥枢纽型行业协会联合组织作用，更好地服务企业发展、助推产业转型升级。市委常委、副市长吴清出席大会并讲话。

13日 上汽集团第三代燃料电池技术的首款战略车型大通 MAXUS EUNIQ 7 发布，这也是全球首款氢燃料电池 MPV。

18日 被称为"中国芯片 IP 第一股"的芯原微电子（上海）股份有限公司在上海证券交易所科创板挂牌上市。

28日 2500辆上汽自主品牌车型搭乘滚装船出发前往澳新市场。

31日 沪东中华建造的亚马尔项目第三艘17.4万立方米 LNG 船"天玑星"轮顺利交付。

9月

3日 先进制造业大会暨长三角 G60 科创走廊制造业高质量发展合作论坛举行。

14日 2020世界智能网联汽车大会在上海汽车会展中心开幕。

15日 第二十二届中国国际工业博览会在沪正式开幕。

18日 上海奕瑞光电子科技股份有限公司在上海证券交易所科创板上市，成为 A 股资本市场历史上首家医疗器械核心部件上市公司。

27日 上海市政府与华为公司深化战略合作框架协议签约暨华为青浦研发中心项目开工仪式举行。

28日 上海燃气轮机制造业创新中心授牌仪式举行。

10月

15日 由长三角企业家联盟、长三角超导产业链联盟主办的长三角超导产业发展高峰论坛在上海国际会议中心举办。

20日 上汽集团宣布欧洲自营航线首发起航，上汽运载量最大的汽车滚装船——安吉凤凰号搭载近1800辆 MG 新能源汽车驶向欧洲。

23日 上海市航空航天特色产业园区授牌暨临港新片区大飞机园启动仪式在中国商飞浦东总装基地举行。

26日 特斯拉上海超级工厂中国制造整车出口欧洲仪式在特斯拉上海超级工厂举行。中国制造 model 3 通过进入欧洲市场的全部认证要求，正式出口十余个欧洲国家。

27日　上汽大众投资170亿元的全球首个专为大众MEB平台车型生产而新建的工厂投产。

是日　江南造船有限公司为法国达飞集团建造的23000标准集装箱超大型双燃料集装箱船"达飞香榭丽舍"号正式命名交付。

是日　"东方芯港"集成电路综合性产业基地在临港新片区揭牌。

11月

5日　2020国际工业互联网创新发展论坛在第三届中国国际进口博览会现场成功举行。

10日　在第三届中国国际进口博览会举办期间，中国首制大型邮轮在上海外高桥造船有限公司迎来坞内连续搭载总装里程碑节点，标志着中国首制大型邮轮实现从详细设计、生产设计到实船总装搭载的里程碑跨越。

14日　上海市高端医疗装备创新中心授牌仪式在上海理工大学举行。

17日　以"融合·赋能·转型"为主题的2020第八届先进制造业大会在上海嘉定区召开。

17—18日，2020全球智慧城市大会上海分会场在上海白玉兰广场举办。

20日　为期三天的上海"设计之都"十周年主题活动在上海展览中心正式拉开帷幕。上海从全球350个城市中脱颖而出，获得最高殊荣——世界智慧城市大奖，这是中国城市首次获得该奖项。

是日　上海市中医药产业研讨会在奉贤举行，"东方美谷中医药产业基地"正式揭牌。

28日　2020年中国生物医药产业创新大会暨第六届生物药物创新及研发国际研讨会在上海宝山举行。

12月

3日　上海电子化学品专区推进会暨电子化学品创新发展国际论坛在沪召开。

9日　2020上海软件创新论坛在国际会议中心成功举行。

是日　2020年上海市重大工程预备项目、北上海生物医药产业园区示范性启动项目——"国盛产投·宝山药谷"在宝山罗店奠基。

19日　首届上海市工业机器人技术应用技能大赛暨第四届全国工业机器人技能应用大赛选拔赛决赛正式开幕。

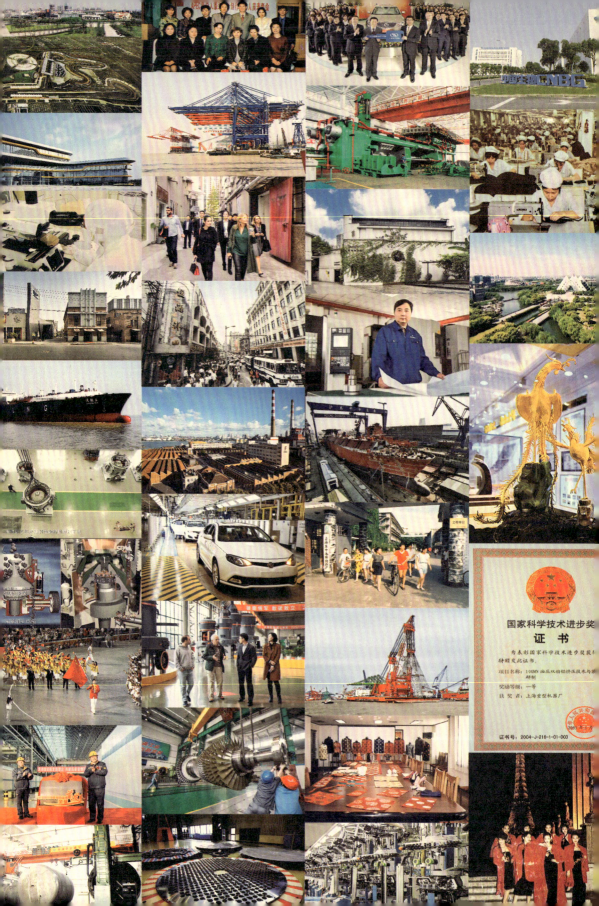

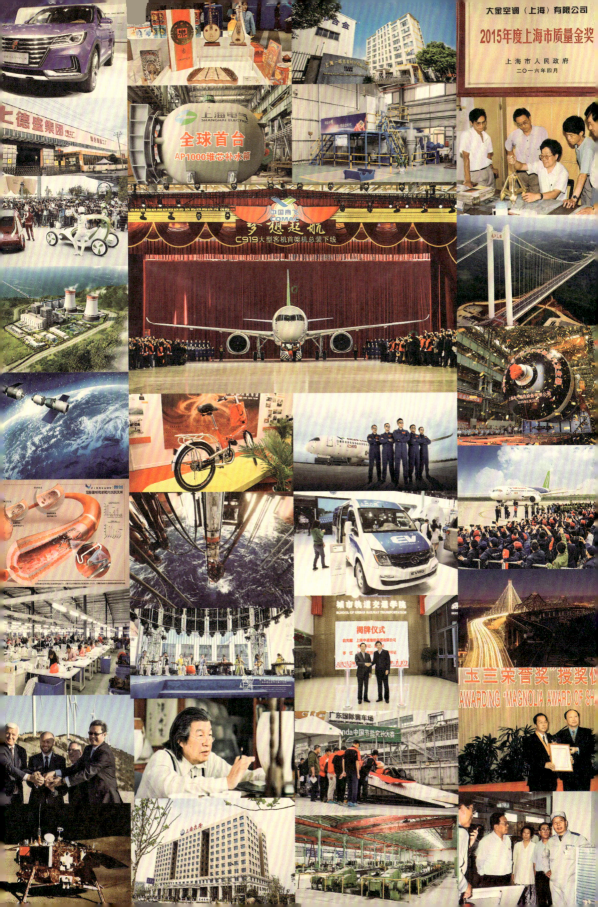

百年

上海工业

故事

后

记

　　上海是中国共产党的诞生地，是中国近代工业的发祥地，是中国工人阶级的摇篮。2021年是中国共产党成立100周年。百年党史，也是一部在中国共产党领导下上海工业的英勇斗争史、艰苦创业史、改革开放史、创新发展史。

　　为了庆祝中国共产党的百年华诞，上海市工业经济联合会、上海市经济团体联合会在中共上海市经济和信息化工作委员会、上海市经济和信息化委员会、上海市国有资产监督管理委员会、上海市档案局、上海市地方志办公室的支持下，编纂出版《百年上海工业故事》一书，以铭记和宣传上海工业发展历程中的英雄史迹，展示和弘扬上海工人阶级筚路蓝缕、接续奋斗的光荣传统，汇聚和光大党史、新中国史、改革开放史、社会主义发展史的精彩篇章。

　　为了保障编纂工作顺利进行，从2020年9月起，市工经联、市经团联开始制订方案，编写大纲，召开行业协会和企业动员会，查阅历史资料，并邀请原来在工业部门从事宣传工作的同志组成采编小组。采编小组成员不辞辛苦，认真负责，深入行业协会和企业，共同商量选题。各相关协会和企业积极支持，提出大量选题。在此基础上，经采编小组多次认真研究，确定了题目和撰写人，开始撰稿。至2021年2月，全部文稿基本完成。市工经联、市经团联又组织专家对文稿进行审阅修改，最终定稿。

　　100年来，上海工业发生了翻天覆地的变化，涌现了无数可歌可泣的动人故事。本书只是撷取了112个故事，以百年上海工业发展历史为主题，用一个个历史事件和人物串成鲜活的"工业记忆"，从而展现上海工业对上海城市发展、对全国经济发展作出的巨大贡献。

　　在本书编纂出版过程中，第十届上海市政协主席蒋以任对编纂工作提出要求。市委宣传部、市经信工作党委、市经信委、市国资委、市档案局、市方志办给予有效帮助。各相关行业协会和企业认真协调、组织和落实。采编小组全体同志在选题、约稿、撰稿、修改方面做了大量工作。郑蔚、江济申、潘真、浦祖康、叶明献等同志参加了审阅修改。上海人民出版社、学林出版社精心设计排版。另外，本书部分内容参考了相关历史史料、行业志书、研究成果、书籍文章、网络材料等。因篇幅限制，不再一一注明。谨对以上单位和同志提供的支持和帮助，一并致以由衷的感谢。

　　由于编者水平有限，本书内容有不全和错讹之处，敬请指正奉教。

编　者

2021年2月